特殊教育導論

（第二版）

吳武典、林幸台、杜正治、胡心慈、潘裕豐

林淑莉、杞昭安、張蓓莉、劉惠美、佘永吉

洪儷瑜、王曉嵐、張千惠、邱紹春、張正芬

程國選、郭靜姿、于曉平　　著

作者簡介

（依章序排列）

吳武典（第一、二、七章）

美國肯塔基大學哲學博士（學校心理學）

國立臺灣師範大學特殊教育學系名譽教授

林幸台（第三章）

美國喬治亞大學教育博士（教育心理學）

國立臺灣師範大學特殊教育學系名譽教授

杜正治（第四章）

美國堪薩斯大學哲學博士（特殊教育）

國立臺灣師範大學特殊教育學系退休教授

胡心慈（第五章）

國立臺灣師範大學教育博士（特殊教育）

國立臺灣師範大學特殊教育學系教授兼特殊教育中心主任

潘裕豐（第六章）

國立彰化師範大學教育博士（特殊教育）

國立臺灣師範大學特殊教育學系教授

林淑莉（第八章）

美國威斯康辛大學麥迪遜分校哲學博士（特殊教育）

國立臺灣師範大學特殊教育學系退休副教授

杞昭安（第九章）

國立彰化師範大學教育博士（特殊教育）

國立臺灣師範大學特殊教育學系退休教授

張蓓莉（第十章）

美國北科羅拉多大學教育博士（特殊教育）

國立臺灣師範大學特殊教育學系退休教授

劉惠美（第十一章）

美國華盛頓大學（西雅圖）哲學博士（聽力和語言科學）

國立臺灣師範大學特殊教育學系教授兼系主任

佘永吉（第十二章）

    國立成功大學哲學博士（醫學工程）

    國立臺灣師範大學特殊教育學系副教授

洪儷瑜（第十三、十四章）

    美國維吉尼亞大學哲學博士（特殊教育）

    國立臺灣師範大學特殊教育學系教授

王曉嵐（第十四章）

    英國劍橋大學哲學博士（心理學）

    國立臺灣師範大學特殊教育學系副教授

張千惠（第十五章）

    美國德州大學奧斯汀分校哲學博士（特殊教育）

    國立臺灣師範大學特殊教育學系教授

邱紹春（第十五章）

    日本筑波大學教育碩士（特殊教育）

    國立臺灣師範大學特殊教育學系退休副教授

張正芬（第十六章）

    日本筑波大學教育碩士（特殊教育）

    國立臺灣師範大學特殊教育學系退休教授

程國選（第十七章）

    國立臺灣師範大學教育博士（特殊教育）

    嶺南師範學院特殊教育系副教授

郭靜姿（第十八章）

    國立臺灣師範大學哲學博士（教育、教心、資優）

    國立臺灣師範大學特殊教育學系教授

于曉平（第十八章）

    國立臺灣師範大學教育博士（特殊教育）

    國立臺灣師範大學特殊教育學系教授

二版吳序

　　《特殊教育導論》一書於 2020 年 9 月出版後，於 2022 年 2 月再刷，僅作小修。這次再版，則是作了較大幅度的修訂，主要是由於《特殊教育法》及相關子法的修正。

　　2023 年 6 月 21 日修正公布的《特殊教育法》，乃是 2009 年以來幅度最大的一次修正，要求積極落實融合教育、通用設計、合理調整及學生個人表意權，並強化申訴與救濟制度、評鑑制度朝行政減量及指標簡化等。各項子法的修訂接著陸續完成，2024 年 4 月 29 日公布最後一部子法《特殊教育學生及幼兒鑑定辦法》（原為《身心障礙及資賦優異學生鑑定辦法》）。這些法制的變革，多少牽涉到本書各章的內容，特別是各類特殊兒童的定義和鑑定，其中有些勢必需要隨之作些修訂。

　　其次，在論文寫作格式上，本書各章當初撰寫時主要依據 2010 年的第 6 版《美國心理學會出版手冊》（APA 6），然而 2019 年 10 月出版的第 7 版 APA 論文寫作格式，在文獻引註、參考文獻格式、論文編輯格式，以及論文撰寫之專業守則上已有些變革。本書再版時，為因應寫作型態的遞變，乃請各章作者協同出版社編輯同仁，在寫作格式上作必要的修訂。

　　教育學術日新月異，特殊教育的發展更是快速。本書亮相至今倏已四年，相關數據與事實難免有些變化，再版時自應加以檢視，作必要的修訂。

　　以上說明本書再版的緣由。再版不只意謂產品「售罄補貨」，更顯示「與時俱進」的負責態度，尚請讀者鑒察和指教。在此，也深深感謝作者群和出版社編輯同仁的配合及辛勞。

吳武典

2024 年 9 月

吳序

　　本書是以國立臺灣師範大學特殊教育學系教師為班底的集體論著，十多年前在張正芬教授擔任系主任時即進行規劃，也擬了大綱，分配了工作，正式啟動。哪知時光荏苒，幾經人事變化、章節異動，加上時勢變遷、法規更迭，作者們的態度又極其慎重，以致遲遲未能定稿。直至最近，大家卯足全力，終於完工。本書醞釀許久、各界期待已久，終能出爐，實為不易，令人欣喜。忝為創系主任及本書作者之一（本人負責三章），茲不避嫌，在此為本書說幾句好話。本書具有下列特色：

　　第一、架構完整，內容豐富：全書包含總論（綜合議題）和分論（各類特殊需求兒童心理與教育）兩大部分，共十八章，就「特殊教育導論」課程的性質而言，該有的都有了。

　　第二、理論完備，兼顧實務：在總論部分，除了概念性、歷史性及重大議題論述外，並就鑑定、安置、評量與個別化教育做實務探討；在分論部分，除了介紹各類特殊兒童的定義、分類、成因、特質、出現率、安置率外，並就鑑定基準、教育與輔導、輔具應用，以及面臨的困境與發展等，進行實務解析。

　　第三、迎合時潮，又接地氣：凸顯若干熱門而又重要的當代及本土論題，如生涯發展與轉銜服務、專業服務團隊、特殊教育改革運動、兩岸特殊教育、原住民族學生資優教育、融合教育思潮、雙重特殊需求學生教育等。

　　第四、資料新穎，中西兼容：每章都會引經據典，中外文獻兼蓄，並且融會貫通，文字力求暢達，避免翻譯味道。

　　第五、專家專論，言之有物：各章作者皆為各領域一時之選，講自己專精的事，並且謙卑論述，既不盲目移植，也不自我感覺良好。

　　第六、延伸閱讀，擴展學習：每章之末皆推薦延伸閱讀之書籍，並提供相關網站資源，以滿足讀者求知欲，擴大學習效果。

　　這是一本特殊教育入門的教科書，由於頗具廣度和深度，也可供作精研特殊教育的參考書。

　　本書是一群特殊教育學者的集體智慧與經驗之結晶，雖然力求完美，但必定不完美，在此獻寶，請大家品嚐，也請不吝指正。

吳武典

2020 年 8 月

目次

第一篇

總論

第一章
特殊教育基本概念

吳武典

教育建設根本上是質量並進的問題。要求量的擴展,便要實施全民教育,做到有教無類;要求質的提升,便要推展特殊教育,做到因材施教。觀察一個國家特殊教育的重視與發展程度,可大概窺知其文明程度與教育水準。特殊教育問題的探討,一方面要了解先進國家的發展,以資借鏡,並與世界脈動同步;另一方面也要有自知之明,根據本國社會文化的特質和條件,務實地前進。在特殊教育的基本理念上,我們發現中西相通之處甚多,有教無類、因材施教的教育思想,即其一端;但在步調與進度上,仍有相當落差。特殊教育的核心課題在了解特殊需求學生的特質,提供適當的教育安置、課程與介入。種種特殊教育的教育思潮和策略,莫不淵源於此,本章的討論也是從這個觀點出發。首先釐清「特殊」一詞的意義與範疇,再析論特殊教育的基本原理,說明教育的下限與上限及特殊教育的實施原則。最後討論特殊教育的安置模式,釐清回歸主流的迷思與正思,解析回歸主流、融合教育與普通教育革新的涵義及其差別,強調一切應把握多元與彈性原則,回歸適性教育,並以臺灣為例說明多元安置模式及「多元化的安置,逐步邁向融合」的作法。

第一節 「特殊」的意義與範疇

特殊教育與普通教育在表面上看似對立,實質上是相對而不相反,而特殊兒童與普通兒童之關係亦然。特殊教育是普通教育中較特別的一環,而不是大圈外的小圈圈;特殊兒童的基本身分是「兒童」,而不是兒童之外的兒童。「特殊」一詞,只是方便的名稱,有必要加以釐清,然後對特殊教育的內涵,才能有進一步的了解。

一、常態與異態的區分

（一）常態與異態是相對的概念

「特殊兒童」和「特殊教育」的「特殊」（exceptional 或 special），常被視為不正常或異常的同義詞。其實，常態與異態是相對的概念（Ysseldyke et al., 2000），特殊兒童（exceptional children）與普通兒童雖有某些程度上的差異，並無本質上的不同；而這種程度上的差異，很少是全面的，且往往是同者多於異者。為了避免誤導和不當的標記化作用，晚近在特殊教育用詞上有幾個趨勢：第一、避免把殘障（disability）當形容詞使用。這在英文裡特別明顯，例如：中文裡慣稱的「殘障者」或「身心障礙者」一詞，英文裡便使用「有殘障的個體」（individual with disabilities）一詞，而不是「殘障的人」（the disabled individual），簡稱「殘障者」；第二、以中性的殊異（diversity）概念來詮釋特殊性（exceptionality），例如：「學習障礙」（learning disabilities）一詞在英國寧稱為「學習困難」（learning difficulties），涵義較廣，甚至稱為「學習有別」（learning differences），涵義更廣，更沒有標記感了[1]；第三、以特殊教育需求（special educational needs, SEN）代替殘障、障礙（handicap）或失常（disorder）等用詞；因此，特殊兒童即是「特殊教育需求兒童」或簡稱「特殊需求兒童」（children with special needs），或更簡潔地稱為「特需兒童」。

（二）三種界定的標準

常態或異態的界定標準有三（Ysseldyke et al., 2000）：

1. 統計的標準：基於常態分配理論，以偏離常模（平均值）的程度來決定異常的程度，例如：智商（IQ）低於平均值 2 個標準差以下者為智能障礙（以「魏氏智力量表」而言，即 IQ 在 70 以下；該量表設定 IQ 平均值為 100，標準差為 15）；IQ 在平均值 2 個標準差以上者為智能優異（以「魏氏智力量表」而言，IQ 在 130 以上）。

2. 醫學的標準：以是否有病症為準，例如：有無基因異常、染色體變異、產前疾病、病毒感染、大腦創傷等病症。特殊的病症，可能連帶著產生特殊的學習或適應問題。

---

1. 學習障礙（learning disabilities）為美國法律用詞，學術界也通用，但英國則以學習困難（learning difficulties）界定各種學習上的問題（包括低成就）。至於「學習有別」（learning differences），則更認為學習問題只是個別差異問題（如學習方式的差異），只是不一樣，未必不好。「學習有別」的說法完全去除標籤，卻也失去了準頭，正如特殊教育中不分類的主張一樣，很中聽，卻不準確、不實用，目前僅止於口號而已。

3. 社會的標準：這是最普遍，也是社會學者、心理學者、人類學家和教育工作者最常用的標準。這是以一般人認為的社會常模作判斷，例如：3 歲正常的孩子已學會如廁，如果一位 3 歲的孩子還不會自己處理大小便，在自理能力上便有發展遲緩現象。這種判斷會因地、因人而異，因此較之前述兩種標準，這種標準比較主觀。

　　不同的標準所評定出來的特殊性，有其不同的意義，解讀時須了解其所依據的標準。醫學的標準較為客觀，但在教育上的意義較小；統計的標準與社會的標準最符合相對性的意義。在心理與教育診斷上，往往需三者綜合使用。

（三）區分身心障礙與特殊教育需求

　　某生被醫生鑑定為有生理的異常——肢體障礙，需要坐輪椅，因此他有醫療或復健的需求。然而，他智力正常、情緒穩定、人際關係良好，因此除了特殊體育（適應體育）（adapted physical education）外，他沒有其他特殊教育需求。這就是說，殘障（客觀的事實）的鑑定和特殊教育需求的評估是不一樣的。特殊兒童鑑定之後，必須繼之以特殊教育需求評估，後者是特殊教育方案規劃的依據。換言之，身心障礙或資賦優異兒童，雖有客觀上的特殊性，但未必需要特殊教育服務，除非經過評估有此需求；也許在普通的環境裡，透過適切的普通教育措施，就能滿足其需求了。

二、何謂特殊兒童

　　如前所述，特殊兒童與普通兒童是相對名詞，可以從三方面來了解特殊兒童的涵義。

（一）個別差異特別顯著的兒童

　　特殊兒童是指，在某一方面或某幾方面的個別差異特別顯著，而可能有特殊的學習需求或適應狀態的兒童。個別差異是一種自然現象，人一生下來就各個不一樣，而且愈長大愈不一樣。從個別差異的觀點來詮釋特殊兒童，較合乎心理學原理，也較符合人道精神，尤其對身心障礙者更是如此。這些與常態有別的特質包括身、心兩方面，例如：肢體、動作、感官、心智、溝通、情緒行為，甚至遺傳、氣質、需要、家庭背景、成長經驗等。

（二）有特殊困難或特殊需求的兒童

　　個別差異的原因可能是先天不足，可能是後天失調，也可能兩者兼具，以致於在學習或適應上有特殊的困難或需求。在教育上，我們對於身心障礙兒童缺陷部分或弱勢特質需施以補救或補償教學，同時充分發揮其健全部分或優勢特質。同樣的道理，資賦優異孩子因為在某一或某些性向方面太超常了，而可能衍生特殊的需要和困難，以致較難適應普通的教育環境，也需有特別的充實或加速方案設計。他們都是有「特殊需求」的兒童。

（三）得天獨厚或得天獨薄的兒童

特殊教育依對象分為資賦優異教育和身心障礙教育兩大類。資賦優異兒童「得天獨厚」，身心障礙兒童則「得天獨薄」。對於得天獨厚者的教育，不是錦上添花，而是適應差異；對於得天獨薄者的教育，不是資源浪費，而是教育愛的體現；兩者都比一般孩子更需要「因材施教」，套句俗話，就是「特別的愛給特別的他／她」。另有一些兒童，集障礙與資優於一身，是為雙重特殊（dual exceptional 或 twice exceptional）兒童，具有雙重特殊需求，更需特別的照顧。

三、特殊兒童的分類

根據特殊兒童的身心特質，有學者將之歸納成下列六大類（Kirk et al., 2014）：

1. 智能殊異者，包括智能障礙、資賦優異。
2. 溝通殊異者，包括語言障礙、學習障礙。
3. 感官殊異者，包括視覺障礙、聽覺障礙。
4. 行為殊異者，包括情緒困擾、社會適應不良。
5. 身體殊異者，包括肢體障礙、身體病弱。
6. 多重且重度障礙者，即兼具兩種以上障礙而彼此無因果關係者，如腦性麻痺兼智能障礙，或既盲又聾。

當然，還有很多種分類方法，各國法定的類別也不一致，例如：美國依據修正《身心障礙者教育法》（*Individuals with Disabilities Education Act of 2004*），身心障礙分有十三類：自閉症、盲聾雙障、發展遲緩、情緒困擾、聽覺障礙（含聾）、智能障礙、多重障礙、肢體障礙、身體病弱、特殊學習障礙、言語或語言障礙、大腦創傷、視覺障礙；依據《資賦優異兒童教育法》（*Gifted and Talented Children's Education Act of 1978*）[2]，資賦優異有五類：一般智能、創造能力、特殊學術性向、領導能力、藝術才能。

在臺灣，依據《特殊教育法》（2023），特殊教育對象包括身心障礙和資賦優異兩大類。身心障礙有十三類：智能障礙、視覺障礙、聽覺障礙、語言障礙、肢體障礙、腦性麻痺、身體病弱、情緒行為障礙、學習障礙、多重障礙、自閉症、發展遲緩、其他障礙；資賦優異有六類：一般智能、學術性向、藝術才能、創造能力、領導能力、其他特殊才能。臺灣的分類系統明顯取法美國。

---

2. 1988 年修正為《賈維斯資賦優異學生教育法》（*Jacob Javits Gifted & Talented Students Education Act, PL 108-446*）。

　　分類本身不是目的，而是為診斷；診斷的目的是為教育、輔導或矯治，不是要比較或貼標籤。然而，分類不免帶來標記，標記化（labeling）往往帶來歧視。因此，為免不當分類和標記化作用，乃有不分類或大分類、粗分類的倡議，例如各類身心障礙統稱為「教育障礙」（educational handicaps）（Mehan, 1988）、「特殊教育需求」（*UK Special Educational Needs and Disability Act 2001*）或「特殊學習者」（exceptional learners）（Hallahan et al., 2020），而以「發展遲緩」（developmental delay）統稱生理、認知、社會情緒、適應行為等領域有發展遲緩現象之幼兒，此一名詞美國適用於 9 歲以前兒童，臺灣適用於學前階段。

四、何謂特殊教育

　　特殊教育乃是為滿足特殊兒童不尋常需求的特殊設計；所謂特殊設計包括特殊的課程、教材、教法、設備和設施（Hallahan et al., 2019），例如：對於視覺障礙學生，提供大字體或點字課本；對於聽覺障礙學生，提供助聽器、手語教學或口語教學；對於肢體障礙學生，提供交通接送服務及安排適應體育課程；對於情緒行為障礙學生，實施行為改變技術、正向行為支持、個案輔導或團體諮商；對於智能障礙學生，實施結合心理評量、物理治療、職能治療、語言治療、編序教學、心理輔導、醫藥治療等的診療教學技術；對於智能優異學生，安排縮短修業年限、獨立研究、假日研習或良師指導。茲進一步從三方面說明特殊教育的基本精神。

（一）有教無類

　　教育是一種愛心事業，真正的「教育愛」是無條件地接納和關懷每個孩子，哪怕他有多麼大的缺陷或困難。因此，不管那一種特殊需求兒童，都應該是我們教育的對象。筆者早年參訪「臺北盲聾學校」（今之臺北啟聰學校）後，感動之餘，曾撰〈教育補恨天〉一文，以下文字或可作為「教育愛」的註腳：

　　「古來以『桃李春風』比喻師生間的關係，用桃李來比喻聾生，也許有人覺得不恰當，但我卻堅信他們也有『生生化育』的生機。不錯，他們是較瘠瘦的一群，然而誰敢說他們的心靈也虛空？世上多少行屍走肉，『身不殘而心廢』矣，又豈能與『殘而不廢』者相比？正因為他們薄取於自然，所以需要更多教育的滋補；就如枯瘠的桃李，需要更多春風的照拂。我感佩那些從事盲聾教育的工作者，他們以其青春，以其愛心，滋潤那些孤寂的心靈，使他們獲得生活的勇氣，獲得謀生的技能，這真是人類愛的至高表現，是人性的光輝呀！」（吳武典，1967）

（二）因材施教

因材施教是適性教育的體現，具體來說，即是實施個別化教學。個別化教學可以是個別（一對一）的教學，也可以是一對一個小組的教學，但不可能是大班式的教學。我國修正《特殊教育法》（2023）第 22 條規定：「**特殊教育之課程、教材、教法及評量，應保持彈性，適合特殊教育學生、幼兒身心特性及需求。……**」同法第 10 條亦規定：「**特殊教育與相關服務措施之提供及設施之設置，應符合融合之目標，並納入適性化、個別化、通用設計、合理調整、社區化、無障礙及可及性之精神。**」現代特殊教育思潮中的回歸主流（mainstreaming）或融合教育（inclusive education），強調在普通班接納特殊需求兒童，視需要以資源教室方案實施部分時間的補救教學，或將特教資源送入普通班級之中。美國在 1975 年國會通過的《94-142 公法》，即明白規定要為 3 至 21 歲的身心障礙兒童提供免費且適性的公共教育（free appropriate public education），其中包括制定個別化教育方案（Individualized Education Program [IEP]）。

（三）教育治療

有些西歐國家慣以教育治療稱呼特殊教育。所謂「教育治療」，就是透過教育的手段達成治療的目的，而任何治療工作都是在個別化方式下進行，對症下藥（郭為藩，2007）。這些手段固然包括物理治療、職能治療、心理治療、醫藥治療等各種復健措施，更包括特殊需求課程和課程調整。特殊需求課程包括生活管理、社會技巧、學習策略、職業教育、溝通訓練、點字、定向行動、功能性動作訓練、輔助科技應用等；課程調整則涉及教材、教法、評量、編班、分組、環境和設施等的彈性調整。其目的可以說是「教育補恨天」，即是用特殊教育的方法來彌補先天的缺憾。另一方面，對資優兒童而言，特殊教育的重點不是補救缺陷，而是發展潛能。同樣地，亦需規劃特殊需求課程（如創造力、領導才能、情意發展、獨立研究，或專長領域教材），並視需要彈性調整學習內容、學習歷程、學習環境及學習評量。因此，廣義的教育治療亦包括潛能發展，即透過補偏救弊，發展潛能；不但「不放棄任何孩子」，而且進一步要「成就每一個孩子」。

第二節　特殊教育的基本原理

「人生而平等」這句話是政治性的口號和訴求，卻不是自然界的事實。事實是：人一生下來，無論遺傳特質或環境條件，沒有兩個人是完全相等，人生的起跑點是個個不同的。我們必須面對這個事實，鼓勵每個人從各自的起跑點上，奮力向前，發揮潛能；我們的社會則不能因人之殊異特質，而不公地對待或限制每個人的發展機會。

特殊教育本諸人道精神，符應社會需要，並且立法保障，而在施行上具有很大的包容性和彈性。在多元化社會中，它不只企求公平（equality），更強調立足點的平等或公義（equity），以適應個別差異，保障少數且弱勢的族群。特殊教育工作者要具備比普通教育教師更大的愛心、信心和耐心，並且要有專業的知能。

一、為何要推展特殊教育

一個社會如何對待殘障人士，反映出這個社會的進步程度（Winzer, 1993）；觀察一個國家特殊教育的發展程度，可大概窺知其文明程度與教育水準。特殊教育之所以愈來愈受到重視，主要原因在此。進一步分析，現代國家推展特殊教育有下列三大理由。

（一）人道的思想

早期，殘障者（身心障礙者）被視為是多餘的、劣等的，是社會的包袱，他們被歧視的眼光看待，受到拒絕、排斥，這是殘障者生存史上的黑暗時代，甚為漫長。後來，終於有些善心人士（特別是教會人士）基於仁民愛物之心，創辦了養護機構，收容殘障者，人們對殘障者的態度才逐漸由拒絕、歧視，轉變為同情、憐憫。但這種作法含有「我強，你弱」、「我尊，你卑」的施捨味道，用心雖好，卻不夠尊重，且流於消極的救助。在這個時期，特殊教育屬於慈善事業或救濟事業。

演變到今日，基於人道思想，認定殘障者也是人，和其他人是平等的；人既生於世，就有存在的價值，並有其尊嚴，我們應接納他們，就像接納兄弟姐妹一樣。由此產生了另外一種態度——接納與協助。這是一種積極的態度，是真正人道精神的展現。

由此看來，社會態度的演變，是先由野蠻的歧視和拒絕，進而變成消極的同情、憐憫，再進入積極的協助、接納與教育。我國儒家哲學自來就講求人道精神，《禮運大同篇》中就有「鰥寡孤獨廢疾者，皆有所養」之句，顯示了儒家仁民愛物的情懷。這種傳統的儒家社會福利觀，屬於前述的第二個階段——悲憫以對，今日看來似乎有點落伍：第一、「廢疾」一詞不當，如同「殘廢」用語，標記感太強，有歧視味道；第二、「皆有所養」層次太低，不但應有所養，還應有所教、有所用，甚至有所成！但在兩千多年前，有這樣的人本思想，已經相當不容易了！

（二）社會的需要

曾有人批評，特殊教育的投資是純消耗性的投注，有去無回，但這是一種誤會。其實，辦理特殊教育可以幫助解決許多家庭問題和社會問題，甚至有助於開發社會人力資源。

在一個有殘障兒童的家庭裡，不但需負擔龐大的醫療和教養費用，更肩負著沉重的精神負擔，整個家庭氣氛也受到嚴重的影響。筆者認識一對美籍華裔夫婦，雙雙在美國一所名校取得心理學博士學位，只因為家裡有一位多重且重度障礙的孩子，從小親自照顧，不忍心送到教養院，以致二、三十年來放棄了許多到外地高就的機會，就此限制了他們的事業發展。在這樣的家庭裡，不但家庭經濟受影響，家庭氣氛受影響，家人的發展受影響，對社會也是一項重大的損失。

何況有些殘障者，本身就有相當能力，甚至還是資優者，例如：海倫凱勒（Helen A. Keller, 1880-1968），從小又盲又聾，卻在文學上有非凡的成就；我國的許倬雲博士（1930- ）是舉世聞名的歷史學家，也是中央研究院院士，雖有肢體障礙，成就卻遠遠超過常人；再如已故的劉俠（杏林子）女士（1942-2003），生前是一位百分之九十關節不自由的殘障者，卻創辦了伊甸基金會，雖然自己站不起來，卻照顧了許多殘障朋友；她還是一位名作家，用筆彩繪人生，給人們帶來希望，創造了「殘而不廢，障而無礙」的傳奇！如果我們能提供機會，讓殘障者學習與發展，他們也一樣能有所成就，並對社會有所貢獻。因此，純從功利的觀點看來，辦理特殊教育亦有其價值，雖然成本偏高（平均約為普通教育的三倍或更多），仍是值得投資的。

（三）法律的依據

法治的社會須依法行政，現代國家普遍制定法律明文保障身心障礙者的人權，包括生存權、教育權、工作權和人格權，例如：美國的《所有殘障兒童教育法》（1975）及《身心障礙者教育法》（1990，1997，2004）[3]、中國大陸的《殘疾人保障法》（1990，2018）及《殘疾人教育條例》（1994，2017）、臺灣的《殘障福利法》（1980，1990，1997 修正為《身心障礙者保護法》，……2007 修正為《身心障礙者權益保障法》，……2021）及《特殊教育法》（1984，1997，……2023）等皆是。這些條文，完全符合我國「有教無類」與「因材施教」的傳統教育精神。

被稱為特殊教育立法圭臬的美國《94-142 公法》（1975）給予我們最大的啟示是重新詮釋了教育的下限與上限。這可以從這個法案的三大保證、六大原則（吳武典，2004；Kirk et al., 2014; Turnbull III & Turnbull, 2000）看出來。三大保證和六大原則說明如下。

---

3. 1990 年美國國會修正《94-142 公法》，改稱《身心障礙者教育法》（*Individuals with Disabilities Education Act* [IDEA]），後經 1997 年及 2004 年兩次修正。2015 年國會透過《讓每個學生成功法案》（*Every Student Succeeds Act*，即《114-95 公法》），再次修正補強 IDEA 公法。

二、教育的下限與上限

（一）零拒絕

所謂零拒絕（Zero Reject），其意涵相當於「有教無類」，更學術性的說法是「教育沒有下限」，即不能因有身心障礙而拒絕入學（適用於 3～21 歲），例如：智能障礙雖也是一種身心障礙，但智障兒無論是輕度、中度、重度或極重度，都應給予受教育的機會，沒有「IQ 零蛋」或「不可受教」這件事。早期對智能障礙的三分法：可教育性、可訓練性、需養護，也從此走入歷史，套句臺灣教育界流行的一句金語，就是：「沒有不可教的孩子，只有不會教的老師」！

（二）個別化教育方案

個別化教育方案（IEP）相當於「因材施教」或「適性教育」。如前所述，個別化教育不一定是一對一的教學，但不可能是大班式的教學，有時候也可用小組的方式進行。在個別化教育方案要求下，所有公立學校不但不能拒絕身心障礙者入學，而且在確認為法定障礙者後一個月內，要為這位學生擬訂個別教育計畫（Individual Education Plan [IEP]），並盡快付諸實施。如何擬訂呢？要為每位學生組成 IEP 小組，小組成員包括家長、學校行政人員、特教教師、普通班教師、心理學家、測驗專家、相關專業人員及轉銜服務人員等，必要時得邀學生本人（已達初中階段者）參加其 IEP 小組會議，經過家長簽字後生效，並至少一年修訂一次。

（三）最少限制的環境

所謂最少限制的環境（Least Restrictive Environment [LRE]），意謂必須把各種環境的限制加以排除，使身心障礙者能夠得到最適當的安置，俾便接近各種社會資源，並參與各種社會活動。這些限制包括有形的交通和建築等障礙，也包括無形的課程、教學、態度等障礙，這些都必須排除，使具有可及性（accessibility）和融合性（inclusion）。最少限制的環境，原指的是普通的教育環境，即是一個師資設備齊全、每位學生都可受到良好照顧的環境。讓身心障礙兒童儘量回到普通的教育環境，意為「不剝奪」，手段是「求統合」（integration）或所謂回歸主流，目的是希望真正幫助有特殊困難或特殊需求的學生。「最少限制的環境」向前推進一步，就變成「最大的發展機會」，這應該是最後的目標，而「最少限制的環境」只是過程而已。「最大的發展機會」不但對身心障礙者適用，對資賦優異者也適用，這時其意義便是「教育沒有上限」了。

所謂六大原則，即除了上述三大保證外，另加三項原則如下。

（四）無歧視的評量

無歧視的評量（Nondiscriminatory Assessment）是指，透過專業的衡鑑，評估需要接受特殊教育和相關服務的身心障礙學生。這個程序必須是公正的、客觀的，不能有任何歧視，尤其不能有任何對弱勢族群或文化背景殊異者人為不利的情形，例如：避免使用有文化偏差的（cultually biased）智力評量工具。

（五）法律保障程序

法律保障程序（Due Process）是指，父母有權利要求檢視其身心障礙子女的 IEP 執行情形及孩子的學習表現紀錄。如果發現 IEP 未被執行或執行不力，或孩子的教育權未獲得應有的保障，甚至受到歧視，家長可以提出申訴或控告，或要求舉行聽證會。

（六）父母參與

父母參與（Parent Involvement）是指，父母有權利參與有關其身心障礙子女教育服務的各種決定（包括評估、鑑定、安置），成為其子女 IEP 小組的一員，並對 IEP 做最後的認定。父母需了解這些法律的規定，讓孩子入學，並協同學校使孩子得到適性的教育。當然，父母也可以選擇放棄這些參與權。

三、特殊教育的實施原則

那麼，如何實施特殊教育呢？茲提出以下四項原則。

（一）肯定人人都有教育的可能性和教育的權利

現代教育的發展趨勢是：對於任何特殊兒童（包括智能障礙者、重度障礙者）均不得剝奪其就學的權利。過去曾有人誤解了對智能障礙兒童的輔導，以為「可教育性」（輕度）的智障兒童才可以進入學校就讀；「可訓練性」（中度）智能障礙兒童，要到特殊教育學校；「養護性」（重度、極重度）智能障礙兒童，應到養護機構去。在臺灣，曾經有一段時間，國小的啟智班和國中的益智班（今日皆稱為啟智班），以招收輕度智能不足（智能障礙）為限，而拒絕了中、重度智能障礙兒童；啟智學校也以收中度智能障礙兒童為限。這種截然劃分的作法，常鬧出許多淒涼的笑話，例如：啟智學校不收的兒童（重度），轉到一般國小；啟智班不收的兒童（中、重度），又推給普通班來教，造成更為嚴重的問題。所幸這種情形隨著觀念的改變與特殊教育方案的擴增，已大為改善。

目前大家似乎都覺醒過來了，認為拒絕特殊兒童入學是違反人權且違憲、違法的作法，對於智能障礙學生「應」施以特殊教育或技藝訓練。在觀念上，我們也了解到智能障礙兒童是智能較低，學習較困難，但絕對不是沒有學習能力的個體。所有的人只要有一口氣在，都是可教育的，都有進步的可能性，只是進步的大小不同罷了。何況學習的範圍也不僅限於讀、寫、算三種，食、衣、住、行等日常生活的技能皆可以是教育的題材。由此可知，對於特殊兒童的教育，依法不得拒絕，依理也有其必要。

（二）特殊教育和普通教育並行不悖

世界各國對於特殊教育的發展，有一共同的現象，即總是在普通教育發展到相當程度以後，才發展特殊教育（郭為藩，2007）；也就是行有餘力，才照顧殘障兒童。有人根據這一觀點，認為目前我們大力推行特殊教育，還不是時候，因為普通教育的問題仍然很多。這一觀點有必要加以釐清。

事實上，目前隨著經濟發展，國民所得逐年提高，政府已有能力發展特殊教育，此其一。何況特殊教育也是教育的一環，特殊兒童也是國民，應該和普通兒童享受一樣的受教權，只是因為他有特殊困難，需要多加一點點。這個「多加一點點」，乃是因材施教，而不是給予特權。因此，特殊教育應該和普通教育同時並進，而不該有正餐與點心之分。更何況特殊教育的提倡，可提升普通教育的品質。由此看來，普通教育「先」，特殊教育「後」，在理論上是站不住腳的。普通教育和特殊教育是可以而且應該同時並進的。

（三）最少限制的環境，最大的發展機會

回歸主流是 1968 年以後美國所掀起的一種人道運動，其目的是儘量讓特殊兒童在普通環境裡接受教育，不要隔離，也不要給他標記。此一人道運動撤除生活與教育環境中的樊籬，讓身心障礙者也能擁有同等享受各種社會資源（包括教育資源）、參與各種社會活動（包括教育活動）的權利，以使他們有最大的發展機會。

最少限制的環境概念不但對身心障礙者適用，對資賦優異者也很適用；因為學制、課程、教學進度、學習評量等的刻板化，的確會限制了資優兒童的發展。在《特殊教育法》（2019）中，「**特殊教育學生得視實際狀況，調整其入學年齡及修業年限**」（第 12 條）及「**特殊教育之課程、教材、教法及評量方式，應保持彈性**」（第 19 條）的規定若能落實，可使學制和課程具有彈性，有助於特殊需求學生的潛能發展。

（四）多元的模式，彈性的課程

特殊需求學生的教育安置主要有三種型態：

1. 特殊教育學校，如啟明（視覺障礙）、啟聰（聽覺障礙）、啟智（智能障礙）等學校。

2. 特殊班,又分三種型態:(1)自足式特殊班(又稱集中式特教班):全班同學都是特殊兒童,整天一起相處和學習;(2)合作式特教班:特教學生大部分時間在特殊班,一部分時間(如音樂、美術、體育、綜合活動)和普通班兒童在一起學習;(3)資源教室方案(又稱分散式資源班):大部分時間統合在普通班,小部分時間抽離到資源教室(不超過在校總時間的二分之一)接受補救教學或充實教學。

3. 融合班,特殊需求學生統合在普通班中接受特殊教育服務。

此外,還有巡迴輔導、在家教育等方式。

至於如何提供適切的特殊教育安置方式?以身心障礙學生而言,需考慮學生的特殊需要(障礙程度)、障礙類別、進展情況、居家因素與個人意願等,下節再詳述。多元模式有助於適應學生的個別差異,也提供家長多元選擇的機會。配合多元安置模式,課程、教材、教法、評量等應保持彈性,以符應個別化教育之需求。

第三節　特殊教育的安置模式

在種種特殊教育議題中,對身心障礙學生的教育安置宜採隔離式還是統合式?面對回歸主流運動和融合教育思潮,我們何去何從?有無最佳的安置模式?這些最常被關切,也最有爭議,值得詳加討論。

一、回歸主流的迷思與正思

1970 年代興起的回歸主流運動反應出許多特殊教育學者的哲學觀點,他們確信,對於任何一個障礙兒童,特殊教育的環境與教學方案,僅是一種過渡的措施,而非終極的目的。特殊教育旨在幫助兒童克服其生理的、心理的與社會的障礙,以能適應正常的環境,過獨立自主的生活,故統合式安置應取代長期以來的隔離式安置。

然而,Kirk 與 Gallagher(1993)指出,把殘障者從機構中釋放出來是不夠的,我們必須提供他們正價的環境;單純對智能障礙兒童遷置環境,並無助益,除非我們能幫助他們適應那個環境,故要改變的不只是環境,更包括課程與教學策略。因此,回歸主流是否成功,需具備一些配合條件,安置標準即其一端。美國於 1975 年國會通過的《94-142 公法》便不使用「回歸主流」一詞,而使用「最少限制的環境」,應有助於端正視聽,避免誤解。

對於回歸主流常有的迷思有以下三種:第一、以為把特殊兒童安置在普通班或普通學校即是回歸主流(忘了必須有個別化教育方案與環境的支持);第二、以為各類、各種程度殘障兒童的最佳安置皆是回歸主流(試看智能障礙兒童的教育安置,融合教育當道的美國和臺灣,仍皆有相當高的比例採用集中式特殊班之模式,有別於其他類身心障礙學生的

教育安置，特教需求不同故也）；第三、以為回歸主流各國通行，其實試看鄰近的日本、香港和新加坡的智能障礙教育，長期以來皆以特殊教育學校與特殊班為主體，近年受到融合教育思潮的衝擊，才做了較大幅度的改變；中國大陸更仍在大量增設特殊教育學校，與另一極的「隨班就讀」（中國式的融合教育），雙軌並進；檢視美國歷年的《身心障礙者教育法》（IDEA）年度執行報告，也顯示多元化安置的現實。

　　1990 年以後，回歸主流、統合、普通教育革新（Regular Education Initiative [REI]）等名詞逐漸為融合教育一詞所取代。融合教育強調所有的孩童有權利一同學習，普通學校在不犧牲普通兒童權益的原則下，應主動做些改變，以適應有特殊需求的兒童；其觀點強調有意義的融合、共同成長、主動的改變（包括教師的再教育）（Ainscow, 1994）。這些都是很有價值的論點，真正掌握了回歸的要義。

二、回歸主流、融合教育與普通教育革新

　　回歸主流在基本哲學和實施上，仍採普通教育與特殊教育分離的二元系統，普通學生與特殊學生的統合主要是在非學業性的活動上（Lipsky & Gartner, 1994）。回歸主流所提供的特殊教育服務主要是在資源教室，且普通班教師和特殊教育教師是分開的，各司其職；學生在普通教室與在資源教室中所接受的教育方案是不同的（毛連塭，1994）。融合方案則將特殊需求學生與一般學生同步安置在普通班中，把特殊教育服務送入普通班中，有特殊需要時才提供抽離式的特教服務（Ross & Wax, 1993）。換言之，一般兒童接受教育之處，即特殊兒童受教之處；在融合教育理念下，不僅特教教師要進入普通班來服務特殊兒童，普通教育教師也必須具備基本特教知能，以教導特殊兒童。

　　其實，融合教育依融合程度又有部分融合（partial inclusion）和完全融合（full inclusion）之別，前者為特殊教育與普通教育平行運作，但密切合作，特殊兒童部分時間在普通班教室，部分時間在特別教室或資源教室，類似合作式特殊班或資源教室方案；後者則無論障礙類型或程度，一律採單一的普通教育安置系統，特殊需求學生全天候和一般學生活在一起、學習在一起，可說是徹底「特殊教育普通教育化」了，其引起的爭議也特別大（吳武典，2005）。回歸主流、部分融合與完全融合之區別如表 1-1 所示。

　　至於普通教育革新的提倡，主要在配合美國國家經濟政策，降低特殊教育人數及特殊教育經費支出，因此是一種由上而下的改革運動。普通教育革新主要是針對輕度障礙的學生，將其安置於普通教育環境中；融合教育則是一種消費者取向的改革運動，其提倡者多為特殊教育的消費者、特殊兒童父母或實際從事特殊教育的人員，服務對象則擴充到中、重度障礙者（Heffernan, 1993）。普通教育革新的主要目的是在提升輕度障礙學生的學業成就水準（Fuchs & Fuchs, 1994）；融合教育除重視障礙學生在普通教育環境中的學業成就外，也強調其社會化技能、態度和同儕關係（Belcher, 1995）。雖然兩者有上述之不同，但基本上二者均主張在普通教育環境中提供特殊教育服務。

表 1-1 回歸主流、部分融合和完全融合的比較

項目	回歸主流	部分融合	完全融合
1.主要時期	1950s～1980s	1980s～現在	1990s～現在
2.主要對象	輕度障礙	輕、中度障礙	所有特殊學生
3.回歸普通班時間	部分時間	全部或部分時間 依需要及障礙程度	全部在校時間
4.主要教學責任	特殊教育教師	普通班教師為主 特教教師支援	普通班教師
5.教育系統運作	特殊教育與普通教育各 自獨立運作	特教與普教平行運作， 但密切合作	廢除特教系統以形成單 一的普教系統
6.安置型態	多元化安置	多元化安置	單一安置

註：引自鍾素香（2000）。

三、回歸適性教育——多元與彈性

　　由此看來，與其強調容易誤解的回歸主流，不如強調最少限制的環境、適性教育或因材施教（個別化教育），並且要有適當的配合措施，包括：(1)正確的鑑定；(2)多元的安置；(3)設施的改善；(4)課程的修訂；(5)教師的熱忱；(6)環境的接納。

　　至於最適當安置（optimum placement），吳武典（1997，2019）以為可以 Reynolds（1962）所提出的階梯式服務模式為準（如圖 1-1 所示），另加修正補充（如圖 1-2 所示）。

　　圖 1-2 顯示，最適當安置即是最適應個別差異或最適性的安置，在「儘量回歸普通環境」（UNESCO, 1994）的融合教育原則下，除了要考慮 Reynolds 所提的兩個因素：障礙程度（輕者儘量統合，重者可以分離）與進步情形（有進展者儘量往下回歸，情況惡化者可向上遷置）之外，尚可考慮三個因素：(1)障礙類別，如語言障礙、學習障礙，以統合為佳；智能障礙、多重且重度障礙則勢必要有某種程度的分離；(2)居家遠近，以靠近住家或能通勤上學為原則，以便於享受家庭溫暖及獲得家人的協助，此尤以年幼者為然；(3)個人意願，尊重當事人的表述權和選擇權。以上五種因素，綜合考慮，彈性運用，即是「最適當安置」。符合的情形愈高，則此種安置對當事人的成長發展愈有利（吳武典，1997，2019）。

圖 1-1　Reynolds 的階梯式服務模式

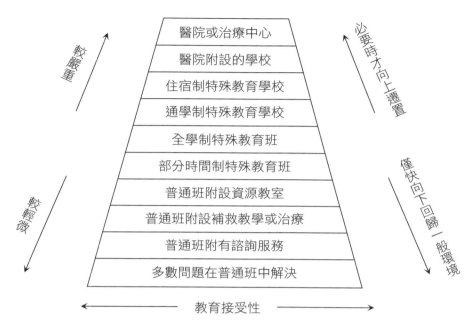

註：引自 Reynolds（1962）。

圖 1-2　最適當安置模式

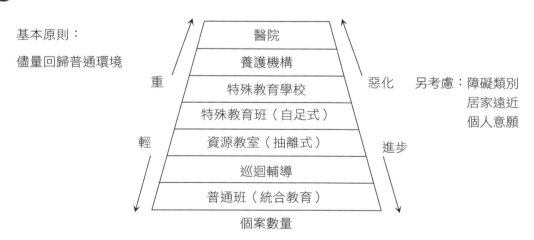

註：引自吳武典（1997，2019）。

四、多元安置模式——以臺灣為例

（一）身心障礙教育

目前高級中等以下學校身心障礙學生之安置採取多元型態，包括：特殊教育學校、普通學校集中式特教班、分散式資源班、融合班（普通班接受特教服務）、巡迴輔導、在家教育及床邊教學等方式（參見吳武典，2014），茲說明如下：

1. 特殊教育學校

現有特殊教育學校可分為綜合型學校、啟聰學校、啟明學校、啟智學校及實驗學校等五種類型，共有 28 校。分述如下：

(1)綜合型學校：1998 年以後陸續設立，目前共有 20 校，是臺灣主要的特殊教育學校類型，以身心障礙學生高中職部為主，主要教育對象為中、重度智能障礙學生。

(2)啟聰學校：招收對象以聽覺障礙學生為主，涵蓋學前、國小、國中及高職四個階段，共有 3 校。啟聰學校的課程除一般課程外，在幼兒部及國小部特別強調溝通訓練及良好生活習慣的養成，國中部注重社會適應能力的培養及職業的陶冶，高職階段則加強職業技能的訓練。

(3)啟明學校：招收對象以視覺障礙學生為主，涵蓋學前、國小、國中及高職四個階段，共有 3 校。在課程方面，國民教育階段多數比照各級學校的課程綱要，而高職課程中有專為視障學生的特殊需求所開設的「點字」、「定向行動」、「日常生活訓練」等課程。

(4)啟智學校：啟智學校的起步較慢，直到 1976 年，第一所啟智學校才在臺南市成立，但發展甚速，全盛時期有八所啟智學校，招收對象以國中及高職階段的中、重度智能障礙學生為主。惟近年啟智學校已先後改制為綜合型的特殊教育學校，包括最老牌的臺南啟智學校亦於 2020 年改制為臺南特殊教育學校。因此，「啟智學校」在臺灣已成歷史名詞了。

(5)實驗學校：1968 年在彰化縣和美鎮成立國立彰化仁愛實驗學校，招收肢體障礙及腦性麻痺學生。創校之初，設置國小部及國中部，自 1982 年起增設高職部。在課程方面，除一般課程外，特別注重機能訓練、語言訓練、心理輔導與職業訓練。近年來，仁愛實驗學校的學生已從早期小兒麻痺學生逐漸轉變為中樞神經系統障礙為主的腦性麻痺學生占大多數。因此，課程內容也著重在生活能力的訓練及社會適應能力的培養，並配合兒童能力開發，改良教材教具，利用科技輔具指導兒童學習。然因肢體障礙學生大多已回歸普通學校，該校肢體障礙學生大量減少，自 2015 學年度起更名為「國立和美實驗學校」，除肢體障礙學生（以國中及高中職部為主）外，也招收一般高中生。

2. 一般學校

在一般學校實施的特殊教育型態，有集中式特教班（自足式）、分散式資源班（抽離式）、巡迴輔導、在家教育、床邊教學及普通班接受特教服務（融合式）等六種，分別說明如下：

(1) 集中式特教班：指一般學校以特教學生為招收對象的特殊教育班，學生進入該班後，一切的活動均在班級內進行，包括：智能障礙集中式、聽覺障礙集中式、肢體障礙集中式、自閉症集中式及高中職綜合職能科等。除上述班型外，各縣市所屬學校的實際設班狀況，尚有多重障礙集中式及不分類集中式，惟為數甚少。

(2) 分散式資源班：資源班是一種部分時間的補救教學方案，特教學生部分時間在普通班與一般學生一起上課，部分時間抽離到資源教室接受資源教師的個別化指導。有單類資源班、跨類資源班兩種型態。單類資源班是指資源班僅提供某類特教學生的服務，如聽覺障礙資源班僅服務聽覺障礙學生、語言障礙資源班僅服務語言障礙學生、資優資源班僅服務資優學生等；跨類資源班的服務對象則包括二類或二類以上的特教學生，如不分類資源班所服務的對象可能包含輕度智能障礙、學習障礙、輕度聽覺障礙及弱視等身心障礙學生。除上述班型外，各縣市所屬學校的實際設班狀況，尚有智能障礙資源班及嚴重情緒障礙資源班。

(3) 巡迴輔導：巡迴輔導是指將特教學生安置於普通班中，而由經過訓練的巡迴輔導教師機動性地巡迴有特教學生的學校，或對特教學生提供直接服務，或對教師、家長提供諮詢等間接服務。臺灣最早採取巡迴輔導制度者，首推 1967 年起推行的「視覺障礙學生混合教育計畫」，將視覺障礙學生安排在普通班中，由在臺南師專（國立臺南大學前身）受過一年視覺障礙教育專業訓練的巡迴輔導教師定期前往輔導。

(4) 在家教育：基於教育機會均等的理念，政府對於學齡階段（指 6 至 15 歲）無法到校接受教育的重度障礙或多重障礙學生，自 1987 年起提供「在家教育」巡迴輔導措施。教育部曾委託省立臺北師範學院（國立臺北教育大學前身）辦理啟智教育巡迴輔導員研習班，以加強巡迴輔導教師的專業訓練。接受在家教育措施的學生多為重度智能障礙、重度肢體障礙及多重障礙者。1993 年起，更擴大至自閉症、植物人及其他類的重度障礙者。

(5) 床邊教學：接受床邊教學的學生，主要包括以下三種情形：
①臥病治療期間在三個月以上，為免學業中斷，影響康復後上學的學習進度者。
②病情嚴重，不宜繼續上學，但須提早準備將來生活適應者。
③臥病於醫院或療養院中，無法離開病床者。

(6) 普通班接受特教服務：這是指學生就讀普通班，但接受資源班及巡迴輔導以外的特殊教育及相關服務。此一型態係依據評估後設計的個別化教育計畫，提供該生所需要的特殊教育、復健治療、教育輔助器材、無障礙環境或行政支援等直接或

間接的協助。廣義而言，「資源班」輔導等教育型態，因學生大部分時間均在普通班學習，都屬此類。但是，在教育部的《特殊教育統計年報》中，「資源班」和「巡迴輔導」為獨立的兩項教育安置型態，所以將「普通班接受特教服務」另成立一類，以資區別，或可稱為「融合班」。

3. 綜合分析

　　從特殊教育安置型態的演變得知，從最早隔離式的特教學校是身心障礙學生唯一的選擇，逐漸擴展到集中式特教班、分散式資源班、巡迴輔導、在家教育、普通班接受特教服務等。而且，從歷年的教育統計資料也顯示，有愈來愈多的特教班逐漸轉型為招收輕度障礙學生的身心障礙資源班。由此顯示，臺灣地區的特教學生安置型態也逐漸朝向聯合國及相關國際組織所呼籲的融合教育之方向邁進。二十多年來，臺灣特殊教育政策的基調是：多元化的安置，逐步邁向融合。

（二）資賦優異教育

　　資賦優異教育的目的在針對學習潛能優異而無法在普通課程中受益的學生，經專業評估鑑定具學習特殊需求，提供適性教育的機會，以使其能在彈性化的教材教法下，充分發揮學習潛能。就教育安置而言，以下為幾種現行的資優學生安置或教育型態（參見吳武典，2013）：

1. 集中式資優班

　　係在普通班之外，另成立特別班級，課程由專任資優班教師負責，人數以 30 名為上限。目前，國民中小學藝術才能班（依《藝術教育法》成立）及高中各類資優班（依《特殊教育法》成立）大多採用此種安置方式。

2. 分散式資優資源班

　　是指將資優學生分散安置在普通班，上課時按資優學生專長學科抽離至資源教室上課，並由資優資源班教師提供加速或充實課程。其抽離時數每生每週不得超過 10 節；情意教育、主題課程得以外加課程方式實施。

3. 縮短修業年限

　　這是為高級中等以下學校學科能力特別優秀學生提供的加速學習計畫。縮短修業年限方式有五：(1)免修該學科（領域）課程；(2)部分學科（領域）加速；(3)全部學科（領域）同時加速；(4)部分學科（領域）跳級；(5)全部學科（領域）跳級。

4. 區域性資優教育方案

各縣市依學校資優學生分布情形，將行政管轄區域劃分為若干區域，提供適性化資優教育服務，利用週末假日、寒暑假、國小週三下午，或採系列延續性的課程活動，辦理研習、競賽、展演、參訪、觀摩、營隊、研究或演講等類型活動，希望藉此發揮學校的群組夥伴關係，以達資優教育資源共享之目的。

5. 校本課程

是指學校設計適合學校特色的資優教育方案，並提供各校具有優異潛能學生加深、加廣的學習機會，其學生安置型態採分散式，並不集中編班。

6. 提早入學

係指已滿五歲、未滿六歲幼兒，其學習能力特別優異，且社會適應與適齡兒童相當，經專業評估鑑定，可提早入小學就讀。

7. 綜合分析

1997 年《特殊教育法》修正公布，資優教育的對象由 1984 年所界定的一般智能、學術性向、特殊才能三類，擴大為一般智能、學術性向、藝術才能、創造能力、領導能力與其他特殊才能等六類。為防止資優教育的畸形發展（主要是和升學主義掛鉤），教育部修訂相關法規，自 2007 學年度起，國民教育階段資優教育班以分散式辦理方式為限，不得集中編班；並將各種資優類別之鑑定基準提升至平均數正 2 個標準差或百分等級 97 以上，這使資優教育的多元性和彈性限縮不少。但另一方面，資優教育也正嘗試以更彈性、更多元的教育方案提供資優學生充實教育的機會，舉凡校內可以舉辦的社團活動、假日研習、夏冬令營、競賽、異質分組活動設計、主題法模組教學設計、綜合充實教育方案、統整教學模式，以及校際交流、國際交流、遠距教學、網路學習等，都是資優教育可行的方式。

五、邁向融合

融合可作為一種理想，完全融合又如同大同世界一樣，不是一蹴可及。衡諸社會文化背景與現實條件，各國或各個社會可以有其不同的作法，但絕不宜走隔離的回頭路。融合乃是自然調適的過程，加上現代社會具有多元化的特質，特殊兒童也有著極大異質性，漸進地、有條件地推展融合教育，應是兼顧理想與現實的作法。在臺灣，身心障礙兒童教育安置的政策取向，自 1995 年以來即確定為「多元化的安置，逐步邁向融合」（教育部，1995；Wu, 2017），多年來由於相關配套措施的加持，至今進展尚稱平順，可說是務實的作法。

延伸閱讀

一、推薦書籍

吳武典（1990）。**特殊教育的理念與做法（增訂版）**。心理。

何華國（2009）。**特殊兒童心理與教育（第四版）**。五南。

教育部（1995）。**中華民國身心障礙教育報告書：充分就學、適性發展**。作者。

郭為藩（2007）。**特殊兒童心理與教育（修訂五版）**。文景。

二、相關網站資源

全國特殊教育資訊網（https://special.moe.gov.tw）

教育部特殊教育通報網（https://www.set.edu.tw）

參考文獻

中文部分

毛連塭（1994）。當前特殊教育的兩個重要理念。**特教新知通訊，2**（3），1-2。

吳武典（1967）。教育補恨天：「臺北盲聾學校」參觀記感。葡萄園，**25**，30-31（轉5）。

吳武典（1997）。從特殊兒童的教育安置談特殊教育的發展。**中國特殊教育，15**，15-21。

吳武典（2004）。特殊教育的基本原理。載於何英奇（主編），**心理與特殊教育新論**（頁193-220）。心理。

吳武典（2005）。融合教育的迴響與檢討。**教育研究月刊，136**，28-42。

吳武典（2013）。臺灣資優教育四十年（二）：昔日英才今安在？資優教育季刊，**127**，13-21。

吳武典（2014）。臺灣特殊教育綜論（二）：現況分析與師資培育。特殊教育季刊，**130**，1-10。

吳武典（2019）。**現代化過程中，特殊教育的中庸之道**。第六屆海峽兩岸特殊教育高端論壇主講論文。南京特殊教育師範學院，2019年11月16〜17日。

身心障礙者權益保障法（2021）。中華民國110年1月20日總統華總一義字第11000004211號令修正公布。

特殊教育法（2019）。中華民國108年4月24日華總一義字第10800039361號令修正公布。

特殊教育法（2023）。中華民國112年6月21日總統華總一義字第11200052781號令修正公布。

教育部（1995）。**中華民國身心障礙教育報告書：充分就學、適性發展**。作者。

郭為藩（2007）。**特殊兒童心理與教育**（修訂五版）。文景。

殘疾人保障法（1990發布，2018修正）。

殘疾人教育條例（1994發布，2017修正）。

鍾素香（2000）。美國對「限制最少環境」理念的發展與實踐。國立中山大學社區科學季刊，**2**（1），143-153。

英文部分

Ainscow, M. (1994). *Special needs in the classroom: A teacher education guide*. Jessica Kingsley.

Belcher, R. N. (1995). *Opinions of inclusive education: A survey of New Mexico teachers and administrators*. (ERIC Document Reproduction Service, No. ED381321)

Education for All Handicapped Children Act of 1975. PL 94-142. https://www.govinfo.gov/content/pkg/STATUTE-89/pdf/STATUTE-89-Pg773.pdf

Fuchs, D., & Fuchs, L. S. (1994). Inclusive school movement and the radicalization of special education reform. *Exceptional Children, 60*, 294-309.

Gifted and Talented Children's Education Act of 1978 (Public Law 95-561).

Hallahan, D. P., Kauffman, J. M., & Pullen, P. C. (2019). *Exceptional learners: Introduction to special education* (9th ed.). Allyn & Bacon.

Hallahan, D. P., Pullen, P. C., Kauffman, J. M., & Badar, J. (2020). *Exceptional learners*. Oxford University Press.

Head Start Program of USA. https://en.wikipedia.org/wiki/Head_Start_(program)

Heffernan, R. (1993). *Serving students with disabilities in general education: The partnership*. Unpublished doctoral dissertation, University of San Diego, San Diego, CA.

Individuals with Disabilities Education Act (IDEA) PL 101-476, 2004. https://sites.ed.gov/idea/

Jacob Javits Gifted & Talented Students Education Act, PL 108-446, 1988.

Kirk, S. A., & Gallagher, J. J. (1993). *Educating exceptional children* (7th ed.). Houghton Mifflin.

Kirk, S. A., Gallagher, J. J., Anastasiow, N. J., & Coleman, M. R. (2006). *Educating exceptional children* (11th ed.). Houghton Mifflin.

Kirk, S. A., Gallagher, J. J., Coleman, M. R., & Anastasiow, N. J. (2014). *Educating exceptional children* (14th ed.). Houghton Mifflin.

Lipsky, D. K., & Gartner, A. (1994). Inclusion: What it is, what it's not, and why it matters. *Exceptional Parent, 24*(10), 36-38.

Mehan, H. (1988). Educational handicaps as a cultural meaning system. *Ethos, 16*(1), 73-91.

Public Law 99-457 of USA (1986). https://en.wikipedia.org/wiki/Public_Law_99-457

Reynolds, M. C. (1962). A framework for considering some issues in special education. *Exceptional Children, 28*, 367-370.

Ross, F. C., & Wax, I. (1993). *Inclusionary programs for children with language and/or learning disabilities: Issues in teacher readiness*. (ERIC Document Reproduction Service, No. ED369251)

Turnbull III, H. R., & Turnbull, A. P. (2000). *Free appropriate public education* (6th ed.). Love Publishing Co.

UK Special Educational Needs and Disability Act 2001. http://www.legislation.gov.uk/ukpga/2001/10/section/1

United Nations Educational, Scientific and Cultural Organization. [UNESCO] (1994). *Final Report of the World Conference on Special Needs Education: Access and Quality*, Salamanca, Spain. June 7-10, 1994.

Winzer, M. A. (1993). *The history of special education: From isolation to integration*. Gallaudet University Press.

Wu, W. T. (2017). *The role of encouragement, empowerment, and support in inclusive education: Taiwan experience*. Paper presented at the 2017 International Inclusive Education Summit, University of South Australia-School of Education, Adelaide, Australia. October 27-29, 2017.

Ysseldyke, J. E., Algozzine, B., & Thurlow, M. L. (2000). *Critical issues in special education* (3rd ed.). Houghton Mifflin.

第二章
特殊教育的演進和發展

歷史是一面明鏡，正如唐太宗云：「以銅為鑑，可以正衣冠；以人為鑑，可以明得失；以史為鑑，可以知興替。」對中、西方特殊教育發展脈絡的了解，有助於檢討過去、把握現在、展望將來。本章首先說明西洋特殊教育的演進及近代特殊教育改革運動的重點，再就臺灣與中國大陸特殊教育的演進與特色進行解析，最後就兩岸特殊教育的現況加以比較。

第一節　西洋特殊教育的演進

自有人類以來，特殊兒童的問題即已存在。然而，特殊兒童受到的處遇，卻隨著時代而有不同（Winzer, 1993）。談到現代特殊教育的起源，咸認源自於西方社會，尤其法國更是重要的啟蒙地，爾後發揚光大於美國，再輻射地影響全世界。

一、發展階段

特殊教育始自殘障教育。Gearheart 等人（1992）認為，殘障者的教育發展大致可分為四個時期：

1. 渾沌無知期：1800 年以前。
2. 養護機構期：1800 至 1900 年。
3. 公立學校－特殊班時期：1900 至 1960 ／ 1970 年。
4. 加速成長期：1960 年至今。

Kirk 與 Gallagher（1993）認為，人們對殘障兒童態度的演變，大致可分成四個階段：

1. 基督教興起之前，殘障兒童常被拒絕或歧視，處境艱難。
2. 基督教盛行時期，殘障兒童獲得同情與憐憫，受到保護。

3. 十八、十九世紀，養護機構興起，提供殘障兒童隔離式的教育。

4. 二十世紀末以還，接納與協助殘障兒童，並儘可能讓他們回歸主流。

俄羅斯娜·米·納扎洛娃（2011）在主編的《特殊教育學》一書中，根據特殊教育國家體系形成與發展的歷史，從社會文化的觀點，將特殊教育的發展分成五個時期：

第一時期：由侵犯和不能容忍到承認養護殘障者的必要性。

第二時期：由認識養護殘障者的必要性到理解教育聾、盲兒童的可能性；由個別教學經驗的教養院到第一批特殊教育機構。

第三時期：由理解感官障礙兒童教育的可能性到承認異常兒童教育權利——特殊教育體系的形成。

第四時期：由承認個別領域發展異常兒童需要特殊教育的必要性到懂得教育所有特殊教育需求兒童的必要性——特殊教育體系的發展與區分性設計。

第五時期：由平等權利到平等可能性，由機構化到融合教育。

殘障者受到的待遇，反映社會大眾對殘障者的態度；社會大眾在態度上的轉變，往往導致特殊教育措施的變革。幾百年來社會對殘障者的態度，從排斥到接納；對殘障者的處遇，也從隔離（segregation）演變為統合（integration）（Winzer, 1993）。這種社會態度和教育觀念的改變，是漸進的過程，是許多人長期努力的結果，代表社會的進步、文明的提升。

二、重要里程碑

縱觀西洋特殊教育發展史上的大事，以下是一些重要的里程碑（參見何華國，2009；郭為藩，2007；劉春玲、江琴娣，2015；Arnutte et al., 2016; Winzer, 1993）：

- 1555 年前後，西班牙修道士樂翁（Pedro Ponce de Leo'n）成功地以小班的方式教導聾童說、讀、寫。這是一項重大的突破，因為當時的教會根據亞理斯多德（Aristotle）的說法，認為聾人是不能說話，也無法接受教育的。
- 1620 年，西班牙博納（Juan Bonet）發明指拼法（finger spelling）教導聾生，是為記號法，為後來手語法的濫觴。到十八世紀時，波艾拉（Jocab Pereira）改良博納的指拼法，發明讀唇法（lip reading）。
- 1644 年，英國醫師布爾沃（John Bulwer）出版了第一本聾教育的書。
- 1690 年，英國哲學家洛克（John Locke）嘗試分辨智能障礙與精神病之差異。
- 1760 年，神父雷士貝（Charles-Michel Lespée）在巴黎開辦第一所聾啞學校，這是正式聾教育的開始。
- 1767 年，英國數學教師布萊德渥（Thomas Blaidwood）在愛丁堡創辦了英國第一所聾校，其教學法融合了口語和手語教學的元素。
- 1778 年，德國教師海尼克（Samuel Heinicke）在萊比錫創辦了德國第一所公立聾

校，他主張教聾童讀唇及發音，因而創造了口語法，成為全世界口語教學法的基石。

- 1785 年，法國慈善家豪伊（Valentin Haüy）在巴黎設立第一所盲學校，採用凸字進行教學。該校也接受明眼學生。

- 1798 年，法國伊達醫師（Jean Marc Gaspard Itard）開始採用個別化而系統性的感官訓練法，以教導一個在阿維隆地方發現名叫維克多（Victor）的野孩子，但效果有限，維克多顯然是個智障兒。雖然這項訓練計畫未獲成功，但伊達在《阿維隆的野孩》（*The Wild Boy of Aveyron*, 1801）一書中所描述的訓練方法，為一個世紀後個別化的啓智教育奠定了基礎，因此被譽為「特殊教育之父」。

- 1817 年，哥老德（Thomas H. Gallaudet）在康州的哈特福德（Hartford）開辦美國第一所聾學校（現為「美國聾校」）。1857 年，進一步在華府建立了哥老德學院。1864 年，美國國會通過議案承認該校的大學資格，大學憲章由林肯總統簽署。1986 年改制為哥老德大學，是世界上唯一全部課程與服務都是為聾人或重聽學生而設的大學。

- 1829 年，法國盲教師布萊葉（Louis Braille）發明點字，使盲教育產生革命性的變化。"braille"一字也就成為盲人點字法的代名詞。布萊葉是豪伊的學生。

- 1832 年，哈佛醫學院畢業的賀維醫師（Samuel Gridley Howe）創辦美國第一所盲人教養院於麻州。後來獲得大富豪柏金斯（Thomas H. Perkins）的捐助，成立柏金斯盲教育研究所及後來名聞遐邇的柏金斯盲校（也是海倫凱勒的母校）。

- 1837 年，法國精神科醫師塞根（Edouard Seguin）在巴黎創辦第一所智能障礙學校，強調以知覺動作的方法來訓練智能障礙者。塞根是伊達的學生。後來他移民美國，繼續從事智障兒童訓練工作，其所著《弱智者的生理療法》（*Idiocy and its Treatment by the Physiological Method*, 1866）一書中表述的全人教育、個別化教學、從起點行為進行教學、增進師生關係、感官動作訓練等理念，至今仍有一定的影響。

- 1848 年，美國創設第一所州立智能障礙學校於麻州的南波士頓城（South Boston），由賀維醫師出任校長。

- 1860 年，德國創立第一個為智能障礙兒童設立的特殊班。

- 1866 年，美國紐澤西州伊利莎白市的學校開始對資賦優異兒童實施系統性的鑑定與教學，並採學智能力分組方式，使能力優異的學生得以加速學習。

- 1875 年，美國在克利夫蘭市（Cleveland）開辦第一個智能障礙兒童特殊班。

- 1886 年，安妮‧蘇利文（Anne Sullivan）開始教導又盲又聾的海倫凱勒（Helen Keller），獲得突破性的進展。

- 1890 年，義大利蒙特梭利（Maria Montessori）開始教導智能障礙兒童，並發展學前教育的理論與課程。同年，貝爾（Alexander Graham Bell）發明電話，促成聽覺

　　障礙者使用的助聽器之開發。

- 1891 年，美國開始發展「劍橋計畫」（the Cambridge Plan），允許小學資優學生在四年內完成六年的學業。
- 1899 年，英國倫敦創設第一所肢體障礙學校。
- 1904 年，法國教育部任命心理學家比奈（Alfred Binet）與醫師西蒙（Theodore Simon）發展鑑定智能障礙兒童的評量工具，翌年完成「比奈—西蒙智力量表」，為現代心理測驗的濫觴。根據測驗結果將智能障礙兒童轉介至特殊班。
- 1904 年，德國柏林創設第一所身體病弱兒的露天學校。
- 1911 年，美國各大城市開辦資優兒童特殊班。同年，比奈與西蒙修訂其編製的智力測驗，並用心理年齡解釋測驗結果。
- 1916 年，推孟（Lewis Terman）於斯坦福大學（Stanford University）將「比奈—西蒙智力量表」翻譯成英文，並建立美國的常模，成為「斯坦福—比奈智力量表」（Stanford-Binet Intelligence Scale），簡稱「斯比量表」。
- 1922 年，國際特殊兒童協會（International Council for Exceptional Children）成立，是為日後美國特殊兒童協會（Council for Exceptional Children [CEC]）的前身。
- 1939 年，魏克斯勒（David Wechsler）編製了「魏氏智力量表」（the Wechsler-Bellevue Intelligence Scale），是為「魏氏成人智力量表」（Wechsler Adult Intelligence Scale [WAIS]）與「魏氏兒童智力量表」（Wechsler Intelligence Scale for Children [WISC]）的前身。
- 1949 年，魏克斯勒（David Wechsler）編製了「魏氏兒童智力量表」（WISC）。
- 1966 年，美國在聯邦政府教育署（U.S. Office of Education）內成立殘障教育局（Bureau for the Education of the Handicapped），以推動殘障教育。
- 1968 年，鄧恩（Lloyd Dunn）發表專文，對特殊班的價值提出質疑。此文咸認為對 1970 年代的回歸主流運動（mainstreaming movement），產生了觸發作用。
- 1973 年，美國智能障礙學會（The American Association on Mental Deficiency [AAMD]）對智能障礙（mental retardation）一詞重新界定，這對智能障礙者的認定影響深遠。
- 1973 年，美國制定《復健法》（*Rehabilitation Act*，即 PL 93-112）。
- 1975 年，美國制定《所有殘障兒童教育法》（*Education for All Handicapped Children Act*，即 PL 94-142）。自 1978 年起，聯邦政府每年須向國會提出執行情形報告。
- 1978 年，美國制定《資賦優異教育法》（*Gifted and Talented Education Act*，即 PL 95-561）。
- 1979～1980 年，美國教育署從衛生、教育與福利部（U.S. Department of Health, Education and Welfare）分離出來，成為獨立的教育部（U.S. Department of Educa-

tion）。同時，殘障教育局也與復健服務局合併，成為特殊教育與復健服務署（Office of Special Education and Rehabilitative Services），有助於全國特殊教育與復健服務事權之統一。

- 1988 年，美國國會通過《傑維斯資賦優異學生教育法案》（*Jacob K. Javis Gifted and Talented Students Education Act*，即 PL 103-382），1994 年修正。其本質為撥款法案。

- 1990 年，美國制定《美國身心障礙者法》（*Americans with Disabilities Act* [ADA]）。此一立法對無障礙環境之提供，有相當具體的規定。

- 1990 年，美國國會通過將《94-142 公法》更名為《身心障礙者教育法》（*Individuals with Disabilities Education Act* [IDEA]），擴大服務對象。1997 年修正。

- 2002 年，美國國會通過《不讓任何孩子落後法案》（*No Child Left Behind* [NCLB]），強化對績效責任的要求及融合教育的實施。

- 2004 年，美國再次修正 IDEA 公法，更名為《身心障礙者教育促進法》（*Individuals with Disabilities Education Improvement Act* [IDEIA]）。

- 2006 年，聯合國通過《身心障礙者權利公約》（Convention of Rights for People with Disabilities [CRPD]），高達 160 多個會員國和歐盟簽署此一公約，是晚近最重要的人權公約之一，2008 年 5 月 3 日正式生效。簽約國（States Parties）每四年要提出國家報告（State Report），並接受國際小組的審查。該公約第 24 條的主題為「教育」，強調締約國應確保於各級教育實行融合教育制度及終身學習，身心障礙者應獲得融合、優質及免費之中小學教育，並提供相關的配套措施與支持。

- 2015 年，美國國會通過《讓每個學生成功法案》（*Every Student Succeeds Act* [ESSA]），接續 NCLB 法案，成為未來基礎教育指導方針，也補強了 IDEA 公法。

三、美國特殊教育學生人數統計

　　以國力執世界牛耳的美國而言，特殊教育的普及化和優質化也是世界標竿。根據 2024 年美國聯邦政府教育部國家教育統計中心之報告（NCES 2024），2022～2023 年度美國 3～21 歲身心障礙特殊教育學生（13 類）達 752 萬餘名，占全體公立學校學生的 15%。其中，以學習障礙人數最多，占特教生總數的 32%、學生總數的 4.9%；次為語言障礙（占特教生總數的 19%、學生總數的 2.9%）、身體病弱（占特教生總數的 15.3%、學生總數的 2.3%）、自閉症（占特教生總數 13%、學生總數的 2%）。詳如表 2-1 所示。

　　1976～1977 年度美國首次發布的 8 類 3～21 歲障礙學生人數為 369 萬 4 千餘人，迄 2022～2023 年度，類別增加為 13 類，人數增加為 752 萬 6 千餘人，46 年間增加了 383 萬 2 千餘人，增幅為 104%；障礙學生數從占學生總數的 8.3% 增長為 15.2%，增加了 6.9%。若以 2000～2001 年度首次發布的 13 類障礙學生人數 629 萬 6 千餘人而言，則 22 年間增

表 2-1   2022～2023 年度美國 3～21 歲身心障礙特殊教育學生統計

排序	類別	人數（千人）	占特教生總數	占學生總數	排序	類別	人數（千人）	占特教生總數	占學生總數
1	學習障礙	2,408	32.0%	4.9%	8	多重障礙	126	1.7%	0.3%
2	語言障礙	1,430	19.0%	2.9%	9	聽覺障礙	70	0.9%	0.1%
3	身體病弱	1,150	15.3%	2.3%	10	肢體障礙	32	0.4%	0.1%
4	自閉症	980	13.0%	2.0%	11	視覺障礙	25	0.3%	0.1%
5	發展遲緩	518	6.9%	1.0%	12	大腦創傷	25	0.3%	0.1%
6	智能障礙	434	5.8%	0.9%	13	盲聾雙障	2	<0.03%	<0.01%
7	情緒障礙	327	4.3%	0.7%	合　計		7,526	100%	15.2%

註：1.本表係依人數多寡排序。
　　2.依 IDEA，有 13 種障礙類別，表中未明列的聾生（deaf）人數併計在聽覺障礙類。
　　3.2022～2023 年度美國 3～21 歲就讀於公立學校學生總人數為 49,618,464 人。
　　4.引自 National Center for Education Statistics（2018, 2024）。

加了 123 萬餘人，增幅為 19.5%；從占學生總數的 13.3%增長為 15.2%，增加了 1.9%。

　　整體而言，障礙類特教生人數是逐年增加了，但進一步分析，則發現類別間有增有減。其中，22 年間增幅較大的前三名為：自閉症（+88.7 萬）、身體病弱（+84.7 萬）、發展遲緩（+30.5 萬）；減幅較大的前三名為：學習障礙（-45.4 萬）、智能障礙（-19.0萬）、肢體障礙（-5.0 萬）。這種現象固然可能與障礙成因有關，亦可能與鑑定基準有關。過去不少被認定為智能障礙或學習障礙者，如今被歸類為自閉症，即其一例。

第二節　特殊教育改革運動

　　教育改革運動在國際上仍方興未艾，特殊教育作為教育的一環，在教育改革浪潮中，當然不能置之不顧。由於特殊教育屬傳統上弱勢教育範疇，基於公平（equality）與公義（equity）的基本訴求，它順理成章地成為重點之一。因此，雖然普通教育改革開始時，幾乎都沒談到特殊兒童，但 1990 年以後情況改變，任何教育改革運動莫不把特殊教育列入其中，兩者有了交集，相輔相成，馴至逐漸合流（Ysseldyke et al., 2000）。事實上，特殊教育本身就具有濃厚的變異性與革新性，爆發力十足，與普通教育改革有連動、互補關係，甚至起帶頭作用。

一、美國的倡導

　　其實，從歷史上來看，特殊教育改革運動比普通教育改革運動更早開始。如果說美國

的教育改革運動正式肇始於 1983 年聯邦政府教育部發布著名的《國家在危機中：教育改革勢在必行》（*A Nation at Risk: An Imperative for Educational Reform*）報告（U.S. Department of Education, National Commission on Excellence in Education, 1983），那麼美國正式的特殊教育改革運動便早已於 1975 年展開了。如所周知，美國國會於 1975 年通過《所有殘障兒童教育法》（即《94-142 公法》），揭開了美國特殊教育改革的序幕，也指引了世界性的特殊教育改革運動。該法案被稱為指標性的身心障礙者公民權法案，最被人稱道的是對 3 至 21 歲身心障礙者提供三大保證（零拒絕、個別化教育方案、最少限制的環境）及六大原則（前述三項加上無歧視的評量、法律保障程序、父母參與）（詳如本書第一章第二節所述）。

　　《94-142 公法》在 1975 年頒布之後，歷經若干次的補充與修正。1986 年的修正案（PL 99-457），將適用年齡向下延伸至 0 歲。1990 年的修正案（PL 101-476）更名為《身心障礙者教育法》（IDEA），強調轉銜服務的必要性，並擴大服務對象，增加自閉症（autism）、大腦創傷（traumatic brain injury），以及發展遲緩（developmental delay）三類。1997 年 IDEA 再次修正（PL 105-17），又有突破。根據美國特殊兒童協會（CEC, 1998）的一本專書《使 IDEA 修正案落實》（*IDEA97: Let's Make It Work*），這個影響當時美國 580 萬障礙兒童（目前則將近 700 萬名）教育權益的重要法案之修正目的有五：(1)使專業人員（尤其教師）更有權力和彈性，使行政人員和決策者得以較少的花費提供特殊教育服務；(2)讓家長在其身心障礙子女的教育上更有發言權和參與機會；(3)使學校更安全一些；(4)減少 IEP 書面作業，強化實質幫助；(5)設計各種方案，以強化學校服務障礙兒童（含嬰幼兒）的潛力。

　　IDEA 法案在 1997 年之後，於 2004 年又作了一次修正（PL 108-446），主要是配合 2002 年的《不讓任何孩子落後》法案（PL 110-107），強化對績效責任的要求，要求對特教學生設定年度可評量的目標（annual measurable goals），除非該生已容許採用替代性目標及替代性評量；界定合格特教教師的條件，大幅提高對教師專業成長經費挹注的幅度，提供在職教師更多進修的機會；對有危險性行為的特殊兒童之「替代性安置」（alternative placement）做了更明確的規範（可長達 45 日）；也進一步簡化了 IEP 的書面工作和程序（Kirk et al., 2014）。

　　上述的若干改變反映出融合教育的影響，一方面特殊教育改革要與普通教育改革同步進行，學校本位的改革係以全體學生為對象，自然要照顧到每位特殊兒童；另一方面，身心障礙兒童在融合教育下，若有暴力、破壞、縱火等公共危險行為者，其處理必須兼顧特教需求與校規，以免造成特教、普教兩敗俱傷的局面。

二、聯合國的宣言

　　聯合國對殘障者教育權的關懷始於 1948 年的《普世人權宣言》（*Universal Declaration*

of Human Rights）。1971 年，聯合國通過《智能障礙者權利宣言》（*Declaration on the Rights of Mentally Retarded Persons*），開始強調身心障礙者的權利基礎。更在 1975 年時發表《身心障礙者權利宣言》（*Declaration on the Rights of Disabled Persons*），指出身心障礙者與其他人群都享有基本公民權利。1976 年，聯合國大會宣示 1981 年為「國際身心障礙者年」（The International Year of the Disabled），強調「完全參與」與「平等」兩個概念。緊接著，聯合國將 1983 至 1992 年之間的十年訂為「身心障礙者十年」，同時通過《世界身心障礙者行動綱領》（*World Program of Action Concerning Disabled Persons*）。1990 年，世界教育會議更發布《全民教育宣言》（*The World Declaration on Education for All*），強調兩點：(1)人人有教育的權利，不因個別差異而有不同；(2)身心障礙者應有均等的教育機會。1994 年 6 月聯合國教科文組織（UNESCO）在西班牙薩拉曼卡召開世界特殊教育會議，以「通達與品質」（Access and Quality）為主題，會後發表《薩拉曼卡宣言》（*The Salamanca Statement*），除了重申身心障礙者（特殊需求者）的教育權利外，特別倡議融合教育的理念。以下為其重要的宣示（UNESCO, 1994）。

（一）基本主張

- 每位兒童應有機會達到一定水準的學習成就。
- 每位兒童有獨特的特質、興趣和學習需求。
- 教育制度與教育方案應充分考慮兒童特質與需求的殊異性。
- 特殊需求兒童應進入普通學校，而普通學校應以兒童為中心的教育滿足其需求。
- 融合導向的普通學校最有利於建立一個融合的社會，達成全民教育的目標，這對全體兒童與教育效能也有助益。

（二）呼籲各國政府

- 把改進教育制度、促進全民教育列為最高政策，並在預算上優先考慮。
- 在教育方法與政策上採取融合教育的原則，除非有特別的理由，原則上應讓所有兒童在普通學校就讀。
- 發展示範性方案，鼓勵國際間融合教育經驗的交流。
- 特殊教育的規劃、監督與評鑑應採分權制，共同參與。
- 鼓勵家長、社區和身心障礙者團體參與特殊教育的規劃與決策。
- 加強早期鑑定、早期療育及在融合教育中的職業輔導。
- 系統辦理職前與在職的師資培育工作，使教師在普通學校中提供特殊教育服務。

　　2006 年 12 月 13 日，聯合國通過《身心障礙者權利公約》（CRPD），多達 160 多個會員國和歐盟簽署此一公約，是晚近最重要的人權公約之一，於 2008 年 5 月 3 日正式生

效。簽約國（States Parties）每四年要提出國家報告（State Report），並接受國際小組的審查。

這項公約共有 50 條，其基本原則如下（United Nations Division for Social Policy and Development Disability, 2006）：(1)尊重他人自己做的決定；(2)不歧視；(3)充分融入社會；(4)尊重每個人不同之處，接受身心障礙者是人類多元性的一種；(5)機會均等；(6)無障礙；(7)男女平等；(8)尊重兒童，保障身心障礙兒童的權利。

該公約第 24 條的主題為「教育」，強調締約國應確保於各級教育實行融合教育制度及終身學習，身心障礙者應獲得融合、優質及免費之中小學教育，並提供相關配套措施與支持（詳見本章附錄一）。

中華民國雖不是聯合國的會員，也簽署此一公約，並制定《身心障礙者權利公約施行法》，於 2014 年 8 月 20 日公布施行。該法規定公約所揭示保障身心障礙者人權之規定，具有國內法律之效力（第 2 條）；適用公約規定之法規及行政措施，應參照公約意旨及聯合國身心障礙者權利委員會對公約之解釋（第 3 條）；此外，行政院為推動公約相關工作，也依該法成立了「身心障礙者權益推動小組」（第 6 條）。

三、資優教育改革

在資優教育方面，美國聯邦政府教育部於 1993 年首度發布資優教育白皮書，稱為《國家的卓越性：開發美國人才之道》（*National Excellence: A Case for Developing America's Talent*）（U.S. Department of Education, Office of Educational Research and Improvement, 1993），論及如何尋求卓越與開發人才。這份政策性宣言有三項重點：第一、美國目前在教育上有一個寧靜的危機（quiet crisis），例如：和其他工業化國家相比，美國的頂尖學生在參加很多國際性測驗競賽上成績落後；美國學生在學校裡接觸的課程非常鬆散，他們讀的書很少，家庭作業很少，中學畢業生進入工作世界的準備也不足；在全國教育成就評量上，屬於最高層次的學生人數也很少。這表示美國學生的成就偏低，是美國教育的危機，然而卻是大家未注意到的，故稱為寧靜的危機。事實上，這個「寧靜的危機」在此之前就被著名的資優教育學者 Renzulli 與 Reis（1991）揭露出來。

其次，這個報告指出資優學生在此危機中是受害者。因為他們在入小學前已經對所要學的課程掌握了三至五成，入學後還要學一些已經會的部分，非常浪費時間；而大多數的普通班教師，並沒有對資優學生提供任何特別輔導，造成資優學生厭煩學習；大多數成績優異的學生每天用於學習的時間不到一個小時，也就是說不必怎麼用功，就可以輕易獲得高分，而因為得高分太容易，所以資優學生就不會很努力；在教育投資方面，若教育經費有一百元，資優教育（從幼兒園到高中）只用了兩分錢（共占 0.02%），可見政府對於資優教育投資非常有限。這說明在美國的教育體制下，資優學生並沒有得到充分的照顧，似乎跟我們想像的不大一樣。

　　我們總覺得美國資優教育辦得很好，執世界之牛耳。美國人自我檢討，卻覺得差得很，覺得他們還要努力改進，這點倒是很難得。

　　最後，談到努力的方向，該報告書提出下列建議：

1. 把課程標準提高，發展出更具有挑戰性的課程標準（這點正好和臺灣社會或其他華人社會相反，我們是要設法降低標準，減輕學生課業負擔，讓學生快樂一些）。
2. 要提供更具挑戰性的學習經驗給資優學生，因為目前的學習經驗太枯燥無聊了。
3. 加強早期教育。要早一點來發掘資優學生，早一點讓他們接受資優教育。
4. 增加社經地位不利及少數族群資優學生的學習機會。很多美國教育方案也都顯示出類似的人道精神和普遍化原則。
5. 擴展資優的定義。智力高並非就是資優，廣義的說，還有情意智能，如人事智能（personal intelligence）、情緒智能（emotional intelligence [EQ]）等。擴展資優的涵義，乃是因為有更多的人才需要發掘，有更多的人需要更好的學習。
6. 在師資方面，應提升教師的素質，包括提供教師進修的管道。
7. 向國外取經，也就是學習其他國家提升學生程度的方法。

　　無獨有偶，英國教育與就業部（U.K. Department of Education and Employment）於1997年發布的身心障礙教育白皮書，竟名為《所有兒童盡展所能：滿足特殊教育的需求》（*Excellence for All Children: Meeting Special Educational Needs*），可見即使是身心障礙者，也有發展潛能、自我實現的需求；身心障礙教育不能只定位為補償教育，所謂特殊教育需求，還包括發展潛能的需求，而且人人有此需求；何況有些身心障礙者亦同時具有某方面高度的資優潛質，稱之為雙重特殊需求學生（twice-exceptional students），簡稱「雙特學生」。特殊教育改革的方向之一即為從全民教育（education for all）走向全民優質教育（quality education for all），再推進到全民卓越教育（excellence education for all），這與普通教育改革的訴求是一致的（吳武典，1998）。

第三節　臺灣特殊教育的演進

　　近代中國特殊教育之發展在中國大陸已有140餘年歷史，在臺灣亦有120餘年歷史。茲先綜述臺灣特殊教育的演進如下。

一、發展階段

　　臺灣特殊教育的歷史，可概分為啟蒙植基、實驗推廣、法制建置、蓬勃發展，以及精緻轉型等五個時期（吳武典，2011，2013，2014a）：

1. 啟蒙植基期（1962年以前）：在此階段，啟聰、啟明學校之設立啟蒙了臺灣的特

殊教育，也奠定了特殊教育發展的基礎。

2. 實驗推廣期（1962～1983 年）：以臺北市中山國小於 1962 年始設啟智實驗班為分水嶺。此階段係以實驗方式在國民中小學推動各類身心障礙教育，將身心障礙教育的辦理場所擴及普通學校；而資賦優異教育也以實驗研究方式在國民中小學階段推動。

3. 法制建置期（1984～1996 年）：以 1984 年頒布《特殊教育法》為分水嶺。此時期之特色在於以法制規範特殊教育之計畫與措施，以保障身心障礙學生的學習權益，增加資賦優異學生學制及升學的彈性。

4. 蓬勃發展期（1997～2008 年）：以 1997 年大修的《特殊教育法》為分水嶺。在此階段，身心障礙學生從學前、國民教育、高中職到大專教育階段，在各項身心障礙教育政策的引導下，蓬勃發展。資賦優異教育則進入既創新又重整的階段。

5. 精緻轉型期（2009 年～）：以 2009 年再次大修《特殊教育法》為分水嶺。在此階段，身心障礙教育持續受到高度關注，力求精進，並與十二年國民基本教育（2014 年 8 月正式啟動適性入學制度，2019 年 8 月開始實施新課綱）的規劃同步進行。2023 年再次大修的《特殊教育法》，要求積極落實融合教育。此一時期有許多重大的挑戰也隨之而來，包括學前特教（2 歲開始）的實施、大學特教方案的規劃、特教教師素質和士氣的提升、特教課程的重整、特教學生職涯的準備，以及落實通用設計、合理調整和學生個人表意權等，皆有待創新與突破。資賦優異教育則持續受到嚴密監控，自由度和彈性大幅限縮，矛盾重重，也險阻重重。因此，此後二十年間將是個走向精緻服務的階段，也是轉型、蛻變的階段。

二、重要里程碑

臺灣的特殊教育始於清末。1891 年（清光緒 17 年，民國前 21 年），英籍牧師甘為霖在臺南設立訓瞽院，教導盲人聖經、點字、手藝等，開啟了臺灣特殊教育之先河，為今日臺南啟聰學校之前身。1900 年（日據時期），訓瞽院併入臺南慈惠院，1915 年改稱為臺南州立盲啞學校。臺灣光復後，1946 年再更名為臺灣省立臺南盲啞學校，1962 年改稱為省立臺南盲聾學校。1968 年，臺灣實施盲聾分校措施，該校改為臺南啟聰學校（2012 年改為國立臺南大學附屬啟聰學校），另分設臺中啟聰學校和臺中啟明學校，是為在臺灣創立的第一所公立特殊教育學校。

臺灣第一所私立的特殊教育學校是 1956 年由基督教惠明盲人福利會創辦的盲童育幼院，後改為惠明盲校，為今日臺中惠明學校之前身，開啟私人興辦特殊教育之新頁，是今日碩果僅存的私立（公辦民營）特殊教育學校。

第一所為肢體障礙兒童設立的特殊教育學校是 1966 年在彰化設立的省立和美仁愛實驗學校（今之和美實驗學校）。

　　第一所為智能障礙兒童設立的特殊教育學校是 1976 年設在臺南的臺南啟智學校。

　　在普通學校設立特殊教育班，則為時較晚。

　　第一個為智能障礙兒童設立的教育實驗班於 1962 年在臺大醫院兒童心理衛生中心主任徐澄清醫師指導下，成立於臺北市中山國小，稱為「中山班」。後來在國小設立者稱「啟智班」，在國中設立者稱「益智班」，今則通稱「啟智班」。當時，以徐醫師譯定的「智能不足」一詞取代之前社會上通用的「低能」一詞，直至 1997 年修正《特殊教育法》公布，始改稱「智能障礙」，簡稱「智障」。首位特教班教師林美女於臺大醫院兒童心理衛生中心受訓後，在這個崗位上工作了 30 餘年，直至退休，數十年如一日，見證了臺灣啟智教育的發展。

　　第一個為肢體障礙兒童設立的特殊班是 1963 年設立於屏東縣仁愛國小的「啟能班」。

　　第一個融合教育實驗計畫始於 1967 年為盲生設置的「臺灣省盲生混合教育計畫」。在聯合國教科文組織（UNESCO）的資助和指導下，於省立臺南師專（今之臺南大學）成立「盲生巡迴輔導教師訓練班」，培訓盲生巡迴輔導員，輔導融入在普通班的盲生。其融合措施可比 1990 年開始的全球性融合教育運動，但足足早了 20 多年。不過那時稱為「混合教育」，今日看來，可謂「實過其名」，亦可視為融合教育的超前試驗。

　　第一個設在普通學校的資源教室（資源班）是 1975 年成立於臺北市新興國中的啟聰資源班。

　　第一個設在普通學校的學習障礙班是 1980 年成立於臺北市河堤國小和劍潭國小的「學障班」。第一個以自閉症兒童為對象的「情障班」於 1985 年成立於臺北市立師專實小（今之臺北市立大學附屬小學）。第一個「語障班」於 1986 年成立於臺北市永樂國小。

　　1987 年以後，各類特教班及資源班逐漸普及。在普通學校就讀的特殊需求學生也占絕大多數，在特殊教育學校就讀的學生則逐年減少。

　　非學校型的教養機構，也肩負起部分特殊教育的責任。首先是 1952 年設立於彰化的慈生仁愛教養院，專收智能障礙者，施以生活自理和職業技能訓練。1955 年在花蓮設立的畢士大盲人習藝班，收容肢體障礙與視覺障礙者，為今日畢士大教養院之前身。1957 年，私立義光育幼院兼收智能障礙兒童。這些均發生在 1962 年於普通學校開設特殊教育實驗班之前。如今，臺灣有兩百多所教養機構（絕大多數為私立）承擔著對重度、極重度及多重障礙者的主要照顧工作，部分更與地方教育主管機關合作，兼設特殊教育班，與正規特殊教育班共同擔負起國民教育階段特殊教育的責任。

　　在資優教育方面，最早設立的資優班是 1969 年成立於臺北市民族國小的美術資優班，而為一般智能優異學生設立的資優班則始於 1973 年開始的教育部「資賦優異教育實驗計畫」，開始時有 10 所國小參加，1979 年延伸至國中。第一個音樂資優班亦成立於 1973 年，由臺北市福星國小拔得頭籌。第一個舞蹈資優班則遲至 1981 年才成立，由高雄市中正國小首開新頁。第一個高中數理資優班於 1986 年設立於臺灣師範大學附屬中學。

三、關鍵事件與關鍵人物

　　綜觀特殊教育的發展，先慢後快，近五十年在臺灣的演進，更是可歌可泣，其間涉及許多關鍵事件和關鍵人物，尤以 1968 年開始實施九年國民教育，帶動特殊教育的發展，最是關鍵。是年中華民國特殊教育學會成立，凝聚特殊教育及相關專業專家學者與實務工作者之經驗與智慧，集思廣益，發揮整體力量，對促進臺灣特殊教育的發展，貢獻厥偉。

　　以下列舉若干影響五十多年來臺灣特殊教育發展的重要史實和關鍵事件（人物）：

- 1962 年，臺北市中山國小在臺大醫院兒童心理衛生中心主任徐澄清醫師等指導下成立智障班，稱為「中山班」，為普通學校設置特教班之始。
- 1963 年，臺北市啟智協會成立，為臺灣最早成立服務智障者的社會團體。
- 1966 年，首創盲生混合教育計畫，並在省立臺南師專成立「盲生師資訓練班」（校長耿相曾為班主任，張訓誥為副班主任，毛連塭為輔導員）。
- 1967 年，郭為藩獲得法國巴黎大學哲學博士學位（主修特殊教育），返臺在臺灣師範大學教育研究所講授特殊教育課程，是海峽兩岸第一位特殊教育博士。
- 1968 年，啟動九年國民教育，9 月 9 日舉行全國國民中學聯合開學典禮。
- 1968 年 9 月 22 日，中華民國特殊教育學會成立（教育部政務次長朱匯森為首任理事長）。
- 1968 年，臺灣省政府教育廳訂定智能不足兒童教育實驗計畫，省立臺北師專成立「智能不足兒童教育師資訓練班」（劉鴻香為班主任），培訓啟智教育教師。
- 1968 年，臺北市金華、成淵、大同、大直四所國民中學首設「益智班」。
- 1970 年，教育部訂定《特殊教育推行辦法》。
- 1973 年，教育部指定十所國民小學進行第一階段「資優教育實驗計畫」，為我國正式推動資優教育之始。
- 1974 年 6 月 9 日，行政院院長蔣經國參訪「臺北盲聾學校」，行政院旋即推出「加速特殊教育發展計畫」，撥專款 1,327 萬元。
- 1974 年，臺灣師範大學成立全國第一個特殊教育中心（陳榮華為首任主任）。
- 1974～1976 年，第一次全國特殊兒童普查（教育部次長郭為藩主持，陳榮華為執行長）
- 1975 年，臺灣省立教育學院（今彰化師範大學）成立特殊教育學系，為臺灣第一個特殊教育學系（張訓誥為創系主任）。
- 1976 年，臺南啟智學校成立，為臺灣第一所啟智學校（鄭武俊為校長）。
- 1976 年，首次舉辦全國特殊教育研討會（日月潭）。
- 1978 年，舉辦第一次國際特殊教育研討會（圓山大飯店），邀請 M. Reynolds 等著名學者主講。

- 1979 年，美國特殊教育巨擘 S. Kirk 與 J. Smith 夫婦應邀來臺訪問及演講。
- 1980 年，創立「第一社會福利基金會」（柴松林為董事長），旋於 1983 年由張培士、曹愛蘭、賴美智共同創辦「第一兒童發展中心」，為臺灣第一個由專業人士創辦的心智障礙者訓練機構。
- 1980 年，臺灣師範大學首次舉辦國中資優學生「朝陽夏令營」。
- 1981 年，《特殊教育季刊》與《資優教育季刊》創刊。
- 1982 年，「羅傑震撼」與「楊柏因震撼」催生中學數理資優學生輔導計畫。
- 1982 年，作家杏林子劉俠創立屬於身心障礙朋友的「伊甸社會福利基金會」。
- 1983 年，發生「楓橋新邨事件」（第一兒童發展中心遷入楓橋新邨，遭居民抵制，引起社會震撼與批判）。
- 1983 年，中華民國啟智協會成立（甘惠忠神父為理事長）與自閉症基金會（宋維村醫師為董事長）
- 1983 年，臺北市在教育局毛連塭局長倡導下，全面推展創造思考教學。
- 1984 年，中華民國殘障體育運動協會成立（連倚南為理事長），1998 年更名為「中華民國殘障體育運動總會」。
- 1984 年，400 多名中重度智障兒父母聯名向蔣經國總統陳情，催化制定《特殊教育法》、增設特殊教育學校，以及「零拒絕」效應。
- 1984 年 12 月 17 日，總統明令頒布《特殊教育法》。
- 1985 年，首次主辦亞洲智能不足聯盟大會（第七屆，梁尚勇為大會主席，於臺北市社教館舉行）。
- 1986 年，臺灣師範大學成立特殊教育研究所，為臺灣第一個特殊教育研究所（吳武典為創所所長）。
- 1986 年，臺灣師範大學附中首設數理資優班。
- 1987 年，心路基金會成立（宗景宜為董事長），是臺灣第一個由殘障者家長成立的自助團體。
- 1989 年，中華民國啟智工作專業人員協會及陽光社會福利基金會成立。
- 1990～1992 年，第二次全國（臺灣地區）特殊兒童普查（吳武典為執行長）。
- 1992 年，中華民國智障者家長總會成立（簡稱「智總」，雷游秀華為理事長）。
- 1992 年，中華創造學會成立（毛連塭為理事長），
- 1992 年，首次主辦亞太資優教育會議（第二屆，吳武典為籌備會主席，圓山飯店）。
- 1993 年，教育部推動身心障礙學生第十年技藝教育（郭為藩部長主導）。
- 1993 年，吳武典當選世界資優教育協會（WCGTC）會長（1993～1997 年）。
- 1995 年，全國身心障礙教育會議，以「充分就學，適性發展，開發特殊教育新紀元」為主題，會後發布《中華民國身心障礙教育報告書》，確定「多元化的安置，

逐步朝向融合」的政策方向。

- 1996 年，行政院發布《教育改革總諮議報告書》（李遠哲主導），對加強身心障礙教育提出 11 項建議。
- 1997 年，大修《特殊教育法》，障優併於一法，並明訂中央與地方的特殊教育經費比率。
- 1998 年，中華資優教育學會成立（吳武典為首任理事長）。
- 1998 年，教育部設置「特殊教育工作小組」（韓繼綏為首任執行秘書）。
- 1998 年，中華民國學習障礙協會成立。
- 2001 年，開始實施「身心障礙學生實施十二年就學安置計畫」。
- 2002 年，教育部發布《創造力教育白皮書》，並啟動多項行動計畫。
- 2003 年，中華溝通障礙教育學會成立（林寶貴為首任理事長）。
- 2006 年，發生中部四縣市國中資優班聯招風波，導致從嚴修訂資優學生鑑定標準和設置標準，以及後續限縮資優教育的措施。
- 2008 年，發布《資優教育白皮書》。
- 2009 年，再次大修《特殊教育法》，擴增障礙類別，限制資優班編班方式。
- 2010 年，舉辦第八次全國教育會議，特殊教育首度納入核心議題，發布「黃金十年，百年樹人」教育報告書。
- 2011 年，全面試用特殊教育新課綱，是為「100 特教新課綱」（盧台華主持修訂，2007～2010 年）。
- 2011 年，舉辦臺灣特殊教育百年紀念活動，出版《臺灣特殊教育百年史話》一書。
- 2014 年，正式啟動十二年國民基本教育（入學制度部分），身心障礙生得採「適性入學」。
- 2014 年，發布「十二年國民基本教育課程綱要總綱」，內含特殊類型教育（特殊教育、藝術才能班和體育班）課綱（特教及藝才班領綱由吳武典、盧台華主持規劃，2015～2018 年）。
- 2018 年，九年國民教育實施 50 週年，中華民國特殊教育學會舉辦成立 50 週年慶祝活動。
- 2019 年 8 月 1 日起，正式施行十二年國民基本教育新課綱，是為「108 課綱」（內含特殊教育課綱）。
- 2019 年，舉辦身心障礙學生適性博覽會，提供障礙生多元入學選擇。
- 2020 年，臺北市教育局發布「臺北市高級中等以下學校特殊教育推行委員會設置辦法」。
- 2020 年，臺北市推動「國際線上資優良師典範方案」（GTMH），公布實施計畫及代表學生甄選計畫。
- 2020 年，吳淑美的融合教育紀錄片「不可能啦啦隊」一片，獲得第 53 屆休士頓國

際影展社會及經濟類議題金獎。

- 2020 年，臺中教育大學主辦第七屆海峽兩岸特殊教育論壇（詹秀美、王欣宜負責籌辦），由於新冠病毒疫情，中國大陸學者大多無法與會，改採錄影報告方式。

- 2021 年，嶺南師範學院於 12 月 25～26 日主辦第八屆海峽兩岸特殊教育論壇。由於疫情關係，採取線上線下並行方式。林坤燦和郭靜姿應邀作主題演講，林寶貴和吳武典應邀在「特殊教育的傳承與創新」圓桌論壇上與中國大陸的特教三大老（朴永馨、張寧生、許家成）分享數十載的生涯故事和感想。

- 2023 年，再次大修《特殊教育法》，6 月 21 日頒布，要求積極落實融合教育、通用設計、合理調整及學生個人表意權，並強化申訴與救濟制度、評鑑制度，朝行政減量及指標簡化等。其中，為落實學生個人表意權，特殊教育諮詢委員會、鑑定輔導及安置會議、各級學校特殊教育推行委員會、高中以下學校身心障礙學生個別化教育會議、大專障礙學生個別化支持計畫會議，以及資優學生個別輔導計畫會議等，均納入學生本人參與之規定，充分回應《身心障礙者權利公約》與《兒童權利公約》的要求。

- 2024 年，教育部陸續完成《特殊教育法》各項子法的修訂，4 月 29 日公布最後一部子法《特殊教育學生及幼兒鑑定辦法》（原為《身心障礙及資賦優異學生鑑定辦法》）。

四、發展脈絡分析

總結百餘年來臺灣特殊教育的發展脈絡，由無到有，由有到好，由關懷少數到普及、多元。歸納而言，大體如下（參見吳武典，2011，2013，2014a）：

1. 始於慈善事業，繼以社會福利，再走向特殊教育。
2. 始於民間興學，轉由政府接手，視為國家責任。
3. 由人道思想出發，轉變為人民的基本權利，並立法保障。
4. 對身心障礙者的社會態度從拒絕、歧視到同情、憐憫，再進到積極的接納、協助。
5. 特殊教育政策從選擇性的接納措施，到零拒絕的全面照顧，進而提供優質適性的完整服務。
6. 先有教養機構，後有特殊教育學校、特殊班、資源教室方案，再進到多元化安置及融合教育措施。
7. 特殊需求學生的教育安置，從特殊教育學校為主，轉變為普通學校為主；普通學校的特教安置，從自足式（集中式）特殊班為主，轉變為統合式的安置為主（包括資源班和在普通班中接受特教服務）。
8. 從只照顧視、聽覺障礙學生，進而擴及招收智能障礙、學習障礙、自閉症、重度與多重障礙等各類、各種程度的身心障礙學生。

9. 對重度、極重度及多重障礙者的照顧，從單一教養模式，轉為由特殊教育學校、教養機構和家庭（在家教育）共同承擔教育責任。

10. 學校特殊教育的主要對象，從感官障礙者（視覺障礙、聽覺障礙），轉變為認知功能障礙者（智能障礙、學習障礙、自閉症等）。

11. 普通學校的智能障礙教育（啟智教育）由醫學界（以精神科醫師為主）啟動，然後醫、教合作，今日則以教育為主，醫、社為輔，並結合相關專業，提供較為完整的服務。

12. 特殊教育服務的對象從只以身心障礙學生為主，進而擴及資賦優異學生。

13. 資優教育的對象從以狹義的高智商學生為主，擴大到廣義資優、多元才能，包括各類學術性向和藝術才能優異者。

14. 資優教育的發展起步較慢，但進展甚快，惟因升學主義之累，近年受到的限制多於鼓勵，能否再現榮景，有待觀察。

五、現況分析

以下就臺灣當前接受特殊教育學生的分布情形及安置狀況加以分析說明。

（一）特殊教育學生人數統計

依據教育部（2023a）的《特殊教育統計年報》，2023 年度高級中等以下學校接受特殊教育服務的身心障礙學生人數有 13 萬 1,884 人，占學生總數（292.6 萬人）的 4.51%，其中男生 9 萬 2,015 人（69.77%），女生 3 萬 9,869 人（30.23%）；資賦優異學生有 2 萬 9,695 人，占學生總數的 1.01%，其中男生 1 萬 5,753 人（53.05%），女生 1 萬 3,942 人（46.95%）。詳如表 2-2 及表 2-3 所示。障礙和資優合計有 16 萬 1,579 人，占學生總數的 5.52%。從受教人數來看，臺灣的特教對象雖然包括障礙和資優兩大類，但顯然以身心障礙學生為主。

就法定的身心障礙類別（共 13 類）而言，以學習障礙為最多（43,393 人，占全體障礙學生的 32.91%），次為發展遲緩（24,262 人，占 18.40%）、自閉症（20,692 人，占 15.69%）、智能障礙（19,725 人，占 14.96%），以下依序為情緒行為障礙（8,815 人，占 6.68%）、聽覺障礙（3,323 人，占 2.52%）、腦性麻痺（3,084 人，占 2.34%）、多重障礙（2,223 人，占 1.68%）、其他障礙（1,688 人，占 1.28%）、身體病弱（1,386 人，占 1.05%）、語言障礙（1,331 人，占 1.01%）、肢體障礙（1,213 人，占 0.92%）、視覺障礙（744 人，占 0.56%）。詳如表 2-2 所示。

和美國（如表 2-1 所示）相較，就身心障礙類別而言，臺灣和美國同樣有 13 類（表 2-1 中，「聾」併入「聽覺障礙」計算），其中有 11 類相同。不同的是，美國有「大腦創傷」和「盲聾雙障」兩類，臺灣有「腦性麻痺」和「其他障礙」兩類。在人數方面，接受

表 2-2　2023 年度臺灣高級中等以下各教育階段身心障礙類類特教學生人數統計

排序	類別	學前	國小	國中	高中職	合計	占障礙生總數	占學生總數
1	學習障礙	-	21,240	12,880	9,278	43,398	32.91%	1.48%
2	發展遲緩	24,262	-	-	-	24,262	18.40%	0.83%
3	自閉症	1,304	10,549	4,572	4,267	20,692	15.69%	0.71%
4	智能障礙	465	9,025	4,819	5,416	19,725	14.96%	0.67%
5	情緒行為障礙	78	4,691	2,218	1,828	8,815	6.68%	0.30%
6	聽覺障礙	717	1,400	565	641	3,323	2.52%	0.11%
7	腦性麻痺	404	1,336	689	655	3,084	2.34%	0.11%
8	多重障礙	180	1,076	508	459	2,223	1.68%	0.08%
9	其他障礙	183	1,105	205	195	1,688	1.28%	0.06%
10	身體病弱	91	612	350	333	1,386	1.05%	0.05%
11	語言障礙	56	1,1688	51	56	1,331	1.01%	0.04%
12	肢體障礙	122	479	262	350	1,213	0.92%	0.04%
13	視覺障礙	55	274	165	250	744	0.56%	0.03%
	合計	27,917	52,955	27,284	23,728	131,884	100%	4.51%

註：1.本表各類別係依人數多寡排列。
　　2.根據 2023 年《中華民國教育統計》，高級中等以下學校學生總數為 292 萬 6,000 人。
　　3.引自教育部（2023b，頁 8-11）。

特教服務的身心障礙學生比率，美國遠高於臺灣（15.2%比 4.48%）；分類而言，鑑出率最多的均是學習障礙（美國占全體學生的 4.9%，臺灣占 1.47%），差別最大的是語言障礙和身體病弱。語言障礙類在美國為次多數（占障礙生的 19.0%），臺灣為倒數第三（僅占障礙生的 1.01%）；身體病弱類美國排序第三（占障礙生的 15.3%），臺灣排序第十（僅占障礙生的 1.05%），耐人尋味。其餘共同的 9 類人數排序，相差不大。

在資優教育方面，臺灣法定的 6 類資賦優異中，以學術性向的人數最多（17,372 人，占全體資優學生的 58.50%），次為一般智能（7,303 人，占 24.59%），再次為藝術才能（4,537 人，占 15.28%）。至於接受創造能力和領導能力特教方案的學生人數則甚少，合計不到 1%。詳如表 2-3 所示。

就法定資賦優異類別（共 6 類）而言，以學術性向為最多（17,372 人，占全體資優學生的 58.50%），主要分布在中學階段；次為一般智能（7,303 人，占 24.59%），主要分布在小學階段；再次為藝術才能（4,537 人，占 15.28%），主要分布在高中階段。至於接受創造能力（420 人，占 1.42%）、領導才能（33 人，占 0.11%）和其他特殊才能（30 人，占 0.10%）特教方案的學生人數則甚少，合計不到 2%。

值得注意的是，不同類別的資優學生人數比率因教育階段不同而有顯著差異。表 2-3

表 2-3　2023 年度臺灣高級中等以下各教育階段資賦優異類特教學生人數統計

排序	類別	國小	國中	高中職	合計	占資優學生總數	占全體學生總數
1	學術性向	35	12,434	4,903	17,372	58.50%	0.59%
2	一般智能	6,856	447	-	7,303	24.59%	0.25%
3	藝術才能	271	163	4,103	4,537	15.28%	0.16%
4	創造能力	246	161	13	420	1.42%	0.01%
5	領導才能	33	0	0	33	0.11%	<0.01%
6	其他特殊才能	8	21	1	30	0.10%	<0.01%
	合計	7,449	13,226	9,020	29,695	100.00%	1.01%

註：1.本表各類別係依人數多寡排列。

2.根據 2023 年《中華民國教育統計》，高級中等以下學校學生總數為 292 萬 6,000 人。

3.引自教育部（2023b，頁 15-17）。

顯示，一般智能資賦優異學生主要出現在小學階段（6,856 人，占 93.88%），學術性向資賦優異學生主要出現在國中和高中（分別占 71.57% 和 28.22%），藝術才能資賦優異學生主要出現在高中職（4,103 人，占 90.43%）。這並不代表不同類別的資優學生在各教育階段的出現率有別，而是因為不同階段的法定安置型態有別所致。其中，受安置型態影響最大的是藝術才能資優班，由於依現行的《特殊教育法》（2019，2023），只有在高中職階段才能集中成班，在國民中、小學階段只能採取分散式資源班的方式，經營不易，頓失吸引力，因此國民中、小學的「藝術才能資優班」絕大多數已轉化為依《藝術教育法》成立的「藝術才能班」，以便繼續集中編班，形式上不再屬於特殊教育的範疇，也就形成了藝術才能資優班在不同教育階段枯榮兩種情的現象。

（二）特殊教育學生人數變化

在少子女化趨勢下，各級學校學生人數逐年下降，以 2009 年至 2023 年的十四年間變化而言，表 2-4 顯示，高級中等以下學校學生總數降幅為 18.40%，平均每年減 1.31%。然而，接受特殊教育的身心障礙學生人數比率卻逆勢逐年成長，十四年間增幅為 41.28%，平均每年增加 2.95%。

另一方面，資賦優異學生則相反地人數下降，2009 至 2023 年的十四年間降幅為 36.90%，形成障升優退的現象。分析資優部分的變化，與 2009 年《特殊教育法》大修後的安置方式大限縮有關。修法後，接受資優教育的學生人數迅即大幅下降（原因如前所述），尤其修法後的頭五年（2009 至 2014 年）降幅最大，人數幾乎砍半。2015 年以後才稍穩下來，但再也回不到十四年前的規模。

表 2-4　2009～2023 年度高級中等以下各教育階段特殊教育學生人數變化

| 年度 | 全體學生總數 | 特殊教育學生 | | | | | |
| | | 身心障礙 | | 資賦優異 | | 合計 | |
		人數	%	人數	%	人數	%
2009	3,585,713	93,352	2.60	47,059	1.31	140,411	3.92
2010	3,482,699	96,608	2.77	44,568	1.28	141,176	4.05
2011	3,379,717	100,871	2.98	38,080	1.13	138,951	4.11
2012	3,536,432	103,864	2.94	31,792	0.90	135,656	3.84
2013	3,411,390	106,623	3.13	25,923	0.76	132,546	3.89
2014	3,325,735	108,560	3.26	24,490	0.74	133,050	4.00
2015	3,222,750	109,386	3.39	25,746	0.80	135,132	4.19
2016	3,136,179	108,635	3.46	25,035	0.80	133,670	4.26
2017	3,073,255	109,542	3.56	25,962	0.84	135,504	4.41
2018	3,024,638	111,621	3.69	27,135	0.90	138,756	4.59
2019	2,990,928	113,027	3.78	27,355	0.91	140,382	4.69
2020	2,987,000	116,054	3.89	28,087	0.94	144,141	4.83
2021	2,965,000	121,359	4.09	29,458	0.99	150,817	5.09
2022	2,946,000	126,689	4.30	29,765	1.01	156,454	5.31
2023	2,926,000	131,884	4.51	29,695	1.01	161,579	5.52

註：引自教育部（2009～2023a，2009～2023b）。

（三）身心障礙學生安置狀況

　　就身心障礙學生的教育安置型態而言，2023 年度高級中等以下各教育階段絕大多數身心障礙學生安置在一般學校（127,418 人，占 96.61%），特殊教育學校（28 所）僅收 4,466 名學生（占 3.39%）。圖 2-1 顯示，安置在一般學校者以分散式資源班為主（72,582 人，占 55.04%），次為巡迴輔導班（30,297 人，占 22.97%）、集中式特教班（12,466 人，占 9.45%）、融合班（普通班接受特教服務）（12,073 人，占 9.15%）。「統合式安置」（資源班＋融合班）合占 64.19%，顯示濃厚的融合教育取向。

　　其中，「巡迴輔導班」絕大部分為「不分類巡迴輔導班」（28,972 人，占 96%），分類的有視障巡迴輔導班、聽障巡迴輔導班、聽語障巡迴輔導班等，另包括「在家教育」（741 人）和「床邊教學」（35 人）。「在家教育」以多重障礙學生為最多，次為身體病弱、腦性麻痺、發展遲緩、智能障礙和自閉症。

　　進一步進行特殊教育學生障礙類別與安置型態的交叉分析，結果顯示，安置型態因障礙類別而有不同，如表 2-5 所示。

圖 2-1　2023 年度高級中等以下各教育階段身心障礙類學生安置狀況

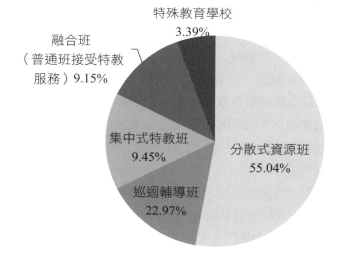

註：引自教育部（2023a，頁 31）。

表 2-5　2023 年度高級中等以下各教育階段身心障礙學生類別與安置型態雙向交叉分析

安置型態 障礙類別	統合式安置		隔離式安置		其他（巡迴輔導）		合計	
	人數	%	人數	%	人數	%	人數	%
智能障礙	9,921	50.30	8,174	41.44	1,630	8.26	19,725	14.96
視覺障礙	508	68.28	118	15.86	118	15.86	744	0.56
聽覺障礙	2,258	67.95	324	9.75	741	22.30	3,323	2.52
語言障礙	1,081	81.22	0	0.00	250	18.78	1,331	1.01
肢體障礙	1,053	86.81	37	3.05	123	10.14	1,213	0.92
腦性麻痺	1,239	40.18	1,469	47.63	376	12.19	3,084	2.34
身體病弱	950	68.54	35	2.53	401	28.93	1,386	1.05
情緒行為障礙	8,192	92.93	16	0.18	607	6.89	8,815	6.68
學習障礙	40,110	92.42	100	0.23	3,188	7.35	43,398	32.91
多重障礙	417	18.76	1,552	69.81	254	11.43	2,223	1.68
自閉症	15,415	74.50	3,846	18.59	1,431	6.91	20,692	15.69
發展遲緩	2,196	9.05	1,118	4.61	20,948	86.34	24,262	18.40
其他障礙	1,318	78.08	100	5.92	270	16.00	1,688	1.28
小計	84,658	64.19	16,889	12.81	30,337	23.00	131,884	100.00

註：1.統合式安置＝分散式資源班＋融合班（普通班接受特教服務）。
　　2.隔離式安置＝集中式特教班（含特殊教育學校）。
　　3.其他（巡迴輔導）則包括隔離色彩明顯的「在家教育」和「床邊教學」，以及統合色彩明顯的「視障巡迴輔導」、「聽障巡迴輔導」、「聽語障巡迴輔導」、「自閉症巡迴輔導」和「情緒行為障礙巡迴輔導」，也包括分、合色彩不詳而占大多數的「不分類巡迴輔導」。
　　4.引自教育部（2023a，頁 58-61）。

分析說明如下：

1. 特殊教育學校以收中、重度智能障礙、視覺障礙、聽覺障礙、肢體障礙和多重障礙學生為主，一般學校集中式特教班以收輕、中度智能障礙學生為主，分散式資源班以收不分類障礙學生（學習障礙）為主。

2. 融合班（普通班接受特教服務）以收輕度智能障礙、學習障礙、聽語障礙、肢體障礙、自閉症、情緒行為障礙類特教生為主。

3. 以障礙類別而言，為數最多的學習障礙生幾全安置於分散式資源班或融合班；為數最少的視覺障礙生大多安置在融合班（約占七成），次為安置在特殊教育學校或接受巡迴輔導（合占約三成）。

4. 智能障礙生接受頗為多元的安置服務，其安置型態綜合看來，可謂「分」、「合」平分秋色。分別而言，安置於分散式資源班者約五成，安置於集中式特教班者約四成一（含安置於特殊教育學校者約一成八）；此外，接受巡迴輔導者（含在家教育）約有 8%，安置於融合班者僅約 4%。

5. 聽覺障礙生安置在分散式資源班最多（約占五成），次為融合班（約占一成八），這兩種「統合式」安置合占約六成八，加上性質較屬統合式的巡迴輔導班（約占二成二），合起來約占九成；至於「隔離式」的集中式特教班，僅占約一成（含安置於特殊教育學校者約 9%）。

6. 近年增幅最大、人數僅次於學習障礙和發展遲緩而略多於智能障礙的自閉症學生，大都進了普通學校，包括分散式資源班（約占六成七）和融合班（約占 8%），這兩種「統合式」安置，合占七成五；其較嚴重者，或安置在集中式特教班（約一成八；其中部分在特殊教育學校，人數不詳），或接受巡迴輔導（約占 7%；其中包括少數在家教育者）。

（四）大專校院身心障礙學生

在 2023 年度的 148 所大專校院中，身心障礙學生達 1 萬 4,078 人（占大專校院學生總數的 1.23%）。根據《特殊教育統計年報》（教育部，2023a），其中以學習障礙為最多，有 4,770 人（占 33.88%）；次為自閉症 3,167 人（占 22.50%）、情緒行為障礙 1,717 人（占 12.20%）、智能障礙 1,145 人（占 8.13%）、聽覺障礙 844 人（占 6.00%）、肢體障礙 818 人（占 5.81%）、身體病弱 461 人（占 3.27%）、視覺障礙 439 人（占 3.12%）、腦性麻痺 393 人（占 2.79%）、多重障礙 155 人（占 1.10%）、其他障礙 120 人（占 0.85%）、語言障礙 49 人（占 0.35%）。

表 2-6 顯示，十四年間（2009～2023 年），大專校院身心障礙學生人數由 9,489 人增至 1 萬 4,078 人，增幅達 48.36%（平均年增 3.45%）；其中近年增幅最大、人數最多的前四類：學習障礙（增加了 4.59 倍，平均年增 280 名）、自閉症（增加了 11.67 倍，平均年

增 208 名)、情緒行為障礙(增加了 1.90 倍,平均年增 80 名),以及智能障礙(增加了 3.29 倍,平均年增 63 名)。這顯示臺灣的身心障礙融合教育愈來愈普及,已延伸至大專階段,幾乎校校都有身心障礙學生,且絕大多數大專校院都設有資源教室,提供身心障礙學生外加式的相關支持服務。

表 2-6　2009～2019 年度大專校院人數最多前三類身心障礙學生人數之變化

年度	身心障礙學生總數	學習障礙		自閉症		情緒行為障礙		智能障礙	
		人數	百分比	人數	百分比	人數	百分比	人數	百分比
2009	9,489	854	9.00%	250	2.63%	593	6.25%	267	2.81%
2010	10,274	1,117	10.87%	321	3.12%	631	6.14%	374	3.64%
2011	10,853	1,458	13.43%	459	4.23%	670	6.17%	482	4.44%
2012	11,521	1,891	16.41%	596	5.17%	705	6.12%	609	5.29%
2013	12,288	2,272	18.49%	769	6.26%	759	6.18%	739	6.01%
2014	12,190	2,287	18.76%	1,055	8.65%	851	6.98%	855	7.01%
2015	12,376	2,576	20.81%	1,292	10.44%	953	7.70%	923	7.46%
2016	12,678	2,853	22.50%	1,614	12.73%	999	7.88%	1,065	8.40%
2017	13,083	3,216	24.58%	1,881	14.38%	1,106	8.45%	1,159	8.86%
2018	13,189	3,503	26.56%	2,146	16.27%	1,224	9.28%	1,235	9.36%
2019	13,392	3,746	27.97%	2,425	18.11%	1,257	9.39%	1,313	9.80%
2020	13,695	3,986	29.11%	2,727	19.91%	1,358	9.92%	1,296	9.46%
2021	13,784	4,196	30.44%	2,839	20.60%	1,546	11.22%	1,245	9.03%
2022	14,747	4,691	31.80%	3,241	21.98%	1,702	11.54%	1,261	8.55%
2023	14,078	4,770	33.88%	3,167	22.50%	1,717	12.20%	1,145	8.13%

註:引自教育部(2009～2023a)。

　　值得注意的是,智能障礙者理論上並不適合接受高等教育,但由於二十餘年來臺灣廣設大學政策的影響,大學逐漸普及化,入大學愈來愈容易,然而生源卻因少子化的影響逐年萎縮,若干後段大專校院「需生孔急」,乃廣開善門,因此智能障礙學生亦能輕易成為大學生。教育部的《特殊教育統計年報》資料顯示,十四年來,智能障礙大學生的人數每年以約 60 名的幅度在成長(近年才緩和下來),乃至於今日在 12 名大學身心障礙學生中便約有 1 名是智能障礙學生,人數高居 12 類中的第四名,這應該是世界獨有的現象,值得探究。

(五)特殊教育師資

　　由於時代的變化(兼顧專業化與多元化的要求)及培訓對象之不同(職前教育或在職進修),要成為合格的特教教師,規定之學分數已由過去的 16 學分增加至 40 學分。

　　2019 學年起，根據《師資培育法》（2019 年修正），除實施先資格考後實習新制外，並根據《教師專業素養指引：師資職前教育階段暨師資職前教育課程基準》（2022 年修正），特教師資職前教育課程中小學階段由 40 學分提高至 48 學分，並增加註記次專長課程（專門課程），中學為 26～50 學分，小學為 10 學分。

　　合格特教師資的主要來源為 13 所大學之特殊教育學系（12 所公立，1 所私立）。依據《特殊教育統計年報》（教育部，2023a）所做的分析，表 2-7 顯示，2023 年度高級中等以下學校（包含特教學校與普通學校）的特殊教育教師總數為 1 萬 6,178 人（約占今日 24 萬 6 千餘名中小學及幼兒園教師總數的 6%），其中 1 萬 4,295 人的服務對象為身心障礙教育類（占 88.36%），1,883 人為資賦優異教育類教師（占 11.64%）。其中，有 1 萬 3,676 人為合格特殊教育教師，1,310 人則為一般合格教師。在代理教師 3,299 人中，1,759 人具備特教合格教師證，348 人有一般合格教師證，1,192 人不具教師資格。整體而言，特殊教育教師納入正式編制者占 79.61%，代理教師占 20.39%。

　　以特教合格教師比率而言，身心障礙教育類與資賦優異教育類相差懸殊，前者達 89.81%，後者僅達 44.50 %，合計為 84.53 %。就各教育階段特教合格教師比率而言，身心障礙教育類各階段的特教合格教師比率較為均衡，從學前至高中職分別為 86.07 %（學前）、92.26 %（國小）、87.41 %（國中）與 90.08 %（高中職）；資賦優異教育類各階段的特教合格教師比率則甚為參差，國小階段為 93.60 %，中學階段均甚低（國中為 44.77%，高中職為 8.63%）（學前未有資優教育班）。

　　就各種安置型態特教教師比率而言，表 2-7 顯示，無論障礙類教師或資優類教師，均以服務分散式班級為多。就合格教師而言，障礙類甚為整齊（均在九成左右），資優類則呈現不同類型特教合格教師甚為參差的現象，集中式特教班教師（均在高中階段）合格率僅占 8.11%，分散式資源班教師稍好（占 64.85%），巡迴輔導班教師為數甚少（僅 67 人），合格率達 67.16%。

六、特殊教育政策

　　臺灣的特殊教育政策基於特教學理、特教法案、世界潮流與本土文化背景和社會需求，逐漸形成。尤以 1984 年公布、歷經 1996 年、2009 年及 2023 年大幅修正的《特殊教育法》，乃是臺灣特殊教育政策的主要依據。歸納臺灣當前的特殊教育政策，有以下特色（參見吳武典，2011，2014b）。

（一）優障相容，但以障礙為重

　　將資優教育與障礙教育合併立法，舉世罕見，而在政策取向上，是「並進不並重」，顯然以障礙教育為重。無論是學生接受特教比率、教師人數或經費投入，障礙教育都遠遠超過資優教育。

表2-7　2023年度高級中等以下各教育階段各種安置型態特殊教育教師人數統計

特教類別與安置型態	正式編制教師			代理教師				教師總計	特教合格教師比率
教師資格	特教合格教師	一般合格教師	小計	特教合格教師	一般合格教師	不具教師資格	小計		
障礙教育類 集中式特教班	3,687	50	3,737	530	90	392	1,012	4,749	88.80%
分散式資源班	5,611	20	5,631	866	125	384	1,375	7,006	92.45%
巡迴輔導班	1,851	3	1,854	293	54	339	686	2,540	84.41%
合計	11,149	73	11,222	1,689	269	1,115	3,073	14,295	89.81%
資優教育類 集中式特教班	55	597	652	0	20	6	26	678	8.11%
分散式資源班	678	290	968	60	51	59	170	1,138	64.85%
巡迴輔導班	35	2	37	10	8	12	30	67	67.16%
合計	768	889	1,657	70	79	77	226	1,883	44.50%
總計	11,917	962	12,879	1,759	348	1,192	3,299	16,178	84.53%

註：1.特教合格教師比率＝（正式編制教師之特教合格教師＋代理教師之特教合格教師）／教師總計。
　　2.引自教育部（2023a，頁113-114）。

（二）服務對象廣泛

依修正之《特殊教育法》，身心障礙包括智能障礙、視覺障礙、聽覺障礙、語言障礙、肢體障礙、腦性麻痺、身體病弱、情緒行為障礙、學習障礙、多重障礙、自閉症、發展遲緩及其他障礙等十三類（第3條）。資賦優異包括一般智能、學術性向、藝術才能、創造能力、領導能力及其他特殊才能等六類（第4條）。特殊教育服務對象類別之多，與任何先進國家相比，均不遑多讓。

（三）特殊教育行政專責化

1997年修正的《特殊教育法》即規定各級主管教育行政機關應設特殊教育專責單位，有專責人員及專門預算。直轄市及縣（市）政府皆設有特殊教育科（課）、特殊教育學生鑑定及就學輔導會、身心障礙教育專業團隊及特殊教育諮詢會，各級學校應成立特殊教育推行委員會等。

（四）特殊教育工作人員專業化、廣義化

特教工作人員應有專業訓練，其性質也不限於教學，還包括相關專業服務（如心理諮商、臨床心理、社會工作、語言訓練、定向行動、聽能訓練、職能訓練、行動機能訓練）及助理人員（包括生活輔導員、教師助理及學生助理）。這些相關專業或半專業人員之遴聘及進用，原只限於特殊教育學校，2023 年修正的《特殊教育法》已擴展至高級中等以下辦理特殊教育的學校，並兼及教師助理員及特教學生助理人員（第 17 條）。此外，各級學校的特殊教育（障礙教育和資優教育）之教學均得視需要聘任具特殊專才者協助教學。

（五）保障特殊教育經費預算

2009 年修正的《特殊教育法》即規定：「特殊教育預算，在中央政府不得低於當年度教育主管預算百分之四·五；在地方政府不得低於當年度教育主管預算百分之五」（第 9 條），迄今未變。這樣的規定極為獨特，具有高度的政策性意義——照顧弱勢，保障特殊教育的發展。

（六）身心障礙教育向下延伸至 2 歲

依修正的《特殊教育法》，為推展身心障礙兒童之早期療育，其特殊教育之實施應提早自 2 歲開始（第 26 條）。這一方面是確認早期介入（早期發現、早期療育）的重要性，並配合發展幼教的政策，另一方面也意圖迎頭趕上先進國家（如美、日）。

（七）家長參與權法制化

家長依法在特殊教育上有很多的參與權，包括參與各縣市鑑輔會、學校家長會、學校特殊教育推行委員會、個別化教學計畫（IEP）的擬訂、各級主管教育行政機關之特殊教育諮詢會等。

（八）個別化教育計畫法制化

依修正的《特殊教育法》，各級學校應對每位身心障礙學生訂定個別化教育計畫（IEP），對接受特教的資優學生則應訂定個別輔導計畫（IGP），對大學身心障礙學生應訂定個別化支持計畫（ISP）。

（九）強調相關服務的提供

依修正的《特殊教育法》，對身心障礙學生應提供相關服務，以保障教育品質，包括提供教育及運動輔具服務、適性教材服務、學習及生活人力協助、復健服務、家庭支持服務、適應體育服務、校園無障礙環境、其他支持服務等（第38條）。

（十）強調專業團隊的服務方式

為保障特殊教育服務的品質，修正的《特殊教育法》強調應實行先進國家行之有年的專業團隊合作服務方式，結合臨床醫學、教育、社會福利、就業服務等專業，共同提供課業學習、生活、就業轉銜等協助，並共同規劃及辦理早期療育工作。

（十一）加強學制、課程與教學的彈性

《特殊教育法》自1984年立法伊始，即強調特殊教育之課程、教材及教法應保持彈性，以適合特殊教育學生的身心特性及需求。修正的《特殊教育法》更規定評量方式亦應保持彈性（第22條）。此外，並規定特殊教育學生之教育階段、年級安排、教育場所及實施方式，應保持彈性；特殊教育學生得視實際狀況，調整其入學年齡及修業年限。

（十二）強調融合教育及配套措施

修正的《特殊教育法》在策略上明確顯示儘量統合、朝向融合的取向，例如：規定「特殊教育與相關服務措施之提供及設施之設置，應符合融合之目標，並納入適性化、個別化、通用設計、合理調整、社區化、無障礙及可及性之精神」（第10條）。又規定下列配套措施：「為保障身心障礙學生之受教權，並使普通班教師得以兼顧身心障礙學生及其他學生之教育需求，學校校長應協調校內各單位提供教師所需之人力資源及協助，並得經鑑輔會評估調整身心障礙學生就讀之普通班學生人數」（第30條）。

（十三）照顧弱勢族群的資優

由於資優與障礙可能並存，而並存時的資優特質與需求常被忽視之事實，修正的《特殊教育法》特別規定：「高級中等以下各教育階段主管機關及學校對於身心障礙及處於離島、偏遠地區，或因經濟、文化或族群致需要協助之資賦優異學生，應加強鑑定與輔導，並視需要調整評量項目、工具及程序」（第46條）。這對於發掘與發展弱勢族群的資優潛能或優勢特質，有重大的意義。

（十四）學生表意、就學保障及終身學習

在學生表意、就學保障及終身學習方面，修正的《特殊教育法》也有所規範，例如：「身心障礙學生，就所有影響本人之事項有權自由表達意見，並獲得適合其身心障礙狀況及年齡之協助措施以實現此項權利」（第11條）。又如：「對學生與幼兒鑑定、安置、輔導及支持服務如有爭議，得由學生或幼兒之法定代理人、實際照顧者代為或由高級中等以上教育階段特殊教育學生向主管機關提起申訴，主管機關應提供申訴服務」（第24條）。再如：「各級學校、幼兒園及試務單位不得以身心障礙為由，拒絕學生、幼兒入學（園）或應試」（第25條）；「各級主管機關應積極推動身心障礙成人之終身學習，訂定相關工作計畫，鼓勵身心障礙者參與終身學習活動」（第34條）。

（十五）重視研究發展、資訊服務與績效責任

修正的《特殊教育法》具體規定：「為促進融合教育及特殊教育發展，中央主管機關得委請具融合教育或特殊教育相關專業之團體、大專校院、學術機構或教師組織，從事整體性、系統性之融合教育或特殊教育相關研究」（第48條）；「各級主管機關為改進融合教育與特殊教育課程、教材教法及評量方式，應鼓勵教師進行相關研究，並將研究成果公開及推廣使用」（第48條）；「為鼓勵設有特殊教育系、所之大學校院設置特殊教育中心，協助特殊教育學生之鑑定、教學及輔導工作，中央主管機關應編列經費補助之」（第50條）；「各級主管機關應每年定期舉辦特殊教育學生與幼兒狀況調查及教育安置需求人口通報，並公布特殊教育概況，出版統計年報及相關數據分析，依據實際現況及需求，妥善分配相關資源，並規劃各項特殊教育措施」（第8條）；「高級中等以下學校及幼兒園辦理特殊教育之成效，主管機關每四年至少應辦理一次評鑑，與學校校務評鑑、幼兒園評鑑或校長辦學績效考評併同辦理為原則。直轄市及縣（市）主管機關辦理特殊教育之績效，中央主管機關每四年至少應辦理一次評鑑。大專校院特殊教育評鑑，中央主管機關應每四年辦理一次，得以專案評鑑辦理」（第53條）。

總之，臺灣特殊教育的發展，從1970年代經濟起飛帶動教育普及與特殊教育的推廣以來，在特殊教育相關工作者的努力下，其數量與素質都有長足進步，惟在落實特殊教育理想與實踐的歷程中，仍面臨一些問題與挑戰，有待克服與精進，其主要者有如下列（吳武典，2011，2014c）：

1. 規劃並落實身心障礙國民教育年限向下延伸至2歲。
2. 落實無障礙環境之營造與推動。
3. 加強普教與特教之協調與合作。

4. 加強客觀鑑定與多元評量。

5. 加強專業團隊的人力與運作。

6. 加強資優教育師資的培育與進修。

7. 強化弱勢與文化殊異群體資優學生的鑑定與輔導。

8. 貫徹身心障礙學生零拒絕與融合教育措施。

9. 加強身心障礙學生的生涯規劃與職業輔導。

10. 加強研發特殊教育課程及教材教具。

第四節　兩岸特殊教育的比較

今日中國大陸所講的特殊教育對象，主要是指修正《殘疾人保障法》（2018）規範的視力殘疾（視覺障礙）、聽力殘疾（聽覺障礙）、言語殘疾（語言障礙）、肢體殘疾（肢體障礙）、智力殘疾（智能障礙）、精神殘疾（情緒行為障礙）、多重殘疾（多重障礙），以及其他殘疾（其他障礙）等八類。至於晚近廣受重視、人數遽增的孤獨症（自閉症），以及逐漸受到關注的學習障礙、多動症（注意力不足過動症）、腦癱（腦性麻痺）等，可歸入「其他殘疾」類。依順中國大陸的習用語，本節討論身心障礙或殘障時，就沿用「殘疾」一詞。

一、啟蒙植基，軌跡相似

以下是一些啟蒙植基期的重要里程碑（吳武典，2013；劉春玲、江琴娣，2015）：

- 民前 38 年（清同治 13 年，1874），英籍牧師莫偉良（William Moore）在北京設立「瞽目書院」（或稱「瞽叟通文館」，現為北京市盲人學校），專收盲童，課程除聖經外，並授以讀書、算術、音樂等科，並創制中國盲點字「瞽目通文」，為中國盲教育之始。

- 民前 25 年（清光緒 13 年，1887），美國籍的梅耐德夫人（Annette Thompson Mills）於山東登州（今蓬萊）創設「登州啟瘖學館」，收容聾啞兒童，曾出版以「貝利」字母編輯的《啟瘖初階讀本》，為中國聾教育之始。1898 年遷至煙台，1906 年改名為「煙台啟瘖學校」。新中國成立以後，人民政府接管了這所學校，並改名為「煙台市聾啞學校」，1952 年由於兼收盲生，更名為「煙台市盲啞學校」（現為煙台市聾啞中心學校和煙台市盲人學校）。

- 民前 21 年（清光緒 17 年，1891），英國長老會牧師甘為霖（William Gamble）在臺南設立「訓瞽院」，教導盲人聖書、點字、手藝等，開啟了臺灣特殊教育之先河，為今日臺南啟聰學校之前身。

- 民國 5 年（1916），由清末狀元、後來成為著名實業家和教育家的張謇（張季直）在江蘇南通設立盲啞學校（現為南通市聾啞學校和南通市盲童學校），是中國人自辦的第一所盲聾學校。
- 民國 6 年（1917），臺灣在日據時代，由日人木村謹吾在臺北設立「木村盲啞教育所」，是臺灣第一所特殊教育學校，為今日臺北啟聰學校之前身（1975 年盲聾分校）。
- 民國 10 年（1921），江蘇省立第三師範附小為弱智兒童開設了「特殊學級」，為中國智能障礙教育（啟智班）之始。
- 民國 11 年（1922），國民政府公布《教育系統改革令》，學制管理中的條例對特殊教育的意義、目的和對象有所陳述，其中提到「對精神上或身體上有缺陷者，應施以相當之特種教育」，為特殊教育法制之始。
- 民國 16 年（1927），南京市創立盲啞學校（現為南京市聾人學校和南京市盲童學校），是中國第一所公立的盲聾學校。
- 民國 18 年（1929），無錫中學實驗小學實施天才教育實驗計畫，為中國早期的資優教育實驗計畫。
- 民國 24 年（1935），兒童教育家陳鶴琴（1892-1982）在出席國際幼稚教育會議及完成 11 國教育考察後，發表〈對於兒童年實施後的宏願〉一文，提出「願全國盲啞及其他殘廢兒童，都能享受到特殊教育」，這是中國教育研究者首度以特殊兒童為對象的論文。他在上海國立幼稚師範專修科講授兒童研究課程時，專章講述了低能兒童問題；他還對耳聾兒童、口吃兒童和低能兒童的心理進行了研究。
- 民國 26～38 年（1937～1949），對日抗戰及國共戰爭時期，幾無特殊教育新建設可言。
- 1949 年以後，新中國成立，海峽兩岸分途並進發展特殊教育。

二、中國大陸的特殊教育政策

　　當前中國大陸在政策上，基本上是以教育部門為主，民政部門、衛生部門、殘聯部門及社會力量做補充，正在逐漸形成學前教育、基礎教育、中等教育、高等教育的連貫殘疾人教育體系。

　　在實務上，中國大陸目前的特殊教育學校已有 2,300 餘所（還在增設中），基本形成以特殊教育學校為龍頭（約占 15%）、特殊班為骨幹（約占 0.5%）、以大量的隨班就讀（約占 50%）為主體（彭興蓬、康麗，2000），以送教上門（在家教育）（約占 22%）和其他（福利院特教班、遠距教學）（約占 12%）等為輔助的特殊教育體系。義務教育階段的特殊教育學生占學生總數的 0.68%（教育部，2020）。

　　不過，目前的隨班就讀狀況有些令人擔憂，一般學校並未配備特殊教育教師，沒有設

立資源教室。從事隨班就讀教育的老師，常因升學壓力而關注不到殘疾兒童，一些隨班就讀的殘疾兒童不能正常參加學校和班級的活動，享受不到與正常兒童相等的待遇，隨班就讀就成了「隨班混讀」，這種現象咸認為值得注意（彭興蓬、雷江華，2013）。

就整體而言，中國大陸於1978年實施改革開放政策以後，特殊教育獲得了發展動力。1990年發布《殘疾人保障法》（2008、2018年修正），1994年發布《殘疾人教育條例》（2017年修正），國家對於殘疾人的照顧及教育邁向法制化；在依法行政下，殘疾國民的生存權、教育權、工作權及人格權獲得了較大的保障。

根據《殘疾人保障法》（2018）、《殘疾人教育條例》（2017）和最近發布的若干重要文件，如兩期「特殊教育提升計劃」（2014～2016，2017～2020），分析當前中國大陸的特殊教育政策，有以下特色：

1. **專注殘疾，不談資優**：訂頒《殘疾人保障法》和《殘疾人教育條例》，作為推展特殊教育的依據。未制定資優教育相關法案，官方亦無資優教育方案規劃。

2. **保障就學，禁止歧視**：保障殘疾人享有平等接受教育的權利，禁止任何教育歧視，各級教育機構不得以殘疾為理由拒絕殘疾學生。在義務教育階段（目前為九年），政府對貧困殘疾人家庭的學生提供免費教科書，並給予寄宿生活費等補助。

3. **特殊教育學校為骨幹，邁向融合**：每30萬人（最近降為20萬人）的行政區，須設一所特殊教育學校，其密度之高舉世無雙；另一方面，積極推動融合教育，根據殘疾人的殘疾類別和接受能力，採取普通教育方式或特殊教育方式，但以普通教育方式（隨班就讀）為優先，特殊教育學校則扮演支援角色，起骨幹作用。

4. **政府統籌**：將殘疾人教育作為國家教育事業的組成部分，統籌安排實施，合理配置資源，保障經費投入，改善辦學條件。但亦鼓勵民間辦學、捐資助學。

5. **殘聯支援**：中國大陸的特殊教育行政主管單位，除了教育部基礎教育司與國務院殘疾人工作協調委員會外，還有一個半官方性質、相當於國務院總局級的「中國殘疾人聯合會」（簡稱殘聯）。殘聯之組織綿密，分中央、省及地方三級。《殘疾人教育條例》（2017）明定：「**殘聯及其地方組織應當積極促進和開展殘疾人教育工作，協助相關部門實施殘疾人教育，為殘疾人接受教育提供支持和幫助**」（第6條）。事實上，從殘疾兒童鑑定開始，各地區的殘聯都多方且積極參與學校的特殊教育和康復服務工作。

6. **父母參與**：明定殘疾人家庭應當幫助殘疾人接受康復訓練和教育，同時積極開展家庭教育，為殘疾兒童、少年接受教育提供支持。殘疾兒童的父母或監護人與學校就入學、轉學安排發生爭議時，可以申請縣級人民政府教育行政部門處理。

7. **掌控殘疾數據**：根據新生兒疾病篩查和學齡前兒童殘疾篩查、殘疾人統計等信息，對義務教育適齡殘疾兒童進行入學前登記，全面掌握各行政區適齡殘疾兒童的數量和殘疾情況，以落實殘疾兒童義務教育。

8. **辦理學前特教**：廣設殘疾幼教機構、普通幼教機構殘疾兒童班，以及特殊教育機

構學前班，對殘疾兒童實施早期發現、早期康復和早期教育。

9. **普及與提高結合**：以普及為重點，著重發展職業教育，積極開展學前教育，逐步發展高級中等以上教育。

10. **彈性課程與學制**：根據殘疾人的身心特性和需要，其課程、教材、教法、入學和在校年齡，可以有適度彈性，必要時其入學年齡和在校年齡可以適當提高。此外，應加強補償教育和職業教育。

11. **建設無障礙環境**：提供特殊教育的機構應具備適合殘疾人學習、康復、生活特點的場所和設施。

12. **設置專家委員會**：縣級人民政府建立由教育、心理、康復、社工等專家組成的殘疾人教育專家委員會（相當於臺灣的各縣市鑑輔會），對適齡殘疾兒童進行評估，並就入學、轉學及教育問題，提供諮詢建議。

13. **充實特教相關資源**：縣級以上地方人民政府教育行政部門應統籌安排支持特殊教育學校建立特殊教育資源中心，在一定區域內提供特殊教育指導和支援服務。政府有關部門應當組織和扶持盲文（點字）、手語的研究和應用、特教教材的編寫和出版、特教教學用具及其他輔助用品的研製、生產和供應。

14. **強化教師培訓和待遇**：有計畫地培養、培訓特殊教育師資（包括盲文和手語師資），普通師範院校開設特殊教育課程或講授有關內容，使普通教師掌握必要的特殊教育知能；特教教師和手語翻譯員享受特殊教育津貼。此外，縣級以上人民政府應為特教教師制定優惠政策。

15. **辦理殘疾人成人教育**：對殘疾人開展掃除文盲、職業培訓、創業培訓和其他成人教育，鼓勵殘疾人自學成才。

　　以上政策是長遠努力的方向，有些尚待落實。今日的中國大陸已逐漸形成下列共識：特殊教育是衡量一個國家政治、教育、文化、經濟、科技、衛生保健、福利等水準的重要指標，是社會文明程度的視窗。殘疾人有平等參與社會生活的權利，而教育則是殘疾人通往享有平等人權社會的必經之路。這些共識和臺灣並無二致。隨著中國大陸經濟的迅猛發展、社會進步可說是日新月異，然而特殊教育的進展，相對較為落後，仍不能滿足當前社會的需要。顯然，中國大陸的特殊教育還有很長的路要走。當今中國大陸普通教育的普及率及水準已有傲人成績，但在普及和優化殘疾兒童教育這一課題上，還需要有更大的努力。

三、兩岸特殊教育相關議題的比較

　　一般而言，臺灣的特殊教育於 1960 年代開始受到重視，其發展也是先慢後快。1995年的教育部《中華民國身心障礙教育報告書》中，曾坦然指出臺灣的特殊教育發展有六大困境：(1)事權不統一、缺乏專職人員；(2)政府財政困難、民間投入有限；(3)專業人力欠

缺、服務效果待加強；(4)師資數量短缺、素質有待提升；(5)評量工具缺乏、發展尚待時日；(6)特教設施不足、安置過程僵化。在此後的二十多年間，有了顯著的改善。目前的實施狀況，無論是服務對象、安置類型、課程發展、師資培育或支持系統，均相當制度化、多元化與專業化。2009 年以後，臺灣的特殊教育進入精緻轉型期，在特殊教育政策上，持續二十多年的「多元化的安置，逐步邁向融合」路線，穩步前進。而配合十二年國民基本教育（簡稱十二年國教）的推動，亦同步規劃素養本位的特殊教育課程，設計特殊需求課程，強化課程彈性調整機制，期盼透過課程重整、教學創新，落實「適性揚才」的理念和「成就每一個孩子」的願景。

中國大陸的特殊教育基礎素來較為薄弱，自 1990 年代開始有了轉變。依據《殘疾人保障法》，以國家的力量保障殘疾人受教育的權利，對殘疾兒童實施義務教育，並以隨班就讀形式，推動「全納教育」（融合教育）（陳雲英，1996）。近年則連續推出兩期「特殊教育提升計畫」（2014～2016 及 2017～2020），同步增設特殊教育學校和加強隨班就讀及資源教室方案，並增設特教班。2021 年更推出「『十四五』特殊教育發展提升行動計畫」（可視為第三期特殊教育提升計畫），目前正處於歷史上的轉折點，蓄勢準備再出發。

中國大陸實施改革開放 40 多年來，特殊教育模式朝向多元化發展，如特殊教育學校、康復（復健）機構、特殊班、送教上門（在家教育）、隨班就讀、同班共讀等，多元選擇，朝向融合；醫療模式、功能模式、經濟模式、社會模式、教育模式、福利康復模式等，百花齊放，以教為主，統籌兼顧（鄧猛，2017）。鄧猛（2017）指出，中國似乎是全球唯一持續大規模建設特殊教育學校的國家，中國特色的融合教育必然是以特殊教育學校為基礎。他認為，當下要繼續完善特殊教育發展體系與格局，促進特殊教育學校綜合化發展與功能轉型，打造融合教育學校文化特色，並注重多種干預（介入）技術的情境化運用等，在此基礎上實現全納、悅納、慧納。

以特殊教育教師隊伍建設而言，十餘年來特教教師總數平穩成長，2009 年以後增長速度加快。2003 年共有專任特教教師 4 萬 853 人，2012 年增至 5 萬 3,615 人，十年間增長了 31%（王雁、朱楠，2015）。2022 年更增至 7 萬 2,700 人，比十年前又增長了 35.60%（教育部，2023）。在教師素質提升方面，中國大陸於 2013 年發表《關於加強特殊教育教師隊伍建設的意見》（教育部，2013），要求依照特殊教育事業發展的實際需要，到 2020 年形成一支數量充足、結構合理、素質優良、富有愛心的特殊教育教師隊伍（陳雲英，2017）。教育部並於 2015 年 9 月頒布《特殊教育教師專業標準（試行）》，今後特殊教育教師要經過嚴格的培養與培訓，具有良好的職業道德，掌握系統的專業知識技能，為達成多元優質的特殊教育奠定基礎。

近年中國大陸官方推動特殊教育的力道愈來愈強，例如：增加特殊教育經費及增設特殊教育學校、擴大身心障礙兒童入學機會。但不諱言，特殊教育仍存在一些問題需要解決或改進，諸如特殊教育發展不均衡、不充分，特殊教育教師的數量與素質均有不足，特殊

教育課程與教學改革的深度與廣度均有待強化，醫療機構、康復機構、普通學校及特殊教育學校之間的分工合作機制尚未建立等（楊希潔等人，2019）。近年來，為因應隨班就讀政策的推進，加上入學的特殊兒童之障礙程度也愈來愈嚴重，乃大力推廣「醫教結合」與「教育康復」模式，強調「複合型」特殊教育教師的培育，要求特殊教育教師既要懂特教，也要懂康復（王雁、朱楠，2015），其理論基礎、定位、可行性及效果，似均有待釐清與檢驗。

　　隨著第一期「特殊教育提升計畫」完成，第二期「特殊教育提升計畫」甫告結束，「『十四五』特殊教育發展提升行動計畫」已經發動，將義務教育階段特殊兒童入學率的要求提高到了 97%。基於 2017 年 10 月中共總書記習近平在十九大報告中，明確指出要「辦好特殊教育」，提出了「努力讓每個孩子都能享有公平而有質量的教育」之重要論述，預期這對第二期計畫揭櫫的三大任務及六項措施之持續落實，將會產生巨大的政策性催化作用。三大任務是：完善特殊教育體系、增強特殊教育保障能力、提高特殊教育質量（品質）；六項措施是：提高殘疾兒童少年義務教育普及水平（水準）、加快發展非義務教育階段特殊教育、健全特殊教育經費投入機制、健全特殊教育專業支撐體系、加強專業化特殊教育教師隊伍建設、大力推進特殊教育課程教學改革。

　　基於共同理念和目標，目前兩岸特殊教育在師資培育、學術研究和實務經驗上交流頻繁（吳武典，2017），透過協同創新，攜手同行，可望共同邁向特殊教育新境界。以特殊教育用語及相關議題而言，兩岸有同有異，可從特教用語、歷史、主要法律依據、政策取向、特教專責行政單位、特教對象、障礙類特教生人數、特殊教育學校數、障礙類特教方案、資優類安置方式、特殊教育學系數量、特教教師學歷、特教教師資格認證、特教教師薪資與津貼、特教工作人員、特殊教育刊物、學術團體、社會／家長團體等方面加以比較（詳見本章附錄二），俾便互相觀摩參照，尋求共同成長之道。

延伸閱讀

一、 推薦書籍

何華國（2009）。**特殊兒童心理與教育（第四版）**。五南。

凌亢（主編）（2020）。**中國殘疾人事業發展報告**。社會科學文獻出版社。

教育部〔臺灣〕（1995）。**中華民國身心障礙教育報告書：充分就學、適性發展**。作者。

郭為藩（2007）。**特殊兒童心理與教育（修訂五版）**。文景。

楊希潔、馮雅靜、彭霞光等（2019）。**中國特殊教育發展報告（2014～2016）**。華夏出版社。

劉春玲、江琴娣（主編）（2015）。**特殊教育概論（第二版）**。華東師範大學出版社。

二、 相關網站

全國特殊教育資訊網（https://special.moe.gov.tw）

教育部特殊教育通報網（https://www.set.edu.tw）

美國聯邦政府教育部 2024 年 IDEA 公法執行報告

National Center for Education Statistics. (2024). *Students with Disabilities. Condition of Education*. U.S. Department of Education, Institute of Education Sciences. https://nces.ed.gov/programs/coe/indicator/cgg

參考文獻

中文部分

王雁、朱楠（2015）。**中國特殊教育教師發展報告 2014**。北京師範大學出版社。

何華國（2009）。**特殊兒童心理與教育**（第四版）。五南。

吳武典（1998）。教育改革與特殊教育。**教育資料集刊，23**，197-220。

吳武典（2011）。我國特殊教育之發展與應興應革。載於國家教育研究院（主編），**我國百年教育之回顧與展望**（頁 199-220）。國家教育研究院。

吳武典（2013）。臺灣特殊教育綜論（一）：發展脈絡與特色。**特殊教育季刊，129**，11-18。

吳武典（2014a）。臺灣特殊教育的過去、現在與未來。**中華民國傷殘重建協會會刊，4**，5-23。

吳武典（2014b）。臺灣特殊教育綜論（二）：現況分析與師資培育。**特殊教育季刊，130**，1-10

吳武典（2014c）。臺灣特殊教育綜論（三）：挑戰與展望。**特殊教育季刊，132**，1-8。

吳武典（2017）。兩岸協同培養特教師資模式解析：嶺南師範學院特殊教育師資培育歷程。**嶺南師範學院學報，38**（1），37-44。

吳武典（2019）。臺灣特殊教育專業發展與前瞻。**現代特殊教育，373**，3-12。

身心障礙者權利公約施行法（2014）。中華民國 103 年 8 月 20 日總統華總一義字第 10300123071 號令制定公布。

特殊教育法〔臺灣〕（2023）。中華民國 112 年 6 月 21 日華總一義字第 11200052781 號令修正公布。

教育部〔中國大陸〕（2015）。《特殊教育教師專業標準（試行）》，2015 年 9 月 1 日。作者。

教育部〔中國大陸〕（2020）。**2019 年全國教育事業發展統計公報**，2020 年 5 月 20 日。作者。

教育部〔臺灣〕（1995）。**中華民國身心障礙教育報告書：充分就學、適性發展**。作者。

教育部〔臺灣〕（2009～2024a）。**特殊教育統計年報**。作者。

教育部〔臺灣〕（2009～2024b）。**中華民國教育統計**。作者。

教育部等七部門〔中國大陸〕（2014）。**特殊教育提升計畫（2014- 2016 年）**。作者。

教育部等七部門〔中國大陸〕（2017）。**第二期特殊教育提升計畫（2017-2020 年）**。作者。

教育部等五部門〔中國大陸〕（2013）。**關於加強特殊教育教師隊伍建設的意見**。作者。

師資培育法〔臺灣〕（2019）。中華民國 108 年 12 月 11 日總統華總一義字第 10800134431 號令修正公布。

教師專業素養指引——師資職前教育階段暨師資職前教育課程基準〔臺灣〕（2018）。中華民國 107 年 11 月 16 日教育部臺教師（二）字第 1070199162B 號令修正發布。

郭為藩（2007）。**特殊兒童心理與教育**（修訂五版）。文景。

陳雲英（1996）。**隨班就讀的課堂教學**。中國國際廣播出版社。

陳雲英（2017）。**特殊教育教師專業發展研究分析**。第四屆特殊教育高端論壇主講論文。嶺南師範學院，2017 年 11 月 11～12 日。

彭興蓬、雷江華（2013）。論融合教育的困境：基於四維視角的分析。**教育學報，9**（6），
　　59-66。

彭興蓬、康麗（2000）。中國殘疾人融合教育發展報告。載於凌兀（主編），**中國殘疾人事業
　　發展報告**（頁 33-67）。社會科學文獻出版社。

殘疾人保障法〔中國大陸〕（1990 年發布，2018 年修正）。

殘疾人教育條例〔中國大陸〕（1994 年發布，2017 年修正）。

楊希潔、馮雅靜、彭霞光等（2019）。**中國特殊教育發展報告（2014-2016）**。華夏出版社。

鄧猛（2017）。**全球化視野下的中國大陸融合教育本土化範式反思**。第四屆特殊教育高端論壇
　　主講論文。嶺南師範學院，2017 年 11 月 11～12 日。

衛生福利部〔臺灣〕（2008）。**身心障礙者權利公約**。https://reurl.cc/OrX4Gy

劉春玲、江琴娣（主編）（2015）。**特殊教育概論**（第二版）。華東師範大學出版社。

娜・米・納扎洛娃（主編）（2011）。**特殊教育學**〔朴永馨、銀春銘等人譯〕。北京師範大學
　　出版社。

英文部分

Arnutte, S. L., Fitzpatrick, M., & Theoharis, N. R. (2016). *Foundations of special education: Understanding students with exceptionalities* (2nd ed.). Kendall Hunt.

Council for Exceptional Children. [CEC] (1998). *IDEA1997: Let's make it work.* Author.

Gearhart, B. R., Mullen, R. C., & Gearhart, C. J. (1992). *Exceptional individuals: An introduction.* Wadsworth.

Kirk, S. A., & Gallagher, J. J. (1993). *Educating exceptional children* (7th ed.). Houghton Mifflin.

Kirk, S. A., Gallagher, J. J., Coleman, M. R., & Anastasiow, N. J. (2014). *Educating exceptional children* (14th ed.). Houghton Mifflin.

National Center for Education Statistics. (2018). *Children 3 to 21 years old served under Individuals with Disabilities Education Act (IDEA), Part B, by type of disability: Selected school years, 1976-77 through 2022-23 (Table 204.30).* Digest of Education Statistics. https://nces.ed.gov/programs/digest/d23/tables/dt23_204.30.asp

National Center for Education Statistics. (2024). *Students with Disabilities. Condition of Education.* U.S. Department of Education, Institute of Education Sciences. https://nces.ed.gov/programs/coe/indicator/cgg

Renzulli, J. S., & Reis, M. (1991). The reform movement and the quiet crisis in gifted education. *Gifted Child Quarterly, 2,* 26-35.

U.K. Department of Education and Employment. (1997). *Excellence for all children: Meeting special educational needs.* The Stationary Office.

U.S. Department of Education, National Center for Education Statistics. (2019). *Digest of education statistics (54th ed.), 2018 (NCES 2020-009).* https://nces.ed.gov/pubsearch/pubsinfo.asp?pubid=2020009

U.S. Department of Education, National Commission on Excellence in Education. (1983). *A nation at risk: An imperative for educational reform.* Author.

U.S. Department of Education, Office of Educational Research and Improvement. (1993). *National excellence: A case for developing America's talent.* Author.

United Nations Division for Social Policy and Development Disability. (2006). *Convention on the Rights of Persons with Disabilities (CRPD).* Author.

United Nations Educational, Scientific and Cultural Organization. [UNESCO] (1994). *Final report of the World Conference on Special Needs Education: Access and Quality.* Salamanca, Spain, 7-10 June 1994.

Winzer, M. A. (1993). *The history of special education: From isolation to integration.* Gallaudet University Press.

Ysseldyke, J. E., Algozzine, B., & Thurlow, M. L. (2000). *Critical issues in special education* (3rd ed.). Houghton Mifflin.

附錄一　《身心障礙者權利公約》（CRPD, 2006）第 24 條（教育）全文

1. 締約國確認身心障礙者享有受教育之權利。為了於不受歧視及機會均等之基礎上實現此一權利，締約國應確保於各級教育實行融合教育制度及終身學習，朝向：
   (a) 充分開發人之潛力、尊嚴與自我價值，並加強對人權、基本自由及人之多元性之尊重；
   (b) 極致發展身心障礙者之人格、才華與創造力以及心智能力及體能；
   (c) 使所有身心障礙者能有效參與自由社會。
2. 為實現此一權利，締約國應確保：
   (a) 身心障礙者不因身心障礙而被排拒於普通教育系統之外，身心障礙兒童不因身心障礙而被排拒於免費與義務小學教育或中等教育之外；
   (b) 身心障礙者可以於自己生活之社區內，在與其他人平等基礎上，獲得融合、優質及免費之小學教育及中等教育；
   (c) 提供合理之對待以滿足個人需求；
   (d) 身心障礙者於普通教育系統中獲得必要之協助，以利其獲得有效之教育；
   (e) 符合充分融合之目標下，於最有利於學業與社會發展之環境中，提供有效之個別化協助措施。
3. 締約國應使身心障礙者能夠學習生活與社會發展技能，促進其充分及平等地參與教育及融合社區。為此目的，締約國應採取適當措施，包括：
   (a) 促進學習點字文件、替代文字、輔助與替代性傳播方法、模式及格式、定向與行動技能，並促進同儕支持及指導；
   (b) 促進手語之學習及推廣聽覺障礙社群之語言認同；
   (c) 確保以最適合個人情況之語言與傳播方法、模式及於最有利於學業及社會發展之環境中，提供教育予視覺、聽覺障礙或視聽覺障礙者，特別是視覺、聽覺障礙或視聽覺障礙兒童。
4. 為幫助確保實現該等權利，締約國應採取適當措施，聘用合格之手語或點字教學教師，包括身心障礙教師，並對各級教育之專業人員與工作人員進行培訓。該等培訓應包括障礙意識及學習使用適當之輔助替代性傳播方法、模式及格式、教育技能及教材，以協助身心障礙者。
5. 締約國應確保身心障礙者能夠於不受歧視及與其他人平等基礎上，獲得一般高等教育、職業訓練、成人教育及終身學習。為此目的，締約國應確保向身心障礙者提供合理之對待。

註：1.上述譯文中之「多元性」原文為diversity，或譯「殊異性」；「協助」原文為support，或譯「支持」；「充分融合」原文為 full inclusion，或譯「完全融合」。
　　2.引自 United Nations Division for Social Policy and Development Disability（2006），中文版摘自衛生福利部（2008）。

附錄二　海峽兩岸特殊教育用語及相關議題的比較

一、特殊教育主要用語

項目	臺灣	中國大陸
特教用語	・身心障礙、殘障 ・智能障礙 ・啟智學校 ・自閉症 ・腦性麻痺 ・注意力不足過動症 ・統合、融合 ・融合教育 ・在家教育 ・介入 ・點字 ・定向行動 ・發展遲緩 ・資賦優異 ・早熟 ・充實制 ・學生助理	・殘疾 ・智力殘疾、智力障礙 ・培智學校、啟智學校 ・孤獨症、自閉症 ・腦癱、腦性麻痺 ・多動症 ・隨班就讀 ・全納教育、融合教育 ・送教上門 ・干預 ・盲文 ・定向行走 ・發育遲緩 ・超常、英才、資優 ・早慧 ・豐富制 ・影子教師

二、特殊教育相關議題

項目	臺灣	中國大陸
1. 歷史	已 133 年（迄 2024 年），始於 1891 年（清光緒 17 年），英籍牧師甘為霖在臺南設立訓瞽堂。	已 150 年（迄 2024 年），始於 1874 年（清同治 13 年），英籍牧師莫偉良在北京設立瞽目書院（瞽叟通文館）。
2. 主要法律依據	《身心障礙者權益保障法》（1980 年發布，2021 年最新修正） 《特殊教育法》（1984 年發布，2023 年最新修正）	《殘疾人保障法》（1990 年發布，2018 年修正） 《殘疾人教育條例》（1994 年發布，2017 年修正）

項目	臺灣	中國大陸
3. 政策取向（依法）	1. 優障相容，但以障礙為重 2. 服務對象廣泛 3. 特殊教育行政專責化 4. 特殊教育工作人員專業化、廣義化 5. 保障特殊教育經費預算 6. 身心障礙教育向下延伸至 2 歲 7. 家長參與權法制化 8. 個別化教育計畫法制化 9. 強調相關服務的提供 10. 強調專業團隊的服務方式 11. 加強學制、課程與教學的彈性 12. 強調融合教育及配套措施 13. 照顧弱勢族群的資優 14. 學生表意、就學保障及終身學習 15. 重視研究發展、資訊服務與績效責任	1. 專注殘疾 2. 保障就學 3. 邁向融合 4. 政府統籌 5. 殘聯支援 6. 父母參與 7. 掌控殘疾數據 8. 辦理學前特教 9. 普及與提高結合 10. 彈性課程與學制 11. 建設無障礙環境 12. 設置專家委員會 13. 充實特教相關資源 14. 強化教師培訓和待遇 15. 辦理殘疾人成人教育
4. 特教專責行政單位	中央（教育部）： 學生事務與特殊教育司、國民及學前教育署之原住民族、弱勢族群及特殊教育組（簡稱原民特教組）、特殊教育學生鑑定及就學輔導會 地方（教育局／處）： 特殊教育科／課、特殊教育學生鑑定及就學輔導會 學校（輔導室／教務處）： 特殊教育組、特殊教育推行委員會	中央教育部統一領導下的各省、市、縣分級管理的特殊教育行政管理體制 中央（教育部）： 基礎教育司下的特殊教育處 地方： ‧省教育廳基礎教育處 ‧市教育局中學教育處和初等教育處 ‧區縣中教科和小教科 ‧殘疾人教育專家委員會
5. 特教對象（法定）	障礙類（13 類）： 智能障礙、視覺障礙、聽覺障礙、語言障礙、肢體障礙、腦性麻痺、身體病弱、情緒行為障礙、學習障礙、多重障礙、自閉症、發展遲緩、其他障礙 資優類（6 類）： 一般智能、學術性向、藝術才能、創造能力、領導能力、其他特殊才能	殘疾類（8 類）： 視力殘疾、聽力殘疾、言語殘疾、肢體殘疾、智力殘疾、精神殘疾、多重殘疾、其他殘疾 資優類（不規範）

項目	臺灣	中國大陸
6. 障礙類特教生人數	高級中等以下學校（5～18 歲）身心障礙學生 13 萬 1,884 人，占學生總數的 4.51%。其中特教學校 4,466 人（占 3.39%），普通學校 12 萬 7,418 人（占 96.61%）。 （2023 年統計）	義務教育階段（6～15 歲）殘疾學生約 106 萬 4,800 人，占學生總數的 0.68%。其中特教學校 14.63 萬人（占 13.74%），普通學校 91.85 萬人（占 86.26%）。 （2022 年統計）
7. 特殊教育學校數	28 所（綜合型、啟聰、啟明及實驗學校） （2023 年統計）	2,345 所（智力殘疾、視力殘疾、聽力殘疾、自閉症、腦癱、綜合等） （2023 年統計）
8. 障礙類特教方案	・特教學校，占 3.39% ・集中式特教班，占 9.45% 　（以上兩者屬隔離式安置，合占 12.84%） ・分散式資源班（資源教室），占 55.04% ・融合班，占 9.15% 　（以上兩者屬統合式安置，合占 64.19%） ・巡迴輔導班、床邊教學、在家教育，合占 22.97% （2023 年統計）	・特殊教育學校（起骨幹作用），約占 14% ・普通學校隨班就讀（一體化），約占 50% ・送教上門，約占 23% ・普通學校附設特教班，約占 0.5% 　（註：其他還有福利院特教班、遠距教學等，約占 12%） （2020 年統計）
9. 資優類安置方式	集中式特教班（限高中階段）、分散式資源班、巡迴輔導班、社區方案、假日營隊等	大學附設少年班 中學的實驗班、少兒班、素質班、育才班等
10. 特殊教育學系（專業）數量	13 所大學（無特殊教育學院）	96 所院校（本科院校 62 所，專科院校 24 所，1 所師範學校，9 所尚未招生或停招）（16 所設有特殊教育學院，23 所兼收殘疾學生） （2022 年 2 月統計）
11. 特教教師學歷	學士以上（約六成具研究所學位）	中職學校、大專及學士以上（本科學歷約占六成，約 1%具研究所學位）
12. 特教教師資格認證	・40 學分（30 學分為特教），2020 年起提高為 48 學分 ・須通過特教教師資格檢定考試：分障礙與資優兩類（2020 年起，先資格考，後實習）	・教師資格證（通用於普通教育和特殊教育） ・少數地區（如上海）有特殊教育師資崗位證書
13. 特教教師薪資與津貼	薪資標準各地一致 特教津貼台幣 1,800 元（未有特教資格證者 600 元）	工資與津貼各地標準不一 津貼約為基本工資的 15～50%（陝西達 50%）

項目	臺灣	中國大陸
14. 特教工作人員	包括三類： ・特教教師（主要），16,178 名（其中障礙類 14,295 名，資優類 1,883 名） ・相關專業人員 ・助理人員 障礙類合格特教教師比率為 89.81%，資優類合格特教教師比率為 44.50%。 （2023 年統計）	特教教師（為主），專任約 6.94 萬名，其他相關人員（為輔） 特教教師受過特教專業培訓比率約為 69% （2021 年統計）
15. 特殊教育刊物	特殊教育季刊 資優教育季刊 特教園丁 特殊教育研究學刊 特殊教育學報 特殊教育與復健學報 資優教育論壇 臺灣聽力語言學會雜誌 特教通訊 特教簡訊 心路 伊甸園月刊 臺東特教 東華特教 特殊教育與輔助科技 特殊教育發展期刊 聲暉 身心障礙研究季刊 ……	中國特殊教育 現代特殊教育 南京特師學報 中國殘疾人雜誌 中國聽力語言康復雜誌 ……
16. 學術團體	中華民國特殊教育學會 臺灣聽力語言學會 中華溝通障礙教育學會 中華視覺障礙教育學會 臺灣學障學會 中華資優教育學會 中華創造學會 中華創意發展協會 臺灣應用行為分析協會 ……	中國教育學會特殊教育分會 中國高等教育學會特殊教育分會 中國人才研究會超常人才專業委員會 各省特殊教育專業委員會（如江蘇省特殊教育專業委員會） ……

項目	臺灣	中國大陸
17. 社會／家長團體	中華民國身心障礙聯盟 中華視障聯盟 中華民國智障者家長總會 中華民國殘障體育運動總會 中華民國自閉症基金會 臺北市自閉兒社會福利基金會 臺北市自閉症者家長協會 中華民國唐氏症基金會 第一社會福利基金會 財團法人伊甸社會福利基金會 財團法人心路社會福利基金會 育成社會福利基金會 中華民國學習障礙協會 中華民國聲暉聯合會 中華民國聽障人協會 中華民國啟智工作專業人員協會 陽光社會福利基金會 臺灣赤子心過動症協會 中華民國腦性麻痺協會 中華民國全國特殊教育學校家長協會 中華民國發展遲緩兒童早期療育協會 中華民國瑞彼身心障礙者家族協會 中華適性教育發展協會 中華民國身心障礙音樂才藝發展協會 臺灣身心障礙者音樂關懷協會 中華音樂舞蹈暨表演藝術教育協會 中華啓能基金會 臺北市資優教育發展協會 高雄市資優教育發展協會 ……	中國殘疾人聯合會（簡稱「殘聯」） 中國盲人協會 中國聾人協會 中國肢殘人協會 中國智力殘疾人及親友協會 中國精神殘疾人及親友協會 各地殘疾兒童家長協會（如長春市孤獨症家長協會） ……

註：引自吳武典、諶小猛、石夢良整理自 2023 年兩岸相關資料。

第三章
生涯發展與轉銜服務

林幸台

　　生涯是一個人在數十年的生命中，如何成長、如何經歷、如何發展的過程。雖然不是每個人都能明確掌握生涯的理念，但「這一輩子要怎麼過？」卻無時不在腦海中迴盪，這個問號也同樣會出現於身心障礙者或資賦優異者身上。前者常因生理上的限制、心理上的低自尊、低成就，缺乏學習與經驗的累積，再加上社會文化觀念的歧視，往往使其生涯發展處於極大的困境中。同樣情況亦可能出現於資賦優異者，即使具備優異的天賦與才能，卻可能忽略其資優特質，或因所提供的資源不足，反而限制其做出最適性、適才、適所的選擇，乃至影響其整個生涯發展。

　　本章論述重要的生涯理論之要義，據以探討實務上可以協助身心障礙者與資賦優異者的諸多生涯教育與輔導措施，以及關係生涯發展順暢與否的轉銜服務，並提供有效的自我決策與自我倡導課程範例，進而引申至終身的學習服務系統，透過終身教育延伸轉銜服務至一生的各個生命階段，構成兼顧整體性與延續性的生涯內涵。

第一節　生涯發展

一、生涯與生涯發展

　　人生就像是個舞臺，在築夢的過程中，隨著歲月的流逝，逐漸累積出一篇篇生涯劇本。在生涯劇本中總會呈現許多縱橫交錯的事件，劇情有起有落，每個人就在其中扮演著形形色色的角色，生涯就是這個從出生到老死的生命歷程之連續寫照。換言之，一個人無論是男是女、是美是醜、是貧是富，都必須走過這麼一條人生道路，這條路可能是「食罷一覺睡，起來兩甌茶。舉頭看日影，已復西南斜。樂人惜日促，憂人厭年賒。無憂無樂者，長短任生涯」（白居易〈食後〉）的無憂無慮、自得其樂，也可能是「憶年十五心尚孩，健如黃犢走復來。庭前八月梨棗熟，一日上樹能千回。即今倏忽已五十，坐臥只多少

行立。強將笑語供主人，悲見生涯百憂集」（杜甫〈百憂集行〉）對蒼茫人生的自解，或指稱生活方式的「正是：番家無產業，弓矢是生涯」（元曲〈漢宮秋〉）、「杜門成白首，湖上寄生涯」（劉長卿〈過湖南羊處士別業〉）等樣態。生涯所指的就是個人數十年的生命中，如何成長、如何經歷、如何發展的過程，從個人對生活的態度、生命的追尋與期許，到具體落實於生活、生計、生業各個層面，總括於人的一生之中。

　　生涯的概念雖早已存在，但目前討論生涯課題的理論根據主要仍源自歐美人文主義心理學的思潮。在英文裡，career原有「道路」（road、path、way）的意思，引申為人或事物所經過的途徑，或個人一生的進展路途；它強調的是長程的、整體的概念，是生活中各種事件的演進方向與歷程，統合了個人一生中各種職業與生活的角色，從而反映其生活型態（lifestyle），由此表現出個人獨特的自我發展組型。金樹人（2011）即指出，生涯概念的多樣特性如下：(1)方向性：它是生活中各種事態的連續演進方向；(2)時間性：生涯的發展是一生當中連續不斷的過程；(3)空間性：生涯係以事業的角色為主軸，也包括了其他與工作有關的角色；(4)獨特性：每個人的生涯發展是獨一無二的；(5)現象性：只有在個人尋求它的時候，它才存在；(6)主動性：人是生涯的主動塑造者。總之，人是思考的動物，生涯就是充分發揮「人之所以為人」這個獨特本質的具體展現。

　　個人的一生在成長、經歷、發展中鋪陳其生涯路，在這個發展過程中，需要做出無數抉擇，以因應生活中預期或偶發的事件，同時亦由此展現其多樣性。這是一個終身學習的過程，成長與學習並行，因此有「活到老、學到老」這樣的說法。莊子〈養生篇〉云：「吾生也有涯，而知也無涯，以有涯隨無涯，殆矣！」許多人會從負面的角度解釋這個說法，認為以有限的生命去追求無限的知識是一件危險的事，尤其已明知其危險，還執意追求，似乎已被慣性制約、業識套牢、積重難返，將陷於更危殆的局面。然而，從時間的觀點言，壽命有長短，這是每個人的限制，但在有限的生命時光中，仍有著無限的揮灑空間。曾昭旭（2008）從正向角度解讀莊子的原意：「我是我生活的主人，故我是自由的。而在我每一當下生活中所用到藉以連繫外物的知識，其實很有限。以一自由不受牽絆之人去隨緣活用知識，則豈有不足的呢？」將有限的生命以正向的理念看待，且能悠遊其中，這樣的觀點對任何人都有同樣的意義與啟示，包括身心障礙者與資賦優異者。

二、生涯發展與轉銜

　　在生涯發展歷程中，無論何人，最常出現困境的多在面臨不同情境、不同挑戰的時刻，譬如因著個人需要或其他外在原因，必須離開原先熟悉的環境（如學校），進入另一個陌生的領域時，因陌生而產生不安、焦慮，乃至不適應的狀況。人們往往習於所處的舊環境與接觸的人、事、物，而新環境卻有許多未知的部分，若缺乏準備，難免產生適應的問題。一般人或許有較多管道能較快適應新環境，但身心障礙者卻可能需要較多的協助，尤其是從學校到社區／職場的過程；他們以往只扮演子女或學生的角色，受保護的性質居

多，然而離開學校進入成人生活世界，所要學習扮演的角色愈趨多樣，在職場與社區參與中，競爭性的社會所要求的角色行為與任務截然不同於學校經驗。生活空間的擴大固然帶來更多機會，但亦產生更多不同且複雜的人際關係。這種角色上的轉變，必然觸及甚至顛覆個人的自我認定，乃至其生活方式與生活型態，常非涉世不深的年輕人所能即時適應，而身心障礙者能否順遂地完成這一段轉銜任務，實與其個人的發展與需求、準備程度與選擇機會、個人與家庭的能力與資源，以及環境的支持有密切關聯。

身心障礙者常因生理上的限制、心理上的低自尊、低成就，缺乏學習與經驗的累積，再加上社會文化觀念的歧視，往往在其生涯發展過程中處於更大的困境。身心障礙者生涯發展的相關研究顯示，身心障礙者生涯發展過程中有許多複雜因子交錯影響，他們比起一般人更容易產生不適切的生涯概念（Lustig & Strauser, 2003; Yanchak et al., 2005）；認知障礙者在生涯決策和心理衝突上的問題高於生理障礙者（Yanchak et al., 2005）；身心障礙者不但較缺乏職業方面的資訊和經驗，也缺少職業興趣探索等資訊（Fabian et al., 2009; Wadsworth et al., 2004）；身心障礙學生也更容易有生涯優柔猶豫（career indecision）的現象（Enright, 1996）。即使身心障礙學生已有更多機會進入大專校院就讀，但與一般學生相較，仍然更難就業或受雇（Beyer & Kaehne, 2008; Hennessey et al., 2006; Wagner, 2005）。Enright 等人（1996）的研究發現，身心障礙學生可能因為障礙問題，使其生涯探索的行為較不積極，也不喜歡做生涯選擇，且障礙程度愈重者，其生涯選擇範圍愈少。這種惡性循環的現象，使得身心障礙者更不易面對當前更為險惡的情勢。

不過，這些現象與障礙的關係因人而異，有些身心障礙者的障礙因素對其生涯發展並未造成太大影響，但有些身心障礙者卻深受其苦。生涯發展不是專屬於某些人要去面對的課題，一般人會透過適當的學習經驗增進生涯成熟與發展，但同時也會因某些因素而使其發展受到阻礙。身心障礙者在生涯發展過程中也必然會遭遇到各種問題，然而問題可能牽連到家庭、社會與文化脈絡，並非全然根源於個人特質或其障礙狀況（Cheatham et al., 2011）。

相對於身心障礙者，資優學生有異於一般人的特質，似乎較具優勢，社會大眾、家長、教育人員，甚至資優學生本人亦可能對資優都有著這樣的迷思，認為在學校表現優異或是天賦卓異者，更有能力掌握自己的未來，也對生涯發展更有定見，不會有一般學生所經歷的無助感（Moon, 2009; Yoo & Moon, 2006）。然而，資優特質可能促使他們擁有寬闊的發展空間，但也可能帶來許多困擾，諸如面對生涯決定時，不易將興趣及能力與生涯機會適切連結，也常因眾多可能的選擇而產生焦慮感，以致於難以決定、延遲決定，或經常更換所做的決定（Neihart, 2002; Schatz, 1999）。有些資優學生於學生時期在某些特定的領域表現極為傑出，將所有的時間專注於單一領域，以致於很少參與其他的活動（Arnold, 1994; Subotnik & Steiner, 1994）；有些資優學生缺乏直接接觸工作的經驗，其生涯抉擇可能侷限於少數狹窄的領域，未能充分發揮潛能而對生活與工作缺乏滿意（Colangelo & Kerr, 1990; Leung et al., 1994）；再加上家庭或社會對資優學生的高度期許，而形成不合理

的自我期望與不適切的完美主義傾向，可能因此產生疏離感與更大的心理壓力（Chan, 2009; Neumeister & Finch, 2006）。種種內在及外在的因素，都可能導致資優學生在生涯發展與抉擇上面臨較多的困難與生涯困境（Greene & Kochhar-Bryant, 2003; Maxwell, 2007; Schuler, 2002）。

事實上，即使具備了優異的天賦與才能，卻可能忽略其資優特質，或因為所提供的資源不足，反而限制其做出最適性、適才、適所的選擇，乃至影響其整個生涯發展（Greene, 2006）。女性（Ferriman et al., 2009; Fiebig, 2003; Hakim, 2006）、文化不利（Ford, 2003; Moore et al., 2005; Reis et al., 2005），或身心障礙資優學生（Shevitz et al., 2003），即可能因社會主流思想的影響，限制其發展的機會。因此，在學業的考量之外，資優學生的生涯發展仍需成人的協助，尤其在生涯認同（career identity）、自我效能（self-efficacy）的課題上，更需要有妥善的安排（Chan, 2006; Kerr & Kurpius, 2004; Maxwell, 2007）。

三、生涯發展與自我

無論是身心障礙或資優學生，在個人生涯發展歷程中都有必須面對的挑戰與因應策略，而其中最為關鍵的應在於個人的自我。生涯大師 Super（1963）認為，自我概念是個人生涯發展歷程的核心，事實上個人一生所扮演的角色都是自我概念的具體表現；換言之，生涯即個人自我的實踐。自我概念包括個人對自己的興趣、能力、價值觀念、人格特徵等方面的認識與認同，它是稟賦的性向、生理組織、觀察與扮演各種角色的機會，以及長輩與同儕對其角色扮演所給予的評價等因素交互作用下的產物。這個自我發展的過程，形塑了個人獨特的風格。

Erikson（1982）從心理社會理論出發，認為在青少年階段，個體自我發展的主要任務為自我認同（self-identity）。個人若能適當地處理此階段的認同危機，則將發展出成功、有效整合的自我認同，形成對自我的忠誠，並得以享受自我展現出來的各項功能。自我認同是在追求自我內在的整體性（wholeness），包括對個人過去的生活史、能力、意識型態、價值觀，以及覺知到自己的優勢與弱點等的總合。換言之，自我認同的個人向度是去了解在時間序列中與不同情境下：(1)我想要或達到什麼結果或價值；(2)我知道有哪些行為、策略可以帶來這些結果或價值；(3)我有多少能力可以做出這些行為。Erikson 強調，沒有經過危機掙扎的體驗，其所形成的自我是不成熟的，往往是未經深刻的自我覺察，而輕易地接受了社會期許。具有自我認同感的人，會發展出穩定的自我概念，有明確的生活目標，較少受到同儕壓力的影響，能接納自己，能毫不猶豫地做決定，且具有責任感，在面對新環境和責任時，也不會顯得驚慌失措，因為他已有了方向。

為了建立明確的自我認同，個人必須不斷地探索兩個重要的問題：(1)我是誰？我是一個什麼樣的人？(2)我在哪裡？我在什麼樣的情境中？我能在這裡做些什麼？像我這樣的人如何在這個環境中發揮功能？前一個問題，涉及生理我、心理我、社會我等各個層面，也

包括興趣、能力、價值、人格特質等重要內涵；後一個問題，則涉及個人所處的社會環境、文化群體、工作世界等。這兩大課題，也就構成了生涯探索的起點：自我探索與環境探索，爾後始能做成一個資訊統合的生涯選擇。

　　自我認同在生涯發展歷程中扮演相當重要的角色，人們需要了解自己與他人有何不同、又有何相同的地方。身分的認定亦有助於解決許多環境需求及人際關係間的問題。自我認同決定了個人看待與詮釋環境訊息的方向，尤其在當前全球化及社會經濟快速變遷、職場環境愈加重視專業技術與服務理念的影響下，如何在個人生涯發展路徑中，體察個人抉擇過程、面對抉擇的方式，以及每一個抉擇結果對其生涯發展與生活方式的影響，個人又如何在與環境互動的歷程中，知覺到對個人內在自我經驗的衝擊，這些課題關切的是人生結構議題而非僅是工作考量，其關鍵就在於自己如何定位。

　　生涯是一種使命，不只是一種職業。生涯規劃不一定就要談如何找工作，但一定要談生活的目的，沒有目的，一切都是枉然。資優學生的生涯課題，與其自我認同息息相關，有必要在一般的生涯教育與輔導措施中，針對資優學生的特質，提供更周詳貼切的協助（Shoffner & Newsome, 2001）。至於身心障礙學生的生涯發展，其障礙不是決定生涯發展的唯一因素，仍有必要從其自我覺察與探索，建立適切的自我概念著手（Hitchings et al., 2001）。

第二節　生涯理論

一、理論與實務

　　「飽食足而後知榮辱」，生涯的課題源自於謀生餬口的問題，也就是與每一個人密切相關的職業選擇與就業問題；也因問題的複雜度高，因此而發展出生涯輔導的助人專業。不過，生涯輔導最初並無任何理論可循，其之興起乃因二十世紀初期，美國工業發展需要大量人力，而一般民眾（包括移民）大多缺乏專業技能，造成人力供需嚴重失調的現象，於是產生就業問題、貧窮問題、教育問題，甚至擴大形成為社會問題。部分有識之士乃挺而出面推動社會改革運動，Parsons（1909/1989）所推動的職業輔導，遂成為輔導工作的濫觴，但其基礎仍屬經驗法則。

　　然而，任何實務工作若無理論為其基礎，必然淪為一般例行事務，或僅是口耳相傳、道聽塗說，難有定論，亦無從發展為有效的專業性工作。職業輔導真正的理論基礎建立於兩次世界大戰期間編製發展的諸多心理測驗，此成為實務工作者的重要依據，亦為特質因素論（trait-factor theory）的基礎。二十世紀中葉之後，由於人文主義、自我心理學的興起，關注個人生涯發展的理念受到廣泛重視，遂有眾多異於特質因素論的觀點產生，強化了生涯輔導的理論基礎，使得生涯輔導的內涵更為豐富堅實，迄今已卓然成為心理學界一

個重要的學術領域，「生涯輔導與諮商」亦成為一個具有相當專業性質的工作。

以往有關生涯的理論尚未臻完善，許多學者即評論其立論基礎多以男性、白人、中產階級或學生為主，因此並不適用於女性或少數種族者；就身心障礙者而言，更缺乏適當的理論基礎（Conte, 1983; Thomas & Parker, 1992）。然而，近十數年已逐漸注意到婦女或少數種族的生涯發展有特別值得探討的主題（如有關婦女雙生涯的問題、少數種族文化與生涯的抉擇等），甚至因而提出不同的理論或詮釋模式。惟這種突破傳統窠臼的情況尚未出現在身心障礙者方面，D. B. Hershenson 從復健諮商實務工作所發展之工作適應論，兼具特質因素論與發展論的色彩，或有可能發展成為適合身心障礙者所需的生涯理論。

然而，身心障礙者並非完全異於常人，他們同樣會經歷各個生涯發展階段，同樣會面臨身心變化、尋求自我認同和獨立自主等課題，但身心障礙者因為生、心理功能的限制及社會資源或觀念的影響，其生涯發展過程中可能面臨更多的挑戰。即便如此，身心障礙者的生涯課題並非全然異於非障礙者，有同有異，正是所謂個別差異之處。Ettinger（1995）即認為，在生涯發展的課題中，百分之九十是所有人都可能遇到的問題，但每個人仍有其特殊的需求。因此，目前雖無完全適用於身心障礙者或資賦優異者的生涯理論，但不應亦不必等待理論出現始提供其生涯服務，況且理論之發展並非憑空而來，理論與實務乃相輔相成，因此並不妨礙將既有理論與技術用之於身心障礙者或資賦優異者，關鍵在於如何從眾多理論中做適當的選擇，以之為實務工作的基礎，再透過實務上的驗證，進而建構更適切的理論。

二、特質論

（一）源起

特質因素論（簡稱特質論）的基本概念就是「物以類聚，人以群分」，引申至就業或職業輔導，就產生「一個蘿蔔一個坑」的說法。特質論為生涯／職業輔導最早期發展出來的理論，其淵源可溯自二十世紀初期，輔導之父 F. Parsons 所揭示的職業輔導三大原則：個人分析、工作分析，以及二者之適配。當時的職業輔導工作即依據此一方向，藉粗略的分析與媒合，協助求職者找尋職業。爾後，因差異心理學的研究、測驗工具的發展，以及職業資料系統的建立，始發展出完整的理論，而成為實務工作者最基本的依據。近年來，特質論亦因應時代思潮的變遷而逐漸調整其基本論點，人境適配論即為調整後的產物。

（二）人境適配論（person-environment interaction theory, PE theory）

特質論的基本概念假定每個人均有穩定的特質，工作亦有一組特定的條件，將個人與工作相配，即為其最佳的抉擇；若個人特質與工作條件愈接近，發展成功的可能性即愈大。同時，特質論亦假定職業選擇為一種認知的歷程，個人可藉由推理的方式做出適當的

決定（Brown, 1990），惟此一假定未能考慮個人面對實際情境時的心理與情緒反應，故受到相當多的批評。

在個人特質方面，特質論者認為個人所擁有的特質有極大的個別差異，但都可經由測驗工具有效地加以評量。基於此一假定，加上心理計量學數十年來蓬勃的發展，實務工作者大量使用性向、興趣、性格，以及價值觀等測驗工具，評量受試者所擁有的特質，即成為職業輔導工作的標準程序。但測驗工具本身是否具有信度與效度，已頗受質疑，且以靜態的方式使用測驗工具，未能深入了解個人真正的優點與長處，以致於所謂的輔導可能僅止於表面的協助，對其未來的發展能否帶來長遠的效益，更值得商榷。

至於個人特質與工作條件之間如何尋求媒合的問題，亦有相當的爭議，因此近年來若干學者已將其過於僵化的假定加以調整，提出所謂「人境適配」的觀念（Rounds & Tracy, 1990），認為個人擁有積極找尋、甚至創造有利於其展現特質的環境，而非被動地遷就工作條件的要求。在此一過程中，個人會影響環境，整個環境情勢也會影響個人，人境之間會形成一種互動的關係，這種觀點與當前重視生態系統之觀點頗為契合。

以適配論的觀點探討身心障礙者的生涯抉擇，有其可取之處，因此長久以來一直是職業復健工作的重要基礎（Rubin & Roessler, 1995），特別是近年強調人與環境間互動的觀點，已較傳統特質論的說法更具彈性，但測驗工具的使用仍必須特別注意下列幾點：目前常用的生涯輔導評量工具多無法適用於身心障礙者，無論在測驗內容、施測方式，或結果解釋（常模對照）等方面，都有極大限制，因此生態評量的觀念已普遍受到重視，在客觀化測驗之外，同時採用情境評量、檔案評量，甚至動態評量的方法，並將周遭影響個人發展的因素一併納入評估範圍，從整體的角度了解個人的狀況。此外，由於個人生涯的發展不僅止於職業，故生活中其他方面所需要的能力、態度，乃至於行為模式等，亦納入評量範圍，更可彰顯評量效能。

在環境或工作條件方面，以往因較偏重「以人配事」的觀念，忽略個人積極主動的可能性，因此個人特質與工作條件之間的媒合，往往是人遷就事、受雇者遷就雇用者，「合則來、不合則去」的作法，使得身心障礙者受雇的機會少之又少。但人境適配論的觀點已注意到人境之間互動的關係，且若身心障礙者所擁有的特質與環境條件之間有所落差時（discrepancies），尚可透過職務再設計（job accommodation）與支持性就業（supported employment）等措施，將職場環境、工作任務或流程做物理上或功能上的調整，或在就業現場提供適切的教導或支持，均可大幅增加身心障礙者就業成功的機會。

適配論的重點在於評量與適配，然而生涯評量工具用於資賦優異者，可能有天花板效應的問題（Achter et al., 1996; Mendaglio, 2003; Rysiew et al., 1999），因此就資賦優異者的多元潛能而言，對照年級常模的方式可能無法得到明確的區別效果，較難以之做為其生涯選擇最適當的指標（Kerr & Sodano, 2003）。但評量結果仍可做為探索自我的基礎，可針對資賦優異學生所具有的特性，配合適切的生涯評量，協助其從更多深度層面探究生涯課題，將有助於其建構適切的生涯目標與發展方向（Muratori, 2010; Sampson, 2009）。事實

上，生涯大師D. E. Super在建構其生涯發展論時，亦未揚棄適配論，而是以之擴展實務工作者對職業選擇與生涯發展的理解空間（Savickas, 1997）。總之，特質論／適配論在身心障礙者與資賦優異者的生涯輔導上仍有其適用性，若能在評量與適配之餘，因應個案的特性做適當的調整，仍不失為生涯輔導實務工作的有效指引。

（三）類型論

Holland（1973）對生涯的概念源自於人格心理學，認為個人的職業選擇就是其人格的反應，而職業興趣就是人格在學業、工作、嗜好、休閒活動上的具體表現。因此，職業興趣量表就是一種人格測驗，從職業興趣量表上，可以反應出個人的自我概念、生活目標，乃至創造力等人格特質。雖然機遇因素仍有其影響作用，但一般而言，職業選擇並非隨意發生的事件，而是個人基於過去經驗的累積，加上人格特質的影響而做的抉擇。同一類型的職業會吸引有相同經驗與人格特質者，同一職業的工作者具有相似的人格特質，對許多情境與問題亦有相近的反應。至於職業上的適應、滿足及成就，乃決定於其人格與該工作環境的諧和程度。

Holland 的類型論認為，在我們所處的文化中，大多數的人可分為六種類型：實用型（realistic）、研究型（investigative）、藝術型（artistic）、社會型（social）、企業型（enterprising）、事物型（conventional），職業環境亦可區分為上述六種類型。六種類型之間的關係可以在二度空間的平面圖上，以其相似程度依序排列成一個正六角形：相鄰的兩個類型，其關係較其他類型更為接近，例如：實用型－研究型（RI）相鄰，其相似性較間隔一個型態的實用型－藝術型（RA），或實用型－企業型（RE）間的相似性為高，亦即一致性（consistency）較高；反之，相對的兩型（如實用型－社會型、研究型－企業型、藝術型－事物型）之一致性較低。此外，個人人格特質或其偏好之職業環境的清晰程度亦有不同，若個人的人格特質較接近某一類型，而與其他類型較不相似，此等情況顯示其區分性（differentiation）良好，能明確指出其興趣所在；但若其人格型態不十分明確，與多種類型都很相近時，顯示其區分性較低（undifferentiated），較難釐清其興趣方向。

不同類型的人需要不同的生活或工作環境，例如：實用型的人需要實用型的環境，因為此等環境才能給與其所需的機會與獎勵，這種情況即稱為諧和（congruence）或適配。類型與環境不諧和，則該環境無法配合個人的能力與興趣提供其所需的機會與獎勵，例如：實用型的人具有順從、坦率、謙虛、堅毅的特質，在較強調社交、圓融、說服他人的社會型環境中可能不太諧和。此外，若個人在目標、興趣，以及能力各方面均具清楚穩定的程度，即具統整性（identity）。

依 Holland 理論編製的工具以及相關資料，如「自我探索量表」（Self-Directed Search）、科系指引（college majors finder）等，都具有相當實用的價值，已廣為生涯輔導工作者使用。然而，因其仍具有特質論的色彩，故仍不免同樣受到前述的批評。目前雖已

有簡版的量表適用於教育程度較低的受試者（Maddux & Cummings, 1986）或學習障礙及輕度障礙者（Mattie, 2000），但由於身心障礙者缺乏探索經驗，對於各種職業活動的陌生，仍可能減縮其興趣範圍；再加上體能或心智功能的限制，認為自己無法勝任該項任務，卻未考慮使用輔助性器具或職務再設計的可能性，以致於將之排除於可供考慮的範圍之外，影響其填答，也使測驗工具所呈現的結果失去輔導上的價值。此種情況在視障者方面尤其明顯，若干研究（Jones, 1995; Winer et al., 1987）即發現，視障者的反應型態迥異於常人，若過度採用此測驗結果，可能反而限制視障者的發展空間。

　　然而，類型論的概念簡單明瞭，其理論架構相當具有參考價值，相關的研究也相當豐富，若能特別注意上述測驗工具的限制，對心智功能正常的障礙者仍有其適用的空間（Kortering & Braziel, 2008; Thompson et al., 1994）。在資優學生方面，Achter 與 Lubinski 等人（Achter et al., 1996; Lubinski & Benbow, 2006）亦曾以類型論觀點，長期探究數理資優學生的職業興趣變化情形，並搭配下述明尼蘇達工作適應論，解析資優學生在能力、興趣，以及適應上的狀況。

（四）明尼蘇達工作適應論（the Minnesota theory of work adjustment [TWA]）

　　Lofquist 與 Dawis（1969）早在 1960 年代即在特質論的重鎮——明尼蘇達大學（University of Minnesota），整理當時有關就業問題所作之文獻，進行「工作適應專案研究」。其後數十年，不斷修訂其立論基礎，而形成目前強調人境符應的工作適應論（person-environment correspondence [PEC]）（Dawis, 1996）。

　　工作適應論認為，職業選擇或生涯發展固然重要，但就業後的適應問題更值得注意，尤其是對障礙者而言，在工作上能否持續穩定，對其生活、信心，與未來發展都是重要的課題。基於此種考慮，Dawis 等人從工作適應的角度，分析適應良好與否的相關因素，認為每個人都會努力尋求個人與環境之間的符合性，當工作環境的增強系統符合個人需要，即能滿足個人的需求，達到內在滿意（satisfaction）；另一方面，其工作能力能順利完成工作上的要求，即達到雇主的要求（外在滿意，satisfactoriness），則獲得留任、升遷的機會亦愈大，否則可能招致調職或解雇。不過個人與工作之間存在互動的關係，符合與否是互動過程的產物，個人的需求會改變，工作的要求也會隨著時間或經濟情勢而調整，如個人能努力維持其與工作環境間符合一致的關係，則個人工作滿意度愈高，亦愈能在同一工作領域持久任職。

　　工作人格與工作環境為此一理論的核心概念，工作人格包括個人的能力、需求與價值觀，能力與性向可由一般的性向測驗加以評量，但需求與價值觀則需藉由「明尼蘇達重要性問卷」（Minnesota Importance Questionnaire），了解個人在安全、舒適、進展、利他、成就、自主性等方面的心理需求。工作環境是指工作情境中涉及的工作任務與條件，以及

環境所提供的增強系統，因此需要對工作環境進行生態評量，如「職業性向組型」（Occupational Aptitude Patterns）即用以了解個人能力與工作所要求能力之間的關係；「職業增強組型」（Occupational Reinforcer Patterns）則用以比較個人需求與工作所提供的增強系統之間的關係。工作性格與工作環境的適配程度即反應個人的工作適應情形，包括其工作滿意度與個人能力能否滿足工作要求的情形。

　　工作適應論在適配的概念上不同於前述 Parsons 與 Holland 的觀點，擴展了特質論的空間，為工作滿意度的研究領域提供了一個完整的架構。Lubinski 與 Benbow（2000）即以此理論為基礎，結合教育、諮商，以及工業心理學的概念，針對約翰霍普金斯大學（Johns Hopkins University）進行多年的數學資優研究（SMPY），建構了數理資優學生的職業適應模式（Achter & Lubinski, 2005; Lubinski & Benbow, 2006），對資優學生在能力、興趣，以及適應上的狀況提供完整的解析。然而，也因工作適應論強調就業後的行為與適應，忽略在就業前的生涯發展問題，此是與其他特質論者相同的弱點。至於上述各種量表亦可能僅適用於感官肢體障礙者，對於心智功能障礙者則需要藉助其他替代的評量方式，以確實了解其工作人格與心理需求，如 Melchiori 與 Church（1997）即曾將「明尼蘇達重要性問卷」改以卡片方式供智障者使用。不過，此一理論重視人與環境間的互動，卻值得重視，若能以職務再設計的觀點考慮工作任務的要求，配合生態評量的結果，對身心障礙者的工作適應情況應更有助益。

三、發展論

　　子曰：「吾十有五而志於學，三十而立，四十而不惑，五十而知天命，六十而耳順，七十而從心所欲，不踰矩。」這是孔夫子在兩千多年前自道的生涯發展觀，許多人即常以之自我勉勵。不過生涯輔導理論所討論的生涯發展，則多以 Super 為宗師；Super（1963）統整發展心理學、差異心理學、人格心理學、現象學，以及有關職業行為與發展的長期研究結果，匯聚成為系統完整的生涯理論架構。

（一）生涯發展與角色扮演

　　Super 於 1990 年將其理論修正為生活－生涯發展理論（life-career development theory），以生活廣度（life-span）與生活空間（life-space）建構其完整的生涯觀。所謂生活廣度是指橫跨一生的發展歷程，Super 將之分為成長、探索、建立、維續，以及衰退等五個階段，人從出生至死亡會經歷這五個階段，完成一個人生循環：(1)成長階段大約是由出生至 14 歲左右，主要特徵是個人能力、態度、興趣，以及需求的發展；(2)探索階段大約從 15～24 歲，個人嘗試其有興趣的職業活動，而其職業偏好也逐漸趨向於特定的某些領域；(3)建立階段大約從 25 歲一直到中年，由於工作經驗的增加以及不斷的努力嘗試，個人在自己的領域裡逐漸穩定、精進；(4)維續階段則從 45～64 歲退休前，個人在工作職位

上不斷地調適、進展，並逐漸能在自己的領域裡占有一席之地；(5)衰退或退離階段，個人可能欣賞自己在工作上的成果，職業角色分量漸漸減少，同時也思考退休之後的生活課題。在每一個階段至下一個階段之間的「轉銜期」，則又構成一個小循環，包含新的成長、再探索和再建立的歷程。

　　生涯的另一向度是生活空間，在個人發展歷程的各個階段中，隨著年齡的增長而扮演著若干不同的角色，生涯探索的過程即在學習扮演不同的角色，而個人的興趣與能力發展就在這個學習過程中逐漸形成。角色的消長除與年齡及社會期望有關外，與個人所涉入的時間及情緒程度均有關聯，因此每一個階段均有所謂的顯著角色（role salience），這是由個人對該角色的認同、參與，以及知識等三者所組成：(1)認同是對角色及其活動的情感投入，屬於情意部分；(2)參與是實際用於扮演該角色的時間與精力，屬於行為部分；(3)知識則是屬於認知的部分，是對角色行為及活動的了解（Super & Nevill, 1984）。若某一角色受若干因素的影響而不凸顯時，其他角色可能會特別突出，以重新調整並實現個人的能力、興趣與價值觀。各個角色又彼此相互有關，「**在一種角色上扮演得成功，會促使另一角色也成功；在一種角色上失敗，會導致另一角色產生困難**」（Super, 1980, p. 287）。

　　不同角色交錯發展，各角色之間達到最佳平衡狀態，生活廣度與生活空間亦逐步擴展，而能充分達到自我的實現，由此建構出個人特有的生涯組型，而生涯即由此三度空間所組成：

1. 時間：亦即一個人的年齡或生命時程，分為成長期、探索期、建立期、維續期和衰退期。
2. 空間（廣度或範圍）：係指一個人終身所扮演的各種不同角色，如兒童、學生、公民、休閒者、工作者或家長等。
3. 深度：乃是一個人扮演每個角色所投入的程度。

（二）自我概念與職業自我概念

　　在 Super 的整個生涯發展論中，自我概念是生涯的核心，包括個人對自己在能力、興趣、價值、需求，以及人格特徵等各方面的認識。Super 將自我概念的發展過程分為三個時期：

1. 形成期：自我概念的形成是從嬰兒期開始逐步發展，期間經歷五個階段：
   (1) 探索：從出生就開始探索自我與環境，且終其一生都在持續探索中。
   (2) 分化：隨著年齡的增長，個人逐漸認識自我及與他人之間的差異，並開始追求自我認同。
   (3) 認同：經由對父母、親友、師長的認同，逐漸發展出個人特定的模式。
   (4) 角色扮演：個人認同重要他人，進而模仿。隨著個人年齡的增長，其所扮演的角色愈來愈複雜、精緻，這種角色扮演使個人有機會嘗試職業角色。

(5) 現實考驗：個人經由遊戲、角色扮演、學校課程、工讀等現實考驗機會，可強化或修正其自我概念。

2. 轉化期：在此階段，個人可經由下列三種方式，將前期所發展的自我概念轉換為職業自我概念：(1)個人察覺成人所從事的職業，而向成人的角色行為產生認同；(2)從偶然的機會或實際經驗到一種職業角色，促使個人轉換自我概念為職業自我概念；(3)覺察到自己具有適合某種職業的特質，而學習符合該職業的角色期望。職業自我概念的轉換是逐步形成的過程，是由自我概念逐漸合併轉換成職業自我概念，例如：將「我很聰明」、「我修了許多心理學的課程」、「我有豐富的心理學知識」等自我概念，合併轉換成「我可以成為心理學家」的職業自我概念。

3. 實踐期：實踐期包括獲得與職業有關的教育或訓練，或尋找一份自己所偏好的職業。此時期個體會將自我概念轉換為一種更為具體的形式，在此轉換過程中，若未遭受挫折，即會增加個體的成就感；反之，則不易發展正向積極的職業自我概念。

（三）生涯探索與生涯成熟

Super（1990）指出，不同發展階段有不同的發展任務，這也是社會所期待於個人的表現，而生涯成熟（career maturity）即指個人面對及完成發展任務的準備程度。這種準備程度包括認知及情意兩方面：在認知方面，包括個人對職業本身的認知態度、對工作世界的認識、對自己所偏好工作領域的認識，以及在職業決定技巧方面的認知及應用情形；在情意方面，則包括個人在生涯探索及生涯計畫兩方面所持的動機與態度。

生涯成熟並非憑空而來，發展論重視各個階段的發展歷程，在此歷程中，探索活動占著極為重要的地位：透過相關活動的參與，可以促進個人對於自我以及環境的了解與認知，而有助於個人生涯的發展。Super（1990）認為，兒童的好奇心是引發探索行為的重要基礎，如能獲得內在或外在的增強，則將擁有更多資訊，並且願意再進一步探索；但如未能得到增強，可能導致衝突與退縮（如小學高年級時，可能因學校課業逐漸加重，對各方面活動的好奇無法獲得滿足，以致於逐漸失去對生涯的興趣，而中斷其生涯探索行為）。多方的探索可使其獲得豐富的資訊，培養適當的興趣，形成適切的時間（因果）概念，而滿意的探索更可使其接觸到重要他人（良師、典範），成功的經驗可培養其自主、內控的性格，發展其健全的自我概念以及對未來的掌握，從而形成具有前瞻性的時間概念，對未來有所規劃，並擁有抉擇的能力。

探索可能發生在人生的任何階段，但在進入或正在進行一個新的人生階段時特別重要。每一個階段的轉換，並不完全決定於生理的成熟，也受到心理與社會因素的影響。保持一種探索的態度，可以協助個人不斷隨著所處環境與社會的變化，更新對自己與環境的認識，因而做出較佳的選擇。這種探索的態度與精神，無論對常人或身心障礙者而言，都是生涯發展歷程必要的條件。對先天障礙者而言，探索活動更有其重要性，身心障礙者多

較缺乏經驗，身心障礙兒童普遍缺少諸如遊戲、工作角色的幻想、生涯角色的扮演等一般兒童常有的活動經驗，早期經驗的不足勢必將影響後期的發展，因此生涯教育與輔導必須從小開始。對於中途致障者，則可以發展階段中的小循環概念，協助其重新成長、探索，進而建立新的自我。

生涯探索對資賦優異者亦同樣重要，若資賦優異學生在其生涯發展歷程中，因外在環境的侷限，無法廣泛接觸、探索周遭事物，並以之與自我相關聯，則必然限縮其可能的發展空間。由於個人面對日趨複雜、多變的生涯情境，因此，Blustein（1997）強調情境豐富觀的生涯探索（context-rich perspective of career exploration），亦即在進行生涯探索時，必須同時探索所處情境、背景或脈絡中的相關因素，而非僅止於單純探索職業角色，這樣才能使生涯探索具有生涯發展上的正向價值，此一觀點對資賦優異學生而言，更具積極的意義。

四、認知論

前述的特質論、發展論並未否定認知因素在生涯選擇或生涯發展上的重要性（Guichard & Lenz, 2005; Savickas, 1997），但直接將心理學上的認知理論應用於生涯課題，則是近三十年的事，其中最受重視的即為 Bandura（1977）的社會學習理論，許多生涯輔導研究者即將此理論引入生涯課題中，而發展出獨特的生涯觀。

（一）社會學習生涯理論

Krumboltz（1979）將 Bandura 的社會學習理論引入生涯輔導領域，認為影響個人生涯抉擇的相關因素有四：遺傳與特殊能力、環境及重要事件、學習經驗，以及任務取向的技能。四個因素在個人發展歷程中交互作用，形成個人對自我與世界的推論（self-observation generalization/world-view generalization），前者是指個人對自己的看法及評估，後者是指個人對所處環境之觀察，以及未來可能進入之職業世界的預測；這種推論即影響個人的生涯信念，終而影響其生涯歷程中的學習、期望與行動（Krumboltz & Nichols, 1990）。

生涯信念就是一組對自己，以及對自己未來在工作世界中發展的假設。生涯信念可能因學習經驗的不足或不當，以致於形成錯誤的推論、以單一標準做自我比較、誇大結果的災難情緒、錯誤的因果推論、擇善固執、因小失大，或自欺欺人（Krumboltz, 1983），說明如下：

1. 過度誇大、災難性思考：將事情的嚴重性加以誇大，如「考試考不好，一生的前途就完蛋了」、「我竟然沒有注意到這個缺失，這下子一定會被炒魷魚的」、「在公眾場合說錯話是非常丟臉的事情」。

2. 極端化：比誇大更甚的就是極端化，即以非黑即白的方式來對事情做不合理的區分，如「一個人不是喜歡你就是討厭你」、「人生不是非常的成功，就是非常的失敗」、「我要不就是坐上那個位子，要不就是離職」。

3. 過度類化：類化可以學得許多經驗，但過度類化可能會將之無限的擴張，如遇到一個缺德的醫師，就會認為「所有的醫師都不是好東西」，甚至開始覺得「社會現實、人心險惡」；或只不過是遭遇到一點挫折，就開始產生「我永遠也不可能成功」這樣的想法。

4. 強制性：對自己或他人有絕對性的要求或期望，在話語中經常出現「應該」、「必須」、「一定要」等字眼，如「我必須通過這項考試」、「別人應該要完全按照我的話來做」、「我的表現一定要獲得別人的讚賞」等。

5. 自我設限、自我貶抑：基於上述強制性的想法，可能會因而遭遇到更多挫折而出現貶抑自己、不信任自己的狀況，如「我不可能通過這場考試的」、「人根本不可能有所改變」、「我再怎麼努力也沒有用」等。

生涯信念雖不一定有好壞之別，但如因之未能覺察問題的存在而失去補救機會，未能運用所需的能力做決定或解決問題，或因不當的理由排除可能是有利的選擇途徑或選擇拙劣的途徑，乃致於自覺能力不足而感到悲傷或焦慮以致無法達成目標，都可能妨礙生涯的發展（Mitchell & Krumboltz, 1996），因此 Krumboltz 特別強調學習的重要。Krumboltz 甚至認為，興趣也是學習的結果，因此職業選擇的關鍵在學習，而非興趣本身，生涯輔導的重點就在於提供多樣的學習經驗，能參與各種不同性質的活動，如學習寫作、樂器、玩電動玩具、與朋友交往等，所學到的技能都可能在日後派上用場；融合於普通教育的生涯教育方案、職業資訊的提供、有關生涯抉擇的模擬活動、角色模範的學習經驗，乃致於職場實習或社區實作等，也都有助於其建立正確的生涯信念。

個人的生涯信念是學習的產物，在經年累月後，將堅如磐石、難以打破，若以往已有不當的學習結果，造成當前生涯的困境，就需以認知行為改變技術，先行確定其不當的信念，促其以不同的方式關照潛在的問題，進而鼓勵其採取與不當信念不相容的行動，以新的經驗取代舊的信念，提供正向的學習經驗，培養適切的自我觀與世界觀（Krumboltz, 1992; Mitchell et al., 1979）。身心障礙者以往可能因其障礙，在生活自理與基本能力的學習之外，忽略了生活、工作、休閒等相關活動的參與，針對此一缺失，應特別注意增加各種學習機會與成功表現，以培養適當的自我觀與世界觀。對於後天障礙者，除了新學習經驗的加強外，尚可採用 Krumboltz（1991）所編製的「生涯信念量表」（Career Beliefs Inventory），找出不合理的信念，施予必要的認知改變策略（Enright, 1996）。資賦優異學生亦同樣需要探索自我的信念及類推的內容，找出影響其生涯理念背後的負面假定或信念，以適切的生涯信念拓展人生。

（二）社會認知生涯理論

Lent 等人（1994）的「社會認知生涯理論」（Social Cognitive Career Theory [SCCT]）主要源自於 Bandura 的社會學習理論，也深受 Krumboltz 的生涯決定歷程中認知取向觀點的影響，而自我效能（self-efficacy）即為其核心概念。自我效能是一個人對自己組織並執行某項行動用以完成某項工作的可能性之判斷，也就是對自己能力以及運用該能力執行某項任務將得到何種結果所持的信心或把握程度，這項判斷會影響個人對行動的選擇、努力於該行動的程度，以及持續該行動的時間長度（Bandura, 1986）。低自我效能的人常用消極的自我語言自縛手腳（如「我不認為我可以做得到」），可能認為自己表現不好，會避免選擇自認不擅長的某一領域主題，或減少表現相關行為的機會，以降低可能帶來的焦慮，但也可能因此失去成功的可能性。反之，高自我效能的人會用積極的自我語言增強自己的信心（如「我信得過我做的決定」），或增加表現行為的機會，即使遭遇困難或障礙，也會堅持到底，以正向積極的態度解決所面臨的困境，也因此獲致成功的可能性較大。

自我效能的形成是一個長期的認知過程，Bandura 認為自我效能主要有四個來源：行為經驗中的成功表現（performance accomplishments）、替代的經驗（vicarious experience）、口語的說服（verbal persuasion）、情緒的激發（emotional arousal）。在這四種來源形式的運作下，個人的自我效能感會進行某種程度的調整，覺知到的自我效能可直接影響個體選擇該從事哪些活動，或加入哪些團體或情境中；自我效能愈強，個體投入的努力就會愈多。這是一個不斷自我了解、理念整合與親身經歷的自我系統動態運作過程，這樣的發展過程深受情境脈絡的影響，脈絡影響因素對生涯抉擇行動可能具支持的功能，但也可能成為阻礙（Lent et al., 2000）。

自我效能是一種認知態度，這種態度是行動力量的源頭，可促使個人發揮潛能，追尋較有自信的生涯目標，但也可能因負向的效能感，限制個人的發展。身心障礙者受困於經濟、人際困境，以及焦慮、情緒調適等心理問題，其自我效能常較為低落（Ochs & Roessler, 2001, 2004），因而對其生涯發展構成不利的影響。Elhessen（2002）即發現，肢體障礙者的生涯自我效能對其生涯選擇有顯著影響，肢體障礙學生之生涯抉擇自我效能高者，亦有較多的生涯探索行為，而適應障礙的情況與生涯抉擇的自我效能有密切相關，不過後者亦因障礙程度之不同而有顯著差異。

在個人自我效能發展過程中，家庭無疑是成長中的資賦優異或身心障礙學生最關鍵的因素，父母的過度保護、避免與子女探討未來方向都可能抑制其自我效能的發展。父母可能不僅在個人的生活適應具有重要影響，在生涯抉擇過程中，「由父母決定、聽從父母建議」這種情況常見於資賦優異學生的觀念中，而身心障礙學生更常是如此。Ochs 與 Roessler（2001）以及 Luzzo 等人（1999）即發現，無論高中或大學學障學生的生涯自我效

能均低於一般生，研究者認為可能是因為身心障礙學生家長常為其子女做教育及職業上的決定，因而限制了自主抉擇獲得成功經驗的機會。

　　自我效能理論對資優學生更具有適用性，若能充分運用前述四個自我效能主要來源，都可增進資優學生自我效能的發展（Burney, 2008; Muratori, 2010）；對協助身心障礙者的生涯發展亦頗為適用，Conyers 等人（1998）即以之作為大學身心障礙學生復健諮商的架構。Corrigan 等人（2001）發現，以團體諮商的介入策略可有效提升大學身心障礙學生的生涯自我效能，此等文獻可顯示自我效能理論運用於身心障礙者生涯發展上的功效。因此，如何協助其獲致成功的經驗，透過替代學習或口語回饋，調適障礙所帶來的困境、增進其對自我的評價，是順利展開其生涯發展的重要課題（Panagos & DuBois, 2000）。

五、建構論

　　早期的生涯理論（包括特質論、發展論、認知論等）雖各有其重點，但都不免依循盛行於二十世紀理性主義實證論的觀點，但近年受到詮釋論、現象學的影響，生涯課題除了在做決定的時間點上追求人境適配外，已逐漸轉向建構、詮釋的方向，重視如何在綿延一生的生命過程中，創造生命的意義並賦予意義（Brott, 2001; Harrison, 2006）。

（一）個人建構論

　　美國心理學家 Kelly（1955）認為，每一個人生長在這個世界，經驗到種種發生在周遭的事件，就會用自己擅長的方式去解釋這些現象，而漸漸形成自己對這些事件的「理論」，也用以預測自己和他人的行為，再根據預測採取行動。Kelly 稱這種行為方式宛如科學家（each human beings as a personal scientist），個人就像科學家一般嘗試去預測與控制其世界。換言之，建構是個人用來詮釋世界的方式，每個人都以獨特的方式來看自己及其所處的世界，當人們經驗到事件時，會設法加以詮釋，並將之納入既有的架構中賦予其意義。個人的建構系統就是許許多多個別建構統整組織而成，當某一部分建構發生改變，會牽動其他部分也發生改變；有時建構之間彼此會有衝突，因而造成個人的緊張，以致於無法下判斷或做決定。當個人無法將建構系統運用於其所經歷的事件時，便會產生焦慮；而在建立新建構時，則會感到害怕。焦慮、害怕或威脅等情緒可能造成建構系統功能失調。

　　當個人成長或是環境發生變化的時候，會造成個人既有的建構不再能有效的協助個人去適應環境，必須有效改變個人的建構，以達到成長與適應。Kelly 特別提及「加入新元素」、「實驗」，以及在實際生活中的「應用與獲得回饋」是達成建構改變的重要條件。加入新元素指的是，個人能夠獲得應用建構來適應環境的過程與效果相關的訊息；實驗則是指，在特定情境中應用新建構進行體驗與獲得正向回饋的歷程，可以加強當事人應用新建構的意願與信心，若再能將新建構實際應用於生活中，即可以將新建構有效融入個人的人格體系之中。

　　個人在建構自我及外在世界時常使用相對性的語詞，例如：對個人特質的形容——溫柔相對於粗獷、乖巧相對於不守規矩、善良相對於邪惡等。應用在個人對工作世界的認識，則包括薪水的高低、工作場所的室內戶外、工作性質的變化多寡、穩定與不穩定等概念。Kelly 即據以提出建構的兩極性質（相對的兩個端點），並據此設計建構方格（construct grid），以做為探討個人建構的方法。這種評量形式就其結構來看，屬於一種非標準化的評量工具，然而更可以視為是一種半結構化的晤談技術，可要求當事人直覺地將手中的職業卡片按照「喜歡」、「不喜歡」、「不知道」等三種選項加以歸類，這樣簡單的實施方式，卻能發掘生涯決定時複雜的矛盾心理，諮商師與當事人的注意力集中在幾張小卡片上，一步一步的進入當事人的內心世界，激發出當事人的內在經驗，讓其對自己有新的體驗與認識。而面對面的即時回饋，可以增進當事人的頓悟。換言之，這個方格（職業組合卡）提供一種有趣的觸媒，讓諮商效果在遊戲中發酵，因此特別適用於不習慣在陌生人面前表達內心想法的個案，能反映出當事人深層的內在衝突（金樹人，2011）。

　　Kelly雖於六十年前即提出個人建構論，但在生涯諮商中的應用則是近十幾年的趨勢，其所強調的是透過對個人建構的了解，以及對外在世界的建構形容，以覺察個人所欲營造的生涯世界，對於協助個案了解個人與工作環境之間的關係，頗有其應用價值。而透過對個人核心建構的領悟，個人更能夠從生涯發展的歷程中省思自我，並進而思索對未來生涯的規劃，甚至思索所欲建立的生命意義，這種動態觀對資優學生具有積極的意義。Kelly（1955）認為，當不可預期的事情發生時，正是調整建構的大好時機，否則個人對環境的假設或預期會愈來愈不切實際、愈來愈僵化，而建構的調整就是人之所以能創造與再創造的根源，也是前瞻的未來觀根源。所以 Kelly 認為，人具有未來觀，「**未來引領著我們，而不是過去。人總是透過現在的窗口才能到達未來**」（Kelly, 1955, p. 49）。

　　惟此一理論較少用於身心障礙者。由於身心障礙者常因本身的障礙，加上環境或制度的限制，以致於難以從失敗中找到成功的契機，又因無法獲得檢驗的機會，以致於僵化其生涯建構，陷於困境之中。Kelly（1955）認為「我們對失常的定義是一個人不斷地使用已經失效的個人建構」（p. 831），感官或肢體障礙者可能即常以失效的生涯建構面對不斷發生的事件，由於缺乏檢驗的機制，極可能就此陷入一種反覆受到挫折失敗的惡性循環中。不過，Thomson 與 Hartley（1980）以 Kelly 的建構方格研究閱讀障礙兒童的個人建構發現，他們會將閱讀與快樂緊密連結；Humphrey 與 Mullins（2002）亦發現，閱讀障礙兒童會將閱讀與聰明相連結；Procter（2001）研究自閉症兒童的個人建構多年，認為 Kelly 的理論可供教師及家長參考；Thomas 等人（2011）的研究同樣亦認為，個人建構論可用於探討學習障礙學生的自我影像。總之，身心障礙者的生涯輔導有必要著眼於這個認知的中介變項，聚焦於其潛在的生涯理念，並賦予檢驗與修正生涯建構的能力。

（二）生涯建構論

「人生如夢」、「人生如戲」，許多人這樣描繪人生，而敘事諮商則將生涯視為一齣故事，因為人們常會為自己的想望勾勒出一幅美麗願景的圖像，能為自己編寫出動人的生命故事。然而，生命歷程中總不免有來自於內在或外在的衝擊與考驗，不同的人會用不同的角度詮釋這些事件，處於生涯困擾的人就常會有無力感，將自己纏繞於困擾中無法逃脫，卻忘卻掌控權操之於己！

社會建構論（social construction）認為，個人及生活是在所屬的社會文化互動中建構並形成意義。Gergen（1999）即認為，人們對於世界的描述並非來自於個人心靈如實的反映，而是社會群體彼此互動的人工產品；知識是一種動態的社會建構過程，一切知識都是透過社會化過程而來。因此，個人所遭遇的許多問題與文化環境脫離不了關係，藏匿在經驗及事件背後的文化信念，會逐漸內化認為自己有病、有問題。但從社會建構論者的觀點分析，不是這個「人」出了什麼問題，而是這個人背後的「文化脈絡」出了問題。

Savickas（1995）將社會建構論的觀點導入 Super 的生涯發展觀，創建了生涯建構論（career construction theory），強調個人於其生涯行為與職業經驗上賦予意義而建構出其獨特的生涯，「生涯意味主觀的建構，個人的意義交織於個人過去的記憶、現在的經驗，以及未來的想望中，形塑出生命的主軸，而具體反映於個人的工作生活上」（Savickas, 2005, p. 43）。而生命故事的探究正可架構過往事件的因果系列，並透過此種架構賦予事件意義。Cochran（1997）即認為，所有的生命故事都是傳達人生過程中的潛在寓言，故事提供一個時間性的架構，敘事的時間性架構就提供了個人建立貫穿時間連續性的機會；換言之，敘說生命故事有利於掌握統合生命的意義，能藉由故事建構出獨特的生命意義，進而建構一個有意義的生活（黃素菲，2006）。

敘事諮商（narrative counseling）的基本理念，即企圖藉諮商師與當事人在一個去病理觀、非缺陷論的諮商關係中互動，共同解構舊故事的影響力，並豐富當事人對「問題」正面、積極影響的故事情節，一旦情節厚實，進而便可能成為當事人所偏好的故事，能共同創造並重寫新的意義再延伸到未來的故事。敘事諮商強調面對問題時，每個人都是自己生命的「專家」，沒有人比自己更了解自己。每個人也都是自己生命的作者，在重新詮釋故事時，人們會尋找各種遺忘的情節、有力的資源，以及成功或例外經驗，以創作出可能的替代性故事（alternative story）。人若能發現自我資源，就能取得主導權，產生內在力量去對付困擾的問題，重新當自己生命故事的「主人」（蕭景容、金樹人，2009）。

敘說生命故事不只可給生活現狀帶來秩序和意義，可提供統整自我概念的架構，在訴說中認識自我，並和某些社會關係連結在一起，也提供自我的連貫性與穩定感，藉此澄清生命的連續性，整理出生命特定的秩序和方向。Severy（2008）設計敘事生涯諮商的介入策略，包括：早年生活的回憶、自傳、角色楷模、價值清單、興趣：選擇一個類型、重要

他人、個人神話：我將扮演什麼角色、行動階段：我現在要做什麼等，藉以探索生命主題以及生命故事的其他因素。當人們掌握時間序列中生命故事的主導權時，即可透過扮演一種想望的生命形式，打開其內在資源，將工具性活動轉為動機性活動，讓活在現在是活在更理想未來的一部分（蕭景容、徐巧玲，2011）。

「自我」始終是生涯的核心概念，而自 Savickas（1995, 2005）以及 Cochran（1997）提出不同於傳統生涯觀之後，即有許多研究者與實務工作者嘗試結合多種策略用於眾多邊緣人士的生涯課題上（如 Emmett & Harkins, 1997; Neimeyer, 1992），也包括身心障礙者（Cashin, 2008; Lambie & Milsom, 2010; McGuinty et al., 2012）。Savickas（2005）所設計的質性評量工具——「職業型態晤談」（Carrer Style Interview），更提供了不同於傳統生涯評量的方式，諸如此等顛覆傳統生涯理論的諸多設計，使得百年來生涯相關理論的實務工作愈趨貼近個人生涯，並以個人為中心，展開個人主導的生涯規劃。

第三節　生涯實務

一、生態系統觀

理論可做為實務的依據，然而理論如此多樣，生涯實務工作仍應考量如何因應服務對象的特性與需求，選擇適切的理論，以做為規劃服務模式之基礎，而生態系統觀提供了一個宏觀的架構來檢視生涯發展議題，尤值得參考。個人的生涯發展受諸多因素影響，除遺傳因子外，其能力、興趣、性向、價值觀、人格特質，乃致於其學習策略、思考模式、抉擇型態等，都與其成長與學習環境有密切關係。在規劃生涯輔導與轉銜服務方案時，除了個人特質的探索外，更需從統整的角度加以考量。

Bronfenbrenner（1977）的生態系統理論（ecological system theory），特別強調個體與環境之間的互動關係。個體在環境中藉著不斷的調適來維持其平衡狀態，並且主動積極地與環境互動而不斷發展和成長。Bronfenbrenner 將影響個體發展的社會環境分為四個系統，而以個體為核心的生態環境就如同一套網狀組織，每一個環境系統都含括於另一個更大的系統中：

1. 微系統（microsystem）：指個人在環境中直接面對面接觸的人或事物，是個人與環境互動最直接、最頻繁、最核心的一層，也是個人直接面對面參與的一個具體有形之場域。個人會經驗與知覺到該場域之內所進行的活動、角色及關係，而微系統內的成員和事件又會彼此互相影響。身心障礙或資賦優異學生的微系統，即包括其父母、手足、學校、同儕、普通班／特教班教師等。在這個系統內所發生的事件，包括：父母的態度、同儕間的互動關係、教師的介入策略和所安排的支持狀況等，都直接影響其行為與發展。

2. 中系統（mesosystem）：兩個或兩個以上場域（微系統）之間的互動關係或相互聯繫，即構成中系統；當個人移動到一個新的場域時，就會形成或延伸出這個新的中系統。學生的中系統可包括父母與手足之間、家庭與學校之間、學校與同儕之間的互動聯繫等。中系統的發展是否豐富，視各個微系統之間的連結數量和品質而定，若父母從不與老師接觸，也不重視兒童的學習狀況，老師也不與家長有所互動，則孩子在學校很可能會處於劣勢。Bronfenbrenner（1979）認為，中系統既是人類發展的推進原因，也是發展結果；生活中各微系統間的關聯愈強，愈能互補，而中系統愈發達，也愈能有力地推進個人的發展。

3. 外系統（exosystem）：環繞於中系統之外的即是外系統，包括：父母的工作場所、學校教育行政體系、社區機構／協會、大眾傳播等，屬於社會組織／制度系統，也涉及資源分配、政策規劃等。學生在這些場域中雖未直接參與，但這些場域裡所發生的事件卻會影響個人的微系統，也可能透過微系統的改變而間接影響其發展。

4. 鉅系統（macrosystem）：鉅系統是一個廣泛的思想體系，包含文化與次文化環境，涵蓋意識型態、宗教信仰、信念、價值觀、習慣、社會期望、生活型態等，也就是社會文化或價值觀等範圍層次較高的系統。鉅系統會影響個人的思想及思考空間，同時會影響外系統、中系統及微系統。

　　這個生態系統著重個人所處的環境及其與個人的關聯，但個人仍為此系統的核心，因此 Bronfenbrenner（1992, p. 190）提出如下的公式，以詮釋個人與環境之間的互動機制：

$$D_t = f_{(t-p)}\,(PE)_{(t-p)}$$

　　個人的發展（Development）係個人（P）與環境（E）的互動，在個人特質上產生變與不變結果的歷程，環境即包括上述從小到大的四個系統，而個人在此系統中並非被動接受環境的影響。個人與環境並非相加的效果而已，乃是彼此相互依存、相互影響，因此不僅個人與環境互動的經驗可以影響發展的過程，多重系統間的關係也會決定個人的發展。這個發展歷程隨著個人與環境互動的時間／時段（t-p）漸進，而且整個函數（f）亦依時間／時段（t-p）之不同而有不同的發展結果。因此，具有同樣特質的人（資優或障礙），與不同環境的互動經驗和結果即有差別，其發展的結果（如興趣、價值觀、自我概念等）自然會有所不同（Woodd, 1999）。

　　Bronfenbrenner 的生態系統理論廣泛受到心理、社會、教育界的重視，Trainor 等人（2008）即據以分析影響身心障礙者轉銜教育的相關課題，呼籲以生態觀點思考如何協助身心障礙者突破經濟／社會邊緣化的困境，朝向最大可能的機會：在鉅系統上，社會對障礙的迷思是影響身心障礙者適應的重大課題，而整個社會的趨勢與相關課題（如就業率、人口結構、產業生態等）亦值得重視，雖然實務工作無法發揮什麼功能，但除了對這個大系統有所了解外，仍可就此等課題有所倡導；在外系統上，轉銜制度的建立、轉銜教育師資的培育等，都牽連到如何回應學生的需求；在中系統與微系統上，則更需考慮轉銜措施

適切的規劃與實施效果，以及在師生、親師，乃致於其與社區間的互動關係，尤其在自我決定、自我倡導能力的培養。

其中，中系統在個人發展歷程中居關鍵性。Bronfenbrenner（1979）將中系統的互動形式分為四種類型：(1)多元場所的參與：是指在場域內的人彼此積極的參與活動，當個體進入一個新的環境中，即產生了生態轉變；(2)間接的連結：意指當無法參與前述活動時，仍可透過第三者（即中間人）的連結，如爸爸雖然沒有到學校去，但是可以每天透過媽媽轉達對孩子的期望給老師；(3)環境之間的溝通：強調一個環境的資訊傳遞到另一個環境，可採用面對面互動、電話、書信或其他方式，溝通方式可能是單向的，也可能是雙向的；(4)環境之間的知識：是指環境之間資訊的取得。總之，身心障礙者於生涯發展過程中所產生的問題，牽涉到與其相關的家庭、社會與文化脈絡，並非全然根源於其障礙狀況或個人特質，而如何強化關鍵系統的功能，值得實務工作者善加運用。

同樣的生態觀亦適用於資賦優異學生的生涯發展與轉銜。葉玉珠（2000）從生態系統模式觀點探究創造力的發展，發現微系統對個體的創意有最直接的影響，而中系統對於國小階段學童的創造力表現則有著直接與間接的影響。間接的影響在於形塑學童的個人創意特質，進而影響其創造力的表現。

生態觀反應出實務工作必須從整體面，系統地考量影響個人發展的諸多因素，再具體落實於生涯實務工作上，可以個人為核心，在評量個人生涯相關特性之餘，同時檢視影響其發展的各個環節（包括學校課程、人際間互動，乃致於各項措施運作等學習環境），始能妥善規劃適切的輔導與服務方案。

二、生涯與轉銜評量

（一）職業評量

個人特質是生涯發展歷程的源頭，居於前述生態系統的核心，長久以來就主導就業輔導工作的傳統職業評量，即根據特質論的觀點，評量個人的各項職業相關特質（Elrod & Sorgedfrie, 1988）。而身心障礙者的就業輔導工作更著重有效評估身心障礙者的「可就業性」（employability），因此職業評量範圍即包括：身心障礙者的狀況與功能表現、學習特性與喜好、職業興趣、職業性向、工作技能、工作人格，乃致於家庭功能評量與社會和環境狀況等層面，並分析在何種條件下，身心障礙者可以在競爭性的環境中，與一般人一樣從事有酬工作，並充分激發其所擁有的功能或潛能（Sitlington & Clark, 2006）。

另一方面，職業評量亦關切個人與工作環境的適配性，因此其評量重點亦涉及身心障礙者的可安置性（placeability），包括了解社區的就業市場狀況與機會，探究潛在的就業環境及與工作適應有關的重要條件與需求，進而分析工作／職務要求與案主能力和興趣間的差距，提供就業輔具或職務再設計之建議，以及其他協助身心障礙者工作適應的相關輔導策略。

　　依勞動部勞動力發展署（2022）的「推動身心障礙者職業輔導評量服務實施計畫」，國民中學以上之應屆畢業生，有就業意願者，可接受勞政系統的職業輔導評量，此為教育單位與勞政單位之間專業合作的機制，有助於身心障礙學生在畢業前安排職場實習、順利獲得就業機會的轉銜，但仍需雙方專業人員共同建立溝通管道，充分運用雙方既有的資源，始能提升整個身心障礙者教育與職業重建服務的效益。在勞政單位的職業輔導評量之外，學校亦宜參考職業評量概念，評估學生職能的優勢與限制，以做為擬定個別化教育計畫、規劃適性課程之依據。

　　不過，由於傳統職業評量較侷限於個人特質的評量，一般常用的測驗工具並無法完全適用於身心障礙者，且若忽略個人特質與環境間互動的關聯性，以致於將短時間內完成的靜態評量結果，視為難以改變的事實，將使身心障礙者永遠無法獲得學習、訓練，以及成功的機會。Grasso 等人（2004）即發現，傳統職業評量可能會低估身心障礙者的能力，以致於所提供的建議較為侷限保留。因此，使用評量工具需考慮常模的適用性，必要時常模參照可與標準參照並行（Soresi et al., 2007）。而且身心障礙者職業評量的主要目的應不在決定或篩選身心障礙者是否適合某項工作，更重要的是從其優勢能力出發，以零拒絕的篩選為最高目標，適切分析與確認需要哪些工作情境上的支持與輔助，以習得某一特定工作的技能及有關的社會行為，乃致於工作情境外的支持（如交通／行動能力、財務管理、休閒時間之安排等），以增進其適應工作的能力與機會。

　　在進行身心障礙學生職業輔導評量時，應留意工具運用的多樣性，除了一般常用的心理計量工具，如興趣、性向量表外，尚可利用工作樣本、社區職場試作，以及行為觀察、模擬活動、半結構式晤談等非標準化技術，以增加評量結果的說服性，尤其是半結構式晤談的過程，學生透過參與式對話，將有助於其揭露自我的內在世界。此外，為提供身心障礙者充分展現其潛能機會，亦可採用動態評量的概念，透過學校課程或社區參與的模擬、試作等活動，補充其經驗不足的限制，增加其探索空間。此種質性評量方式適用於感官障礙者，更貼近資優學生的特質，亦頗符合建構論的觀點（McIlveen et al., 2003）。

（二）轉銜評量

　　生涯發展階段之間必然有一段過渡（轉銜）期間，此即轉銜評量（transition assessment）的重要關鍵時機。美國特殊兒童學會生涯發展與轉銜分會將轉銜評量定義為：「**一種針對個人的優勢、需求、喜好、興趣，並相對應個人於現在及未來工作、教育、生活、個人、社會環境等要求，所進行之持續性資料蒐集的歷程。評量資料可以作為轉銜過程中共通的貫穿要素，並成為個別化教育計畫中確定目標與提供服務之基礎**」（Sitlington et al., 1997, p. 71）。

　　換言之，轉銜評量主要是著眼於學生的轉銜需求，以連續性的過程，蒐集並適當運用以個人和環境為中心的評量資料，做為規劃身心障礙者準備順利轉銜所需的教育、職業與

社區本位的個別化轉銜服務方案之依據（Sitlington et al., 2007）。以最常被關注之中學階段的轉銜評量為例，Sitlington 等人（1997）認為，中學階段的轉銜評量可以達成下列目標：(1)了解學生未來扮演成人角色可能具有的優勢與劣勢，以及其對社區資源的需求；(2)評量學生現階段在教育成就上的長處與限制；(3)提供教師和其他人員決定學生的教育與職業訓練課程之依據；(4)為學生畢業後就業與其他安置計畫做準備。

　　轉銜評量之目的有別於就業導向的職業評量，因此其評量範圍超過傳統的職業評量，特別強調個人轉銜階段的需求評估：(1)評估個人生涯發展之水準，以選擇參與適當的生涯教育活動；(2)協助身心障礙者找出與日後生活、學習、工作相關的需求、優勢、興趣與偏好；(3)評估適當的學習焦點，以達成離校後之生涯目標；(4)評估參與普通教育課程及未來教育目標所需的自我決定能力；(5)評估所需之輔助設施、支持及服務（Sitlington et al., 2007）。Miller 等人（2007）亦指出，轉銜評量應該包括多元的面向，就身心障礙學生個人與外在的所有因素，從學生個人與服務提供者等多元來源進行評量，以訂定有效之個別化教育／轉銜計畫，據以提供後續升學、職業訓練、就業安置、獨立生活安排、社區參與、人際與社會關係服務之依據。

　　評量是轉銜服務的基石，而評量方法的選擇則視評量目的而定，且應採用多樣化的評量方式與工具，以確實反映學生各方面的表現（Sax & Thoma, 2002）。國內已有若干可資應用的評量工具，例如：林宏熾與黃湘儀（2007）的「一般轉銜技能量表」、陳靜江與鈕文英（2008）的「身心障礙轉銜能力評量表」，以及陳麗如等人（2001）的「身心障礙者轉銜服務評估量表」等，惟使用此等量表之餘，仍應考慮從其他管道對學生的轉銜需求做一完整的了解，尤其是微系統與中系統生態的狀況，更與學生轉銜需求有密切關係，必須妥慎納入評估範圍。

　　然而，轉銜不僅發生於中學離校的階段，任何一個生活／學習環境的改變即涉及轉銜的課題，因此從幼兒園進小學、小學進國中、國中進高中，乃致於高中畢業後升學或就業，每一個環節均可能需要轉銜服務的提供，也就有轉銜評量的需求。以發展遲緩兒童為例，在學校、家庭及社區生活中，什麼是發展遲緩兒童的能力所及？優勢能力是哪些？哪些能力不及？是否會錯過學習或治療的關鍵期？哪些是要優先為發展遲緩兒童做準備的課程？需要加強哪些轉銜能力？要學習什麼才能順利融合在小學教育系統中？這些轉銜有關的課題皆與個人生涯發展與適應息息相關，也都是轉銜評量的範圍。

　　雖然轉銜評量的概念源自於身心障礙教育，但任何人在轉銜過程中均可能有其轉銜需求，在轉銜前如何適時了解其需求，進而規劃適切的轉銜服務，仍是所有教育人員必須關注的焦點。資賦優異學生所面對的轉銜需求或許不同於身心障礙學生，然轉銜評量的概念仍可納入資優學生生涯輔導的範疇，再將生涯評量的措施納入整體自我探索的領域，則更能契合資優學生的特質。

（三）生涯評量與生涯檔案

Sitlington（1996）強調轉銜評量的重要，以之涵蓋職業評量與生涯評量，而視生涯評量（career assessment）為生涯教育方案的一環。然就個人一生的生涯發展而言，轉銜僅為整個發展歷程中不同階段間的過渡時期，實施轉銜評量有助於了解當事人的發展準備不足之處，在前一階段期間即能加強準備，以順利進展至下一階段。生涯評量雖植基於生涯教育，然而生涯發展與輔導的理念已超越生涯教育，成為一專業領域，朝向以整個生涯發展歷程為評量範疇（Herr et al., 2004; Rojewski, 2002）。在個人特質／需求的評量外，亦包括發展論所強調的生活廣度與生活空間、生涯成熟，乃致於認知論所重視的生涯信念、生涯自我效能及生涯建構等，尤其著重於生活中各種角色行為能力與態度的評量，就個人生涯發展的角度而言，其重要性遠超過職業評量或轉銜評量。

生涯評量的評量方式及內容並非獨立於職業評量與轉銜評量之外，但特別強調以生涯為評量的核心概念，其基本理念在於評量與個人生涯發展歷程相伴隨，在生涯發展過程中每一個階段，同時蒐集有關個人生涯發展以及與環境互動等方面的資料，尤其是和個人生涯發展與適應息息相關的自我概念、自我效能、生涯信念等，並非一時一刻即已形成或改變，更需配合適切的教育與輔導措施，使其從生涯覺察階段開始，即能以積極、正向的態度，順利發展各階段所預期達成的發展任務，並為下一階段的發展做好準備，而至其成人階段，自能順利參與社會，適當扮演各種角色。

就增進個人生涯發展的目標而言，評量不僅為某一階段的特定目的而實施，更為長遠的發展而設計，故無論是職業評量或轉銜評量，都應考慮此項評量對身心障礙學生與資賦優異學生的未來有何助益。也因其強調發展的意義，故特別重視長期性資料的累積，因此這項工作不是任何一位教師、評量者所能獨力完成，它不僅注重跨領域專業人員的協調合作，從各個生活角度評量其現況與潛能，亦強調橫跨生涯發展領域、前後階段資料的連續解讀，惟有藉此全面性的評量，才能確實掌握個人生涯發展的核心，以提供適切的輔助。更重要的是，評量的目的在使學生所有重要的轉銜階段與生涯發展均能獲致成功與滿足，因此生涯與轉銜評量應結合個案的生涯目標與期待，進行有系統性的規劃、準備與做決定，進而採取行動，以落實轉銜成果與生涯發展。

對成長發展中的學生而言，各種評量策略／措施常有被動受評、受訪的限制，故宜從個人中心、自我主導的理念出發，協助學生主動將所有的評量資料彙整成生涯檔案（career profile），將個人生涯發展歷程中，有關個人成長歷程，如興趣、性向、人格等心理特質、學習及特殊與多元能力表現之各種紀錄，經個人覺察與試探，有目標、有計畫、有系統地整理、編排，彙整成冊。建構生涯檔案的目的在協助學生回答：「*我是誰？我要往哪裡去？以及我將如何到達那裡？*」的問題，在個人建構自我生涯檔案的過程中，學生一方面可從多元角度評量自己的成長，並增進自己對所學及學得知識、能力的了解；另一方面可

從選擇、整理個人資料中學習負責任與自我反省，亦可由與同儕、師長的互動回饋中，形成對自我能力的肯定，使自我認同和自我效能感更為具體明確。

生涯檔案的作法已通行於中、小學，成為推薦入學的必備文件，亦有甚多學校研發生涯檔案工作手冊，具體引導學生製作生涯檔案，協助學生或畢業生升學、就業、升遷、轉換工作跑道及生涯之發展。資賦優異學生亦多能在輔導教師引導下完成個人生涯檔案，而此一概念同樣適用於身心障礙學生（Condon & Callahan, 2008）。

三、生涯教育與生涯輔導

（一）生涯教育理念

生涯教育（career education）是指一系列的教育活動，將學校所學與自我及未來生涯相連結，提供生涯覺察、生涯探索、生涯決定、生涯規劃、生涯準備等不同階段的學習機會，協助學生探索有關自我和生涯的知識，並適當地做好轉銜的準備。因此，在先前國民教育九年一貫課程的設計中，特別將生涯列為七大主題之一，並視為全民的教育，從義務教育開始延伸至高等及繼續教育的整個過程，且強調不應只是在傳統的課程中增加一個額外的科目或單元，而應將生涯發展的理念融入現有的課程中。

而 108 學年度開始推動的「十二年國民基本教育課程綱要總綱」中，仍將「促進生涯發展」明列為總體課程目標之一，強調「*導引適性發展、盡展所長，且學會如何學習，陶冶終身學習的意願與能力，激發持續學習、創新進取的活力，奠定學術研究或專業技術的基礎；並建立『尊嚴勞動』的觀念，淬鍊出面對生涯挑戰與國際競合的勇氣與知能，以適應社會變遷與世界潮流，且願意嘗試引導變遷潮流*」（教育部，2017）。另外，在「綜合活動領域」課程綱要中，亦以「自我與生涯發展」為主題軸之一，強調「*發展自我潛能與自我價值，探索自我觀、人性觀與生命意義，增進自主學習與強化自我管理，規劃個人生涯與促進適性發展，進而尊重並珍惜生命，追求幸福人生*」（教育部，2018），並依不同學習階段，循序漸進：

1. 認識個人特質，初探生涯發展，覺察生命變化歷程，激發潛能，促進身心健全發展。（綜-E-A1）

2. 探索與開發自我潛能，善用資源促進生涯適性發展，省思自我價值，實踐生命意義。（綜-J-A1）

3. 思考生命與存在的價值，具備適切的人性觀與自我觀，探索自我與家庭發展的歷程，並進行生涯規劃與發展，追求至善與幸福人生。（綜 S-U-A1）

且特別規定「生涯規劃」為普通型高中部定必修科目之一，以「協助個人進行生涯規劃時，應當涵蓋對個人特質及興趣的了解，對工作／教育環境的認識與適應，以及對發展過程中重要事件的決定、計畫和行動，並培養學生具備洞察未來與應變的能力」。技術型高中則將該科列為四選科之一，同樣明確指陳其目標在於「探索自我觀、人生觀與生命意

義，建立適當的人生觀與人生信念，從而發展自我潛能與自我價值，增進自主學習與強化自我管理，規劃個人生涯與促進適性發展，進而尊重自己與他人生命，並珍惜生命的價值」。

　　總之，無論是九年一貫課程或十二年國民基本教育課程，均顯示生涯教育已成為所有中、小學生，包括身心障礙學生與資賦優異學生均必須參與、學習與實踐的重要教育領域。

（二）生涯教育方案規劃

　　在生涯教育基本理念的引導下，對身心障礙學生而言，生涯教育的重心主要在協助其成為獨立自主的個體、具備生產力的工作者、家庭成員，以及社區中優良的公民，並為未來發展做好準備。Brolin（1995）依此理念，設計適用於心智障礙學生的「生活本位生涯教育」（Life Centered Career Education [LCCE]），以適應社會所必備的技能為主軸，規劃日常生活技能、人際社會技能及職業技能三大類目，採取統整性的概念架構，將職業、社區與生活技能融入功能性課程內容中，同時強調有效的生涯轉銜方案應從小學階段即開始，依生涯發展歷程的演進，透過系統化的教學，逐漸增加其分量，以長期的教學活動培養學生的工作人格（包括職業認知、工作態度與價值觀）和基本生活技能。

　　生活本位生涯教育依據生涯發展各階段的任務與需求，將課程內容分為生涯覺察、生涯探索、生涯準備，以及生涯融合四部分，每一階段各有不同的教育目標：

1. 生涯覺察階段始於國小，此一階段課程須配合學業技能的學習，將生涯相關課題融入教學內容之中，使學生覺察工作世界的存在，同時覺察自己與生活環境及未來的生活願景之間的關係，引導學生對生涯發展有正確的認識，並培養其適切的工作態度、價值觀和基本生活技能，以奠定良好的生涯發展基礎。

2. 自國小高年級開始即進入生涯探索階段，透過各種認識職業或接觸社區環境的活動，將日常生活能力的培養、社會化行為的發展，以及職業興趣的試探串連起來，以協助學生檢視自己的興趣、能力與限制，並將自己與環境連結起來，從而體會生涯對自我發展的意義，並藉以尋找未來可能扮演成人角色的方向。

3. 在生涯準備階段，學生能透過職業技能訓練、社區職場實習等機會，確立就業目標，同時也為將來職場的安置預作準備。除了職業教育外，亦考量學生畢業後在社區中扮演的多重角色，故特別重視居家管理、休閒娛樂、公民技能等生活能力的訓練，同時亦將先前所習得的個人生活與社會人際能力，在職場與社區生活中練習運用。

4. 生涯融合階段是身心障礙學生正式踏入社會的時期，透過相關教師與專業人員的協助，整合前三個階段的發展結果，將所學融入職場中，扮演適當的職業角色，同時亦正式參與社區活動，擔負起其他非職業角色的責任（社區、休閒、家庭等），

使學生的各個生活層面得以與社區適應融合一體。

　　總之，各個階段都有其生涯發展的重點，在實際執行過程中，更強調各個領域的課程設計或訓練活動均應融入各科教學之中，所有教師均有義務培養身心障礙學生生活所需之各種功能性能力。而除了職業生涯教育外，LCCE同時考量到學生畢業後在社區中扮演的多重角色，故特別重視學生居家管理、休閒娛樂、公民技能等生活訓練。此外，LCCE並未忽視一般學科基本能力的培養，事實上，生活技能不能離開讀、寫、算，假若這些基本能力無法在小學、中學的半數以上課程中加強培養，則各項生涯活動可能亦將降低其效果。

　　身心障礙學生的生涯教育在覺察、探索、準備上，可能較著重於現在與未來生活層面的獨立自主、生活技能，以及社區參與等；資賦優異學生的生涯教育則更需強調其獨立思考與想像力的發揮，在生涯發展歷程各個階段，將角色認同、自我效能、工作世界認識，以至生涯規劃、生涯決定，以及生涯理想等課題，結合情意與理性層面，融入於教學過程中。

（三）生涯輔導與諮商

　　生涯輔導係指輔導人員結合其專業知識，設計一套有系統的促進個人生涯發展的方案。金樹人（2011）認為，生涯輔導的方式可包括：

1. 資訊提供：指學生自己可以蒐集的資料，如輔導機構的資料、政府部門或民間出版的職業簡介、就業簡訊、職業分類或升學資訊等。
2. 自助式活動：如電腦輔助生涯輔導系統之使用。
3. 生涯規劃課程：是指以授課方式進行生涯探索，協助其生涯定向與生涯規劃。
4. 工作坊：採團體形式，以密集時間、固定主題方式進行。
5. 團體生涯諮商：透過團體諮商的助人理論與技術，促進其生涯成長與生涯發展。
6. 個別生涯諮商：採一對一方式，依據個人的需求提供生涯輔導。

　　具體而言，生涯輔導可採用下述方式進行：(1)心理測驗與輔導：如心理測驗、小團體輔導、個別諮商等；(2)演講與座談：如資源人士座談、校方代表座談、就業輔導座談、教師座談會、家長座談會等；(3)講授：如班級輔導活動、工讀講座等；(4)資料提供：如編印手冊、資料展、影片（光碟）觀賞、提供就業資訊、提供書面資料等；(5)專題研習活動：如求職技巧工作坊、生涯探索週、職業探索研習營等；(6)訪問和訪視：如參觀訪問、就業訪視、家庭訪視等；(7)職業探索課程：如職業性向陶冶課程、職業選修課等；(8)就業安置資訊網：如建立志願就業個案卡、就業服務網、聯絡網、信函聯絡等。

　　身心障礙學生的生涯輔導則可從特質論的觀點出發，分析個人的興趣與自我效能，探討接近其興趣與能力的職業範圍，據以設定職業目標，分析各個職業選項的優缺點以及其阻力與助力，並支持其自我選擇與決定（Gysbers et al., 2003; Szymanski & Parker, 2003）。

惟身心障礙有多樣性，應注意身心障礙者的身心特性，了解其真正的想法、動機與興趣，以功能性與具體性的內涵協助其價值觀的澄清，且應考慮輔導的目標不僅在解決當前的問題（如找工作），更重要的是要強化其尚未開發的部分，為未來的發展做好最佳的準備。因此，有必要鼓勵學生主動參與整個輔導過程的規劃，提供接觸各種活動的機會、深入探索個人興趣所在、逐步培養其能力與信心，這些都是身心障礙者生涯輔導的重點。

　　對資優學生而言，若將生涯輔導重點置於職業的探索與選擇，而忽略其對生涯意義的探討，可能會太過細瑣乏味。事實上，職業僅為生涯發展歷程中較明顯為人注意的部分，其功能除了為尋找謀生的途徑外，更是個人生命的展現，個人能藉工作上的表現，實現其對自我的期許與對社會的責任。這樣的課題極為適合具聰明才智的資優學生，因此 Kerr與 Sodano（2003）即強調，對資優學生的生涯輔導價值觀與需求的探討重於興趣與技能，不宜依賴傳統職業評量的結果，但可將之融入自我探索的歷程中。因此，對資優學生或心智功能如常的身心障礙學生，可再深化以下幾項重要的生涯課題：

1. 自我概念的發展：生涯是人一生當中與時推移的「位置」轉換之總和，自我概念是對「自我」的概念，因此對「資優」、「障礙」的解讀與認定，即為發展其自我概念的重要課題。

2. 生涯角色的辨識與學習：有什麼樣的任務等著自己完成？社會會如何期待自己做什麼事？怎樣算做得好而成功？這些課題的探討，有助於個人發展適切的角色態度，逐步透過適應調整而學習扮演角色。對資優學生而言，更應注意性別角色刻板印象的問題，無論男生或女生，都必須學習如何突破傳統性別角色概念的侷限。

3. 生活方式、價值及休閒的選擇：生涯的選擇就是一種生活方式的選擇，包括了一種揉合工作、學習與休閒的特殊生活方式之選擇。生涯輔導所關懷的是一種全方位的生活方式之選擇，更是關懷一個人生命意義的選擇。生涯輔導可引導資優學生或心智功能如常的身心障礙學生分析、探究、選擇自己所認定的生活方式。

　　對部分學生而言，生涯輔導可能尚不足以達成目標，例如：若干可能導致負面影響的生涯信念或習性，常因平日所受的挫折而扭曲，故有必要深入探討其認知結構，以個人中心的觀點協助其心理的重建。生涯諮商在身心障礙的相關研究中，仍為較新的概念（Fabian & Liesener, 2005），不過研究發現，在與身心障礙學生進行敘事諮商的過程中，即使口語能力不佳或心智功能低落的學生，仍可適度的引導出一些脈絡，以做為敘說故事的線索，重要的是，諮商者需能掌握對待障礙者的態度與關注，使個案能感受其關懷與熱忱（Lambie & Milsom, 2010）。Krumboltz（2009）對生涯諮商有如下的四點主張：

1. 生涯諮商的目標在協助當事人學習採取行動，以達到更滿意的生涯與個人生活，而不僅是單純做一個生涯決定；行動包括探索、晤談、尋覓、表達興趣、參加社團、志工或兼職工作等。

2. 生涯評量用以刺激學習而非將個人特質與職業相匹配，因此興趣測驗的評量即可刺激當事人探討目前感興趣的事物可用於各種職場的方式；人格測驗可用以刺激當

事人探討使其感覺舒適的不同情境，或協助其聚焦於想改變的途徑；生涯信念的評量可用以辨識及檢驗使其感到困擾的情境及想法，進而思考因應的策略。

3. 協助當事人學習參與探索性活動，以促發有利的非計畫性事件。非計畫性事件常常發生，每一個行動都有其風險，個人必須評估其可能的利益值得付出什麼後果，避免愚蠢的冒險，錯誤難免但卻可提供學習的機會。

4. 諮商的成功與否要以當事人在現實生活的表現為依歸，重要的學習結果不會在諮商情境中產生，而是在離開諮商室後，當事人是否能依其與諮商師共同討論的計畫，在現實世界中實際參與某些學習活動，運用有效的解決問題之方法。

中、小學生的生涯輔導目標應以增進生涯覺察、生涯抱負的形成與思考、生涯角色的認識等探索為主體，不必具體討論明確的生涯目標與生涯規劃，亦不宜以目標的易近性、睿智性或硬性的生涯規劃來束縛學生。

四、轉銜服務

（一）轉銜的基本理念

轉銜（transition）是指，從一種形式、狀態或活動轉變到另一種形式、狀態或活動的歷程，其重點在這個過程中所發生的種種變化，因此就個人的生涯發展歷程而言，轉銜可能發生在任何狀態改變的時刻，如從家庭到學校、從學校到職場。這種轉變都可能因為所處情境的不同，在角色扮演、人際關係，甚至日常例行事務上都可能有些差異，因而可能會產生適應的問題，但關鍵都在於個人如何因應角色扮演、人際關係、日常事務可能的改變，而轉銜服務的目的即在協助個人做好因應的準備。

一般人談到身心障礙者的轉銜，多半以解決就業問題為主要目標。早期美國推動轉銜服務的重點，即將轉銜服務定義為一系列以結果為導向、協助順利就業為主要目的之服務工作。然而，許多學者認為此種定義過於窄化，雖然就業是身心障礙者轉銜服務的重要目標之一，卻只是提升其整體生活品質的方法之一，並無法充分反映身心障礙學生從學校進入社區生活所面臨各個層面的問題。事實上，職業生活不僅與工作技能有關，更環繞個人的人際關係、社區參與、社會資源運用等課題。在就業之外，獨立生活與自給自足、生活技能，以及有效參與社區活動等，均為身心障礙者轉銜服務的重要目標。美國於 2004 年修訂之《身心障礙者教育法》（*The Individuals with Disabilities Education Act*, IDEA），即明確界定轉銜服務係幫助身心障礙學生順利地由學校過渡到離校後生活所提供之一系列成果導向的協調活動，包括：高等教育、職業教育、融合式的就業（包含支持性就業）、成人與繼續教育、成人服務、獨立生活，以及社區參與（Council for Exceptional Children, 2004）。

然而，有更多學者以生涯轉銜（career transition）、無接縫轉銜（seamless transition），或生活週期的轉銜（life-cycle transition）等理念探討身心障礙者的轉銜服務，主

張轉銜係具有連續性、階段性及銜接性，而個體生命之不同階段，皆有不同階段之需求與困難，需要不同階段的連續性銜接（Flexer et al., 2005）。而這個觀點正符合我國《特殊教育法》（2023）第 36 條之規定：

> 「為使各教育階段身心障礙學生及幼兒服務需求得以銜接，各級學校及幼兒園應提供整體性與持續性轉銜輔導及服務……。」

而民國 86 年（1997）修正公布的《身心障礙者保護法》第 42 條，以及民國 110 年（2021）修正公布的《身心障礙者權益保障法》第 48 條規定：

> 「為使身心障礙者不同之生涯福利需求得以銜接，直轄市、縣（市）主管機關相關部門，應積極溝通、協調，制定生涯轉銜計畫，以提供身心障礙者整體性及持續性服務……。」

所謂持續性，即個人生涯發展的各個階段之間不可間斷的概念，因此從家庭、幼兒園、小學、中學、大學，到社區／職場，每個人必經的各個生命歷程或生活學習／環節，都是轉銜服務的範圍。整體性則指，以個人為中心的整體生活空間，包括在日常生活、學習生活、職場生活、社區生活中所扮演的角色。換言之，轉銜服務的基礎應以生涯發展的概念為依歸，在進行身心障礙學生轉銜服務規劃時，須同時考慮其進展中的生命歷程（life-span）與廣闊的生活空間（life-space）。要有效扮演上述這些角色，必須具備不同的日常生活與社會技能，包括：(1)生涯與經濟自足：包括就業、接受職業訓練與其他中學後教育，以及持續的收入；(2)社區融合與參與：包括獨立生活技能、行動自主與休閒活動的規劃；(3)個人權益：包括個人安全、衛生保健、基本法律常識與自我權益的維護。這三大領域是成功適應複雜的成人生活所必須具備的基本能力，轉銜服務就必須針對這些需求，在就業、交通、社區、個人獨立生活，以及休閒娛樂等方面，提供必要的訓練與支持。

儘管一般討論身心障礙者的生涯轉銜服務是從中學階段開始，但許多學者更主張應提前至小學階段就必須奠定基礎。根據 Super 的理論，一般兒童在年幼時均會對不同的職業角色產生某些幻想，而隨著年齡和生活經驗的成長，兒童會逐漸發現自己的興趣與能力所在，進而對個人的生涯選擇有更明確的方向。身心障礙學生的轉銜服務更需以學生的早期經驗為基礎，並且主動提供適切的輔導；換言之，教育工作者在學生求學階段，應根據其發展任務提供適當的服務，例如：在幼兒園及小學階段（兒童早期與兒童晚期），轉銜教育的目標在於培養學生的一般生活能力、進行社區職業探索，以及工作人格（如工作態度及習慣）的建立；在中學階段（青少年期），重點則放在與生涯相關的經驗活動上，並藉由校外實習與建教合作等方式，提供學生社區工作經驗、職業技能訓練，以試探其就業意向與可能的職場安置；中學畢業前後，學生進入成年初期，特殊教育與就業服務人員則需

為學生設定明確的就業目標，並進行就業媒合、安置與就業後的追蹤輔導。

　　轉銜的概念亦與資優學生的生涯發展有密切關聯：影響資優學生生涯抉擇與發展的因素除了其能力／性向的考量外，更涉及個人的興趣、性格、價值觀、自我認同，以及其多元潛能、完美主義等特性，再加上諸多社會、家庭因素的阻力／助力，如此眾多錯綜複雜的因素，交織於每個發展階段或關鍵時期，都將影響其所做的決定與未來發展的方向。資優學生如何將在學校優異的表現轉化為適切的生涯決定，乃致於日後成功的生涯經驗，都值得教育相關人員關切（Jung, 2012; Mendaglio, 2013）。

　　總之，各個階段都必須有充分的角色學習經驗，以培養角色扮演能力，擴大生活空間的範圍與功能，同時也為階段間的轉銜做好最佳的準備。就教育而言，前一個課題是如何發揮教育的功能，在各個生涯階段，提供適合學生未來發展的學習機會；後一個課題則在於尋求與相關專業的合作，及早協助學生進行生涯規劃，使學生的潛能得以發揮，順利承擔社會對一般民眾的角色期望。

（二）轉銜服務工作

　　我國的《特殊教育法》（2023）明定轉銜輔導與服務，依該法所訂之《各教育階段身心障礙學生與幼兒轉銜輔導及服務辦法》（2023）第 2 條明定，轉銜服務**「得依教育階段及學生個別需求提供；其內容包括生涯試探、生涯定向、實習職場支持、訓練及職業教育與輔導」**，但轉銜服務不應只是片段思考服務型態與次數的安排，更不僅僅是資料的轉移或轉銜會議／輔導會議的召開。第 3 條規定：

> 「為辦理學生及幼兒轉銜輔導及服務工作，高級中等以下學校及幼兒園應將生涯轉銜計畫納入學生及幼兒個別化教育計畫，專科以上學校應納入學生個別化支持計畫，協助學生達成獨立生活、社會適應與參與、升學或就業等轉銜目標。」

　　第 4 條規定，學校負責人應於適當時間進入「教育部特殊教育通報網」填寫轉銜服務資料，而其所指之轉銜服務資料，包括：

> 「學生及幼兒基本資料、目前能力分析、學生及幼兒學習紀錄摘要、評量資料、學生及幼兒輔導紀錄摘要、專業服務紀錄、福利服務紀錄及未來進路所需協助、無障礙環境設施設備需求與輔導建議等事項。」

　　這些資料實為轉銜計畫及服務成效的一部分，該項辦法雖未明定服務的詳細內容，但轉銜服務不應只是片段思考服務型態與次數的安排，更不僅是資料的轉移，或轉銜會議／

輔導會議的召開，反而應以更鉅觀的「過程」，思考學生可能會面臨的發展需求。Rojew-ski（1992）即認為，轉銜服務內容首應思考學生離校後可能有的選擇性，再據以提供整體性的適性化服務。以學生未來可能的選擇考量，即含成果導向課程的理念：以學習成果為指標，根據學生的興趣與性向，設計足以協助學生準備成功參與中學後社區生活的所有教學活動。以中學階段身心障礙學生為例，其選擇可包括：(1)升學（大學）導向；(2)競爭性就業導向；(3)支持性就業導向；(4)庇護性就業導向。依照身心障礙學生的不同需求，表 3-1 即為配合不同轉銜需求學生所擬之不同的成果導向課程示例。

　　成功的轉銜服務並非只是幫助身心障礙學生取得入學許可，表 3-1 所列之課程內容，尚包括直接教導身心障礙學生自我倡導、設定生涯目標、做決定，以及如何獨立生活等技能，乃至其對障礙特質、學習優弱勢能力、生涯決策技巧，以及畢業後教育需求的認識。美國《特殊教育法》即要求學校於學生畢業前應提供學業、認知與功能表現摘要（Summary of Performance [SOP]），並陳述其在高中階段有助其達成學習成果的各項調整措施與輔助科技等，提供中學後相關服務者之參考（Kochhar-Bryant, 2007）。Test 等人（2006）以評量、計畫、教學與評鑑等四個階段，發展了一套「APIE 轉銜評量模式」（Assess, Plan, Instruct, and Evaluate model for transition assessment），有系統地將轉銜評量／生涯評量／生涯檔案等策略結合於教學之中，並具體評鑑其成效，說明如下：(1)評量：以學生的轉銜目標為導向，使用正式及非正式轉銜相關的工具，評估學生未來的需求、興趣，以及優勢；(2)計畫：分析評量結果後，與學生、家長以及其他專業人員分享所蒐集到的相關資料，在 IEP 會議中和與會人員共同擬定 IEP 長短程計畫之目標；(3)教學：就所擬定的 IEP 長短程計畫之目標，設計適當的教學計畫與活動，以協助學生達成轉銜目標；這些目標包含自我決策技能、社交技巧、體適能、社區居家生活、社區參與和就業等技能的教導和培養；(4)評鑑：蒐集學生學習的所有資料與成果，在教學環境中以所擬定的轉銜目標為標的，對學生做課程後的評量測驗，以確實掌握學生的學習成果。

　　Skinner 與 Lindstrom（2003）綜合相關文獻，提出以下協助高中學障學生轉銜成功的策略，亦可提供其他以升學為導向的身心障礙學生轉銜服務的參考：

1. 教導學生認識障礙和補償策略：協助學生了解自己的學習問題、學業的優弱勢能力，以及克服學習問題的調整策略。

2. 教導學生自我倡導：身心障礙學生的社交技巧能力可能較弱，在克服學習困難的過程中會遭遇許多問題（如與同儕和學校人員的人際互動問題），若能了解自己的障礙、知道應享的權利，並能運用良好的溝通方式爭取權利，即可扮演自我倡導者，在往後的生活中順利獲得協助、克服障礙。

3. 教導學生認識相關法令：要成為有效能的自我倡導者，必須知道自己的權利，因此需要了解與自身權利相關的法令，如《特殊教育法》以及相關支持服務實施辦法等。

4. 協助學生選擇學校科系：選擇適合的升學路徑對身心障礙學生尤其重要，在選擇

表 3-1　高中階段四種轉銜教育目標的成果導向課程設計

畢業進路	升學（大學）導向	競爭性就業導向	支持性就業導向	庇護性就業導向
轉銜目標	1. 進入二至四年制大學或學院。 2. 就讀大專校院畢業後獲得全職競爭性有酬勞和福利的工作。 3. 具備一般成人的獨立生活能力。	1. 進入生涯－技能導向的學校（如技術學院）或技能訓練單位。 2. 依據個人生涯興趣獲得全職競爭性的工作。 3. 具備個人社區生活的獨立能力。	1. 透過有時限的支持，協助進入社區本位有酬的競爭性工作（如支持性就業方案）。 2. 在必要的支持下，具備功能性的社區獨立生活能力。	1. 在必要的支持下，具備全部或部分的功能性社區生活能力。 2. 在必要的協助下，參與庇護性職場工作。 3. 維持個人身心功能。
高中職階段需提供的服務	1. 完全參與普通教育課程。 2. 取得高中職文憑。 3. 生涯探索活動。 4. 大學預備課程。 5. 升學輔導。 6. 社區生活的獨立能力。	1. 參與融合的普通教育課程，包括學業和生涯－職業導向課程。 2. 透過調整性評量，獲得高中文憑。 3. 生涯探索活動。 4. 有酬的工作經驗。 5. 生涯－職業能力導向評量（如技能檢定）。	1. 參與部分融合的普通教育課程。 2. 獲得高中學力證明。 3. 職能評估或功能性職業評量。 4. 支持下參與競爭性職場實習。 5. 功能性社區生活技能訓練。	1. 參與部分融合的普通教育課程，著重功能性學科社會技巧和生活技能。 2. 完成高中教育階段課程。 3. 社會適應行為及獨立生活技能評量。 4. 功能性職業能力評量。 5. 支持下參與社區本位職場實習。
學業／學科	1. 大學準備課程：大學學習環境、推甄資料等。 2. 學業技能：蒐集相關資料、口語／書面表達能力、解決問題能力等。 3. 合作學習：小組合作報告撰寫。	1. 扮演公民角色。 2. 學習技巧、團體互動技巧、遵循指令（指示）、解決問題技巧。	1. 扮演公民角色。 2. 表達能力。 3. 與他人合作。	1. 功能性課程：讀、寫、金錢處理、時間管理。 2. 自我管理：餐飲準備、衛生習慣、安全。

表 3-1 高中階段四種轉銜教育目標的成果導向課程設計（續）

畢業進路	升學（大學）導向	競爭性就業導向	支持性就業導向	庇護性就業導向
特殊技能訓練／就業訓練	1. 學習策略：做筆記、檢索資料等。 2. 權益維護：覺察並接納個人的障礙限制、尋求／爭取調適／協助方法、加入自我倡導團體。 3. 壓力紓解活動：建立支持網絡。	1. 職前準備課程、生涯覺察活動。 2. 權益維護：覺察並接納個人的障礙限制、尋求／爭取調適／協助方法。 3. 職業評量活動、社區探索、暑期工讀、職場實習。 4. 交通能力：駕駛執照。	1. 職業評量活動、社區探索、暑期工讀、職場實習。 2. 權益維護：覺察個人的障礙限制、尋求協助方法。	1. 校內工作經驗：影印、裝訂、福利社。 2. 社區工作經驗：便利商店排貨。
社會／人際	1. 適當興趣：培養與年齡相當的興趣活動。 2. 課外活動：參與校內外社團（宗教、公益社團）、扮演志工角色。 3. 工讀：參與校內外工讀機會。	1. 適當興趣：培養與年齡相當的興趣活動。 2. 課外活動：參與校內外社團（宗教、公益社團）、扮演志工角色。 3. 溝通技巧訓練。 4. 同儕支持團體。 5. 工讀：參與校內外工讀機會。	1. 適當興趣：培養與年齡相當的興趣活動。 2. 課外活動。 3. 溝通技巧訓練。 4. 同儕支持團體。 5. 工讀：參與校內外工讀機會。	1. 休閒活動：散步。 2. 社區活動：購物、旅遊、安全。
校外合作單位	1. 高等教育單位。 2. 社區服務單位。	1. 技職體系教育單位。 2. 實習合作單位。 3. 社區服務單位。	1. 社會福利單位。 2. 就業服務單位。 3. 實習合作單位。 4. 社區服務單位。	1. 社會福利單位。 2. 就業服務單位。 3. 實習合作單位。 4. 社區服務單位。 5. 醫療單位。

註：修改自 Kochhar-Bryant 與 Greene（2009）。

　　時宜考慮如課業規劃、課業標準、費用、學校規模、校園風氣、支持服務等。

5. 與學生及家長共同規劃時間進程：普通學生的升學準備可能從高二、高三才開始，但對身心障礙學生而言，應該要更早就開始規劃，並將之納入 IEP 中。

6. 教導學生組織學習和生活：在高中階段，學校會提供具有結構性的學習內容與策略，但大學環境並未主動提供明確的學習規劃，此時學習障礙學生較易出現組織技巧的缺陷；若在高中階段未能學到如何組織或管理生活和學習，可能在大學學習中就會遭遇困難。學校應協助學生學習重要的組織技巧，如時間管理、閱讀教學大

綱、規劃讀書計畫、做筆記，以及增進長短期記憶和檢索訊息的策略，以發展其擅長的學習策略、適合其學習特徵的讀書方法，以及組織時間的技巧。

7. 建立支持網絡：雖然身心障礙學生的生涯決策自我效能與生涯成熟度可能不如一般學生，要完成生涯發展任務有特定的困難，但重要他人的支持與支持服務，應可以協助其克服生涯決策的難題。父母的參與是影響身心障礙學生能否成功轉銜的重要因素，父母應該支持學生擬定與執行計畫，並鼓勵其發展獨立做決定和自我倡導的技巧。

至於提供特殊幼兒各種轉銜服務，也一直是早期療育工作所關注的焦點。所謂幼小轉銜，其目的即在協助學前幼兒由家庭進入一個新的社區或幼兒機構，或由幼兒機構進入學校，能使幼兒很快適應新的環境，並讓各項服務得以保持其延續性，以符合孩子在成長發展的需要。目前許多縣市辦理之身心障礙兒童的學前準備班措施，即頗具成效，而依據衛生福利部（2019）的「發展遲緩兒童早期療育服務實施方案」，亦明確規定「建構發展遲緩兒童學前與國民教育之融合與轉銜服務」，但必須加強學前早期療育機構與小學教育單位兩方面系統之協調合作的溝通管道，在安置會議中，應特別注意特殊幼兒在學前階段所接受的早期療育及相關專業服務之間的延續性。

總之，轉銜成功與否，涉及個人整個成長與學習的生態系統，因此除了針對個人所做的教導／輔導之外，更應結合校內外資源，包括：家長、普通班教師、社區機構／人士等，有效促進機構與機構之間的溝通與協調，甚至必須建立「合作聯盟」的夥伴關係，始能有效達成目標。

（三）自我決定

自我決定是一項基本人權，每個個體都是個人生命的主宰與主人翁，應享有身為人類社會一份子與生俱來的尊嚴和價值，擁有個人的自主和自立，能自由做出自己的選擇，並且有機會積極參與政策和方案的決策，特別是與他們直接有關的政策和方案的決策過程。因此，無論是資賦優異或身心障礙者都應有權利提出自己的想法與行動主張，都應自小即學習培養自我決策能力，並落實在日常生活之中，以增進其獨立、積極參與，並對學習及自我發展負責的行為（Agran et al., 1999）。

Wehmeyer（1996）分析自我決定行為的內涵，包括四種特性：(1)獨立自主：個人能適切因應外在的干擾，並依自己的喜好、興趣和能力，展開獨立且自由的行動；(2)自我管理：個人能綜合當時的情境、工作任務與性質，以及自己所擁有的資源，規劃和採取行動，並對行動結果進行評估，再視需要修正計畫；(3)心理的賦權（psychologically empowered）：基於個人信念的行動，有能力展現必要的行為，產生影響環境的結果，而呈現預期的成效；(4)自我實現：全面而正確的了解自己的優勢和限制，並達成合理的理想與願望。Wehmeyer（2001）認為，這四個特性是自我決定的基礎，而選擇能力、決定技巧、

問題解決、設定目標、自我管理、內在控制、自我效能、自我覺察與了解、自我維護等具體的能力與技巧，則為達成自我決定的重要行為表現。此等能力的發展與環境所提供的機會，透過學習與經驗的累積，在重要他人的支持下，終能表現出自我決定的行為。

許多身心障礙者缺乏正向、確實的自我概念，無法覺察生涯選擇與個人優勢能力間的關係，導致在生涯決策過程中遭遇挫折和失望（Vogel & Adelman, 1990）。然而，文獻亦顯示自我決定與學業成就有明顯相關（Konrad et al., 2007），身心障礙學生具高度自我決定能力者，有助於其就業及相關的適應（Martin et al., 2003; Wehmeyer & Palmer, 2003）；接受自我決定的評量與就業安置輔導方案者，能維續更長的穩定就業期（Martin et al., 2002）。亦有研究顯示，在融合教育情境中，鼓勵學生自我決策與倡導，對於身心障礙者與非障礙之同儕均有良好的學習成效，有助其發展終身成功的生活技能（Mason et al., 2004）。為協助特殊教育學生順利轉銜升學高一階段教育系統或進入就業市場參與社區，必須強化其心理能力與自我認同，因此許多學者即強烈呼籲在學校課程中，加強生涯探索、生涯管理技能、自我倡導，以及自我決定能力的培養（Eisenman, 2007; Field et al., 2003）。

Algozzine 等人（2001）認為，促進自我決策的最佳策略，是讓學生親身參與個別化教育計畫，並直接教導學生自我決策相關的技能。學生應在他們的 IEP 或 ITP 目標發展的過程中，完全的參與或扮演領導的角色，且在學生的 IEP 或 ITP 中，應訂定有關自我決定的具體目標，而這些目標應該是可教導、可評量的技能（Algozzine et al., 2001; Arndt et al., 2006）。有些學者更進一步建議，無論是任何障礙類別及障礙程度的學生，均應充分的參與 IEP 的運作（Test et al., 2004）。

近年有關自我決策的相關文獻及教學材料已逐漸增多，Wehmeyer 等人（2000）曾設計「自我決策教學模式」（Self-Determination Learning Model of Instruction），藉由設定目標、行動及修正目標等三個步驟，促進學生的自我決策、自我調節，以及問題解決的能力。在 Field 等人（1998）針對轉銜階段的青少年所設計的方案中，實施認識自我、自我評價、計畫、行動、經歷結果，以及學習等五種策略，並將上述五種策略結合實務，藉以促進自我決策的能力。Martin 等人（2003）曾針對情緒障礙學生，設計包含計畫、工作、評估及調節等自我決策相關技能的方案，研究結果發現對其課業表現有明顯助益。近年也強調特殊教育與普通教育的融合，Konrad 等人（2008）即設計了融合學科的自我決定教學模式，透過一般學科及特殊課程培養自我決定能力（如表 3-2 所示）。

雖仍有人質疑身心障礙者是否有自我決定能力，甚至認為自我決策的訓練對身心障礙者而言似乎過於奢侈，但 Wehmeyer（1998）特別就重度障礙學生是否具有自我決策的能力加以澄清：(1)自我決策不是獨立的表現：重度障礙者在自我決策的過程中往往需要協助，但若在過程中仍保有掌控權，也算是自我決策的表現；(2)自我決策的行為並不都會成功：即使一般人或具有高度自我決策能力者，也不是每一次的決策都是正確或成功；(3)自我決策不是自我依賴：重度障礙者需要他人提供支持及協助，才能表現出獨立自主，並不

表 3-2　自我決定與學科之融合

一、 決定 教什 麼	1A 確認學科內涵與標準。		教師依課程綱要，確認各學科教學內容與技能的特定標準。
	1B 配合課程綱要確認學生個別學業需求。		教師依學生個別需求，確認融入之學科（包括：讀/閱讀理解、數學計算、數學推理、書寫拼字、聆聽、口語表達、學習技巧等）。
	1C 確認學生個人自我決定需求。		依據觀察、家長回饋、評量結果，確認學生的學習目標（包括：選擇、問題解決、做決定、設定目標、自我管理、自我倡導、自我覺察等）。
	1D 因應上列各標準/需求，確認教學目標與評鑑方法。		教師依上述考量，確認融合課程綱要及學生需求之教學單元或教學目標。
二、 決定 如何 教	2A 確認可支持學生達成目標的教學策略並編擬教學內容。		教師依據具實證結果之有效策略，採用適合學生者並安排適切的教學方案。
	2B 決定如何有效評鑑的教學策略。		教師安排正式與非正式的評量方法，蒐集教學成效的資料。
	2C 執行教學策略。		依據上述規劃執行教學。
三、 評鑑 與調 整	3A 依 1D 及 2B 所擬的方式評鑑教學策略。		依據上述教學評鑑策略，於教學中、教學後蒐集學生的表現資料。
	3B 規劃介入方案，協助未達目標者進行後續教學。		依據 3A 的評鑑結果，針對未能達成預定目標的學生，修改或強化教學措施。

註：引自 Konrad 等人（2008, p. 55）。

是依賴自己就能成功；(4)自我決策不是指某一種特定的結果：一般人誤以為達到某些特定結果就是達到自我決策，其實只要依據自己的想法、興趣和偏好、控制或主導自己的生活，就算是達到自我決策的目的；(5)自我決策不只是做選擇：自我決策更應包含問題解決的能力、設定並達成目標的能力、獨立生活、承擔風險與安全的能力、自我觀察、自我增強與自我評價等。換言之，自我決策能力並非「有」或「無」的問題，重點在於如何於生活歷程中，透過各個大小生活事件的經歷，逐步學習/發展適切的態度、能力與技巧。

　　因此，亦有學者主張有效的自我決策與自我倡導課程的規劃與教導，應始於小學、中學階段（Campbell-Whatley, 2008; Palmer & Wehmeyer, 2003; Wehman & Kregel, 2004）。國小教育階段學生對自我的認知概念已經逐漸形成，此一階段也是開始培養自我決定觀點和技能的黃金時期，有效的自我決策能力來自於現實世界生活經驗的學習、承擔風險、容許犯錯，以及對調整結果的反省及修正等。因此，特殊需求學生乃至家庭必須面對現實生活中可能無法改變的障礙與限制，並了解這些障礙與限制對未來的學習、人際關係與社交生活、就業及社區參與影響的知識，進而學習自我決定的技巧，再逐步發展未來計畫、做決定，以及經驗的學習等。

第四節　生涯發展與終身教育

終身學習並非新的觀念，我國自古以來就有「活到老，學到老」的說法，更以「發奮忘食，樂而忘憂，不知老之將至」來形容與讚嘆終身學習的精神。近年來，由於教育的普及，更多民眾接受中等教育、高等教育，身心障礙學生進入大專校院的人數亦逐年增加，但即使如此，社會的迅速變遷、知識爆增，學校教育所學的知能與經驗，已不足以因應當前生活與工作上的需要，因此終身學習的觀念在現代社會愈形重要，對身心障礙者更有其必要。我國的《終身學習法》（2018）第 20 條亦特別規定：「各級主管機關應發展、普及終身學習機會，並考量不同族群、文化、經濟條件及身心狀況對象之特殊性，設計符合其需求之課程，提供具可近性之服務；其課程、教材、師資、補助及其他相關事項之規定，由各級主管機關定之。……」並針對原住民、身心障礙者、低收入戶、新住民等，訂定《終身學習課程實施及非正規教育課程補助辦法》（2019），鼓勵終身學習機構設計符合其需求之終身學習課程，提供具可近性之服務，鼓勵弱勢族群積極參與學校之外的學習機會。

然而，目前我國所推動的終身學習活動，多半係為常人所設計，較少顧及身心障礙者的特殊需求。雖然身心障礙者有先天與後天的限制，但其終身學習的權利亦不容剝奪，因此 Imel（1982）認為，提供給身心障礙成人的教育應注意下列四項基本原則：

1. 尊重身心障礙者為成人，尊重其接受教育的決定權利。相信個人的自主權是成人教育的基本原則，這個原則適用於所有成人。
2. 身心障礙者應和常人一樣有選擇各種學習管道的機會。社區所提供的成人教育機會不應對其之參與構成任何的阻礙。
3. 身心障礙者應基於同樣的經濟與行政管道接受成人教育，若有任何調整亦不得因其障礙狀況而有所歧視。
4. 參與成人教育必須享受同樣的福利，如有必要，教學設施與內容應有所調整，以協助其達成學習目標。

換言之，對待身心障礙者不因其障礙狀況而有所差別，障礙的存在是事實，但應設法加以克服，而非忽視或歧視。身心障礙者亦同樣享有終身學習的權利，但在實施時，必須考慮其特殊之處。賴麗珍（1998）歸納相關文獻認為，促進個人終身學習的關鍵在其是否擁有終身學習的能力，包括：基本認知能力、學習如何學習的能力、動機與情緒管理，以及學習遷移的能力。黃富順（1996）則認為，成人學習的特性有四項：

1. 成人是一個自我導向的成熟個體，了解自己的學習需要，能自己擬定或選擇學習計畫。
2. 成人已累積了很多經驗，作為學習的資源。

3. 成人學習是根據其社會角色的發展任務需要而定。

4. 成人學習是以問題為中心，這些問題多與其當前的生活情境壓力有關，希望透過學習增加解決問題能力，將所學立即加以應用。

　　身心障礙者有一部分亦擁有上述特性，但發展性障礙者可能需要特別注意其先備的條件。由於身心障礙者先前的發展處於不利的地位，其身心發展無法等同於常人，亦可能無法完全了解自己的學習需要，因此除了在學校教育中，需要特別加強此一方面的輔導外，如何協助其擬定或選擇學習計畫，可能需要專人的協助。尤其對心智功能正常的障礙者而言，很可能因早年學習經驗的限制或挫折，而形成心理適應困難的結果，給人不夠成熟的印象，但並非永遠無法學習。終身教育的機制必須將此一課題納入考慮，以強化其心理功能，讓其能重拾學習的機會。

　　此外，有效經驗的累積亦為身心障礙者必須加強的部分。雖然特殊教育已相當強調給予身心障礙學生實務操作的經驗，然而其範圍畢竟有限，而且生活事物千變萬化，離開學校後仍需在日常生活中不斷接觸與學習，需要多方面的接觸與學習。此外，身心障礙者本身的限制可能影響其學習動機與興趣，因此在進行各種學習活動時，必須考量其特殊需要，在教學策略與技術上做以下幾項適當的調整（Hiemstra & Sisco, 1990; Nind, 2007; White, 1998）：

1. 將學習活動區分為小單元：教材應依序排列，詳細說明各個步驟細節，並放慢速度、增加時間或訂定時間表以供其逐步吸收，作業應簡短而多樣化，增加其有效練習機會。

2. 序列學習活動：依其實際能力層次安排教學材料，以具體實例教導相關的概念，並將生活經驗與新材料加以連結，使其易於遷移。

3. 時時提供增強：隨時告知其學習成果，使其常有獲得成功的經驗，並盡量以非傳統的評量方法增強其學習動機，而成為主動學習者。

4. 運用多種感官媒體：使用多種教具或教學設計呈現學習材料，協助其運用最佳的接收訊息方式獲取資訊，並學習最有效的學習策略。

5. 採用直接法提供教材：以直接引導教學的方式、口頭與文字形式並用來呈現新材料；加重語氣或特別提醒重點部分，引其注意，亦可搭配同儕協助其學習。

6. 掌握學習環境：提供非傳統的學習環境，藉生活化、多樣化的學習環境，增加其接觸機會；而學習過程亦應不受任何干擾，使其能在舒適的情境中學習。

7. 採用有效輔具：配合科技的發展，採用各種溝通器具與學習輔具（包括改良式的電腦設施），減少學習上的困難，增進其學習動機與效果。

8. 增進自我概念：鼓勵其獨立操作或做作業，並在眾人面前發表簡短意見（心得），提升其自我覺察能力與負責態度，並能由教師或同儕的回饋中，加強其學習效果。

9. 鼓勵自我掌控：鼓勵身心障礙者參與學習內容的規劃與安排，透過師生雙向的溝通與對話，增強其學習動機與意願。

　　「推展終身教育，建立學習社會」已成為世界各國教育改革的主要政策方向，而終身教育理念認為，人生有許多重要的學習經驗，並非僅有學校或正規教育系統始能提供。事實上，學校教育以外的學習與工作或生活更是息息相關，學習的結果更包含個人的成長與生活品質的提升，此一理念與身心障礙者的轉銜服務不謀而合。學校規劃轉銜服務的目標，除了就業或升學外，尚包含整個生涯角色的扮演、日常生活、休閒、社區參與等範疇。我國的身心障礙者轉銜服務已經邁向個別化、專業化、制度化與法規化的層次，並有相關的理論與哲學建構其價值基礎與實務運作機制，再秉持終身教育的理念，即可使轉銜服務進一步發展為身心障礙者終身進行的學習服務系統，透過終身教育的各項措施，延伸身心障礙者轉銜服務的階段至其一生的生命階段，讓身心障礙者能夠藉由社會服務與支持系統的引進與協助下，達到人人願意學習、處處可以學習、時時可以學習的境界，從而建構自我認同、自我決定、自我成長的生涯，並融入於社會生活環境中，而成為獨立自主的個體。

延伸閱讀

一、推薦書籍及文章

金樹人（2011）。**生涯諮商與輔導（第二版）**。東華。

林幸台（2019）。**身心障礙者生涯發展與轉銜輔導（第二版）**。心理。

林幸台、田秀蘭、張小鳳、張德聰（2010）。**生涯輔導**。心理。

黃文慧、林幸台（2011）。生涯概念在特殊教育場域之論述：以臺灣特殊教育導論教科書為例。**特殊教育研究學刊，36**（3），1-26。

Szymanski, E. M., & Parker, R. M. (Eds.)（2013）。**工作與身心障礙：促進身心障礙者就業成效的背景因素、議題與策略**〔王華沛、王敏行、邱滿艷、賴陳秀慧、鳳華、吳明宜、黃宜君、吳亭芳、陳靜江譯〕。心理。（原著出版年：2010）

二、相關網站資源

華人生涯網（http://careering.ncue.edu.tw）

教育部國民及學前教育署：學生生涯輔導網（https://friendlycampus.k12ea.gov.tw/Career）

勞動部勞動力發展署：臺灣就業通（https://www.taiwanjobs.gov.tw）

Think College（https://www.thinkcollege.net）

參考文獻

中文部分

各教育階段身心障礙學生與幼兒轉銜輔導及服務辦法（2023）。中華民國 112 年 12 月 19 日教育部臺教學（四）字第 1122806413A 號令修正發布。

身心障礙者權益保障法（2021）。中華民國 110 年 1 月 20 日總統華總一義字第 11000004211 號令修正公布。

林宏熾、黃湘儀（2007）。高中職身心障礙學生轉銜技能表現之分析研究。**特殊教育研究學刊，32**（2），17-46。

金樹人（2011）。生涯諮商與輔導（第二版）。東華。

特殊教育法（2023）。中華民國 112 年 6 月 21 日總統華總一義字第 11200052781 號令修正公布。

教育部（2017）。十二年國民基本教育課程綱要總綱。作者。

教育部（2018）。十二年國民基本教育課程綱要綜合活動領域。作者。

終身學習法（2018）。中華民國 107 年 6 月 13 日總統華總一義字第 10700062401 號令修正公布。

終身學習課程實施及非正規教育課程補助辦法（2019）。中華民國 108 年 5 月 28 日教育部臺教社（一）字第 108006932 8B 號令修正發布。

陳靜江、鈕文英（2008）。高中職階段身心障礙者轉銜能力評量表之編製。**特殊教育研究學刊，33**（1），1-20。

陳麗如、王文科、林宏熾（2001）。高中職特殊教育學校（班）學生離校轉銜服務之研究。**特殊教育研究學刊，20**，23-45。

勞動部勞動力發展署（2022）。**推動身心障礙者職業輔導評量服務實施計畫**。中華民國 111 年 10 月 24 日勞動部勞動發特字第 11105212551 號令修正發布。

曾昭旭（2008）。**莊子養生義之釐定：從〈養生主〉首兩段之疏解切入**。http://mypaper.pchome.com.tw/wlyeh01/post/1307958487

黃素菲（2006）。敘事與理解：用「說」故事來「話」生涯。**教師天地，143**，4-18。

黃富順（1996）。終生學習理念的意義、源起與發展。**臺灣教育輔導月刊，551**，10-22。

葉玉珠（2000）。「創造力發展的生態系統模式」及其應用於科技與資訊領域之內涵分析。**教育心理學報，32**（1），95-121。

衛生福利部（2019）。**發展遲緩兒童早期療育服務實施方案**。中華民國 108 年 12 月 25 日衛授家字第 1080909953 號函第九次修正。

蕭景容、金樹人（2009）。敘事取向生涯諮商中當事人之改變歷程。**生活科學學報，13**，1-28。

蕭景容、徐巧玲（2011）。生涯未確定當事人對敘事取向生涯諮商之經驗內涵分析。**教育心理學報，42**（3），445-466。

賴麗珍（1998）。終身學習所需關鍵學習能力之分析。載於中華民國成人教育學會（主編），**國際終身學習學術研討會論文集**（頁 151-172）。中華民國成人教育學會。

英文部分

Achter, J. A., & Lubinski, D. (2005). Blending promise with passion: Best practices for counseling intellectually talented youth. In S. D. Brown, & R. W. Lent (Eds.), *Career development and counseling: Putting theory and research to work* (pp. 600-624). John Wiley & Sons.

Achter, J. A., Lubinski, D., & Benbow, C. P. (1996). Multipotentiality among the intellectually gifted: "It was never there and already it's vanishing". *Journal of Counseling Psychology, 43*, 65-76.

Agran, M., Snow, K., & Swaner, J. (1999). Teacher perceptions of self-determination: Benefits, characteristics, strategies. *Education and Training in Mental Retardation and Developmental Disabilities, 34*, 293-301.

Algozzine, B., Browder, D., Karvonen, M., Test, D. W., & Wood, W. M. (2001). Effects of interventions to promote self-determination for individuals with disabilities. *Review of Educational Research, 71*, 219-277.

Arndt, S. A., Konrad, M., & Test, D. W. (2006). Effects of the self-directed IEP on student participation in planning meetings. *Remedial and Special Education, 27*, 194-207.

Arnold, K. D. (1994). The Illinois Valedictorian Project: Early adult careers of academically talented male high school students. In R. F. Subotnik, & K. D. Arnold (Eds.), *Beyond Terman: Contemporary longitudinal studies of giftedness and talent* (pp. 24-51). Ablex.

Bandura, A. (1977). *Social learning theory*. Prentice-Hall.

Bandura, A. (1986). *Social foundations of thought and action: A social cognitive theory*. Prentice-Hall.

Beyer, S., & Kaehne, A. (2008). The transition of young people with learning disabilities to employment: What works? *Journal on Developmental Disabilities, 14*, 85-94.

Blustein, D. L. (1997). A context-rich perspective of career exploration across the life roles. *Career Development Quarterly, 45*, 260-274.

Brolin, D. E. (1995). *Career education: A functional life skills approach* (3rd ed.). Merrill/Prentice-Hall.

Bronfenbrenner, U. (1977). Toward an experimental ecology of human development. *American Psychologist, 32*, 513-531.

Bronfenbrenner, U. (1979). *The ecology of human development*. Harvard University Press.

Bronfenbrenner, U. (1992). Ecological systems theory. In R. Vasta (Ed.), *Six theories of child development: Revised formulations and current issues* (pp. 187-250). Jessica Kingsley.

Brott, P. E. (2001). The storied approach: A postmodern perspective for career counseling. *Career Development Quarterly, 49*, 304-313.

Brown, D. (1990). Trait and factor theory. In D. Brown, & L. Brooks (Eds.), *Career choice and development: Applying contemporary theories to practice* (2nd ed.) (pp. 13-36). Jossey-Bass.

Burney, V. H. (2008). Applications of social cognitive theory to gifted education. *Roeper Review, 30*, 130-139.

Campbell-Whatley, G. D. (2008). Teaching students about their disabilities: Increasing self-determination skills and self-concept. *International Journal of Special Education, 23*, 137-144.

Cashin, A. (2008). Narrative therapy: A psychotherapeutic approach in the treatment of adolescents with Asperger's disorder. *Journal of Child & Adolescent Psychiatric Nursing, 21*(1), 48-56.

Chan, D. W. (2006). Adjustment problems, self-efficacy, and psychological distress among Chinese gifted students in Hong Kong. *Roeper Review, 28*, 203-209.

Chan, D. W. (2009). Perfectionism and goal orientations among Chinese gifted students in Hong Kong. *Roeper Review, 31*, 9-17.

Cheatham, G. A., Smith, S. J., Elliott, W., & Friedline, T. (2011). Family assets, postsecondary education, and students with disabilities: Building on progress and overcoming challenges. *Children and Youth Services Review, 35*, 1078-1086.

Cochran, L. R. (1997). *Career counseling: A narrative approach.* Sage.

Colangelo, N., & Kerr, B. (1990). Extreme academic talent: Profiles of perfect scorers. *Journal of Educational Psychology, 82*, 404-409.

Condon, E., & Callahan, M. (2008). Individualized career planning for students with significant support needs utilizing the Discovery and Vocational Profile process, cross-agency collaborative funding and Social Security Work Incentives. *Journal of Vocational Rehabilitation, 28*(2), 85-96.

Conte, L. D. (1983). Vocational development theories and the disabled person: Oversight or deliberate omission? *Rehabilitation Counseling Bulletin, 26*, 316-328.

Conyers, L. M., Enright, M. S., & Strauser, D. R. (1998). Applying self-efficacy theory to counseling college students with disabilities. *Journal of Applied Rehabilitation Counseling, 29*, 25-30.

Corrigan, M. J., Jones, C. A., & McWhirter, J. J. (2001). College students with disabilities: An access employment group. *Journal for Specialists in Group Work, 26*, 339-349.

Council for Exceptional Children. (2004). *The new IDEA: CEC's summary of significant issues.* http://www.cec.sped.org/pp/IDEA_112304.pdf

Dawis, R. V. (1996). The theory of work adjustment and person-environment correspondence counseling. In D. Brown, & L. Brooks (Eds.), *Career choice and development* (3rd ed.) (pp. 75-120). Jossey-Bass.

Eisenman, L. T. (2007). Self-determination interventions: Building a foundation for school completion. *Remedial & Special Education, 28*, 2-8.

Elhessen, S. (2002). *A new paradigm to career counseling: Self-efficacy and career choice among students with physical disabilities in postsecondary education.* (ERIC Document No. ED469994)

Elrod, G. F., & Sorgedfrie, T. B. (1988). Toward an appropriate assessment model for adolescents who are mildly handicapped. Let's not forget transition! *Career Development for Exceptional Individuals, 11*, 92-98.

Emmett, J. D., & Harkins, A. M. (1997). Story tech: Exploring the use of narrative technique for training career counselors. *Counselor Education and Supervision, 37*(1), 60-73.

Enright, M. S. (1996). The relationship between disability status, career beliefs, and career indecision. *Rehabilitation Counseling Bulletin, 40*, 134-152.

Enright, M. S., Conyers, L. M., & Szymanski, E. M. (1996). Career and career-related educational concerns of college students with disabilities. *Journal of Counseling & Development, 75*, 103-114.

Erikson, E. H. (1982). *The lifecycle completed: A review*. W. W. Norton.

Ettinger, J. (1995). Towards a better understanding of the career development of individuals with disabilities. In J. Ettinger, & N. Wysong (Eds.), *Career development for individuals with disabilities (Vol. I): Providing effective services* (pp. 2-39). Center on Education and Work.

Fabian, E. S., & Liesener, J. J. (2005). Promoting the career potential of youth with disabilities. In S. D. Brown, & R. W. Lent (Eds.), *Career development and counseling: Putting theory and research to work* (pp. 551-572). John Wiley & Sons.

Fabian, E. S., Ethridge, G., & Beveridge, S. (2009). Differences in perceptions of career barriers and supports for people with disabilities by demographic, background and case status factors. *Journal of Rehabilitation, 75*(1), 41-49.

Ferriman, F., Lubinski, D., & Benbow, C. P. (2009). Work preferences, life values, and personal views of top math/science graduate students and the profoundly gifted: Developmental changes and gender differences during emerging adulthood and parenthood. *Journal of Personality and Social Psychology, 97*, 517-532.

Fiebig, J. N. (2003). Gifted American and German early adolescent girls: Influences on career orientation and aspirations. *High Ability Studies, 14*, 165-183.

Field, S., Hoffman, A., & Spezia, S. (1998). *Self-determination strategies for adolescents in transitions*. Pro-ed.

Field, S., Sarver, M. D., & Shaw, S. F. (2003). Self-determination: A key to success in postsecondary education for students with learning disabilities. *Remedial and Special Education, 24*, 339-349.

Flexer, R. W., Simmons, T. J., Luft, P., & Baer, R. M. (2005). *Transition models and promising practices* (2nd ed.). Pearson/Merrill

Ford, D. Y. (2003). Providing access for culturally diverse gifted students: From deficit to dynamic thinking. *Theory into Practice, 42*, 217-225.

Gergen, K. J. (1999). *An invitation to social construction*. Sage.

Grasso, E., Jitendra, A. K., Browder, D. M., & Harp, T. (2004). Effects of ecological and standardized vocational assessments on Office of Vocational Rehabilitation counselors' perceptions regarding individuals with developmental disabilities. *Journal of Developmental and Physical Disabilities, 16*, 17-31.

Greene, G., & Kochhar-Bryant, C. A. (2003). *Pathways to successful transition for youth with disabilities*. Pearson/Merrill.

Greene, M. (2006). Helping build lives: Career and life development of gifted and talented students. *Professional School Counseling, 10*, 34-38.

Guichard, J., & Lenz, J. (2005). Career theory from an international perspective. *The Career Development Quarterly, 54*, 17-28.

Gysbers, N. C., Heppner, M. J., & Johnston, J. A. (2003). *Career counseling: Process, issues, and techniques*. Allyn & Bacon.

Hakim, C. (2006). Women, careers, and work-life preferences. *British Journal of Guidance & Counselling, 34*, 279-294.

Harrison, R. (2006). From landlines to cell phones: Negotiating identity positions in new career contexts. *Journal of Employment Counseling, 43*, 18-30.

Hennessey, M. L., Roessler, R., Cook, B., Unger, D., & Rumrill, P. (2006). Employment and career development concerns of postsecondary students with disabilities: Service and policy implications. *Journal of Postsecondary Education and Disability, 19*, 39-55.

Herr, E. L., Cramer, S. H., & Niles, S. G. (2004). *Career guidance and counseling through the lifespan: Systemic approaches* (6th ed.). Allyn & Bacon.

Hiemstra, R., & Sisco, B. (1990). *Individualizing instruction: Making learning personal, empowering, and successful*. Jossey-Bass.

Hitchings, W., Luzzo, D., Ristow, R., Horvath, M., Retish, P., & Tanners, A. (2001). The career development needs of college students with learning disabilities. *Learning Disabilities Research & Practice, 16*(1), 8-17.

Holland, J. L. (1973). *Making vocational choice: A theory of vocational personalities and work environments*. Psychological Assessment Resources.

Humphrey, N., & Mullins, P. M. (2002). Personal constructs and attribution for academic success and failure in dyslexia. *British Journal of Special Education, 29*, 196-203.

Imel, S. (1982). *Adult education for the handicapped: Overview*. ERIC Fact Sheet No. 23. (ERIC Document No ED 237809)

Jones, W. P. (1995). Holland vocational personality codes and people with visual disabilities: A need for caution. *ReView, 27*(2), 53-63.

Jung, J. Y. (2012). Giftedness as a developmental construct that leads to eminence as adults ideas and implications from an occupational/career decision-making perspective. *Gifted Child Quarterly, 56*, 189-193.

Kelly, G. A. (1955). *The psychology of personal constructs*. W. W. Norton.

Kerr, B., & Kurpius, R. S. E. (2004). Encouraging girls in math and science: Effects of a guidance intervention. *High Ability Studies, 15*, 85-102.

Kerr, B., & Sodano, S. (2003). Career assessment with intellectually gifted students. *Journal of Career Assessment, 11*, 168-186.

Kochhar-Bryant, C. A. (2007). The summary of performance as transition "passport" to employment and independent living. *Assessment for Effective Intervention, 32*, 160-170.

Kochhar-Bryant, C. A., & Greene, G. (2009). *Pathways to successful transition for youth with disabilities: A developmental process*. Pearson.

Konrad, M., Fowler, C. H., Walker, A. R., Test, D. W., & Wood, W. M. (2007). Self-determination interventions' effects on the academic performance of students with developmental disabilities. *Learning Disabilities Quarterly, 30*, 89-113.

Konrad, M., Walker A. R., Fowler, C. H., Test, D. W., & Wood, W. M. (2008). A model for aligning self-determination and general curriculum standards. *Teaching Exceptional Children, 40*(3), 53-64.

Kortering, L., & Braziel, P. (2008). The use of vocational assessments: What do students have to say? *The Journal of At-Risk Issues, 14*(2), 27-35.

Krumboltz, J. D. (1979). A social learning theory of career decision making. In A. M. Mitchell, G. B. Jones, & J. D. Krumboltz (Eds.), *Social learning and career decision making* (pp. 19-49). Carroll Press.

Krumboltz, J. D. (1983). *Private rules in career decision making*. National Center for Research in Vocational Education, The Ohio State University.

Krumboltz, J. D. (1991). *Manual for the Career Beliefs Inventory*. Consulting Psychologists Press.

Krumboltz, J. D. (1992). The wisdom of indecision. *Journal of Vocational Behavior, 41*, 239-244.

Krumboltz, J. D. (2009). The happenstance learning theory. *Journal of Career Assessment, 17*, 135-154.

Krumboltz, J. D., & Nichols, C. W. (1990). Integrating the social learning theory of career decision making. In W. B. Walsh, & S. H. Osipow (Eds.), *Career counselling: Contemporary topics in vocational psychology* (pp. 159-192). Lawrence Erlbaum Associates.

Lambie, G. W., & Milsom, A. (2010). A narrative approach to supporting students diagnosed with learning disabilities. *Journal of Counseling & Development, 88*, 196-203.

Lent, R. W., Brown, S. D., & Hackett, G. (1994). Toward a unifying social cognitive theory of career academic interest, choice, and performance. *Journal of Vocational Behavior, 45*, 79-122.

Lent, R. W., Brown, S. D., & Hackett, G. (2000). Contextual supports and barriers to career choice: A social cognitive analysis. *Journal of Counseling Psychology, 47*, 36-49.

Leung, S. A., Conoley, C. W., & Scheel, M. J. (1994). The career and educational aspirations of gifted high school students: A retrospective. *Journal of Counseling & Development, 72*, 298-303.

Lofquist, L. H., & Dawis, R. V. (1969). *Adjustment to work: A psychological view of man's problems in a work-oriented society*. Appleton-Century-Crofts.

Lubinski, D., & Benbow, C. P. (2000). States of excellence. *American Psychologist, 55*, 137-150.

Lubinski, D., & Benbow, C. P. (2006). Study of mathematically precocious youth after 35 years: Uncovering antecedents for the development of math-science expertise. *Perspectives on Psychological Science, 1*, 316-345.

Lustig, D., & Strauser, D. R. (2003). An empirical typology of career thoughts of individuals with disabilities. *Rehabilitation Counseling Bulletin, 46*, 98-107.

Luzzo, D. A., Hitchings, W. E., Retish, P., & Shoemaker, A. (1999). Evaluating differences in college students' career decision making on the basis of disability status. *Career Development Quarterly, 48*, 142-156.

Maddux, C. D., & Cummings, R. E. (1986). Alternate form reliability of the Self-Directed Search-Form E. *Career Development Quarterly, 35*, 136-140.

Martin, J. E., Mithaug, D. E., Cox, P., Peterson, L. Y., Van Dycke, J. L., & Cash, M. E. (2003). Increasing self-determination: Teaching students to plan, work, evaluate, and adjust. *Exceptional Children, 69*, 431-446.

Martin, J. E., Mithaug, D. E., Oliphint, J. H., Husch, J. V., & Frazier, E. S. (2002). *Self-directed employment: A handbook for transition teachers and employment specialists.* Paul H. Brookes.

Mason, C., Field, S., & Sawilowsky, S. (2004). Implementation of self-determination activities and student participation in IEPs. *Exceptional Children, 70*, 441-451.

Mattie, H. D. (2000). The suitability of Holland's Self-Directed Search for non-readers with learning disabilities or mild mental retardation. *Career Development for Exceptional Individuals, 23*, 57-72.

Maxwell, M. (2007). Career counseling is personal counseling: A constructivist approach to nurturing the development of gifted female adolescents. *Career Development Quarterly, 55*, 206-224.

McGuinty, E., Armstrong, D., Nelson, J., & Sheeler, S. (2012). Externalizing metaphors: Anxiety and high-functioning autism. *Journal of Child and Adolescent Psychiatric Nursing, 25*(1), 9-16.

McIlveen, P., McGregor-Bayne, H., Alcock, A., & Hjertum, E. (2003). Evaluation of a semi-structured career assessment interview derived from systems theory framework. *Australian Journal of Career Development, 12*, 33-41.

Melchiori, L. G., & Church, A. T. (1997). Vocational needs and satisfaction of supported employees: The applicability of the theory of work adjustment. *Journal of Vocational Behavior, 50*, 401-417.

Mendaglio, S. (2003). Heightened multifaceted sensitivity of gifted students: Implications for counseling. *Journal of Secondary Gifted Education, 14*, 72-82.

Mendaglio, S. (2013). Gifted students' transition to university. *Gifted Education International, 29*, 3-12.

Miller, R. J., Lombard, R. C., & Corbey, S. A. (2007). *Transition assessment: Planning transition and IEP development for youth with mild to moderate disabilities.* Allyn & Bacon.

Mitchell, A. M., Jones, G. B., & Krumboltz, J. D. (Eds.) (1979). *Social learning and career decision making.* Carroll Press.

Mitchell, L. K., & Krumboltz, J. D. (1996). Krumboltz's learning theory of career choice and counseling. In D. Brown, & L. Brooks (Eds.), *Career choice and development* (3rd ed.) (pp. 233-280). Jossey-Bass.

Moon, S. M. (2009). Myth 15: High-ability students don't face problems and challenges. *The Gifted Child Quarterly, 53*, 274-276.

Moore, J. L., Ford, D. Y., & Milner, H. R. (2005). Recruitment is not enough: Retaining African American students in gifted education. *Gifted Child Quarterly, 49*, 51-67.

Muratori, M. C. (2010). Fostering healthy self-esteem in gifted and talented students. In M. H. Guindon (Ed.), *Self-esteem across the lifespan: Issues and interventions* (pp. 91-105). Routledge.

Neihart, M. (2002). Risk and resilience in gifted children: A conceptual framework. In M. Neihart, S. Reis, N. Robinson, & S. Moon (Eds.), *The social and emotional development of gifted children: What do we know?* (pp. 113-122). Prufrock.

Neimeyer, G. J. (1992). Personal constructs in career counseling and development. *Journal of Career Development, 18*, 163-173.

Neumeister, K. L. S., & Finch, H. (2006). Perfectionism in high-ability students: Relational precursors and influences on achievement motivation. *Gifted Child Quarterly, 50*, 238-251.

Nind, M. (2007). Supporting lifelong learning for people with profound and multiple learning difficulties. *Support for Learning, 22*, 111-115.

Ochs, L. A., & Roessler, R. T. (2001). Students with disabilities: How ready are they for the 21st century? *Rehabilitation Counseling Bulletin, 44*, 170-176.

Ochs, L. A., & Roessler, R. T. (2004). Predictors of career exploration intentions: A social cognitive career theory perspective. *Rehabilitation Counseling Bulletin, 47*, 224-233.

Palmer, S. B., & Wehmeyer, M. L. (2003). Promoting self-determination in early elementary school: Teaching self-regulated problem-solving and goal-setting skills. *Remedial and Special Education, 24*, 115-126.

Panagos, R. J., & DuBois, D. L. (2000). Career self-efficacy development and students with learning disabilities. *Learning Disabilities Research & Practice, 14*, 25-34.

Parsons, F. (1909/1989). *Choosing a vocation*. Houghton Mifflin.

Procter, H. G. (2001). Personal construct psychology and autism. *Journal of Constructivist Psychology, 14*, 107-126.

Reis, S. M., Colbert, R. D., & Hebert, T. P. (2005). Understanding resilience in diverse, talented students in an urban high school. *Roeper Review, 27*, 110-120.

Rojewski, J. W. (1992). Key components of model transition services for students with learning disabilities. *Learning Disability Quarterly, 15*, 135-150.

Rojewski, J. W. (2002). Career assessment for adolescents with mild disabilities: Critical concern for transition planning. *Career Development for Exceptional Individuals, 25*, 73-95.

Rounds, J. B., & Tracy, T. J. (1990). From trait-and-factor to person-environment fit counseling: Theory and process. In W. B. Walsh, & S. H. Osipow (Eds.), *Career counseling* (pp. 1-44). Lawrence Erlbaum Associates.

Rubin, S. E., & Roessler, R. T. (1995). *Foundations of the vocational rehabilitation process* (4th ed.). Pro-ed.

Rysiew, K. J., Shore, B. M., & Leeb, R. T. (1999). Multipotentiality, giftedness, and career choice: A review. *Journal of Counseling & Development, 77*, 423-430.

Sampson, J. P. Jr. (2009). Modern and postmodern career theories: The unnecessary divorce. *Career Development Quarterly, 58*, 91-96.

Savickas, M. L. (1995). Constructivist counseling for career indecision. *Career Development Quarterly, 43*, 363-373.

Savickas, M. L. (1997). Constructivist career counseling: Models and methods. In R. Neimeyer, & G. Neimeyer (Eds.), *Advances in personal construct psychology* (Vol. 4) (pp. 149-182). JAI Press.

Savickas, M. L. (2005). The theory and practice of career construction. In S. D. Brown, & R. W. Lent (Eds.), *Career development and counseling: Putting theory and research to work* (pp. 42-70). John Wiley & Sons.

Sax, C. L., & Thoma, C. A. (2002). *Transition assessment: Wise practices for quality lives*. Paul H. Brookes.

Schatz, E. (1999). Mentors: Matchmaking for young people. *Journal of Secondary Gifted Education, 11*, 67-86.

Schuler, P. (2002). Perfectionism in gifted children and adolescents. In M. Neihart, S. Reis, N. Robinson, & S. Moon (Eds.), *The social and emotional development of gifted children: What do we know* (pp. 71-79). Prufrock Press.

Severy, L. E. (2008). Analysis of an online career narrative intervention: "What's my story?" *Career Development Quarterly, 56*, 268-273.

Shevitz, B., Weinfeld, R., Jeweler, S., & Barnes-Robinson, L. (2003). Mentoring empowers gifted: Learning disabled students to soar! *Roeper Review, 26*, 37-40.

Shoffner, M. F., & Newsome, D. W. (2001). Identity development of gifted female adolescents: The influence of career development, age, and life-role salience. *Journal of Secondary Gifted Education, 12*, 201-211.

Sitlington, P. L. (1996). Transition assessment: Where have we been and where should we be going? *Career Development for Exceptional Individuals, 19*, 159-168.

Sitlington, P. L., & Clark, G. M. (2006). *Transition education and services for students with disabilities* (4th ed.). Pearson.

Sitlington, P. L., Neubert, D. A., & Leconte, P. J. (1997). Transition assessment: The position of the Division on Career Development and Transition. *Career Development for Exceptional Individuals, 20*, 69-79.

Sitlington, P. L., Neubert, D. A., Begun, W., Lombard, R. C., & Leconte, P. J. (2007). *Assess for success: A practitioner's handbook on transition assessment* (2nd ed.). Corwin Press.

Skinner, M. E., & Lindstrom, B. D. (2003). Bridging the gap between high school and college: Strategies for the successful transition of students with learning disabilities. *Preventing School Failure, 47*, 132-137.

Soresi, S., Nota, L., Ferrari, L., & Solberg, S. V. H. (2007). Career guidance for persons with disabilities. In J. Athanasou, & R. Van Esbroeck (Eds.), *International handbook of career guidance* (pp. 405-427). Kluwer.

Subotnik, R. F., & Steiner, C. L. (1994). Adult manifestations of adolescent talent in science: A longitudinal study of 1983 Westinghouse Science Talent Search winners. In R. F. Subotnik, & K. D. Arnold (Eds.), *Beyond Terman: Contemporary longitudinal studies of giftedness and talent* (pp. 52-76). Ablex.

Super, D. E. (1963). Self-concepts in vocational development. In D. E. Super, R. Starishevsky, N. Matlin, & J. P. Jordaan (Eds.), *Career development: Self-concept theory* (pp. 1-16). College Entrance Examination Board.

Super, D. E. (1980). A life-span, life-space approach to career development. *Journal of Vocational Behavior, 16*, 282-298.

Super, D. E. (1990). A life-span, life-space approach to career development. In D. Brown, & L. Brooks (Eds.), *Career choice and development: Applying contemporary theories to practice* (2nd ed.) (pp. 167-261). Jossey-Bass.

Super, D. E., & Nevill, D. D. (1984). Work role salience as a determinant of career maturity in high school students. *Journal of Vocational Behavior, 25*, 30-44.

Szymanski, E. M., & Parker, R. M. (Eds.) (2003). *Work and disability: Issues in career development and job placement.* Pro-ed.

Test, D. W., Aspel, N. P., & Everson, J. M. (2006). *Transition methods for youth with disabilities.* Pearson.

Test, D. W., Mason, C., Hughes, C., Konrad, M., Neale, M., & Wood, W. M. (2004). Student involvement in individualized education program meetings. *Exceptional Children, 70*, 391-412.

Thomas, K. T., & Parker, R. M. (1992). Applications of theory to rehabilitation counseling practice. In S. E. Robertson, & R. I. Brown (Eds.), *Rehabilitation counseling: Approaches in the field of disability* (pp. 34-78). Chapman & Hall.

Thomas, S., Butler, R., Hare, D. J., & Green, D. (2011). Using personal construct theory to explore self-image with adolescents with learning disabilities. *British Journal of Learning Disabilities, 39*, 225-232.

Thompson, J. M., Flynn, R. J., & Griffith, S. A. (1994). Congruence and coherence as predictors of congruent employment outcomes. *The Career Development Quarterly, 42*, 271-281.

Thomson, M. E., & Hartley, G. M. (1980). Self-concept in children with dyslexia. *Academic Therapy, 26*, 19-36.

Trainor, A., Lindstrom, L., Simon-Burroughs, M., Martin, J., & Sorrells, A. (2008). From marginalized to maximized opportunities for diverse youth with disabilities: Position paper of the Division on Career Development and Transition. *Career Development of Exceptional Individuals, 31*, 56-64.

Vogel, S. A., & Adelman, P. B. (1990). Extrinsic and intrinsic factors in graduation and academic failure among LD college students. *Annals of Dyslexia, 40*, 117-137.

Wadsworth, J., Milson, A., & Cocco, K. (2004). Career development for adolescents and young adults with mental retardation. *Professional School Counseling, 8*, 141-147.

Wagner, M. (2005). The changing experiences of out-of-school youth with disabilities. In M. Wagner, L. Newman, R. Cameto, & P. Levine (Eds.), *Changes over time in the early postschool outcomes of youth with disabilities: A report from the National Longitudinal Transition Study-2 (NLTS2)* (pp. 73-81). SRI International.

Wehman, P., & Kregel, J. (2004). *Functional curriculum for elementary, middle, and secondary age students with special needs*. Pro-ed.

Wehmeyer, M. L. (1996). A self-report measure of self-determination for adolescents with cognitive disabilities. *Education and Training in Mental Retardation and Developmental Disabilities, 31*, 282-293.

Wehmeyer, M. L. (1998). Self-determination and individuals with significant disabilities: Examining meanings and misinterpretations. *Journal of the Association for Persons with Severe Handicaps, 23*, 5-16.

Wehmeyer, M. L. (2001). Self-determination and mental retardation. In L. M. Glidden (Ed.), *International review of research in mental retardation* (Vol. 24) (pp. 1-48). Academic Press.

Wehmeyer, M. L., & Palmer, S. B. (2003). Adult outcomes for students with cognitive disabilities three-years after high school: The impact of self-determination. *Education and Training in Developmental Disabilities, 38*, 131-144.

Wehmeyer, M. L., Palmer, S. B., Agran, M., Mithaug, D. E., & Martin, J. E. (2000). Promoting casual agency: The self-determined learning model of instruction. *Exceptional Children, 66*, 439-443.

White, W. J. (1998). *Research report on the use and effectiveness of accommodations for adults with disabilities in Adult Education Centers*. (ERIC Document No. ED 418531)

Winer, J. L., White, H. E., & Smith, R. (1987). Using the Self-Directed Search with blind adults. *Journal of Visual Impairment & Blindness, 81*, 26-28.

Woodd, M. (1999). The psychology of career theory: A new perspective? *Journal of European Industrial Training, 23*, 218-223.

Yanchak, K. V., Lease, S. H., & Strauser, D. R. (2005). Relation of disability type and career thoughts to vocational identity. *Rehabilitation Counseling Bulletin, 48*, 130-138.

Yoo, J. E., & Moon, S. M. (2006). Counseling needs of gifted students: An analysis of intake forms at a university based counseling center. *Gifted Child Quarterly, 50*, 52-61.

第四章
親師合作方案與相關專業服務團隊

杜正治

本章將探討兩個主題，分別是親師合作方案和相關專業服務團隊：前者包括親師合作方案之法源基礎、家長參與、親師合作模式、我國實施現況，以及促進家長參與之策略；而後者則包含法源依據、專業團隊之概述、模式、實施，以及困境和展望等。

第一節　親師合作方案

家長是學童的啟蒙老師，也是學校教育的合夥人，親師合作是擋不住的趨勢，也是不容忽視的課題。本節首先探討親師合作的法源基礎，包括國內外的重要法規依據；其次闡明家長參與學校工作的意義和內涵；繼之從不同的觀點評論常用的親師合作模式；接著再陳述我國親師合作方案的實施現況；最後討論促進家長參與學校事務之策略，期能在擴大參與層面之同時，亦能提升參與的層級。義大利特殊教育先驅 Maria Montessori 曾說：「**只要提供一個安全的環境，任何孩童都能快樂地學習。**」期盼家長和教師能攜手合作，共同建構一個安全而快樂的學習環境。

一、法源基礎

（一）國內法源

《國民教育階段家長參與學校教育事務辦法》（2023）第 3 條規定家長參與學校事務的權利和目的，而第 4 條則規定其義務和責任：

「家長、家長會及家長團體，得依法參與教育事務，並與主管教育行政機關、學校及教師共同合作，促進學生適性發展。

家長、家長會及家長團體參與教育事務，應以學生之最佳利益為目的，並應促進教育發展及專業成長。」（第3條）

「家長為維護子女之學習權益及協助其正常成長，負有下列責任：

一、注重並維護子女之身心及人格發展。

二、輔導及管教子女，發揮親職教育功能。

三、配合學校教學活動，督導並協助子女學習。

四、與教師及學校保持良好互動，增進親師合作。

五、積極參與教育講習及活動。

六、積極參與學校所設家長會。

七、其他有關維護子女學習權益及親職教育之事項。」（第4條）

於此，家長參與學校教育事務有了明確的法源基礎，對家長參與的方式以及學校應有的作法，也有了具體的規定，不僅賦予家長應得的權利，也規範了應盡的責任。另外，《特殊教育法》（2023）第28條明文規定：

「高級中等以下學校應以團隊合作方式對身心障礙學生訂定個別化教育計畫，
訂定時應邀請身心障礙學生本人，以及學生之法定代理人或實際照顧者參與；
必要時，法定代理人或實際照顧者得邀請相關人員陪同參與。……」

此為身心障礙學生（以下簡稱身障生）家長參與最重要的依據，具體規定其家長不僅要參加學校教育活動，更重要的是要參與個別化教育計畫的訂定，即使家長本人有困難，也需指定代表或邀請相關人員陪同參與。可見家長參與學校事務的重要性和必要性。

（二）國外法源

美國《所有殘障兒童教育法》：美國國會於1975年通過並頒布實施《94-142公法》，即《所有殘障兒童教育法》（*Education for All Handicapped Children Act* [EAHCA]）。《94-142公法》提出若干具指標意義的規範，其中之一即強調家長參與，具體而言有以下幾項作法：(1)學校對身障生進行的各項評量，皆須經家長的書面同意；(2)針對個別化教育計畫之設計，須先組成一個專業間的服務團隊，其中家長即為當然成員之一；(3)學校應提供親職教育課程，提升家長參與相關專業會議的效率，包括：了解其子女身心障礙的特質、對子女教育計畫提供後續的支援、參與個別化教育計畫會議、取得有關課程、資源和服務的資訊，以及了解《94-142公法》的條款內容等。

美國《不讓任何孩子落後法案》：美國國會於2001年通過了《107-110公法》，即《不讓任何孩子落後法案》（*No Child Left Behind Act* [NCLB]），雖因其主旨在於藉提升

州府、學區和學校的行政績效,以促進美國中、小學生的學科能力,而成為一項備受爭議的法案(Elledge et al., 2009),但卻也提供了家長更大的彈性空間,可以選擇子女心目中的理想學校。換句話說,在美國中、小學教育史上,「家長參與」首次獲得如此明確的法律界定和保障;所謂「家長參與」,意指家長以日常、雙向而有意義的溝通,參與學生的課業學習及其他學校活動。整體而言,本法賦予家長更多的學校參與權和自我抉擇之可能性,實有助於親師合作的正向發展。

二、家長參與的意義

1. 與世界接軌:身障生家長參與學校事務,在國外已行之有年,也已發揮預期的作用。美國早在 1975 年公布實施的《94-142 公法》,即詳載家長參與子女教育的作法,之後的《不讓任何孩子落後法案》則進而提升家長參與學校事務的權利,並擴大參與的層面和範圍,以落實親師合作的教育理念。

2. 符合家長期盼:家長在望子成龍、望女成鳳的心態下,莫不期望子女站在最有利的起跑點上,接受最理想的教育,以最穩健的步伐跑到終點。家長希望他們不只能完成國民義務教育,學會一技之長,也能過著獨立自主的生活,成就自我、貢獻社會。家長也期盼在子女的成長路上,能一路相伴,未曾缺席;若此,參與學校事務即為最直接而有效的管道。

3. 延續家庭教育:家庭教育是學校教育的基石,而學校教育又是家庭教育的延伸,學校教育的成敗關鍵之一是家長因素,包括:家長本身的學習能力、對子女的教育態度,以及對學校教育的支持等。

4. 引進人力物力:對學校而言,家長不只是學生的父母或子女的監護人,更是學校重要的人力資源。因此,學校無不致力於成立家長人力資料庫,並加以組織和規劃,俾能有效地運用。具體的作法包括成立志工團、充當教師助理,或自願勸募者等。

5. 結合社區資源:社區資源是學校推動校務不可或缺的助力,學校可以透過家長及家長團體,深入鄰里社區。其可行的途徑是先建立社區機構資源網絡,包括:醫療機構、社福單位,以及心理諮詢中心等。此外,也可成立社區安親班、愛心商店等,與社區聯手維護學生校內外的健康與安全。

三、親師合作模式

親師協同的方式繁多,從不同的觀點切入,會有不同的分類組合,例如:從參與重心的觀點而言,包含家庭本位、學校本位及社區本位等模式;若從關係層次而言,則分為親師團隊、親師諮詢及親師輔助等模式;再從角色定位來看,則可細分為教師合夥人、專業團隊人員、重要決策者、同儕支持者、義工與志工,以及子女代言人等。以下加以說明。

（一）從參與重心的觀點而言

1. 家庭本位模式（The Family-Based Model）

    (1)參與親職教育：參加學校舉辦的親職教育，目的是在提升家長實施家庭教育的知能。此乃有鑑於家長多為子女的啟蒙導師，是家庭教育的實踐者和代言人，因此對學校教育具有不容忽視的影響力。

    (2)執行行為方案：教師設計行為方案，旨在改善學生的日常行為。若行為方案的實施只限於在校時間，則介入效果必然有限，因此需要家長的協助，在家測試矯正的保留效果，也將治療效果類化至居家情境（Marien et al., 2009）。

    (3)督導課前預習：教育心理學之父，亦為行為學派大師 E. Thorndike 提出學習三大定律，其中的「準備律」可透過任課教師引起動機，也可藉由家長督導子女課前預習，兩者皆係課前的準備活動，具有異曲同工之妙。

2. 學校本位模式（The School-Based Model）

    (1)填寫聯絡簿：學校對每位學生印發一本家庭聯絡簿，教師每天詳記學生當天的在校表現，以及其他待溝通事項，家長看到教師的紀錄後，可以提供回饋或提出問題，因此雖然親師溝通管道頗多，但家庭聯絡簿已公認為最普遍而有效的途徑之一。

    (2)成立家長會：學生家長因背景不同，而呈現多元而豐沛的人力資源。學校可透過家長會組織，建立家長人力資料庫，進而有效運用家長人力資源。

    (3)組織志工團：成立志工團，進行分組、培訓、派遣，至達成任務等，此乃最有效的家長人力資源運用方式之一，也是推動校務的重要支持與助力。

3. 社區本位模式（The Community-Based Model）

    (1)建立社區資源庫：社區是學校教育的周邊環境，也是介於家庭和學校的中間地帶，若能建立社區資源庫，並納入課程，必有助於學習的遷移和類化，因此若運用得當，社區可視為學校教育的最佳實習場所。

    (2)成立愛心商店：學校與店家合作，廣布愛心商店，可以掌握學生在校外的動態，進而增進其健康和安全。

    (3)舉辦義診活動：對來自弱勢家庭的身障生而言，生活資源取得不易，若能結合社區資源，舉辦醫療性的義診，則是一大福音。

（二）從關係層次的觀點而言

1. 親師團隊模式（The Parent-Teacher Team Model）：教師和家長組成一個教學團隊，一起為特定個案擬定教學計畫，進而細部分工，分頭進行教學。在教學過程中，除

了密集的溝通和討論，彼此也能相互支持，共同完成教學的任務。其次，家長藉此也能了解子女在學校的表現和進度，也能習得教學的方法和技巧。

2. 親師諮詢模式（The Parent-Teacher Consultation Model）：對教師而言，教導的直接對象是家長，學生則是間接對象。換句話說，教師對家長提供有關教學、訓練或輔導上的協助，俾使家長能在居家環境對其子女教授課程或培養技能。Moore 等人（2016）藉由「日常成績單」（daily report card [DRC]）的介入方式，顯示實驗組在專業領域中，家長接受的訓練有限，還有許多成長的空間，常需向教師尋求專業的協助，包括：行為矯正、情緒管理、在家教育等。此外，教師也能透過間接的教導，對家長提供諮詢服務，而達到增進其子女學業水準的目的。

3. 親師輔助模式（The Parent-Teacher Assistance Model）：家長扮演輔助和協助的角色，包括：教師助理、研究助理，或陪讀媽媽等（Hlibok, 2019）。其中，教師助理係指，在教學情境中協助教師處理學習問題或分擔教學等工作，有時則擔任居家教學的任務；研究助理則指，在實施行為方案時，家長協助觀察與記錄行為、執行增強或其他策略，甚至實施介入方案等；至於陪讀媽媽方面，雖然其協助的方式可能是間接的、範圍是有限的，但基本上也擔任輔助的角色。

（三）從角色定位的觀點而言

1. 教師合夥人（Partners）：家長是專業教師的夥伴，若能施以必要的專業研習，獲得特殊教育的基礎知能，例如：了解特殊教育學生的障礙類別、人格特質、學習需求，以及人際互動等，即能積極地參與班級事務或協助教學，如參與行為矯正方案的研擬以及個別化教育計畫的設計等。合夥人的權力是對等的，共同參與決策過程；其角色是分工的，依據個人的專長分配工作；其績效是負責的，共同擔負實施結果的好壞。

2. 專業團隊員（Team Members）：家長是專業團隊的成員，應主動涉入相關的工作，包括：進行學生需求之評量、建立個別化家庭服務計畫、參與專業間之協調與討論等。家長既是專業團隊的一員，理當受邀參與各項會議，包括：個別化服務計畫的擬定、執行及評量等。除了校園，其主要的工作地點可能涵蓋家庭及社區，例如：在家執行其子女的行為方案，或在便利商店觀察其購物行為之類化等。

3. 重要決策者（Decision-Makers）：家長與專業教育工作者共同合作與諮詢，完成其子女的種種課程進度與教育方案，例如：個別化教育計畫、個別化轉銜計畫，以及個別化家庭服務計畫等。家長乃是重要的決策者，負責提供相關資料，並共同作成決議。

4. 同儕支持者（Peer Supporters）：在校內的家長成長團體中，家長們彼此提供精神上的支持，協助其他家長度過難關、解決問題。子女同時也能獲得同儕的支持，有

助於個人的適應，也能間接地滿足子女在學校以外的需求，最後達成環境的調適和身心的健康。

5. 義工與志工（Volunteers）：除利用週休假日或工作之餘，在學校從事短期的義工外，家長也常以擔任學校義工為職志，長期協助學校工作、參與教育事務，包括：參與校外交通導護、晨光閱讀書報，或任課教師助理等。

6. 子女代言人（Child Advocates）：家長是其身障子女的最佳代言人，家長需要了解法律賦予身障者的權益和福利，並據理力爭。於此，學校必須落實個別化家庭服務計畫的功能，提供家長相關的訊息和資料，輔以必要的教育課程或研習訓練，協助其為子女爭取應有的權利。

四、我國親師合作實施現況

1. 影響因素：根據最近一項研究結果顯示，家長的學校參與度之影響因素頗多，在家長的背景變項中主要包含：(1)性別：母親的參與度高於父親甚多；(2)社經地位：參與度與社經地位成正相關，學歷愈高愈能與教師溝通；(3)職業：服務於軍公教的家長，其參與度最高；相反的，從事農漁工職業的家長，其參與度最低（林俊瑩，2006）。

2. 參與層面：在諸多面向中，家長的參與層面以訊息接受最高，其次為家庭教育及主動溝通，而以共同學習最低。雖然這是可以理解和預期的結果，但仍希望能強化主動溝通的參與度（林俊瑩，2006）。

3. 活動類型：在學校各項活動中，以運動會的參與度最高，其次為家長參觀日、班親會、跳蚤市場、親子彩繪、親職講座，以及晨光媽媽等，而以校外參觀教學與親子共學母語班最低（林貴芬，2009）。

4. 未參與原因：以時間無法配合居多，其次為對活動不感興趣和未接獲活動通知，而以不習慣參加學校活動最少（侯世昌，2002）。

五、促進家長參與之策略

1. 成立家長組織：透過家長組織參與學校的事務是可行的管道，如鼓勵家長參與班親會，應是好的起步。從小處著手，先了解班級，再擴大至年級，家長較能適應，也可避免挫敗經驗。

2. 提供溝通管道：學校可規劃多種途徑，例如：手機／電話、電子信箱、班級網頁、學校網站、電子聯絡簿、專屬公布欄等，供家長自由選擇，擇其最沒有壓力、最適合自己興趣和需要的方式，去參與校務。若此，既能提高參與的頻率，也能深化參與的層次。

3. 推動父母執照：為人父母者皆有共同的感慨和心得，即教養子女實非易事。若學

校能設計相關課程供家長選修，修畢能取得執照，必能提升其養兒育女的知能，也有助於提升家長參與學校的能力和動機。

4. 擴大參與活動：學校透過規劃一系列的活動，動態與靜態皆宜，教育性和娛樂性兼具，可提高家長參加的意願。舉例而言，除了常見的學校日、班親會、IEP 會議，以及新生家長座談會外，可再加上園遊會、音樂會、學習營、電影欣賞、成果發表，以及體育表演會等活動。

5. 制定獎勵措施：事先調查最有效而可行的獎勵辦法，諸如採用集點卡、積分制，或發給紀念品、小禮物、購物券、交通費、圖書禮券，或頒發全勤獎、感謝狀，或甚至給學生加分、記功等，皆可激勵家長參與學校的動機。

6. 妥善規劃時間：研究顯示（侯世昌，2002），家長未能參與學校的最主要原因在於時間無法配合。若能慎選時間，錯開上班時段，考量夜間、週末或下班時間，必能大幅提升家長的參與率。

7. 設置家長教室：學校可規劃家長專用教室或資源中心，擺置休閒座椅及視聽設備，提供學習材料與資源，讓家長自由取閱和借用，以增進其知能，並能紓解壓力，讓家長不受干擾，感到舒適和自在。唯有家長樂於走進校門，才有主動參與學校的可能。

8. 調查家長需求：製作簡單的家長需求問卷表，發給家長填答，了解其對議題的興趣及活動的需求，設計簡單的五等量表，即能進而了解家長的心聲，再依據家長的需求等級安排相關活動，必可提高其參與意願。

第二節　相關專業團隊服務

身障者在成長和學習的過程中，經常遭遇到環境的限制，而無法快樂地成長或有效地學習，以施展其理想或抱負。藉由相關專業團隊的服務，可以彌補上述的缺失。本節首先闡述專業團隊之法源，包括國內和國外的重要法源依據；其次扼要地描述專業團隊的人與事；接著引介常用模式、標準流程，以及實施現況；最後探討目前的困境和未來展望。在《五體不滿足》（乙武洋匡，1998/1999）一書中，作者乙武洋匡曾說：「**殘障只是我身體的特徵，沒有必要為身體上的特徵而苦惱。**」期盼相關專業團隊能強化其服務功能，讓身障者擁有免於苦惱的自由。

一、專業團隊之法源依據

（一）國內法源

《特殊教育法》（2023）對於專業團隊之組成及運作，第 27 條有明文規定：

「……高級中等以下學校、幼兒園對於身心障礙學生及幼兒之評量、教學及輔導工作，應以專業團隊合作進行為原則，並得視需要結合衛生醫療、教育、社會工作、職業重建相關等專業人員，共同提供學習、生活、心理、復健訓練、職業輔導評量及轉銜輔導與服務等協助。……第一項及第二項支持服務內容、專業團隊組成、人員資格、任務、運作方式及其他相關事項之辦法，由中央主管機關定之。」

此乃我國相關專業團隊服務最重要的法源依據，明確地指引現階段的工作重點及未來的發展方向。

《身心障礙者權益保障法》（2021）旨在「維護身心障礙者之權益，保障其平等參與社會、政治、經濟、文化等之機會，促進其自立及發展」（第 1 條）。其中第 5 條－第 7 條闡明：

「本法所稱身心障礙者，指下列各款身體系統構造或功能，有損傷或不全導致顯著偏離或喪失，影響其活動與參與社會生活，經醫事、社會工作、特殊教育與職業輔導評量等相關專業人員組成之專業團隊鑑定及評估，領有身心障礙證明者：……」（第 5 條）
「直轄市、縣（市）主管機關受理身心障礙者申請鑑定時，應交衛生主管機關指定相關機構或專業人員組成專業團隊，進行鑑定並完成身心障礙鑑定報告。……」（第 6 條）
「直轄市、縣（市）主管機關應於取得衛生主管機關所核轉之身心障礙鑑定報告後，籌組專業團隊進行需求評估。……」（第 7 條）

換言之，身心障礙者之鑑定報告和需求評估，並非由單一專業負責實施，而需透過相關專業團隊著手進行。

有關個別化教育計畫之設計，《特殊教育法》（2023）第 28 條規定：

「高級中等以下學校應以團隊合作方式對身心障礙學生訂定個別化教育計畫，

　　訂定時應邀請身心障礙學生本人，以及學生之法定代理人或實際照顧者參與；必要時，法定代理人或實際照顧者得邀請相關人員陪同參與。……」

　　換言之，身心障礙學生之個別化教育計畫係由特殊教育教師結合專業團隊，加上家長的參與，共同制定產生。

　　為落實專業團隊的功能，並指引運作方針，《特殊教育支持服務及專業團隊運作辦法》（2023）第 4 條即提到專業團隊之定義和組成人員之規定：

「本法第二十七條所稱專業團隊，由普通教育教師、教保服務人員、特殊教育教師、輔導教師、特殊教育相關專業人員、學校行政人員及護理人員、職業重建、視覺功能障礙生活技能訓練及輔具評估等人員組成，依學生或幼兒需求彈性調整，以合作提供統整性之服務。
前項所稱特殊教育相關專業人員，指醫師、物理治療師、職能治療師、臨床心理師、諮商心理師、語言治療師、聽力師、社會工作師及職業輔導、定向行動等專業人員。……」

　　其運作方式，在《特殊教育支持服務及專業團隊運作辦法》（2023）第 5 條規定如下，至此專業團隊有了更詳細而明確的依據和規範。

「……專業團隊合作及運作程序如下：
一、由專業團隊成員共同討論個案後進行評估，或由專業團隊成員分別評估個案後共同討論，再由主責教師或受指定專人彙整，做成評估結果。
二、由專業團隊依前款評估結果，與個案及其法定代理人或實際照顧者溝通意見，以決定教育及相關服務之重點及目標，並完成個別化教育計畫之訂定。
三、由主責教師或受指定專人在其他專業團隊成員之諮詢及協助下，主責個別化教育計畫之執行與追蹤輔導。」

（二）國外法源

　　國外的專業相關服務已行之有年，早在二十世紀初即有精神科醫師、社會工作者，以及心理治療師組成的專業團隊一起工作，只是規模小、並未普及。直至二十世紀中葉，制定了相關法規，有了法源依據後，專業服務才蓬勃發展，以下擇其主要的法源，摘述如下：

1. 美國《所有殘障兒童教育法》：1975 年美國國會通過《所有殘障兒童教育法》（EAHCA，即《94-142 公法》）。該法雖非身障者教育最初的法案，但卻是最完

整的法案，因其內容周延齊備，被視為身障者的權利法案（Bill of Rights），也已成為美國特殊教育發展的重要標竿。其中的主要內涵之一：非歧視性的評量（non-discriminatory assessment），意指身障生於安置前，務必針對其所有的障礙層面，透過跨專業團隊的鑑定；析言之，身障生將同時接受多種專業人員的評量，以避免因單一評量可能造成的種族、文化或語言上的偏見。從此揭開了相關專業服務團隊的序幕，亦即奠定了堅實的根基。

2. 美國《殘障兒童教育法修正案》：1986 年美國國會通過《殘障兒童教育法修正案》（*The Education of the Handicapped Act Amendments*），首次進行重大的修正。修正案的主要內涵如下：(1)限期在 1990～1991 年，將受到《94-142 公法》保障的教育權向下延伸至學前階段（3～5 歲）；(2)實施通類政策（a general category）；(3)實施早期療育；(4)實施個別化家庭服務方案（Individualized Family Service Plan, IFSP）；(5)實施個案管理（case management）；(6)實施介入服務（intervention services）。值得一提的是，第四項的「個別化家庭服務方案」，意指要求為每位身障兒童提供多重專業團隊的評量，並建立個別化家庭服務方案；至於第六項之「介入服務」則更直接指出，務必為每位兒童安排周延的相關專業團隊服務。本法的頒布和實施，顯示相關專業團隊受到的重視，與時俱進。

3. 美國《身心障礙者教育法》：1991 年美國國會通過《身心障礙者教育法》（*Individuals with Disabilities Education Act* [IDEA]，即《101-476 公法》），此法除明訂對全體身障兒童提供免費、適當的公立教育外，特別強調相關服務的實施，以滿足其學習的特殊需求，進而為未來的就業和獨立生活做準備。至於相關的服務項目，則包含：聽力評估、語言治療、心理測驗、物理和職能治療、治療性休閒活動、復健諮商、定向與行動、醫學診斷和評估、學校健康、社會工作、家長諮商和訓練，以及交通服務等。至此，相關服務的法源更明確、具體而完備，有助於未來的實施和發展。

二、專業團隊之概述

（一）專業團隊之定義

《特殊教育支持服務及專業團隊運作辦法》（2023）第 4 條即提到專業團隊之定義：「……專業團隊，依學生或幼兒需求彈性調整，以合作提供統整性之服務。……」

（二）專業團隊之成員

特殊教育支持服務及專業團隊運作辦法》（2023）第 4 條提到專業團隊組成人員如下：

「……專業團隊，由普通教育教師、教保服務人員、特殊教育教師、輔導教師、特殊教育相關專業人員、學校行政人員及護理人員、職業重建、視覺功能障礙生活技能訓練及輔具評估等人員組成，依學生或幼兒需求彈性調整，以合作提供統整性之服務。

前項所稱特殊教育相關專業人員，指醫師、物理治療師、職能治療師、臨床心理師、諮商心理師、語言治療師、聽力師、社會工作師及職業輔導、定向行動等專業人員。……」

值得一提的是，雖然醫師是法定的專業團隊之一員，然而彼等常在必要時才提供教師或家長有關醫療的諮詢，因而被歸類為非固定的成員（王天苗，2003）。

（三）服務內涵

專業團隊係由不同卻相關的專業人員所組成，若欲展現應有的功能，有效率地運作，除了需充分發揮個別的專業知能外，更需了解其他成員的專業領域，彼此接納、尊重，並協同合作。至於相關專業的職責、角色及行為，為避免造成服務內涵的混淆或重疊，茲以表 4-1 加以釐清。

表 4-1　特殊教育相關專業人員的主要服務內涵

專業類別	主要服務內涵
物理治療師	協助學生解決行走、移動、身體平衡、動作協調、關節活動度、體適能、行動與擺位輔具的使用，以及環境改造等問題。
職能治療師	協助學生解決學習、生活和參與活動等問題，包括：手功能、手眼協調、日常活動或工作能力、感覺統合、生活輔具的使用，以及環境改造等。
語言治療師	協助學生解決口腔功能、吞嚥、構音、語暢、嗓音、語言理解、口語表達，以及溝通輔具的使用等問題。
聽力師	協助學生解決聽力、聽知覺、助聽器的選配與使用，以及教室聲響環境之改善等問題。
臨床心理師	協助教師解決學生在思想、情緒及行為嚴重偏差等問題。
社會工作師	協助教師處理嚴重的家庭問題、整合並連結有關的社會資源、提供社會資源之資訊，以及申請社會福利補助等。
輔導教師	協助學生處理自我了解、行為表現、學習習慣、人際交往、環境適應，以及生涯發展等問題。
特殊教育教師	提供學生適性的個別化教育方案，並且協助普通教育教師有關學生評估、指導策略，以及相關服務與福利資訊等的諮詢和資訊。

註：引自王天苗（2003）。

（四）服務類別

依據專業團隊之實施和設置辦法，各縣市政府教育局（處）需考量學校的規模，以及身障生的需求，於學校或縣市教育局（處）設置所需的相關專業人員，再採任務編組形成專業團隊，其服務類別主要有三：直接服務、間接服務、諮詢服務，說明如下：

1. 直接服務（Direct Services）：直接服務乃是最理想的專業服務目標，即對個案提供直接而面對面的專業服務；具體而言，乃是治療師對身障生直接提供個案評估、擬定計畫、實施治療、追蹤評鑑等。雖然在醫療臨床上，直接服務相當普遍，然因其成本太高，所消耗資源較多，而服務的個案卻較少。但在教育體系中，由於相關資源缺乏，實施上有一定難度，尚待克服。

2. 間接服務（Indirect Services）：間接服務係指，專業團隊的成員透過指導、協助、監督身障生教師或家長，間接地由教師或家長在學校或家中執行訓練課程，而非由專業人員親自對身障生提供治療服務的方式。在實際作法上，專業治療師參與學生的 IEP 設計，包括：身障生的學習需求評估、確定學習目標，以及訂定可行的訓練活動計畫，接著指導教師執行訓練活動，同時定期督導實施過程，最後考核執行結果，以做為調整或修正實施計畫的依據。很顯然的，間接服務所需的成本較低，因此較適用資源缺乏的學區。

3. 諮詢服務（Consultation Services）：諮詢服務是一種間接服務的模式，不同的是在於主導權的歸屬。在前述的間接服務型態中，主導權在治療師；然而在諮詢模式中，教師主導一切（Wesley & Buysse, 2006）。專業治療師並非訓練教師或家長，而是由教師或家長取代治療師去執行計畫中的活動；相反的，諮詢服務是由教師或家長主導，治療師只是提供建議或協助解決問題，以提升實施成效或調整實施方案，並提高其可行性。最近的研究顯示，諮詢服務方案適用於居家教育模式，能有效降低學童的不當行為（DeRish et al., 2020）。

三、專業團隊之模式

專業團隊服務乃是針對身障生在學習、生活和就業等需求，而提供衛生醫療、社會福利，以及教育訓練等整合性的服務。在實施方式上，常隨著特殊教育的發展以及時代變遷而採用不同的類型，這些模式構成一個序列（a continuum），其一端為單專業模式，其次是多專業模式和專業間模式，另一端則為跨專業模式和混專業模式，說明如下。

（一）單專業模式（The Unidisciplinary Model）

1. 基本理念：早期的專業服務乃是傳統醫學的延伸，其基本觀點在於將身心障礙視

為特殊疾病，既然眼疾要看眼科，蛀牙要到牙科診所，個別障礙的兒童也需要特殊專業治療師的服務。

2. 實際運作：在這種醫療導向的單專業模式中，治療師的角色係在專業領域的界線內，獨立地對個案提供個別服務，甚至無視於其他專業的涉入（Polmanteer, 1999）。因此，其特色是獨立地訂定目標、單獨地提供服務、缺乏專業間的溝通，也不見資源的共享等。

3. 優／缺點：此模式之優點在於單純易行，能充分發揮個人的專業，不受其他專業人員的干擾。其主要缺點是單一專業人員需負治療成敗的完全責任，在缺乏意見溝通、資源互享的條件下，常導致片面的評估、零碎的療效，因此整體的治療效果實有待保留。

（二）多專業模式（The Multidisciplinary Model）

1. 基本理念：隨著現代醫學體系的興起，以及聯合門診的發展，單專業模式逐漸退位，取而代之的是多專業模式，即多種專業治療師同時對單一個案提供介入服務。其最大的特點是任務編組、責任分工、各司其職，同時也和單專業模式一樣，每位治療師的角色和責任僅限於個別的專業領域，團隊成員可能了解彼此的教育背景、傳統角色，以及服務範圍，但缺乏實質的合作關係；偶爾也分享經驗、了解彼此的進度（Mostrom, 1996）。然而，對個案共同研擬計畫、訂定目標或協同分工等，則非本模式的特色。

2. 實際運作：在評量方面，各專業成員分別進行個案評估，各自與家長會談。在執行層面上，針對個別化教育計畫各自撰寫並擬訂自己專業領域內的目標，進行自己設計的教學／治療活動，並責成屬於自己專業內的服務標的。

3. 優／缺點：本模式的主要優點在於尊重個別專業的自由，擁有其各自揮灑的空間，較能達成獨立的治療目標。然而，其缺點是各專業間各行其是、協調不足，故個案所獲的專業服務常是零碎、鬆散，甚至是重疊、衝突的。

（三）專業間模式（The Interdisciplinary Model）

1. 基本理念：隨著社會結構的改變及特殊教育的發展，身障個案的治療需求已呈複雜而多元的趨勢，因此有賴於高度統合的專業服務，專業間模式即應運而生。此模式係指，不同領域的專業人員共同討論、擬定計畫、訂定進程、決定目標，接著進行角色分工，執行各專業領域的訓練計畫（如專業內之評估、訓練課程，以及領域目標）等。同時，在實施的過程中，定期與不定期地進行密集的討論、溝通和協調，以避免專業間的掣肘、重疊，或衝突現象。與多專業模式一樣，團隊成員了解彼此的背景和專長，以及個別所扮演的角色。然其特色在於：(1)共同討論研擬計

畫、訂定目標；(2)協調並分配不同的角色，履行各自的專業職責；(3)密集而持續地討論與溝通。

2. 實際運作：在評量方面，各專業成員分別進行個案評估，但以團隊型態與家長討論和溝通。在執行面上，除了各自擬訂各專業領域的目標外，還得共同分享，並逐條評論。其次，成員各自實施自訂的活動目標，同時在可行的條件下，儘可能接納並融入其他專業之目標（廖華芳，1998）。在責成各專業成員的實施成效後，以團隊方式討論整體的進度與成效，做成建議，以做為下階段改進的依據。

3. 優／缺點：本模式之主要優點在於計畫的層面，所提供的服務較為周延，考慮的面向較為多元，因為團隊成員來自不同的專業領域，可從不同的觀點來看相同的問題，既不偏狹，也避免獨斷，因而研擬的治療方案較完整而可行。其主要缺點則在執行的面向上，由於團員眾多、背景有別、專業殊異，在討論的過程中，不易達成共識、耗時費事；同時，各人執行的進度不一，很難同時達到預定的目標。

（四）跨專業模式（The Transdisciplinary Model）

1. 基本理念：跨專業模式又稱為泛專業模式（Pandisciplinary Model），係指每位治療師扮演多重服務角色，執行多項專業功能，亦即每位治療師需對個案提供若干不同的專業服務；隨著績效制度的建立以及成本效益的考量，跨專業模式似乎比專業間模式更能滿足現階段的需求。跨專業模式植基於一種超越（transcend）的觀念，即身心障礙的服務和照護是單向而統合的知能，凌駕於個別的專業領域範圍。在此模式下，專業領域的界線變得模糊不清，醫療／教育的藩籬幾乎蕩然無存。為達此目標，跨專業模式要求專業人員要進行必要的角色微調，包括：(1)角色延伸（role extension），即團隊成員需增進各自和彼此的專業知能；(2)角色擴張（role expansion），亦即要求團員彼此直接分享相關資訊、專門術語，以及治療方法等；(3)角色釋放（role release），係責成團員對個案提供直接或間接的服務（Polmanteer, 1999）。以教師為例，在學校情境裡，教師對個案扮演直接介入的角色，同時其他專業人員則提供間接的服務，包括：專業諮詢、人力支援，以及資源共享等。同理，在醫療情境中，治療人員對個案實施直接的介入活動，教師則提供學習資訊、教育諮詢，以及個案資料等間接服務。

2. 實際運作：在實施過程中，首先需推選一位專業人員擔任個案管理員（或簡稱管理者），亦即專業團隊的召集人或發言人。此人除了協調與統合團隊間的相關事宜外，也代表團隊與家長進行溝通與討論。在評量上，團隊成員與家長共同為個案設計一套發展性評量，為此，家長和團員皆應積極、全程參與。在執行上，依家庭之特殊需求和資源，共同擬定服務計畫和目標，以團進團出的方式，實施既定的計畫內容，並負執行成敗之責。

3. 優／缺點：本模式之主要優點在於個案導向和目標本位，一切的作為以個案的需求為主要考量，所擬定的目標是在團員經歷密集的討論和頻繁的妥協後所得到的共同結論，因而實施的結果較能符合個案的實際需要，其目標的達成率也可大幅提高。然而，其缺點在於無法突顯各專業的特色，在總目標之下，為了彼此溝通更融洽、觀念更趨一致，所有的專業得設法調適和轉換，俾能完全融入整個團隊的氛圍。這也是在專業掛帥的社會中，最大的挑戰和難題。

（五）混專業模式（The Mixed Transdisciplinary Model）

1. 基本理念：有鑑於上述各種專業模式各有其優缺點，也有其特殊的適用情境和條件限制，再加上身障個案為完整的個體，有其獨特的教育和服務需求。在此前提下，特殊教育教師不僅需要協調相關的專業領域，並統合其不同的服務性質，有時更需彈性地運用或組合不同的專業模式，或許更能調配出最好的處方。
2. 實際運作：在實際執行上，治療師宜因應不同個案的需求，彈性地選擇混搭或折衷模式，組合成一種綜合的專業團隊，或甚至隨時更換服務模式，對不同的個案在不同的治療階段中，實施不同的服務模式，以求最佳的治療效果。
3. 優／缺點：混專業模式的主要優點在於能符合特殊教育的個別化訴求，即能針對不同個案的需要而搭配不同的模式。其次是具有彈性空間，可以因人、因時和因地制宜，隨時更換不同的專業組合，以利專業服務的提供。然而，其缺點在於無法突顯專業服務的特色，同時恐有服務品質下降之虞，最後淪為非專業的服務。

四、專業團隊之實施

（一）實施流程

1. 前置作業：包括校外研習和校內宣導。在進入正式的申請程序之前，學校的特教組得遴派特殊教育教師參加教育局（處）舉辦的相關研習活動，以深入了解相關專業團隊的服務內涵和運作方式。待其對專業服務具備相當程度的知能後，在校內進行宣導活動，向普通班教師及身障生家長分享研習心得與重要資訊，或邀請專業團隊人員入校演講，以提升教師和家長對團隊服務的認知水準，期能進而參與身障生的發現和轉介等工作（王天苗，2003）。
2. 申請服務：學校備妥相關資料，包括特教組準備的相關訊息和申請表格，以及各班教師提供具此需求的身障生名單。填妥表格後，特教組依教育局（處）的行政程序，於規定期限內，以書面及網路方式同時提出申請。
3. 核定結果：特教組上網查詢專業服務申請案之核定結果，並確認核准的服務項目、經費，以及時數等。

4. 準備工作：準備工作包含經費請款作業、聯繫相關人員（如專業人員、普通班教師、家長等）協調服務時間，繼而安排後續的評估工作。

5. 進行服務：專業人員入校與特殊教育教師進行個案評估，分為共同或個別方式，再經討論，完成學生的個別化教育計畫。最後，專業人員依計畫與特殊教育教師協同合作，開始實施專業服務。在整個服務過程中，專業人員對服務情境和內容需做詳細的記錄，並影印留存一份於學生檔案中，供教師和家長等參閱。

6. 回報成果：專業服務工作完成後，特教組應蒐集相關資料，包含：工作項目、學生人數，以及服務時數等，上網回報教育局（處）。

7. 核銷經費：最後，特教組依據實際執行的結果及填具的服務單據等資料，進行經費的核銷。此外，各校的會計單位應以支票、現金或轉帳方式支付專業人員服務費用。

（二）實施方式

1. 入校服務：意指專業人員依照排定的課表，定時至責任區內身障生就讀的學校提供專業服務，或對普通班教師、特殊教育教師，以及學生家長提供諮詢服務。此乃理想的服務型態，其優點為：(1)能在真實的學習情境中評估學生的學習能力和特性；(2)能參與教師的教學活動，直接提供必要的諮詢服務；(3)能考評校園環境、教學設施，以及學習輔具等，提供改善的建議。相對的，其缺點是對規模小的學校，所需投入的經費和人力可能不符成本效益原則。

2. 定點服務：係指各類特殊教育相關專業人員，在固定的場所為身障生提供專業服務。這些場所涉及醫療院所、社會機構，或特殊教育資源中心學校；服務的對象包含來自鄰近學校的身障生、教師或家長。其優點是可節省人力和物力，也有利於專業人員的調配，將人力資源做最高效益的運用。然而，其缺點也不少，包括：專業人員不了解學生的實際學習環境、不能直接觀察教師的教學實況、無法提供教學上的改進意見等。其次，在提供服務時間的訂定、護送人員的安排、交通的安全和支出等困難，以及往返時間上的浪費等，皆為潛在的缺點。

3. 折衷服務：係指一部分服務採入校式，一部分則採定點式。對資源較少的行政區而言，若入校服務的條件尚未成熟，則折衷服務仍不失為可行的模式，例如：以定點服務為主，入班服務為輔；但每學期至少實施一次治療師入校服務，以協助教師解決教學現場或校園生活的問題。折衷服務的優點在於能減少定點服務的次數，專業人員也可以入校了解真實的學習環境，直接參與教師教學情境，以提升專業服務的品質。然而，其缺點則在於學生的學習適應問題，折衷模式易造成身障生對上課地點的混淆不清，以及學習情境的適應問題。

（三）實施現況

1. 服務計畫：專業團隊服務計畫多由學校的特教組擬定，服務時間則需與各專業學會討論決定，至於專業團隊治療人員的聘用，也需透過學校教師和所屬學會進行聯繫，作業時間皆為學期開學後由特教組安排進行。訓練項目則以溝通能力和動作技能居多，其次為生活自理和社會情緒等。在 IEP 會議上，鑑於程序問題，當治療時間確定並開始提供服務時，早已過了該會議的討論時間。其次，若加上特教組和治療師之協調不易，因此目前的治療師鮮少實際參與 IEP 會議，取而代之的是適時提供教學上的建議，由特教組代為列入 IEP 中（顏倩霞，2005）。

2. 服務方式：目前的服務方式以抽離方式服務居多，多是邀請普通班教師和家長參與，但並未入班觀察。在普通班示範時，確有其不易克服的難題。然而在啟智班中，仍以入班服務居多。

3. 服務成效：整體而言，服務成效不如預期，研究顯示問卷得分平均為 51.8 分，低於「普通」水準（顏倩霞，2005）。雖然有些個案進步良多，但仍有些個案不進反退，推估其可能原因包括：(1)治療師的專業能力參差不齊，有些能兢兢業業、克盡職守，有些則專業不足，準備不周，甚至態度不佳等；(2)治療時間太短，此乃經費考量，並非結構上的問題，因此尚有改善的可能；(3)專業成員間之合作有限、協調不足，無法研擬最佳方案，或盡全力執行。另一研究也發現，醫療人員、專業團隊成員，以及學校行政人員的認知和專業訓練差異頗大，容易引發溝通上的問題（呂一慈，2006）。相反的，針對啟智班所進行的研究後，謝嬌娥（2004）有不同的發現：專業人員進入學校服務學生，在教育目標的達成率上，八成左右都達成部分或大部分的教育目標；同時，特殊教育教師和專業團隊之間，彼此間充分溝通者也居多（61%）。

4. 聘用方式：目前多數的地方政府教育局（處）皆依法聘用專任專業人員，但仍有少數縣市以約聘方式聘用之，有些則委託相關專業學會（如臺北市政府委託物理、職能，以及聽語治療學會），至於離島則仰賴本島專業人員的支援，且只限於週休時段（張蓓莉，2001）。

5. 實施模式：專業團隊服務模式之實施不一，因學校的性質或地區的資源而有差異的作法，例如：特殊教育學校因服務的學生有限，目前多採專業間模式，即治療師直接服務學生（謝嬌娥，2004）。然而，普通學校則採用跨專業模式較為可行，因其服務模式係治療師提供間接、諮詢的服務方式，較能滿足眾多身障生的需求。在新北市，則主要採多專業、專業間之合作模式（廖華芳，1998）。

五、困境與展望

（一）目前困境

1. 人力不足：由於人力不足、專業團隊人數及經費受限、服務模式未定，為達資源之平均分配原則，往往犧牲學生的需要和個別間差異（莊育芬，2004）。特殊教育學校雖編制有相關專業人員之員額，然多無法依需要聘足。同時，教育部每年補助各縣市政府聘用臨編相關專業人員，亦有人力資源不足之現象。

2. 聘用問題：經費與人力之不足，直接影響專業人員之聘用方式，若以兼任為主，容易導致其無法全心投入學校體系。在諸多聘用方式中，以個人簽約方式居多（林鋐宇等人，2006）。至於特殊教育學校，問題則更為嚴重，不僅專業人力不足，且多不了解學校體系的運作，因此專業服務的效果大打折扣。相對的，有研究顯示，專任的治療師，其服務型態、場所的選擇、個別化教育計畫的參與，以及親師間的專業互動等，皆優於兼任治療師（莊育芬，2004）。

3. 專業缺乏：傳統上，治療師多服務於醫療體系，因此所設計的介入方案多為醫療導向，實習場所也限於醫療院所（林鋐宇等人，2006）；相反的，他們對教育體系較為陌生，包括：對特殊教育教師的教學模式、評量種類，以及班級經營等，所知有限，也缺乏教學活動的分析能力。

4. 整合不易：與醫療院所相較，相關專業人員發現學校單位較難適應，而以特殊教育學校為最，其原因在於學生障礙程度較重、支援人力不足、家長配合度差、工作負荷重，最嚴重的是行政單位整合不易，無法發揮應有的功能，績效也大打折扣（楊俊盛、羅湘敏，2003）。

5. 溝通不良：研究顯示，治療師與特殊教育教師的溝通過程中，一方面是溝通能力不佳，另一方面是用詞問題，導致溝通上出現嚴重的困難。常見的是，不論是評估報告、服務紀錄，或是口語討論，治療師常用過多的專業術語，提供教師的建議也常偏重於治療多於教學，導致教師無法將治療師的建議落實於教學活動中（林鋐宇等人，2006）。

（二）未來展望

在專業服務的理論中，過去的觀念是植基於需求本位（needs-based），強調協助身障生克服其障礙或缺陷，即消除其弱勢能力，期能與一般同儕站在相同的起跑點上。事實證明，這種試圖的結果是事倍功半，甚至是徒勞無功。相反的，新的觀念是能力本位（strengths-based），著重於培養身障生的個人能力，特別是其優勢能力，即未受衝擊的能力及潛能。

　　因此，未來在提供相關服務時，其重點觀念是：(1)促進全人發展、提供相關服務，讓個案能取得重要的資訊與同儕互動，並培養自主決定的能力；(2)考量社會情境因素，提升社會正義；(3)尊重個案為複雜而有趣的個體，生存在多元而複雜的社會。為達此目的，專業團隊相關服務未來需要接受更多的挑戰，例如：(1)須跨越多重專業和機構，包括：一般和特殊教育、職業訓練機構，以及健康和社會服務等；(2)須跨越各級教育階段，包括：學前教育、國小、國中、高中職、大專，以及成人教育等；(3)須跨越多重機構服務的界線；(4)須跨越個人差異，包括：障礙、經濟和教育弱勢、退學／中輟、家暴／遺棄等；(5)須跨越理論障礙，特別是對教育和人類服務所持的不同觀點。

延伸閱讀

一、推薦書籍及文章

呂一慈（2006）。特殊學校實施跨專業團隊服務成效之個案研究：以一個重度多重障礙學生為例。**身心障礙研究，4**（2），83-96。

李偉強（2011）。**專業團隊對學校身心障礙學生服務及模式之探討：以桃園縣為例**〔未出版之碩士論文〕。中原大學。

林碧茹（2010）。親師溝通停聽看。**顱顏會訊，34**。

趙威宜（2006）。**臺北市國小特殊教育教師對專業團隊運作現況與需求之研究**〔未出版之碩士論文〕。臺北市立教育大學。

羅德水（2012 年 10 月 23 日）。教育論壇：親師合作不能再等待：永不放棄觀後感。**臺灣立報，第 8 版**。

Berger, E. H., & Riojas-Cortez, M.（2013）。**親職教育與親師合作：家庭、學校與社區**〔楊雅惠、張耐、郭李宗文、孫麗卿、梁嘉惠、王淑清、沈靜妍譯〕。華騰。（原著出版年：2010）

McCord, K., & Watts, E. H. (2006). Collaboration and access for four children: Music educators and special educators together. *Music Education Journal, 92*(4), 26-33.

二、相關網站資源

教育部家庭教育資源網（https://familyedu.moe.gov.tw）

參考文獻

中文部分

王天苗（2003）。**特殊教育相關專業服務手冊：實施篇**。教育部特殊教育工作小組。

呂一慈（2006）。特殊學校實施跨專業團隊服務成效之個案研究：以一個重度多重障礙學生為例。**身心障礙研究**，**4**（2），83-96。

身心障礙者權益保障法（2021）。中華民國 110 年 1 月 20 日總統華總一義字第 11000004211 號令修正公布。

林俊瑩（2006）。國小家長對子女的教育期望、參與學校教育態度及參與行為之關聯性。**教育政策論壇**，**9**（1），177-204。

林貴芬（2009）。**國小家長參與學校事務探討**。教育行政專題研究（未出版）。

林鋐宇、甘蜀美、陳瑄妮（2006）。醫院治療師介入學校系統之現況與省思。**身心障礙研究**，**4**（2），97-116。

侯世昌（2002）。**國民小學家長教育期望參與學校教育與學校效能之研究**〔未出版之博士論文〕。國立臺灣師範大學。

特殊教育支持服務及專業團隊運作辦法（2023）。中華民國 112 年 12 月 8 日教育部臺教學（四）字第 1122806301A 號令修正發布。

特殊教育法（2023）。中華民國 112 年 6 月 21 日總統華總一義字第 11200052781 號令修正公布。

國民教育階段家長參與學校教育事務辦法（2023）。中華民國 112 年 9 月 28 日教育部臺教授國部字第 1120115666A 號令修正發布。

張蓓莉（2001）。中華民國特殊教育年會第十六屆第二次會員大會議題討論（二）：特殊教育的資源整合。載於中華民國特殊教育學會（主編），**特殊教育品質的提升**（頁 400-412）。中華民國特殊教育學會。

莊育芬（2004）。國內專業團隊服務於學校系之現況。**物理治療**，**29**（5），324-331。

楊俊盛、羅湘敏（2003）。特殊學校專業團隊服務之調查。**東臺灣特殊教育學報**，**5**，73-96。

廖華芳（1998）。發展遲緩兒童早期療育專業團隊合作模式。**中華物療誌**，**23**（2），127-140。

謝嬌娥（2004）。**國中小啟智班教師運用特殊教育相關專業服務之研究：以臺北縣為例**〔未出版之碩士論文〕。國立臺灣師範大學。

顏倩霞（2005）。身心障礙專業團隊服務評鑑之初探。**身心障礙研究**，**3**（4），216-228。

乙武洋匡（1999）。**五體不滿足**〔劉子倩譯〕。圓神。（原著出版年：1998）

英文部分

DeRish, R. M., Kratochwill, T. R., & Garbacz, S. A. (2020). The efficacy of problem-solving consultation for homeschooled students with behavior concerns. *School Psychology, 35*(1), 28-40.

Elledge, A., Le Floch, K. C., Taylor, J., & Anderson, L. (2009). *State and local implementation of the "No Child Left Behind Act" (Volume V): Implementation of the 1 percent rule and 2 percent interim policy options*. U.S. Department of Education.

Hlibok, T. H. (2019). Education advocates: A new frontier of advocacy. *Odyssey: New Directions in Deaf Education, 20*, 12-16.

Marien, W. E., Storch, E. A., Geffken, G. R., & Murphy, T. K. (2009). Intensive family-based cognitive-behavioral therapy for pediatric obsessive-compulsive disorder: Applications for treatment of medication partial-or nonresponders. *Cognitive and Behavioral Practice, 16*(3), 304-316.

Moore, D. A., Whittaker, S., & Ford, T. J. (2016). Daily report card as a school-based inter-vention for children with attention-deficit/hyperactivity disorder. *Support for Learning, 31*(1), 71-83.

Mostrom, E. (1996). *The wisdom of practice: Situated expertise, teaching and learning in a transdisci-plinary rehabilitation clinic*. Unpublished doctoral dissertation, Michigan State University, East Lansing, MI.

Polmanteer, K. N. (1999). *Who releases to whom: A study of transdisciplinary teams in early intervention*. Unpublished doctoral dissertation, The University of Kansas, Lawrence, KS.

Wesley, P. W., & Buysse, V. (2006). Ethics and evidence in consultation. *Topics in Early Childhood Special Education, 26*(3), 131-141.

第五章
特殊需求學生的鑑定、安置、評量與個別化教育

胡心慈

　　特殊教育的主要精神就是「有教無類」、「因材施教」，為了解身心特質差異大的特殊需求學生，並能評量其學習上的優弱勢、起點能力與特殊需求，因此需要透過有效的評量，來進行鑑定與安置，並為身心障礙學生擬定「個別化教育計畫」（Individualized Education Plan [IEP]），或是為資賦優異學生擬定「個別輔導計畫」（Individualized Guidance Plan [IGP]）（鈕文英，2013）。本章主要說明特殊需求學生的鑑定與安置、特殊需求學生的多元評量，以及為特殊需求學生擬定的個別化計畫。

第一節　特殊需求學生的鑑定與安置

　　特殊教育的工作開始於確認學生的特殊需求，即所謂的「鑑定」（identify）工作。而為使特殊需求學生獲得所需要的特殊教育服務，因此藉由分散式資源班、集中式特教班、巡迴輔導班或特殊教育方案來提供服務，即是所謂的「安置」（placement）工作。本節主要說明特殊需求學生鑑定之相關規範、特殊需求學生的安置型態、鑑定安置之流程，以及在鑑定過程中的三層級學習支援系統與轉介前介入。

一、特殊需求學生鑑定之相關規範

　　特殊需求學生鑑定之相關規範，主要載明於《特殊教育法》（2023）及其子法《特殊教育學生及幼兒鑑定辦法》（2024）中，有關特殊需求學生的類型、鑑定、評估等規範，分別說明如下。

（一）特殊需求學生的類型

依據《特殊教育法》（2023）第 3 條和第 4 條規定，身心障礙學生共分為十三類，可再整理為三大類別，包含：

1. 心智類障礙：智能障礙、情緒行為障礙、學習障礙、自閉症。
2. 生理與感官類障礙：視覺障礙、聽覺障礙、語言障礙、肢體障礙、身體病弱。
3. 混合與其他類障礙：腦性麻痺、多重障礙、發展遲緩、其他障礙。

而資賦優異學生則有六類，分別為：(1)一般智能資賦優異；(2)學術性向資賦優異；(3)藝術才能資賦優異；(4)創造能力資賦優異；(5)領導能力資賦優異；(6)其他特殊才能資賦優異。

（二）特殊需求學生的鑑定單位

進行特殊需求學生鑑定，以協助學生取得特殊需求學生身分的單位稱為「特殊教育學生鑑定及就學輔導會」（簡稱鑑輔會），依據《特殊教育法》（2023）第 6 條規定，鑑輔會的組成成員分別有：

> 「學者專家、教育行政人員、學校及幼兒園行政人員、同級教師及教保服務人員組織代表、特殊教育相關家長團體代表、身心障礙與資賦優異學生及幼兒家長代表、專業人員、同級衛生主管機關代表、相關機關（構）及團體代表，……教育行政人員、學校及幼兒園行政人員、相關機關（構）代表人數合計不得超過委員總數二分之一；任一性別委員人數不得少於委員總數三分之一。鑑輔會委員名單，應予公告；鑑輔會每六個月至少應開會一次。……」

本次《特殊教育法》的修法過程中，也將鑑輔會成員擴增，相較前一版更為多元，也明訂了開會頻率為「每六個月至少應開會一次」，顯見教育主管機關對特殊學生鑑定的重視。

（三）特殊需求學生鑑定與評估的方式

依據《特殊教育學生及幼兒鑑定辦法》（2024）第 2 條規定：

> 「身心障礙學生及幼兒之鑑定，應採多元評量，依學生個別狀況採取標準化評量、直接觀察、晤談、醫學檢查等方式，或參考身心障礙證明記載蒐集個案資料，綜合研判之。

資賦優異學生及幼兒之鑑定，應採多元及多階段評量，以標準化評量工具、各類鑑定基準規定之方式，綜合研判之。除一般智能及學術性向資賦優異學生之鑑定外，其他各類資賦優異學生之鑑定，均不得施以學科（領域）成就測驗。」

為避免資賦優異學生之鑑定流於「小聯考」的形式，因此其鑑定較身心障礙學生多了「多階段評量」的規範。此外，部分類別資優學生之鑑定未有全面之標準化工具，因此本次修法將「多元及多階段評量」調整至前段（教育部，2024b）。而該辦法第 23 條也規範有關鑑定之程序：

「特殊教育學生及幼兒之鑑定，應依轉介、申請或推薦，蒐集相關資料，實施初步類別研判、教育需求評估及綜合研判後，完成包括教育安置建議及所需相關服務之評估報告。
前項鑑定，各級主管機關鑑輔會應於每學年度上、下學期至少召開一次會議辦理，必要時得召開臨時會議。
國民教育階段資賦優異學生之鑑定時程，應採入學後鑑定。但直轄市、縣（市）主管機關因專業考量、資源分配或其他特殊需求而有入學前鑑定之必要者，應經鑑輔會審議通過後，由主管機關核定實施，並報教育部備查。」

針對身心障礙資賦優異學生（同時具有身心障礙及資賦優異之雙重特殊學生）、社經文化地位不利之資賦優異學生，《特殊教育法》（2023）第 46 條規定，各級主管機關及學校應加強鑑定與輔導，並視需要調整評量工具及程序。黃文慧（2007）彙整文獻後建議，針對身心障礙資賦優異學生之鑑定，也應以多專業、多資料來源、注意分測驗差異，以及與同儕比較分析等方式來進行鑑定；為協助這些學生，教育部國民及學前教育署也在 2020 年公布「加強推動身心障礙資賦優異學生之發掘與輔導方案」，在本次修訂《特殊教育學生及幼兒鑑定辦法》（2024）第 22 條亦正式明文規範：

「身心障礙及處於離島、偏遠地區，或因經濟、文化或族群致需要協助之資賦優異學生之鑑定，其程序、期程、評量項目及工具之調整方式，依下列規定辦理：
一、為加強本條所定學生之鑑定，各級主管機關得因應學生身心特質及其需求、文化差異、族群特性或地區限制，彈性調整鑑定程序。
二、各級主管機關為處理本條所定學生之鑑定，必要時得延長鑑定期程，或召開各級主管機關特殊教育學生鑑定及就學輔導會（以下簡稱鑑輔會）臨時會。
三、學生參與特殊教育學生鑑定無法適用既有評量工具時，應依其個別需求，調整評量工具之內容或分數採計方式，或改以其他評量項目進行評估。」

依據《特殊教育學生及幼兒鑑定辦法》（2024）第 24 條第 1 項和第 2 項之規定：

> 「身心障礙學生及幼兒之教育需求評估，應包括健康狀況、感官功能、知覺動
> 作、生活自理、認知、溝通、情緒、社會行為、領域（科目）學習等。
> 資賦優異學生之教育需求評估，應包括認知或情意特質、社會適應、性向、專
> 長領域（科目）學習等。」

上述法規規定之各領域需求評估內容，是為了確認學生之特殊教育需求，如僅有身心障礙證明，卻無特殊教育上之需求，仍非特殊教育學生。

為減輕現場心理評量教師之負擔，第 25 條規定：各級主管機關辦理特殊教育學生及幼兒之重新評估，以跨教育階段為原則。但遇障礙情形改變、優弱勢能力改變、適應不良或其他特殊需求時，仍得提出重新評估之申請；重新評估，應註明重新評估之原因；身心障礙學生或幼兒應檢附個別化教育（支持）計畫，資賦優異學生應檢附 IGP。

二、特殊需求學生之安置

《特殊教育法》（2023）及《特殊教育法施行細則》（2023）中規定的安置型態包含三種班型及特殊教育方案，分別說明及舉例如下。

（一）集中式特教班（self-contained special class）

指學生的全部時間皆於特殊教育班接受特殊教育及相關服務，其經課程設計，部分學科（領域）得實施跨班教學。集中式特教班安置的主要對象為學習功能嚴重缺損之智能障礙學生〔「十二年國民基本教育特殊教育課程實施規範」（2021）〕，或合併智能障礙之多重障礙學生、有智能問題的腦性麻痺學生等，高中部分之資優教育亦可採用此種模式安置。常見類型包含：國民中小學之集中式特教班、特殊教育學校、技術型高級中等學校服務群科、高中集中式數理資優班、高中舞蹈班等，皆屬於此安置型態。

以前的特殊教育學校分成啟智學校（招收智能障礙學生）、啟聰學校（招收聽覺障礙學生）、啟明學校（招收視覺障礙學生）、仁愛學校（招收肢體障礙學生）等，現在雖仍保留原有的各類特殊教育學校，但新成立的學校均以「特殊教育學校」為名，不分類的招收以中重度智能障礙為主，兼有其他障礙以及需要更多特殊教育服務的特殊需求學生。

但《特殊教育法施行細則》（2023）第 6 條第 3 項特別規範：

> 「本法第十三條第二項第三款所定集中式特殊教育班，指學生及幼兒全部時間於
> 特殊教育班接受特殊教育及相關服務；為促進融合教育，經課程設計，其部分課
> 程得在普通班接受適性課程，或部分學科（領域）得實施跨年級、跨班教學。」

從上述法規的敘述可發現，即便安置於集中式特教班的學生，亦有接受融合教育之機會，符合《身心障礙者權利公約》之精神（孫迺翊、廖福特主編，2017）。

（二）分散式資源班（resource classroom）

指學生在普通班就讀，部分時間接受特殊教育及相關服務。有些學校將分散式資源班取名為資源教室、學習中心、潛能開發班的名稱。分散式資源班主要提供教師、家長和學生諮詢服務、支援與資源整合服務、入班協助，以及外加式與抽離式的課程教學等（孟瑛如，2019），例如：國民中小學之資源班、高中職資源班、視障資源班、聽障資源班、創造力資優資源班等，皆屬於此安置型態。

近十年來，資源教室在臺灣特殊教育界所扮演的角色，已成為推動融合教育的前哨站（洪儷瑜，2008）。國內資源教室之實施始於民國 65 年（1976）於臺北市金華、明倫、新興國中及中山國小之試辦計畫；民國 67 年（1978）在教育部國民教育司的規劃下，訂定「臺灣省國民中學成立資源教室（班）之規定事項」，我國的資源班開始有了法源依據，並以輕度障礙學生為服務對象，臺灣省各縣（市）各擇定一所國中辦理資源教室。民國 86 年（1997）政府頒布《特殊教育法》後，資源教室在臺北市和高雄市逐漸設置，乃有「資源教室實施要點」之訂定。而從民國 93 年（2004）起，資源教室在我國各教育階段體制中有了設立的法源依據（洪儷瑜，2008）。

分散式身心障礙資源班已成為目前身心障礙學生安置的主要模式，目前高級中等以下學校身心障礙學生有 64.2 %安置於分散式資源班（教育部，2024a）。不僅資源班的學生人數增加，資源班的類型也在改變。民國 83 年（1994）才設置的跨類別資源班，於民國 88 年（1999）已成為資源班主流。

（三）巡迴輔導班（itinerant program）

指學生在家庭、機構或學校，由巡迴輔導教師提供部分時間之特殊教育及相關服務，例如：視障巡迴輔導班、在家教育巡迴輔導、床邊教學巡迴輔導、資賦優異巡迴輔導，皆屬於此安置型態。以下說明可能安置於巡迴輔導班學生的類別及其原因：

1. 在家庭（或機構）的特殊需求學生：是指可能由於重度及多重障礙，使其不容易就近入學，或是有嚴重的情緒行為問題，經鑑輔會判定適宜暫時在家教育的學生。
2. 在醫院的特殊需求學生：是指可能由於身體病弱，正在住院治療中，使其暫時不能入學，就需要有巡迴輔導教師到醫院輔導。
3. 未設資源班的學校之特殊需求學生：各類及各種程度的學生均有可能，他們平常在普通班就讀，部分時間再加上特殊教育教師的巡迴輔導。還有一些特殊類別，例如：視覺障礙、聽覺障礙或是自閉症、情緒行為障礙學生，不管該校是否設有資源班，都有可能另外接受教育局（處）指派該類專長的巡迴輔導教師到校輔導。

目前，高級中等以下學校安置於巡迴輔導班之身心障礙學生有 23 %，合計在融合教育環境（含分散式資源班與巡迴輔導班）的學生占 87.2 %。

（四）特殊教育方案（Special Education Program）

高級中等以下各教育階段學生未安置於特殊教育班者，其所屬學校得擬具特殊教育方案向各主管機關申請；高等教育階段學校為協助身心障礙學生學習及發展，也應訂定特殊教育方案實施，並得設置專責單位及專責人員，例如：資優區域衛星方案、大專資源教室都屬於此種安置型態。

《特殊教育法施行細則》（2023）第 6 條第 4 項規定：「**本法第十三條第四項所定特殊教育方案，必要時，得採跨校方式辦理。**」而資賦優異學生之安置，依據《特殊教育法》（2023）第 40 條規定：

> 「一、學前教育階段：採特殊教育方案辦理。
> 　二、國民教育階段：採分散式資源班、巡迴輔導班、特殊教育方案辦理。
> 　三、高級中等教育階段：依第十三條第二項及第四項規定方式辦理。」

為保障學生及幼兒接受特殊教育之權益，依據《特殊教育法》（2023）第 20 條第 3 項和第 4 項之規定，學生之法定代理人或實際照顧者若不同意具特殊教育需求之子女接受上述任一特教服務，教育主管機關應介入處理。其條文如下：

> 「成年學生、學生或幼兒之法定代理人或實際照顧者不同意進行鑑定安置程序時，幼兒園及高級中等以下學校應通報主管機關。
> 主管機關為保障身心障礙學生及幼兒學習權益，必要時得要求成年學生、學生或幼兒之法定代理人或實際照顧者配合鑑定、安置及特殊教育相關服務。」

三、特殊需求學生的鑑定安置流程

對於特殊需求學生的鑑定安置流程，各主管機關多訂有相關規範。筆者彙整各主管機關之鑑定流程及規範後，將特殊需求學生鑑定安置之重點歸納為三項，分別為轉介前介入、資料蒐集與需求評估，以及鑑定安置與就學輔導。

（一）轉介前介入（pre-referral intervention）

旨在協助學生在最少限制的環境下進行學習，讓疑似具有特殊教育需求之學生及早獲得介入，並避免非特殊生的不當轉介，提供學生有系統的協助。當普通班教師發現學生有

學習適應上的困難，而可能為特殊需求學生時，則須開始執行轉介前介入，以及早協助學生適應（陳淑麗，2010；黃柏華、梁怡萱，2006；Salvia et al., 2017）。而學者也提出了「介入反應」（Response to Intervention [RTI]）的模式（Fuchs et al., 2003），美國也在 2004 年正式將該模式規範於法案（*The Individuals with Disabilities in Education Act* [IDEA]）中，希望能及早將適應不良的學生篩檢出來，進行班級課程調整或補救教學。以下說明透過介入反應模式與多層級學習支援系統，來達成轉介前介入的方式：

1. 介入反應模式

　　介入反應模式透過依照計畫的實證本位介入，將學生依照學習情形與介入成果分為不同層級，在較低層級介入無效的學生，則提升至較高層級介入（Salvia et al., 2017）。而在介入反應模式下進行學生的轉介前介入時，首先需要蒐集具有高度特定性的資訊，例如：對於學生描述的具體數值，以及建立頻繁的介入與評量系統；同時，針對學生的學習進步情形進行監控，以了解介入之成效（Salvia et al., 2017）。

　　在實施介入反應模式時，全美學習障礙協會（National Joint Committee on Learning Disabilities [NJCLD]）曾於 2005 年提出了七項特徵，以確實介入與監控學生的進步情形，包含：具有實證基礎的普通教育課程、針對學生學習困難設計的個別化介入、以團隊合作方式進行介入、以數據進行學習成果紀錄、家長在過程中的參與、經家長與教育團隊確立的介入時程，以及介入措施確實執行之紀錄，使轉介前介入達到科學化、系統化與結構化。

2. 多層級學習支援系統

　　在實施轉介前介入時，可以多層級學習支援系統（Multi-tiered system of support [MTSS]）搭配介入反應模式，透過多層級的介入協助高危險群學生適應（Regan et al., 2015）。Salvia 等人（2017）指出，多層級學習支援系統是透過以實證性方式介入與支持學生學習問題，使全校學生達到標準，而 Mellard 等人（2010）則提出了三層級學習支援系統，將所有學生依照需求與介入程度，分為三個層級（如圖 5-1 所示），彙整文獻後（洪儷瑜，2012；Mellard et al., 2010; Salvia et al., 2017），說明如下。

　　第一層介入：針對所有學生提供核心課程、差異化教學與補救教學，讓每一位學生有良好的學習。學生主要在原班級中進行學習，不外加或抽離課程。約有 80% 的學生能在此介入層級中受益。

　　第二層介入：針對特定高危險群學生提供小組補救教學，以實證本位的介入進行，減少學生低成就之情形，並增進學習動機。學生除了在原班學習外，也接受外加式的小組補救教學，並進行密集介入與進步幅度監控。約有 15% 的學生能在此介入層級中受益。

　　第三層介入：針對具有特殊需求的學生，除了實證本位與密集的介入外，也進行個別化教學設計，以符合其個別需求。學生的部分課程可能進行抽離教學，甚至是一對一的教學介入。約有 5% 左右的學生能在此介入層級中受益。

圖 5-1　三層級學習支援系統

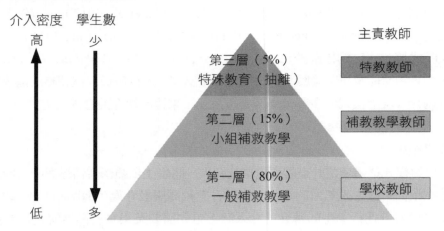

註：修改自洪儷瑜（2012）、Mellard 等人（2010），以及 Salvia 等人（2017）。

　　以下彙整文獻（洪儷瑜、何淑玟，2010；陳玉娟，2012：陳姿諭，2012；黃柏華、梁怡萱，2006；詹士宜，2007；鄭麗雪，2010；Salvia et al., 2017）提出數項介入反應模式在進行鑑定上的優勢：

1. 避免不當轉介：確保身心障礙學生的學習適應困難並非是教學失敗所致。
2. 提供實證本位的介入：透過具有實證本位的介入方法，及早進行介入，避免等待失敗或排除於補救教學之外。
3. 確保資源運用：避免因不當轉介造成特殊教育資源分散。
4. 促進普特合作：促進普通班教師與特殊教育教師團隊合作，提供學生介入服務。

　　以轉介前介入進行特殊教育鑑定，能有系統篩選與轉介真正有特殊需求的學生，而非身心障礙因素所導致之學習低成就、適應困難學生，也能在轉介前介入的模式中獲益，避免問題持續擴大。至於有情緒行為問題的學生，近年來國內各縣市皆積極推動包含三級預防概念的正向行為支持，來介入學生的情緒行為問題，同樣也是希望透過及早介入避免持續出現行為問題，並避免誤判非特殊教育學生。

（二）資料蒐集與需求評估

　　以下分別說明在《特殊教育學生及幼兒鑑定辦法》（2024）及「十二年國民基本教育特殊教育課程實施規範」（2021）中，特殊需求學生在各個向度的評量內容與方法：

1. 健康狀況

　　教師需要留意學生目前的身體健康情形，包含：現在或過去是否有什麼病史、是否仍留有後遺症、現在的發作情形、學校方面須特別注意的事項、體力與活動力等。體力或健

康狀況不佳的學生，可能會在學習方面與情緒控制上有較多需求，例如：較不能專注、較沒耐心等等。這些重要訊息除了可以在親師互動中加強溝通，也可以適時融入於生活中進行教學。健康狀況的評估方式，可藉由轉銜資料、過往的 IEP、就醫紀錄（醫療史）、訪談相關人員等方式蒐集（Salvia et al., 2017）。

2. 感官功能及知覺動作

　　感官功能是接收訊息的第一關，即便學生的鑑定類別並非感官類障礙，但並不表示其沒有視覺或聽覺問題，有時眼鏡度數不夠、單耳聽損，也都會影響學習。而知覺動作方面，粗大動作、精細動作及手眼協調能力的評估，需要藉助專業團隊中的物理治療師和職能治療師的專業來進行評估與介入，這些功能也都會影響日常生活及學習。特殊教育教師在評估感官功能與知覺動作時，在視覺方面可進行功能性視覺評估（張千惠，2001）；聽覺方面則可以林氏六音測驗等非正式方式評估；知覺動作可藉由醫療院所或專業人員進行施測，以獲得結果，並設計教學。

3. 認知能力

　　正確評估學生的認知能力，可以幫助教師對其設定一個較合理的期望水準，也可以用來參照其他向度的能力（如溝通）是否有發展上的偏差，例如：中度智能障礙學生的溝通能力有限；相對而言，輕度智能障礙學生有稍佳的敘事能力；但自閉症學生的認知能力常和溝通能力不相稱（黃金源，2017）。教師不能期望智能障礙學生在學科學習上還有很大的發展空間，但應提早將學習重點放在未來職業生活的準備與適應。其他有關注意、記憶、理解、推理等能力之優弱勢，攸關上課時的學習成效，教師的教學策略應據以調整，例如：對注意力不足學生要多用小步驟的教學；對推理能力不佳學生要多舉實例、運用多感官教學。在評量認知能力時，也需要依照學生特質與需求選擇測驗與評估方式，例如：要進行智能障礙與學習障礙鑑定時，需要做較全面的智力評量，宜選用「魏氏兒童智力量表」（第五版中文版）（WISC-V）（陳心怡，2018），若是針對語言溝通能力受限的學生，則可選擇做非語文智力測驗，如「托尼非語文智力測驗」（第四版中文版）（TONI-4）（林幸台等人，2016）。

4. 溝通能力

　　溝通能力又可分成接收性溝通能力和表達性溝通能力。在接收部分，要評量的是學生對口語、非口語（如臉部表情、肢體語言）及圖像、文字之理解；在表達部分，要評量的是學生能否使用口語、非口語及圖像、文字或其他溝通輔具等，來傳達其心意。特殊教育教師在評量溝通能力時，可分為標準化工具與非標準化工具，常見的標準化工具，例如：「修訂學齡兒童語言障礙評量表」（林寶貴等人，2009）等，而非標準化工具則有個案史蒐集、晤談，以及系統性觀察、語言樣本分析等（林思賢、葉芢，2019）。

5. 情緒行為與社會適應

　　情緒和人際關係不僅會影響學生的社會適應，也會影響其學習成效。教師要特別了解學生在上課時對教師、對學習是否有壓力、有負面情緒，還要了解他在下課時和同學的相處狀況。學生的挫折容忍度、抗壓性、情緒調控能力等，都攸關其學習與在校園中融合的品質，也是特殊教育教學介入的重點。除了在學校的情緒行為之外，也要蒐集學生在學校之外其他情境的情緒行為樣態，以協助釐清核心困難。在評估情緒與社會適應時，除基本的觀察與訪談法外，也可以社交計量法、自陳量表（郭生玉，2016）、「青少年社會行為評量表」（ASBS）（洪儷瑜，2000）等方式評估。

6. 生活自理能力

　　生活自理能力簡單來說，就是學生處理自己的食、衣、住、行之能力。如果需要大量依賴他人，則會降低一個人的自信和自尊感，對於正在追求獨立的青少年而言，還會影響同儕對他的觀感。這更關係到學生未來能否順利就業、獨立生活，故應提早訓練。在評量生活自理能力時，可以觀察、晤談、生態評量（鈕文英，2003）、檢核表、「適應行為評量系統」（第三版中文版）（ABAS-3）：兒童版（盧台華、林坤燦等人，2023）；「社會適應表現檢核表」（第二版）（盧台華、林燕玲等人，2023）等方式評估。

7. 學科（領域）學習

　　學科（領域）學習能力主要包括國語文方面的聽、說、讀、寫之能力，認識字、詞、句及篇章大意之能力，以及數學方面的數概念及運算之能力，這些不僅占據普通班大部分的學習生活，特殊教育班（校）的中重度障礙學生在未來的社區適應上，也會需要運用到實用語文與功能性的數學技巧。學科學習除了以教師自編的測驗評量，例如：課程本位評量、動態評量之外（張世彗、藍瑋琛，2022），市面上也有部分標準化成就測驗，唯因其編製年代久遠，測驗內容與現行課程教學內容已有所出入，故須謹慎使用。

8. 多元文化背景

　　多元文化背景之評估為「十二年國民基本教育特殊教育課程實施規範」（2021）中所訂定的評估項目，主要包含學生的族群文化、宗教信仰、飲食習慣等差異與特殊需求。在進行評估時，可藉由學生本人、家庭或社區、部落之晤談、訪查來了解，也可與具有多元文化教育背景之教師共同進行評估。另外，雖然在智能障礙與學習障礙學生的鑑定過程中，也會考量並排除文化不利之因素，但在發展遲緩的鑑定方面，則是考量養育環境；而資賦優異學生的鑑定，亦會考量其文化不利或身心障礙狀況帶來的可能不利影響，納入其鑑定之考量。

（三）鑑定安置與就學輔導

在確定學生的特殊教育需求及類別後，即由教師進行提報，將學生資料送至鑑輔會進行鑑定。鑑定結果可大致分為特殊需求學生、疑似特殊需求學生，以及非特殊需求學生等三種，彙整說明如下：

1. 特殊需求學生：進行安置與就學輔導流程。
2. 疑似特殊需求學生：由輔導室（處）與特教組加強進行輔導，部分縣（市）也提供資源班之課程與個案管理服務。
3. 非特殊需求學生：根據其需求，由輔導室（處）進行介入與輔導。

在鑑定安置會議上，大致會依據下列的考量決定學生之安置型態：

1. 就近安置的原則：國民教育階段特殊需求學生之就學，以就近入學為原則，在目前特殊教育方案日益普及的情況下，就近入學的可能性已大大提高。
2. 最少限制的環境原則：係指學校應盡最大可能使身心障礙學生與其他同年齡學生一同接受適當的教育，並協助其參與校內外活動為原則；除非在普通班提供的教育輔助器材及相關支持服務無法滿足學生之需求，經家長同意及所屬鑑輔會核准後，方可安置在其他特殊教育場所。
3. 需求的原則：特殊需求學生的教育安置，應依其對特殊教育及相關專業服務的需求程度多寡而定，因此應重視的是何種安置環境最能提供學生適當的服務。
4. 彈性安置的原則：《特殊教育學生及幼兒鑑定辦法》（2024）規定，各縣（市）鑑輔會每年應評估特殊需求學生教育安置的適當性，必要時應視實際狀況調整安置方式。
5. 安置的一般考量：除了上述原則外，亦應考量學生的情況、父母意願、居家遠近、學校情況、相關服務等。
6. 多元方式的安置原則：依《特殊教育法》安置於特殊教育方案中。

特殊需求學生通過鑑定後，即依法進行安置，並依照不同考量以決定安置的學校及安置型態。在實務上，各縣（市）也有不同的安置考量，例如：臺北市在進行高級中等學校智能障礙學生安置時，因市內交通較為便利，因此將較需要進行居家生活自理能力教學，或需要較高度支持的學生皆安置於兩所特殊教育學校中（臺北特殊教育學校、文山特殊教育學校）；而新北市幅員遼闊，卻只有一所特殊教育學校（新北特殊教育學校），因此部分需要較高度支持的學生則安置於「高級中等學校集中式特殊教育班」（中重度班）中，而非安置於特殊教育學校中，臺北市則未有此種安置型態。

第二節　特殊需求學生的多元評量

在進行特殊需求學生的評量時，除了有信度、效度等基本概念需要了解外，也包含評量的分類、多元評量、評量實施策略等內容，分述如下。

一、特殊需求學生評量的基本概念

在使用標準化評量工具進行評量時，有幾項因素需要納入考量，以確保評量結果的有效性。以下介紹幾項需考量的因素，包含：效度、信度、標準化與常模。

（一）效度

效度（validity）代表著測驗分數的正確性及評量工具的有效性，指的是能正確測量到一個測驗所欲測量特質的程度（張世彗、藍瑋琛，2022；郭生玉，2016；Salvia et al., 2017）。一般常見的效度類型包含以下類別：

1. 內容效度：指所測量的範圍符合取樣上的適切性，能正確評估行為樣本的範圍或教學的內容，在評估工具的設計上，能針對所要評量的範圍進行取樣與題目設計。
2. 效標關聯效度：指評量結果與另一外在標準測量之間的關聯，當評量結果所呈現出的測驗分數與該外在效標之間有愈高度相關，則愈具有效標關聯效度。常見的效標關聯效度有同時效度及預測效度兩類。
3. 建構／構念效度：指評量理論概念的品質，該評量能有效解釋某一概念或特質的程度。「建構／構念」指的是一個抽象概念，例如：智力、自我效能等。
4. 社會效度：指介入實施的成果對於介入個案本身的實際應用，以及身邊重要他人感受到具有介入效果的感受（鈕文英，2016）。

（二）信度

信度（reliability）代表著評量結果評斷的一致性。一個具有高信度的評量方式或工具，所獲得的評量結果會具有高度之一致性，結果是穩定且可靠的（王文中、陳承德譯，2009；張世彗、藍瑋琛，2022；郭生玉，2016；Salvia et al., 2017）。一般常見的信度評定方式包含以下類別：

1. 重測／再測法：指將測驗進行兩次施測，第一次施測過後的一段時間，再進行第二次施測，並根據兩次測驗的分數來求其相關，以了解測驗分數的穩定性。
2. 複本法：指在編製測驗時，編製出兩份「題目不同、題型相似、題數相同」的「複

本測驗」，並對同一群體施測兩個不同的複本並求其相關。

3. 內部一致性分析：相較於再測法與複本法，內部一致性分析只需要根據一次測驗結果就能進行信度分析，常見的有折半法（將測驗分成兩個部分，視為兩個副本）、庫李信度、Cronbach's α 係數等。

4. 評分者方法：在部分需要主觀評分的測驗中，就需要考量評分者信度，例如：創造思考的評量、投射測驗等（郭生玉，2016）。評分者信度主要在於比較不同評分者之間的評分行為（張世彗、藍瑋琛，2022）。

（三）標準化與常模

常模（norm）是在編製測驗時，先依一些原則選取受試者，根據他們的評量結果建立的分數組合，是解釋測驗分數的重要依據。常見的類型有全國性常模、地區性常模、特殊團體常模，以及學校平均數常模（張世彗、藍瑋琛，2022；郭生玉，2016）。在建立常模時，可以年齡、年級、百分等級及標準分數等方式建立，並透過標準化程序，控制測驗施測的實施步驟，增進測驗結果推論的一致性與正確性（張世彗、藍瑋琛，2022；郭生玉，2016），是有效增進評量結果客觀性的方法，也能提供後續使用者對照此常模分數而得知在團體中相對地位的依據。

二、特殊需求學生評量的類型

特殊需求學生的評量，可依照功能、標準化程度、比較依據來分類，說明如下。

（一）依照評量的功能分類

依照評量的功能，可分為安置性評量、預備性評量、形成性評量、診斷性評量，以及總結性評量（郭生玉，2016；Murphy & Davidshofer, 2006/2009），說明如下：

1. 安置性評量：指了解學生程度與需求，以進行編班，例如：集中式特教班學科的分組測驗。

2. 預備性評量：指了解學生的基礎知識與先備能力，例如：教師在進入一個單元前實施的前測。

3. 形成性評量：指教學過程中的評量，以了解學生的學習成效，並提供教師調整教學的參考（吳璧純，2017），例如：單元教學期間的小考。

4. 診斷性評量：指在教學過程中或教學後，分析並針對學生較弱之處確定學習困難的地方，以實施補救教學，例如：「國民小學及國民中學學生學習扶助科技化評量」（PRIORI-tbt）。

5. 總結性評量：指整體課程結束後的評量，以檢視教師的整體教學與學生的學習成

效，例如：學期末的定期評量。

（二）依照評量的標準化程度分類

郭生玉（2016）將評量分為標準化與非標準化兩類，說明如下：

1. 標準化評量：指專家依據測驗編製程序，具有固定題目、計分與解釋的測驗，並且包含信效度的考驗以及常模的建立，例如：「魏氏兒童智力量表」（第五版中文版）（WISC-V）（陳心怡，2018）。

2. 非標準化評量：指以非正式方式，根據課程需求、學生特質或隨堂實施的評量，並無固定的編製程序及計分與解釋規則，而部分評分可能較為主觀，例如：教師自編的數學小考。

（三）依照評量的比較依據分類

依據評量與其測驗分數的比較方式，可分為標準參照評量與常模參照評量（郭生玉，2016；Salvia et al., 2017），說明如下：

1. 標準參照評量：指在測驗施測前即訂定標準，以便在施測後依照該標準進行解釋。此種方式通常用於了解學生的學習狀況是否精熟，或是否有困難存在（如通過或不通過英語檢定）。

2. 常模參照評量：指分數的比較基準是依據在團體中的相對位置，主要用於了解學生的成就水準，以進行各種教育性決定（例如：智力在 100 個人中勝過 97 個人，符合資優鑑定基準）。

表 5-1 提供常模參照評量與標準參照評量之比較（張世彗、藍瑋琛，2022；郭生玉，2016；Murphy & Davidshofer, 2006/2009）。

表 5-1　常模參照評量與標準參照評量之比較

項目	常模參照評量	標準參照評量
量尺	事後訂定	事前訂定
目的	區分成就個別差異	確定學生精熟程度
變異性	愈大愈好	愈小愈好
計分方式	百分等級或標準分數	通過與否二分法
試題	通常範圍大，強調鑑別度	通常範圍小，描述個人表現
難度	難度適中	難度隨學習內容改變
功能	鑑別，與他人比較	檢定，明確成就標準
信度估計	相關係數	百分比
效度考驗	內容、建構、效標關聯效度	內容效度

三、特殊需求學生的多元評量

依據《特殊教育學生及幼兒鑑定辦法》第 2 條規定，身心障礙學生之鑑定應採「多元評量」，而資賦優異學生之鑑定應採「多元及多階段評量」，兩者都要求在進行鑑定時，需要以多元方式進行。我國特殊需求學生之鑑定辦法，也強調多元鑑定原則，包含：情境多元、人員多元，以及評量方式多元。情境多元可評估學生在家庭、學校及社區中的適應情形與需求；人員多元則是需由不同專業人員來進行評估；評量方式多元可兼採標準化測驗、觀察、晤談、實作、檔案評量等方式進行（張正芬，2014）。

四、評量特殊需求學生的策略

根據多元評量之原則，在評量特殊需求學生時，可兼採標準化測驗及其他各類非標準化評量方式，以下介紹標準化測驗的使用以及各類評量特殊需求學生的非標準化評量。

（一）標準化評量

依據測驗評量的使用方式可以分成直接對個案施測、由熟悉個案的第三者填答，以及由個案自己填答等三種方式，以下分別說明：

1. 直接對個案施測的測驗又可分成團體測驗與個別測驗，前者如「托尼非語文智力測驗」（第四版中文版）（TONI-4）（吳武典等人，2016），後者如「魏氏兒童智力量表」（第五版中文版）（WISC-V）（陳心怡，2018）。主試者要遵守一定的施測程序，不可任意更動。施測完所得的分數，可以對照常模，以了解學生在群體中的相對地位。

2. 由熟悉個案的第三者填答之測驗，如各種初篩的檢核表及「適應行為評量系統」（第三版中文版）（ABAS-3）：兒童版（盧台華等人，2023），即是由主要照顧者或是導師來填寫，對個案在溝通、生活自理方面的表現予以評定。填答者要對個案十分了解，如是由教師填答，通常要任教個案三個月以上。

3. 由個案自己填答的測驗，如一般的人格測驗或興趣量表，讓個案根據自己的狀況或喜好來勾選適當的選項。此時，要特別注意個案是否能理解其中之測驗內容，也要注意個案是否在安全信任的氣氛下作答，以避免隱瞞真正的事實。

以上的標準化測驗若依評量的內容領域，可分成：智力和認知能力、適應能力、溝通能力、情緒與人格、學業成就、性向與興趣、職業與生涯發展等。

（二）非標準化評量

　　所謂非標準化評量是相對於使用標準化的測驗，而是沒有一定的施測程序、沒有常模對照表，因應個案狀況施測的一種方式；且強調和自己比，強調了解個案與情境的適配性，評量結果多以文字描述。非標準化評量不依賴測驗工具，有經驗的教師本身就是一個好的工具，透過教師的觀察、晤談、作業分析、自編測驗或其他評量，都可以蒐集到珍貴的資料來了解學生。以下說明幾種特殊教育領域常用的非標準化評估方式：

1. 觀察與行為紀錄

　　觀察並非隨機記錄事件，為了有效率的蒐集資料，可進行結構化的觀察與記錄。在進行結構化的觀察前，要先確定下列事項：(1)確定行為的操作性定義；(2)確定觀察的情境；(3)確定觀察的時間長度與單元；(4)確定觀察記錄的方法；(5)確定分析資料的方法。

　　比較常用的四種主要方法，分別是軼事紀錄法、事件取樣法、時距紀錄法，以及時間取樣法，分別說明如下（洪儷瑜等人主編，2018；鈕文英，2016；鳳華等人，2021；Alberto & Troutman, 2002/2004; Martin & Pear, 2012/2013）：

(1) 軼事紀錄法（anecdotal reports）：指流水帳似的做紀錄，鉅細靡遺的將個案的一舉一動和環境所發生的事全部詳細記錄。適用於初次接觸個案，尚未形成觀察重點時。紀錄內容為質性資料，具有主觀性。

(2) 事件取樣法（event sampling）：指觀察特定事件發生的持續時間、事件發生的前因後果，以及其與環境的關係，著重行為本身及其與環境的互動，通常是用於發生頻率較低的行為。

(3) 時距紀錄法（interval recording）：指觀察特定事件於一段特定時間內的發生次數，先將此段時間分成等距單位，將觀察紀錄表製成如檢核表狀，於觀察的時間單元內如見到事件發生就打勾，沒有見到事件發生就空著不做記號，最後可計算事件出現的次數占觀察次數的百分比。此方式又可分為全時距紀錄（行為要在整個時距中持續出現才進行記錄）與部分時距紀錄（行為在時距中任一時刻出現即進行記錄）。

(4) 時間取樣法（time sampling）：略同於時距紀錄法，也是將觀察紀錄表製成如檢核表狀，於觀察的時間單元內如見到事件發生就打勾，沒有見到事件發生就空著不做記號。和時距紀錄法不同的是，檢核表中間是有暫停時間而不是連續的。此方法能有效率的進行評量，並同時評量多個對象。

2. 訪談法／晤談法

　　晤談是指在和當事人的交談中蒐集資料，由受訪者口述以提供資料（張世彗、藍瑋

琛，2022），因此也應先有晤談大綱，才能較結構化的進行，也才能在最短的時間內蒐集到最多資料。一般晤談的策略有：先和個案建立關係，表示對個案的關心和興趣，並控制住個案的焦慮，再慢慢引起溝通話題，逐漸聚焦；當晤談的主題被個案岔開時，要能適時轉移話題，帶回晤談焦點；最後在恰當時機結束晤談，給予個案肯定，下個小小結論，以確認沒有扭曲個案的意思，必要時約定下次晤談的時間。

　　還有一些晤談策略也值得參考：由個案自然主導；使用適當的（需清楚且不過分艱澀）的詞彙澄清個案曖昧的語句；運用適當的發問技巧，避免 yes-no 問句及冗長、多重的語句；適當回應以鼓勵個案繼續；要技巧性的掌握沉默或是反客為主的情境等。

　　另外，還可利用晤談時觀察個案：注意個案的外表、說話音量及肢體語言，若個案緊閉嘴唇，可能表示其有壓力、生氣或正想做決定；若個案轉離晤談者，可能是覺得挫折或想抵制討論；若個案顫抖，可能是焦慮、生氣；若個案搖腳，可能是覺得不耐煩；若個案雙手抱胸前，可能是充滿防禦與不信任。此外，還可觀察個案的肢體及神經發展狀況。

　　在多元評量的原則下，這些訊息都可以提供教師對個案多一些的了解，但當場千萬不要遽下判斷，要等到資料充足後再和其他評量結果綜合研判。

3. 生態評量

　　所謂的「生態評量」（ecological assessment），是以個案「目前及未來可能的生活環境」所必須之行為功能為評量重點，評量地點的選擇乃以個案「所生活的自然生態系統」為主（鈕文英，2003；Snell & Grigg, 1987）。這項評量對重度障礙的學生格外重要，因為根據評量所發展的課程，才能幫助他們適應家庭、學校、社區生活。對於輕度障礙學生，一樣可以依此觀點幫助其提升學業技巧及人際關係，以期能真正融合於普通班的教學情境中。生態評量的原則包括下列幾項：(1)著重功能性；(2)兼顧生理與心理年齡；(3)依評量結果進行教學；(4)同時評量輔具的需要及所需輔助的程度。

　　生態評量的進行包括下列幾個步驟（張世彗、藍瑋琛，2022；鈕文英，2003）：(1)找出主要生活領域；(2)找出次領域；(3)分析領域中之活動；(4)以工作分析法分析活動所需技能；(5)以上述結果評量個案；(6)評估所需輔具及輔助。

　　以下以重度障礙學生之狀況，舉例說明：

(1)找出主要生活領域：第一步驟列出其可能的主要生活領域，如家庭、學校、社區。

(2)找出次領域：再分別以此主領域找出次領域，例如：學生可能比較多時間在家庭中的客廳、餐廳、浴室中活動，而鮮少到廚房；或是常到學校中的教室、操場、健康中心，以及社區的便利超商等地方活動，那些地方就是要評量之「生態環境的次領域」。

(3)分析領域中之活動：接著分析學生在次領域中會從事的活動，例如：在家中客廳看電視、在學校教室上課、到社區便利超商購物，尤其著重分析在此時此地，或最近和未來，學生最需要或最可能從事的活動。

(4) 以工作分析法分析活動所需技能：以在社區便利超商購物為例，若以工作分析法分析活動所需之技能，至少包括：辨認便利超商、能說出或指出便利超商內的貨品陳列、選擇自己需要的物品、計算所需價錢、和自己所帶的錢比較、走到櫃臺結帳、依指示付帳、取回發票及找回的錢等。

(5) 以上述結果評量個案：最後再評量個案目前所具備和上述活動所需的技能，其中間的差距就是課程設計的重點。若學生已會選擇自己需要的物品，接下來要教的就是比較衡量自己帶的錢夠不夠？也就是利用到數學中的比較數量大小之概念。

(6) 評估所需輔具及輔助：特殊教育的教學並不是以完全自發進行為目標，特殊教育教師要將輔具的需求與使用一起列入教學中，例如：學生會付帳，但不會將兩件以上物品的價錢加總起來，因此可以提供並教導其使用計算機，而不是只因這一個小小問題就從此限制住個案的發展，永遠無法獨立走入社區。

生態評量的概念並不只適用於中重度障礙學生，若以輕度障礙學生為例，生活領域中的次領域可能有所不同，例如：學生在普通班時間較長，課後可能會到社區中的補習班或安親班。在普通班教室中比較多從事的是學科學習，需要較佳的專注力與學習技巧，還有下課後與同儕的互動，需要較佳的溝通能力與社交技巧。因此，對於重度障礙學生及輕度障礙學生而言，特殊教育教師一樣可以從生態的觀點來排序，以便具體的將評量內容轉換成課程內容，並透過生態評量的方式評估學生的家庭狀況，例如：家庭有多少資源？有多少助力和阻力？家庭功能如何？是否需要提供個別化家庭服務計畫？是否需要進一步轉介社工？如此，特殊教育教師才能為學生架構起一個有效的支持系統，在此系統中發展學生的潛能，教導其成為一個更獨立自主的人。

4. 實作評量（performance evaluation）

在學校情境中，有許多學習表現是無法使用紙筆測驗來正確評量（張世彗、藍瑋琛，2022），例如：溝通能力、運動能力等著重實際的表現行為。此時，即需要教師根據學生在學習過程和結果中所表現的情形來評量。實作評量的特徵如下（盧雪梅，1998，引自張世彗、藍瑋琛，2022）：(1)兼顧過程和作品；(2)可要求執行高層次思考或問題解決技能；(3)可同時評量情感和社會技巧；(4)評量方式多元化。

根據在某一工作上的實作評量，可找到學生的起點行為，例如：在教導清潔工作前，可先看看其掃地情形，評估會不會使用掃把？從哪裡掃起？掃得乾淨嗎？再決定教學重點。

5. 檔案評量（portfolio assessment）

檔案評量是一種藉由蒐集學生作品來評量學生的方式。在蒐集作品時，可以有系統、依據特定目的之方式蒐集，以展現學生在特定領域的成果表現（郭生玉，2016），也是一種具真實性且以學生為中心的評量方式（張世彗、藍瑋琛，2022）。而檔案評量依照其需

求與目的之不同，主要有下列三種類型（郭生玉，2016）：(1)最佳作品檔案評量；(2)成長與學習進步檔案評量；(3)目標本位檔案評量。

6. 動態評量（dynamic assessment）

動態評量是一項將教學與評量結合的評估方式，透過在評量過程中的介入、提示與協助，來評估學生的潛能及最大表現，能有效評量學生的認知歷程及學習潛能（張世彗、藍瑋琛，2022）。利用動態評量能確實評估學生的潛能，避免因身心障礙、社經地位或文化不利等情形所造成的評估錯誤，且評量能與教學密切結合，達到教學即評量、評量即教學的效果；但同時，單一個案的評估成本較高，且執行過程較費時費力。

7. 課程本位評量（curriculum-based assessment, CBA）

課程本位評量是指以學生現有的課程內容來評量學生的起點行為和學習結果，能有效提供教學成效的資料來源（張世彗、藍瑋琛，2022）。Tucker（1987）指出，課程本位評量的基本條件有三：(1)測驗材料選自學生的課程；(2)必須經常性且重複的施測；(3)測驗的結果要用來做為教育上的決定。

Jones 與 Southern（1998）提出了實施課程本位評量的七個步驟，如下：(1)決定評量的主題與範圍；(2)以行為目標陳列學習內容；(3)順序陳列行為目標；(4)評量學生的起點行為；(5)進行教學；(6)評量學習狀況；(7)整理成績並展示結果。

因此，課程本位評量不只用於學習前，也用於學習後，應根據學生的學習成果決定下一步的學習重點，如此可以一再循環。

以上分別說明從評量的內容與方法，在充分了解學生、掌握學生的優弱勢與學習的起點行為後，就可以開始為他們擬定 IEP，並設計課程。

第三節　為特殊需求學生擬定個別化教育計畫

一般來說，在進行鑑定安置後，鑑輔會會正式行文給安置學校，學校收到正式公文後的兩週內要召開正式安置會議，此時學校會盡快為學生安排個案管理教師（特殊教育教師、認輔教師），個案管理教師會綜合轉銜紀錄、鑑定資料等，來決定是否需要再加做其他評量。在設計課程或擬定學生的教育計畫前，要能充分掌握學生的能力現況，了解其起點行為、學習上的優勢、會影響學習成效的弱勢，以及現在、最近或未來最需要的能力，因此需要為其擬訂 IEP。

《特殊教育法》（2023）第 31 條規定：

「高級中等以下學校應以團隊合作方式對身心障礙學生訂定個別化教育計畫，
訂定時應邀請身心障礙學生本人，以及學生之法定代理人或實際照顧者參與；
必要時，法定代理人或實際照顧者得邀請相關人員陪同參與。……

身心障礙學生個別化教育計畫，應於開學前訂定；轉學生應於入學後一個月內
訂定；新生應於開學前訂定初步個別化教育計畫，並於開學後一個月內檢討修
正。

前項個別化教育計畫，每學期至少應檢討一次。……」

此時，仍需再度評量其個別化教育需求，再擬定新的 IEP 或 IGP，而形成一個循環。

為身心障礙學生擬定的稱為 IEP，為資賦優異學生擬定的稱為 IGP，而身心障礙及資
賦優異之雙重特殊學生則將 IGP 合併於 IEP 當中。

一、IEP 的內容

《特殊教育法施行細則》（2023）第 10 條解釋了《特殊教育法》（2023）第 31 條所
規範之 IEP 的內容，應包含以下五項：
1. 學生能力現況、家庭狀況及需求評估。
2. 學生所需特殊教育、相關服務及支持策略。
3. 學年與學期教育目標、達成學期教育目標之評量方式、日期及標準。
4. 具情緒與行為問題學生所需之行為功能介入方案及行政支援。
5. 學生之轉銜輔導及服務內容。

而轉銜輔導及服務之內容，包括：升學輔導、生活、就業、心理輔導、福利服務及其
他相關專業服務等項目。

參與訂定 IEP 之人員，應包括學校行政人員、特殊教育與相關教師，並應邀請學生家
長及學生本人參與；必要時，得邀請相關專業人員參與，學生家長亦得邀請相關人員陪
同。在「十二年國民基本教育特殊教育課程實施規範」（2021）中也提到 IEP，強調 IEP
與課程結合成為落實特殊教育的保障。

實務上，IEP 的主要內容大致包含：基本資料、評量結果與能力現況描述、教育安置
與特殊教育服務、相關專業服務、其他相關服務、學年教育目標及學期教育目標、轉銜輔
導及服務內容，以及行為功能介入方案。分別說明如下。

（一）基本資料

基本資料包括：個人資料、家庭狀況及背景環境、學生的發展史及教育史。基本資料
將學生和家庭基本資料並列，就是要提醒大家：「不要忽視家庭對學生的影響」。要思
考：學生的障礙對家庭造成什麼影響？家人如何看待這個障礙？親子手足間的互動如何？

未來和學校聯繫的窗口是誰？要用何種語言、何種溝通方式和家長聯絡？學校的教育，家庭可以配合嗎？是否需要積極的提供家庭支持服務？

　　學生的發展史和教育史當然也和家庭的教養態度息息相關，例如：為什麼要念這所學校？為什麼要接受這樣的療育服務？這些訊息除了代表學生過去所受的療育狀況，也表現出父母的期待。

（二）評量結果與能力現況描述

　　能力現況描述的資料就是要利用上一節所提到的「評量內容」，包括：健康狀況、知覺及感官動作、認知能力、溝通能力、情緒和人際關係、生活自理能力，以及國文和數學等學科或領域的學業能力。對這些能力現況的了解，可以標準化的評量工具測量，也可以經由非正式的評量，必要時還要借重專業團隊的努力；其所呈現出來的最後結果，應該是一個經由團隊合作、多元評量綜合所得的資料。在能力現況描述的最後，應對學生做個「綜合摘要」，以分析其優弱勢。

　　現況描述的語句最好是正向積極的，例如：在能力現況的部分明確指出「會……」、「能做……」，而非全是「不會做……」、「……不佳」的方式陳述，這樣才能做為學習的「起始點」，而最後的學習目標設定就是一段學習歷程後的「終點」。由起始點到終點的中間過程就是靠課程及相關服務達成。

（三）教育安置與特殊教育服務

　　我國特殊需求學生目前的安置型態，包括：集中式特教班、分散式資源班、巡迴輔導班，以及其他特殊教育方案，不同的安置型態所提供的特殊教育服務重點不同，也都會清楚的載明在 IEP 上。特殊教育教師一定要詳加檢視提供的各項特殊教育教學之時數（節／每週），以及欲達成的年度教育目標是否可相配合，而提供的特殊教育教學時數與方式是否適合學生的需要。

　　十二年國民基本教育實施後，「十二年國民基本教育特殊教育課程實施規範」（2021）也對於學生接受特殊教育服務中之課程調整有相關規定，其根據學生的學習情形，將特殊需求學生在各領域的學習需求分為學習功能無缺損領域、學習功能輕微缺損領域、學習功能嚴重缺損領域，以及學習功能優異領域。說明如下：

1. 學習功能無缺損領域：指該生在某一領域或科目與同年齡學生相近，可依照課程綱要進行課程安排，同時輔以所需要之學習輔具、評量調整等。
2. 學習功能輕微缺損領域：指該生於某一領域或科目因身心障礙之限制而造成學習上的落差，可依照 IEP 會議之決議，進行原班課程調整或提供外加式課程，同時輔以所需要之學習輔具、評量調整等。

3. 學習功能嚴重缺損領域：指該生於某一領域或科目因身心障礙之限制，使其學習嚴重落後，可依照IEP會議之決議，提供抽離式課程或在所安置之集中式特教班進行教學，同時輔以所需要之學習輔具、評量調整等。

4. 學習功能優異領域：指該生於某一領域或科目表現優異或具有潛能，得調整該領域或科目之學分數，以及進行外加、抽離或原班課程調整。

（四）相關專業服務

在此所擬定的相關專業服務項目一定要符合學生需求，例如：學生有溝通問題，才需要提供語言治療服務，不需提供不必要的服務，因為並不是提供的服務愈多就愈好。

相關的專業團隊如何提供特殊需求學生專業服務呢？這部分在本書的其他章節中另有說明；然而，在IEP中要強調的是專業團隊如何和教師合作？教師如何將專業團隊的建議融入教學中？專業團隊的治療師在學校工作的重點，和他們在醫院的工作重點略有不同；負責學生的個案管理教師要能居間協調，並協助治療師看到學生在學校、教室的生態情境下，真正的需求是什麼；而治療師能提供直接服務的時間非常有限，因此格外需要教師將日常可行的復健動作融入於課程中，並協助家長繼續在家執行。

（五）其他相關服務

其他相關服務包括考試評量的調整、行政支援、家庭支持及轉銜服務，說明如下：

1. 考試評量的調整：在前述的評量過程中，應該會發現對學生較公平、有利的評量方式，故也可在此列出「適合之評量方式」，以做為學習後評量方式之參考。

2. 行政支援：如總務處要規劃無障礙設施；教務處要配合解決排課問題，在定期考試評量時提供調整、成績登記等，特殊教育班學生參與普通班的時間與項目也需與教務處協調；學務處和輔導室（處）應共同建構行為問題危機處理機制，如對具情緒行為問題學生所需之行為功能介入方案與行政支援，另外還有幫助學生申請各種補助、安排義工等。以上都是行政單位可以為學生建構的支持系統。

3. 家庭支持：針對家庭功能不彰或有需求的學生提供個別化的家庭支持服務。

4. 轉銜服務：包括轉入及將轉出時的輔導，轉換班型時（如由集中式特教班轉到分散式資源班）也須提供轉銜輔導，幫助學生順利在兩階段間轉換。

（六）學年教育目標與學期教育目標

依前所述分析過學生的特殊教育需求後，即可著手擬定學生的學年目標（學年教育目標），再將此學年目標依工作分析的概念細分成學期目標（學期教育目標），並訂出預定的評量日期、評量方式與評量標準。有些教育目標可以經由專業服務、個別諮商的方式達

成，其他則可經由課程設計與教學達成。

（七）轉銜輔導及服務內容

在學生即將結束此一階段之教育，邁向另一個新的教育階段之際，為他們提供轉銜計畫，規劃他們未來適性的安置場所，並提早準備未來必備的技能，是非常必要的。但這些工作不能等到離校前一年才開始，平常的生涯輔導、及早提供的職能評估等，都將有助於畢業前一年的轉銜輔導（胡永崇，2018）。而轉銜輔導及服務內容之擬定如下：

1. 升學輔導：指針對學生未來擬轉銜之教育階段與學校，提早進行所需能力之評估、教學以及適應協助。
2. 生活輔導：指提供學生未來生活情境所需生活技能之輔導與協助。
3. 就業輔導：指針對未來畢業後擬就業之學生，提供職業輔導評量、職業訓練、支持性／庇護性就業、職業重建個案管理等服務，必要時應與職業重建相關專業人員共同合作。
4. 心理輔導：指關注學生在轉銜過程中的心理需求及其可能需要的支持服務，並適時連結心理衛生資源。
5. 福利服務：指提供福利服務相關資訊、協助申請相關福利服務、連結社政資源等。

（八）行為功能介入方案

針對具有情緒行為問題的特殊需求學生，應擬定行為功能介入方案，針對行為問題進行前事調整、行為教導、後果處理、危機處理、生態環境改善等介入（胡永崇，2018；鈕文英，2013，2016）

以上的IEP內容，可以充分說明教師為學生所建構的支持系統、提供的特殊教育服務內容、課程設計，以及教學重點。

二、IEP 與 IGP 的擬定流程

學校為每一個特殊需求學生擬定IEP的同時，也是發展該校特殊教育課程的時機。依據大多數特殊需求學生的教育需求來設計學校本位之課程，再為每一個學生的個別化需求進行個別化課程之微調，如此來回於個別和群體間不斷循環之作業，應是特殊教育教師於開學前就要完成的工作。

具體而言，設計學校本位之課程及擬定個別化教育計畫，大致包含以下幾個步驟：

1. 鑑輔會鑑定安置分發學校。
2. 學校特殊教育推行委員會召開會議，決定個別學生的 IEP 或 IGP 團隊小組。
3. 召開個別的 IEP 或 IGP 會議，決定學生下一年度之課程需求。

4. 統整各個 IEP 或 IGP 的課程與需求，再召開特殊教育推行委員會會議，決定整體的課程規劃與學校相關支持服務的提供。

5. 送交課程發展委員會整體規劃與教務處排課。

6. 執行班級、小組或個別之區分性課程與教學。

7. 期末檢討 IEP 或 IGP。

擬定IEP的流程，包括：組成專業團隊、分析學生的能力與需求、決定相關的特殊教育服務與專業服務、擬定學年教育目標、擬定學期教育目標。然後，將上述已擬定的草案待召開 IEP 會議後定案。接著是執行教學、特殊教育相關服務與專業服務、定期開會檢討，再擬定新的 IEP，如圖 5-2 所示。說明如下。

圖 5-2   擬定 IEP 的流程

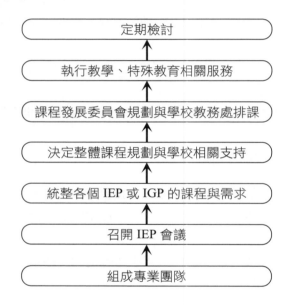

（一）組成專業團隊

要滿足特殊需求學生各方面的需求，必須進行全方位之多元評量與多元介入。因此，擬定IEP的第一步就是要組成專業團隊，進行跨專業的團隊服務模式。所謂「跨專業的團隊服務模式」（transdisciplinary team model）（Beninghof & Singer, 1992），強調的是所有專業人員要共同觀察、評量及討論，每一專業人員分別工作，再相互連結，其中要有一位個案管理者負責協調及整合，在特殊教育現場通常由特殊教育教師擔任此一角色。團隊成員至少包括：學校行政人員、特殊教育教師、普通班教師、專業人員（如醫生、心理師、護理師、治療師、社會工作師）等。圖 5-3 更明確列出每一個團隊成員的工作任務。

圖 5-3　IEP 團隊成員及其主要任務

> **計畫成員**
> ・主要任務

> **學校行政人員**
> ・監督及指導 IEP 的執行，以及協調校內外資源的應用，包括：教師的安排、人員的調派、排課之協調、經費、交通工具的提供等。
> ・一般國中、小大多由輔導主任擔任會議主席；特殊教育學校及高中（職）大多由教務主任擔任會議主席。

> **學校其他處室相關人員**
> ・視學生之特殊需求而提供支援，例如：對有情緒行為問題之學生提供諮商輔導之輔導教師；對身體病弱學生提供照護之校護等。

> **特殊教育教師**
> ・在團隊中扮演居間協調、統整及個案管理的角色，要能主動連結資源、統合資源，並能綜合特殊教育學生各項能力現況之資料，協助團隊中其他成員評估學生及執行IEP。對學生直接提供個別指導或間接服務，以符合學生的個別需求。

> **普通教育教師**
> ・對於部分時間在普通班上課的學生，提供一般教育的專業意見，包括：在普通班的上課表現、學生在普通教育環境的能力及限制，以及在普通班所需要的協助及服務。

> **家長**
> ・提供學生相關之個人資料、學習特質、在家表現、曾經接受過或目前正在接受的服務項目，以及對特殊教育的需求或期望，並檢視學校所提供之教育與相關服務是否符合學生之個別需求。

> **相關專業人員**
> ・包括醫生、物理治療師、諮商心理師、職能治療師、語言治療師、社會工作師、職業輔導員、定向行動專業人員等，視學生之特殊需求而定。就其專業對學生進行專業評量，提供所需的特殊專業服務。

> **學生本人**
> ・提供自身有關生涯規劃及有興趣之資料，並參與訂定長短期目標。

註：修改自林素貞（1999）。

（二）召開「個別化教育（輔導）計畫」會議

以上所述都是為了召開IEP會議所進行的前置作業，所擬訂的IEP草案，要經此會議做最後討論與確認，在與會人士都簽名後，形成一份具有法律效力的契約。如果在擬定IEP的過程中，無法和家長、導師及所有任課教師一一溝通，此時一定要邀請他們到場做最後協調和修改。

1. IEP 會議的參加人員

依法參加 IEP 會議的人員，就是整個專業團隊的人員及家長（家長得另邀請相關人員），包括：(1)學校行政人員；(2)特殊教育教師；(3)普通班教師；(4)專業人員（如醫生、心理師、護理師、治療師、社會工作師等）；(5)學生家長及家長另邀請的相關人員。

「十二年國民基本教育特殊教育課程實施規範」（2021）以及《特殊教育法》（2023）、《特殊教育法施行細則》（2023）也要求學生來參與自己的IEP，一方面鼓勵其能為自己發聲、自我決策，另一方面也希望其在充分了解這份契約後，簽名以示負責。

2. 擬定特殊教育服務及相關專業服務

在這份IEP中，承接了上述的完整評估後，最重要的就是要擬定特殊教育服務及相關專業服務，並落實 CRPD 及通用設計之精神。依據《特殊教育法》（2023）第 10 條第 1 項及第 2 項規定：

> 「特殊教育學生及幼兒之人格及權益，應受尊重及保障，對其學習相關權益、校內外實習及校內外教學活動參與，不得有歧視之對待。
> 特殊教育與相關服務措施之提供及設施之設置，應符合融合之目標，並納入適性化、個別化、通用設計、合理調整、社區化、無障礙及可及性之精神。」

這是教師在擬定IEP時的最高指導原則，包括：該提供學生何種型態之安置？上什麼課程？其他有關行為處理、評量調整、轉銜服務、行政支援之安排，還有專業團隊的服務，都要在此一一列出。

3. 擬定學年教育目標與學期教育目標

前項之作業都在「滿足學生個別化之需求」的前提下進行，至此可以更具體的設定目標，也就是要確認所提供的特殊教育服務及相關專業服務，可以幫助學生達成何種程度的目標，並具體列出檢核目標之評量日期、評量標準與評量方式。除此之外，在IEP的撰寫上還要注意讓整篇呈現環環相扣、前呼後應的連貫性。

（三）統整各個 IEP 或 IGP 的課程與需求

　　此時也是放大視野，將焦點從學生「個別的需求」，擴大到同樣安置狀況的學生「團體共同需求」的時候。具體來說，課程設計也在此開始，要考量這一個班的哪些學生有「共同需求」可安排相同領域課程？比較學生的需求與課程間之落差，在相同的課程架構下，再分別調整每個人的教學材料與教學策略，以分別達成不同的個別化教育目標。

（四）決定整體課程規劃與學校相關支持

　　國民教育階段之學校在進行課程設計時，需先參考十二年課綱的部訂學習領域，再依據學生的 IEP 納入所需之校定領域（特殊需求領域課程）。在建構學校本位的課程時，可循此順序依序考量：

1. 課程之規劃應符合學生的個別需求，此是最高宗旨，不能違反，絕不能遷就教師之專長或授課鐘點數而犧牲學生權益。
2. 先將部訂必修科目依學生的個別需求進行調整。
3. 再將校訂必修與選修科目依學生的個別需求擬定及調整，包含學習內容、歷程、環境及評量之調整。
4. 最後，依學生需要提供特殊需求領域課程。

　　學生的每個需求，都有相對應的服務（或處理方式）或教育目標，相對應的服務可包括：課程、評量、相關專業、成績處理、行為處理、行政支援、交通、輔具、體育課處理方式等。完成全校整體特殊教育課程規劃後，由特殊教育推行委員會進行審議（教育部，2021）。

（五）送交課程發展委員會整體規劃與教務處排課

　　依上述原則擬定課程，並經特殊教育推行委員會及課程發展委員會審議後，送交教務處正式放入排課系統，才能保障學生個別化之教育需求是可以落實的。

（六）執行教學、特殊教育相關服務與專業服務

　　這是最攸關學生受教品質的一環，能具體落實前面所擬定的計畫，並適時檢討，以便調整或修正。

（七）定期檢討

　　依法規之規定，至少每半年要檢討一次，再根據教學後之評量、學期教育目標是否達

成之檢核，決定繼續執行的服務、調整後的服務與新增的服務項目；也可在此討論是否要對學生的安置型態進行調整。

特殊教育始於確認需要服務的特殊需求學生，以及學生的特殊需求，才能開展一系列滿足特殊需求的服務。因此，本章所論及之特殊需求學生的鑑定、安置、評量與個別化教育，是一連串環環相扣的過程。簡單來說，當教師、家長或學生本人發現有疑似特殊需求時，便要啟動三級預防的轉介前介入，確認確有特殊教育需求時再提報鑑定並安置在適當學習場所；接著，再依據多元評量結果來擬定 IEP 或 IGP，並執行、檢討，不斷循環，甚至有可能需改變安置型態而再重新鑑定，充分顯現出特殊教育的精緻化與專業性。

延伸閱讀

張世彗、藍瑋琛（2022）。**特殊教育學生評量**（第九版）。心理。

洪儷瑜、鳳華、何美慧、張蓓莉、翁素珍（主編）（2018）。**特殊教育學生的正向行為支持**。心理。

鈕文英（2022）。**擁抱個別差異的新典範：融合教育**（第 3 版）。心理。

鈕文英（2023）。**正向行為支持的理論與實務**（第 3 版）。心理。

盧台華、林燕玲、柯懿真、鄒小蘭（2020）。**個別化教育計畫的擬定與執行**。華騰

Salvia, J., Ysseldyke, J. E., & Witmer, S.（2019）。**特殊教育與融合教育的評量**〔張正芬、孔淑萱、林純真、黃曉嵐、劉明松、王淑惠、陳淑瑜、鄭淑芬、陳志軒、詹士宜、李姿瑩、陳政見譯〕。華騰。（原著出版年：2018）

參 考 文 獻

中文部分

十二年國民基本教育特殊教育課程實施規範（2021）。中華民國 110 年 10 月 29 日臺教授國部字第 1100137925A 號發布。

吳璧純（2017）。素養導向教學之學習評量。臺灣教育評論月刊，**6**（3），30-34。

孟瑛如（2019）。**資源教室方案：班級經營與補救教學**。五南。

林幸台、吳武典、胡心慈、郭靜姿、蔡崇建、王振德（2016）。**托尼非語文智力測驗**（第四版中文版）（TONI-4）。心理。

林思賢、葉芃（2019）。淺談學習、操作與解釋語言評量的困難與常見錯誤：從中等學校特教系師資生的觀點出發。**特殊教育發展期刊**，**68**，73-86。

林素貞（1999）。**如何擬定個別化教育計畫**。心理。

林寶貴、黃玉枝、黃桂君、宣崇惠（2009）。**修訂學齡兒童語言障礙評量表**。國立臺灣師範大學特殊教育中心。

洪儷瑜（2000）。**青少年社會行為評量表**。心理。

洪儷瑜（2008）。教室方案與臺灣的融合教育。**教育資料與研究**，**82**，45-68。

洪儷瑜（2012）。由補救教學到三層級學習支援。**教育研究月刊**，**221**，13-24。

洪儷瑜、何淑玟（2010）。「介入反應」在特殊教育的意義與運用。**特殊教育季刊**，**115**，1-13。

洪儷瑜、鳳華、何美慧、張蓓莉、翁素珍（主編）（2018）。**特殊教育學生的正向行為支持**。心理。

胡永崇（2018）。**個別化教育計畫的理念與實施**。心理。

孫迺翊、廖福特（主編）（2017）。**身心障礙者權利公約**。台灣新世紀文教基金會。

特殊教育法（2023）。中華民國 112 年 6 月 21 日總統華總一義字第 11200052781 號令修正公布。

特殊教育法施行細則（2023）。中華民國 112 年 12 月 20 日教育部臺教學（四）字第 1122806628A 號令修正發布。

特殊教育學生及幼兒鑑定辦法（2024）。中華民國 113 年 4 月 29 日教育部臺教學（四）字第 1132801926A 號令修正發布。

張千惠（2001）。功能性視覺評估。**特殊教育季刊**，**78**，26-28。

張世彗、藍瑋琛（2022）。**特殊教育學生評量**（第九版）。心理。

教育部（2021）。**特殊教育課程實施規範**。作者。

教育部（2024a）。**中華民國特殊教育統計年報**（民國 112 年）。作者。

教育部（2024b）。**身心障礙及資賦優異學生鑑定辦法修正條文對照表**。作者。

郭生玉（2016）。**教育測驗與評量**。精華。

陳心怡（2018）。**魏氏兒童智力量表**（第五版中文版）（WISC-V）。中國行為科學社。

陳姿諭（2012）。從介入反應模式（RTI）談普通班教師與特教教師之協同合作。**桃竹區特殊教**

育，**20**，19-25。

陳淑麗（2010）。轉介前介入在學障鑑定的重要性與可行性。**特殊教育季刊**，**115**，13-22。

鈕文英（2003）。**啟智教育課程與教學設計**。心理。

鈕文英（2013）。**邁向優質、個別化的特殊教育服務**。心理。

鈕文英（2016）。**身心障礙者的正向行為支持**。心理。

黃文慧（2007）。雙重特殊教育學生的理論與實務：三十年的探詢與發展。**特殊教育季刊**，**102**，1-19。

黃金源（2017）。自閉兒的語言變異及矯治。載於王欣宜（主編），**自閉症學生的教育輔導：理論與實務**（頁139-170）。心理。

黃柏華、梁怡萱（2006）。轉介前介入於特殊教育中的角色探析。**特殊教育季刊**，**95**，1-11。

詹士宜（2007）。介入效果模式的學障鑑定。**特殊教育季刊**，**103**，17-23。

鳳華、鍾儀潔、蔡馨惠、羅雅瑜、王慧婷、洪雅惠、吳雅萍、吳佩芳、羅雅芬、陳佩玉、田凱倩（2021）。**應用行為分析導論**（第二版）。心理。

鄭麗雪（2010）。教學反應（RTI）：學習障礙鑑定的新趨勢。**國小特殊教育**，**49**，99-106。

盧台華、林坤燦、陳心怡（2023）。**適應行為評量系統**（第三版中文版）（ABAS-3）：兒童版。中國行為科學社。

盧台華、林燕玲、黃彥融（2023）。**社會適應表現檢核表**（第二版）。心理。

Alberto, P. A., & Troutman, A. C.（2004）。**應用行為分析：行為改變技術實務**〔陸世豪譯〕。心理。（原著出版年：2002）

Martin, G., & Pear, J.（2013）。**行為改變技術：理論與應用**〔黃裕惠譯〕。學富文化。（原著出版年：2012）

Murphy, K. R., & Davidshofer, C. O.（2009）。**心理測驗**〔王文中、陳承德譯〕。雙葉書廊。（原著出版年：2006）

英文部分

Beninghof, A. M., & Singer, A. L. (1992). Transdisciplinary teaming: An inservice training activity. *Teaching Exceptional Children, 24*(2), 58-60.

Fuchs, D., Mock, D., Morgan, P. L., & Young, C. L. (2003). Responsiveness-to-intervention: Definitions, evidence, and implications for the learning disabilities construct. *Learning Disabilities Research & Practice, 18*, 157-171.

Jones, E. D., & Southern, W. (1998). Curriculum-based assessment: Testing what is taught and teaching what is tested. *Intervention in School and Clinic, 33*, 1-14.

Mellard, D., McKnight, M., & Jordan J. (2010). RTI tier structures and instructional intensity. *Learning Disabilities Research & Practice, 25*(4), 217-225.

National Joint Committee on Learning Disabilities. (2005). Responsiveness to intervention and learning disabilities. *Learning Disability Quarterly, 28*, 249-260.

Regan, K. S., Berkeley, S. L., Hughes, M., & Brady, K. K. (2015). Understanding practitioner perceptions of responsiveness to intervention. *Learning Disability Quarterly, 38*(4), 234-247.

Salvia, J., Ysseldyke, J. E., & Witmer, S. (2017). *Assessment in special and inclusive education* (13th ed.). Wadsworth/Cengage Learning.

Snell, M. E., & Grigg, N. C. (1987). Instructional assessment and curriculum development. In M. E. Snell (Ed.), *Systematic instruction of persons with severe handicaps* (3rd ed.) (pp. 64-109). Macmillan.

Tucker, J. (1987). Curriculum-based assessment is no fad. *The Collaborative Educator, 1*(4), 4-10.

第六章
原住民族資優學生的鑑定、安置與輔導

潘裕豐

第一節　前言

　　近年來，由於臺灣社會呈現少子化的發展趨勢，以及整體國民教育水準的提升，國人對於教育品質的要求已愈來愈高，因應時代趨勢與社會需求，教育部也對教育改革提出許多的方案與變革，促使今日教育的質與量均產生重大之改變。特殊教育的基本精神向來強調每個孩子都應得到適合其能力的教育，每個孩子的學習潛能都應得到充分的發展。從我國教育近十年來的發展趨勢來看，國人的整體教育素質已整體提升確實是事實，但許多教育統計資料同時也顯現，在臺灣的原住民族學生與一般學生間之教育程度，長期以來都呈現顯著的差異存在（原住民族委員會，2023；教育部，2023）。

　　我國於 2023 年 6 月 21 日公布最新修訂的《特殊教育法》（2023）第 46 條規定：

> 「高級中等以下各教育階段主管機關及學校對於身心障礙及處於離島、偏遠地
> 區，或因經濟、文化或族群致需要協助之資賦優異學生，應加強鑑定與輔導，
> 並視需要調整評量項目、工具及程序。
> 前項鑑定基準、程序、期程、評量項目與工具等調整方式及其他相關事項之實
> 施辦法，由中央主管機關定之。」

　　其中，所論及之特殊需要協助之族群，在我國而言，有關資優生的鑑定上雖無明確指明，但就其鑑定對象上對於具身心障礙及原住民族身分之學生則提供了外加名額之保障，可見該法規定之族群對象一般係指原住民族學生，此為其一。2023 年之前的《特殊教育法》對於具雙重特殊需求之資賦優異學生，僅規範應給予必要之輔導與教學，並保障其接受資優教育的權利，並無要求訂定相關子法，致使在對其執行上無法彰顯其成效，受惠之

學生並不多。此次修法規範訂定相關子法，希望能有具體之機制與執行辦法，以落實本次修法之精神，讓上述這些學生都能得到真正的資優教育服務。

　　本章主要論述原住民族（indigenous people）資優學生的鑑定、安置與輔導，筆者以「貧乏思考」（poor thinking）理念來論述原住民族學生為什麼在資優教育的出現率會顯著少於一般學生，並探究如何鑑定與安置原住民族資優學生於資優教育中。

　　綜合許多方面的觀點，筆者提出對探討原住民族資優教育上之基本假設（教育部，2019；Banks & Banks, 2004a; Ford, 2004/2008）：

1. 過去對原住民族學生教育的研究，關於其能力假定，其實是有失偏頗的。

2. 資優教育是一種需要，而非特權。聯合國人權委員會（United Nations Commission on Human Rights [UNCHR]）主張，教育應作為一種人權，而非特權，應以發展全人類的公平正義為原則（Quinn & Degener, 2002）。所以資優教育應為所有民族所需要，若將原住民族學生排除在資優教育之外，就是否定了教育設施必須符合學生需要的前提。

3. 沒有一個族群或群體能壟斷資賦優異的存在，資賦優異存在於每一個文化族群中，並且橫跨所有的經濟階層，所以應該沒有任何原住民族或少數族群學生在資優教育方面的表現低於其人口比例，也就是說每一個民族當中，均有一定的資優人數之比例。然而，根據《特殊教育統計年報》（教育部，2023）的統計結果及許多的研究顯示，臺灣的原住民族學生接受資優服務之人數遠遠低於其人口比例。追究其原因，是這些學生一直沒有機會進入資優教育的範疇內，接受到足夠的服務、設施和設備（李家兆、郭靜姿，2017；潘裕豐，2009；Donovan & Cross, 2002; Ford, 1998; Ford, 2004/2008）。

4. 資賦優異是社會建構起來的，主觀性引導定義、評量與解釋資優為何物，這種主觀性在很多方面造成資優教育課程的隔離，並使得資優教育機會多給予多數族群學生，而造成原住民族及少數族群學生於社會與政治發展的損害。

5. 所有的決定應基於對學生最大的利益考量，而非減弱學生能力。教育的目的在於提升學生的能力，並非減弱。筆者認為，資優教育學生之招生、保留和防止中輟原住民族學生在資優教育課程裡，應該具全面性及系統性。教育工作者、教師、家長以及學童本身都應該要共同合作，以確保資優教育不會隔離他們。

6. 過去的資優教育對於原住民族的努力，其實是不足的，致使原住民族資優學生被隔離於學校的資優教育課程或方案之外。

第二節　貧乏思考

Storti（1989）提出一個名叫「貧乏思考」的觀念，並指出：

> 「如果我們從文化和人群中退卻得愈多，那對於這個文化和人群，我們就會學習得愈少，而當我們對他們不甚了解，與他們相處時會比較不舒服。而當我們與他們相處愈多卻不融洽時，那我們就會發現他們更多的缺點。當我們對於他們不了解時，那我們就會傾向於不喜歡。最後，我們會相信我們自己所創造出來的謊言。」

這個「貧乏思考」的觀念，會阻擾許多來自不同背景的學生進入資優教育的服務方案中，也會阻擾教育者對了解與認知來自不同族群、民族和語言社群的學生的優勢才能。而當資優教育的工作者將這些因文化、民族和語言上的差異視為貧乏、失能時，貧乏思考便立即存在（Ford, 2004/2008; Storti, 1989）。因此，許多原住民族背景的學生很快的就會被貼上有「中輟之虞」的學生標籤，更可怕的是，教師與行政人員只會看到他們的缺點而非優點；舉例而言，當原住民族學生說著不標準的國語，但其學業成績表現優異時，他可能不會被推薦去參加資優學生的鑑定甄選。在這個強調教育品質與重視每個孩子的才能都應得到適度發展的教育理念下，原住民族學生是否也應當有適度的教育措施來提升他們受教的權利，特別是當前我國的資優教育服務，從原住民族資優學生人數與其總學生人數比來看，資優教育對原住民族學生而言，代表的僅是點綴式表徵，因原住民族學生一直都沒有在資優教育範疇內受到足夠的服務、設施及設備，而且也沒有被適當的呈現出來。

教育的目的是讓每個孩子都能夠「人盡其才」，教育的方法是「因材施教」，而教育的對象則是「有教無類」，這是無論古今中外皆然的道理，也是每個教育工作者致力追求的教育理想。然而，關於臺灣原住民族學童教育的貧乏思考，至目前為止仍然存在，例如：資優教育的測驗工具，目前主要仍然是以主流文化國語流暢的學生為主。智力測驗對原住民族學生來說，因為缺乏考量文化因素，所以並沒有太大的鑑別效度（潘裕豐，2011）。這些測驗常使得原住民族學生參與資優教育的機會相對被剝奪，因而出現在原住民族學生中，其資優兒童的人口數明顯不符人口比例之情形，同時原住民族資優教育之相關研究也相當缺乏（彭瓊慧，2003；Banks & Banks, 2004/2008; Van Tassel-Baska, 1994）。另外，學者 Del Siegle（引自游健弘、褚謙吉，2019）指出，在資優教育方案中，美國印地安原住民族很少被鑑定為資優生，他們在資優教育方案中非常不被重視和彰顯，且在他們的正式教育中，常被假定認為只要學習基本學科技能而已。

第三節　篩選與障礙

Banks 與 Banks（2004a）的研究指出，白人被診斷為資優的機會是非裔美國人學生的 3.2 倍（引自 Banks & Banks, 2004/2008）。而 Del Siegle 的研究甚至指出，來自弱勢家庭背景的孩子（如非裔學生、拉丁裔學生、低社經家庭學生、母語非英語的學生、亞裔學生）跟白人家庭比較起來，被鑑定為資優學生的比例為 1：10（引自游健弘、褚謙吉，2019）。相同地，這樣的事件在臺灣資優教育對原住民族學生之鑑定，其低出現率也呈現在原住民族學生身上。除了諸多因素所造成的結果外，教育起始點的不對等，諸如文化差異、地處偏遠、社會地位、經濟低下等影響因素，「貧乏思考」亦致使這些學生在篩選階段就得不到學校教育工作人員應有的推薦而主動被排除在外。

根據我國原住民族委員會的調查統計，民國 109 學年度原住民國小畢業生有 6,899 人，占該學制全體畢業生人數 3.60%；國中畢業生有 7,272 人，占該學制全體畢業生人數 3.68%；高中畢業生有 5,571 人，占該學制全體畢業生人數 2.90%；大專校院畢業生有 4,968 人，占該學制全體畢業生人數 2.19%；碩士畢業生有 372 人，占該學制全體畢業生人數 0.68%；博士畢業生有 1 人，占該學制全體畢業生人數 0.37%。上述比例與潘裕豐（2009）於 2008 年之研究相比雖已有增加，但與整體原住民族人數 2.51 %（內政部統計處，2023）比較，仍然是顯著不符合其該出現的比例。因此，要提升原住民族學生參與資優教育的機會，對於以文化為核心的資優教育，原住民族教育課程的提供扮演了重要角色。

隨著多元智能理論（Theory of Multiple Intelligences）、多元文化教育（multicultural education），以及族群平權（Ethnic equality）的觀念啟發，許多教育理念遂開始能注意到不同族群間的文化差異（cultural differences），原住民族學童受教育及多元智能的發展問題，對於不同文化間的兒童資優教育也受到關注。許多學者也開始呼籲，要重視發展弱勢及少數族群文化殊異（cultural diversity）者的資優教育（吳武典，2000；呂金燮等人，2022；彭瓊慧，2003；潘裕豐，2011；Banks & Banks, 2004b; Ford, 2004/2008），並要求政府應擬定政策、訂定相關辦法及提供相當資源，來補足這個顯明缺失，實現這個理想。

第四節　評量與障礙

對於原住民族兒童資優教育的鑑定和教學輔導，以及所遭遇的問題，應提出理念上與實務上的看法與教育策略。資優的單一定義，時常造成鑑定不同文化背景的學生時的障礙。單一思考的定義模式忽略了文化的差異性，某些文化的資優在另一個文化可能是被否定的，諸如漢人對於認知及學業方面的能力，較空間、音樂、人際和分享等方面的能力重視許多（譚光鼎，2005；Gardner, 1993; Sternberg, 1985）。因此，假如一個學生在主流文

化中不被視為資賦優異,那麼他(她)能被稱為是資優嗎?若根據當前我們的文化與鑑定方式來看,答案是否定的;也就是說,來自非主流文化的學生比較不可能被視為資優。

　　其實,原住民族學生有某些是相當資優的,可是他們缺乏機會來表現他們的特色,這些「有潛力的資優學生」或「低成就的資優學生」(underachieved gifted students)通常是生活在貧窮,或者是文化有益於主流社會的環境中。研究顯示,不管是接觸圖書或是教育機會,當前臺灣資優教育的服務系統對於原住民族兒童接受資優教育時,都顯示出他們缺乏一些學術上的訓練和機會,以發展他們的潛能。因此,對於原住民族學生的資優定義,應考量以潛能性向與多元智能為主要重點意涵,評量工具應該有所修正,而以潛能為主要鑑定基準,並重視性向評量與實作能力表現之觀察為主(呂金燮等人,2022)。同時,對於原住民族學生在測驗上的結果,其詮釋應該考慮到其他面向,而採用有效評量原住民族去文化偏差之評量工具(潘裕豐,2011)。對於測驗的詮釋其實是相當主觀的,這些詮釋者對於不同文化和族群的工作經驗及訓練,在質與量方面的差異,都會影響他們的詮釋。如果詮釋者對於文化如何影響測驗結果僅是略知一二的話,那所謂「好的測驗」得到的結果,反而可能會有被詮釋得不盡理想。這種錯誤解釋測驗的結果,對於原住民族學生反而有害。因此,對於評量少數族群及文化殊異的學生時,應該蒐集多面向的資料,從不同管道來蒐集各式各樣的資訊,諸如成就表現、創造力、性向、操作性表現、動機學習方式等資料。同時,對於資優教育法令應針對少數族群和文化殊異資優生,提供教育方案和一定比例的教育經費。

第五節　安置與障礙

　　篩選之後,便是安置,原住民族資優學生的安置方面也隱藏著許多問題。許多原住民族學生很有可能是資優但表現低於能力者,或者可能是潛在的資優生。多數的教師並不希望將這些學生安置在資優教育的各類方案中,他們的理由及他們相信的是,學校課程的程度與速度可能會讓這些學生覺得挫折。理論上,這些原住民族資優學生表現低於該有的水準之議題與論述,時常出現在一般的資優論述上,其實我們該了解的是為什麼這些學生的表現會低於其該有的表現。在實務層面上,這種信念與作法已傷害到原住民族學生。

　　從這些觀點上來看,教育者並沒有支持或者幫助這些原住民族學生去克服弱點,反而用「愛他」作為藉口,把抗拒降到最低,諸如說:「我不希望他受到挫折」、「他將會很不快樂」、「他只會退步並且落後別人更多」等。作為一個資優教育教師,為學生尋求方法以避免其受挫折時,應該要問的是:「我們能做什麼來幫助學生,以降低他們的挫折?」個別指導的方式、諮商和其他支持系統是必要的。當安置與支持系統結合並提供適當的配套措施時,這些原住民族資優學生在資優教育中的表現就有可能比較良好。

第六節　教學與輔導

　　原住民族資優學生的教學輔導，首先應以多元文化作為優勢才能教育理念，並以文化經驗為主的統整教學，以作為課程設計的理論依據，論述如下。

一、多元文化教育

　　論及多元文化教育時，最少指涉三件事：一個觀念或概念、一種教育改革運動，以及一種過程：

1. 多元文化作為一個概念，則所有學生不論性別、社會階級、民族、種族或其他文化特質，均應擁有在學校中學習的均等機會。根據 Steele（2003）的研究發現，有色人種學生在低年級時，其學業成就與主流白人學生相近，但是這些學生留在學校的時間愈久，他們的學業成就就會愈低；社經地位也與學業成就有高度相關，社會階級對學生的學習機會有強力的影響，學校中的制度與特質否定了某些族群學生擁有相等學習的機會。李鴻章（2007）的研究也發現，原住民族學生的學業表現與教育期望具有顯著預測力，原住民族兒童的背景變項會經由學業成就之中介變項，有效的影響原住民族學童的教育期望，即學業成就愈高，則其教育期望也愈高。

2. 多元文化教育作為一種教育改革運動，則試圖改變學校及其他教育機構，使來自各種社會階級、性別、種族、語言與文化團體的學生，擁有相等的學習機會。此要改變的是整體學校與教育環境，而不僅限於課程的改革而已。

3. 多元文化教育應被視為一個持續的過程，因為教育機會均等就如同自由與正義，是人類努力但未能達成的理想。當「分類」發生時，則歧視或偏見就不會消失，多元文化教育的目標未達成，就應該持續努力。

　　多元文化的起點係本於對本身文化的認識、理解、認同，進而對各族群文化表現出尊重及欣賞，亦即，它是以本族群文化為起點，由成員認識本土文化、接受且理解其重要性，基於成員對於其中情境產生了文化理解，藉著文化的交涉對各族群文化產生理解及尊重，進而表達欣賞其他族群文化之美的態度。至此，多元文化教育是一種嘗試，試圖解放種族中心主義的限制，喚醒人們了解其他文化、社會、生活或思考方式的存在，並且希望能免除偏見及歧視的觀念或思想，而走進世界的文化中，願意去探索世界的多彩多姿（Modgil et al., 1986）；其可說是一種排除受傳統偏見、狹隘情感影響的教育，而且能自由的去探索其他民族的文化教育與遠景教育，更允許個人在完全意識下做抉擇。多元文化教育不是一種偏離或對立的教育方式，而是一種精緻、博雅的教育理念，且不切斷兒童與自己文化的接觸，反而希望藉此充實兒童的心靈，精煉或擴展兒童的觀點。

二、多元文化之教育觀

　　多元文化乃基於「文化是不同社會生活的成功經驗」之假設，堅信若是反對或詆毀一個人的文化資產（包括共同文化及民族次文化），乃是「對人性尊嚴與價值的心理上與道德上之暴力」。因此，學校教育仍需促進文化的多樣性與價值，促進人權並尊重個別性，使每個人有對生活做不同選擇的機會，進而促進全民的社會正義與社會均等（劉美慧，2002）。

　　許多學者（傅麗玉，2013；Banks & Banks, 2004a; Rimm et al., 2018/2018）認為，學校在面對多元文化之族群時，應以該族群之文化經驗為課程基礎，設計適合其生活經驗之課程，並以其學習習慣作為教學方法來進行教學，其效果最佳。Banks 與 Banks（2004a）指出，多元文化教育思維應從下列四個方向闡述：

1. 內容整合（content integration）：教師運用不同的教學方法，整合課程中出現種族的、民族的、文化族群內容。其中最著名的一種方法為「貢獻途徑」（the contributions approach），即把有關種族或族群文化的英雄與歷史事件引入課程中，但是並不改變原有的課程計畫和單元結構。
2. 知識建構過程（the knowledge construction process）：描述教師如何幫助學生理解、調查、偏見、種族歧視，以及個體如何影響課程知識建構的方法，學生進而學會如何去建構他們的知識結構。
3. 均等教育（an equity pedagogy）：教師改變其教學方法以促使不同族群的學生提升成績。研究發現，此能符合學習態度，創造融洽的族群關係。
4. 授權的學校文化（empowering school culture）：多元文化受到社會環境、生活、校園文化影響至深，所以學校文化需授權每位共同關係人進行改革，包括：教師和管理者的態度、信念與行動、學習者的認同與交涉、教學策略、學習方式與生活態度等。

　　本此多元文化教育之精神，臺灣原住民族教育之內涵應依照原住民族文化來設計課程內容，並依照文化學習習慣來教學。傅麗玉（2013）開發原住民族文化的教學模組，正是依照泰雅文化所開發的課程，對於提供泰雅族學生學習知識，以生活為經驗，同時更能增加其學習興趣。

三、文化差異的教育

　　對於原住民族的教學，有許多學者（傅麗玉，2013；Banks & Banks, 2004/2008; Rimm et al., 2018/2018）主張，應該以生活經驗的統整課程（integrated curriculum）為出發點，並結合文化回應的教育性課程來設計教學，以下論述之。

　　「統整課程」是將分散的各部分混合、融合或統合，將幾個科目建構成為一體，內容

以學科結合生活經驗為主，方便學習，容易了解，能提供給每位兒童整體的經驗，讓學生能解決其日常生活中所遭遇的問題。張秀娟與潘裕豐（2007）認為，「統整課程」或可稱為「主題式統整」或稱作「超學科統整」，這是一種以主題為中心，不考慮學科的分際，將與這一主題有關的知識、經驗、活動等組織起來，以達成此一主題的學習目標。這種統整型態的主題，可以是學生應當具備的某種能力（核心能力），可以是與學生生活息息相關的問題，可以是當前社會的一個重要問題、可以是學生有興趣的活動，非常適合於文化獨特性高、有特殊需求的教學模式時使用，而原住民族之文化特殊性與獨特性即相當適用主題性之統整教學。

　　不同於傳統的教學評量模式，由於主題教學是統整的學習活動，宜用多元評量方式進行，教師也可以根據教學目標配合能力指標，依據學生的程度設計學習活動單元，以提供更多元適性化的評量。在發揮評量的積極功能上，教師可藉教學評量來了解教學的成效，以作為改進教學之參考，也可以透過評量來發現學生的優點和興趣，更是課程統整教學評量的重要指標；因此教師在進行各項評量時，首先應考量的是，透過評量來鼓勵和肯定學生。較常用於統整課程的評量方法有：檔案評量、遊戲化評量、評量表或檢核表、口語評量等。統整教學強調學生探究、頓悟概念間的關聯，而不是記憶事實與不斷練習，其學習目標為促進推理、問題解決、提出觀點與高層次思考能力，所以傳統上強調記憶的評量方式已無法適用，取而代之是以彈性、多元化評量方法。研究有關不同社會文化族群學生的學習優勢之文獻指出，如果老師能夠學習去確認並建立學生的優勢，則學生就能更有效地學習；反之，若老師假定學生就是學不好，則學生的學習就不會成功。

　　此外，對於少數族群之教學研究發現（Reyes et al., 1999），文化回應教學（culturally responsive pedagogy）是較能促使教學效果達到成效的方式。研究發現，少數族裔學生優勢表現（high-performing）的學校具有四種特質：(1)學校積極涉入家庭和社區，並參與社會與家庭活動；(2)學校採取合作式的管理與領導；(3)廣泛地依照文化的特色，採用文化回應教學；結果發現，教師認為學生具有高學業成就的表現，同時認為學生的文化背景是一項有價值的資源；(4)學校採用支援導向的評量方式，並藉由提供可供改善教學的資訊，透過這些資訊來採用支援高成就表現的評量。反觀臺灣過去對原住民族學生的學習特質之研究，大都主張原住民族學生的學習特質，大多以原住民族學生具有不當的學習缺失為其基本假設；對原住民族學生又常以較為負面的印象論述，其結果自然導向學習能力不足、認知缺損的評論，導致協助不足、了解有限，學校發展不出具有原住民族特色的教學成果。

　　對於文化殊異資優生的研究，許多學者歸納原住民族學生具有舞蹈、體育的優異表現，然而其數學、語言、邏輯和理解能力較弱（郭靜姿等人，2000）。胡宗光（2001）的研究顯示，原住民族學生的冒險性與挑戰性較一般學生更佳，然而其想像力較弱。廖永堃（2002）以多元智能理論研究原住民族學生的表現，發現原住民族學生在身體動覺、自然智能、視覺藝術與領導能力的表現優異，然數理邏輯相對較差。以此很容易做下結論：原

住民族學生的語文、數理邏輯能力較差的刻板印象，甚至認為是基因所致；這些研究背後有一個問題是，並沒有交代環境與文化背景及其所帶來的影響。然而，根據筆者的理解，這其實只能說明當下原住民族學生的表現，並不能說明此種表現乃為其特質所致。當前有關臺灣原住民族文化殊異之資優兒童教育研究，其實是「殊異」有之，「文化」闕如；簡單的說就是文化殊異資優教育強調其「殊異」之學習特質，而欠缺對「文化」之內涵論述。事實上，若是對文化內涵認知不足，並無法真正了解所提供的教育是否符合文化殊異學生的需求，原住民族學生的教育需求亦然。對原住民族教育內涵的疏漏（原住民族教育之內涵應包含民族教育與一般教育），使得當前有關文化殊異之資優教育，僅就一般教育學生因文化所造成的學習不利做論述，而民族教育之污名化，其實才是導致原住民族學生無法在資優教育上有良好表現的重要因素，試問：一個缺乏自尊與自信的民族如何有優異的表現（陳枝烈，1997；潘裕豐，2009；譚光鼎，2005）？原住民籍的教育學者甚至主張這是政治問題而不是教育問題，因為原住民族教育低落的最重要因素，是社會資源與教育機會的分配極度不公，致使臺灣的弱勢族群長期處於社經地位（social-economic status）不利所致。

第七節　原住民族資優學生的輔導策略

對於原住民族學生教育，我們發現他們所面臨的問題，社經地位比其文化族群因素有更大的關聯性。原住民族學生中輟、成績低下、適應困難的問題，還是遠遠高於一般學生（章英華等人，2010）。貧窮的確造成了原住民族資優學生迷失在茫茫學海之中。因此，筆者建議幫助原住民族學生進入資優教育方案就讀，除了當前的降低就學門檻，增加原住民族學生進入高一級學校就學機會外，應該及早鑑定並提供服務、鼓勵家長和親友的參與、在教育過程中提供統整的服務，以及提升學生在資優方案中的參與感及歸屬感。Cooley 等人（1991）的研究發現，若排除成就與社會地位的差異因素，能力較佳的非洲裔美國人學生，較容易被其他較佳的同儕所接納，他們的自我概念與學業自尊心也相對較佳（引自 Clark, 2004/2006）。Bradley（1989）、Davidson（1992）、Maker 與 Schiever（1989）、Montgomery（1989），以及 Pfeiffer（1989）針對美國印地安學生的研究發現，印地安學生的團隊合作極佳、善於沉思，並能夠與人有效溝通。這些孩子具有責任感、服從領導紀律，也善於利用資源，尊重口述歷史、善於編撰故事、詩歌和傳奇，更懂得用圖像或表徵作為溝通的工具，因此通常在視覺藝術方面有很高的天賦（引自 Clark, 2004/2006）。這個研究發現，與臺灣原住民族的直覺能力、善於肢體動作之表現，以及音樂、舞蹈和藝術表現之學習風格、特質，都有很高的相似之處，同時也都善於保全大自然的資源，對於統整下的學習環境都表現出較佳的學習效果。因此，教育人員對於原住民族之教育可以考慮採取的策略如下：

1. 以說故事、隱喻、神話等方式，做為傳遞訊息的媒介。

2. 所發展的個人與團體目標，要與學生和其所屬的部落社區產生關聯。

3. 提供視覺空間的學習。

4. 教學時要從生活經驗開始，統整其學科，以熟悉之事務做為教學媒介。

5. 探討並尊重學生所屬部落的集體信仰，因為那代表另一種世界觀，在學習經驗中運用直覺力。

許多的評量改變也可以做為教學上的思考：

1. 改變標準測驗和評量方式：以動態評量做為評量原住民族學生的工具，並且做為原住民族學生潛能發展的依據，發展學生具有較大可能性的認知與才能（王曼娜，1997）。

2. 修改具有文化敏感的測驗。

3. 對於原住民族學生應發展以多元文化的評量工具來評量。

在課業輔導上，針對原住民族學生的教學，教師可以原住民族學生的學習風格與習性發展教學：

1. 藉由小團體教學建立信任感與歸屬感。原住民族學生相較於一般學生更重視團體互動，藉由團隊互動可以增加其學習效能，建立歸屬感與信任感。

2. 透過學習契約、明確目標、個別化教學的方式，讓學習活動維持一定的結構化程度。

3. 提供良師典範與角色模範。原住民族資優學生缺乏學習的典範楷模，若能提供成功者角色，對於他們會有很好的激勵作用。

4. 強調口語的使用，提供辯論、討論、口頭報告的機會。

5. 提供視覺學習、操作教材，以及主動的學習經驗。

6. 教育上需要的改變：對於師資，為了提升教師對於原住民族學生教育需求的認識，應當成為師資培訓與教師在職訓練課程的重點之一。師資培訓的教材應包括對於族群議題的探討（潘裕豐，2009），而文化殊異的議題，應融入各學科領域之中。

最後，發展以原住民族為本位的教育課程，應該是當下原住民族教育的重要課題，以及努力的目標。

延伸閱讀

一、推薦書籍

譚光鼎（1998）。**原住民教育研究**。心理。

Banks, A. B., & Banks, A. M.（2008）。**多元文化教育：議題與觀點**〔陳枝烈、陳美瑩、莊啟文、王派仁、陳薇如譯〕。心理。（原著出版年：2004）

Ford, D. Y.（2008）。招募與保留少數族群文化和語言團體的資優生〔陳美瑩譯〕。載於**多元文化教育：議題與觀點**〔A. B. Banks & A. M. Banks 著；陳枝烈、陳美瑩、莊啟文、王派仁、陳薇如譯〕（頁 447-469）。心理。（原著出版年：2004）

Rimm, S. B., Siegle, D., & Davis, G. A.（2018）。**資優教育概論**（第二版）〔潘裕豐、賴翠媛、于曉平、蔡桂芳、鄭聖敏、廖靜辰、李偉俊、黃曉嵐、柯麗卿、桑慧芬譯〕。華騰。（原著出版年：2018）

Rimm, S. B., Siegle, D., & Davis, G. A.（2018）。文化多元與經濟弱勢：隱性資優〔李偉俊、黃曉嵐譯〕。載於**資優教育概論**（第二版）〔S. B. Rimm, D. Siegle, & G. A. Davis 著；潘裕豐、賴翠媛、于曉平、蔡桂芳、鄭聖敏、廖靜辰、李偉俊、黃曉嵐、柯麗卿、桑慧芬譯〕（頁 13-1～13-30）。華騰。（原著出版年：2018）

Banks, J. A., & Banks, C. A. M. (2004). *Multicultural education: Issues and perspectives* (5th ed.). John Wiley & Sons.

二、相關網站資源

臺灣原住民教授學會（https://www.facebook.com/SSIIPPTT）

臺灣原住民研究論叢（https://reurl.cc/yvnk0O）

參 考 文 獻

中文部分

內政部統計處（2023 年 1 月 27 日）。**112 年第 4 週內政統計通報**。https://reurl.cc/jyql02

王曼娜（1997）。**臺灣原住民國小學童潛能之甄測：運用動態評量模式**〔未出版之碩士論文〕。國立臺灣師範大學。

吳武典（2000）。資優教育全方位發展策略的整合型研究。載於國立臺灣師範大學特殊教育學系（主編），**資優教育的全方位發展**（頁 1-20）。國立臺灣師範大學特殊教育學系

呂金變、張琇儀、劉亞汶（2022）。未有資優生之前：地方模式偏鄉校本資優方案之行動研究。**特殊教育研究學刊**，47（2），65-94。https://doi.org/10.6172/BSE.202207_47(2).0003

李家兆、郭靜姿（2017）。公平與正義：低代表性資優群體的研究發展與趨勢。**資優教育季刊**。142，1-8。https://doi.org/10.6218/GEQ.2017.142.1-8

李鴻章（2007）。臺東縣原住民父母教育期望、子女知覺與學業成就之關聯與變遷。**教育學術會刊**，1（1），1-22。

胡宗光（2001）。**國小原住民學生創造力特質及其影響及創造力發展環境因素之研究：以阿美族為例**〔未出版之碩士論文〕。國立臺灣師範大學。

原住民族委員會（2023 年 12 月 31 日）。**110 原住民族調查統計**。https://www.ns.org.tw/history-report/110 學年度原住民族教育調查統計報告書.pdf

特殊教育法（2023）。中華民國 112 年 6 月 21 日總統華總一義字第 11200052781 號令修正公布。

張秀娟、潘裕豐（2007）。主題統整教學對國小學童創造力、問題解決能力及學業成就的影響之研究。**資優教育研究**，7，71-103。

教育部（2009）。**原住民族 2009 教育白皮書**。國立屏東教育大學。

教育部（2023）。**特殊教育統計年報**。作者。

章英華、林季平、劉千嘉（2010）。臺灣原住民的遷移及社會經濟地位之變遷與現況。載於黃樹民、章英華（主編），**臺灣原住民政策變遷與社會發展**（頁 51-120）。中央研究院民族學研究所。

郭靜姿、張蘭畹、王曼娜、盧冠每（2000）。文化殊異學生學習潛能評估之研究。**特殊教育研究學刊**，19，253-278。

陳枝烈（1997）。**臺灣原住民教育**。師大書苑。

傅麗玉（2013）。**飛鼠部落**。https://www.yabit.org.tw

彭瓊慧（2003）。資優教育研究三十年之回顧。**資優教育季刊**，87，18-26。

廖永堃（2002）。**原住民學生多元才能探尋模式之研究**〔未出版之碩士論文〕。國立臺灣師範大學。

劉慧美（2002）。**多元文化教育的理論基礎**。國立空中大學。

潘裕豐（2009）。析論原住民族教育之師資培育政策。**臺灣原住民研究論叢**，6，97-114。

潘裕豐（2011）。原住民資優學生優勢才能發掘與輔導：多元文化的教育觀點。載於郭靜姿、潘裕豐（主編），開發優勢、提攜弱勢：理論與案例分享（頁 61-80）。教育部。

譚光鼎（2005）。多元文化教育在臺灣：檢討與展望。載於 **2005 華人教育學術研討會大會手冊**（頁 273）。國立臺灣師範大學。

Banks, A. B., & Banks, A. M.（2008）。**多元文化教育：議題與觀點**〔陳枝烈、陳美瑩、莊啟文、王派仁、陳薇如譯〕。心理。（原著出版年：2004）

Clark, B.（2006）。**啟迪資優：如何開發孩子的潛能**〔花敬凱譯〕。心理。（原著出版年：2004）

Ford, D. Y.（2008）。招募與保留少數族群文化和語言團體的資優生〔陳美瑩譯〕。載於**多元文化教育：議題與觀點**〔A. B. Banks & A. M. Banks 著；陳枝烈、陳美瑩、莊啟文、王派仁、陳薇如譯〕（頁 447-469）。心理。（原著出版年：2004）

Rimm, S. B., Siegle, D., & Davis, G. A.（2018）。**資優教育概論**（第二版）〔潘裕豐、賴翠媛、于曉平、蔡桂芳、鄭聖敏、鄺靜辰、李偉俊、黃曉嵐、柯麗卿、桑慧芬譯〕。華騰。（原著出版年：2018）

英文部分

Banks, J. A., & Banks, C. A. M. (2004a). *Handbook of research on multicultural education* (2nd ed.). Jossey-Bass.

Banks, J. A., & Banks, C. A. M. (2004b). *Multicultural education: Issues and perspectives*. John Wiley & Sons.

Bradley, C. (1898). Give me the bow, I've got the arrow. In C. J. Maker, & S. W. Schiever (Eds.), *Critical issues in gifted education: Defensible programs for cultural and ethnic minorities* (pp. 133-137). Pro-ed.

Cooley, M., Cornell, D., & Lee, C. (1991). Peer acceptance and self-concept of black students in a summer gifted program. *The Journal for the Education of the Gifted, 14*(2), 166-177.

Davidson, K. L. (1992). A comparison of Native American and white students' cognitive strengths as measured by the Kaufman Assessment Battery for children. *Roper Review, 14*(3), 111-115.

Donovan, M. S., & Cross, C. T. (Eds.) (2002). *Minority students in special and gifted education*. National Academy Press.

Ford, D. Y. (1998). The under-representation of minority students in gifted education: Problems and promises in recruitment and retention. *The Journal of Special Education, 32*(1), 4-14.

Gardner, H. (1993). *Frames of mind: The theory of multiple intelligence*. Basic Books.

Maker, J., & Schiever, S. (Eds.) (1989). *Critical issues in gifted education (Vol. 2): Defensible programs for cultural and ethnic minorities*. Pro-ed.

Modgil, S., Verman, G. K., Mallick, K., & Modgil, C. (1986). *Multicultural education: The interminable debate*. Taylor & Francis.

Montgomery, D. (1989). Identification of giftedness among American Indian people. In J. Maker, & S.

Schiever (Eds.), *Critical issues in gifted education (Vol. 2): Defensible programs for cultural and ethnic minorities* (pp. 70-90). Pro-ed.

Pfeiffer, A. (1989). Purpose of programs for gifted and talented and highly motivated American Indian students. In J. Maker, & S. Schiever (Eds.), *Critical issues in gifted education (Vol. 2): Defensible programs for cultural and ethnic minorities* (pp. 102-106). Pro-ed.

Quinn, G., & Degener, T. (2002). *Human rights and disability*. United Nations.

Reyes, P., Scribner, J. D., & Scribner, A. P. (Eds.) (1999). *Lessons from high-performing hispanic schools*. Teachers College Press.

Steele, C. (2003). Steretoype threat and African-American student achievement. In T. Perry, C. Steele, & A. Hilliard III, *Young, gifted and black: Promoting high achievement among African-American students* (pp. 109-130). Beacon.

Sternberg, R. J. (1985). *Beyond IQ: A triarchic theory of human intelligence*. Cambridge University Press.

Storti, C. (1989). *The art of crossing culture*. Intercultural Press.

Van Tassel-Baska, J. (1994). *Comprehensive curriculum for gifted learners* (2nd ed.). Allyn & Bacon.

第七章
融合教育思潮與迴響

吳武典

特殊教育的思潮，從回歸主流（mainstreaming）到統合（integration），到普通教育革新（Regular Education Initiative [REI]），再到融合教育（inclusive education），可說一脈相承，都主張零拒絕、去標記、重平等、反隔離、求統合，強調個別化教育、無障礙環境、普特合作、家長參與，但在精神與內容上，仍然有所差別。

解析融合教育，不應只看其形式，更應著重其功能。本章首先說明融合教育的源流及引領融合教育思潮的理念，繼而分析融合教育帶來的正、負面效應及其在臺灣的有關研究，指出建立融合教育指標的重要性，最後從回歸適性、多元彈性、漸進推展及強化配套等四方面提出努力的方向，並對如何解決面對的困境，提出建言。

第一節　融合教育的源流

融合教育的基本哲學是「讓孩子們在一起學習，學習生活在一起」（children that learn together, learn to live together）（Council for Exceptional Children, 1998）。讓身心障礙兒童（特殊需求兒童）和一般兒童「在一起」，今日看來是順理成章，但從歷史長河看來，卻是經歷從分到合漫長且坎坷的歷程。從近半世紀特殊教育的發展，可以看出人們對特殊需求兒童教育的思維模式演變。

一、國際融合教育的源流

（一）1960年代去機構化與正常化的訴求

1950年代以前，對於身心障礙兒童的安置，以隔離式的特殊班、特殊教育學校與教養機構為主。及至1950年代，在美國民權運動與1960年代歐洲興起的人權運動雙重影響

下，學者們開始對殘障者的認知與態度作出反省，並針對集中營式的管理，從人道的觀點加以批判，認為機構式的安置違反常態且抹煞殘障者在主流社會中生活的權利，而應將他們回歸到正常生活的軌道。去機構化（deinstitutionalization）和正常化（normalization）的訴求，也應運而生。

（二）1970 年代回歸主流的思潮

1968 年，著名特殊教育學者 L. M. Dunn 為文提出了對當時特殊班的批評，包括：(1)缺乏研究證明特殊班的績效比普通班好；(2)特殊班帶給學生負面的標記；(3)特殊班內的學生大多是少數種族或低社經地位家庭的孩子，容易引起歧視的聯想，其中涉及鑑定方法的問題。他認為很多特殊班的學生應可在普通班學習，普通班教師亦可像特殊班教師一樣提供適當的個別化教學。此一當頭棒喝，掀起了回歸主流的思潮。後來，聯合國於 1975 年提出《殘障者權利宣言》，揭示殘障者「機會均等且全面參與」、「回歸主流社會的權利」；在教育上，主要針對安置於特殊班的輕度障礙學生，要求將他們與普通兒童一起安置於相同的教育環境。美國並於同年通過《94-142 公法》，規定以「最少限制的環境」（LRE）作為安置特殊兒童的原則。此乃根據 Reynolds（1962）的「階梯式服務模式」，這是一種服務安置的連續性選擇設計（如本書第一章的圖 1-1 所示），係將所有特殊教育服務型態以階梯式的連續系統表示，多數問題可盡量在最少限制的普通班中解決，而醫院或治療中心則是最隔離、最多限制的環境。階梯式服務讓身心障礙學生與一般學生一樣擁有相同的入學管道，每位學生可依個別的狀況不同而被安置到最適當的教育型態中，並增加與一般學生的互動機會。這也使得許多原先被摒除於公立學校之外的身心障礙學生，得以進入公立學校，接受免費且適性的教育。

1970 年代的特殊教育服務輸送方式，主要採抽離式（pull out）的方案，即把身心障礙學生從普通教育環境中抽離出來，接受部分時間的個別化教學，其中最為人熟知的是資源教室（resource classroom）方案。

（三）1980 年代初期的普通教育革新

由 Reynolds（1962）所提的「階梯式服務模式」之連續性安置模式所引發的統合運動，不只是重新討論將特殊學生安置在普通教育環境或特教教育環境的問題而已，並且討論安置型態的選擇，甚至進一步討論兩個教育系統是否有必要並存的問題。Stainback 與 Stainback（1984）首先提出合併特殊教育與普通教育的主張，他們認為所謂「隔離但均等」的二分法不應存在，二元系統的運作是無效率的，因為在二元系統的運作下，需決定誰該歸於特殊教育系統，誰該歸於普通教育系統，這種作法助長了分類和標記化，卻少有教學上的價值。而且在分類過程中，往往耗費大量的時間、經費及人力。另一方面，二元

系統易助長不必要的競爭和重複，若要獲致最大的教育成效，教育人員間應分享他們的專業並集合他們的資源，然而二元系統的模式卻阻撓了這種合作關係。就教育方案與學生需求的關係而言，教育方案應配合學生的需求，而非由學生配合教育方案的要求；但現今的作法卻本末倒置。此時期，普通教育革新（REI）的主張，推翻了「最少限制的環境」所提出之二元教育系統並存之主張，強調兩者重新組合，藉著提升普通教育的品質，以減少特殊教育需求的人數。

（四）1990 年代融合教育的興起

自 1990 年代初期所興起的融合教育理念，與普通教育革新的理念非常類似，都是針對回歸主流運動興起以來，普通教育和特殊教育間所產生的問題進行改革，主張在單一的教育系統中，提供教育服務給所有學生。國際智能障礙者聯盟（International League of Societies for Persons with Mental Handicap）更於 1995 年更名為國際融合聯盟（Inclusion International）。之後發展到 1990 年代中期，興起完全融合（full inclusion）的理想，倡導不管身心障礙學生的類別及其程度，都以全天候安置於普通教育的環境為原則。發展至今，融合教育的理念邁入 21 世紀之際，注重的是身心障礙學生能完全參與並從中獲益，強調以學生為本，並透過適當的評估以保障其教育績效，以達到真正融合的理想（Kochhar & West, 1996）。

1994 年 6 月 7 日至 10 日，聯合國教科文組織（UNESCO）在西班牙薩拉曼卡召開世界特殊教育會議，會後發表《薩拉曼卡宣言》，除了重申殘障者（特殊需求者）的教育權外，並特別倡議「融合教育」的理念（詳見本書第二章第二節）。

（五）2000 年代完全融合的號角

2006 年 12 月 13 日，聯合國通過《身心障礙者權利公約》（CRPD），是晚近最重要的人權公約之一，於 2008 年 5 月 3 日正式生效。該公約第 24 條的主題為「教育」，強調締約國應確保於各級教育實行融合教育制度及終身學習，並要求「符合完全融合之目標下，於最有利於學業與社會發展之環境中，提供有效之個別化協助措施」（詳見本書第二章第二節），此時完全融合的號角再次響起，也帶來理想與現實的磨合，以及西方價值和文化差異的衝擊問題。

二、臺灣融合教育的源流

（一）盲生混合教育計畫

早在 1990 年代融合教育風潮吹襲到臺灣之前，臺灣已開始撰寫融合教育的史篇，超

前了二十多年。

1966 年，在聯合國教科文組織（UNESCO）的指導與支持下，為盲生設置的「臺灣省盲生混合教育計畫」（俗稱「盲生走讀計畫」）上場了。在這項計畫下，於臺南師專（今臺南大學）成立了「盲生師資訓練班」，並在美國海外盲人基金會駐臺灣省教育廳顧問卜修博士（Stanley E. Bourgeault）指導下，提供為期一年的巡迴教師培訓，完訓後的「盲生巡迴輔導員」則回到各縣市為視障學生在一般學校提供教學與輔導服務（張訓誥，1969）。參與這項計畫的張訓誥（副班主任）和毛連塭（輔導員）先後師從卜修博士，也先後赴美進修，獲得特殊教育博士學位，成為臺灣視障教育的先驅和特殊教育的尖兵，並因此先後獲選為「中華民國十大傑出青年」。到目前為止，大部分視障學生都被納入有巡迴服務的普通班，只有少數人在特殊教育學校接受教育，與此傳統和成功經驗有密切關係。當時該計畫使用「混合」一詞，並不適切，如今看來，計畫內容有融合之實，可說是「實過其名」（吳武典，2013），堪稱為一項超前又成功的融合教育試驗。

（二）資源教室方案啟動

1975 年起，資源教室方案的回歸主流模式啟動，首先用於聽覺障礙（臺北市新興國中首先成立啟聰資源教室），繼而擴及肢體障礙、學習障礙、語言障礙及情緒行為障礙。

1978 年，教育部正式推行資源教室方案，也陸續辦理資源教師師資培訓班，召開專題研討會。在 1990～1992 年第二次特殊兒童普查時，將資源教室（資源班）單獨作為一種安置形式予以統計。

1990 年代開始對智能障礙、自閉症及多重障礙學生實施統合教育計畫，主要採取資源教室模式；「融合教育」一詞也引進了臺灣。1995 年，教育部發布《中華民國身心障礙教育報告書》，確定「多元化的安置，逐步邁向融合」的特殊教育政策。同年，高中開始設立資源教室，1997 年大學開始設立資源教室。

1998 年，臺灣開始廣設資源教室（班），資源班逐漸成為融合教育的主要形式，尤其臺北市中小學更已做到校校有資源教室、校校有資源教師的普及程度。

（三）學者的倡導與實驗

1989 年起，新竹教育大學（今清華大學竹師教育學院）吳淑美教授成立實驗性質的合作式學前融合班，開展融合教育的試驗與推廣。這項融合班教育實驗計畫先從學前做起，再延伸至小學、國中，前後經營了 27 年（2016 年結束），累積了不少經驗，發表了不少論著，包括：《融合教育教材教法》（吳淑美，2016a）、《融合教育理論與實務》（吳淑美，2016b）、《學前融合教育：理論與實務》（吳淑美，2019），也留下了不少珍貴的紀錄，包括：「同班同學」、「聽天使在唱歌」、「晨晨跨海上學去」、「不可能

啦啦隊」等紀錄片，其中「不可能啦啦隊」一片還獲得 2020 年第 53 屆休士頓國際影展社會及經濟類議題金獎。這項實驗計畫有很多特色，包括：強調家長的參與；因應學生個別差異，以「金字塔模式」為特殊學生調整課程內容，使其能在普通課程中學習，教師在課程設計時，需考慮教學主題、學生、教師及教學策略等四項因素；兼採混齡及同齡教學，打破年級限制；以合作取代競爭，兼採同質分組學習及異質合作學習方式；提供多層次教學，按學習者需求提供同領域不同難度的學習目標、學習活動、作業及評量的多層次教學，一般學生及特殊學生各依自己的起點學習，不犧牲彼此的權益；提供活動式教學，透過跨領域活動設計，以普通課程為基礎，將特殊教育目標融入教學活動中，並利用教材教具，使學生得到具體操作的經驗，進而培養其抽象思考能力；提供適性及多元智能課程；訂定個別化教育方案及安排職業陶冶課程（吳淑美，2016b）。然而，由於每個融合班特殊學生的比例高達三分之一，遠超過一般認為的合宜比例（不超過十分之一），而受到質疑。

臺灣的特殊教育模式取法西方（尤其美國）者甚多，學者普遍支持與倡議融合教育，或發表專論（如吳武典，1998，2005；林貴美，2000；邱上真，1999；洪儷瑜，2014），或出版專書（如吳淑美，2016a，2016b，2019；洪儷瑜，2001；鈕文英，2022；蔡昆瀛，2015；盧明，2011），或進行專題研究（如王天苗，2001，2002，2003；李翠玲，2016；林坤燦，2008；姜義村，2011；鈕文英，2006；黃國晏，2010；羅丰苓、盧台華，2015）。其中，特別值得一提的除了吳淑美教授長期投入、身體力行外，尚有 1993 年臺灣師範大學特殊教育中心王天苗和盧台華兩位教授先後負責指導的小學一年級智能障礙實驗班轉型為學前融合教育班，進行學前特殊兒童與學前普通兒童合作學習與教學的實驗。再來就是 1986 年輔仁大學蘇雪玉教授規劃辦理的融合班，開展了若干特殊兒童研究，發表了最早的臺灣學前融合教育研究論文；1996 年起，蘇雪玉持續參與臺北市托兒所融合教育巡迴指導，開展對幼兒園、托兒所的早期療育和融合教育之宣導和講習活動，對推動學前融合班，不遺餘力。

（四）確立融合教育政策

1995 年，教育部首次召開全國（臺灣地區）身心障礙教育會議，會後發布《中華民國身心障礙教育報告書》，確立了「多元化的安置，逐步邁向融合」的特殊教育發展方向。

2000 年起，教育部推動「身心障礙學生十二年就學安置計畫」，融合教育方案延伸到了高級中等教育階段。

2008 年，教育部發布《特殊教育發展報告書》，指出了特殊教育的重要課題、問題分析及發展策略，最後總結提出臺灣地區特殊教育的願景與展望。其中也包含了「多元化的安置，逐步邁向融合」的具體目標、策略和行動措施。

　　2009 年修正的《特殊教育法》，在策略上明確顯示儘量統合、朝向融合的取向。而綜觀特殊教育的相關法規，當前臺灣融合教育政策的特色是：鼓勵、增能與支持，而非強制（Wu, 2017）。

　　2014 年，教育部啟動「十二年國民基本教育」（簡稱十二年國教），並開始建置十二年國教課程綱要，特殊教育課綱與普通教育課綱同步進行規劃，同樣依據十二年國教課程綱要總綱，且亦同樣強調十二年連貫。惟在精神上充分反映融合教育的思潮及政策，在內容上有獨特的「特殊需求課程」，亦有依附於普通課程的「課程調整」。因此，特殊教育學生（包括身心障礙及資賦優異）的課程包括普通課程、特殊課程及課程調整三大部分，各部分之大小、比重可視學校、班級類型及個別差異調整之。此一構念反映在此次特殊教育課綱中，如圖 7-1 所示（吳武典，2020）。特殊需求課程分就身心障礙和資賦優異進行設計（各有 9 種和 4 種），屬區分性課程，旨在適性揚才；課程調整涉及學習內容、學習歷程、學習環境及學習評量等四大面向，其策略包括簡化、減量、分解、替代、重整、加深、加廣、濃縮等，融入個別化教育計畫（IEP，身心障礙學生適用）或個別輔導計畫（IGP，資賦優異學生適用）中，以適應個別差異，因材施教（吳武典、吳清鏞，2019）。

圖 7-1　十二年國教特殊教育課綱架構示意

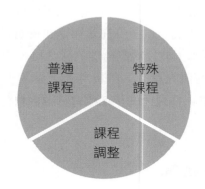

　　如今，融合教育已獲得法律與政策的支撐，漸入佳境，也受到社會各界的肯定（黃彥融等人，2018）。根據 2023 年教育統計資料，高級中等以下學校「統合式安置」（資源班＋融合班）約占六成四，顯示濃厚的統合式安置取向（詳見本書第二章第三節之五）。目前，融合教育已延伸至高等教育階段，絕大多數大學均設置了資源教室，以輔導身心障礙大學生〔包括制定個別化支持計畫（ISP）〕。

　　臺灣十二年國教的推動，可望為融合教育帶來更大發展的契機；惟迄今臺灣社會仍不敢奢談全天候、全類別、不分障礙程度、一元化安置系統的「完全融合」。

第二節　融合教育的理論基礎

由於缺陷論（醫療模式）的式微和學習典範的轉移，對殘障者的教育服務模式之議題也由以往純粹針對個人或針對環境，轉變為對個人與環境互動所產生影響的關懷，其中下列的理念匯聚推動了融合教育的思潮。

一、人類潛能發展說

基於相信每一個人都有積極追求成長和發展的願望，乃有下列四項基本假設：(1)社會必須給予每個人基本的人權，包含生存、教育、工作、自主和尊嚴的權利；(2)教育政策必須包括提供額外的資源，讓每個人能夠彌補先天的缺陷；(3)所有孩子都應該有權利接受教育，以達到自我充分發展；(4)所有父母都有權利得到幫助來教育他們的孩子，而不管是否有障礙或疾病（Kochhar et al., 2000）。

二、社會建構論

Vygotsky（1978）認為，孩子是透過與環境中的重要他人互動，進而內化並建構知識，心智活動與社會脈絡是結合在一起的。他主張學習之後才有發展，只有當孩子有機會觀察和接近新的技能，並透過同儕互動練習這個技能，才能使這個技能進入其認知結構中（引自 Mallory & New, 1994）。

由於建構論者強調學習是一個社會化的過程，因此主張同儕之間的學習和支持極為重要。身心障礙學生若處於隔離的環境，將無法獲得同儕互動和支持，表現較弱者若能常與表現較好者在一起，並獲得他們的協助，將有較大的進步機會。若將 Vygotsky（1978）的概念加以延伸，會發現社會建構論非常支持融合教育的理念：(1)學習者的表現會因不同的環境而有很大的差異，因此安置場所很重要；(2)在融合教育的環境中，會有各種不同能力的同儕，如果能力好的同儕能提供協助與合作，那麼學習者將會有較明顯的進步；(3)經由教師與同儕的協助，不僅有助於解決身心障礙學生目前的問題，也有助於激勵其潛能的發揮；(4)由於協助者需要透過對談、溝通或發問的方式，並將內在知識做適當的整理與表徵，才能有效地協助被協助者，因此對協助者本身而言也有提升認知效能的作用。換句話說，在融合教育的型態下，有可能達成教師、高能力學生、低能力學生三贏的局面。

三、教育基本價值論

Perpoint（1989）認為，融合教育的實施能反映在真實生活中。人類本來就是異質性

的存在，要學習容忍差異，並透過各種互動機會，建立友誼、分擔責任。在此過程中，有助於達成下列教育目標：(1)對個人尊嚴的尊重；(2)促進個人能力的成長；(3)促進社區的成長，人們可在一種支持性的關係中學習、工作和生活（引自黎慧欣，1996）。

四、一般系統理論

在一般系統理論中，每個人都被視為一個整體，每個人都應該被整體地看待，而不能只看個體的其中一面。就像是要了解一個人的成長、發展和行為，並不能將他們的每個行為獨立來分析而得到結論，個人的行為和經驗必須視為在某一環境裡動態的系統反應（Kochhar et al., 2000）。

五、正常化和社區統合原則

正常化定義為讓每位障礙者儘可能像一般人一樣地生存，此概念與西方民主法治社會的精神一致，有助於使社會大眾承認身心障礙者的潛能和權利。社區統合（community integration）即是受到正常化原則的影響，採用公民自由的概念，將此概念勾勒出一個理想社會的藍圖（Kochhar et al., 2000）。

六、環境準備說

融合教育強調在單一的教育系統中輸送教育服務，提供每位學生在自然融合的環境中與同儕一起學習、生活、工作和遊戲的機會，以便於適應未來融合的環境（Heffernan, 1993）。學者們咸認為在融合的班級中，身心障礙者除了學習核心的課程外，也能參與同儕的課外活動，增進其社會能力，有助於其未來的社會適應。Stainback 與 Stainback（1990）認為，如果學校要教導學生扮演好各種社會角色，那麼必須提供學習的典範；融合教育能提供學生體驗各種不同環境中所需實用技能的機會，而且融合環境中組成份子的異質性，有助於學生直接體認社會本質的多樣性，以容忍個體間的不同，彼此尊重。

七、個人自由原則

在學校中，下列問題常被提出來討論：學生應該得到多少幫助？如何能對學生有助益？教師做決定是否應謹慎小心？現代教育非常強調個人的自由和自主，並且相信社會支持系統應該協助個人開發潛能和謀生技能。讓身心障礙學生到主流學校接受教育，這與人類爭取自由的過程是一樣的（Kochhar et al., 2000）。

八、社會公平正義

　　融合教育的基本假定之一是：每個人的價值都是獨特的，任何人都可以被教育，都可以學習。因此在教育上，有責任提供每一個體學習的機會，使其成為貢獻者。融合教育是基於身心障礙者社會公平、正義、人權的主張，重視身心障礙者參與普通教育中學習活動的權利（Forest & Pearpoint, 1991）。

九、多元文化教育理念

　　根據多元文化教育的觀點，所有兒童不論其所屬種族或性別的不同、家庭社經地位或文化背景的差異、身體狀況或心智能力的高低，均應在同一環境下共同學習；亦即是，他們都應享有均等學校教育機會的權利。融合教育基於多元文化的教育理念，認為每一個人因文化、背景的殊異，而有其獨特的價值，且因個別間的文化差異，可使得班級的學習更加豐富（Sapon-Shevin, 1992）。

十、尊重個人特質的獨特性

　　每個人在生理、心理上的特質都是獨一無二的，每位學生的教育需求也是獨特的，無法用標記、分類的方法截然劃分為特殊和常態兩種（Trosko, 1992）。因此，個別化教育方案和服務對每個學生都是同等重要的。Stainback 與 Stainback（1984）認為，個別化教育方案不應是一種特權，僅提供給所謂的「特殊學生」，而應提供給所有學生，不管其為資優、障礙、少數族群或普通學生；如果每個學生的個別教育需求均能獲得滿足，特殊教育的標記化便可以去除（Trosko, 1992）。

十一、自我決定

　　對教師的重大挑戰是如何鼓勵學生和家庭決定未來學習的方向。現代教育已經把決定受何種教育的權利，從大型的機構移轉到學校，甚至到家庭和個人。為了達到此目的，教育過程必須從學生被動的學習轉變為自主性的學習，並讓學生學會掌握及決定自己的教育計畫（Kochhar et al., 2000）。

十二、管理理論和原則

　　在管理理論中的全面品質管理（total quality management [TQM]）不僅影響到商業行為，也引進到教育人文的社會服務當中。此理論強調，對於教師和服務機構要有一個可評量的方法，讓他們能夠更有效、更積極地對學生有正面的幫助。管理理論有下列幾個重

點：(1)權責分明；(2)講求效率；(3)強調溝通；(4)注重產能；(5)品質管制。這些是提升教育品質不可或缺的，可以幫助人們更有效運用有限的資源，並促進不同機構的合作，共同來發展融合教育（Kochhar et al., 2000）。

此外，設於英國的融合教育研究中心（Center for Studies on Inclusive Education [CSIE]）（1999）強調，融合教育是人權的、好的教育，且能產生良善的社會意識，其提倡融合的理由基於以下理念。

一、就人權而言

1. 所有的兒童有權利一同學習。
2. 兒童不應該因為他們的障礙或學習困難而被否定或被隔離。
3. 被隔離的殘障成人可以提出終止隔離的要求。
4. 對於兒童的教育，沒有合法的理由加以隔離。

二、就良好的教育而言

1. 研究結果顯示兒童於統合的環境中，學業和社會上的表現較佳。
2. 任何隔離環境中的教學或養護活動皆能在普通學校中進行。
3. 透過契約和支持，融合學校能較有效率的使用學校資源。

三、就社會意識而言

1. 隔離導致學生恐懼、冷漠和產生偏見。
2. 所有兒童需要幫助他們發展人際關係和為回歸主流社會做準備的教育。
3. 融合能建立友誼、尊重和了解，並減少恐懼。

英國學者Mittler（2000）對融合教育的涵義有精闢的看法：融合意涵著要幫助所有人認同以及珍惜共同組成之「共同體」（common-wealth），融合教育所強調的是大家雖然各不相同，但都站在立足點的平等線上。學校教育的對象包含各種不同學生，而沒有殘障與非殘障之別；因此，融合是指對學生的安置，一開始即予以統合，再提供適合個別需要的教育服務（引自林貴美，2000）。

美國國家教育重建及融合研究中心（National Center on Educational Restructuring and Inclusion [NCERI]）（1995）將「融合教育」定義為：「對所有學生，包括障礙程度嚴重者，提供公平接納而有效教育的機會，將其安置在其住家附近學校合乎其生理年齡的班級，使用所需的協助與相關服務，使學生日後能成為充分參與社會且對社會有用的一份

子」（引自 Lipsky & Gartner, 1997）。這個定義綜合了融合教育的主要精神，包括：不排除任何人、社區融入與支持，以及相關服務所強調的支持系統等。

第三節　融合教育的內涵

　　融合的基本要求是把各種環境的限制加以排除，使身心障礙學生能接近各種社會資源、參與各種社會活動。這些限制有些是有形的，有些是無形的：有形的是物理環境的限制，如建築、交通、教學場所等設施設備的障礙；無形的是人文環境的限制，如缺乏接納的、尊重的心理態度等，當然還有課程的障礙、教學的障礙，甚至是行政與法規的障礙，這些都必須排除，才能達到真正的融合（吳武典，2005）。

一、真正融合的要素

　　真正的融合，不只是物理的統合（特殊兒童與普通兒童相處一室），還包括心理／社會的統合（即相互接納）與課程教學的統合（即課程與教學的彈性）（吳武典，1998）。因此，為增進融合教育中身心障礙學生的福祉，亟應兼及物理環境、人文社會及適性課程，透過整個學校環境的改變和教師的積極參與，使身心障礙兒童在自然環境中獲得支持，使其能力（ability）浮現、障礙（disability）減除，此即是「透過變異教導殊異」（Teaching diversity through variety）（吳武典，1998；Ainscow, 1994）。

　　Meijer 等人（1994）將統合分為六個層次：(1)物理的統合：即在建築的設計上能促使障礙者與非障礙者接觸；(2)名詞的統合：即不使用具有標記性和區別性的名詞；(3)行政的統合：障礙者與非障礙者皆受到相同的法律約束，但障礙者可享有支持的協助；(4)社會的統合：障礙者和非障礙者有密切且頻繁的社會性接觸；(5)課程的統合：提供障礙者和非障礙者相同的課程架構和長程的教育目標；(6)心理的統合：在相同的地點、相同的時間使用相同的教育計畫。

　　Booth 等人（2000）認為，實施融合教育必須兼顧以下三個層面：

1. 建立融合教育的文化：建立一個安全的、友善的、合作的、鼓勵的社會，人人皆受到他人的尊重並發展自己的潛能，且學校教職員、學生、行政人員及家長共同致力於融合教育的推廣。

2. 建立融合教育的政策：融合教育為學校發展的重心，透過政策的執行，增進所有學生的學習和參與，學校並依學生的殊異性提供整合性的支持服務，以增進學校的效能。

3. 發展融合教育的實務：提升學校生活的融合，並鼓勵所有學生參與及運用校外生活的知識和經驗。在學習上，教學結合支持系統，教師致力於克服學生學習和參與

的障礙，並善加運用學校和社區的資源，以促進所有學生的學習。

二、融合教育的特質與指標

基於以上的理念，就實務的觀點，綜合融合教育的特質及實施成效的指標如下（參見溫惠君，2001）。

（一）融合教育的特質

1. 學校接受、包容各種不同的兒童。
2. 特殊兒童一開始即和其他同儕一起學習。
3. 學生的障礙類別與程度不予特別分類。
4. 學校沒有特殊班，但提供特殊學習需要的特殊教室。
5. 普通教師與特殊教師及專業團隊共同合作。
6. 特殊兒童在班上能自然參與活動，真正成為班上的一份子。
7. 所有兒童都有彼此互動學習的機會。
8. 尊重個別差異，允許每個人有不同的作為與貢獻。
9. 尊重每個人都享有自由與平等的機會。
10. 在班上有適應個別需求的個別化教育計畫（IEP），並確實執行。

（二）融合教育的指標

1. 尊重每個兒童。
2. 每個兒童都是班上成員，特殊兒童與其他同儕一起學習。
3. 特殊兒童雖然能力不足，但學習機會不會減少。
4. 特殊兒童同樣受到教師、行政人員與同儕的接納與尊重。
5. 每個特殊兒童都有適應其特殊需求的個別化教育方案（含生活訓練、輔具及其他特殊服務的提供），並確實執行。
6. 普通班與特殊班教師能充分合作。
7. 獲得充分的行政支援。
8. 教師依特殊學生的個別需要調整課程內容。
9. 特殊兒童能完全參與普通班的活動。
10. 所有學生家長都能參與學校活動。
11. 學生的學習結果都有適當的評量，不因其能力而減少學習的機會。
12. 特殊兒童的社會互動情形增加。
13. 特殊兒童的遊戲能力發展愈來愈好。

14. 特殊兒童的各項能力發展增加。

15. 特殊兒童的負向行為減少。

16. 特殊兒童的工作專注力增加。

17. 家長對融合的看法趨於正向。

18. 不以殘障做分組的依據而實施同儕隔離。

19. 普通班及特殊班教師合作計劃與教學。

20. 同儕合作學習。

21. 有效教學。

22. 有利互動的態度。

23. 充分的資源及支持系統。

24. 擬定融合教育的相關政策。

25. 課程和教學必須符合所有學生的需要。

26. 整個學校都能接受融合的理念。

27. 能顧及每個學生的需求。

28. 教師需不斷接受在職訓練。

29. 教師有參與的意願，而不是被迫參加。

30. 無障礙空間的設置。

　　綜合學者們所提融合教育的實施特質及指標，真正的融合是〔「三合一」＋1〕，即物理環境的融合、心理／社會的融合、課程教學的融合，加上支持系統（support system）（如圖 7-2 所示）：

1. 物理環境方面：兒童學習及活動的場所需符合無障礙環境的原則，對於特殊需求兒童不設定入學門檻，且提供充分的教學資源以助其學習。

2. 心理／社會方面：特殊需求學生在班上受到接納與尊重、得到協助、受到鼓勵，被視為是班上不可或缺的一份子。

3. 課程教學方面：必須考慮到所有學生的需求，不因能力而減少學習機會，學習結果都有適當的評量，同儕會合作學習，教師能關心所有學生的學習與參與。

4. 支持系統方面：能獲得充分的行政支援，所有學生家長都能參與學校活動，能與社區結合在一起。

三、融合教育指標與績效的關係：一項實徵研究的啟示

　　筆者曾指導溫惠君（2001）根據前述物理環境、心理環境、課程教學及支持系統等四項指標，設計了「融合教育指標問卷」，在臺北地區中小學以安置在普通班的智能障礙學生為對象，進行抽樣調查，抽取國小、國中及高中階段教師有效樣本 373 位為研究對象，

圖 7-2　真正的融合示意

真正的融合：三合一

物理環境的
融合

融合
教育

心理／社會
的融合

課程教學
的融合

建立融合教育量化指標。接著，篩選臺北市四所國小四至六年級的智能障礙學生共 38 名，實施「國語文能力測驗」、「數學能力診斷測驗」及「學生在校生活狀況問卷」，再請 38 位智能障礙學生之級任導師填答「融合教育指標問卷」，結合智能障礙學生特殊教育績效評量之結果，並透過對級任導師之深度訪談，以探討融合教育程度與智能障礙學生特殊教育績效（國語、數學能力和學校生活適應）之關係，獲得甚有意義的結果：

1. 國小階段融合的程度高於中學；在中學階段，國中又高於高中。顯示融合教育的程度與教育階段有關；年段低者實施起來，較為落實。

2. 智能障礙學生之學業成就與智商有顯著關係，與融合程度及教師個人變項無顯著相關。此顯示融合教育程度高者，並無助於其課業表現。

3. 智能障礙學生之適應行為與融合程度及教師特教背景有顯著相關，而與智商無顯著相關。易言之，融合程度高者，教師接受過特殊教育訓練者，其智能障礙學生在校之生活適應也較好；其中又以「心理環境指標」及「課程教學指標」兩變項對適應行為最具有預測力。這項研究結果顯示：融合教育之績效似乎主要顯現在特殊需求學生的適應行為上，而不在學業成績上。

4. 從訪談中可知，級任導師的角色是決定特殊學生是否能達到真正融合的靈魂人物，可見融合並非一蹴可幾，所達到的實質程度除了需具備時（時間）、空（空間）配合外，尚存乎一心（意願），才能達到真正有量、有質的融合。

5. 由訪談之結果得知，學生若具有干擾行為而影響師生關係及同儕關係，則獲得接納的程度甚低。由此可知，具嚴重行為問題的學生安置於普通班所能獲得的融合程度甚為有限。Farrell（1997）的研究指出，特殊學生如果不具有問題行為會獲得較好的融合教育，而 Fletch-Campbell（2001）的研究結果亦顯示，教師對於比較不受校規約束、有行為偏差問題的學生，傾向於「排除」，且大多數被隔離過的學生在重返普通班時會出現適應上的困難。溫惠君（2001）的研究結果與國外學者之研究不謀而合。

6. 不同融合程度之級任導師態度迥然有異：高分組教師對融合教育較持正向看法，認為可幫助普通學生了解人之不同，能培養欣賞他人優點的眼光、幫助特殊學生發揮學習潛能、感受學生純真帶來的快樂等；低分組教師則感到對待特殊學生要有很大的忍受力，他們深具無力感及沉重的壓力，此與 Salend 等人（1999）的研究結果相似。

7. 影響融合的因素極為複雜、多元：研究者雖欲比對融合程度高、低分組的異同及探討其中的成因，但各個個案同中有異、異中有同，難有定論。由此可知，融合教育雖有施行的模式及達成的指標，但其實施過程卻非常多元、多變。

8. 各項資源充足且獲得有效的整合時，才得以邁向成功的融合：級任導師對融合教育的正向信念是融合的首要條件，亦是特殊需求學生學習生涯的一盞明燈。從高分組教師身上可看出，實現融合光靠教師一己的力量所能達到之成效有限，必須透過同儕、家長、行政人員、社區人士等各界人士的配合，才可充分實現；而從低分組教師身上可看出，即使在獲得各項資源支援的情況下，若教師缺乏意願，或未發揮整合各項資源的角色功能，實施融合亦徒勞無功。唯有在各項資源充足且獲得有效的整合時，才得以實現物理環境的融合、心理環境的融合、課程教學的融合，以及支持系統的落實；有了真正的融合，才能達到實質的教育績效；如此，特殊需求學生才得以成功踏入社會和一般人一樣成長與學習。

第四節　融合教育的迴響

自融合教育的理念推出至今，因學者們對融合教育的見解不一，而在學術論壇上引發不少爭議，質疑的聲音此起彼落，也驅使學者們紛紛投入對融合教育績效的關注。在國內外學者對融合教育績效的研究中，可看出融合教育的實施獲得了熱烈迴響，但其中亦有研究結果顯示融合教育所帶來的負面效應。

一、正面效益

融合教育的效益通常係從對身心障礙學生的教育成效（學業成就和社會行為）、對普通學生的教育成效，以及對教師和教學品質的影響三方面加以評估。

融合教育的理念提出後，許多學者擔心會因為障礙學生出現而使普通班中的一般學生受到負面影響。Staub 與 Peck（1994）以準實驗研究法將融合式班級的身心障礙學生與一般學生相互配對作比較研究，結果顯示，普通學生並不因班上有身心障礙學生而降低學業表現，也不因班上出現障礙學生而減少與教師相處的時間及教師的注意，更不會從障礙學生身上學到不好的行為。他們進一步指出，從對參與融合教育的父母和教師所進行之調查

顯示，父母和教師均對融合教育持有正面的看法，對於普通學生也沒有造成不良的影響，甚至於普通學生從融合教育方案中得到了五項益處：(1)藉著關心和體諒來降低和不同人相處所帶來的恐懼；(2)有助於社會認知的成長；(3)增進自我概念；(4)發展個人原則；(5)溫暖和關懷他人。

融合教育並不是只將有障礙的學生安置於普通班中，然後就不管了，而需配合相關的支援。當學校開始實施融合教育的模式時，教師、家長及其他專業人員的合作是融合教育成功之關鍵因素（Wood, 1998）。研究結果亦顯示，教師對於班級中實施融合教育的看法會受到他們對障礙學生的態度與可獲得資源的影響。因此，當教師有適當的支援時，教師於融合的班級中才會有更多的合作行為、花更多的時間計劃、向其他教師學習新的技能及參與專業發展的活動，並不因此而導致教師教學品質的低落（Pijl & Meijer, 1997）。

美國國家教育重建與融合研究中心（NCERI, 1995）評鑑八個州和羅德島 11 個學區的融合教育實施情形，結果如下：(1)安置在融合班的特殊學生在社會適應能力、溝通能力及與同儕的互動情形，會比安置在隔離式特殊班的學生表現良好；(2)融合班的特殊學生會比安置在隔離式特殊班的學生更能達到 IEP 之目標；(3)安置在融合班的特殊學生家長會增加對孩子的期望，且能擴展其人際關係；(4)普通學生能以接納、積極的態度對待特殊學生，並能增加包容性及減少對差異所造成的恐懼；(5)能增進普通學生的自我概念及其在日常生活的問題解決能力；(6)教師面對改變時，能以寬大的心胸接受，以更強的能力來處理，且增進對教學的專業力，並能調整教學計畫，符合所有學生的需求，使所有學生都能從中獲益；(7)在融合式的環境中，教師能營造合作學習的環境，有助於學生的學習表現與社會能力。

Wang（1992）綜合賓州融合教育的實施成果發現：(1)在融合班學習的普通學生於標準化測驗得分上高於國家常模；(2)特殊學生對普通學生的學習成就不會造成負面影響；(3)安置於融合班的普通學生在閱讀及數學上之表現比非融合班的普通學生為佳；(4)安置在融合班的特殊學生在學業表現上有進步；(5)特殊學生和普通學生在行為表現上沒有顯著差異，都表現出適當的行為；(6)特殊學生、普通學生、教師及助理人員之間的互動良好。

在臺灣，吳淑美（1996）曾以新竹師院實小特教實驗班一年級及二年級的 48 名學生為研究對象，其中每班有三分之一為特殊需求學生，類別不拘。她評估父母及教師對完全融合的態度、學生在班上學習的情形、對學校的態度，以及在班上的社會地位等變項，以了解實施完全融合課程模式之成效。結果顯示：從父母、學生及教師的角度來看，完全融合模式對普通學生和特殊學生的學習都有助益，二年級學生的父母比一年級更贊成完全融合的教學方式，且認為完全融合的教育對普通兒童的助益大於特殊兒童。

王天苗（2001，2002）曾運用質性研究法，以臺北市一所市立幼兒園為研究場所，藉辦理研習會的方式，正式進入研究現場，試探在教學支持系統的建立，即在特殊教育和復健醫療等專業人員提供個案評估與教學諮詢服務及義工協助班級教學等方式，以及課程與教學策略的調整下，了解融合教育實施方式的可行性和成效。結果發現：讓發展遲緩幼兒

融入班級內與一般幼兒一起學習，因為有一般幼兒的學習模範，因此在各項發展能力上有明顯的進步，尤其是語言和社會互動能力更是增長。普通幼兒懂得接納、包容發展遲緩幼兒，更富有同情心、同理心與愛心，能學會主動協助、關懷或教導發展遲緩幼兒。就班級教師而言，會因了解而「不怕」發展遲緩幼兒，逐漸有較正向的態度，並且隨者專業輔導，特教知能增加，能具體掌握發展遲緩幼兒學習起點而設計課程，逐漸能引導特殊幼兒融入班級活動中，給一般幼兒正確對待特殊幼兒的榜樣。

徐美蓮與薛秋子（2000）的研究發現，在融合教育中，利用自編的融合課程設計並依據教學步驟實施教學，自閉症兒童在普通班的學習有明顯的進步，與同學之間有較良好的互動關係；在社會互動能力方面亦有明顯的提升，尤其以語言溝通、人際關係、參與能力及社交技巧上為然，其不良的適應行為也逐漸地降低。另外，從學生的問卷調查及個別訪問的結果發現：普通班兒童大多數能接受自閉症兒童，並與他們相處融洽；所有學生對於自閉症同儕的表現有較多正向的評價。但值得注意的是，由於干擾及攻擊行為並未根除，因此與自閉兒同班的意願稍嫌低落。

蔣明珊（2002）探討臺灣國小普通教師實施國語科課程調整的狀況及需求，然後藉由實施普通班課程調整教學實驗，並評鑑其實施過程與成效，以期發展出一個可行之課程調整實施模式。該項研究以行動研究的概念為指導原則，研究過程分為計畫、發展、教學及評鑑四個階段。研究方法包括問卷調查、訪談、準實驗設計、觀察、測驗、文件分析及團體座談等。研究結果顯示：

1. 在計畫階段訪談的 19 位普通班教師不具備課程調整的具體概念，因此雖然大多同意實施課程調整有其必要性，但卻因擔心沒有多餘時間或增加教學負擔，而有一半以上表示不會實施課程調整。

2. 參與教師對實施國語科課程調整的態度，因調整效果的顯現而從實驗初期的興奮或觀望，進展到中期的忙碌與接納，直到後期則有明顯的肯定。在課程調整教學實驗後，教師所使用的調整策略均有明顯增加，對課程調整有正向看法，且認為在專業方面有所成長。

3. 在普通班中同時進行資優與障礙學生的課程調整是可行的，而特殊班教師與普通班教師的合作則是影響課程調整實施之重要因素。

4. 特殊班教師可以提供普通班教師課程調整的協助，主要包括提供課程調整的建議、設計相關的學習單、製作教具、協助尋找相關資源、對部分障礙較嚴重和學習較困難的學生進行入班合作教學、將在資源班發現到的合適教學策略轉移給普通班教師，以及協助訓練愛心媽媽等。

5. 學生較喜歡的調整策略為語文遊戲及視覺化提示，認為最有幫助的則為視覺化提示。而教師認為效果較佳的調整策略則為合作教學、教導學習策略、運用合作學習、多層次教學、遊戲教學、獨立研究指導及視覺化提示。

6. 雖然部分障礙學生的學業成就有所提升，但並沒有一致的結果。大抵而言，即使

沒變好，也不會明顯變差；大多數資優學生的學業成就則無明顯改變。教師則認為課程調整可以滿足不同學生的學習需求，並促進特殊需求學生的學業成就與人際關係。在家長方面，障礙學生的家長認為實施課程調整能幫助孩子學習國語，其中以認字、讀寫及造句方面的表現較佳；而資優學生的家長則非常滿意獨立研究的指導及充實課程的設計。

　　以上研究之結果顯示：融合教育對於特殊需求學生及普通學生皆具有正面影響，而普通班教師在獲得適當的支持等相關條件配合之下，並未降低其教學品質而影響其教育績效。

二、負面效應與阻礙

　　雖然頗多國內外研究結果顯示，實施融合教育對特殊幼兒和普通幼兒有正面效果，也能使一般幼教老師更接納、更有技巧地教導特殊幼兒，但不可否認的，融合教育的實施還是有些問題存在（王天苗，2003），在配套措施尚未完備下，實施融合教育非但沒有正面效益，還帶來了負面的影響，並有結果顯示融合教育所遭遇的阻礙。

　　York 與 Tundidor（1995）的研究發現，實施融合教育時所遇到的阻礙包括：學校人員和一般學生的負面態度、一般學生受到忽略、難以兼顧學生所需、醫療資源不足、人員安排不足、教材調整經費不足、普通教育教師和特殊教育教師合作時間不足、物理環境存在著許多障礙等。

　　Salend 與 Duhaney（1999）歸納相關研究指出，在學業成效方面，雖然有些融合教育情境中的普通學生幾乎都認為在融合教育中有所獲益，而身心障礙學生在學業方面進步不少，包括：標準化測驗得分、閱讀表現、IEP 目標的精熟、學業等第、專注行為、學習動機、轉銜成功性等方面。實施融合教育對普通學生不會造成干擾，不會影響教學進行與時間，也不會影響普通學生在標準化成就測驗上的得分及成績單等第各方面之學業表現，但也有學生在融合中並未得到符合其特殊需求的教學，有些輕度障礙學生的教育需求可以在融合情境中獲得滿足，但仍有學生在接受傳統特殊教育服務時的學業表現比較好。在社會行為方面，身心障礙學生與普通學生之間的互動較為頻繁、有較高的社會支持、能發展出較持續深厚的友誼，而在社會技巧上也有進步；但在另一方面，同儕互動的質量隨著年級增加而降低，障礙學生常被同儕排斥，而衍生低自我概念的情形。

　　Fletch-Campbell（2001）根據三個研究的結果指出，雖然同樣安置在融合式班級，但三種不同需求學生所受到的待遇卻不相同：第一類為成功安置在普通班的特殊學生，於學校的主流教育中享有整合的資源服務；第二類為不受學校教育約束，且有行為偏差問題的學生，雖在融合教育之下，卻受到排拒；第三類為學習成就低落的學生，受到的待遇則介於融合與排拒之間。此研究顯示融合教育雖有優點，但是特殊學生被排拒的情形卻是時常可見；而被排拒的學生，其教育機會受到剝奪；程度較差的學生常會被排除在學校主流的

教育課程之外；大多數被隔離過的學生在重返普通班時都有適應上的困難，而且變得非常沒有自信，且導致教師和家長的溝通不良；教育是一個多元化的過程，「排拒」常會減少多元化的機會。

在臺灣，黎慧欣（1996）探討教師對融合教育的態度後指出，實施融合教育的可能困難包括非障礙學生不當的行為與態度、普通教育教師的教學負擔過重、特教知能不足、校內缺乏相關專業服務支持等。

前述王天苗（2001）對發展遲緩幼兒融合式幼教模組的建立與實施之研究，雖看出了不少成效，卻也發現不少問題，包括：(1)行政方面，尋找義工有困難，仍有要求母親伴讀、特殊幼兒上半天班等不合理作法；(2)教學方面，發展遲緩幼兒在班上若表現干擾行為而影響教學，則會引起老師的排斥，教師同時反應專業知能不足、教學自信不足、力不從心等問題。課程設計上，無法顧及特殊幼兒所需，教師過於依賴家長和義工，不但忽略給特殊幼兒的指導，更給特殊幼兒特權或特別待遇，只求不吵不鬧；(3)幼兒方面，特殊幼兒常在班級內遊離，少參與班級活動；特殊幼兒擁有特權或特別待遇，普通幼兒感到不公平而排斥他們；(4)家長方面，對子女的教育處於被動的角色，未爭取應有的權利；過度保護子女，不願面對現實，很少採納教師和其他專業人員所給予的建議；(5)專業團隊方面：協調輔導時間有困難，觀察時間不夠長，有些評估結果或建議可能太過於片面或不夠具體；由專業人員輔導所提供的建議活動，老師無法確實落實在平日教學上。由此可見，普通班教師的心態和特教教師的專業和溝通能力是實施融合教育模式的關鍵條件。

鄒啟蓉（2000）曾探討發展遲緩幼兒在融合教育環境中的社會行為表現及相關影響因素，發現：規範性行為與不專注／過動行為最能預測教師評量之安置恰當程度；在融合教育環境中，發展遲緩幼兒在規範性、互動性、自主性、專注學習、自主學習等五個適應行為分量表的得分顯著低於一般幼兒，且有較多不專注／過動及內向性不適應問題，但兩組幼兒在外向性不適應問題上無顯著差異。

邱上真（2000）曾探討普通班教師在協助身心障礙學生時最感困難之處，結果顯示學生個人有關因素影響最大，例如：學生程度落後太多、沒有學習動機、能力太差、個別差異太大等；而班級人數太多、上課時數太多亦是重要因素；另有相當高比例的國小教師認為教材太多、需要趕進度以及教學時間不夠等，皆是他們感到相當困擾的，也因此而影響實施融合的績效。

蘇燕華與王天苗（2003）以 12 位臺北市國小普通班教師為研究對象，採深度訪談法蒐集教師在融合教育實施中的經驗和想法，結果發現教師對融合教育的態度，矛盾交陳；對其效果的看法，正反兼具；雖肯定其理想，但普遍覺得配套不夠、信心不足，顯然疑慮甚多。

鄭津妃（2012）根據文獻探討與個人實務經驗指出，臺灣在融合教育的推動上面臨三大問題：(1)特殊教育沒有真正帶進普通班級中，障礙學生若要得到深入且適性的服務，只能在較隔離的環境（資源教室）以抽離的方式提供，特教教師關起門來埋頭苦幹，卻未能

解決特殊學生在普通班所面臨的課程、教學、人際等問題；(2)特殊教育政策的規劃仍有「隔離」和「特殊」的作法與想法，例如：修正《特殊教育法》（2009）規定各縣市至少要設立一所特殊教育學校（按：2023 年修正《特殊教育法》已刪除這項規定），但教育當局卻讓大型教養機構收托輕中度障礙學生並提供經費補助，各縣市實施重度學生在家教育卻未檢討實質教育功能，凡此均不符合融合教育的原理與精神；(3)普通教育與特殊教育壁壘分明，彼此各司其職，分工多於合作，特殊教育處於普通教育的外圍，等待著學生在學業與人際失敗後，確認其障礙身分再協助取得資格，施予服務。鄭津妃的評論頗為嚴厲，卻也相當深刻。由此看來，臺灣當前的特殊教育，頂多達到回歸主流時代「統合」的層次，距離普特一家的「融合」境界，還有一段距離。

三、綜合評論

比較以上有關融合教育實施成效的相關研究後會發現，在融合教育環境及相關服務下，在學業上及社會行為上，皆可為特殊需求學生及普通學生帶來正面的效益；融合教育的理念亦可為教師帶來思想上和教學上創新的啟發與激勵。但若干實徵性研究和評論亦指陳，由於見識不足、信心不堅、準備度與配合條件不夠，因此未能充分發揮融合教育的美意。亦有學者指出，融合教育需要有很不一樣的學校結構，融合教育要徹底實施，學校必須重建；而在教育實務上也要有根本的改變，因此乃有學校重建運動（school restructuring movement）的提出（Lipsky & Gartner, 1997），以促使融合教育理想的實現。

第五節　融合教育何去何從

一、努力的方向

融合教育何去何從呢？綜合上述各項資料分析，融合教育欲築夢踏實，似可從回歸適性、多元彈性、漸進推展及強化配套等四大方向思考，其中最關鍵的是「強化配套」。

（一）回歸適性

與其強調容易誤解的回歸主流（「盲目的合」或「為合而合」），不如強調最少限制的環境、適性教育或因材施教（個別化教學）。若仍強調回歸主流，必須要有適當的配合措施，包括：(1)正確的鑑定；(2)多元的安置；(3)設施的改善；(4)課程的修訂；(5)教師的熱忱；(6)環境的接納。特殊教育未來的發展，亦應朝著普遍化、多樣化、合作化的方向發展。

（二）多元彈性

至於最適當的安置，即是最適應個別差異的安置。吳武典（1997，2019）認為，在「儘量回歸普通環境」的融合教育原則下，可以Reynolds（1962）所提出的「階梯式服務模式」為基礎，另加修正補充。除了要考慮 Reynolds 所提的障礙程度和進步情形外，尚應考慮障礙類別、社區安置和個人意願三要素。以上五種因素的綜合考量、彈性運用，即是「最適當的安置」（optimum placement）；符合的情形愈高，對當事人的成長發展愈有利（詳見本書第一章第三節之三）。

（三）漸進推展

融合可作為一種理想，完全融合又如同大同世界一樣，雖不易達到，卻不可輕言放棄。衡諸文化社會背景與現實條件，各國或各個社會可以有其不同的作法，但絕不宜走回頭路，而應儘量邁向融合。融合乃是自然調適的過程，加上現代社會具有多元化的特質，特殊兒童也有的巨大異質性，完全融合的境界不是一蹴可幾，漸進地、有條件地推展融合教育，應是兼顧理想與現實的作法。在臺灣，當前身心障礙兒童教育安置的政策取向即是「多元化的安置，邁向融合教育」（教育部，1995），不失為中庸務實之道（吳武典，2019）。

（四）強化配套

融合教育的實施必須要有「支持」（support），故在實施上應考慮一些相關的配合措施。茲綜合說明如下：

1. 在行政方面

(1)藉由座談、論壇，展示實施融合教育成功的例子及具體的實施程序，以提升學校人員及社區人士的支持度。

(2)提供持續性的協助，包括人員的培訓和資源的提供，專業及半專業人力的支援。

(3)擬定周詳的實施計畫，包括時程表、經費籌措、空間安排、人員安排、定期督導和成果評鑑等。

(4)提供在職訓練，改善對融合教育的態度、知識和技能，提高服務效能，以滿足不同學生的需求。

(5)提供充分的相關服務，包括健康、生理、職能訓練、語言治療等方面。

(6)物理環境設備的調整，包括建築、運動、遊戲設施、學習教材、輔助科技等方面。

(7)改善經費提撥方式，以所有學生之教育需求為前提，而不以特殊教育標記做為學

生獲得必要資源的依據。

(8)彈性時間安排，以利實施協同教學、合作學習。

(9)發布正式的融合教育政策和規定。

(10)提供完善的計畫和充足的時間，讓學校人員做好準備。

2. 在教育安置方面

(1)居家附近：安排學生於社區中的學校就讀，而非安排到隔離式的特殊教育學校或遠距的集中式特教班。

(2)自然的比例：每個學校和班級都有相同比例的障礙學生，障礙的比例宜和在社會中的比例相似，舉例來說，如果社會上有 10%的障礙人口，那麼融合班中就不宜有超過 10%的障礙學生；以普通班 25～30 名學生而言，障礙學生不宜超過 3 人。

(3)零拒絕：每個學校都要服務該學區的所有學生，不可有例外。

(4)考慮能力和情緒：有極度學習困難和情緒問題的學生之融合較為困難，在有充分資源支援下實施，較為穩當。

3. 在課程教學方面

(1)多元化的教學：採小組教學、跨年級教學、同儕指導、合作學習等策略。

(2)採協同與小組教學，以促進教師間的積極合作關係。

(3)教師與相關專業人員組成教學小組，共同擬定教學計畫、發展教材及記錄學生學習情形。

(4)教師需具備編選適當教材以因應學生個別需求的知識與技能。

(5)採彈性評量、多元評量，而非標準化或一致性的評量。

(6)多層次教學（multi-level instruction）：在相同課程內，根據學生能力進行不同類型的學習，採用不同的教學方法、不同的學習活動、不同的評量過程，接受不同的學習成果及不同的展現學習成果方式。

(7)合作學習（cooperative learning）：異質性分組，強調組內分工合作。

(8)活動為本的學習：強調自然情境中的學習機會和實際工作成果，不僅參與班級的活動，也鼓勵學生參加社區中的活動。

(9)精熟學習（mastering learning）和成果為本的教學：強調學生應學習的，並有足夠的機會讓學生精熟學習內容。注重再學習、再教學，並考慮學生的學習風格。

(10)應用輔助科技（assistive technology）：採用電腦輔助教學，以配合學生個別的學習速度；使用閱讀機、溝通板、盲用電腦、刺激轉換機，甚至人工智慧（AI）科技輔具，以增進學習效能。

(11)同儕輔導和個別指導。

4. 在家庭參與方面

　(1)家長參與學校教育方案與其子女個別化教育計畫（IEP）的制定。

　(2)監督支持性服務之執行。

5. 在學校氣氛與文化方面

　(1)相關人員（行政人員、教師、家長、社區人士）建立共識：對障礙學生的教育價值持正向看法，對教師的能力及學校的變革持樂觀看法，確信所有學生均能從融合教育方案中獲益。

　(2)上述相關人員共同形塑接納、友善、同理、支持、互助的校園氛圍和文化。

6. 在社區合作方面

　(1)開放資源：開放校內和社區的設施及資源，供特殊學生及社區民眾使用，以增進「共同體」的信念和「共享」、「共好」的機會。

　(2)加強學校與社區的雙向連結，例如：學校安排課程供社區民眾參與，或提供社區民眾臨時托育服務，以利民眾參與親職教育活動。

二、面臨困難的解決之道

　　經營融合班並非易事，融合教育的困難是可以預期的，茲從行政、態度和知能三方面分析可能的障礙或挑戰，進而謀求解決之道。

（一）行政上的障礙

　　有關學校和班級經營上所可能遭遇的障礙及解決之道，如表 7-1 所示。

表 7-1　行政上的障礙及解決之道

行政障礙	解決之道
1. 缺乏行政上實施融合教育的承諾。	行政主管應把融合教育的目標列入一般學校的教育目標中，以改善教學和學習環境。
2. 預算有限，且融合教育所需經費常有斷炊之虞。	行政主管須確保實施融合教育的預算列入學校的預算中，並且不斷改善，以支持融合教育的永續經營。
3. 教師缺乏意願，且不願花時間教導特殊需求學生。	學校可將代課教師及實習教師排入小組教學的計畫中，減少教學時數，利用教師進修來提高動機。
4. 指導障礙學生會增加教師負擔，導致班級經營出現問題。	邀請專家徹底評估學校實施融合教育的可行性及補強之道，包括：物理環境、課程計畫、支持服務、學習成就評量、行政計畫，以及教師的專業訓練等。

表 7-1　行政上的障礙及解決之道（續）

行政障礙	解決之道
5. IEP 資料的蒐集及記錄需要花大量時間。	多利用電腦化的 IEP 軟體，使教師更容易處理與分析影響學生學習的因素。
6. 資金與資源不足。	有待修（制）訂法律和行政規劃，以爭取資金和設備。
7. 缺乏一致的概念或共識，無方向可循。	特殊教育教師（含資源教師）必須不斷學習、精進，並與普通教育教師分享特殊教育的理念與作法。
8. 缺乏機構加入學校和社區，共同負擔融合教育的責任和義務。	教師必須尋找社區相關資源和機構，爭取合作和支援，例如：醫療復健、心理治療、社會服務、家庭服務、法律服務、健康諮詢等。
9. 身心障礙學生參與學校活動有困難。	利用復康巴士、校車、特約計程車或安排助理人員接送行動不便學生，並提供課後的照顧與安置。
10.難以評估教育服務的成效。	學校必須了解實施融合教育所可能產生的困難和成效，從學生的學業、適應和職能等各方面評估教育成效。
11.特殊教育和一般教育形成雙軌，造成學校行政上的困難。	所有教師都應接受特殊教育和普通教育的研習，以增進彼此的了解和合作。
12.教師和學校當局的誤解。	慎選實施融合教育的成員，加強培訓，在行政上採取「鼓勵、增能、授權」策略，以改變學校生態。

（二）態度上的障礙

　　有關信念、動機和態度上所可能遭遇到的障礙和解決之道，如表 7-2 所示。

表 7-2　態度上的障礙及解決之道

態度障礙	解決之道
1. 對身心障礙學生的偏見會影響實施融合教育的成效。	分享教導特殊需求學生的成功經驗，以化解偏見，增進信心。
2. 經費的短缺會讓學校降低實施融合教育的意願。	一方面努力爭取行政支援、保障經費來源；一方面加強宣導，讓社會大眾及家長了解融合教育的運作方式及所達成的成效。
3. 教師被要求改變傳統的教學方式，覺得權威受到威脅。	資深教師應幫助新進教師了解及接受融合教育。

（三）認知上的障礙

　　有關知識和技能上所可能遭遇到的障礙和解決之道，如表 7-3 所示。

表 7-3　認知上的障礙及解決之道

認知障礙	解決之道
1. 特殊教育教師和普通教育教師彼此不了解工作性質及任務。	組成研究小組或融合教育社群，分享經驗，了解彼此的角色，以促進分工合作。
2. 教育人員不了解融合教育如何實施。	透過專業發展（在職訓練）活動，分享並學習融合教育的資訊和策略。
3. 教育人員不了解安置的連續性。	提供教師關於安置連續性或適性安置的研習機會，並加強教師的專業決策能力，正確判斷學生的安置場所。
4. 融合式班級缺乏教學策略。	透過在職訓練及研討會，增進普通班教師的融合教育教學策略（如課程調整策略）。
5. 缺乏 IEP 方面的相關知識。	透過在職訓練及研討會，讓普通教育教師了解 IEP，以利參與 IEP 小組，協同特教教師制定班上特殊需求學生的 IEP。
6. 家長的參與情況不佳。	讓家長了解融合教育進展的狀況，邀請家長參與其子女的 IEP 小組，保障學生適性教育的權利。

　　總之，融合教育不只是一種安置的形式，應兼顧其形式與功能；教育的功能（裡子）應重於形式（面子）。融合教育的目標並非一蹴可幾，完全融合的理想更是如此；漸進地、有條件地推展融合教育，應是兼顧理想與現實的作法。在朝向融合教育邁進的同時，難免遭遇波折與阻礙，以上從行政上、態度上及認知上的三個層面提供遭遇阻礙時的解決之道，期望能實現物理環境、心理環境、課程教學及支持系統四個層面的融合，使特殊需求學生在自然情境中獲得支持，真正融入環境、課程與社會生活。

延伸閱讀

一、推薦書籍

吳淑美（2016）。融合教育理論與實務。心理。

吳淑美（2019）。學前融合教育：理論與實務。心理。

洪儷瑜（2001）。英國的融合教育。學富文化。

教育部（2014）。「十二年國民基本教育：成就每一個孩子」宣導手冊。作者。

鈕文英（2022）。擁抱個別差異的新典範：融合教育（第3版）。心理。

二、相關網站資源

全國特殊教育資訊網（https://special.moe.gov.tw）

Centre for Studies on Inclusive Education（https://www.csie.org.uk/inclusion）

Council for Exceptional Children（https://exceptionalchildren.org）

Inclusion International（https://inclusion-international.org）

National Center on Education Restructuring and Inclusion（https://www.acronymfinder.com/National-Center-on-Educational-Restructuring-and-Inclusion-(NCERI).html）

參 考 文 獻

中文部分

王天苗（2001）。運用教學支援建立融合教育的實施模式：以一公立幼稚園的經驗為例。**特殊教育研究學刊，21**，27-51。

王天苗（2002）。發展遲緩幼兒在融合教育環境裏的學習。**特殊教育研究學刊，23**，1-23。

王天苗（2003）。學前融合教育實施的問題和對策：以臺北市國小附幼為例。**特殊教育研究學刊，25**，1-25。

吳武典（1997）。從特殊兒童的教育安置談特殊教育的發展。**中國特殊教育，3**，15-21。

吳武典（1998）。教育改革與特殊教育。**教育資料集刊，23**，197-220。

吳武典（2005）。融合教育的迴響與檢討。**教育研究月刊，136**，28-42。

吳武典（2013）。臺灣特殊教育綜論（一）：發展脈絡與特色。**特殊教育季刊，129**，11-18。

吳武典（2019）。現代化過程中，特殊教育的中庸之道。第六屆海峽兩岸特殊教育高端論壇主講論文。南京特殊教育師範學院，2019 年 11 月 16～17 日。

吳武典（2020）。十二年國民基本教育特殊教育課綱（108 特教課綱）的定位與特色。**特殊教育季刊，154**，1-120。

吳武典、吳清鏞（主編）（2019）。**十二年國民基本教育特殊教育課程綱要實施手冊**（初稿）。（未出版）

吳淑美（1996）。探討「竹師實小特教實驗班第二年實施中重度學生完全包含課程模式（**full inclusion**）成效」之實驗研究。國立新竹師範學院特殊教育學系。

吳淑美（2016a）。**融合教育教材教法**。心理。

吳淑美（2016b）。**融合教育理論與實務**。心理。

吳淑美（2019）。**學前融合教育：理論與實務**。心理。

李翠玲（2016）。重度與多重障礙學生之融合教育議題與案例探討。**特殊教育發展期刊，62**，15-22。

林坤燦（2008）。**融合教育普通班特殊教育服務方案**。國立東華大學特殊教育中心研究報告。（未出版）

林貴美（2000）。特殊教育的新精神：尊重個別差異，融通不同於群體。載於中華民國特殊教育學會（主編），**特殊教育年刊：e 世代特殊教育**（頁 191-206）。中華民國特殊教育學會。

邱上真（1999）。融合教育問與答。載於中華民國特殊教育學會（主編），**特殊教育年刊：迎千禧，談特教**（頁 191-210）。中華民國特殊教育學會。

邱上真（2000）。**帶好每位學生：理論實務與調查研究——普通班教師對特殊需求學生之因應措施**。國立高雄師範大學特殊教育學系專題研究調查成果報告。（未出版）

姜義村（2011）。「不想成為班上的小白兔！」：以符號詮釋自閉症學童在融合教育中友誼建立之挑戰。**特殊教育研究學刊，36**（3），87-114。

洪儷瑜（2001）。**英國的融合教育**。學富文化。

洪儷瑜（2014）。邁向融合教育之路：回顧特殊教育法立法三十年。載於中華民國特殊教育學會（主編），**中華民國特殊教育學會 2014 年年刊**（頁 21-31）。中華民國特殊教育學會。

徐美蓮、薛秋子（2000）。**融合教育教學模式：以自閉症兒童融入普查班為例**。復文。

張訓誥（1969）。**臺灣盲童教育之革新：實施盲生就讀國校計畫之研究**。臺灣省視覺障礙兒童混合教育計畫師資訓練班。

教育部（1995）。**中華民國身心障礙教育報告書：充分就學、適性發展**。作者。

教育部（2008）。**特殊教育發展報告書**。作者。

鈕文英（2006）。國小融合班教師班級經營策略之研究。**特殊教育學報**，**23**，147-183。

鈕文英（2022）。**擁抱個別差異的新典範：融合教育（第三版）**。心理。

黃彥融、盧台華、王麗雲（2018）。新北市國民中小學教育階段融合教育政策評估之研究。**特殊教育學報**，**47**，1-31。

黃國晏（2010）。臺北市視障學生生涯教育與融合教育之研究。**新竹教育大學教育學報**，**27**（2），75-101。

溫惠君（2001）。**融合教育指標及其特殊教育績效之探討：以智障學生為例**〔未出版之碩士論文〕。國立臺灣師範大學。

鄒啟蓉（2000）。**發展遲緩幼兒在融合教育環境中社會行為表現研究**〔未出版之博士論文〕。國立臺灣師範大學。

蔡昆瀛（2015）。**繽紛球池：學前融合教育實務 ING**。臺北市政府教育局。

蔣明珊（2002）。**普通班特殊需求學生課程調整之探討及其在國語科應用成效之研究**〔未出版之博士論文〕。國立臺灣師範大學。

鄭津妃（2012）。臺灣普教與特教的現況與未來：繼續統合或行動融合？**特殊教育季刊**，**124**，21-28。

黎慧欣（1996）。**國民教育階段教師與學生家長對融合教育的認知調查研究**〔未出版之碩士論文〕。國立臺灣師範大學。

盧明（2011）。**學前融合教育：理論與實務**。華都文化。

羅丰苓、盧台華（2015）。國中融合教育中身心障礙學生遭受普通班同儕霸凌現況及原因之研究：以一所國中為例。**中華輔導與諮商學報**，**42**，1-34。

蘇燕華、王天苗（2003）。融合教育的理想與挑戰：國小普通班教師的經驗。**特殊教育研究學刊**，**24**，39-62。

英文部分

Ainscow, M. (1994). *Special needs in the classroom: A teacher education guide.* Jessica Kingsley.

Booth, T., Ainscow, M., Black-Hawkins, K., Vaughan, M., & Shaw, L. (2000). *Index for inclusion.* Center for Studies on Inclusive Education.

Center for Studies on Inclusive Education. [CSIE] (1999). *Ten reasons for inclusion.* https://www.csie.org.uk/resources/ten-reasons-02.pdf

Council for Exceptional Children. [CEC] (1998). *IDEA 1997: Let's make it work*. Author.

Dunn, L. M. (1968). Special education for the mildly retarded: Is much of it justifiable? *Exceptional Children, 35*, 5-22.

Farrell, P. (1997). The integration of children with severe learning difficulties: A review of recent literature. *Journal of Applied Research in Intellectual Disabilities, 10*(1), 1-4.

Fletch-Campbell, F. (2001). Issue of inclusion: Evidence from three recent research studies. *Emotional & Behavioural Difficulties, 6*(2), 69-90.

Forest, M., & Pearpoint, J. (1991). Two roads: Exclusion or inclusion. *Developmental Disabilities Bulletin, 19*(1), 1-11.

Heffernan, R. (1993). *Serving students with disabilities in general education: The partnership*. Unpublished doctoral dissertation, University of San Diego, CA.

Kochhar, C. A., & West, L. L. (1996). *Handbook for successful inclusion*. Aspen.

Kochhar, C. A., West, L. L., & Taymans, J. M. (2000). *Successful inclusion: Strategies for a shared responsibility*. Prentice-Hall.

Lipsky, D. K., & Gartner, A. (1997). *Inclusion and school reform: Transforming American's classrooms*. Paul H. Brookes.

Mallory, B. C., & New, R. S. (1994). Social constructivist theory and principles of inclusion: Challenges for early childhood special education. *The Journal of Special Education, 28*(3), 322-337.

Meijer, C. J. W., Pijl, S. J., & Hegarty, S. (1994). *New perspectives in special education*. Routledge.

National Center on Education Restructuring and Inclusion. [NCERI] (1995). *National study of inclusive education*. The City University of New York.

Pijl, S. J., & Meijer, C. J. W. (1997). Factors in inclusion: A framework. In S. J. Pijl, C. J. W. Meijer, & S. Hegarty (Eds.), *Inclusive education: A global agenda* (pp. 8-13). Routledge.

Reynolds, M. C. (1962). A framework for considering some issues in special education. *Exceptional Children, 28*, 367-370.

Salend, S. J., & Duhaney, L. M. (1999). The impact of inclusion on students with and without disabilities and their educators. *Remedial and Special Education, 20*(2), 114-126.

Salend, S. J., Garrick, N. B., & Duhaney, L. M. (1999). The impact of inclusion on students with and without disabilities and their educators. *Remedial and Special Education, 20*(2), 114-126.

Sapon-Shevin, M. (1992). Celebrating diversity, creating community: Curriculum that honors and builds on differences. In S. Stainback & W. Stainback (Eds.), *Curriculum considerations in inclusive classrooms: Facilitating learning for all students* (pp. 19-36). Paul H. Brookes.

Stainback, W., & Stainback, S. (1984). A rationale for the merger of special and regular education. *Exceptional Children, 51*, 102-111.

Stainback, W., & Stainback, S. (1990). Inclusive schooling. In W. Stainback & S. Stainback (Eds.), *Support networks for inclusive schooling: Independent integrated education* (pp. 3-23). Paul H. Brookes.

Staub, D., & Peck, C.A. (1994). What are the outcomes for nondisabled students? *Educational Leadership, 52*(4), 36-40.

Trosko, P. L. (1992). *Teacher attitudes toward mainstreaming and inclusion of special education students into vocational and regular education programs*. Unpublished doctoral dissertation, University of Wayne, Michigan, MI.

Vygotsky, L. S. (1978). *Mind in society: The development of higher psychological processes*. Harvard University Press.

Wang, M. C. (1992). *Adaptive education strategies: Building on diversity*. Paul H. Brookes.

Wood, J. W. (1998). *Adapting instruction to accommodate students in inclusive settings* (3rd ed.). Allyn & Bacon.

Wu, W. T. (2017). *The role of encouragement, empowerment, and support system in inclusive education: The Taiwan experience*. Paper presented at the 2017 Inclusive Education Summit, University of South Australia, Adelaide, Australia, Oct. 27-28.

York, J., & Tundidor, M. (1995). Issues raised in the name of inclusion: Perspectives of educators, parents, and students. *Journal of the Association for Persons with Severe Handicaps, 20*(1), 31-44.

第二篇

分論

第八章

智能障礙

林淑莉

　　不管是國內或國外，早期對「智能障礙」的名稱大多都帶有鄙視之意味（何華國，2009）。近年來，基於人道立場與平等觀念，許多國家已漸漸主張要以中性名稱「智能障礙」（intellectual disability）來稱呼智能障礙者（陳麗如，2011；盧台華，1999；American Association on Intellectual and Developmental Disabilities [AAIDD], 2010/2010; Smith & Tyler, 2010），並鼓勵使用「individuals with intellectual disability」的方式來形容智能障礙者。上述用意除了強調人人皆應享有基本被尊重的權利外，也在強調智能障礙者本身個體的獨特性（亦即，智能障礙者在智能上的困難只是附帶性狀況，而不是全面性的受到限制）（陳麗如，2011；鈕文英，2012）。此外，為了儘可能減少偏見與歧視，聯合國世界衛生組織（World Health Organization [WHO]）通用系統「國際功能、障礙與健康分類系統」（International Classification of Functioning, Disability, and Health [ICF]），更不再以障礙類別對身心障礙者進行分類，而是改從「個體身體系統構造或功能是否有損傷或不全導致其顯著偏離或喪失」的角度，來界定身心障礙者並進行分類（林堤塘、張嘉文，2008；黃文慧、林幸台，2007）。在此趨勢的推動下，我國內政部自民國 96 年（2007）開始，在《身心障礙者保護法》（現為《身心障礙者權益保障法》）中，就已正式採用了 WHO 之 ICF 對身心障礙者的分類方式（行政院，2024）。本章將探討與智能障礙相關的議題，依序包括：定義、分類、鑑定基準、成因、出現率與安置率、特質、教育與輔導、輔助工具的應用，以及面臨的困境與發展等。

第一節　智能障礙的定義、分類與鑑定基準

　　本節先介紹智能障礙的定義，再說明智能障礙的分類與鑑定基準。

一、智能障礙的定義

長久以來，各界對於智能障礙的定義一直是處於非常分歧的狀態（洪榮照，2011）。醫學界認為，個體之所以會有智能障礙，主要乃是因其腦部受到損傷或大腦皮質層含有阻礙其心智發展的遺傳因子所導致；生物學者則是把造成智能障礙的原因歸諸於個體生理上的因素，進而導致其在社會適應上產生困難（強調生物學上的標準）（何華國，2009）；社會學者則主張，智能障礙應被視為是一種實際的社會問題，應從個體是否能獨立照顧自己、有效適應社會環境、達到環境相對要求等角度，來認定個體是否有智能障礙（強調個體與其所處環境存在著相對應關係，而非絕對性關係）；而心理測驗專家（如 Terman、Wechsler）則是以個體智商的高低，來判定一個人是否具有智能障礙（將個體在標準化智力測驗上的表現，依嚴重程度進行分類）。不同於以上觀點，教育界主要是從「教育的可能性」來界定個體是否具有智能障礙，將智能障礙兒童定義為：在心理發展上較為遲滯，導致無法達到同年齡兒童的學業水準，或是在學習效果上低落者（何華國，2009；洪榮照，2011）。從以上所列可看出，各專屆.域在定義或界定智能障礙時，各持不同立場或觀點，雖都有其立基點，但也都有其不足之處。根據何華國（2009）所言，目前普遍較被各界接受的定義有偏向綜合考量各種觀點的趨勢；據此，以下就美國與我國的智能障礙定義進行闡述。

（一）美國智能障礙的定義

目前，美國對智能障礙的定義主要有三項：一是美國聯邦政府《身心障礙者教育法》（Individuals with Disabilities Education Act [IDEA]）的定義；二是美國精神醫學會（American Psychiatric Association [APA]）出版之《精神疾病診斷與統計手冊》（第五版）（*Diagnostic and Statistical Manual of Mental Disorders*, 5th ed. [DSM-5]）的定義；三是美國智能及發展障礙協會（AAIDD）〔前身為美國智能障礙協會（American Association on Mental Retardation [AAMR]）〕的定義。以下依序介紹：

1. 美國聯邦政府的定義

美國聯邦政府的IDEA將智能障礙定義為：「**是指一般智力功能顯著低於平均水準，與適應行為缺陷同時存在，並在發展時期表現出來，這對兒童的教育表現會產生不利影響**」（Center for Parent Information & Resources, 2024）。此定義除了主張個體之智力功能低下需與其適應行為缺陷同時存在並發生於發展期間外，也強調障礙狀況必須同時對孩子的教育表現產生不利影響。細看此定義，似乎比較偏向從缺陷觀點（deficit perspective）來定義智能障礙。此定義值得參考之處在於其特別指出個體的智能缺陷狀況必須要對孩子

的學習產生不利影響（強調智能障礙對孩子的學習具有重大影響力）。

2. APA 的定義

在 APA 的 DSM-5 中，智能障礙被定義為：「**是一種在發展階段中發生的障礙症，它包括於概念、社會及實務領域中在智力與適應功能方面的缺損**」，而智能障礙的判定必須同時符合下列三項準則：(1)智力功能缺損；(2)適應功能缺損；(3)智力與適應功能缺損在發展期間發生（APA, 2013/2020, p. 33）。此定義與 IDEA 的定義大致相同，不同之處主要在於 DSM-5 的定義並未明確指出智能障礙的發生一定要對個體之教育產生不利影響。

3. AAIDD 的定義

AAIDD 在第 12 版《智能障礙：定義、診斷、分類和支持系統》（*Intellectual Disability: Definition, Diagnosis, Classification, and Systems of Supports*）的指南中，將智能障礙定義為：「**智能障礙在定義上來說包含著在認知功能以及適應行為上的重大限制。這個限制在 22 歲以前即會出現。**」基本上，此定義保留了第 11 版（AAIDD, 2010/2010）的精神，仍沿用「**認知功能**」（intellectual functioning）與「**適應行為**」（adaptive behavior）的用詞。兩者不同之處主要在於，在第 12 版中，把智能障礙的出現年齡從 18 歲改為 22 歲之前（AAIDD, 2021）。不過，此新版定義指南雖對智能障礙的出現年齡做了改變，但同時也特別加註了智能障礙的出現「**需要有證據證明障礙是在成長期間就存在**」（AAIDD, n. d.）。此定義也未強調個體之智能障礙一定要對個體的教育或學習產生不利影響。

（二）我國智能障礙定義

誠如前述，我國《身心障礙者權益保障法》（2021）採納了 ICF 的分類觀點，不再從障礙類別的角度對智能障礙者進行界定與分類，而是將智能障礙歸在身心障礙第一類「神經系統構造及精神、心智功能」之 13 項鑑定向度的「智力功能」向度中。據此，智能障礙者可被解讀為：「**智力功能**」「**有損傷或不全導致顯著偏離或喪失，影響其活動與參與社會生活，經……鑑定及評估，領有身心障礙證明者**」（衛福部，2023）。考量到特殊教育實務執行上的可能性以及師資培育的可行性等因素，我國教育部《特殊教育法》（2024）目前仍是依學生障礙類別的不同加以分類（含智能障礙共 13 類）。

在《特殊教育學生及幼兒鑑定辦法》（2024）第 3 條中，將智能障礙定義為：「**個人在發展階段，其心智功能、適應行為及學業學習表現，較同年齡者有顯著困難。**」基本上，我國對智能障礙學生的定義，大致呼應了以上所列美國各單位之智能障礙定義的精神，皆主張在判定一個個體是否有智能障礙時，最基本的條件就是學生之「認知（或心智／智力）功能」與「適應行為」必須同時呈現有顯著困難或障礙。

特別之處在於，該法在定義中直接點出了學生的「**學業學習表現**」必須同時「**較同年**

齡者有顯著困難」，此與美國IDEA的主張是一致的，其也在定義中直接提及，智能障礙要「對兒童的教育表現產生不利影響」（Center for Parent Information & Resources, 2024）。

二、智能障礙的分類

對於智能障礙的分類，由於觀點、目的或立場上的不同，而有不同的分類方式或系統（何華國，2009）。以下就不同的分類方式舉例說明。

（一）依「智力受損程度」或「心智功能高低」分類

依個體之智力受損程度或心智功能高低進行分類的方式，一般是將智能障礙分為四個等級：輕度（mild）、中度（moderate）、重度（severe），以及極重度（profound）；個體智商水準離一般平均智商（通常為100）以下愈遠者，表示其心智功能愈低而智能障礙程度愈重（陳榮華，1981）。採用此種方式對智能障礙進行分類的例子，常見者有「魏氏智力量表」、「比西量表」（如表 8-1 所示）和 AAIDD 等。

表 8-1　智能障礙依智能程度（智力功能）分類

智能障礙程度	標準差範圍	智商分數	
		「魏氏智力量表」離差智商（SD = 15）	「比西量表」離差智商（SD = 16）
輕度	-3.00 至-2.01	55～69	52～67
中度	-4.00 至-3.01	40～54	36～51
重度	-5.00 至-4.01	25～39	20～35
極重度	-5.00 以下	24 以下	19 以下

註：修改自 Heber（1961），引自陳榮華（1981，頁 32）。

AAIDD 雖也曾將智能障礙分為四個等級，但其對不同等級智能障礙之智商（IQ）範圍的界定，則有別於「魏氏智力量表」及「比西量表」（引自 Smith & Tyler, 2010）：

1. 輕度智能障礙：智商介於 50～69；有學習方面的困難，但可以工作且維持良好的社會關係。
2. 中度智能障礙：智商介於35～49；兒童時期有明顯的發展遲緩現象，在生活自理、溝通和學習技巧等方面具某種程度的獨立性，但在社區生活及工作方面則可能需要不同程度的支持與協助。
3. 重度智能障礙：智商介於 20～34；在各方面都需要持續性的支持與協助。

4. 極重度智能障礙：智商 20 以下；在生活自理、自制、溝通和活動等方面的能力都受到極大的限制，需要持續且密集性的協助。

我國衛生福利部最新公布之《身心障礙者鑑定作業辦法》（2024）的附表二甲「身體系統構造或功能之類別、鑑定向度、程度分級與基準」，也是將智能障礙分為四個等級：

1. 輕度：智商介於 69 至 55 或心智商數（mental quotient）介於 69 至 55，或於成年後心智年齡介於 9 歲至未滿 12 歲之間或臨床失智評估等於 1。
2. 中度：智商介於 54 至 40 或心智商數介於 54 至 40，或於成年後心智年齡介於 6 歲至未滿 9 歲之間或臨床失智評估等於 2。
3. 重度：智商介於 39 至 25 或心智商數介於 39 至 25，或於成年後心智年齡介於 3 歲至未滿 6 歲之間或臨床失智評估等於 3。
4. 極重度：智商小於或等於 24 或心智商數小於或等於 24，或於成年後心智年齡未滿 3 歲或臨床失智評估等於 3 且溝通能力完全喪失。

從以上內容可看出，我國衛生福利部對不同程度智能障礙的鑑定等級，除了可以用「智商或心智分數」來判定個體智能受損的程度級別外，也可以從個體所能達到的「心智年齡」（mental age [MA]）來加以認定。

（二）依「教育的可能性」分類

除了上述的分類方式外，美國學者 Gearheart 則是從個體所能接受教育的可能性，將智能障礙分為下列四類（引自何華國，2009）：

1. 接近正常：智商介於 76～85 之間者。
2. 可教育性智能障礙：智商介於 50～75 之間者。
3. 可訓練性智能障礙：智商介於 30～49 之間者。
4. 養護性智能障礙：智商在 30 以下者。

我國在民國 70 年（1981）《特殊兒童鑑定及就學輔導標準》中，教育部社會教育司也曾依教育的可能性，將智能障礙分為下列三類（引自何華國，2009）：

1. 可教育性：智齡發展極限為 10 至 12 歲，對讀、寫、算等基本學科之學習較感困難，若施予適當補助教學，能學習日常事務。
2. 可訓練性：智齡發展極限為 6 至 7 歲，學習能力有限，在監督下能學習簡單生活習慣與技能。
3. 養護性：智齡發展極限在 3 歲以下，幾乎無學習能力，一切食衣住行終生需仰賴他人之照護。

（三）依「適應行為的程度」或「適應功能」分類

Sloan 與 Birch 曾在 1955 年從適應行為好壞的角度，將智能障礙分為四級：第一級至第四級（引自何華國，2009）；不同等級之智能障礙在各年齡階段的適應行為發展特性，如表 8-2 所示。

表 8-2　不同等級之智能障礙者在各年齡階段的適應行為發展特性

程度＼階段	學前階段（0～5 歲）（成熟與發展階段）	就學階段（6～20 歲）（教育與訓練階段）	成年階段（21 歲以上）（社會與職業適應階段）
第一級	發展上普遍遲滯，感覺動作能力極差，需要養護。	雖能有某些動作上的發展，但無法從生活自理訓練中獲益，需要完全的照護。	雖能表現出某些動作及語言，但完全無法照顧自己，需要完全的照顧與督導。
第二級	動作發展不良，語言極少（很少或不具溝通技能），一般無法從生活自理訓練中獲益。	雖能說話或學習溝通，亦能從系統的習慣訓練中獲益（如訓練基本的衛生習慣），但無法學習日常用的學業技能。（可訓練性）	在完全監督下能部分自理，且在控制的環境下能發展出些許有用的自我保護技能。
第三級	雖社會知覺不佳，但能說話或學習溝通，且動作發展良好，可從某些生活自理訓練中獲益，亦可透過中等程度的督導加以管理。	如施予特殊教育，在 20 歲之前約可學到小學四年級程度之日常用學業技能。（可教育性）	能在非技術性或半技術性之職業中獨立生活，但在輕微社會或經濟壓力狀態下則需要督導與輔導。
第四級	在本階段中，與一般同儕仍難以區分。通常能發展社會及溝通技能，但在感覺動作領域的發展上則有輕微遲滯的現象。	在 20 歲之前能學到約小學六年級程度的學業技能，在中學階段尤其需要特殊教育，但無法學習普通中學科目。（可教育性）	接受適當的教育與訓練，能在社會與職業上有良好的適應，但在嚴重社會與經濟壓力狀態下則需要督導與輔導。

註：修改自 Sloan 與 Birch（1955），引自何華國（2009，頁 19）。

過去，美國的 DSM 一直是以個體智商的高低對智能障礙進行分類（分為輕度、中度、重度、極重度）（如 DSM-IV，APA, 1995/1997）。有別於 DSM-IV，DSM-5 開始已不再以個體的智商高低進行分類，而是改依個體的「適應功能」（adaptive functioning）之嚴重程度（severity），將智能障礙分為以下四個等級：輕度、中度、重度、極重度（張學岑、郭彥君，2013；APA, 2013/2020）。有關此四等級之智能障礙者適應功能特徵的描述和細節可參考 DSM-5。

（四）依「所需要之支持輔助的強度」分類

　　AAIDD 自 1992 年以後，對智能障礙就已不再強調依個體智能受損的嚴重程度進行分類，而是改依個體在發揮其日常生活功能時「所需要的輔助與支持強度」，將智能障礙分成以下四個等級：(1)間歇性的（intermittent）；(2)有限性的（limited）；(3)廣泛性的（extensive）；(4)全面性／普遍性的（pervasive）（AAMR, 1998/1998; Westling & Fox, 2000）。

三、智能障礙的鑑定

　　首先，從智能障礙發生／出現年齡來看，除 AAIDD 外，美國的 IDEA 與 APA 的 DSM-5 都已不再將智能障礙之發生（onset）時間限定在 18 歲（DSM-IV）或 22 歲（AAIDD），而是改以智能與適應的缺損發生於「發展階段或發育期間」來加以表示。如前所述，我國《特殊教育學生及幼兒鑑定辦法》也並未在定義中明示智能障礙的發生年齡限制。

　　其次，就智能障礙的鑑定基準來看，我國教育部與美國各相關單位都認同，在診斷一個人是否有智能障礙時，應將個體的「認知（或心智／智力）功能」與「適應行為」同時列入鑑定評估項目（缺一不可）；亦即，個體必須同時在此兩部分的能力都呈現有顯著困難或障礙之情形。對此，AAIDD（n.d.）是這麼說的：「認知功能」與「適應行為」同時都有重大限制是診斷個體是否有智能障礙之最基本的兩項認定準則。DSM-5 也明確表示，診斷個體是否有智能障礙，必須呈現其「認知能力」（cognitive capacity）和「適應功能」（adaptive functioning）同時有顯著障礙或困難（張學岺、郭彥君，2013；APA, 2013/2020）。

　　而針對鑑別診斷的部分，DSM-5 提到：因智能障礙常會與精神、神經發展、生理等方面的疾病或問題共同發生，「某些問題的比率」（如精神疾病、腦性麻痺、癲癇等）「甚至會比一般人高出三到四倍，而共同發生之疾病的預後和結果可能會因智能障礙的共病性（comorbidity）」而有所影響，因此「評估程序可能需要因相關疾病或症狀做修改」。對此，「透過適當的訊息提供者釐清症狀是相當重要的」（APA, 2013/2020, p. 40）。此外，AAIDD 更指出，由於一個人的內在限制常與其優勢能力共存，若智能障礙者能持續得到適當且個別化的支持，其生活功能及相關能力也會跟著進步，因此在鑑定或判定一個人是否有智能方面障礙的同時，除了需遵循以上該有的基本鑑定基準外，也必須以多元資料為基礎，將其他相關因素（如社區／居住環境、文化、語言等）考量在內，最後綜合鑑定與評估結果以及所有相關資料後，再據之以做為智能障礙個體進行個別化支持計畫（如個別化教育計畫）之規劃與制定的參考（AAIDD, n.d.）。對此，我國在《特殊教育學生及幼兒鑑定辦法》（2024）第 2 條第 1 項中也特別明定：「身心障礙學生及幼兒之鑑定，應採多元評量，依學生個別狀況採取標準化評量、直接觀察、晤談、醫學檢查等

方式，或參考身心障礙證明記載蒐集個案資料，綜合研判之。」

　　以下就我國學齡階段智能障礙學生之鑑定相關議題進行說明，依序包括：鑑定基準、鑑定重點與鑑定程序，以及常用鑑定／評量工具。

（一）我國學齡階段智能障礙學生的鑑定基準

　　我國的《特殊教育學生及幼兒鑑定辦法》（2024）第 3 條明定，對學齡階段智能障礙學生進行鑑定時，必須同時符合以下兩項鑑定基準：

「一、心智功能明顯低下或個別智力測驗結果未達平均數負二個標準差。
　二、學生在生活自理、動作與行動能力、語言與溝通、社會人際與情緒行為
　　　等任一向度及學科（領域）學習之表現較同年齡者有顯著困難情形。」

　　就第一項鑑定基準「心智功能」的部分來看，不同以往以切截點的方式劃分個體是否具有智能障礙，美國聯邦政府的 IDEA、APA 與 AAIDD 目前都支持以信賴區間的方式做為測量智能障礙之智力功能的觀點（AAIDD, 2010/2010; AAIDD, n.d.; Center for Parent Information & Resources, 2024）。美國的 IDEA 與 AAIDD 都主張，智能障礙學生的鑑定必須以智力功能得分低於 70 至 75，亦即以**智商標準值 70～75 以下**做為診斷個體是否具有智能障礙的參考值（侯育銘，2008，頁 6）。不過，APA 的 DSM-5 則是以個體在個別智力測驗的**智商標準值 65～75 以下**做為判斷的標準（APA, 2013/2020, p. 37）。

　　不同於美國的 IDEA 與 AAIDD，我國《特殊教育學生及幼兒鑑定辦法》（2024）則是以「楷)心智功能明顯低下或個別智力測驗結果未達平均數負二個標準差」的方式來判定學生是否有智能障礙。一般而言，我國目前在鑑定學生是否有智能障礙時，大多採用「魏氏智力量表」做為智力測驗的主要評量工具，其次為「比西量表」。若以「魏氏智力量表」（平均數 100，標準差 15）的標準來看，**心智功能明顯低下或個別智力測驗結果未達負二個標準差**係指智商得分必須在 70 以下（不含 70）；若以「比西量表」（平均數 100，標準差 16）的標準來看，是指智商得分在 68 以下（不含 68）（盧台華，1999，2014）。不過，測驗工具也可能以 T 分數或 Z 分數呈現評量結果；若是以 T 分數方式，其平均數則是以 50（標準差為 10）來表示；若以 Z 分數方式，則是以平均數為 0（標準差為 1）來呈現。對此，盧台華特別強調，鑑定心智功能時**需以各測驗施測手冊中載明之平均數與標準差為依據**。除此之外，測驗也可能會以百分等級（PR）的方式呈現，此時**則是以 PR3 以下為顯著困難之依據**。對此，盧台華（2014）特別指出，由於所用的各測驗均有分量表或分測驗，且各測驗的表示方式可能有所差異，故**不宜以總體智商未達 70 為依據**，而應以學生的**優勢能力為參考依據，以免因分量表或分測驗之差距過大而造成智力被低估之可能**（頁 2-6）。

　　就第二項與「適應行為」有關的鑑定基準來看，美國的IDEA明確規定，在與其他同齡孩子相較下，學生的適應行為必須呈現出有顯著困難的情形；這些適應行為包括：「**日常生活技能**」（如穿衣服、上廁所、自己吃飯）、「**溝通技能**」（如能理解他人所說的內容並回答）、「**與同儕、家庭成員、成年人或其他人**」等方面的社交技能（Center for Parent Information & Resources, 2024）。而我國在《特殊教育學生及幼兒鑑定辦法》（2024）中，也同樣列出了適應行為方面的診斷參考向度（如「**生活自理能力、動作與行動能力、語言與溝通能力、社會人際，或情緒行為等任一向度**」）。針對此部分的鑑定，盧台華（2014）指出，由於此一鑑定基準強調必須與「同年齡者」相比較後顯現有顯著困難情形者，所以鑑定人員需以一般該實足年齡階段之發展行為做為比較的常模，「**而非與不分年齡層之所有學生或與其心理年齡相當之學生為比較**」做為基準，且所列的內涵及項目都需要考量到「該年齡層學生是否有此一行為表現為選取之標準」；若學生行為涵蓋的範疇與「所需達到之年齡表現配合得宜」，鑑定人員也「**可採用已出版或已建立有常模之適應行為量表中合適的分量表替代該一行為表現**」（目前這方面可用的評量工具請見下述），「**否則即需採質的敘述佐以其他檔案資料方式較為合適**」（頁2-7）。

　　如前所述，我國《特殊教育學生及幼兒鑑定辦法》（2024）在智能障礙學生的定義中，直接明定學生的「**學業學習表現**」必須「**較同年齡者有顯著困難**」；以此定義為前提，我國智能障礙學生之鑑定基準第2項後半段是這麼寫的：「**學科（領域）學習之表現較同年齡者有顯著困難情形**」。換言之，在診斷學生是否確實有智能障礙時，除了心智功能與適應行為需同時有顯著障礙外，也要有證據顯示學生在課業學習上有顯著困難的情形。根據Smith與Tyle（2010）所言，由於許多因生理方面之因素所造成之中度、重度以上智能障礙兒童，或在口語、語言和動作技能等方面有發展遲緩的認知障礙兒童，在入學之前大致就可被確認出來，但輕度智能障礙兒童則通常要到就學階段，因其在學科學習以及適應行為等方面的表現出現顯著困難時，才會被懷疑是否有認知上的問題。因此，鑑定人員在進行鑑定時，有必要特別留意學生在學習方面的表現情形。有關智能障礙學生的鑑定細節，可參考新版的《特殊教育學生及幼兒鑑定辦法說明手冊》。

（二）鑑定重點與鑑定程序

　　為避免犯下將沒有認知障礙之兒童置於智能障礙類別的錯誤，轉介前的處置措施以及嚴謹的鑑定程序是絕對必要的（Smith & Tyler, 2010）。至於個體要到幾歲才可以被診斷為智能障礙呢？依據《醫事人員身心障礙鑑定工作手冊》一書的建議，除非個體有明顯的染色體或中樞神經異常，否則3歲之前儘量不要將之鑑定為智能障礙者（引自侯育銘，2008）。對此，侯育銘也認為，針對學齡階段之智能障礙證明再鑑定期限的部分，不宜輕率給予永久不必再鑑定或要求每年再鑑定，並建議「**可考慮配合教育資源之需求**」進行重新鑑定。張庭瑋（2021）對此特別做了說明：3歲以下幼兒即便被診斷有智能方面的發展

障礙也不給予身心障礙證明之主要原因，是由於目前用來評估 3 歲以下幼兒在智能方面的鑑定工具並非是標準化測驗。目前，我國的《特殊教育學生及幼兒鑑定辦法》（2024）雖未明定學齡階段學生的智能障礙發生之判定年齡限制，但實務上大多以 18 歲為切截點。對此，侯育銘（2008）表示，個體在 18 歲之後，由於智力發展上已較為穩定，也較無教育資源方面的需求考量，因此可考慮「**給予永久無須再鑑定**」的證明。此外，針對學齡階段學生，則可在剛入小學（6 歲左右）、中學（12 歲左右）和高中（18 歲左右）時，安排學生接受再鑑定的程序（頁 246）。

綜合以上所述以及專家學者的看法，在以多元評量原則為前提的引導下，對學齡階段智能障礙學生進行鑑定時的程序大致如下（陳榮華，1992；盧台華，1999，2014）：

1. 依平日觀察、學業考核結果，或藉由團體智力測驗或相關特殊教育需求檢核表對疑似個案進行篩選。
2. 進行家庭訪問，並晤談學生的重要他人，藉以了解家長背景及教養態度等。
3. 對學生進行個別智能與適應行為之評量。
4. 整理學生在校行為表現及學力資料。
5. 對學生進行長期觀察並蒐集其他相關資料，包括：學生的生長史、動作能力及人格等方面的發展情形、在學習上的適應情形等。
6. 了解學生所需要的相關服務有哪些。
7. 就所蒐集到的所有資料並參酌家長意見進行綜合研判。

（三）鑑定／評量工具

從以上所列的兩項智能障礙之鑑定基準來看，在對疑似個案進行鑑定時，基本上會需要用到智力測驗與適應行為方面的評量工具。有關國內這方面之鑑定／評量工具的最新訊息，可參考各大出版社定期所發行的出版品資訊或心理測驗專刊。以下說明相關的鑑定／評量工具：

1. 智力方面的評量工具

有關智力方面的測驗，基本上可被區分為團體智力測驗（通常亦可個別施測）以及個別智力測驗。目前，坊間有許多測驗可被用來鑑定或評量智能障礙學生的智力，表 8-3 及表 8-4 僅就國內兩大出版社所出版之部分智力測驗或評量工具做為舉例參考（中國行為科學社，2023；心理出版社，2024）；未詳盡列舉之處，讀者可搜尋相關網站或查閱各相關單位之測驗出版目錄、出版總覽，或出版知訊等。

表 8-3　團體智力測驗舉例

出版	測驗名稱	編製或修訂者	適用對象
中國行為科學社	「瑞文氏彩色圖形推理測驗」（CPM）	俞筱鈞修訂（1994）	6 歲半～9 歲半
	「瑞文氏標準圖形推理測驗」（SPM）	俞筱鈞修訂（1994）	9 歲半～12 歲半
	「瑞文氏彩色矩陣推理測驗」（CPM-P）中文版	陳榮華、陳心怡修訂（2006）	6～8 歲
	「瑞文氏標準矩陣推理測驗」（SPM-P）中文版	陳榮華、陳心怡修訂（2006）	8～12 歲半
	「瑞文氏標準矩陣推理測驗」（SPM+）中文版	陳榮華、陳心怡修訂（2006）	12 歲～成人
	「高級中等學校能力測驗」（OLSAT 8）	簡茂發、何榮桂、郭靜姿修訂（2008）	高中及高職
	「國小中高年級學校能力測驗」（OLSAT 8）	陳美芳、陳心怡修訂（2006）	國小四～六年級
	「國民中學智力測驗」（更新版）	陳榮華編製（2012）	國中七～九年級
	「國中學校能力測驗」（OLSAT 8）	陳美芳、陳心怡修訂（2006）	國中七～八年級
	「圖形式智力測驗」	路君約、徐正穩編製（1993）	小三～高一
心理出版社	「多向度團體智力測驗」（兒童版）（MGIT-C）	吳武典、金瑜、張靖卿編製（2010）	國小二～六年級
	「多向度團體智力測驗」（青少年版）（MGIT-A）	吳武典、金瑜、張靖卿編製（2010）	七年級至高中三年級
	「綜合心理能力測驗」（CMAS-YC）	林幸台、郭靜姿、蔡崇建、胡心慈、盧雪梅編製（2011）	4 歲～9 歲半
	「綜合性非語文智力測驗」（第四版中文版）（TONI-4）	林幸台、吳武典、胡心慈、郭靜姿、蔡崇建、王振德修訂（2016）	4 歲～15 歲 11 個月
	「綜合性非語文智力測驗」（CTONI）	許天威、蕭金土修訂（1999）	一～九年級
	「智能結構學習能力測驗」（SOI）	陳龍安修訂（1996）	幼兒園大班～小三
	「簡易個別智力量表」	王振德編製（1999）	4 歲～7 歲半

表 8-4　個別智力測驗舉例

出版	測驗名稱	編製或修訂者	適用對象
中國行為科學社	「魏氏幼兒智力量表」（修訂版）（WPPSI-R）	陳榮華、陳心怡修訂（2000）	3〜7 歲 3 個月
	「魏氏兒童智力量表」（第四版中文版）（WISC-IV）	陳榮華、陳心怡修訂（2007）	6〜16 歲
	「魏氏兒童智力量表」（第五版中文版）（WISC-V）	陳心怡修訂（2018）	6〜16 歲 11 個月
	「魏氏成人智力量表」（第四版）（WAIS-IV）	陳心怡、陳榮華、花茂棽修訂（2015）	16〜91 歲 11 個月
心理出版	「綜合心理能力測驗」（CMAS-YC）	林幸台、郭靜姿、蔡崇建、胡心慈、盧雪梅編製（2011）	4〜9 歲半

2. 適應行為方面的評量工具

　　AAIDD 曾強調，智力測驗的結果只能當作是一種參考值，不能被視為是一種單一且絕對的參考值（AAMR, 1998/1998）。換句話說，在鑑定一個人是否具有智能障礙時，除需用到智力測驗外，也需用到適應行為方面的評量工具（此方面對那些無法透過智力測驗進行施測的個體尤其重要）。表 8-5 僅就國內兩大出版社所出版的相關評量工具，列舉一些目前我國較常或仍可能被用來檢核學齡階段學生的適應行為之測驗或評量工具以供參考（中國行為科學社，2023；心理出版社，2024）；未詳盡列舉之處，讀者可搜尋相關網站或查閱各相關單位之測驗出版目錄、出版總覽，或出版知訊等。

表 8-5　適應行為評量工具舉例

出版	測驗名稱	編製者或修訂者	適用對象
中國行為科學社	「文蘭適應行為量表」（Vineland-3）中文版	張正芬、陳心怡、邱春瑜修訂（2020）	幼兒版：2〜5 歲 兒童版：6〜17 歲 成人版：18〜90 歲以上
	「適應行為評量系統」（第二版）（ABAS-II）中文版—幼兒版	盧台華、陳心怡修訂（2009）	2〜5 歲
	「適應行為評量系統」（第二版）（ABAS-3）中文版—兒童版	盧台華、林坤燦、陳心怡修訂（2023）	6〜17 歲
	「適應行為評量系統」（第二版）（ABAS-II）中文版—成人版	盧台華、陳心怡修訂（2008）	18〜84 歲

表 8-5　適應行為評量工具舉例（續）

出版	測驗名稱	編製者或修訂者	適用對象
心理出版社	「社會適應表現檢核表」（第二版）	盧台華、林燕玲、黃彥融編製（2023）	3～17 歲
	「社區自主能力測驗」	蘇純瑩、施陳美津、林清良、林月仙、張志仲編製（2006）	16 歲以上智能障礙者
	「青少年社會行為評量表」（ASBS）	洪儷瑜編製（2000）	六～九年級
	「國小學童生活適應量表」	吳新華編製（1996）	四～六年級
	「學習適應量表」（增訂版）	李坤崇增訂（1996）	四～九年級

第二節　智能障礙的成因

　　AAIDD 認為，智能障礙「病因的多因素取向」（指統合所有基因與生物醫學檢測並考量所有可操作的潛在危險因素）可提供「最完整的方式來評量特定個案的智能障礙病因」。詳言之，從造成智能障礙的危險因素來看，智能障礙的病因應該是一個由生物醫學、社會、行為、教育等四個危險因素類別所組成的多因性架構，其相互之間的作用會跨越時間，且也會影響一個人的整體功能（AAIDD, 2010/2010, p. 54）：

1. 生物醫學方面的危險因素：指生物歷程中的相關因子。
2. 社會方面的危險因素：指與社會或家庭互動的過程中之相關因子。
3. 行為方面的危險因素：指個人在參與日常生活活動中所存在的潛在因果行為。
4. 教育方面的危險因素：指個人是否有接受可提升個人心智發展及適應行為發展之教育支持的機會。

　　AAIDD 除了將造成智能障礙的危險因素歸類為上述四大類外，也將造成智能障礙的成因以發生智能障礙的時機進一步區分為：產前因素、產中因素，以及產後因素（AAIDD, 2010/2010; Smith & Tyler, 2010），並強調其間會互有延伸的因果關係存在（AAIDD, 2010/2010）。以下綜合學者們的觀點，將造成智能障礙的產前、產中及產後因素舉例說明。

一、產前因素

　　AAIDD 將產前可能造成智能障礙的危險因素歸納如下（AAIDD, 2010/2010）：

1. 生物醫學方面的危險因素：染色體疾病、單一基因疾病、症候群、新陳代謝疾病、

腦部基因不良、母親方面的疾病、父母的年齡等。

2. 社會方面的危險因素：貧窮、母親營養失調、家庭暴力、缺乏產前照顧等。

3. 行為方面的危險因素：父母親藥物濫用、父母飲酒過量、父母吸菸、父母不成熟等。

4. 教育方面的危險因素：父母親有認知障礙沒有獲得支持、父母缺乏準備等。

以下就五方面各舉一些例子說明造成智能障礙的成因：(1)染色體或單一基因異常；(2)症候群疾病；(3)先天性代謝異常；(4)腦部異常（腦成形發展疾病）；(5)社會、行為及環境危險因素。

（一）染色體或單一基因異常

美國智能障礙公民協會（The Association for Retarded Citizens [The Arc]）曾指出，至少有超過五百種以上的基因因素與智能障礙有關（引自 Smith & Tyler, 2010）。以下列舉其中幾項最具代表性的因素進行介紹：

1. X 染色體脆裂症（Fragile-X Syndrome）

X 染色體脆裂症屬於遺傳性疾病的一種，其起因主要乃是因為個體第 23 對染色體中的 X 染色體發生突變（末端有脆裂現象）所引起的。近年來，X 染色體脆裂症被認為是造成美國智能障礙國民最普遍的原因之一（Smith & Tyler, 2010）。美國 X 染色體脆裂症研究基金會（FRAXA Research Foundation）以及 Taylor、Richards 與 Brandy 等人指出，X 染色體脆裂症的出現率，男性約為 1/4,000，女性則為 1/8,000（引自 Smith & Tyler, 2010）。其中，約有 86%之 X 染色體脆裂症男性患者會有智能障礙，而 6%的患者同時也可能會合併有自閉症的問題（Smith & Tyler, 2010）。具體而言，此症患者的主要特徵大致包括：認知功能缺損（智能障礙）、說話與語言發展遲緩、聽覺記憶與接收能力差、視覺接觸差，以及缺乏社交能力等。此外，某些 X 染色體脆裂症的患者也可能會有一些感官或行為異常方面的問題，包括：觸覺防禦、注意力缺陷過動症，以及行為損傷（如固著行為、攻擊行為、行為自律問題）等（Batshaw, 1997）。

2. 唐氏症（Down's Syndrome 或 Down Syndrome）

造成唐氏症（又稱道恩氏症候群）的原因，大多數是由於個體第 21 對染色體包含了 3 個染色體所引起的。一般而言，產婦年齡愈高，生下唐氏症孩子的機率也就愈高（何華國，2009；陳榮華，1992；Batshaw, 1997）。唐氏症患者的生理特徵大致包括：身材矮小、頭顱形狀特殊、頸短、杏形斜眼、手掌鬆軟且有單掌紋、五指短小、舌頭肥厚且常伸出、舌面常有裂溝（陳榮華，1992；Batshaw, 1997），以及眼皮深處有多餘皺摺（何華國，2009）等。除了這些生理特徵外，唐氏症患者也比一般人更常需要面對許多與健康方

面有關的問題（其罹患率通常比一般人高），例如：心臟疾病、白血病（Smith & Tyler, 2010）、感覺損傷、內分泌異常、整型外科問題（如髖骨脫臼、臏骨不穩定、扁平足、風濕性關節異常）、牙齒問題（如牙齦感染、齒槽骨缺損）、腸胃畸形（如十二指腸狹窄或閉鎖、閉鎖性肛門、巨腸症、幽門狹窄）、抽搐障礙（如癲癇、一般僵直性痙攣）、血液異常（如過多的紅血球）（Batshaw, 1997），以及肥胖（何華國，2009）等。Chapman 與 Hesketh 指出，雖然唐氏症患者需要面對許多挑戰，但若將其與因其他原因所造成之智能障礙做比較的話，「他們通常很少有適應行為上的困難」（引自 Smith, 2006/2008, p. 290），亦即，唐氏症患者在性格方面通常較一般智能障礙者溫順且樂觀（陳榮華，1992）。

（二）症候群疾病

以下以朴列德－威利症候群及貓啼症為例，說明可能造成智能障礙的症候群疾病：

1. 朴列德－威利症候群（Prader-Willi Syndrome）

朴列德－威利症候群的主要成因是患者第 15 對染色體的長臂有細微脫失所造成的。由於罹患此症的患者在吃東西的時候，會因缺乏飽足感（導因於下視丘異常所致）而貪得無厭，不知如何適可而止，因此常有肥胖的問題，也因而有「小胖威利」之名。其主要特徵大致包括：輕度到中度的智能障礙、行為問題（如衝動、頑固、行為脫序）、阻塞性睡眠呼吸暫停、低肌肉張力、身材矮小、性腺機能退化，以及臉部外觀奇特（如杏形斜眼、前額狹窄）等（Batshaw, 1997）。

2. 貓啼症（Cri-Du-Chat Syndrome 或 Cat Crying Syndrome）

貓啼症（又稱貓哭症）主要乃是因為個體第 5 對染色體的短臂有一段缺失所造成的。由於罹患此症的新生兒在出生時，其哭聲微弱且像貓啼叫的聲音，因而獲得此名。其生理特徵大致包括：眼距寬且眼瞼裂向下、頭小、斷掌、嚴重之呼吸及餵食困難、全身肌肉張力低下、腹股溝疝氣，以及枕動脈先天性心臟缺陷等。此外，貓啼症兒童在成長過程中，也都會有發展遲緩的現象及嚴重智能障礙的問題（Batshaw, 1997）。

（三）先天性代謝異常

易造成智能障礙之先天性代謝異常症狀，常見者有苯酮尿症及黏多醣類疾病，以下分別介紹：

1. 苯酮尿症（Phenylketonuria [PKU]）

　　苯酮尿症是一種體染色體隱性基因異常的遺傳性疾病，其原因主要是因為個體本身無法將體內的苯丙胺酸轉化成酪胺酸，並將之正常代謝掉，以致於大量積聚在血液及尿液當中（Batshaw, 1997），因而對大腦產生傷害，最後導致智能障礙（Batshaw, 1997; Smith & Tyler, 2010）。何華國（2009）指出，必須要父母雙方都同時帶有此種症狀的隱性基因特質，才會生下苯酮尿症的孩子。在新生兒當中，出現苯酮尿症的機率大約是一萬分之一（Batshaw, 1997），以白種人居多（出現率較高）（何華國，2009）。苯酮尿症患者常有的生理特徵包括：小頭症、癲癇、皮膚及頭髮顏色較淡（何華國，2009；Batshaw, 1997）、髮量較少、會出現嘔吐、溼疹、尿有強烈異味、牙齒琺瑯質發育較不良（何華國，2009）、異常步態、白內障，以及皮膚異常等。此外，某些個案甚至會有情緒行為方面的問題，例如：活動過多、情緒不穩、行為異常，以及攻擊行為等（Batshaw, 1997）。

　　針對苯酮尿症患者，首重早期鑑定（可藉由尿液檢查得知是否患有此症）及早期治療。換言之，患者一旦被確認有苯酮尿症後，就應該立即接受飲食控制（餵食低苯丙胺酸的食物）方面的治療，並儘早接受早期療育；適當的飲食控制與療育不僅可預防個體本身之智能障礙的發生，也可讓其在智能發展受到不利影響的可能性大幅降低（何華國，2009；陳榮華，1992；Batshaw, 1997; Smith & Tyler, 2010）。

2. 黏多醣類疾病（Mucopolysaccharidosis）

　　黏多醣類疾病屬先天遺傳性疾病的一種，其出現率大約介於 1/110,000～1/132,000 之間。造成黏多醣類疾病的主要原因，乃是因為個體用來分解多餘黏多醣的酵素遭到破壞，以致於堆積在其肝、脾、骨骼關節和腦部等部位，其可能結果就是造成個體之肝脾腫大、骨骼變形、身材矮小、頭大、關節變硬，以及智能障礙等問題。此外，患者也可能會有下列與身體功能或健康有關的問題，包括：感覺神經性聾、色素性視網膜症伴隨視力缺損、疝氣、呼吸不足、長期腹瀉，以及痙攣發作等（Batshaw, 1997）。Batshaw 指出，罹患此症者若未得到適當治療（如幹細胞或骨髓移植），通常都活不過 15 歲就會因器官衰竭而死。

（四）腦部異常（腦成形發展疾病）

　　與腦成形發展有關的神經管缺陷（neural tube defects）問題，常見者有水腦腫及小腦症，說明如下：

1. 水腦腫（Hydrocephalus）

　　造成水腦腫（或稱大頭症）的原因主要乃是因為個體腦脊髓液分泌過多，以致於壓制到其腦皮質部的發育，使其從內部將頭蓋骨擴大，致使其頭顱變得很大，而臉面則相對顯

得很小。其形成原因有些是遺傳因素所引起，有些則是因為腦部發炎（如腦炎、腦膜炎）所造成的後遺症（陳榮華，1992；Batshaw, 1997）。水腦腫患者的主要特徵大致包括：認知損傷、移動能力受損、痙攣發作、視覺損傷、脊椎側彎及駝背、泌尿系統及腸功能異常、皮膚疼痛、體重及身材異常、性功能異常，以及對植物乳汁過敏等（Batshaw, 1997）。陳榮華（1981）指出，水腦腫患者在智力方面雖會因智力功能受損程度的不同而有輕重之分，但一般而言，其個性通常都比較安靜順從。

2. 小腦症（Microcephaly）

造成小腦症的原因主要有兩種：(1)原級性小頭症：大部分是因為基因突變所引起，原因不詳，其外觀特別之處就是頭皮皺紋多；(2)繼發性小頭症：主要導因於個體在胎兒時期受到過多的放射線照射或出生時腦部受到損傷，致使其腦部停止發育，其外觀特別之處就是耳朵大。大致而言，小腦症患者在智力方面大部分是屬於重度智能障礙（陳榮華，1992）。

（五）社會、行為及環境危險因素

孕婦懷孕期間，任何會對胎兒發育造成不利影響的因素皆可被視為環境影響因素，例如：子宮內營養不良、孕婦服用不當藥物（如 Thalidomide／沙利竇邁）、吸食有毒物質（如吸食古柯鹼、嗎啡）、飲酒、感染某些傳染疾病（如德國痲疹、梅毒、住血原蟲病），或懷孕期間接受放射線治療，導致胎兒成長受到限制等（何華國，2009；楊梅芝、倪志琳譯，1998）。近年來，針對孕婦飲酒一項，許多專家學者（如 Batshaw, 1997; Duquette, Stodel, & Hagglund, 2006; Smith & Tyler, 2010）都指出，孕婦在懷孕期間若酗酒，其可能結果就是產下有胎兒酒精症候群（fetal alcohol syndrome [FAS]）或胎兒酒精後遺症（fetal alcohol effect [FAE]）的孩子；胎兒酒精症候群或後遺症的特徵大致包括：腦部發育不全、小頭症、精細動作協調不佳、呼吸系統障礙、心臟畸形、成長缺陷、生化異常、智能不足等（何華國，2009）。

二、產中因素

AAIDD 將產中可能造成智能障礙的危險因素列舉如下：(1)生物醫學方面的危險因素（如早產、出生時受傷、新生兒疾病）；(2)社會方面的危險因素（如缺乏出生照顧）；(3)行為方面的危險因素（如父母拒絕照顧、父母遺棄孩子）；(4)教育方面的危險因素（如出院時缺乏介入服務的醫療轉介）（AAIDD, 2010/2010）。以下就可能造成智能障礙之子宮內疾病以及新生兒疾病等兩方面的產中因素，進行更詳細的說明與舉例。

（一）子宮內疾病

可能造成新生兒智能障礙的子宮內疾病，大致又可從下列兩方面來看（AAMR, 1998/1998）：

1. 胎盤功能不足：胎兒在子宮內生長遲滯或過度成熟，或母親有低血糖、貧血、糖尿病、高血壓、妊娠毒血症、胎盤剝離、子癇前症（preeclampsia），以及前置胎盤和流血等。
2. 異常生產：早產及臍帶異常問題（如臍帶異常、臍帶脫出或臍帶繞頸）等。

（二）新生兒疾病

可能造成新生兒智能障礙的原因，則包括：缺氧、體重過輕、頭部外傷（如顱內出血）、物理因素（如放射線照射）、感染（如敗血病、腦炎、腦膜炎）、母子血型不合（如 Rh、AO 或 BO 血型不合），以及代謝疾病（如核黃疸症、甲狀腺功能低下／呆小症）等（AAMR, 1998/1998）。

三、產後因素

AAIDD 將產後可能造成智能障礙的產後危險因素歸納如下（AAIDD, 2010/2010）：

1. 生物醫學方面的危險因素：腦部外傷、營養失調、腦膜炎、癲癇發作、退化性疾病等。
2. 社會方面的危險因素：兒童與照顧者間不當的互動、缺乏適當的刺激、家庭貧窮、家庭中的慢性疾病、機構化等。
3. 行為方面的危險因素：孩子受虐或被忽略、家庭暴力、不當的安全措施、社會剝奪、兒童有挑戰性行為等。
4. 教育方面的危險因素：不當的教育、延遲接受診斷、不足的早期療育服務、不足的家庭支持等。

此外，其他可能造成智能障礙的產後因素，還包括：脫髓鞘疾病（Demyelinating disorders）、痙攣疾病、毒性—代謝疾病（如鉛／汞中毒、雷氏症候群），以及教育不足等（AAMR, 1998/1998; Smith & Tyler, 2010）。

第三節　智能障礙者的出現率與安置率

本節首先對國內外有關智能障礙者的出現率進行說明，然後再就我國智能障礙學生的安置概況做分析。

一、智能障礙者的出現率

誠如前述，個體智力功能顯著低於平均數負二個標準差以下且適應行為有顯著困難者，方可被鑑定為智能障礙。若從此一角度來看，智能障礙者約占總人口數的 2.27%（洪榮照，2011）。然而，由於許多變數都有可能對智能障礙者的出現率產生影響，例如：「**定義的影響、研究方法、社區情況、年齡因素、種族背景、地理環境、性別因素、社會政治因素**」（何華國，2009，頁 22），以及不同診斷系統（陳榮華，1992）等，因此無法逐一列舉所有數據，以下僅以美國與我國對智能障礙者之出現率的調查結果或推估率進行說明。

根據美國聯邦政府的估計，美國智能障礙國民的出現率約占其總人口數的 2.3%，若單以標準化智力測驗所測出來的智商分數結果來看，智能障礙者的出現率約占其總人口數的 3%（Hallahan & Kauffman, 1994; Heward & Orlansky, 1992，引自洪榮照，2011）；此數據與 AAIDD 以智商分數對智能障礙者所進行之出現率（「**在同儕團體中認知能力低於97%**」）的推估，基本上是一致的（Smith, 2006/2008, p. 287）。若再將適應行為的因素也考慮在內的話，智能障礙者的出現率則會降到接近其人口總數之 1 至 1.5%（Hallahan & Kauffman, 1994; Heward & Orlansky, 1992，引自洪榮照，2011）。對此，APA 在 DSM-5 中則指出，智能障礙約占一般社會大眾的 1%（APA, 2013/2020）。

至於我國對智能障礙學生的出現率調查結果又是如何呢？在民國 79 年（1990）的第二次特殊兒童普查結果顯示，全國 6～14 歲學齡階段之智能障礙學生共有 31,440 名，約占全國身心障礙總學生數的 0.883%（教育部特殊兒童普查執行小組，1993）。時至今日，根據民國 112 年（2023）《特殊教育統計年報》的統計結果則呈現：各教育階段之智能障礙學生人數共計 20,870 人，約占全國身心障礙總學生數（145,962 人）的 14.30%；男性（12,275 人）約占 58.82%，女性（8,595 人）約占 41.18%。不同階段之智能障礙學生的出現率分別為：學前階段 1.67%、國小階段 17.04%、國中階段 17.32%、高中職階段 22.83%、大專階段 8.13%（如表 8-6 所示）。其中，國民教育階段（含國小及國中階段）共計 13,844 人（國小 9,025 人、國中 4,819 人），約占我國國民中小學學生教育階段身心障礙總學生數 80,239 人（國小 52,955 人、國中 27,284 人）的 17.25%（教育部，2023）。

表 8-6 我國民國 112 年（2023）各教育階段智能障礙學生的人數統計概況

階段	學前		國民小學		國民中學		高中職		大專校院		總計	
性別	男	女	男	女	男	女	男	女	男	女	男	女
人數	312	153	5,455	3,570	2,803	2,016	3,134	2,282	571	574	12,275	8,595
男女比率（%）	67.10	32.90	60.44	39.56	58.17	41.83	57.87	42.13	49.87	50.13	58.82	41.18
智障生人數	465		9,025		4,819		5,416		1,145		20,870	
全國身障生總人數	27,917		52,955		27,284		23,728		14,078		145,962	
智障生占比（%）	1.67		17.04		17.32		22.83		8.13		14.30	

二、我國智能障礙學生的安置概況

表 8-7 為我國民國 112 年（2023）國民中小學以下學校各教育階段的智能障礙學生之安置概況分析。首先，就一般國民中小學以下學校的身心障礙學生之安置狀況來看，被安置在集中式特教班的智能障礙學生約占身心障礙學生總人數之 6.50%；不同階段智能障礙學生的安置率分別為：學前 0.09%、國小 8.99%、國中 8.98%。其中，國民中小學兩階段合計共有 5,645 人（國小 3,682 人、國中 1,963 人），約占此兩階段身心障礙學生總人數 62,823 人（國小 40,958 人、國中 21,865 人）之 8.99%。而就特殊教育學校國民中小學以下的智能障礙學生之安置情形來看，被安置在智能障礙集中式特教班的智能障礙學生（983 人）約占身心障礙學生總人數（1,614 人）之 60.90%；不同階段的安置率分別為：學前

表 8-7 我國民國 112 年（2023）國民中小學以下學校各教育階段的智能障礙學生之安置概況

班型	人數／占比	學前	國民小學	國民中學	總計
一般學校集中式特教班	智能障礙學生人數	238	3,682	1,963	5,883
	身心障礙學生總人數	27,709	40,958	21,865	90,534
	智能障礙學生占比（%）	0.09	8.99	8.98	6.50
特殊教育學校智能障礙集中式特教班	智能障礙學生人數	80	431	472	983
	身心障礙學生總人數	208	696	710	1,614
	智能障礙學生占比（%）	38.46	61.93	66.48	60.90

38.46%、國小 61.93%、國中 66.48%。其中，國民中小學兩階段合計共有 903 人（國小 431 人、國中 472 人），約占此階段身心障礙學生總人數（1,406 人；國小 696 人、國中 710 人）之 64.22%（教育部，2023）。

　　而就高中階段學生的安置狀況來看，我國 111 學年度高中階段的智能障礙學生人數（5,416 人）約占此階段的智能障礙學生總人數（23,728 人）之 22.83%。分析此階段安置於不同班型之智能障礙學生的安置率，分別為：綜合職能科（2,514 人）約占該班型智能障礙學生總人數（3,474 人）的 72.37%、汽車美容服務科（229 人）約占該班型智能障礙學生總人數（301 人）的 70.08%、農園藝整理服務科（77 人）約占該班型智能障礙學生總人數（115 人）的 66.96%、居家生活服務科（184 人）約占該班型智能障礙學生總人數（496 人）的 37.10%、餐飲服務科（1,024 人）約占該班型智能障礙學生總人數（1,354 人）的 75.63%、旅館服務科（48 人）約占該班型智能障礙學生總人數（64 人）的 75.00%、餐飲管理科（22 人）約占該班型智能障礙學生總人數（41 人）的 53.66%、集中式特教班（4,556 人）約占該班型智能障礙學生總人數（6,699 人）的 68.01%、不分類身障類資源班及分散式資源班（皆為 360 人）分別同為約占該各班型智能障礙學生總人數（皆為 9,292 人）的 3.87%、不分類巡迴輔導班（6 人）約占該班型智能障礙學生總人數（185 人）的 3.24%、在家教育巡迴輔導（2 人）約占該班型智能障礙學生總人數（43 人）的 4.65%、巡迴輔導（8 人）約占該班型智能障礙學生總人數（258 人）的 3.10%、普通班接受特教方案（492 人）約占該班型智能障礙學生總人數（7,479 人）的 6.58%（教育部，2023）。另外，目前就讀於大專校院的智能障礙學生共計有 1,145 位（男性 571 人，女性 574 人），約占全國就讀大專校院的身心障礙學生總人數 14,078 人的 8.13%；男女比率約為 49.87% 比 50.13%（如表 8-6 所示）。

第四節　智能障礙者的特質

　　除了以上所列出的可能造成智能障礙之成因外，智能障礙的情形也會因「社會判斷、風險評估、自我行為、情緒或是人際關係」等能力之不同，或受到學校、環境、動機等因素的影響而有所差異（APA, 2013/2020, p. 38）。換句話說，智能障礙發生的原因多元且異質性高。筆者綜合相關文獻，將智能障礙者的特質從以下七個向度進行說明。

一、生理發展方面的特質

　　以下依序說明智能障礙者在生理成長與健康、動作發展、感官知覺等方面的特徵。

（一）生理成長與健康方面的特徵

　　基本而言，智能障礙者在生理成長（如身高、體重、骨骼）與動作方面，不僅成熟得比同年齡同儕晚，其發展速度通常也比較慢；此種情形對智能障礙程度愈嚴重者會愈明顯（黃國榮，1992）。再者，就健康方面的角度來看，智能障礙者常有的健康問題，包括：脊椎側彎、癲癇、呼吸，以及進食困難等（鈕文英，2012）。此外，智能障礙者「**由於缺乏危機與危險意識，意外受傷的比率也較高**」（APA, 2013/2020, p. 38）。

（二）動作發展方面的特徵

　　黃國榮（1992）曾指出，中樞神經系統受到損傷之中度以上的智能障礙者，在動作協調、步態、精細動作技能等方面尤其容易出現問題。詳言之，從個別間差異的角度來看，在與同年齡之一般正常人比較下，智能障礙者在動作發展方面較可能會有下列幾項特徵：大肌肉及小肌肉之運動機能的發展較為遲滯、姿勢不良，以及平衡協調不佳等（鈕文英，2012）。而從個別內在差異的角度來看，智能障礙者本身之內在表現最佳的部分為：雙側平衡、體力與反應速度等；而表現最差的部分則是：視動控制／協調、上肢協調、速度與靈巧（黃國榮，1992），以及精細動作（林千惠，2001）等。

（三）感官知覺方面的特徵

　　就感官能力方面的發展來看，輕度智能障礙兒童在視覺及聽覺等方面的能力，其表現可能只會略低於一般兒童的水準，但中度以上的智能障礙兒童在這方面的發展，通常都會出現嚴重的缺陷問題（黃國榮，1992）。就知覺能力方面的發展來看，智能障礙者常有的問題，包括：對空間方位的辨識較有困難、對身體位置較缺乏知覺能力、對自身與環境之間的關係較缺乏洞察力、較難把握物體的完整性、對形象背景關係較為模糊，以及對比較物體的差異之辨識較有困難等（曹淑珊，1996，引自鈕文英，2012）。影響所及，其對大小、長短、形狀、色彩和圖形等方面的辨認也就可能比較會有困難（鈕文英，2012）。有些智能障礙兒童甚至會出現嚴重的感覺異常現象（如喪失痛覺、味覺倒錯等）（陳榮華，1992），且智能障礙程度愈嚴重者，愈可能會有這方面的問題（曹淑珊，1996，引自鈕文英，2012）。

二、語言／溝通能力方面的特質

　　雖然智能障礙者在各階段都有可能出現語言發展遲滯的問題，但其與語言相關能力的發展順序，則大致會與一般同儕相似。一個人在智能方面與其語言發展之間，基本上具有

下列幾項關係：(1)有嚴重語言發展遲滯的兒童也常伴隨智能方面的障礙；(2)智能障礙兒童比一般兒童更常出現語言發展遲緩的現象；(3)智能障礙程度愈嚴重者，其伴隨語言發展遲滯或語言障礙的機率會愈高（林寶貴，1994）。針對語言／溝通方面的特質，APA 的 DSM-5 特別指出，「**缺乏溝通技能**」也容易導致智能障礙者出現搗亂或侵犯他人的行為（APA, 2013/2020, p. 38）。以下從語言理解與口語表達等兩方面說明智能障礙者在語言／溝通能力方面的特質。

（一）語言理解方面的特質

智能障礙者在某些與語言理解方面有關的能力上，其表現通常會比一般人差，且隨著智能障礙程度的加重，彼此間的差異也就會愈明顯（鈕文英，2012），特別是在下列幾個方面：聽覺記憶、注音能力（張正芬，1987）、無法了解他人口語訊息重點、對同音異義的字欠缺區辨能力、對抽象訊息及指令的理解有限（林寶貴等人，1992）、聽音辨別，以及了解字詞語句（Facon et al., 2002）等。

（二）口語表達方面的特質

智能障礙者在語言溝通方面常會有的問題，大致可從下列四方面來加以說明：

1. 在語音（構音）方面，智能障礙者常有的問題，包括：語音（構音）困難（如發音錯誤、不清或不準）、聲調錯誤或含糊不清等（王天苗，1992；林寶貴，1994；洪榮照，2011）。

2. 在嗓音（聲音）方面，智能障礙者常有的問題主要是發聲方面有異常現象（亦即，在音質、音調或音量等方面有別於常人）（王天苗，1992；林寶貴，1994）。

3. 在語暢方面，智能障礙者常有的問題，包括：口吃（林寶貴，1994；洪榮照，2011）以及說話速度控制不佳等（王天苗，1992；林寶貴，1994）。

4. 在語言發展方面，智能障礙者較常見的問題，大致包括：語言發展遲滯、語言理解能力較差、常用語彙較少、語句較短、語量較少、語言品質較差（較少使用抽象內容的語句），以及較不會配合情境做適切表達等（王天苗，1992；林寶貴，1994；洪榮照，2011）。

三、認知與學習能力方面的特質

一般而言，智能障礙者在認知與學習能力方面通常都比非智能障礙者來得差（陳榮華，1992）。以下分別就智能障礙者的認知與學習方面的特質進行說明。

（一）認知能力方面的特質

以下分別從認知發展、概念化、抽象化、歸納推理、思考與領悟力等向度，來說明智能障礙者在認知能力方面的特質：

1. 認知發展方面的特質

有關智能障礙者在認知發展方面的研究，主要有兩派：一派是從發展模式（the developmental model）的角度，看智能障礙者在智力功能方面的發展極限；另一派則是從差異或缺陷模式（the difference or defect model）的觀點，探究造成智能障礙者之智力功能產生缺陷的原因（何華國，2009；鈕文英，2012）。儘管此兩個學派的學者對智能障礙的切入點不盡相同，但基本上都認為智能障礙者在認知發展方面的確有別於常人（何華國，2009）。以下分別從此兩學派的觀點，說明智能障礙者在認知發展方面的特徵：

(1)發展模式論

就 Piaget 之認知發展階段（periods of cognitive development）論來看，不同程度之智能障礙者可達到的認知發展最高階段，大致可被區分為下列三個等級（何華國，2009；鈕文英，2012；黃國榮，1992）：

①輕度智能障礙：約可達到具體運思期的階段。

②中度智能障礙：不會超過運思前期的階段。

③重度與極重度智能障礙：一般停留在感覺動作期的階段。

何華國（2009）指出，輕度智能障礙者在認知發展的速度上雖可能較為緩慢或有延遲的現象，但原則上仍是循著由較低到較高階段的順序進行發展，只是其所能達到的最高認知發展階段比智力普通者低而已。

(2)差異論及缺陷模式論

持差異論的學者認為，智商不同會導致個體在處理訊息的方式上產生質的差異，且個體間的智商差異愈大，其在認知程度上的差異也就會愈顯著。而持缺陷論的學者則認為，個體的認知特質與智商之間存在著「一種非連續性的關係」。綜合此兩派學者的觀點，智能障礙者在認知發展方面的特質大致有下列情形：在某一智商分界點（通常為 50）之下，智能障礙者的認知過程會與在此分界點之上的智能障礙者有質方面的差異，但在此分界點以上的智能障礙者，其認知過程與正常人則無質方面的差別（何華國，2009，頁 67）。

2. 概念化、抽象化與歸納推理能力等方面的特質

智能障礙兒童在語言能力方面的發展通常都有缺陷或較一般同儕差，影響所及，其在

以語言文字為基礎之概念形成、歸納推理與抽象思考等方面的能力，也就常會受到影響或較為笨拙（陳榮華，1992；黃國榮，1992）。

3. 思考與領悟力方面的特質

誠如前述，智能障礙兒童在概念形成、歸納推理與抽象思考等方面的能力通常都較為笨拙，因此，其在抽象內容的學習以及問題解決之能力的部分，也就可能會受到限制或有困難（王天苗，1992；何華國，2009；鈕文英，2012；黃國榮，1992）。此外，由於智能障礙兒童的行動常是片面式且較缺乏一貫性，當其有強烈慾求時，往往只會一心想直接達到或獲取想要的目標，而不會應用適當的方法與手段，故其結果常常是「毫無頭緒，半途而廢」（陳榮華，1992，頁 46）。換句話說，智能障礙者雖有學習能力，但由於領悟力較差，也較不善於運用思考策略來進行學習（陳榮華，1992），因而常影響其面對及解決問題的能力（黃國榮，1992）。

（二）學習能力方面的特質

王天苗（1992）指出，智能障礙者在學習方面可能表現出來的特性，大致可藉由其對訊息處理的過程與狀況來加以探究。以下綜合相關文獻說明智能障礙者在這方面的特質：

1. 注意力方面的特質

人類的注意力基本上涵蓋了五個層面：「**注意廣度、注意的焦點（attention focus）、注意力持續的時間（attention span）、選擇性注意力（selective attention），以及轉移性（或彈性）**」（鈕文英，2012，頁 29）。從這些層面來看，智能障礙者在注意力方面的缺陷或問題大致有：(1)注意廣度較狹窄；(2)無法同時注意許多事物；(3)注意力持續的時間較短；(4)有注意力分配的問題（鈕文英，2012）；(5)注意力較不容易集中與維持（王天苗，1992；鈕文英，2012）；(6)易受周圍環境刺激（如聲、光、物品）的影響而分心（鈕文英，2012；黃國榮，1992）；(7)對學習之主要刺激及次要刺激較無法有效區分（黃國榮，1992）等。而鈕文英（2012）也曾指出，智能障礙者在注意力分配方面，除較不善於選擇性注意相關刺激外，也較無法隨注意焦點的轉變而調整其注意力（亦即，其注意力可能會一直停留在前面的刺激上，而不會隨著情境的變化做適度的轉移與調整）。

2. 記憶力方面的特質

智能障礙者在長期記憶方面大致與正常人相似，但在短期記憶方面則大多有缺陷（王天苗，1992；何華國，2009；陳榮華，1992；鈕文英，2012；黃國榮，1992）。從 Ellis 所提出之「刺激痕跡理論」（the theory of stimulus trace）的觀點來看，與一般人相較，智能障礙者之神經中樞在受到刺激以後，所被激起的刺激痕跡強度會呈現出速減的現象，且

其被激起之刺激痕跡能持續的時間也較為短暫，因此容易消失掉（引自何華國，2009）。換句話說，智能障礙者在短期記憶功能方面通常有短絀的現象（陳榮華，1992）。

3. 朝向反射機能方面的特質

朝向反射係指個體在察覺或接收到情境刺激有變化（如刺激強度、大小、形狀、長短、顏色、意義）時，生理所產生的第一個反應；此種反應可說是個體進行學習活動的開端。一般而言，智能障礙者在這方面的機能較常人薄弱，因而常影響其學習效果（陳榮華，1992）。

4. 辨認學習方面的特質

雖然智能障礙者在辨認學習方面的能力一般都比非智能障礙者差，但教學者若能將學習材料設計得新奇有趣並加上適當標示，在教學過程中給予適切鼓勵（提升其學習動機），通常都有助於其學習辨認不同特性的學習材料（王天苗，1992；陳榮華，1992；鈕文英，2012）。

5. 組織與統整能力方面的特質

智能障礙者通常都較不善於組織學習材料，致使對所學的材料缺乏「團集（聚類）」（clustering）現象（何華國，2009，頁76）、容易雜亂堆積（王天苗，1992），因此不僅無法長久保存，更不易回憶（陳榮華，1992）。此外，智能障礙者在將不同情境或不同時間所習得的技能進行統整時的能力，通常也較一般人差（鈕文英，2012）。

6. 偶發學習方面的特質

偶發學習係指，個體在學習某一事件時，對投射在其意識周圍的現象或刺激物偶然發生的「知覺」、「辨認」和「記憶」。一般而言，智能障礙者在這方面的能力通常也比較差（陳榮華，1992，頁49），也就是說，智能障礙者在學習過程中較不善於進行或發生偶發學習（鈕文英，2012）。

7. 維續、類化與遷移能力方面的特質

從學習程序來看，若教學得當，多數的智能障礙者大多能學會適合其能力之目標行為或技能，不過在將該技能加以維持或進行類化、遷移的部分，則通常較一般人困難（Dever & Knapczyk, 1997）。換句話說，智能障礙者較不易把在某一情境已學會的技能類化或轉移到另外的情境上，因此也就較不知道如何舉一反三；此種情形對智力功能愈低者愈明顯（鈕文英，2012）。

8. 反應、判斷與隨機應變能力方面的特質

　　由於智能障礙者在反應、判斷與隨機應變等方面的能力通常都比一般人差（王天苗，1992；何華國，2009；陳榮華，1992；鈕文英，2012；黃國榮，1992；Dever & Knapczyk, 1997），因此對他人所交辦的事情，就常會因不了解或能力不足而無法順利完成（洪榮照，2011）。

9. 學習速度與效率方面的特質

　　智能障礙者由於反應能力及判斷能力都較差的緣故，因此其在學習速度與效率上通常也比一般人慢（王天苗，1992；何華國，2009；陳榮華，1992；鈕文英，2012；黃國榮，1992；Dever & Knapczyk, 1997）。

10. 學習態度方面的特質

　　智能障礙者在生活與學習過程當中，因為較常遭遇失敗與挫折，所以在面對新的情境或新的學習狀況時，通常會比較缺乏學習動機，且容易預期失敗（王天苗，1992；何華國，2009；陳榮華，1992；鈕文英，2012；黃國榮，1992；Dever & Knapczyk, 1997）。

四、人格與情緒發展方面的特質

　　影響智能障礙者人格／情緒方面發展的因素，不僅會受到個體本身先天智能程度的影響，後天成長經驗及生活環境也都可能對個體之人格／情緒發展具有重大的決定力量（何華國，2009）。黃國榮（1992）曾指出，智能障礙者在人格方面的發展，與一般人之間並沒有種類上的區別，僅會有程度上的差異。大致而言，智能障礙者在人格／情緒發展方面的特質，大致可從五個層面來加以探究：人格的威脅層面、人格的防衛機制層面、人格的特質層面、人格的需求層面，以及行為、心理與精神疾病的人格類型層面等（何華國，2009）。以下綜合學者們的論述，從這五個層面來說明智能障礙者的人格與情緒發展方面的特質。

（一）從人格的威脅層面來看

　　在生活環境刺激不足或經歷過多失敗經驗的情況下，智能障礙者可能會比一般人更容易出現與人格威脅層面有關的問題，例如：高焦慮、情緒較不穩定、挫折容忍力低，以及面對事情有較高的挫折感等（王天苗，1992；何華國，2009；黃國榮，1992）。

（二）從人格的防衛機制層面來看

　　從人格的防衛機制層面來看，智能障礙者比一般人更常使用較原始性的防衛機制去應

付或處理所面對的衝突情境,例如:拒絕、退縮、壓抑、否定、內化、退化,以及抵消等(王天苗,1992;何華國,2009;洪榮照,2011;黃國榮,1992),也因此其所表現在外給人的感覺常是害怕、畏懼(王天苗,1992)。

(三)從人格的特質層面來看

從人格特質的層面來看,智能障礙者常有的人格特質大致可被歸納為下列八項:

1. 較常表現出僵硬性/固執性(rigidity),亦即智能障礙者在遇到事情的時候,除了較缺乏臨機應變的能力與彈性外,也較不會就情境的變化對自己的行為進行調整(王天苗,1992;何華國,2009;洪榮照,2011;陳榮華,1992;黃國榮,1992)。

2. 有較強的外在控制信念(external locus of control),亦即智能障礙者較常將事情的成敗歸因於外界因素所造成的,且較不認為自己有能力可以主宰外界事物(何華國,2009;洪榮照,2011;陳榮華,1992)。

3. 表現出外在導向的情形比非智能障礙者來得常見,且較易受到外在動機取向(extrinsic motivation orientation)所左右(何華國,2009;陳榮華,1992)。換言之,智能障礙者會較習慣用仿效或依賴外在線索的方式去引導自己的行為(王天苗,1992;何華國,2009;洪榮照,2011),而在遭遇失敗或感覺到力有未逮時,也較會轉為尋求外在線索作為己助(何華國,2009)。

4. 在面對新的事物或新的學習情境時,較容易預期失敗且好勝動機也較低(何華國,2009;洪榮照,2011;陳榮華,1992;黃國榮,1992)。詳言之,由於智能障礙者在生活過程與學習方面,較常遭遇挫折或有較多失敗的經驗,因此對任何事物的失敗期待往往比成功期待來得高,且其自我觀念通常也比較消極(王天苗,1992;何華國,2009;黃國榮,1992)、缺乏信心(王天苗,1992;黃國榮,1992)、抱負水準低(黃國榮,1992),或呈現不穩定狀態(洪榮照,2011)等。更有甚者,由於過多的失敗經驗再加上生活環境刺激不足,智能障礙者也較一般人容易出現下列情形:過度依賴、被動(王天苗,1992;王明雯、林坤燦,1993;何華國,2009)、衝動、以自我為中心,以及缺乏耐性或主見(王天苗,1992)等。

5. 由於對辨認自我與外在環境之間的界限較有困難,因此比一般人更容易出現下列情形:不喜歡自己、面部較無表情、自我意識缺乏,以及對他人反應較為模糊等(洪榮照,2011)。

6. 在自我決策(self-determination)(Smith & Tyler, 2010)以及自我管理(self-management)(王明雯、林坤燦,1993)方面的能力通常也都比一般人差。

7. 智能障礙者比一般人更常出現攻擊行為,生活中過多的挫折經驗可能是使智能障礙者比一般人更常出現攻擊行為的原因之一(何華國,2009)。另外,APA 的

DSM-5 也指出，智能障礙者常會因過度純真浪漫而出現容易受他人指使做事情的傾向，或導致容易受騙上當。詳言之，因「**易受騙上當與缺乏危機感**」的智能障礙者容易讓自身陷於被他人「**剝削**」、「**迫害**」、「**欺詐**」，或出現「**非意圖式犯罪**」、假招供、讓身體受虐或被性侵害等危機（APA, 2013/2020, p. 38）。

8. 智能障礙者在與人進行交往互動時的經驗，會影響其對他人的反應態度傾向，而此種傾向則涵蓋了積極面的反應傾向（指願意與讚許的成人有所互動之慾望），以及消極面的反應傾向（指對成人具有戒慎的態度）。對此，何華國（2009）特別指出，智能障礙者在面對與成人互動的情況時，到底會出現何種反應傾向，則要看當下哪一種傾向比較強而定。

（四）從人格的需求層面來看

智能障礙者在人格需求層面上的特質，基本上可從社會接納、成就動機、效能（effectance）與能力（competence）動機，以及有形獎勵與享樂等角度來加以說明；智能障礙者在這方面的特質大致如下（何華國，1994，2009）：

1. 由於智能障礙者較常得不到社會的接納與讚許，因此其對社會接納與讚許的需求程度常比一般人高。

2. 智能障礙者的成就動機需求常會受到其智力功能、生活環境和社經地位等因素所影響。大致而言，智力功能愈低下、生活環境愈受到限制，或社經地位愈低下者，其成就動機需求通常會比較低落。

3. 智能障礙者的效能與能力動機常會受到其生活以及失敗經驗所影響。生活經驗愈不足或經歷愈多失敗經驗的智能障礙者，其效能與能力動機需求通常也會愈低。

4. 智能障礙者（尤其是輕度智能障礙者）除了對安全、舒適與有形的獎勵較感興趣外，通常也較容易傾向於逃避令人緊張情境的情形。換句話說，智能障礙者較容易「**表現出享樂主義的反應方式，希望立即獲得滿足，並儘量避免不愉快的情境**」（洪榮照，2011，頁 81）。

（五）從行為、心理與精神疾病的人格類型層面來看

從行為層面來看，智能障礙者出現異常行為的比例通常較非智能障礙者來得高，且障礙程度愈嚴重者，其出現異常行為的比例也就愈高；智能障礙者（尤其是重度）最常出現的異常行為包括自我刺激及自傷行為（Garfield, 1963，引自何華國，2009）。針對「自傷行為」，APA 的 DSM-5 特別指出，若智能障礙個體有此問題，需隨時注意並及時進行診斷，必要時甚至需要單獨將之診斷為「**重複動作障礙症**」。不僅如此，智能障礙者（尤其是重度）甚至還可能表現出侵略或破壞性的行為（如傷害他人、破壞財產等）（APA, 2013/2020, p. 40）。

　　從心理疾病的人格類型層面來看，智能障礙者由於受到認知功能上的限制，當其在面對新的情境或面對外來壓力時，通常比較無法面對並加以有效處理，因此會有較多的焦慮和適應上的問題，有些甚至還會出現神經心理方面的症狀（如憂鬱、緊張、恐懼等）（何華國，2009）。對此，DSM-5 特別指出，智能障礙也常合併出現精神與神經發展方面的障礙；最常與智能障礙合併出現的精神與神經發展障礙的症狀，包括：注意力缺陷過動症、自閉症、「焦慮症」、「憂鬱症」、「躁鬱症」、「重複動作障礙症」、「衝動控制障礙症」，以及「重度神經認知障礙症」等（APA, 2013/2020, p. 40）。

　　就精神疾病的人格類型層面來看，MacMillan 於 1977 年就已表示，智能障礙者出現嚴重精神異常問題的現象通常也比正常人高，其比例約從 10～50%不等（引自何華國，2009）。對此，DSM-5 也特別指出，被診斷合併有心理方面疾病的智能障礙者，「有較高的自殺風險。他們會想自殺、嘗試自殺、可能死於自殺」（APA, 2013/2020, p. 38），故提供服務者（特別是教師）或陪伴者得隨時注意並謹慎處理。

五、閱讀理解能力方面的特質

　　林寶貴（1992）指出，在正常的狀態下，輕度智能障礙兒童在閱讀理解方面的極限，通常可以達到約國小五年級的程度（且能將這方面的能力運用在其未來成年生活當中），而中度智能障礙兒童在這方面的能力，雖難以超越國小一年級的程度，但仍可學會辨認自己的名字以及社區中常見的符號與標誌，某些智能障礙者甚至能學會使用一些可以用來保護自己的單字與片語。但 Crossland（1981）的研究則指出，智能障礙學生在閱讀理解方面也容易出現下列兩項特徵：(1)在閱讀有文意脈絡之文章時，比一般生困難且常會出現漏讀字的情形；(2)遇到不會讀的字，較無法像一般人一樣會使用文法正確且同義的字來替代（引自鈕文英，2012）。此外，林淑芬（2002）的研究結果更顯示，輕度智能障礙學生在句型（尤其是「判斷句」）之閱讀理解方面的表現比同年齡的一般生差，且其在與家庭或職場有關之語句理解部分，也比一般生有較多的困難（引自鈕文英，2012）。

六、書寫與寫作能力方面的特質

　　以下分別就智能障礙者在書寫以及寫作能力方面的特質進行說明。

（一）書寫能力方面的特質

　　智能障礙者常有之書寫習慣不良的問題，包括看字不仔細以及寫字不專心等，因而增加其在國字書寫上的困難。而造成其書寫習慣不良的原因，大致包括：(1)在許多與學習有關的能力上可能有困難（如注意力不足、短期記憶有缺陷、類化能力差等）；(2)較不善於使用有效策略進行學習；(3)精細動作及視動協調能力不佳等（林千惠，2001）。

（二）寫作能力方面的特質

智能障礙者在寫作方面大致有下列三項特質：(1)較不會應用心像策略進行事先規劃，以致於常容易從一開始就寫錯方向，而造成整篇文章出現重複或類似的錯誤（林千惠、何素華，1997，引自鈕文英，2012）；(2)在寫作內容方面較一般同儕貧乏；(3)在語句結構（如文法）、段落組織和銜接等方面常有混淆的問題（Frankel et al., 1987; Jones, 1992，引自鈕文英，2012）等。

七、自我照顧、社會適應與職業適應等能力的特質

由於智能障礙者在認知、語言理解與表達，以及動作協調等方面通常都有問題，影響所及，其在自我照顧、社會適應與職業適應等方面也大多會出現困難。一般而言，智能障礙程度愈嚴重者，在這些方面的困難也就會愈多（何華國，2009；洪榮照，2011；陳榮華，1992）。就自我照顧來看，智能障礙者常有的問題或困難，大致包括：缺乏時間觀念、不會處理金錢，以及無法處理與自我照顧有關的事項（如飲食、衣著、清洗衛生）等。其次，讓智能障礙者在社會適應方面產生困難的原因，通常與下列幾項因素有關：語言理解能力較差、較不容易理解團體活動規則、較無法與他人進行有效溝通，以及異常行為等（王天苗，1992）。而就職業適應來看，除了智能障礙者本身的個人因素（如年齡、身心特質、家庭背景、能力、生活經驗、職業技能與工作習慣）外，所提供的就業／工作機會，以及社會大眾的態度與觀念等，都有可能影響其職業適應。相關文獻曾指出，在正常的狀態下，如能提供適當的職業訓練，輕度智能障礙者通常會有良好的職業適應（何華國，1994）。

以上所列雖為智能障礙者的共同特質，但由於許多因素都可能影響其在不同方面的發展，因此會有不同的表現。綜合而言，輕度智能障礙者所表現出來的困難可能只有溝通或學習上的問題，而智能障礙程度愈嚴重者，其在各方面（如生理、自我照顧、動作行為、社會適應、學習等）的困難也就會愈多（王天苗，1992），其所需要的支持程度也就可能愈多（AAMR, 1998/1998）。

第五節　智能障礙者的教育與輔導

誠如前述，若智能障礙者能持續獲得適當且個別化支持時，其生活功能也會跟著進步（AAIDD, n.d.），而提供有效且個別化的特殊教育服務給智能障礙學生，也是支持系統

的作法之一（AAIDD, 2021）。本節依序就智能障礙學生的教育與輔導之相關議題進行探討，包括：教育目標與課程、教育安置型態，以及教學輔導原則。

一、智能障礙學生的教育目標與課程

在民國88年（1999）「特殊教育學校（班）國民教育階段智能障礙類課程綱要」中，我國教育部就曾明確指出，國民教育階段之智能障礙的教育目標，主要在培養智能障礙學生成為德、智、體、群、美等五育方面都能均衡發展之自立自主國民，其課程除要以「**生活經驗為核心**」外，也要「**透過適性教學**」達到下列目標（教育部，1999a，頁1）：

> 「壹、了解自我、鍛鍊強健體魄、養成良好生活習慣，以達到個人及家庭生活適應。
>
> 　貳、認識環境、適應社會變遷、養成互助合作精神，以達到學校及社區生活適應。
>
> 　參、培養職業能力及服務人群熱誠，以達到職業準備及獨立生活適應。」

雖然目前我國針對智能障礙學生的課程規範，已不再採用上述課程綱要，但其以「楷)生活經驗為核心」並提供「**適性教學**」的精神，仍是教學者在為智能障礙學生規劃課程及進行教學時應遵循的基本原則。換言之，此課程綱要的目標與精神仍值得被參考。

目前，我國國民及學前教育署（2024b）在「十二年國民基本教育特殊教育課程實施規範」中特別指出，在為不同有特殊需求（含智能障礙）學生設計或規劃課程時，必須符合學生的個別需求。為此，要「**善用課程調整**」。詳言之，教師在為智能障礙學生規劃課程時，必須先對學生進行充分評估後，再針對學生的個別差異與需求，從部訂課程、校訂課程（如彈性、必修、選修、團體活動等）與特殊需求領域課程中，選擇適合個別學生需求的領域（科目）或活動，然後「**透過調整學習節數／學分數配置比例，並以簡化、減量、分解、替代、重整……等方式彈性調整課程之領域目標與學習重點（含學習表現及學習內容）**」，統整後再「**結合個別化教育計畫**」，以盡可能達成「**落實能力本位、學校本位及社區本位**」的教學目標（國民及學前教育署，2024b，頁3）。

此外，我國針對身心障礙（含智能障礙）學生課程的部分，教育部國民及學前教育署已將身心障礙課程與普通教育課程加以連結統整，並於民國110年（2021）特別為有特殊需求的身心障礙學生編製了《十二年國民基本教育身心障礙相關之特殊需求領域課程綱要課程手冊》。此特殊需求課程領域總共涵蓋了14項：「**生活管理、社會技巧、學習策略、職業教育、溝通訓練、點字、定向行動、功能性動作訓練、輔助科技應用、創造力、領導才能、情意發展、獨立研究、專長領域**」等（教育部，2024）；在實際使用時，需依個別學生需求與狀況進行選擇並彈性調整。

　　基本上，就智能障礙學生的特質與可能需求來看，比較可能會用到的特殊需求課程領域大致包括：生活管理、社會技巧、學習策略、職業教育、溝通訓練、功能性動作訓練等，這些課程領域的詳細內容可參考教育部出版的《十二年國民基本教育身心障礙相關之特殊需求領域課程綱要課程手冊》（國民及學前教育署，2021），或透過搜尋相關網站（如教育部網站、全國特教資訊網、優質特教網、植根法律網、蔡昆瀛的特教共好等）下載電子版的檔案（教育部，2024；國民及學前教育署，2024a）。其中，國民及學前教育署的「優質特教平台」（2024）提供了多項與身心障礙（含智能障礙）學生領域課程相關的資料檔（含 PDF 檔、簡報檔、影片等）可供使用者下載使用。為方便讀者下載，以下列出此平臺上與身心障礙學生需求有關的課程之檔案名稱：

1. 十二年國民基本教育高級中等教育階段學校集中式特殊教育班服務群科課程綱要（108 年 7 月）。
2. 十二年國民基本教育身心障礙相關之特殊需求領域課程綱要（108 年 7 月）。
3. 十二年國教身心障礙學生領域課程調整應用手冊示例（109 年 7 月）。
4. 十二年國教身心障礙學生領域課程調整應用手冊（108 年 11 月）。
5. 十二年國民基本教育特殊教育課程實施規範（簡報檔）。
6. 十二年國民基本教育高級中等教育階段學校集中式特殊教育班服務群科課程綱要（簡報檔）。
7. 十二年國民基本教育身心障礙相關之特殊需求領域課程綱要（簡報檔）。
8. 特殊教育學生課程調整（簡報檔）。
9. 十二年國民基本教育特殊教育課程影片。
10. 十二年國教身心障礙相關特殊需求領域課綱課程手冊（111 年 5 月修）。

二、智能障礙學生的教育安置型態

　　洪榮照（2011）指出，我國針對智能障礙學生所設置的教育安置措施大致有下列七種型態：(1)普通班；(2)資源教室；(3)自足式特殊教育班；(4)特殊教育學校；(5)教養機構內附設特殊教育班；(6)養護機構；(7)在家教育。為真正落實融合教育，應儘可能向上安置（以避免將學生安置在隔離的環境中）（國民及學前教育署，2024b），尤其是輕度智能障礙學生應儘量安置在普通班中就讀（需要時搭配資源教室進行補救教學）。而針對中、重度以上智能障礙學生的安置，則除了應就學生在各方面的發展與需求狀況詳加評估外，也要將可能會被安置的學校或單位之實際狀況以及家長意願列入考量，最後依據綜合評估結果，再決定是否將學生安排進入特教班或特殊教育學校就讀。

三、智能障礙者的教學輔導原則

教育部在民國 88 年（1999）的《特殊教育學校（班）國民教育階段智能障礙類課程綱要教學手冊》一書中就已強調，智能障礙學生的教學應「**以學生的需求為本位**」（教育部，1999b）。誠如前述，國民及學前教育署（2024b）在「十二年國民基本教育特殊教育課程實施規範」中也強調，為順應並符合不同有特殊需求（含智能障礙）學生的個別需求，教師在進行教學或輔導時，應以「**落實能力本位、學校本位及社區本位**」為理念（國民及學前教育署，2024b，頁 3），並透過「**適性教學**」達成教育目標。綜合相關文獻（如何華國，2009；鈕文英，2012；Holowach, 1989/2002; Neel & Billingsley, 1989; Ryndak & Alper, 1996; Smith & Tyler, 2010; Snell & Brown, 2000），教師在進行適性教學時，可把握的原則大致可被歸納為 11 項，以下分別說明。

（一）從生態模式的觀點設計課程

教師在為智能障礙學生進行課程設計時，應盡可能從生態模式的觀點著手，透過生態評量或生態調查（ecological inventory），找出適合學生程度且對其目前及未來實用並具功能性的技能，以做為教學主要內容（鈕文英，2012）。

（二）妥善組織及串連教學材料

由於智能障礙者的組織、統整及應變能力通常都較差，因此為了要讓其進行有意義的學習，教師除了要事先有系統地將各學習領域的教學材料加以組織外，也要注意各課程領域之間是否有緊密連貫（黃國榮，1992）。不過，智能缺陷並不意味著無法學習，而智能水準也不是學習潛能唯一充分的預測基準。在為智能障礙學生設計規劃學習活動的訓練課程時，其心理年齡比智商水準更具有意義。原則上，教師在為智能障礙學生設計教學活動時，要把握循序漸進並以極小步驟增加學習量的原則，對學習材料的呈現順序妥善進行規劃與組織。

（三）有系統地呈現教學材料並讓學生進行有意義的學習

雖然智能障礙者在學習能力方面通常都比一般人差，但只要教學方法得當，大多數的智能障礙者還是可以學習。為了讓其能將所學到的知識與技能互相結合，並實際應用（含應付生活中可能發生的狀況）到日常活動當中，鈕文英（2012）特別指出，教師在進行教學時，要盡可能採用「**零推論的教學策略**」（zero-degree inference strategy）（頁 64），並強調「**社區本位教學**」的重要性（頁 213）。綜觀相關文獻（如何華國，2009；鈕文

英，2012；Holowach, 1989/2002; Neel & Billingsley, 1989; Ryndak & Alper, 1996; Smith & Tyler, 2010; Snell & Brown,2000），具體作法大致包括下列六項：

1. 儘可能安排活動本位教學（Activity-Based Instruction [ABI]），並以有意義且完整的活動代替孤立技能的教學。
2. 從學生最熟悉的教材開始，並把握循序漸進的原則呈現教學材料，以提升學生的學習效果。
3. 以學生個別學習特性為基礎，儘可能使用生活中的真實材料及活動本身的自然後果，讓學生在自然情境中進行學習。
4. 教學所用的方法、材料及結果應具有社會效度（亦即，儘可能與一般人所進行的活動相同）。
5. 將教學與評量相結合；亦即，在每一項學習作業單元裡，為個別學生做學習進步曲線圖，以激勵智能障礙學生更努力且願意保持進步的動力。
6. 讓學生有與一般人接觸或互動的機會。

（四）妥善應用各項實徵有效教學法，促進教學效果

為增進教學效果，在考量個別學生之學習特性與需求的前提下，教師可運用各種早已被證實能促進智能障礙學生學習效果的有效教學法進行教學，例如：工作分析教學法（task analytical instruction [TAI]）（林千惠、賴美智，2006），以及漸進式延宕法（progressive time delay [PTD]）（Smith & Tyler, 2010）等。其次，由於附帶學習或偶發學習是智能障礙者共有的困難之一，所以教師在進行教學時，在教學程序中，除應妥善運用各項維續（莊妙芬、黃志雄，2002；Alberto & Troutman, 1995; Westling & Fox, 2000）教學策略外，也應藉由各項有效的類化教學策略（莊妙芬、黃志雄，2002；鈕文英，2012；Snell, 1993; Westling & Fox, 2000），建立及加強其學習遷移的反應習慣。

（五）透過不同方式激發並維持學生的學習動機

濃厚的學習興趣與高度的學習動機通常都有助於學習效果的提升（林寶山，1998），但由於智能障礙者通常在學習上較智力普通者更常遭遇到困難與挫折，因此在學習動機與學習興趣方面一般都比較低落。基於此，教師在教學之前以及教學過程當中，應妥善應用一些有效策略，藉以激發或提升其學習動機及學習興趣。綜觀相關文獻（如方炳林，1979；王文科，1998；何華國，2009；林寶山，1998；黃國榮，1992），可被用來激發學生學習興趣與學習動機的策略，大致包括：

1. 智能障礙學生在開始學習一項新的學習活動時，極需要一個舒適、沒有焦慮與壓力的學習與氣氛情境，亦即，布置安全舒適的教室環境有助於提升其學習動機。

2. 由於智能障礙學生較缺乏主動性，所以更需要教師親情的口語呵護與催促，亦即，
   溫暖的口語呵護與催促有助於提升智能障礙學生的學習動機。

3. 在學習之前先幫學生做好心理準備，且在進行各項教學活動之前，先幫助智能障
   礙學生去除預期失敗的心理障礙。

4. 在教學過程中，隨時激發學生自發學習的內在動機。

5. 儘量讓學生避免失敗，並儘可能使其有體驗成功的機會。

6. 教學活動儘可能生動活潑並多樣化，並隨時視需要給予適度的提醒或刺激，藉以
   提高學生的注意力與持續力。

7. 建立智能障礙學生的自信心，這對於一項成功的學習方案具有決定性的影響。換
   言之，智能障礙學生需要大量的鼓勵及肯定的增強，以增加他們的自信心及促進追
   求成就的動機。

8. 將增強物激發學習動機的程序編入學習活動中。

9. 妥善運用增強策略，多獎勵、少懲罰。

10. 在學習過程中多給予社會性增強（如讚許、鼓勵）。

11. 給學生多一點與教師接觸的機會。

12. 對學生有適度期望。

13. 採用適合個別學生狀況的評量方式（如實作評量、檔案評量、動態評量等），藉
    以了解或監控其進步情形。

（六）有效運用提示法及模仿策略，促進教學效果

就個別內在差異而言，智能障礙者本身在獨立學習方面雖可能有較多的困難，但其模
仿能力可能並不差。基於此，教師在進行教學時，應善用模仿策略，以促進學生的學習效
果。亦即，教師在教學過程中，可請同年齡或同性別的學生擔任被模仿的對象，以提供正
確反應的示範，讓智能障礙學生進行模仿（黃國榮，1992）。此外，教師亦可視學生個別
及實際狀況，妥善選擇並互相搭配各種有效提示的教學法（包括：口語提示、動作或手勢
提示、身體引導或協助、提供示範、視覺提示、刺激內提示等）（Holowach,
1989/2002）。

原則上，教師在選用提示方法時，應把握下列原則：對學習能力較佳的學生，可採
「最少到最多」的提示方式，讓學生在學習過程當中有適度的挑戰性（以激發其學習動
力）；而對學習能力較差的學生，則可採「最多到最少」的提示方式，以激發學生產生較
多的正確反應，或讓學生有較多成功經驗（亦可提升其學習興趣）（Wolery et al., 1992）。

總而言之，教師在決定選用各種提示方式以提升學生的學習效果時，除了必須視教學
實際情況而定外，也要儘可能將個別學生的學習特性與需要列入考量（李淑貞譯，
2008）。在實際應用時，更應把握有系統地反覆提供提示的原則，使學生能隨時檢視並了

解自己的學習程序與程度。

（七）運用分段式搭配整體串連策略促進教學效果

智能障礙學生較無法一下子就將整個學習情境學好，其學習常是片段式的；換句話說，分段學習比整段學習更適合智能障礙學生。教師在進行教學時，應儘可能以學生已有的舊經驗為基礎，採分段式的教學策略（即將一項技能分成許多小技能），讓學生循序漸進學習新經驗（黃國榮，1992），待學生熟練所有分段材料之後，最後還要幫助學生將所有學習內容加以統整並串連（Wehman & Kregel, 1997）。

（八）強調個人優勢與操作能力的學習

從多元智能理論的觀點來看，每個個體都有其優勢能力（Armstrong, 1999/2001, 1993/2003; Gardner, 2000/2000），強調個體優勢能力的學習不但可以促進教學效果，更可以激發出一個人的潛能。針對智能障礙者之個別內在學習能力而言，黃國榮（1992）曾特別指出，智能障礙者在操作（動作學習）方面的表現通常優於其在語文方面的表現。基於上述兩項觀點，教師在對智能障礙學生進行教學時，除了要強調學生個人優勢能力的學習（鈕文英，2012）外，也要讓學生有實際操作的機會（黃國榮，1992）。

（九）立即回饋且先求正確再求速度

在教導智能障礙學生某項特定行為或技能時，不管學生做對或做錯，教師都應該立即給予回饋（回饋必須既簡單且清楚）。當學生做對或答對時，應立即給予正增強；當學生做錯或答錯時，則應立即加以修正（Smith & Tyler, 2010），待學生正確且確實學會該特定技能或目標行為後，才要求速度的增進。換句話說，對智能障礙學生的教學必須先求正確再求速度（黃國榮，1992）。

（十）增進學生自我決策與自我管理能力

大部分的智能障礙者常沒有學到充分自行做決定及解決問題的技巧，以致於無法適時對學習情境的每一個刺激做出有效的行為反應。換言之，由於智能障礙者在自我決策與自我管理能力方面通常都比較薄弱，因此完整的課程也應該包括此兩方面之能力的教學。針對自我決策能力的訓練方面，教師可先透過生態調查（Shogren et al., 2007），然後藉由自然情境引導學生在日常活動中體會並學習如何自己做選擇，例如：讓學生選擇（或決定）每天要做什麼、要去哪裡、要吃什麼，以及要去哪裡吃東西等（Smith & Tyler, 2010）。同時，教師也要在日常活動中隨時透過隨機教學，引導學生如何視情況或情境，適當地捏

衛自身權益或為自己爭取該有的權益（Zubai-Ruggieri, 2007），例如：在未經其許可的狀況下，當別人從他的面前插隊時，可藉機提示並引導學生如何有禮貌地對插隊的人說：「請排隊。」而針對自我管理能力的訓練方面，教師則可藉由教導學生一些自我管理策略，來達到其管理自己行為的目的。常被推薦用來教導智能障礙者使用的自我管理策略，大致有下列幾項：自我控制策略（如反應替代法、認知策略）、自我調整策略（如自我定約、自我監控、自我評量、自我增強、自我指導），以及自我指導策略（如認知示範、外顯引導、消褪外顯的自我引導、內隱的自我引導）等（王明雯、林坤燦，1993）。

（十一）調整作業方式及作業量

誠如前述，智能障礙者的學習速度通常都比一般人慢。因此，為避免學生在做作業的過程當中遭遇太多挫折，教師在為智能障礙學生規劃作業時，可針對學生個別狀況對作業進行的方式與形式做適度的調整，其可行的作法包括：減少作業量、完成作業的某特定部分即可、用口頭報告代替書面報告等（Smith & Tyler, 2010）。

第六節　智能障礙者輔助工具的應用

本節主要在介紹與輔助工具之應用有關的議題，包括：為智能障礙者選用或設計輔具時應注意的原則、智能障礙者較可能用到或接觸到的輔具項目，以及如何為智能障礙者安排無障礙電腦化環境等。

一、為智能障礙者選用或設計輔具時應注意的原則

儘管智能障礙者的個別差異大，其個別需求也不盡相同，但在為智能障礙者選用或設計輔具時，仍有一些共同原則應該被留意。財團法人第一社會福利基金會（2003）指出，在為輔具使用者設計或選用輔具時，應把握下列四項基本原則：(1)符合使用者個別需求；(2)參考專業人員各方面的評估；(3)輔具使用者必須接受訓練及追蹤評估；(4)輔具的功能是加增而非替代。就智能障礙者而言，此四項原則也應該被遵循，以下即針對這些基本原則在應用上應注意之處進行說明。

首先，在為智能障礙者設計或選擇輔具時，為對使用者有全面性的了解，整個過程（包括：對輔具使用者本身各方面能力與需求做全面性評估、設計／選擇輔具、讓輔具使用者試用、對輔具進行調整或修改、對輔具使用者進行訓練與定期追蹤、需要時對輔具進行維修／更新等）都應該有不同專業人員（如語言治療師、物理治療師、職能治療師、電腦輔助系統專家，甚至是教師等）的參與；而輔具專業團隊的成員基本上應該依輔具使用

者本身的狀況與需要，採任務編組的方式加以組成（王天苗，2003）。其次，智能障礙者除了因認知功能障礙可能影響其對訊息的辨識外，在運動機能（含粗大及精細動作）或行為反應方面通常也可能比較差，因此在為此類使用者設計或選擇輔具時，除了要以加增其能力為前提外，更要將其訊息辨識能力、肢體動作狀況，以及行為反應能力等因素都列入考量。對此，應把握的原則包括：(1)選用能讓輔具使用者快速並準確操作的操作介面（王小嵐等人，2003）；(2)操作說明與內容的展示儘可能簡單扼要（不要單以文字呈現，可搭配圖案或程序圖作為標示，藉以引導操作程序，讓輔具使用者易於了解與辨識）；(3)輔具操作方式要簡單易學（陳麗如，2011）等。

二、智能障礙者較可能用到或接觸到的輔具項目

以下依序就智能障礙者在生活、溝通和教與學等方面較可能會用到或接觸到的輔具列舉說明。

（一）生活方面的輔具

在生活輔具方面，常見的例子有：(1)以黏扣帶或磁扣替代鈕扣及鞋帶，藉以簡化智能障礙者在穿衣及穿鞋方面的過程與複雜性；(2)用加大或加粗握柄的梳子、牙刷（亦可用電動牙刷）等，讓精細動作不佳者方便進行盥洗（王小嵐等人，2003；陳麗如，2011）；(3)讓智能障礙者使用計算機，以減少其在日常生活計算方面的困難；(4)讓智能障礙者透過電腦，更有效地處理日常或工作事務（如進行簡易文書處理或記錄、儲存一些日常資料、上網找資料、對外連絡）等（陳麗如，2011；Smith & Tyler, 2010）。此外，為了讓智能障礙者參與社區的情況變得更好，近年來美國一些大型超市及大賣場也開始使用電腦本位的影片，用以教導購物者（含智能障礙者）能夠清楚了解標示在物品陳列櫃走道上的單字，以方便購物者更容易找到自己所要購買的商品（Mechling et al., 2002，引自 Smith, 2006/2008）。

（二）溝通方面的輔具

由於某些智能障礙者（尤其是重度以上的智能障礙者）在溝通方面也常有困難，因此可能需要用到不同形式的輔助性溝通系統（augmentative and alternative communication, AAC，或稱為擴大及替代溝通系統），例如：溝通圖卡、溝通板，以及電子式溝通輔具（含電腦、智慧型手機）等；針對智慧型手機的部分，某些款的手機（如 iPhone）甚至可下載「Card Talk」應用程式（App）。

（三）教學方面的輔具

在現今科技蓬勃發展的年代，輔具不僅可以用來增進教師的教學效果，更可以用來促進學生的學習成效（徐照麗，2000）。在教學方面常用到的輔具，大至各式多媒體設備（如單槍投影機、錄放影機、電腦、電腦輔助軟體）的應用（林寶山，1998），小至一般計算機（藉以減少智能障礙學生在數學計算方面的困難）或加大鍵盤計算機（讓手部精細動作不佳者方便操作）的使用（陳麗如，2011；Smith & Tyler, 2010）等。另外，針對聽覺理解能力尚可之認知功能有缺陷的學習者而言，代償性（compensatory）科技（如電腦語音輸出之有聲書）也可用來幫助其吸收新知及促進社會參與（王華沛，1999）。同時，教師也可透過網路來幫助記憶力有缺陷的學生，記住其所被指派的作業（Smith & Tyler, 2010），或藉由電子郵件（e-mail）、建立網頁等方式，讓家長知道孩子的回家作業以及學校的要求為何（Salend et al., 2004，引自 Smith, 2006/2008）等。總而言之，科技除了可用來促進教與學的效果外，也可用來作為學校與家庭之間的溝通管道，讓學校與家庭之間的溝通變得更為良好（Smith & Tyler, 2010）。

三、如何為智能障礙者安排無障礙電腦化環境

從以上所列智能障礙者（含學生）可能使用到或接觸到的輔具項目來看，可上網的3C 產品（如電腦、iPad、智慧手機等）無論是在日常活動當中或是在溝通與學習方面，智能障礙者都有可能會使用到或接觸到，可見其重要性。具體而言，3C 產品對智能障礙者的可能用途大致包括：(1)進行家庭作業、處理日常或工作事務；(2)從事休閒娛樂（如使用手機、電腦進行網路遊戲）；(3)透過電子郵件（email）或不同社交／社群平臺（如Dcard、Facebook、Instagram、Line、LinkedIn、Meta　Quest、Pinterest、PTT、Reddit、Skype、Threads、Snapchat、Telegram、Wechat、Twitter、WhatsApp、YouTube 等）結交網路朋友或與親朋好友聯繫；(4)透過各種網路搜尋引擎（如 Bing、DuckDuckGo、Google、Naver、百度等）或瀏覽器（如 Chrome、Safari 等）上網搜尋或瀏覽資料；(5)透過各式網路購物 App 進行購物；(6)應用各項人工智慧（artificial intelligence [AI]）工具進行學習或工作（Lin, 2023）等。然而，由於智能障礙者在各方面的能力通常都比一般人差，因此在為智能障礙者準備合適的 3C 產品（含設備與環境）時，應注意是否有將下列三項基本要素列入整體設計與考量之中：(1)選用無障礙的電腦操作介面（王小嵐等人，2003；陳麗如，2011）；(2)安排無障礙的 3C 產品與網路環境；(3)選擇符合使用者認知能力與需求的電腦輔助軟體（陳麗如，2011）等。

針對 3C 產品操作介面的部分，在為智能障礙者選擇或設計操作介面時，除了要考量到使用者的個別認知能力外，也要考慮到操作介面本身是否能讓使用者方便、迅速且有效地操作使用（王小嵐等人，2003）。針對無障礙 3C 產品與網路環境安排的部分，設計者

應掌握的要點大致有下列三項：(1)3C 產品介面／網頁內容的呈現不宜太多；(2)網路連結的設定不可過於複雜；(3)相關訊息的提供程度上不宜太難（必要時可用圖形或符號訊息取代文字說明）（陳麗如，2011）。此外，在為智能障礙學生規劃或選用軟體時，要考量到所選用的軟體或輔助設備是否能符合學生的認知與學習能力。另外，由於智能障礙者的判斷能力較差（「易受騙上當」）（APA, 2013/2020, p. 38），網路詐騙事件又層出不窮，因此在輔導智能障礙者使用網路時，也應教導如何預防或避免受騙上當。

第七節　智能障礙者面臨的困境與發展

　　如同其他障礙類別一樣，智能障礙也是一種跨文化及跨種族之普遍性問題。雖然基於國情、條件及對智能障礙之觀念的不同，各國的智能障礙國民所要面對的困境與挑戰也會有差異，但基本上，由於目前各國仍習慣以智能障礙者在智力測驗上的得分多寡來進行分類，此種分類方式不僅使不同障礙程度的智能障礙者受到不同的對待，同時也為智能障礙者帶來了許多負面的詞彙用語（包括各種標籤、稱呼、綽號、污名化等）。因此，智能障礙者所面臨的各種困境（涵蓋了就學、就業及就養等層面），也多數是來自這些社會偏見與歧視所造成的不公平對待（Smith & Tyler, 2010）。AAIDD 指出，此種情況對那些被指稱為邊緣或有輕度認知限制（智商分數稍高於大約 70～75）的人更是如此，因為這個群體除了在功能上受到限制外，也可能會因其本身並不符合智能障礙的標準，而無法尋求服務或取得服務管道（AAIDD, 2010/2010）。在臺灣，智能障礙者也面臨了相同的困境，換句話說，針對智能障礙領域，我們還有許多發展的空間。以下從不同角度探討這些仍有待繼續發展的空間，依序包括：公共政策的確實執行、提升社會大眾的正確觀念、推廣預防的觀念、確實執行團隊模式的鑑定與安置工作、個別化支持計畫與以社區為基礎之服務輸送模式的推動、有效執行早期介入方案、創造更理想之無障礙且具個別化支持的學習環境、擴展並延續對智能障礙成人的就業服務，以及提升就養的服務品質等。

一、公共政策的確實執行

　　AAIDD 指出，公共政策的發展和執行與實務之間具有互相影響的關係（AAIDD, 2010/2010）。為提供智能障礙者各方面（含就學、就業及就養等）更多、更確實的保障，政府除應繼續相關法案的修訂外，更應隨時督促相關政策（包括個別化支持計畫）是否有被確實且有效地執行。

二、提升社會大眾的正確觀念

不了解往往是誤解或偏見的開始。就目前臺灣有關公平正義與社會觀念的部分來看，一般社會大眾對智能障礙者（含學生）仍普遍缺乏正確觀念，以為智能障礙者的智能缺陷意味著學習各方面都有缺陷、不具生產力等，因而直接地影響其對智能障礙者的接納度與態度，同時也間接地限制了智能障礙者被公平對待的機會。為了消除社會大眾的偏見，也為促進更理想的融合，政府或專家學者們有責任持續透過各種管道（如大眾媒體、舉辦各種研討會等），讓社會大眾對智能障礙者有更多、更正確的認識與了解。在此努力的過程中，首先必須要做的就是教導社會大眾如何使用正確的稱謂來稱呼智能障礙者。同時，也要讓社會大眾清楚了解到：智能障礙者之所以有學習上的困難，除了醫學及遺傳缺陷上的原因外，其他因素（如學到的經驗、學習機會、人際社會關係或心理因素等限制）也會影響或限制其學習。換句話說，吾人應從生態取向的觀點來看智能障礙者的能力，並藉以提供符合其需求的個別化支持（AAIDD, 2010/2010）。誠如何華國（2009）所言，只要提供充足的機會以及適當的訓練與教育，智能障礙者通常都能具有良好的生產力並對社會有所貢獻。

三、推廣預防的觀念

推廣預防的觀念是政府及專家學者們不可忽視的一環，畢竟預防重於治療。事實上，大多數造成智能障礙的原因是可以被預防的（何華國，2009）。根據 AAIDD，智能障礙的預防大致可分為下列三個等級（AAIDD, 2010/2010）：

1. 第一級預防：主要是為了預防疾病、狀況和障礙的發生所進行的預防策略（如讓兒童接受疫苗注射、鼓勵兒童戴安全帽騎腳踏車等）；其目標主要在增加個人的健康狀態。
2. 第二級預防：主要是針對已發生的狀況或對患有疾病之個體所出現的症候群或障礙所實施的預防策略（如進行新生兒篩檢、對苯酮尿症兒童實施特殊飲食控制治療等）；其目標主要在連結鑑定與介入。
3. 第三級預防：主要是為了減少或降低障礙對個體整體功能造成負面影響所實施的預防策略（如定期對患有甲狀腺疾病之唐氏症患者進行甲狀腺功能檢測、幫助智能障礙者發展適當的職業態度與技能等）；其目標主要在增進個體的整體功能。

而何華國（2009）則認為，智能障礙的預防措施可從「**防範未然**」（頁 54）、「**防範將然**」（頁 55）、「**防範已然**」（頁 58）的階段來加以進行，以下舉例分述之。

（一）防範未然階段

在防範未然階段可做的預防措施，可從遺傳諮詢、家庭計畫、定期接受產前檢查、衛生保健等方面來進行（何華國，2009）。其中，有關孕婦懷孕期間的衛生保健預防措施，大致包括：(1)懷孕初期接受妥善的醫療照護；(2)隨時注意並維持健康；(3)避免飲酒、吸菸、感染性病（如梅毒）、不當服藥、早產和感染（若受到感染應立即接受治療）；(4)保持營養均衡；(5)預防意外、受傷（何華國，2009；AAIDD, 2010/2010; Smith & Tyler, 2010）等。

（二）防範將然階段

防範將然階段的預防措施主要是從孕婦及新生兒著手，包括：(1)孕婦定期接受產前照顧、產前診斷（如超音波檢查、羊膜穿刺術、絨毛取樣），以及注意自己是否為懷孕高危險群等，藉以減少生下智能障礙孩子的機率；(2)對剛出生的新生兒進行「艾普格檢查」（Apgar Test）（檢查項目包括：心跳速度、呼吸情況、皮膚顏色、肌肉張力狀況，以及鼻孔對橡皮管刺激的反應等五項），檢查結果可作為是否需要做進一步診斷的參考（何華國，2009）。

（三）防範已然階段

防範已然階段的預防措施大致包括（何華國，2009）：

1. 對新生兒進行新生兒篩檢。
2. 定期對兒童進行健康檢查。
3. 讓兒童接受適當的醫療保健與照護。
4. 一旦確認兒童有智能障礙或有發展遲緩的現象，應儘早讓他／她接受早期療育或早期教育（early intervention）。

除了上述外，政府也應透過相關措施來降低智能障礙國民的發生率，包括：建立全國性的早期介入方案、提供家長相關的親職教育與適當的支持系統、保護兒童免於被虐待或被忽略、去除環境中的有毒物質、提供家庭計畫服務方案、教育大眾相關預防知識與方法、建立全國一致的醫療照護體系、確定所有嬰兒都有按時接受必要的預防接種，以及減少兒童因貧窮可能造成智能障礙的風險因素（如營養不良、文化刺激不足）等（何華國，2009；AAIDD, 2010/2010; Smith & Tyler, 2010）。

四、確實執行團隊模式的鑑定與安置工作

我國最新修訂之《特殊教育法》（2023）第 27 條明文規定：

> 「各級主管機關應提供學校、幼兒園輔導身心障礙學生及幼兒有關評量、教學
> 及行政等支持服務，並適用於經主管機關許可實施非學校型態實驗教育之身心
> 障礙學生。
>
> 高級中等以下學校、幼兒園對於身心障礙學生及幼兒之評量、教學及輔導工作，
> 應以專業團隊合作進行為原則，並得視需要結合衛生醫療、教育、社會工作、
> 職業重建相關等專業人員，共同提供學習、生活、心理、復健訓練、職業輔導
> 評量及轉銜輔導與服務等協助。
>
> 高等教育階段學校對於身心障礙學生之輔導工作，依前項規定辦理。⋯⋯」

綜合以上規定可看出其主要目的即在規範並強調：身心障礙學生的鑑定與安置工作應該在專業團隊合作的模式下進行。換句話說，為避免錯誤鑑定，也為了希望能提供最適性的安置與服務措施給真正有智能障礙的學生，鑑定人員在進行鑑定與安置工作時，應以最審慎的程序、標準、方法與態度，透過跨專業的團隊服務模式（transdisciplinary team model）（陳麗如，2011；Orelove & Sobsey, 1991）或合作式的團隊模式（collaborative team model）來加以進行（陳麗如，2011；Heller et al., 2009; Orelove & Sobsey, 1991）。

五、個別化支持計畫與以社區為基礎之服務輸送模式的推動

AAIDD 認為，對智能障礙者之個別化支持計畫的認同應「**包含強調以自我為導向的補助經費、以個人為中心的計畫，以及以家為基礎的支持**」等，而以社區為基礎所提供的支持與服務，則必須要能反映個人的需求與偏好（AAIDD, 2010/2010）。

六、有效執行早期介入方案

如前所述，除了先天性的因素外，許多後天因素（如文化刺激不足、教養不足、忽略、意外等）也會造成智能障礙。近年來，文獻早已指出，早期介入方案除了可以預防及降低智能障礙（尤其是輕度智能障礙）兒童的發生率（何華國，2009）外，也可以藉以減輕兒童智能障礙的嚴重性，並減少智能障礙兒童家庭的不安及壓力等（Guralnick, 1998，引自 Smith & Tyler, 2010）。對此，何華國（2009）特別強調，透過充實性的刺激活動，對來自環境不利或有發展障礙的兒童提供有關知覺動作、生活自理、溝通與社會情緒等方面的早期療育，有助於遏阻社會心理因素對兒童之智能發展的不利影響。

七、創造更理想之無障礙且具個別化支持的學習環境

　　AAIDD 指出，下列三項教育實務有助於為智能障礙學生創造更理想之無障礙且具個別化支持的學習環境（AAIDD, 2010/2010）：

1. 應用全方位課程設計（universal design for learning, UDL）的理念與原則，為不同個體之智能障礙學生發展課程。美國智能及發展障礙協會（AAIDD）認為，全方位課程設計原則的執行「**是確保智能障礙者能參與普通教育課程的主要策略之一**」（AAIDD, 2010/2010, p. 172）。

2. 透過工具與科技輔具的使用，藉以提升學生能力與教育環境背景之間能有更好的「**適配性**」（AAIDD, 2010/2010, p. 152）。

3. 應用正向行為支持策略處理智能障礙學生的問題行為；正向行為支持的介入與支持計畫主要是以「**功能性行為評量為基礎**」，並透過下列方式對學生的問題行為進行處理：(1)改善可預測之行為發生的前事（antecedent），藉以預防問題行為的發生；(2)教導特定技能以取代問題行為，並擴展對增強物之取得的一般管道；(3)改變他人的反應，藉以讓預期的行為獲得增強而問題行為不被增強（AAIDD, 2010/2010, p. 174）。

八、擴展並延續對智能障礙成人的就業服務

　　由於能力上的限制與有限的工作機會，許多智能障礙學生從學校畢業以後，就留在家裡未到職場工作。即便是有工作，在其所需要的相關支持服務缺乏或無法持續的情況下，也常無法久留於職場；此不僅可能造成其家庭及整個社會的負擔，也形成了人力資源的浪費。為改善及避免這些情況的發生，也為增進就業成功率，政府可採行的措施包括：(1)將智能障礙學生之生活輔導與就業評估開放延續至離開學校以後；(2)提供更完善的支持性就業（Smith & Tyler, 2010）；(3)舉辦經常性的在職訓練；(4)有效實施職務再設計的服務；(5)透過各項補助方案增加就業機會等。

九、提升就養的服務品質

　　前已提及，智能障礙者在最基本的稱謂上，就常未受到應有的尊重，更遑論其在生活及養老上所應享有的各種權利是否有受到保障。為了讓智能障礙者在成人階段及老年階段的生活都能受到保障，政府相關單位除了應對智能障礙者的家庭持續提供支持與補助外，也可繼續透過補助的方式，鼓勵民間團體、私人單位或機構成立更多更完善且更符合人性的成人身心障礙者養護中心（陳麗如，2011）。

第八節　總結

　　一個人必須同時具有智力功能與適應行為方面的障礙，且在發展期間發生，方可被判定為智能障礙者。造成智能障礙的原因除了先天方面的因素外，許多後天因素（如病變、成長環境等）也都可能會讓個體產生智能上的障礙（洪榮照，1997）。而不同程度之智能障礙者在各方面的發展雖具有一些共同特質，但因個別因素與差異，因此也會有不同的表現。基本上，心智功能愈低者在各方面的發展會愈差，其在獨立方面也就愈需要支持。多年來，許多文獻都指出，提供適度支持可大幅提升智能障礙者參與其社區生活的可能性。雖然有關智能障礙者發展的部分，還有許多挑戰與困難有待克服，但透過政府與有心人士的不斷努力，相信這些挑戰與困境終將會獲得突破與改善。

延伸閱讀

一、推薦書籍及文章

以下推薦一些相關書籍與文章給實務工作者或有興趣之士作為參考。

（一）推薦書目

何華國（2009）。**啟智教育研究**（第二版）。五南。

林千惠、賴美智（2006）。**工作分析教學法：在啟智教學上的運用**。財團法人第一社會福利基金會。

鈕文英（2012）。**啟智教育課程與教學設計**。心理。

賴美智（1998）。**行為問題的功能性分析與處理策略**。財團法人第一社會福利基金會。

賴美智（2006）。**中重度智能障礙者功能性教學綱要：教師指導手冊**。財團法人第一社會福利基金會。

賴美智（1999）。**重度智能障礙者的行為教學**。財團法人第一社會福利基金會。

American Association on Intellectual and Developmental Disabilities. [AAIDD]（2010）。**智能障礙：定義、診斷、分類和支持系統——美國智能及發展障礙協會定義指南第十一版**〔鄭雅莉譯〕。財團法人心路社會福利基金會。（原著出版年：2010）

American Psychiatric Association. [APA]（2020）。**DSM-5 精神疾病診斷與統計**〔徐翊健、高廉程、張杰、葉大全、黃郁絜、黃鈺蘋、鄒長志、趙培竣、劉佑閎譯〕。合記。（原著出版年：2013）

Holowach, K. T.（2002）。**中、重度障礙者有效教學法：個別化重要技能模式**（第二版）〔李淑貞譯〕。心理。（原著出版年：1989）

Schalock, R. L., Luckasson, R., & Tassé, M. J. (2021). *Intellectual disability: Definition, diagnosis, classification, and systems of supports* (12th ed.). American Association on Intellectual and Developmental Disabilities [AAIDD].

Wehmeyer, M. L. (2007). *Promoting self-determination students with developmental disabilities*. The Guilford Press.

（二）推薦文章

王明雯、林坤燦（1993）。智能障礙者自我管理訓練方法初探。**特殊教育季刊，48**，13-18。

莊妙芬、黃志雄（2002）。重度障礙兒童類化與維續之教學策略。**特教園丁，17**（4），8-13。

Duquette, C., Stodel, E., & Hagglund, J. (2006). Teaching students with developmental disabilities: Tips from teens and young adults with featal alcohol spectrum disorder. *Teaching Exceptional Children, 39*, 28-31.

Zubai-Ruggieri, R. (2007). Making links, making connections: Internet resources for self-advocates and people with developmental disabilities. *Intellectual and Developmental Disabilitie, 45*, 209-215.

二、相關網站資源

　　針對電腦網路的應用，讀者除了可以透過輸入關鍵字（例如：智能障礙、intellectural disabilities、developmental disabilities 等）外，也可藉由進入下列網站（舉例）進行相關資料的搜尋。

（一）國際資訊網路資源

American Association of Intellectual and Developmental Disabilities (AAIDD)
　　　（https://www.aaidd.org）

Centers for Disease Control and Prevention (CDC)
　　　（https://www.cdc.gov/ncbddd/index.html）

Center for Parent Information & Resources（https://www.parentcenterhub.org）

MedlinePlus: Developmental Disabilities
　　　（https://medlineplus.gov/developmentaldisabilities.html）

（二）我國特殊教育網路資源

中華民國特殊教育學會（https://sites.google.com/view/speassroc）

中華民國智障者家長總會（https://www.papmh.org.tw）

全國法規資料庫（http://law.moj.gov.tw）

全國特殊教育資訊網（https://special.moe.gov.tw/index.php）

財團法人科技輔具文教基金會（http://www.unlimiter.org.tw）

教育部主管法規查詢系統（https://edu.law.moe.gov.tw）

教育部國民及學前教育署（https://www.k12ea.gov.tw）

衛生福利部社會及家庭署輔具資源入口網（https://newrepat.sfaa.gov.tw）

優質特教發展網絡系統暨教學支援平台（https://sencir.spc.ntnu.edu.tw）

參考文獻

中文部分

中國行為科學社（2023）。**中國行為科學社出版品總覽**（6月）。作者。

心理出版社（2024）。**心理心：教育、心理、測驗出版知訊**（第86期）。作者。

方炳林（1979）。**教學原理**。教育文物。

王小嵐、吳亭芳、陳明聰（2003）。輔助性科技於教室情境中的應用。**特殊教育季刊，86**，9-16。

王天苗（1992）。**智能不足兒童輔導手冊**。國立臺灣師範大學特殊教育研究所。

王天苗（2003）。**特殊教育相關專業服務作業手冊**。教育部特殊教育工作小組。

王文科（1998）。**課程與教學論**。五南。

王明雯、林坤燦（1993）。智能障礙者自我管理訓練方法初探。**特殊教育季刊，48**，13-18。

王華沛（1999）。科技在特殊教育之應用。載於毛連塭（主編），**特殊兒童教學法**（頁321-376）。心理。

行政院（2024）。**國情簡介：身心障礙福利**。https://reurl.cc/z13KZN

何華國（1994）。**智能不足國民職業教育**。五南。

何華國（2009）。**啟智教育研究**（第二版）。五南。

身心障礙者權益保障法（2021）。中華民國110年1月20日總統華總一義字第11000004211號令修正公布。

身心障礙者鑑定作業辦法（2024）。中華民國113年5月6日衛生福利部衛部照字第1131560550號令修正發布。

林千惠（2001）。重視國小學童的書寫問題。**國小特殊教育，31**，30-35。

林千惠、賴美智（2006）。**工作分析教學法：在啟智教學上的運用**。財團法人第一社會福利基金會。

林堤塘、張嘉文（2008）。國際功能、障礙與健康分類系統（ICF）的發展、應用及其對特殊教育的影響。**特殊教育季刊，106**，1-13。

林寶山（1998）。**教學原理與技巧**。五南。

林寶貴（1992）。智能不足者之語言矯治。載於許天威（主編），**智能不足者之教育與復健**（頁203-251）。復文。

林寶貴（1994）。**語言障礙與矯治**。五南。

林寶貴、張正芬、黃玉枝（1992）。臺灣智能不足學童語言障礙之調查研究。**聽語會刊，8**，13-40。

侯育銘（2008）。智能障礙鑑定之困境與共識。**精神醫學通訊，27**（8），5-7。

洪榮照（2011）。智能障礙者之教育。載於王文科（主編），**特殊教育導論**（第三版）（頁47-108）。心理。

徐照麗（2000）。**教學媒體：系統化的設計、製作與應用**。五南。

特殊教育法（2023）。中華民國 112 年 6 月 21 日總統華總一義字第 11200052781 號令修正公布。

特殊教育學生及幼兒鑑定辦法（2024）。中華民國 113 年 4 月 29 日教育部臺教學（四）字第 1132801926A 號修正發布。

財團法人第一社會福利基金會（2003）。**輔具說明單（一）：輔具的基本概念**。作者。

國民及學前教育署（2021）。**十二年國民基本教育身心障礙相關之特殊需求領域課程綱要課程手冊**。教育部。

國民及學前教育署（2024a）。**十二年國教課程綱要課程實施規範暨領綱**。 https://reurl.cc/5vjb5V

國民及學前教育署（2024b）。**十二年國民基本教育特殊教育課程實施規範**（110 年 10 月）（頁 3-4）。https://reurl.cc/Djzby5

張正芬（1987）。輕度智能不足學生語文能力之研究。**特殊教育學刊，3**，49-66。

張庭瑋（2021）。**家長怎麼幫發展遲緩兒申請身心障礙手冊？馬上了解申請流程和所享福利補助**。https://grow.heho.com.tw/archives/3531

張學岺、郭彥君（2013）。臺灣精神醫學會年會 DSM-5 工作坊：神經發展障礙症在 DSM-5 中的改變。**DSM-5 通訊，3**（4），28-31。https://www.airitilibrary.com/Article/Detail?DocID= P20140807001-201312-201408070013-201408070013-28-31

教育部（1999a）。**特殊教育學校（班）國民教育階段智能障礙類課程綱要**。作者。

教育部（1999b）。**特殊教育學校（班）國民教育階段智能障礙類課程綱要教學手冊**。作者。

教育部（2023）。**中華民國特殊教育統計年報**。作者。

教育部（2024）。**特教課綱（特殊需求領域）**。https://reurl.cc/p3lKMa

教育部特殊兒童普查執行小組（1993）。**中華民國第二次特殊兒童普查報告**。教育部教育研究委員會。

莊妙芬、黃志雄（2002）。重度障礙兒童類化與維續之教學策略。**特教園丁，17**（4），8-13。

陳榮華（1981）。智能不足者。載於中國特殊教育學會（主編），**特殊兒童：心理與教育**（頁 22-62）。中國特殊教育學會。

陳榮華（1992）。**智能不足研究：理論與應用**。師大書苑。

陳麗如（2011）。**特殊教育論題與趨勢**。心理。

鈕文英（2012）。**啟智教育課程與教學設計**。心理。

黃文慧、林幸台（2007）。從ICF演變檢視我國特殊教育類別系統。**特殊教育與復健學報，17**，89-108。

黃國榮（1992）。智能障礙者之特質與教學輔導。**特教園丁，7**（3），9-10。

衛生福利部（2023）。**身心障礙類別、鑑定向度、程度分級與基準**。https://reurl.cc/Djzb35

盧台華（1999）。智能障礙學生鑑定原則鑑定基準說明。載於張蓓莉（主編），**身心障礙及資賦優異學生鑑定原則鑑定基準說明手冊**（頁 11-22）。國立臺灣師範大學特殊教育學系。

盧台華（2014）。智能障礙學生鑑定辦法說明。載於張正芬（主編），**身心障礙及資賦優異學生鑑定辦法說明手冊**（頁 2-1～2-14）。https://reurl.cc/NQvNG6

American Association on Intellectual and Developmental Disabilities. [AAIDD]（2010）。智能障

礙：定義、診斷、分類和支持系統——美國智能及發展障礙協會定義指南第十一版〔鄭雅莉譯〕。財團法人心路社會福利基金會。（原著出版年：2010）

American Association on Intellectual and Developmental Disabilities. [AAIDD]（n.d.）。智能障礙定義。https://reurl.cc/Rq59Oe

American Association on Mental Retardation. [AAMR]（1998）。智能障礙：定義、分類暨支持輔助系統〔楊梅芝、倪志琳合譯〕。財團法人雙溪啟智文教基金會。（原著出版年：1998）

American Psychiatric Association. [APA]（1997）。**DSM-IV 精神疾病的診斷與統計**〔孔繁鐘編譯〕。合記。（原著出版年：1995）

American Psychiatric Association. [APA]（2020）。智能不足（Intellectual disability）〔鄒長志譯〕。載於 **DSM-5 精神疾病診斷與統計**〔American Psychiatric Association 著；徐翊健、高廉程、張杰、葉大全、黃郁潔、黃鈺蘋、鄒長志、趙培竣、劉佑閣譯〕（頁 33-41）。合記。（原著出版年：2013）

Armstrong, T.（2001）。**多元智慧豐富人生**〔羅吉台、席行蕙譯〕。遠流。（原著出版年：1999）

Armstrong, T.（2003）。**經營多元智慧：開展以學生為中心的教學**〔李平譯〕。遠流。（原著出版年：1993）

Gardner, H.（2000）。**再建多元智慧：21 世紀的發展前景與實際應用**〔李心瑩譯〕。遠流。（原著出版年：2000）

Holowach, K. T.（2002）。**中、重度障礙者有效教學法：個別化重要技能模式**（第二版）〔李淑貞譯〕。心理。（原著出版年：1989）

Lin, L.（2023）。**2023 AI 工具大集合：50+個人工智慧軟體應用整理**。https://reurl.cc/kOx87d

Smith, D. D.（2008）。**特殊教育導論：創造不同的人生**〔黃裕惠、陳明媚、莊季靜譯〕。學富。（原著出版年：2006）

英文部分

Alberto, P., & Troutman, A. (1995). *Applied behavior analysis for teachers: Influencing student performance* (4th ed.). Merrill/Macmillan.

American Association of Intellectual and Developmental Disabilities. (2021). *Intellectual disability: Definition, diagnosis, classification, and systems of supports* (12th ed.). Author.

Batshaw, M. L. (1997). *Children with disabilities* (4th ed.). Paul H. Brookes.

Center for Parent Information and Resources. (2024). *Intellectual disability*. https://reurl.cc/r9yKZO

Dever, R. B., & Knapczyk, D. R. (1997). *Teaching persons with mental retardation: A model for curriculum development and teaching*. Brown & Benchmark.

Duquette, C., Stodel, E., & Hagglund, J. (2006). Teaching students with developmental disabilities: Tips from teens and young adults with featal alcohol spectrum disorder. *Teaching Exceptional Children, 39*, 28-31.

Facon, B., Facon-Bollengier, T., & Grubar, J. (2002). Chronological age, receptive vocabulary, and syntax comprehension in children and adolescents with mental retardation. *American Journal on Mental Retardation, 107*(2), 91-98.

Heller, K. W., Forney, P. E., Alberto, P. A., Best, S. J., & Schwartzman, M. N. (2009). *Understanding physical, health, and multiple disabilities* (2nd ed.). Merrill.

Neel, R. S., & Billingsley, F. F. (1989). *IMPACT: A functional curriculum handbook for students with moderate to severe disabilities*. Paul H. Brookes.

Orelove, F. P., & Sobsey, D. (1991). *Educating children with multiple disabilities: A transdisciplinary approach* (2nd ed.). Paul H. Brookes.

Ryndak, D. L., & Alper, S. (1996). *Curriculum content for students with moderate and severe disabilities in inclusive settings*. Allyn & Bacon.

Shogren, K. A., Wehmeyer, M. L., Palmer, S. B., Soukup, J. H., Little, T. D., Garner, N., & Lawrence, M. (2007). Examining individual and ecological predictors of self-determination and students with disabilities. *Exceptional Children, 73*, 433-437.

Smith, D. D., & Tyler, N. C. (2010). Intellectual disabilities or mental retardation. In D. D. Smith, & N. C. Tyler (Eds.), *Introduction to special education: Making a difference* (7th ed.) (pp. 262-295). Pearson.

Snell, M. E. (1993). *Instruction of students with severe disabilities* (4th ed.). Merrill.

Snell, M. E., & Brown, F. (2000). Development and implementation of educational programs. In M. E. Snell, & F. Brown (Eds.), *Instruction of students with severe disabilities* (5th ed.) (pp. 155-172). Prentice-Hall.

Wehman, P., & Kregel, J. (1997). *Functional curriculum for elementary, middle, and secondary age students with special needs*. Pro-ed.

Westling, D. L., & Fox, L. (2000). *Teaching students with severe disabilities* (2nd ed.). Merrill.

Wolery, M., Ault, M. J., & Doyle, P. M. (1992). *Teaching students with moderate to severe disabilities: Use of response prompting strategies*. Longman.

Zubai-Ruggieri, R. (2007). Making links, making connections: Internet resources for self-advocates and people with developmental disabilities. *Intellectual and Developmental Disabilities, 45*, 209-215.

第九章

視覺障礙

杞昭安

本章主要在介紹視覺障礙，分別是視覺障礙的定義、分類與鑑定基準；視覺障礙的成因；視覺障礙者的出現率與安置率；視覺障礙者的特質；視覺障礙者的教育與輔導；視覺障礙者輔助工具的應用；視覺障礙者面臨的困境與發展等。

第一節　視覺障礙的定義、分類與鑑定基準

一、視覺障礙的定義與分類

有些人的身體重要器官因醫療上的需要而切除，有些人因智能低下致使比常人差太多，也有些人耳朵重聽或聾，無法利用聽覺來接收訊息；諸如以上這些障礙，他們均可以請領身心障礙手冊，接受政府的照顧和輔導。但如果有人因職業上的傷害，或學生戴眼鏡打球時，不小心把一隻眼睛弄瞎了，而僅能依靠另一隻眼睛來生活，卻因剩下的眼睛視力不錯，而無法請領身心障礙手冊，這究竟為何？首先讓我們來看看視覺障礙的定義。

教育部修正發布之《特殊教育學生及幼兒鑑定辦法》（2024）第 4 條規定：

「本法第三條第二款所稱視覺障礙，指由於先天或後天原因，導致視覺器官之構造缺損或視覺機能發生部分或全部之障礙，經矯正後其視覺辨認仍有困難，致影響參與學習活動。

前項所定視覺障礙，其鑑定基準依下列各款規定之一：

一、遠距離或近距離視力經最佳矯正後，優眼視力未達〇‧四。

二、兩眼視野各為二十度以內。

三、視力或視野無法以一般標準化工具測定時，以其他醫學專業採認之檢查，綜合研判之。」

　　上述之優眼視力，係指經視力矯正之後的最佳視力。而視力表通常有萬國式視力檢查表及史乃倫式視力檢查表（The Snellen Chart），在美國通常使用史乃倫式視力檢查表測量，而以分數表示視力的單位，例如：20／200 表示視覺障礙者在距離物體 20 呎的位置才能看清楚，而視力正常者則在 200 呎處就可以看到。萬國式視力檢查表以 C 字形測量，而史乃倫式視力檢查表則以 E 字形測定，我國的規定則以萬國式視力檢查表為主。

　　這種分類均依據醫生的視力證明來進行，但國內從事視障研究者，多喜歡採用閱讀工具作為分類的標準，例如：

1. 教育盲（educational blindness）：是指視覺受損程度足以構成無法再從事學習者。這些人必須以聽覺、皮膚覺、觸覺為主要的學習方法，因此在教讀寫方面多利用點字教學。

2. 低視力（low vision）：是指在視力矯正後，優眼的視覺敏銳度在 20／70 至 20／200 之間的嚴重視覺障礙（郭為藩，2007）。

前者係以點字書寫閱讀，而後者則以大字體課本為主。

　　行政院衛生署於 2008 年修正公告的「身心障礙等級」指出，視覺障礙乃指由於先天或後天原因，導致視覺器官（如眼球、視覺神經、視覺徑路、大腦視覺中心）之構造或機能發生部分或全部之障礙，經治療仍對外界事物無法（或甚難）做視覺之辨識而言。障礙等級分為：

1. 重度：兩眼視力優眼在 0.01（不含）以下者；優眼自動視野計中心 30 度程式檢查，平均缺損大於 20dB（不含）者。

2. 中度：兩眼視力優眼在 0.1（不含）以下者；優眼自動視野計中心 30 度程式檢查，平均缺損大於 15dB（不含）者；單眼全盲（無光覺）而另眼視力 0.2 以下（不含）者。

3. 輕度：兩眼視力優眼在 0.1（含）至 0.2（含）者；兩眼視野各為 20 度以內者；優眼自動視野計中心 30 度程式檢查，平均缺損大於 10dB（不含）者；單眼全盲（無光覺）而另眼視力在 0.2（含）至 0.4（不含）者。

身心障礙之核定標準，是以「視力以矯正視力為準，經治療而無法恢復者」。

　　但依上述「身心障礙等級」之規定，視覺障礙須以優眼來判定，亦即雖一隻眼睛全盲，而另一隻眼睛視力正常，依然不符合目前視覺障礙界定的標準，除非其優眼視力值在 0.4 以下，而優眼自動視野計中心 30 度程式檢查，平均缺損大於 10dB（不含）者，即為輕度視覺障礙。dB 是 decibel 的簡稱，醫生通常也將它稱為分貝（似聽障的分貝），是光度的一種單位，在視野檢查時，從特定光度背景中分辨出刺激光線的能力，以 dB 來表示，這種區分光亮度差異的敏感能力，以視網膜的中心窩（Fovea）最高，然後朝周邊漸漸減低；年齡在 20 歲以後，每十年的敏感能力減少 1dB，例如：20 歲時視網膜中心窩的敏感度為 35dB，30 歲時為 34dB，70 歲時為 30dB。而所謂的平均缺損（mean deviation [MD]），是指測量受試者的全部視野與同年齡的正常值之間的差異。

二、視覺障礙的鑑定基準

所謂視覺障礙，原則上分為全盲和低視力兩種，執行上為了怕引起爭議，教育部於2023 年委託鄭靜瑩教授主持「視覺障礙學生鑑定辦法」小組進行修訂，並撰寫鑑定辦法之說明。

視覺障礙學生的鑑定工作在早期並未受到重視，因為只要學生拿到醫生的診斷證明，註明視力缺損，就可以順利進入啟明學校或混合教育班級就讀，至於是否真正符合視覺障礙的標準，並未有人關注；但目前視覺障礙學生的鑑定工作已法制化，例如：在「國民中學學生基本學力測驗」（簡稱基測）、「大學入學考試學科能力測驗」（簡稱學測）時，對於是否具有視覺障礙的法定資格，需要團隊來決定，以便決定是否提供放大字體、報讀服務、代謄答案卡，以及加分等措施。

有些學生視力不佳，雖然未達視覺障礙的標準，但基於教育的觀點，通常視障教育教師也都樂意協助輔導，但在有限的教育資源下，想充分利用及做最有效之運用，則視覺障礙的鑑定工作實有必要確實執行，因障礙的等級除了關係著學生請領殘障補助之金額外，同時也給予教師一個如何提供適性的教育服務措施之訊息。視覺障礙鑑定基準是判定兒童是否為視覺障礙的一個標準，而更重要的是視覺障礙的原因是什麼、尚有多少殘存視覺，以及其視覺功能如何等，可能才是教育工作人員所想要了解的訊息，畢竟有詳細的鑑定資料才能做準確的鑑定和安置。

一般教師對視覺障礙的鑑定原則和鑑定基準未必有清楚認識，因此有必要將鑑定基準上的名詞、鑑定小組所使用的鑑定工具，以及所進行的鑑定程序等逐一加以說明。

（一）名詞釋義

1. 先天致盲：通常是指出生時就失明，或 5 歲以前失明。
2. 後天致盲：係指 5 歲以後因意外或其他原因而導致失明者。
3. 視覺器官的構造缺損：視覺器官通常為神經系統與光覺系統，神經系統如視神經萎縮，網膜感光之後就無法傳達至大腦；而光覺系統則指光線利用角膜、水狀液、晶狀體、玻璃狀液而投射於視網膜上，如果上述的視覺器官構造缺損，即可能導致近視、遠視、白內障、亂視、青光眼、白膚症等病狀。
4. 視覺機能發生部分或全部障礙：視覺機能係指將外在影像傳遞至大腦的功能，因此當動脈梗塞，大腦血液供應不足，兩側之枕葉受損，即使眼球構造健全，亦無法看見外在影像。
5. 矯正後：係指戴上眼鏡之後的視力測定值。
6. 優眼：係指兩眼中視力較佳的一眼。
7. 萬國式視力檢查表：視力檢查工具一般分為兩種，一為以分數表示結果的史乃倫

式視力檢查表，以 E 字型呈現，測量距離為 6 公尺；另一種為萬國式視力檢查表，以 C 字型呈現，測量距離為 5 公尺。

8. 未達 0.4：視力經矯正後，其優眼視力值未達 0.4 者視為視覺障礙，所謂未達 0.4 係指在 0.4 以下，且不包括 0.4。

9. 視野 20 度以內：視野是指眼睛所能看見的範圍，一般人的視野大約在 150 度，假如矯正後優眼的視力值雖在 0.4 以上，但視野卻在 20 度以內，仍視為視覺障礙。

10. 其他方式認定（觀察法）：嬰兒或發展遲緩兒童，可能無法以鑑定工具來加以認定，因此有必要以觀察法來作初步的判定，例如：眼瞼腫脹、雙眼無法平行視物、瞳孔的大小不一、眼睛有不尋常的顫動、眼瞼下垂、對光線過度敏感、走路常被絆倒等，均有可能是視覺障礙兒童，但仍需進一步之認定。

（二）鑑定程序

1. 鑑定步驟：視覺障礙學生的鑑定，大體上依視力、基本能力、專業評量、特殊需求等方面來決定。每年 3 月份左右，申請入學的視覺障礙學生家長即需準備填寫表格，依規定得繳交醫師證明的診斷書，因此必須帶視覺障礙學生前往規定之醫院檢查視力，但因鑑定小組對於視力檢查有一些項目需要填寫，因此設計了一份「視覺功能醫師診斷評估表」，其主要目的在於了解其視覺功能以及對於學習可能產生的影響，以便找出正確的矯正方法、教學方法與輔助器具。「視覺功能醫師診斷評估表」可請兒童原來的眼科主治醫師填寫，如果主治醫師無法配合填寫，可改由鑑定小組特約醫院的眼科主任協助施測及填寫，然後將該表格寄回鑑定小組。

2. 診斷流程：備妥健保卡自行向特約醫院掛號，就診當日直接至眼科主任候診室外等候叫號，不必先作視力檢查，如遇其他醫護人員要求先作視力檢查時可委婉說明：眼科主任看診後如有需要會主動轉介給其他眼科醫師會診。在正式的鑑定會議上，由鑑定小組安排專業人員進行視覺功能教育評估、基本能力檢核、專業評量診斷、特殊需求分析及建議，然後再綜合研判最適合之安置環境。

3. 鑑定工具：一般以醫師的診斷證明書為基準（含萬國式視力檢查表、視野檢查計、「視覺功能醫師診斷評估表」），然後再由專業人員設計的視覺功能教育評估表、基本能力檢核表、專業評量診斷推薦表、特殊需求分析及建議表等四個工具為輔，需要時再參考其他認定檢核表之結果。

4. 評量方式：視力方面由醫師做醫學診斷，並由教育專業人員做視覺功能的教育評估。基本能力方面，由教師和家長一起評量；專業評量診斷推薦表、特殊需求分析及建議表，則由資深特殊教育教師或專業人員實施，且均採取個別評量方式。

5. 評量者的條件：由家長配合醫師、資深特殊教育教師、適當專業人員實施鑑定，因此評量者必須具備眼科醫師資格、特殊教育合格教師，以及適當之專業人員。

（三）綜合研判

　　視覺障礙學生之鑑定最基本的是要有醫師的診斷證明，視力經矯正後其優眼視力在 0.4 以下，或視野在 20 度以內者，或單眼盲而另眼視力未達 0.4 者，均視為視覺障礙。至於如何做最適性的教育安置，則仍需經資深特殊教育教師或適當之專業人員的評估，再參考學生家長之意願後，做綜合研判。

第二節　視覺障礙的成因

　　視覺障礙的成因，有些人分成先天因素、中毒、腦瘤、傳染性疾病、其他病因，以及一般疾病等導致，通常有眼睛機體上或大腦視知覺功能上的損傷。至於眼球生理機能上無法看清物品，其主要原因有：屈光不良，如嚴重散光、高度近視、遠視；屈光體透明度的問題，如角膜混濁、白內障；視網膜成像困難（任何導致視網膜病變的病因），如青光眼、高度近視、糖尿病、白化症、斜視、眼球震顫等；視覺傳導路徑問題，如視神經萎縮或因腦瘤引起視神經受到壓迫等。但在醫學上，則依眼球的結構受損或傷害而分成四大類：保護性結構部分、定向性結構部分、屈光系統，以及受納器官系統（李德高，1988；郭為藩，2007）。至於常見的眼疾，均有可能導致視覺障礙。賴泉源（1987）列出了下列六種，因屬專業領域，故轉摘錄如下，以供參考。

一、視力問題（屈光不正）

　　正常的眼球構造，由最外而內，分別是角膜、虹膜、瞳孔、水晶體、玻璃體；光線由外界射入經過幾個透明清澈的組織，產生折射，使焦點能落在最內層，視網膜上會產生倒立的影像，再由視網膜傳達到視神經，再傳到腦部。正常標準的視力無論看遠、看近都能調節自如、一清二楚，如果看遠有模糊的現象產生，就必須用凹凸鏡片來矯正，此稱為屈光不正。屈光不正引起焦點落在網膜前者是為近視，須戴凹透鏡片矯正；焦點落在網膜後者則為遠視，須戴凸透鏡片矯正。

　　當我們觀看近距離物體時，眼球的睫狀肌會收縮，使水晶體變得較圓、較凸，這樣才能使近物聚集於網膜上，才能看得清楚，這種現象叫做「調視」（accommodation）。40 歲以後，睫狀肌漸漸無力，水晶體漸漸硬化，當調視能力不足時，看近物時就會產生困難而需要用凸透鏡片來輔助，這就叫做「老花眼」。

　　另外，還有一個重要的現象就是「假性近視」，在某些情況下，如用眼過度、看書、寫字等近距離工作太久，使得主管調視機能的睫狀肌收縮太久以致於痙攣，水晶體持久保

持圓凸狀態，遠距離物體焦點落在網膜前面，形成一種暫時性的近視狀態。此時，如果點一種睫狀肌鬆弛劑及服用此類藥物，使痙攣的睫狀肌放鬆下來，就可以恢復正常的視力。

二、結膜炎

結膜是保護眼球的外圍屏障，有微生物侵入時，它首當其衝，所以常會有發炎、紅腫的現象。常見的結膜炎有下列三種：

1. 流行性角結膜炎：這是發生率最高、傳染性最大的一種，是由濾過性病毒所引起，尤其在夏天更為猖獗，主要是經公共場所的接觸傳染。
2. 過敏性結膜炎：身體對某種物質（可能是空氣中的塵埃或其他），引起過敏反應，在眼睛表現出來，此時患者會覺得眼皮非常地癢，但不會紅腫。
3. 砂眼：由一種披衣菌（chlamydia）所感染，表面會引起結膜慢性發炎，最後結成疤痕而自癒。若不幸血管增生到角膜上，易形成血管翳，此時就有失明的危險。

三、白內障

白內障是指，原本透明的水晶體變白混濁不清，阻礙了光線的透入，所引起的視力不良。造成白內障的原因很多，較常見的有：

1. 老年性白內障：60 歲以上的老人多少都有這種老化的現象，所以年紀大了以後，都可能有白內障，除非視力模糊到影響日常生活，否則可以不必開刀。
2. 先天性白內障：這種狀況一定要早一點開刀，愈早愈好，因為光線不能進入眼球，視覺細胞及大腦視覺中樞沒有接受刺激就不會發育。
3. 外傷性白內障：水晶體受到撞擊、穿破等傷害而引起的混濁變化。

四、青光眼

眼球內有一個液體循環系統，負責供應眼球內各組織的新陳代謝，這種液體叫做房水，它是由睫狀體分泌出來，從角膜、鞏膜交界處流出眼球進入血管，如果有任何原因引起阻塞，房水一直分泌卻流不出去，眼內壓就會升高，若持續地升高，壓迫到視神經，使其漸漸萎縮，視野即會缺損，最後導致失明，此稱為青光眼。

五、斜視

斜視俗稱鬥雞眼，醫生對斜視處理有三種方式：(1)把兩眼擺正，恢復美觀；(2)保持好的視力，防止低視力發生；(3)設法使兩眼能同時看，有融合及立體視覺。有些斜視是先天性的，就必須早點開刀矯正。由外傷、腦內腫瘤或疾病所引起的腦神經麻痺性斜視，就必須追查原因，徹底治療。

六、高血壓及糖尿病網膜病變

因我們人體的視網膜血管與心臟、腎臟血管的構造完全相同，而高血壓會引起心臟血管收縮、心肌缺血，糖尿病會造成腎血管變化，故也有可能引起網膜病變。

第三節　視覺障礙者的出現率與安置率

由於對特殊兒童之界定、調查或推估方式不同，故特殊兒童之出現率有不同之結果（林寶貴，1986；郭為藩，2007）。我國於 1976 年完成第一次臺灣地區 6～12 歲特殊兒童普查，結果視覺障礙兒童有 989 人，推估之出現率為 0.08%（郭為藩，2007）。1992 年第二次全國特殊兒童普查結果，6～15 歲之視覺障礙兒童有 1,931 人，占身心障礙兒童的 2.56%，唯此次特殊兒童之出現率有 2.121%，較第一次的 10.73%相去甚遠，其認為家長之配合程度不如從前，而宜存疑（教育部，1992）。

筆者曾於 1991 年進行師範院校特殊教育師資需求推估研究，普查臺灣地區特殊教育學校設有特殊班之普通國、高中及國小共 742 所，調查問卷之回收率為 91%，結果 6～15 歲之視覺障礙學生共有 1,931 人，占身心障礙者的 4.3%（杞昭安，1991a）。

國外之視覺障礙兒童僅占學齡人口的千分之一，據美國 American Printing House for the Blind 於 1987 年指出，幼兒園到高中三年級的視覺障礙學生有 16,670 人。但聯邦政府報告指出，在《94-142 公法》下接受特殊教育的 6～12 歲視覺障礙學生有 22,743 人，其中包括了不符合法定資格的低視力學生。就整體而言，美國在 1988～ 1989 年間，其視覺障礙兒童人數占特殊教育兒童的 0.5%（Heward & Orlansky, 1992）。

依教育部之統計，就讀於學前到大專校院的視覺障礙學生，從 87 學年度的 1,896 人到 111 學年度的 1,336 人，在身心障礙學生 123,063 人中占 1.01%。其中，學前階段有 52 人，國小階段有 268 人，國中階段有 196 人，高中階段有 236 人，大專階段有 584 人（如表 9-1 所示）。

綜合上述，臺灣地區的國民中、小學，其視覺障礙學生的出現率不高，即使學校中有視覺障礙學生，也是寥寥無幾，平均一班不到一位，因為出現率低於千分之一，以統計概念來說，一千人的學校頂多也只有一位視覺障礙學生。目前的視障學生，在國中、小教育階段，幾乎都已安置在啟明／惠明學校，以及就近安置在住家附近的普通學校就讀。

表 9-1　各學年度視覺障礙學生人數統計表

階段 學年度	學前	國小	國中	高中職	大專校院	總計	身障 總人數	占身障 總人數比例
87	43	878	453	308	214	1,896	60,572	3.13%
88	105	797	473	212	227	1,814	64,634	2.81%
89	100	774	436	247	304	1,861	70,229	2.65%
90	100	758	398	280	320	1,856	72,034	2.58%
91	89	780	430	418	401	2,118	76,742	2.76%
92	82	801	440	424	458	2,205	76,532	2.88%
93	84	768	430	443	507	2,238	84,896	2.64%
94	116	722	432	460	529	2,259	90,133	2.51%
95	125	682	445	459	590	2,301	93,735	2.45%
96	98	640	469	438	624	2,269	98,727	2.30%
97	82	596	435	451	672	2,236	102,841	2.17%
98	83	552	435	462	702	2,234	106,534	2.10%
99	85	530	400	467	666	2,148	110,154	1.95%
100	84	510	336	451	685	2,066	114,210	1.81%
101	61	414	263	331	668	1,737	116722	1.49%
102	56	375	275	291	723	1,720	114,117	1.51%
103	51	336	284	265	793	1,729	113,997	1.52%
104	45	317	261	238	809	1,670	115,139	1.45%
105	36	307	226	112	738	1,419	104,261	1.36%
106	44	290	188	132	692	1,346	104,994	1.28%
107	29	295	187	126	602	1,239	110,936	1.12%
108	32	256	190	185	589	1,252	123,063	1.01%
109	42	274	243	266	566	1,391	129,749	1.07%
110	45	269	216	251	531	1,312	135,143	0.97%
111	52	268	196	236	584	1,336	141,436	0.94%

註：引自教育部（1998～2022）。

第四節　視覺障礙者的特質

　　視覺障礙者給人的刻板印象是：自我中心；退縮、沉默寡言、孤獨；自閉性、愛幻想、缺乏與他人的協調性；閉鎖性、團結；行動過分慎重；消極；不喜歡行動；固執；依賴性；恐懼心；憂慮、緊張、神經質；自卑感；忘卻行動；猜疑心強；愛情的渴望、引人注意的行動、渴望受讚美；攻擊性、競爭性；易傷害對方或怨恨對方；情緒上的不成熟；內向、膽小、自我意識強。究竟果真如此，或有個別差異，至於何以會如此，又如何來獲得相關之資料，以下就心理認知方面、閱讀方面、語言發展方面、報讀需求方面、性知識與性態度方面、次級文化方面，以及就業問題方面等向度來加以探討。

一、心理認知方面

（一）智力方面

　　智力測驗多賴視覺，全盲和低視力兒童往往因不當之標準化測驗，而被安置於不當之教育計畫中。但一些已發展和標準化之測驗，雖可供視障兒童使用，但因視覺障礙之人口太少，導致其價值性仍被質疑（Heward & Orlansky, 1992）。唯有些測驗工具，雖非針對視覺障礙學生而設計，但在某方面卻可提供給視覺障礙學生使用。

　　筆者於 1991 年以「魏氏兒童智力量表」的語文部分為工具，以臺灣地區 240 名視覺障礙學生為對象，藉以探討我國視覺障礙學生的語文智力及相關因素，茲就研究結果陳述如下：(1)視覺障礙學生的語文智商在 6～18 歲階段和明眼學生有顯著差異；(2)視覺障礙學生在記憶廣度項目上表現最佳，而類同項目最差；(3)視覺障礙學生之智商和生理年齡沒有顯著相關；(4)視覺障礙學生之智商和教育年齡（年級）間之相關達 .01 之顯著水準；(5)視覺障礙學生之智商和家長的教育程度及職業間均沒有顯著相關；(6)視覺障礙學生之智商和在校學期成績間，均沒有顯著相關；唯在國小階段，常識和記憶廣度項目和在校成績間有顯著相關；(7)整體而言，不同視力、不同性別以及不同教育安置之視覺障礙學生，其智商沒有顯著差異。但事實上，低視力男、女生之間，以及教育盲女生和低視力女生之間，其智商均有顯著差異；而啟明學校女生與融合教育女生之間，以及融合教育男女生之間，其智商均有顯著差異（杞昭安，1991b）。

（二）情緒發展方面

　　Raskin 於 1962 年、Pringle 於 1964 年，以及 Williams 於 1969 年曾比較盲人和明眼人之適應能力，發現盲人之適應能力較差，但他們忽略了配對、缺陷的病因、生活的限制、評量工具的選擇（如明眼人的測驗是否適用於盲人）。Cruickshank 等人指出，不適應之發生率從 8.5～36%，但很難假設真正的差異是由附加的障礙所引起。盲人不能控制外在世界，所以被認為比正常人依賴和順從，其無法藉自然之生理活動發洩過剩之精力。以 Piaget 之發展階段做架構，結果發現其在感覺動作期和明眼人不同，並無法同時去看、抓所呈現之東西，缺乏永恆世界之真實感，以及確認物體之概念發展遲滯。Keeler、Kaspied 與 Willan 認為，盲童退縮、自閉，然而這可能是不當之心理論斷所引起，因尚未有適合盲人之適應能力測驗（引自杞昭安，1987）。

二、閱讀方面

視覺障礙兒童的閱讀速度緩慢，尤其是以點字為主的全盲兒童。筆者曾於 1989 年就閱讀方面做過研究，旨在探討視覺障礙學生的閱讀能力，以及將速讀理論應用到視覺障礙學生後之直接效果、間接效果和持續效果。研究對象分為二部分：視覺障礙學生，以臺北市立啟明學校國小三年級至國中三年級為對象，共 38 名；明眼學生以實驗組之性別、年級、智商為主，就附近之民生國小、介壽國中配對取樣，共 12 名。本研究採等組前後測實驗設計，研究結果發現（杞昭安，1989）：

1. 視障學生的閱讀能力平均每分鐘為 64 個字，約為明眼學生的六分之一。
2. 視障學生的閱讀能力經由點字速讀教學後，有顯著的直接效果，平均每分鐘為 186 個字。
3. 視障學生的閱讀能力經由點字速讀教學後之直接效果，不受性別、年級、視力不同之影響。
4. 視障學生的閱讀能力，經由點字速讀教學後具有持續效果，但對國文、數學、自然科學、社會等學科沒有間接效果。

為了彌補視覺障礙兒童閱讀方面之困難，不妨以個別化方式，指導視障學生建立信心，使其了解到改善閱讀能力是可能的，因此要讓學生具備下列增加閱讀速度的技能：(1)以兩手快速觸摸；(2)減少口誦；(3)增加舒適的閱讀姿勢；(4)增加回航能力；(5)減少回搓動作；(6)減少指尖的壓力；(7)使用記憶策略去增進理解；(8)分享點字閱讀者所發現之新技術；(9)探討新的閱讀類型，如垂直、Z 字型之閱讀方式；(10)逐漸改變舊的閱讀習慣；(11)能快速翻頁（每張僅觸讀一行），以舊雜誌做練習；(12)能快速地閱讀相同的材料；(13)能做口頭之讀書報告；(14)能主動記錄每次之成績及訂定下一次之目標。

低視力學生的閱讀速度平均每分鐘 106 個字，約僅明眼人的四分之一，如加上識字程度則可能只有明眼人的五分之一。在視障學生的書寫方面，劉信雄（1989）指出，低視力學生的國字書寫能力在性別間無顯著差異，但在年級及不同視力各組學生間則均有顯著差異。此外，智商沒有影響到低視力學生的閱讀與書寫能力，先天性低視力與後天性低視力學生之閱讀與書寫能力也無顯著差異（張勝成，1988）。教師指導低視力生書寫文字圖表時，應放大且有適當間隔（張訓誥，1988）。

目前的基測和學測，提供 1.5 倍的放大字體試卷，並延長二十分鐘的作答時間，這或許有助於混合教育之視障生，但對於特殊教育學校之視障生而言，幫助不大。低視力生使用之課本或試卷，通常只將現有之資料放大，導致常因原稿清晰度不佳而影響放大後之效果（如字體線條斷裂），且提供答案紙時，也應注意其書寫所需之空間。

三、語言發展方面

語言是人類用來溝通思想和表達情感的工具，也是學習與思考的主要工具，同時也是促進幼兒社會行為和智力發展最重要的媒介，因此，語言可說是學習的重要主體。語言發展主要的因素有三：(1)對兒童的溝通行為提供正向增強；(2)提供兒童一個說話的模仿對象；(3)提供兒童語言探索的機會（McShane, 1980）。

至於視覺障礙兒童的語言發展，是否會受限於視力而有所影響？林寶貴與張宏治於1987年以臺灣地區341名視障學生為對象，進行「國語注音符號單音測驗」，結果發現構音正確度男女有共同一致的趨向，但男女生的構音能力，男生比女生錯誤率高。在72位學生中，構音異常有33位，占45.8%；錯誤語音中替代音占54.5%，歪曲音占40.6%，省略音占4.8%。另外，林寶貴等人（2008）在「修訂學齡兒童語言障礙評量表」中指出，身心障礙兒童在該測驗的表現，比一般兒童差，且達.05的顯著差異；各年齡組以平均數1.5個標準差做為切截點，來篩選語言障礙的發生率，使用該測驗可以篩選出6%左右的5至12歲具有語言障礙之兒童；男女生間的語言發展沒有顯著差異；在聲音方面通過率97.5%、語暢方面通過率99.4%、語調方面通過率100%、聲調方面通過率99.1%、構音方面正確率達90%以上；學前經驗超過三年以上，在語言理解能力才有明顯差異；父母親教育程度不同的學齡兒童，其語言發展有顯著差異；不同兄弟姐妹數的學齡兒童，其語言發展並沒有顯著差異；家中使用不同母語之學齡兒童，其語言發展有顯著差異。

筆者曾於2009年探討低視力學童的語言發展狀況，並採用林寶貴等人於2008年修訂完成的「修訂學齡兒童語言障礙評量表」，以臺北縣市共76名低視力學童為對象，探討低視力學童的語言發展狀況。研究結果顯示：

1. 低視力學童在施測時間方面從21～80分鐘不等，平均花費44分鐘，比一般學童的15～30分鐘多花費一些時間。
2. 低視力學童表現出正確音的占68.4%、有錯誤音的占31.6%。
3. 低視力學童在語言發展量表上的表現，無論在語言理解或口語表達，乃致於整個語言發展，男女生、不同兄弟姐妹數、不同年齡、不同年級、父母親不同學歷、家中使用不同母語等變項間，均無顯著差異。
4. 無學前經驗的低視力學童在語言發展量表上的表現優於有學前經驗的學童。
5. 各年齡層的低視力學童，其語言發展平均數和常模比較，均低於普通班學童。
6. 低視力學童在語言理解、口語表達、語言發展方面，隨年齡、年級增加而有遞增趨勢，達.05的顯著水準，而在趨勢分析中呈直線趨勢，顯示年齡愈高或年級愈高，語言理解與口語表達量表的得分也愈高，因此可以看出低視力學童的語言發展和年齡及年級有密切關係。

四、報讀需求方面

視障學生的數學教學一直困擾著任課教師，但隨著教育普及和視障學生進入大學及研究所階段的人數增多，他們通常會面臨統計方面的問題，若沒有基本的數學概念，對於研究多會受到限制。視障學生的數學教育面臨的挑戰，例如：圖表如何說明，除了製作立體的教材，更研發了語音系統以電腦報讀，只是像分數「$\frac{1}{2}$」在導盲鼠的語音系統中會出現「一月二日」（1／2）的報讀，至於圖表方面，目前仍無法藉由電腦做出有效的圖形或語音呈現。

筆者曾於 2009 年探討視障學生的數學圖表報讀之妥適性。首先透過文獻探討蒐集有關報讀、無障礙網頁規範、口述影像理論，以及敘述理論等相關文獻，做為數學圖表報讀之理論依據，與編製德懷術問卷之基礎，再經由德懷術問卷之過程得到相關資料。研究參與人員包括數學教師、特殊教育學系研究生、視障教育專家學者、數學教育專家學者、全盲學生（含國中、大學、研究所）、臺北縣市視障教育巡迴輔導教師等（杞昭安，2009）。

視障學生圖表的報讀涉及三個層面：數學圖表內容的撰寫、報讀者的報讀風格、視障學生的程度等，茲分述如下。

（一）在數學圖表內容的撰寫方面

1. 圖表報讀要能信、達、雅；文字敘述要簡要，文字內文即等於圖表意函；報讀要合乎邏輯，尤其在圖表訊息上的報讀順序，對腳本應忠實傳達。
2. 數學圖表的報讀，最好是由具有數學領域專業背景之人員來進行，不一定是要數學本科的教師，但寫腳本的人，最好是數學教師。
3. 圖表報讀的腳本須依報讀內容逐字寫出，圖表的標題也應報讀，並配合課本或講義原先的標題，以方便搜尋也避免錯誤。
4. 報讀應配合課文內容做增減之修正，有的文章已經非常詳細，就不需要再增加，以免畫蛇添足，增加學生閱讀上的負擔。

（二）在報讀者的報讀風格方面

1. 應先確定該圖表在該題呈現的用意為何？是說明，抑或是測驗？逐字逐句唸出課文或者唸出書面資料。
2. 當報讀是為了校對點字是否正確時，任何一個標點符號、空行、換段、換頁等，均應一字不漏地照原稿唸出。
3. 數學圖表的報讀應由大範圍到細節，由整體概述到分區解說；由上而下、由左而

右報讀，先報讀圖表名稱以及圖表號碼，除了必要的數學用語，在圖表敘述時應儘量使用一般的口語。

4. 對題目所要之方向及答案重點報讀，刪去不相關之線索。將題目所要講的概念詳細敘述，其他不相干的背景或線索則予以忽略。

5. 報讀圖表前先唸出題目或其他相關文字的重點，考慮到學生對圖表舊經驗理解的深度，過於複雜抽象的圖表可直接用文字敘述。

（三）在視障學生的程度方面

圖表報讀時需先考慮到學生的能力現況為何，因為課本在圖表的前後內文中，都會針對圖表加以解釋，若學生的先備能力佳，過多的解釋反而會是學生摸讀的負擔。因此，任何圖表的報讀需先考慮學生的起點行為、能力現況，再決定報讀的詳盡程度，所以，即使是同一本數學教材、同一張圖，都可能有不同的報讀方式。

五、性知識與性態度方面

「性教育」在觀念保守的中國社會裡，往往會令人聯想到狹義的「性」教育。晏涵文（1995）認為，「性教育」是「人格教育」，如異性交往、選擇配偶、組織家庭、夫妻調適、生育教養等均是，因此它屬於所有教育的一環。依此觀之，縱使人們對性教育有見仁見智的看法，但對其重要性之認知是一致的。

國中、高職階段的視覺障礙學生，偶爾也會有性方面困擾。輕微的偏差行為在教師輔導下均能順利解決，但對於較嚴重的偏差行為（如有了越軌行為或懷孕），往往會被以「不適合團體生活」之理由，而遭休學、退學之處分，以防止其他同學受到影響。

此外，雖然視覺障礙學生在性方面的困擾，並非多來自視覺者，然而他們的學習多數依賴觸覺，這種「觸覺」即是其困擾所在，例如：在教學互動中，教師除了口頭講解外，更須牽引學生去觸摸教具，或體會教師所示範之動作要領，但這種正常的指導，對於青春期的視覺障礙學生卻未必合適。因此，在盲校的按摩實習課程中，乃有「男生由男老師指導，女生由女老師負責」之安排；但其他藝能科，例如：體育、美工、綜合工場等課程，仍採男女合班上課，以致於有些學生對於異性教師之教學感到困擾，但這是否因其缺乏性知識及性態度偏差所致？杞昭安（1990）曾以臺北市立啟明學校國中部及高職部學生為對象，共 76 名（國中 32 名、高職 44 名；全盲 47 名、低視力 29 名；男生 40 名、女生 36 名）；明眼學生則以沙鹿國中（男 12 名、女 20 名）及土庫高職（男 28 名、女 16 名）為對象，採用張昇鵬（1987）所編製之「性知識測驗」及「性態度測驗」，共 90 個題目，探討視覺障礙學生在性知識與性態度兩方面的情況。有關視覺障礙學生的性教育問題，以「性知識測驗」及「性態度測驗」施測之結果，獲得下列結論：

1. 視覺障礙學生對於性知識之了解程度為 81%，其中以「如何與異性交往」的項目最低，為 73%。
2. 視覺障礙學生性態度的正確度達 76%，而性態度有偏差者依次為「兩性態度」（63%）及「自慰的態度」（68%）二項。
3. 視覺障礙在國中部與高職部學生的性知識方面，沒有顯著差異。
4. 視覺障礙的男生與女生，在性知識方面沒有顯著差異。
5. 全盲與低視力學生，在性知識方面有顯著差異。
6. 視覺障礙的國中部與高職部學生，在性態度方面沒有顯著差異。
7. 視覺障礙的男生與女生，在性態度方面有顯著差異。
8. 全盲與低視力學生，在性態度方面有顯著差異。
9. 明眼與視障學生，在性知識與性態度兩方面之差異，均達 .05 之顯著水準。
10. 在性知識方面，明眼與視障學生僅在國中階段有顯著差異，在高職階段則否。
11. 在性態度方面，明眼與視障學生不論在國中或高職階段，均有顯著差異。

六、次級文化方面

　　就讀於啟明學校的學生來自全國各地，有中途轉入者，卻少有轉至普通學校者。他們在同一個教育環境會待上三至十二年不等，而住宿制學校的缺點即是和外界隔離。近年來，大專校院學生熱心於照顧視覺障礙學生，常於假日帶這些學生參加校外活動，藉以增加視障學生之見聞。然在一個隔離的環境生活了一段時日，再度回到社會，卻常有不適應之情況。

　　特殊教育學校必然有其特殊之處，大專校院、社會團體頻於前往啟明學校參觀，雖想了解視覺障礙學生之狀況，但走馬看花僅能觀察到其表象，無法深入了解。視障學生接受長期的特殊教育薰陶之後，是否形成了獨特的次級文化（sub-culture）？此種次級文化是否有礙於回歸主流？教育專業人員假如能對此加以探討，必有助於視覺障礙學生的輔導工作，進而提供一個適性的教育，以發揮視障學生的潛能。除此之外，視障教育如欲追求質的提升，先決要件是要先了解學生的特性、需求。杞昭安（1990）曾就三所啟明／惠明學校之學生為對象，以「視覺障礙學生次級文化調查問卷」為工具，研究之結果如下：

1. 在學習態度方面：視障學生在學習態度方面表現不佳者，依次為「課餘較少和同學討論學習問題」、「較少到圖書館借書」、「較少參考課外書籍」、「課前較少預習」。
2. 在對學校的態度方面：(1)視障學生對學校的態度較為不佳者，依次為「較少主動請教老師有關課業或生活上的問題」、「學校的獎懲和輔導方式不合適」、「老師較少以身作則」；(2)視障學生多數認為，做有益社會的事是件重要的事、和睦相處且受人喜愛的同學是成功的人，但卻不認為擁有巨額財富和擁有重要權位是成功

的人；(3)視障學生最希望自己成為哪一類型的學生，依次為「品行優良」
（34%）、「多才多藝」（24%）和「廣得人緣」（22%）；至於班級領導者則
多數認為應選擇「有領導能力者」（66%）。

3. 在未來展望方面：視障學生多數認為，參加各種技能檢定是件重要的事，但也對
畢業後之升學感到煩惱，因按摩業不被重視，且認為升學並不容易。

　　綜合觀之，視障學生的次級文化和其家長社經地位、在校年數等均沒有顯著相關。至
於男女生間、全盲與低視力間、高職與國中間，其次級文化也沒有顯著差異，唯就讀於都
市與鄉鎮之視障學生，其對學校的態度達 .01 之顯著差異。

七、就業問題方面

　　筆者於 1990 年曾以臺北市立啟明學校 120 名畢業生為對象做電話訪問。在 92 位有效
受訪者當中，發現他們繼續深造者占 24.9%，已就業者占 70.09%，實際未就業者僅占
7.6%；其中有 50 位從事按摩業，占 71.43%；其次為演唱（7.14%）、教書（5.71%）、理
療（5.71%）、電話接線（4.29%）。在受訪者當中，有 38.57% 的人對於目前工作不滿意。

　　萬明美（1991）針對從事按摩業之視障者做實地訪視後發現，影響按摩師收入的相關
因素有教育程度、視力狀況及專業訓練。其生活圈狹小，多數按摩院設在自家內，設備簡
陋，採光和衛生條件欠佳；明眼人若從事按摩工作，視障按摩師難以競爭；按摩收入不穩
定，生活沒保障等。之後，萬明美（1998）再度探討大學視覺障礙學生畢業後之生活狀況
發現，他們的就業率高達 91%，除了一些人尚在謀職中或準備考研究所外，真正失業者僅
3%。視障者所從事的行業，依次為各級教師、按摩師、音樂歌唱及點字校對員；此外，
也出現一些新興行業，例如：社會工作助理、行政助理、保育員、廣播節目主持人、保險
業務員、電腦程式設計師、觀護人、行政主管、立法委員等。

　　張勝成等人（1995）對於臺北市視障者進行職業現況及其職種開發之可行性研究後發
現，20～30 歲的視障者占 36.4%，30～40 歲者占 31.8%，40～50 歲者占 31.8%；受過學
校職業訓練者占 65.3%，未受過學校職業訓練者占 34.7%；在 54 位失業和家管中，有 63.0%
的人具有就業意願；至於參加職業訓練方面，55.6% 的人願意參加職業訓練。

　　筆者於 1999 年再度就國內視覺障礙者目前的就業狀況，以及其工作壓力、工作滿意
度與就業期望做電話訪問，在臺灣地區視覺障礙團體會員 4,818 名中，以年齡在 20～40 歲
之間的會員為對象，進行分層隨機取樣，共抽取 372 名進行電話訪問。所蒐集之資料以次
數分配法、Pearson 積差相關、*t*-test、多元逐步迴歸和趨向分析加以處理。茲將本研究之
結論摘述如下：

1. 在接受本研究訪談者中，男性占 66.1%，女性占 32.5%；其中全盲者占 50.0%，低
視力者占 48.5%；先天失明者占 47.7%，後先失明者占 50.8%；會使用點字者占
57.5%，不會點字者占 49.1%；已婚者占 38.6%，未婚者占 54.4%，已離婚者占

2.0%；撫養親屬人數多在 2 人以下（29.5%）；教育程度在高中職以上者占 68.4%；所從事之行業以按摩業最多（48.5%），其次為電腦文書處理（10.5%）、教書（7.3%），其餘為電話接線（2.6%）、理療（1.2%）、演唱（1.2%）等工作；在職業訓練機構方面，以重建院 25.7%為最多，其次為啟明學校 20.2%，職訓局 2.9%。

2. 視覺障礙就業者占 73.1%，其中 66.5%是受僱者，而多數是自行應徵者占 41.7%，其次為朋友介紹者占 35.3%；收入在 15,000～35,000 元之間者占 73%，唯仍有 20.6%其收入低於 15,000 元；自認不夠或勉強可以維持生活者占 65.0%，滿意或非常滿意目前工作者占 72.4%，不滿意或非常不滿意者占 27.5%；有意想換工作者占 37.0%，至於目前尚未就業者仍有 25.7%，約占視障人口的四分之一。

3. 視覺障礙者希望從事的行業，依次為：藝術方面，如文藝、戲劇、音樂、雜藝（占星、算命）；社會福利方面，如神職宗教工作者、教師；企業事務方面，如總機、打字員、文書雜務；個人服務方面，如接待服務、美容師、顧客服務；銷售方面，如專技銷售、一般銷售、販賣。其中，自認為想從事之行業和自己興趣符合者占 66.7%。待遇方面，認為在 25,000～45,000 元之間較為合理者占 58.2%；想到年老之後的問題者占 70.5%，想到子女教育問題者占 59.1%；認為老年規劃應自己解決者占 20.5%，應由政府協助解決者占 66.7%；至於子女教育問題應自己解決者占 20.8%，應由政府協助解決者占 60.8%；在 303 位求職者中，願意參加勞委會的職前訓練課程者占 70.8%。

4. 視覺障礙者在工作壓力方面，因工作所在地之不同而有顯著差異，亦即在城市的視覺障礙者之工作壓力比在鄉村者大；在工作滿意度方面，因結婚與否而有顯著差異，亦即未婚者之工作滿意度比已婚者佳；在工作收入方面，因性別、城鄉、教育程度及視力之不同而有顯著差異，亦即男生的收入顯著高於女生、城市的視覺障礙者之收入顯著高於鄉村者、教育程度較高者之收入顯著高於低教育程度者、全盲者之收入顯著高於低視力者。

5. 視覺障礙者的工作壓力隨年齡增加而呈現曲線趨勢，如果從各年齡層之壓力平均數來看，30 歲和 40 歲的視覺障礙者其工作壓力急速下降而呈一轉折；而其工作滿意度隨年齡增加而有遞增趨勢；但其工作收入並未隨年齡增加而有遞增趨勢。

6. 視覺障礙者的工作收入和其工作滿意度間成正相關，而和地區、性別間成負相關，且達統計上之顯著水準。

　　根據 2008 年司法院大法官做成的第 649 號解釋，認為《身心障礙者權益保障法》規定非視覺功能障礙者不得從事按摩業違憲，應自公布之日起至遲於屆滿三年時失其效力。因此，視覺障礙者的就業問題又面臨轉型之考驗。

第五節　視覺障礙者的教育與輔導

一、視覺障礙者的課程

　　為因應特殊教育與普通教育接軌之融合趨勢，教育部於 2008 年委託盧台華完成「國民教育階段特殊教育課程發展共同原則及課程綱要總綱」、「高中教育階段特殊教育課程發展共同原則及課程綱要總綱」，以及「高職教育階段特殊教育課程發展共同原則及課程綱要總綱」等三項內容之編訂。新課綱涵蓋國民教育、高中與高職等三個階段，強調設計特殊需求學生課程應首要考量普通教育課程，重視個人能力本位與學校本位課程，採課程及教材鬆綁的執行方式，以設計出符合特殊需求學生所需之補救或功能性課程。

　　盧台華（2011）指出，1999～2001 年間教育部相繼完成啟聰、啟明、啟仁、啟智等類及高中特教班職業學程課程綱要的修訂工作。然因各類課程綱要修訂期間與「九年一貫課程綱要」之修訂時間有所重疊，且完成時間早於「九年一貫課程綱要」的公布時間；因此，修訂之各類特殊教育學生課程綱要較難與普通教育課程接軌，亦無法因應融合潮流需求中，需以普通教育課程為首要考量並達至進步之目標。由各類綱要分析整體歸納發現：(1)各障礙類別之課程綱要多以教材內容為主，較缺乏課程與教材鬆綁的彈性，並會限制教師發展空間；(2)各類障礙類課程綱要並未分階段，且未能符合學生生理年齡之需求，亦較強調基礎認知技能之目標；(3)除最晚頒布的啟聰類課程綱要係於 2001 年間完成，故尚能配合九年一貫課程安排的彈性或選修時間外，其他類課程綱要均無此一設計。

　　若提及視覺障礙者的課程，多會聯想到點字、定向行動、按摩、適應體育等；而指導視障兒童時，視障教育教師通常會讓視障兒童將手放在教師手背上（hand under hand），感受教師的動作（稱之為示範指導），或者教師以手抓緊兒童的手背來修正其動作（hand over hand）之矯正策略；另外，在指導盲聾雙障的指背語指導時，都和一般視障兒童的教學有所不同。

　　根據 1995 年全國身心障礙教育座談會之決議，啟明學校的課程綱要已不合時宜，需要重新修訂，教育部於 1997 年即請相關人員開會商討課程綱要增修訂事宜。筆者被指定擔任此項工作之主持人，乃商請視覺障礙教育專家學者、啟明／惠明學校校長、主任及教師代表共同來研訂，增修訂範圍經多次開會結果，認為應從學前、多障、國小、國中，乃致於高中職分別加以討論，至於學前課程的部分，教育部已委請學者專家專案研定，但與會學者及實際從事視障教育工作之夥伴認為，多一套綱要或教材更可以發揮個別化之需求，因此在不增加經費之原則下，多聘請學前及多障教育專家指導研訂視障學前及視多障課程綱要。茲將所增修訂的課程綱要簡述如下。

（一）高中職教育階段課程

為培養視覺障礙學生成為健全公民，促進其生涯發展、貢獻己力服務社會的目標，啟明學校（班）的課程綱要可參考「高級中學課程標準」及「各高級職業學校課程標準」施行之，以因應綜合高中或學年學分制之發展趨勢。現階段分為普通科和職業類科：普通科科目包括共同科目和選修科目；職業類科包括復健按摩學程、資料應用學程，以及實用技能學程等。

（二）國民教育階段課程

根據九年一貫之精神及以學習領域取代學科之原則和發展趨勢，本課程綱要除顧及目前實施之考量，將科目及時數表同時呈現學習領域之規劃，以因應未來實施之需要。為培養國民應具備之基本能力，國民教育之課程應以個體發展、社會文化，以及自然環境等三個面向，提供語文、健康與體育、社會、藝術與人文、數學、自然與生活科技，以及綜合活動等七大學習領域之學習。其中，點字摸讀點寫能力在語文領域；定向行動在健康與體育領域；盲用電腦的學習在自然與生活科技領域中。

（三）學前教育課程

學前教育課程綱要係依據我國教育宗旨、《特殊教育法》（2023），以及《特殊教育法施行細則》（2023）之精神，參酌「幼稚園課程標準」，並針對學前教育階段視覺障礙幼兒之身心發展狀況而修訂。以融合教育為導向，身心均衡發展為前提，提供一個快樂、適性、開放的學習空間，並與家庭教育密切配合，以發展視覺障礙（含以視覺障礙為主的多重障礙）幼兒獨立自主的潛能並能克服障礙為目的。學習領域包括：(1)生活教育；(2)知覺動作；(3)溝通技能；(4)社會適應；(5)認知發展。各領域課程應配合視覺障礙幼兒之生長與發展以及整體活動的需要，綜合實施。

（四）多重障礙教育課程

多重障礙教育課程綱要係依據《特殊教育法》（2023）及《特殊教育法施行細則》（2023），針對以視覺障礙為主的多重障礙（以下簡稱視多障）學生之潛能，培養其適應社會所必須的基本知識、技能、習慣與態度，以成為身心均衡發展的自立自主國民。以生活經驗為中心，針對障礙者的智力、感官、肢體、語言和社會情緒等方面的特性與限制，透過適性教學，以期達成教育目標。其教學領域有：(1)生活教育；(2)溝通訓練；(3)知動訓練；(4)認知教育；(5)休閒教育；(6)社會適應；(7)職業生活等。

二、視覺障礙者的特殊課程

視障教育的特點和其他障礙類型最大的不同，應以點字、定向行動、按摩，以及盲用電腦等四種課程為代表。

（一）點字課程

在視覺障礙學生中，除了低視力學生使用大字體課本，其餘學生均以點字圖書為資訊的主要來源，因此點字之學習乃全盲學生之首要課題。

點字由六個點細胞組合而成，其名稱由上而下，由左而右，分別是 1、2、3 點和 4、5、6 點。

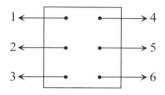

點字依類別區分有國語點字符號、英文點字符號、音樂點字符號、聶美茲數學與科學點字符號等。

國語點字以注音符號中的聲母加韻母加聲調而成，因此一個字大約有二至三方。就目前 59 個注音符號點字記號來看，可以細分如圖 9-1 所示。至於國語點字的使用規則，有下列幾項需加以注意：

1. 避免與英文字母混淆，有七個音單獨成音時，聲母後須加一空韻母ㄦ，例如：ㄓ、ㄔ、ㄕ、ㄖ、ㄗ、ㄘ、ㄙ；A、B、I、G、H、J、E。
2. 結合韻以一方表示。
3. 每個國字後均須加一聲調。
4. 國字以二或三方構成，一個字不可分行點寫。
5. 聲母中有三組記號相同，例如：ㄍ和ㄐ均為 1、3 點；ㄑ和ㄘ均為 2、4、5 點；ㄒ和ㄙ均為 1、5 點。

一般使用排除因素說明如下，例如：「其次」，使用ㄑ後面不可能出現ㄨ；同理，ㄘ後面不可能出現ㄧ。但在聲韻學中，這三組在古音中是相同的，例如：「江」水：古音念「ㄍ」（閩南語）；油「漆」：古音念「ㄘ」（閩南語）；白鷺「鷥」：古音念「ㄒ」（閩南語）。

圖 9-1　「國語點字符號」對照表

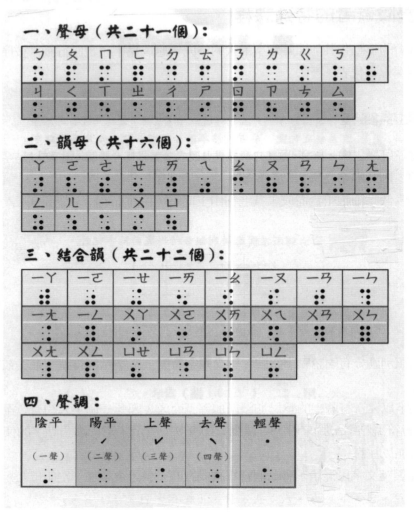

（二）定向行動課程

　　定向行動課程是盲人的重要課題之一，通常所謂的盲人三大限制，行動上的限制就是其中之一，因此，視障教育工作人員有必要為視障者提供良好的定向及明確有效的行動策略。指導盲生定向行動時，指導人員有必要自己先戴上眼罩走走看，感受一下以視覺之外的感官來引導前進之不同。以下加以說明。

　　1. 定向行動的意義：定向行動是指，讓視障者了解個人與環境的相互關係，知道其位置所在，且知道如何利用輔助器材，安全有效的從一地走動到另一地。

2. 定向行動的輔助器材：視覺障礙者的定向行動輔助器材，除了手杖、電子輔走器、雷射手杖、求助器之外，公車語音系統、盲人專用紅綠燈、路口播報系統等均已陸續在國內出現。

3. 視障者室內獨走技能：視障者如果能具備獨走技能，則能呈現出朝氣、希望、擴大視野、健康、積極、進取等形象；反之，則令人有頹廢、可憐、心胸狹隘、病容、消極等感覺。至於在室內尋找失物，如果東西掉下後沒聲音，應立刻尋找；如掉下後滾動，則應靜聽其靜止點然後再尋找。

4. 人導法：明眼人通常要把手臂彎曲成90度，讓視障者抓握，在日本稱為「誘導」。誘導的基本方法是先和視障者接觸，接著把手臂給視障者把握，讓視障者在後面半步跟隨。

5. 手杖技能：視障者使用的手杖稱為白杖，其功能主要是提醒他人和幫助自己。但視障者中有低視力兒童，他們通常不願讓人知道其視力缺陷，因此出校門之後，多把手杖（折杖）放口袋，且認為手杖是給教師檢查用的。手杖通常有直杖和折杖兩種，一支約 1,800 元，其長短以在心窩上二至三公分為宜。走路時放置在腳跟前一步，手臂放在身體的中心位置，杖幅振擺應大於體寬且離地 5 公分；至於步伐方面，點右邊踏出左腳，點左邊踏出右腳，且要有節奏感。行走於人行道時，走中央；於邊界線的行走時，則應採「斜置技能」，亦即將手杖末端沿邊界線滑動行走；上下樓梯時，則以手杖來探測。

6. 犬導法：Nelson Coon 由古代的繪圖中尋找出犬導法的線索，在十三世紀中國和日本的繪畫中，人犬的關係為引路、保護和陪伴（引自毛連塭，1973）。1819 年，Father Klein 著有《盲人教學手冊》一書，以訓練導盲犬。第二次世界大戰期間，德軍所使用的軍犬，於戰後被應用到盲人。導盲犬以拉不拉多犬和牧羊犬最佳，小犬在三個月大時，須寄養以培養人性、減低其獸性，十四個月大時開始受訓，以行為改變技術為主，前三個月接受基本技能訓練，第四個月起人犬共同訓練，以便人犬相互制衡。導盲犬基本上只是盲人的眼睛，因此國外漫畫曾畫一盲人牽著導盲犬上百貨公司，然後順手抓起犬的尾巴，轉了幾圈，當服務人員趕來問他是否需要幫忙時，他說他只是四處看看而已（把狗當眼睛）。由此可見，盲人要具有心理地圖，而犬僅提供眼睛（視覺）而已。此外，導盲犬忌搭自動電梯，其平均年齡約 10 歲，飼養者應將牠視為家中之一份子。導盲犬忠於主人，當主人上班時，牠會一直坐在主人旁邊等候，因此下班時必須帶牠散步，否則運動量不足，有礙其健康。至於臺灣的交通狀況是否適合導盲犬，仍有待評估。目前臺灣已有十位視障者使用導盲犬，而導盲犬學會及臺灣盲人重建院也積極培育導盲犬，因此，需要導盲犬的人數和培育導盲犬間如何預估，也需加以考量。

（三）按摩課程

按摩一直是啟明學校的重要課程，而「按摩技能檢定」每年由內政部委託啟明學校辦理丙級或乙級考試，凡通過學科考試的考生，必須再接受按摩技能檢定，考試前先抽籤決定應試科目，如局部按摩或基本手法等，由六位評審給分，最後決定是否通過該項證照標準。

據內政部統計，國內領有殘障手冊之身心障礙者共有 536,727 人（1999 年 3 月止），其中視障者有 32,594 人，占身心障礙者總人數之 5.56%（引自趙雅麗，1999）；他們多數從事於按摩工作，雖然政府為照顧他們而在《身心障礙者權益保障法》（2021）中明文規定非視覺障礙者不得從事按摩業，但法條中卻又有不同解釋，例如：在行政院衛生署的公文中，「以傳統習用之按摩、指壓、腳底按摩等方式，對人體疾病所為之處置行為，應非屬《身心障礙者權益保障法》第 46 條第 1 項前段規定所稱之按摩業」，使得明眼人亦可從事按摩業，因此，在競爭的社會中，視覺障礙者所從事的行業目前之情況如何？他們除了按摩業外尚期望從事什麼行業？著實令人關切。

後來，大法官又做出解釋，認為按摩業應從 2011 年起開放給明眼人，因此按摩課程除了指導按摩相關知能之外，按摩行銷也是指導的重要課題。

（四）盲用電腦課程

筆者的研究發現（杞昭安，2000），視覺障礙學生多會利用寒暑假到淡江大學盲生資源中心（目前已改為視障資源中心）、啟明學校或視障協會學習盲用電腦。在學會盲用電腦之後，如何應用在學業、職場和休閒方面，據調查發現，曾在淡江大學盲生資源中心接受電腦研習的學員認為，課程訓練方式還不錯和非常好者占 77.8%，認為課程內容適中，完全能跟上進度者占 52.5%，認為內容太多者占 23.2%，認為內容不足者占 17.2%。

學員對盲用電腦課程的意見有：教學用語不要太專業，可加以簡化；每人一機，多操作少講述；講解應具體明確；學員應加以篩選，避免無心學習者占用名額；先評量學員程度，以提供適當教材；分為基礎班和進階班；充實課程內容且注重教材的系統化；可多提供資料和講義，讓學員能自行預習；內容可偏向文書處理、搜尋及上網技能；可僅教單一主題，如上網技能；教材應重實用性。

視覺障礙者使用盲用電腦之困難，依次為：其他、當機、軟體設備不足；「其他」項分別為：視窗摸讀太慢、電腦資訊不夠、沒有電腦、滑鼠點選不易、電腦故障之排除、螢幕太小、漢書內部指令太複雜、Windows 版的字和顏色問題、金點一號出問題、電腦相容性問題、本身能力不足、軟硬體無法配合、語音箱的速度不理想、網路速度太慢、看字很吃力、圖形摸不到、網路上的東西不易放大、出現亂碼、網路和淡江大學系統不同等。

　　視覺障礙者將電腦應用在學業上，依次為：寫報告、查詢檢索資料、寫信、上課記筆記。視覺障礙者在職業應用方面，依次為：其他、了解各職業的相關訊息；至於「其他」項則為：自製名片、校對、文書處理、列印資料、取得他人資料檔以轉譯成點字、整理客戶和朋友資料、編輯資料、製作教材、讀電子報、記帳等。視覺障礙者將電腦應用在休閒方面，依次為：上網查資料、通信、聊天討論、聽 CD、交友等；「其他」項則為：沒電腦、聽小說等。

　　視覺障礙者認為，盲用電腦使用上的瓶頸為：硬體維修方面；程式方面；螢幕看不清楚，應放大；網路不熟悉，問同學；圖形無法呈現；Windows 無法使用；同音異義字無法區辨；看游標十分吃力；無法以盲用電腦做數學；DOS 的指令太多，易忘記。

三、視覺障礙者的教學與輔導

（一）融合教育方面

　　視障教育的終極目標在於能回歸主流，目前之情況雖無法全面達成，但融合教育卻是代表著此一理念，唯部分學者認為，宜改成資源教室的型態，以利輔導。

　　視障輔導員前往輔導的情形如下：有人每週輔導二、三次，也有人每學期才二、三次；臺北市和高雄市的輔導情況普遍較佳，其他縣市則人力稍嫌不足；比較聰明的學生接受輔導的次數較多，成績中下者的輔導次數較少。雖然輔導狀況因人因地而異，但大多數人認為巡迴輔導老師非常熱心，且迫切希望輔導老師的指導。持平而論，如果只是生活輔導，目前之師資就已足夠，但如要兼顧學業輔導，則需要更多的師資編制。

（二）特殊教育學校方面

　　特殊教育學校之教育迥然不同於融合教育，就學生的學習而言，因人數少所以多能獲得相當妥善之指導，但仍遭受嚴重批評，可見尚有以下待改進之處：

1. 教材

　　在國民教育階段，視障學生除了生活訓練、定向行動及按摩等附加課程外，其餘均和普通教育相同。教師以一般的教材來施教，必然要使用複製、變更、替代和省略之處理方式。複製旨在使視障生知道明眼人所從事的工作，並真正從事活動，以獲得和明眼人相似的經驗。變更則是在不改變內容下，把國字以點字或聲音呈現。一旦遇到無法複製也無法變更的教材，只好找替代活動來補充，至於不適合視障者之教材則採省略方式為之。基於回歸主流的考慮，在教導視障生時的教材運用上，藉複製和變更者多，而代替的教材顯得最費神，需花費相當多的時間去蒐集和思考，但這種教材最為可貴，可惜一直未見教師將

使用之教材作系統的記錄和整理。

最令人感到困擾的是教材的省略，因為該不該省略，沒有客觀之標準，且教材一向有一貫性，一旦省略掉某些部分不教，必使得往後之教材難以銜接。何種教材無法複製、變更和替代，是和教師之素養息息相關的，所以教材取捨得當與否影響學生之學習甚鉅。

至於附加課程，一直缺乏系統化的教材，目前多由有關教師編輯，例如：生活訓練教材是以智能不足者之教材為主，並加以增刪；按摩教材則參考日本及大陸之教材，加以增加篇幅。

2. 教法

教師之傳道、授業、解惑，貴於能不照本宣科，而把教材吸收消化後，整理出一套適合學生生活經驗的教材。我們常會因講臺上的老師沒系統、不生動、枯燥而憤怒或沉睡，但是否也曾想到學生的學習情況不佳，是源於教師的教法不當所致？

傳統講演式的教法，最難引起學生的興趣，即使教材準備充分、舉列傾出，亦難以讓學生全數投入；因此，改變一下教學策略或教學環境，或許會有意想不到之效果。教學活動之設計須配合學生，Lowenfeld 認為應注意學生之個別差異，力求具體以及從做中學習。

「具體原則」在較高年級及思考性的學科較難。一些抽象的概念均須借助具體概念來推想，因此讓學生多和外界環境接觸，多利用身體各器官去體會、度量，將有助於日後之學習。實物、教具對於視障學生而言迫切需要，然國人似乎較不注重。此外，教導視障學生時，都會發現其個別差異太大，假如不採個別化教學，將使視障學生無所事事，而較聰明者也會被擔誤。所以教學之前，均須先了解學生狀況，以決定使用何種教材及設計何種活動。如此，教師上課時先把基本的知識講授完，即可依學生自己的程度而練習不同的作業，老師再視情況個別輔導。

3. 教具

視障學生的教具雖然種類繁多、不勝枚舉，然其特色不外以下數點：

(1) 把細小物體放大：如螞蟻、蚊子、蒼蠅，雖可以捕捉讓學生「觀察」，然因過於細小，往往不易「把握」，因此在製作此類模型時，必須將之放大千百倍。

(2) 把巨大物體縮小：如中正紀念堂，在帶學生前往參觀前，應先把「中正紀念堂模型」給學生觸摸，否則一旦前往參觀，置身偌大的殿堂中，亦不知身在何方。

(3) 加註點字旁白：應由教育局（處）統一製作，分發給各校，大部分教具須經改製或加上點字說明，才適於視障學生使用，例如：「時鐘模型」，須在每個數字旁附加點字標示。

(4) 配置聲音：聽覺是視障學生資訊輸入的主要管道，假如教具在觸覺上不便傳達給他們時，就必須以聲音替代，例如：電子有聲水平儀、電子報時鐘、有聲計算機等。

　　至於視覺障礙者常用之輔助器材，則有下列幾種：盲用手錶、手杖、雷射手杖、雷射導盲器、有聲計算機、水高測知器、盲用棋、盲用樸克牌、盲用骰子、有聲櫥具、盲用電腦、盲用列表機、低視力擴視機、有聲閱讀機、點字打字機、盲用錄音機、語音系統、導盲鼠、大眼睛、聽書郎等。

4. 師資

　　特殊教育講求專業性，因此教師均得修習特殊教育學分，以專業性來看應是出眾的，但以社會變遷的觀點來看，如多年隔絕於普通教育之外，會不會使方向有所偏離？若說特殊兒童應回歸主流，那特殊教育教師是否有必要在任教若干年後也回歸主流？或參加各種研習以充實專業知能？均值得探討。

　　近年來，政府注重教師之在職進修，啟明學校教師表現得相當踴躍，但專業科目教師仍缺乏進修管道，尤其是按摩教師，多是師徒傳承，在進修無門的情況下，按摩恐將面臨式微命運。

5. 學生

　　特殊教育強調「無失敗的教學、適性的教育、不能讓學生有太多挫折、應讓學生和自己比較」，講求愛心、耐心、信心等，一切均以學生為主。但缺乏競爭是視障學生的一大隱憂，沒有競爭難有好成績，而只和自己競爭又易受到惰性的影響。

　　視障學生的學習輔導，涉及學生、教師、教材以及三者之交互作用，非單方面的努力即可奏效，教師一旦能了解學生的心理和需求，妥善靈活運用教材、教法，必然能引起學生的學習動機，且提高學習之效果。

四、視覺障礙者的教育評量

　　視覺障礙者的教育評量涉及專門為視障學生設計的評量工具，其內容包含：視多障幼兒要如何評量？應邀請哪些專業人員？評量之後如何依個案之優勢能力及弱勢能力兩項，來擬定適合其簡要的個別化教育計畫？以下加以說明。

（一）身體障礙學習者之評量

　　特殊教育著重於適性，除提供適當的教材和教法外，更應借用醫學上的診斷理念，予以個別化評量，並決定是否要轉介或實施補救教學（許天威，1990；郭為藩，2007）。身體障礙學習者，諸如多障、肢障、視障、聽障或腦性麻痺者，往往可憑外在之表現而做初步之鑑定，但其學習上究竟有何種障礙，則須藉助評量策略，才能做更深入之了解及精確之補救措施。

　　一般而言，身體障礙學習者之評量方式有下列五種：(1)歸因模式；(2)功能模式；(3)生態模式；(4)動態評量（dynamic assessment）模式；(5)決策模式（Swanson & Watson, 1989）。歸因模式是指，人基本上有一些屬性，且其屬性可能在連續點上的某些點，可憑測驗來測出接近其屬性的真實分數，唯相同的屬性往往也有著不同的評量，例如：「基爾福智力結構」即屬於此模式之評量。功能模式則認為，應注重行為和行為場所之確認和描述，並以工作分析法來評量行為的結果，對於評量和工作環境有關之各種學習情境的特性，仍須加以安排，中、重度障礙者各種技能訓練多採此模式。生態評量則關心行為和社會之互動，所以須確認兒童之微生態、兒童每一工作表現之能力、社會情境之偏差特性等，教育社會學多採此模式。動態評量的一般模式為測驗→訓練→再測，再測之後兒童所增加的表現即為其學習潛能，此種評量模式乃 Vygotsky 的「近側發展區」（the zone of proximal development [ZPD]）理論，我國傳統的教學即多採此種模式。決策模式似乎綜合了上述之模式，而採多種方式、多元化評量，診斷出問題癥結，並做處方教學。

　　綜合上述，身體障礙學習者之診斷宜採決策模式，應用各種學習理論做規準，來診斷其困難所在，例如：Kephart 的兒童學習發展階段論（許天威，1990；陳英三，1991）、Piaget 的認知發展四階段論、Kirk 的伊利諾心理語言能力圖解、Dunn 等人的 PLDK 心理語言模式（林寶貴，1989）或訊息處理模式等，來觀察檢核身體障礙者之學習困難。

　　診斷出障礙或困難後，即應實施補救教學。但即使學習條件皆相同的兒童，教師於教學之初選用共通的教材與教法，中途仍得因兒童學習後的變化，而改變其教材與教法。若診斷結果發現兒童的學習條件不同時，更需要因應其差異性，而選用或調整適切的教材或教法。

（二）視覺障礙兒童的教育評量工具與方法

　　評量旨在了解視障兒童之能力和性向，以及伴隨著視障之其他缺陷。有了起點行為則便於決定教材，有了性向便可採取適當之教學方法，對視障兒童之情況有了全盤了解，才能設計出合適之個別化教育計畫（IEP），因此以下就評量的人員、方法及工具來加以描述：

1. 參與視障兒童評量的人員

　　相關人員包含：合格的特殊教育教師、兒童的級任教師、兒童的父母、兒童本身（視情況而定）、其他人員（如醫生、測驗專家或社工人員）。

2. 評量方法

　　(1)觀察：由級任教師、父母、專家（如小兒科醫師、校醫）等人，就兒童之注意力、聽力、綜合學習能力、說話能力、聽從指示之能力或作業去觀察。

(2)評量表：如發展史、個案歷史、醫療或健康檢查紀錄、社會或情緒等方面之量表。
(3)測驗：如成就、性向、智力等方面之測驗。

3. 評量工具

　　國內十分缺乏視障兒童的評量工具，亟待修訂國外現行的測驗，或建立國內之常模。茲將國內適用之量表及測驗列出，以供選擇最適當的評量工具：

(1)視覺方面
　　①視力敏銳度檢查：國內有史乃倫式視力檢查表、萬國式視力檢查表兩種。至於幼兒可用古德立特 A 型視力檢查表（Good-Lite's Model A Chart）及幼童視力檢查手冊。
　　②調節機轉的檢查：史乃倫式視力檢查表、文字檢查法。
　　③視野的檢查：周邊視野計、屏幕計。

(2)認知能力方面
　　國內僅採用「魏氏兒童智力量表」的語文部分、「盲人學習性向測驗」（BLAT）、「托尼非語文智力測驗」（TONI）、「柯氏方塊能力組合測驗」、「視覺障礙學生圖形認知測驗」等。

(3)語言能力方面
　　國內採用「魏氏兒童智力量表」的語文部分、陳淑娟所編製的「國語語音辨別測驗」、毛連塭所編製的「國語構音診斷測驗」的語詞及短文部分。

五、視覺障礙者的心理評量

　　視覺障礙兒童的心理評量，隨著特殊教育之發展而顯得迫切需要，但也是困難重重的領域，從國內外有關這方面之研究報告或許可看出一些端倪。
　　評量視覺障礙兒童的認知發展，其所使用的智力測驗，存在著一些問題亟待解決，諸如：缺乏標準化、測驗技術和分數效度、分數的比較（明眼人和視障者、全盲和低視力）、所提供的測驗是比照明眼人的條件而設計的、測驗方法不同無法和明眼人比較、缺乏特定的程序、缺乏視障者常模、小樣本、施測人員缺乏評量視障者的經驗等（Johnson, 1989）。
　　Mason 等人於 1992 年指出，視障者在智力測驗施測時困難、資料蒐集不易，進而探討 Newland 所發展的「盲人學習性向測驗」（Blind Learning Aptitude Test）的使用情形。國內目前提供給視覺障礙者使用的智力測驗，有「盲人學習性向測驗」、「視覺障礙兒童非語文智力測驗」、「視覺障礙兒童柯氏方塊組合能力測驗」，以及「視覺障礙學生圖形

認知發展測驗」（杞昭安，1991c，1992，1994，1999）。

視覺障礙學生在「魏氏兒童智力量表」語文部分之表現，和明眼學生有顯著差異；不同教育安置之視覺障礙學生在非語文智力測驗之表現也有顯著差異；視力不同的視覺障礙學生，其非語文智力測驗之表現也有所差異；至於影響視覺障礙學生非語文智力測驗的因素有：視力、年齡、年級、教育安置，以及家長的社經地位等（杞昭安，1991c，1994）。在操作性之智力測驗方面，視覺障礙學生的方塊組合能力僅年齡及年級間有顯著差異，而和教育安置、性別、失明年齡和失明年數間，並沒有顯著差異（杞昭安，1992）。

通常致盲年齡並非影響視障兒童掌握空間概念的主要因素。Birns（1986）研究指出，不管先天盲或後天失明，在 6～12 歲的視障兒童中，有一半的受試者可以完成 Piaget 空間概念之設計（Piagetian tasks of projected space）。視覺障礙兒童雖難以獲得空間的方向概念，但如果在學前階段，進行運動和獨立行動之練習，則可促進兒童的動作發展。過去這種矯正多針對年齡較大的視覺障礙者，但 Palazesi（1986）為文指出，早期對視覺障礙兒童予以動作方案之練習，效果將優於長大後再練習。

視覺障礙兒童的心理和常人相同，是多面性的，因此有賴教師從各方面來探討，拼湊出他們最真實的一面，如此才能做有效的輔導。但視覺障礙兒童的評量，通常需要考慮到下列幾個問題：

1. 評量的目的：教師們首要知道的，是課業方面還是心理方面，是為了鑑定還是為了補救教學。通常只是為了建立資料，而為兒童做智力測驗，為了行事曆之安排而舉行段考，卻往往忽略了評量的目的。

2. 評量的過程：目前視覺障礙兒童缺乏適合的評量工具，而我們卻仍受傳統測驗的影響，強調評量的一致性、標準化、是否有常模等；事實上，當視覺障礙兒童接受評量時，也正是教師們觀察兒童行為最適當的時機。

3. 評量的限制：評量有時是具有特定的方式或目的，例如：智力測驗只能用來解釋有關智力方面的問題，成就測驗則可做教學上之參考，不可誤用。至於某些測驗可能涉及文化差異，需要在測驗上多加考量，例如：目前內政部所舉辦的按摩技能檢定考試，學科方面除了備有大字體試卷、點字試卷外，更有國、臺語有聲試題。全盲生所使用的性向測驗則為立體影印紙製作，「柯氏方塊組合能力測驗」也以各種材質的布面製成；此外，為了防止因觸覺有障礙而誤判的情形發生，在測驗之前也必須先做觸覺測驗。

4. 視覺的限制：視覺障礙兒童分為全盲和低視力，全盲兒童以及使用點字之低視力兒童，在評量時應提供點字測驗卷；使用國字之低視力生，則應提供放大約 1.5 倍的測驗卷，以解決他們在視覺上所受到之限制。

5. 感覺功能的問題：視覺障礙是這些兒童的顯著障礙，而聽覺、觸覺、味覺、嗅覺等感覺功能如何，同時也必須加以了解，例如：測量視覺障礙兒童的智力時，將測驗題目轉換成觸覺型測驗，並不代表可以真正測出其智商，或許他們觸覺遲鈍，無

法觸摸出所要測量題目的意思，因此在正式施測之前，必須先測量其觸覺敏感度，以免將觸覺不佳的兒童誤判為智能不足。

6. 藥物的影響：視覺障礙兒童中有腦瘤開刀者、有伴隨其他障礙者，或許必須經常服用藥物，以控制眼壓、控制情緒、控制內分泌等，藥物對於視覺障礙兒童之影響是教師們所需要了解的。

7. 行為影響社會互動：視覺障礙兒童的行為表現影響其社會互動，樂觀或悲觀、消極或積極、情緒穩不穩定，均是其社會互動好壞之指標，Bandura（1986）的交互決定論正可加以說明。

8. 概念的發展：概念的評量可看出兒童的發展狀況，一般兒童由具體到抽象概念之獲得有一定程序，Piaget 將其分為四個時期；但視覺障礙兒童對於抽象概念之獲得很困難，因此評量時應注意所使用的詞句，兒童是否能了解。

9. 特殊的評量過程：視覺障礙兒童之評量和一般兒童相同，但一般教師普遍缺乏評量視覺障礙兒童的經驗，因此測驗前應做周詳之準備。如果是測量智力，應先找兒童做彩排，測驗材料也應適合他們，最好有助手在旁協助並做各種觀察記錄。

10. 視覺障礙兒童在測驗編製時應注意事項：編製視覺障礙兒童適用的測驗時，應考慮到下列幾項問題：

    (1) 指導語：應有明確指示，比照一般測驗之規定，以提供教師或學生作答之參考。

    (2) 避免過度保護：以正常的態度處理，如有必要時，應將試題轉換成點字或大字體，此外不必做額外之提示。

    (3) 時間限制：視覺障礙兒童摸讀點字之速度只有明眼人的六分之一，因此時間上可以稍微放寬，或加以計時，俾做分析資料之參考。

    (4) 常模參照：視覺障礙兒童為數不多，是否需要建立常模見仁見智，但如果提供視障常模，也可做為視覺障礙兒童相互比較之參考。

    (5) 標準參照：這是目前教師使用最多的評量標準，兒童可依自己的能力和教師協商，訂定標準，俾做再教學之依據。

    (6) 非正式的評量：這種評量應是視障教育工作者最需要的評量方式，這種評量方式隨時隨地均可實施，對於視障兒童的補救教學最有助益。

視覺障礙兒童的心理評量確實有其必要性，然而評量的結果應是為了輔導他們，而非只是在建立其完整的資料。讓他們了解自己的潛能、性向，提供其努力的方向；至於評量工具大可不必侷限於標準化的測驗，應就一般人適用的測驗工具，取其適用於視覺障礙兒童的部分，採多面性的評量，藉由各種角度的評量來了解視覺障礙兒童真實的一面。

第六節　視覺障礙者輔助工具的應用

　　視覺障礙學生是否需要輔助工具，通常會先做專業的評估，而目前教育單位所提供的輔具有哪些，輔具除了在學習方面需要外，在職務再設計上也有其必要性，茲簡述如下。

一、特殊需求的評估

　　特殊需求通常需要專業性的評估，視障學生在鑑定安置時，通常會有專業評估會議，主要是想了解視障學生的現況、優勢能力及其特殊需求，以便能提供其適性的教育和無障礙的學習環境，因此，便有認知能力、生活自理能力、視覺功能，以及定向行動能力等評估；在入學之後，有學習媒介、電腦素養及輔具需求等評估。

　　認知能力評估除了可以了解其各個認知向度的發展情況，並且也可以檢查是否伴隨其他方面的障礙；生活自理能力評估則可做為訂定「個別化教育計畫」之依據，擬訂教學方案，同時也可能做為是否允許住校的標準；視覺功能評估旨在尋找其視覺優勢，藉較佳之視覺功能做為學習的主要管道，同時也診斷其是否有追視、掃瞄、視野方面的問題；定向行動能力評估可以了解視障學生目前定向行動能力的情況，需要哪些協助和訓練。在學習媒介方面，通常全盲生會學習點字、低視力生會學習國字，但有些低視力生視力惡化，究竟哪一種學習媒介較適合，則需要較客觀的評量；在電腦素養方面，隨著科技發達，電腦資訊成為生活中的一部分，視覺障礙學生是否具備一般電腦素養，需要加以評估，以做為介入的參考；至於生活輔具、學習輔具、定向行動輔具等，也得加以評估，以提供視覺障礙學生一個無障礙的學習和生活環境。

　　特殊需求評估通常會以檢核表的方式做初步的了解，例如：

1. 閱讀的速度如何？
2. 上課時是否需要坐在教室前排？
3. 上課時黑板上的字是否可以看清楚？
4. 上課是否有做筆記的習慣？
5. 課本字體需不需要放大？
6. 講義字體需不需要放大？
7. 考卷字體需不需要放大？
8. 考試的時間要不要延長？
9. 比較喜歡哪一種評量方式？
10. 如果一定要考試，比較喜歡哪一種方式？

11. 是否有使用視覺輔具？
12. 使用過的輔具有哪些？
13. 目前最需要的輔具有哪些？
14. 是否需要使用手杖？

通常視障教育教師會在檢核之後，再來整體評估視覺障礙學生的特殊需求。

二、視覺障礙者常用的學習輔具

視障學生常用的學習輔具以放大鏡、擴視機、盲用電腦、導盲鼠、大眼睛、聽書郎、Andy 小鸚鵡、Zoom Text、Magic、JAWS、個人電腦、筆記型電腦、掃描軟體、語音筆、蝙蝠語音系統等為主。

輔具的應用通常有兩種模式：一種為 MPT 模式（Matching Person and Technology Model），也就是人員（使用者或提供者）、輔具（產品或服務）、環境（物理／建築或態度／文化）模式；另一種為 HAAT 模式（Human Activity Assistive Technology Model），也就是人員、活動、輔具模式。兩種模式除了輔具本身外，都涉及人和環境，也就是說輔具基本上是給視障者使用，一旦視障者排斥或環境不宜，輔具就失去意義，因此輔具的設計首先要考慮到使用者本身的感受和需求。

三、視障者的職務再設計與輔具

視障者的職務再設計通常需要藉助於輔具來規劃，其步驟為：追求一個無障礙的工作環境、藉助輔具來協助、職務內容或流程需要加以調整。就業輔導員為視障者做轉銜工作時，必須考量視障者的能力分析、職務的工作分析、職務的再設計、輔具的提供，以及必要的支持性措施。

當個案在職場上遭遇困難時，應予以記錄並分析困難之結果，以決定是否要直接教導這些技能或使用輔具。矯正有困難之技能，往往需要各種輔具，輔具通常具有下列四種功能（Baumgart et al., 1982）：

1. 提供個人協助：對於身體障礙者提供之協助，常從日常生活開始，一些障礙者無法學習使用輔具，可能就需要給予長期的協助。
2. 變更技能或活動：當障礙者無法參與或習得該項技能時，就必須改變活動或技能。
3. 使用一種變更設計：如不會使用按鍵來操作，可變更為觸摸式或聲控開關。
4. 更改自然或社會的環境：包括建築物入口處之變更、家具修改、更改公車或電影院中提供輪椅的空間等。

視障者在職場上是否需要輔具，要視工作性質及本身之生理限制而定，例如：使用盲用電腦、放大鏡等。輔具之提供盡量以不增加雇主負擔為原則，若政府可以補助或自己能力範圍內可以解決的，就得設法克服，例如：視障者擔任電話秘書工作，因視力無法看清

轉盤上的編號時，可以變更工作性質、改變轉盤的型式、以電腦儲存資料、使用輔具克服，或訓練視障者的視功能等。

　　特殊教育著重於改變現有的教材、活動設計，以適應視覺障礙者的需求，唯在個別化教育方案中，工作已細分為若干項目，其能力也在掌握之中，教師更靈活運用了各種教學策略，但卻常因視覺障礙者生理上的缺陷而功虧一簣，因此若能提供視覺障礙者適當的輔助器材，往往會有意想不到的學習效果。輔助器材不但是視覺障礙者所必須，在日常生活當中，我們也常藉輔助器材來完成各種工作。此外，一些輔助器材能簡化身體的運作，例如：以電動攪拌器、洗碗機或電動鐵門等來協助。在商業方面亦充滿各式各樣之輔助器材，以增加各種活動之效率、速度和準確度，例如：自動收銀機等。輔助器材主要之功能在於彌補、促進人類的工作效能，因此，視覺障礙者假如也能得到輔助器材之協助，必能事半而功倍。

第七節　視覺障礙教育面臨的困境與發展

一、目前視障教育面臨的困境

　　根據大法官會議於 2008 年 10 月 31 日做成第 649 號解釋，大法官認為對於「非視覺功能障礙者不得從事按摩業」之規定違憲，應自公布之日起至遲於屆滿三年失其效力。為因應上述解釋案，政府於行政院社會福利推動委員會下設「司法院釋字第 649 號解釋案跨部會因應專案小組」，以協助解決視障者相關問題。跨部會專案小組於 2009 年 1 月 22 日召開第一次會議，相關團體對教師培育部分之訴求為：

1. 提供按摩及非按摩之課程，使不同類型視障者均能獲得所需的教育內容：要求教育部開放按摩成為大專校院科系的課程，並成立理療專科學校，以提升理療及按摩技術之專業。跨部會專案小組於同年 3 月 30 日召開第二次會議，決議請教育部加強研議提升視障者專業知能等事宜，並分別從學校教育及回流教育等二方面著手，以提供視障者教育增能，發展第二專長，或充實相關專業知能，以增加就業競爭力，因應就業市場需求。會中教師會代表提議，視障教育教師應具備基本的專業技能。

2. 至於視障教育教師應具備哪些基本知能？依美國特殊兒童協會（The Council for Exceptional Children [CEC]）所編的《特殊教育專業倫理原則》（*Special Education Professional Ethical Principles*）一書中，有關視障教育方面加以列舉，除供初任特殊教育教師自我充實外，也提供相關教師做自我檢核，並就以下八個向度來加以探討，每個向度再以知識領域和技能領域來細述：(1)特殊教育哲學的、歷史的和法律的基礎方面；(2)學習者的特性方面；(3)評量、診斷和評鑑方面；(4)教材教法和

教學實習方面；(5)教學情境之規劃與經營方面；(6)學生行為和社會互動技能之管理方面；(7)溝通和合作方面；(8)專業和倫理方面等。綜觀上述的基本技能，讀者或許會覺得和國內情況有些出入，但以此來做為檢核，不但可以提供自己須充實之項目，且也可以做為擔任視覺障礙教育教師所應習得基本技能的一個指標。

特殊教育教師未必修習專業科目（如國文、英文、數學等），而專業科目的教師也未必修習特殊教育學分，如此在教師的聘用上容易產生一些障礙。

二、視覺障礙教育的困境與發展趨勢

（一）視障兒童早期介入的問題

視障兒童身心發展遲緩，除了先天性的限制外，後天的教養不足亦是主因，因此如何藉早期介入處理來彌補，除了立法保障外，學前視障教育師資之培育亦刻不容緩（Barraga, 1992）。Hallahan與Kauffman（1991）認為，視障嬰幼兒若不做介入處理，其認知能力和動作發展將落後一般兒童。因視覺障礙限制了視障兒童和環境之互動，所以早期介入經常把焦點放在父母和兒童之互動，以及父母對兒童缺陷之反應上面。

（二）中、重度多障兒童的問題

多重障礙兒童隨著醫學之發達而有與日俱增的現象。原來無法存活之嬰幼兒因醫學處理而存活下來，但這些多重障礙兒童之教育，卻成了教育人員的負擔和挑戰；如何提供這些兒童適性的教育，仍有待努力。

（三）回歸主流的問題

回歸主流目前尚有爭議，普通班是否適合所有視覺障礙兒童，在回歸前應有一標準或考量。假如視覺障礙兒童已準備妥善，且能和普通班學生做完全的互動，則不妨在普通班就讀。低視力兒童在普通學校比全盲兒童更難被接納，所以應多注意低視力兒童的心理輔導（Heward & Orlansky, 1992）。

（四）科技應用的問題

科技可節省時間、能源，使視覺障礙兒童能立即使用印刷媒體，但如沒有特殊教育教師的支持和協助，則設計、機械人員將對視覺障礙兒童之需求失去興趣（Barraga, 1992）。此外，更應研發定向行動和溝通方面之科技輔具。

（五）功能性課程設計的問題

視覺障礙教育課程是否也應注意功能性的設計，例如：以按摩為核心，其他和其相關之知識或相關之技能，多是在課程設計時所必須加以考量的。至於需不需要將課程以科目的形式開設，或在按摩課時，以協同教學的模式，由相關教師組成一按摩科教學小組，隨時提供所需之知能或技能，或是成立一個按摩技能與行銷研究小組，以做為按摩課程教師的支持系統，有助於按摩教學效果之改善，畢竟按摩業在 2009 年之前是被法律保障的行業，缺乏競爭性，按摩教師也多是師徒傳承，假如沒有新技能和新觀念之提供，久而久之，必遭式微之命運。

（六）科際整合的問題

按摩課程是視障教育的主要課程之一，由該課程所衍生出來的問題非常繁雜。而在著重於科際整合的特殊教育中，實在有必要去思考這方面的問題，例如：將教育學和社會學、經濟學等加以整合，成為教育社會學和教育經濟學。因此，在視覺障礙教育的領域中，筆者也思索以行銷學的觀點，來探討其在按摩課程設計與教學方面的應用，盼能提供從事視覺障礙教育之工作夥伴一些另類的思考空間，也希望因此而有助於按摩品質的提升，並導引一般人對於按摩的正確認識。

（七）視障體育的理念與實施

視障體育跨越了醫學和教育兩個領域，因此從這兩個領域來回顧，將更能清楚地了解視障體育的發展。美國特殊體育的發展，在 1847 年成立了美國醫學協會（American Medical Association），1870 年成立了國家教育協會（Nation Education Association），1985 年成立了體育促進會（Association for the Advancement of Physical Education），1905 年於體育組織內成立治療小組，可見調整適當的體育活動來提供給特殊兒童，已有一段很長的歷史。在專業組織前存在的有休閒活動（1906 年）、職業治療（1917 年）、身體治療（1921年）和特殊教育（1922 年）。

1973 年在加拿大成立的國際適性之身體活動聯盟（International Federation of Adapted Physical Activity [IFAPA]）指出，究竟用什麼名稱最適合，目前提出的有三個：適性體育（adapted physical education）、發展體育（developmental physical education），以及特殊體育（special physical education），而視覺障礙體育即屬於特殊體育或適性體育的一環。我國近年來也著手規劃視障體育課程與教材教法，力求讓就讀於普通學校的視覺障礙兒童也能享有適性的體育活動。

（八）發展視障兒童的優勢能力

美國學者 David Warren 於 1993 年來華短期講學時，就生態學評量之觀點以 Piaget 發展階段做標準，認為傳統研究只在比較視障兒童比一般兒童的發展遲緩幾年，對於視障教育而言並沒有太大幫助。他指出，應找出原因，亦即視障兒童比一般兒童發展較佳者，加以探究其原因、家庭背景、周遭環境等，再擬出模式，然後對視障兒童提供相似之外在環境和條件做介入，尤其是早期介入。這種作法和理念屬於積極、樂觀的，唯個案研究之結果在推廣上有其限制，因兒童和環境間有交互作用，何者為因、何者為果，實在不易界定。

延伸閱讀

一、推薦書籍

杞昭安（2000）。**定向行動教材教法**。國立臺灣師範大學特殊教育學系。

杞昭安（2001）。**視覺障礙兒童親職教育手冊**。國立臺灣師範大學特殊教育學系。

杞昭安（2002）。**視覺功能評估與訓練手冊**。國立臺灣師範大學特殊教育學系。

杞昭安（2002）。**點字學理論與實務手冊**。國立臺灣師範大學特殊教育學系。

杞昭安（2009）。**視障輔具導覽手冊**。國立臺灣師範大學特殊教育學系。

Castellano, C. (2005). *Making it work: Educating the blind/visually impaired student in the regular school*. Information Age Publishing.

Cutter, J. (2006). *Independent movement and travel in blind children: A promotion model*. Information Age Publishing.

Ferguson, R. J. (2007). *The blind need not apply: A history of overcoming prejudice in the orientation and mobility profession*. Information Age Publishing.

Holbrook, M. C. (2006). *Children with visual impairments: A parents' guide*. Information Age Publishing.

二、相關網站資源

財團法人臺北市視障音樂文教基金會（http://www.mfb.org.tw）

臺北市視障教育資源中心（https://www.tmsb.tp.edu.tw/nss/s/trcvi/index）

臺灣數位有聲書推展學會（https://tdtb.org）

愛盲基金會：有聲點字圖書館（https://lib.blindness.org.tw）

無障礙全球資訊網視障資源中心（https://www.batol.net/center/center-intro.asp）

參 考 文 獻

中文部分

毛連塭（1973）。盲童定向移動研究。國立臺南師範學院。

李德高（1988）。特殊兒童教育。五南。

杞昭安（1987）。視障教育研究之回顧。特教季刊，**25**，32。

杞昭安（1989）。視覺障礙學生點字速讀教學效果之研究〔未出版之碩士論文〕。國立彰化師範大學。

杞昭安（1990）。視覺障礙學生性知識與性態度之探討。載於視障教育理論與實際。臺北市立啟明學校。

杞昭安（1991a）。臺灣地區未來六年（八十年至八十五年度）師範院校特殊教育師資需求推估研究。彰化師範大學特殊教育學報，**6**，113-146。

杞昭安（1991b）。盲人性向測驗之修訂及相關因素之研究。國立彰化師範大學特殊教育學系。

杞昭安（1991c）。視覺障礙學生智力及相關因素之研究。特教園丁，**6**（4），9-21。

杞昭安（1992）。視覺障礙兒童「柯氏方塊組合能力測驗」之修訂及相關因素之研究。國立彰化師範大學特殊教育學系。

杞昭安（1994）。視覺障礙兒童非語文智力測驗之研究。特殊教育學報，**9**，317-338。

杞昭安（1999）。視覺障礙學生圖形認知能力之研究。特殊教育學刊，**17**，139-162。

杞昭安（2000）。盲用電腦的教學與應用研究。載於第五屆特殊教育「課程與教學」學術研討會論文集（頁 99-114）。國立彰化師範大學。

杞昭安（2009）。視障輔具導覽手冊。國立臺灣師範大學特殊教育學系。

杞昭安（2014）。視覺障礙學生鑑定原則鑑定辦法說明。載於張正芬（主編），身心障礙及資賦優異學生鑑定原則鑑定辦法說明手冊。國立臺灣師範大學特殊教育學系。

身心障礙者權益保障法（2021）。中華民國 110 年 1 月 20 日總統華總一義字第 11000004211 號令修正公布。

身心障礙等級（2008）。中華民國 97 年 7 月 1 日行政院衛生署衛署照字第 0972800153 號公告修正。

林寶貴（1986）。特殊兒童心理與教育新論。五南。

林寶貴（1989）。語言發展與矯治專題研究。復文。

林寶貴、黃玉枝、黃桂君、宣崇慧（2008）。修訂學齡兒童語言障礙評量表。國立臺灣師範大學特殊教育中心。

晏涵文（1995）。性教育導論。載於江漢聲、晏涵文（主編），性教育。性林文化。

特殊教育法（2023）。中華民國 112 年 6 月 21 日總統華總一義字第 11200052781 號令修正公布。

特殊教育法施行細則（2023）。中華民國 112 年 12 月 20 日教育部臺教學（四）字第 1122806628A 號令修正發布。

特殊教育學生及幼兒鑑定辦法（2024）。中華民國 113 年 4 月 29 日教育部臺教學（四）字第
　　1132801926A 號修正發布。

張昇鵬（1987）。智能不足學生性教育教學效果之研究〔未出版之碩士論文〕。國立彰化師範
　　大學。

張訓誥（1988）。我國弱視學生的教育問題探討。特殊教育季刊，**27**，1-11。

張勝成（1988）。低視力生語文能力的探討。載於「亞洲地區視力低弱教育研討會」論文集（頁
　　159-176）。臺北市立教育大學。

張勝成、杞昭安、柯瓊宜、蔡淑芬、曾俊卿（1995）。臺北市視障者職業現況及其職種開發之
　　可行性研究。載於中華民國特殊教育 84 年年刊「教學與研究」（頁 75-94）。中華民國特
　　殊教育學會。

教育部（1992）。第二次全國特殊兒童普查結果簡報。作者。

教育部（1998～2022）。特殊教育統計年報。作者。

許天威（1990）。如何提供肢體學生無障礙的校園環境。國立彰化師範大學特殊教育研究所。

郭為藩（2007）。特殊兒童心理與教育。文景。

陳英三（1991）。視覺障礙兒童心理學。臺灣省視覺障礙兒童混合教育計畫師資訓練班。

萬明美（1991）。視覺障礙從事按摩業現況及影響其收入之相關研究。國立彰化師範大學特殊
　　教育學報，**6**，1-47。

萬明美（1998）。大學視覺障礙學生畢業後生活狀況之研究。國立彰化師範大學特殊教育學系。

趙雅麗（1999）。臺灣地區視障者之媒介使用行為與動機調查研究。新聞學研究，**66**，61-96。

劉信雄（1989）。國小視力低弱學生視覺效能、視動完形、與國字書寫能力關係之研究。國立
　　臺南師範學院。

盧台華（2011）。特殊教育課程發展共同原則及課程大綱及配套措施。

賴泉源（1987）。常見的眼科疾病。載於董英義（主編），醫學常識選集。彰化基督教醫院。

英文部分

Bandura, A. (1986). *Social foundations of thought and action: A social cognitive theory*. Prentice-Hall.

Barraga, N. C. (1992). *Visual handicaps and learning: A developmental approach*. Wadsworth.

Baumgrat, D., Brown, L., Pumpian, I., Nisbet, J., Ford, A., Sweet, M., Messina, R., & Schroeder, J. (1982). Principle of partial participation and individualized adaptations in educational programs for severely handicapped students. *Journal of the Association for Persons with Severe Handicaps, 7*(2), 17-27.

Birns, S. L. (1986). Age at onset of blindness and development of space concepts: From topological to projective space. *Journal of Visual Impairment and Blindness, 80*, 577-582.

Hallahan, D. P., & Kauffman, J. M. (1991). *Exceptional children: Introduction to special education* (5th ed.). Prentice-Hall.

Heward, W. L., & Orlansky, M. D. (1992). *Exceptional children: An introductory survey of special education* (4th ed.). Merrill.

Johnson, D. G. (1989). An unassisted method of psychological testing of visually impaired individuals. *Journal of Visual Impairment and Blindness, 83*(2), 114-118.

McShane, J. (1980). *Learning to talk*. Cambridge University Press.

Palazesi, M. A. (1986). The need for motor development programs for visually impaires preschoolers. *Journal of Visual Impairment and Blindness, 80*, 573-576.

Swanson, H. L., & Watson, B. L. (1989). *Educational and psychological assessment of exceptional children*. Merrill.

第十章
聽覺障礙

張蓓莉

　　聲波從人的外耳傳入中耳，再從中耳傳入內耳，轉換為神經脈衝，經由聽神經、腦幹傳入中樞聽覺系統，使人了解聲音的訊息。聽覺是人類吸收聲音訊息的管道，聽覺器官缺損會形成不同程度的聽力損失，影響需要聽覺參與的各項活動，造成不同程度的聽覺障礙。障礙是指人與環境互動不順的狀況。聽力受損者如果在主要以語音為溝通媒介的社會中，的確會有障礙；但若是在自然手語也被接納與尊重的社會中，選擇以自然手語為主要溝通管道的聽力損失者，就是一群使用不同溝通方式的人，通常稱為聾人。因此，聾人不認為自己是障礙者，也不喜歡被稱為聽覺障礙者。西方通常是以 deaf/hard of hearing 稱之。

　　本章主要探討聽覺障礙的定義、分類與鑑定基準、成因、出現率與安置率、溝通模式、身心特質、教育與輔導、輔具應用，以及可能面臨的困境與發展等，期待讀者對聽覺障礙能有較全面的了解。本章文中所稱的聾人，是指以自然手語為主要溝通管道的聽覺障礙者。

第一節　聽覺障礙的定義、分類與鑑定基準

一、聽覺障礙的定義

　　聽覺障礙的判定是以純音聽力檢查結果為主。純音聽力檢查可以測出個人在純音 250 赫、500 赫、1,000 赫、2,000 赫、3,000 赫、4,000 赫、6,000 赫、8,000 赫聽閾（threshold，可以察覺聲音的最小音量），再求出語音頻率的平均聽閾，以之判定聽力是否受損。美國聽語學會（American Speech-Language-Hearing Association [ASHA], 2020）的聽力損失分類，是以平均單耳純音 500 赫、1,000 赫、2,000 赫、4,000 赫聽閾值為準，如果平均聽閾數值在-10～15 分貝之間為聽力正常。美國《身心障礙者教育法》（*Individuals with Disabilities Education Act* [IDEA]）定義的聽覺損傷是指，聽力損失未達 90 分貝者，而聽力損

失超過 90 分貝以上者為聾，聽覺障礙則是指聽力損失不及 90 分貝者（Special Education Guide, n.d.）。我國《特殊教育法》（2023）第 3 條第 3 款定義的聽覺障礙者，「**指由於聽力損失，致使聽覺功能或以聽覺參與活動之能力受到限制，影響參與學習活動**」〔《特殊教育學生及幼兒鑑定辦法》（2024）第 5 條〕。至於身心障礙證明所稱的聽覺障礙，則是指聽覺功能達 1 級以上者（詳見本節的鑑定基準）。

二、聽覺障礙的分類

聽覺障礙的類型可根據聽力損失類型、聽力損失程度、聽力損失頻率、失聰時間，以及其他等有不同分類，說明如下。

（一）聽力損失類型

根據導致聽覺障礙器官部位的功能受損所做之分類，可分為傳導型聽力損失、感覺神經型聽力損失、混合型聽力損失，以及聽覺處理異常。說明如下：

1. 傳導型聽力損失是由於外耳與中耳的構造或功能受損，造成聽覺敏銳度降低所致；除非是特殊個案，通常因外耳造成的聽力損失很少是重度聽力損失（Martin & Clark, 2015, p. 244），而放大音量對傳導型聽力損失是有效的。
2. 感覺神經型聽力損失是由於內耳的構造或功能受損所致，這類聽力損失者經常抱怨的是知道有語音，但對了解語音內容有困難。
3. 混合型聽力損失則是兼具傳導型聽力損失與感覺神經型聽力損失。
4. 聽覺處理異常的受損部位在中樞聽覺神經系統從腦幹至大腦皮質的路徑，造成處理聽覺訊息的困難，此類型者通常有正常的聽力，但無法處理所聽到的訊息。聽覺處理異常者通常在噪音情境下了解語音、聽從指示、區辨相似的語音有困難，常要求重覆或澄清訊息；學習拼字、閱讀或理解口語訊息有困難；但在不需靠「聽」的學習項目表現則較佳（Bellis, 2004）。

（二）聽力損失程度

美國聽語學會（ASHA, 2020）的聽力損失分類是以平均單耳純音 500 赫、1,000 赫、2,000 赫、4,000 赫聽閾值為準，如果數值在 16～25 分貝之間為輕微聽力損失，26～40 分貝為輕度聽力損失，41～55 分貝為中度聽力損失，56～70 分貝為中重度聽力損失，71～90 分貝為重度聽力損失，91 分貝以上則為極重度聽力損失。程度愈重，對溝通的影響愈大。

（三）聽力損失頻率

有些個案在高頻率（6,000 赫與 8,000 赫）的聽閾值明顯異常，而低頻率部分皆在正常範圍之內，此稱為高頻率聽力損失。反之，則為低頻率聽力損失。

（四）失聰時間

如果是胚胎受到影響而導致的聽覺障礙，稱為先天性聽覺障礙；出生之後因疾病或環境因素所造成的聽覺障礙，稱為後天性聽覺障礙。在啟聰教育領域，會以失聰時是否已經有語言能力，而將聽覺障礙者區分為習語前失聰與習語後失聰。

（五）其他分類

如果一耳失聰，另一耳聽覺正常，稱為單側聽覺障礙；如果出生時聽覺正常，之後聽力逐漸衰退，稱為進行性聽覺障礙；如果聽力突然明顯衰退，稱為突發性聽覺障礙；如果聽力狀況時好時壞，稱為波動性聽覺障礙。

三、聽覺障礙的鑑定基準

關於聽覺障礙的鑑定基準，臺灣有兩套規定：一是衛生福利部所公布的《身心障礙者鑑定作業辦法》（2024）附表二甲的「身體系統構造或功能之類別、鑑定向度、程度分級與基準」中的聽覺功能標準；另一則是教育部 2024 年公布（2025 年 8 月 1 日施行）的《特殊教育學生及幼兒鑑定辦法》之標準。依序介紹如下。

表 10-1 是「身體系統構造或功能之類別、鑑定向度、程度分級與基準」中關於聽覺障礙 的部分。整體而言，障礙程度分成 3 級，第 1 級的障礙情況較輕，級數愈高，障礙情形愈重。判定標準方面，一耳聽力閾值超過 90 分貝（含）以上，且另一耳聽力閾值超過 48 分貝（含）以上者屬於第 1 級障礙；計算障礙率的步驟如下：

1. 分別計算兩耳的障礙比率，計算公式為：
   (1) 測量平均純音 500 赫、1,000 赫、2,000 赫、4,000 赫聽閾值。
   (2) 將(1)所得結果減去 25，之後再乘以 0.015。
2. 障礙率比較低者為優耳，將優耳障礙率乘以 5，加上劣耳障礙率，之後再除以 6，所得結果即為雙耳整體障礙率。

如果無法取得純音聽閾值，則以聽性腦幹誘發電位測試（ABR）所得的閾值判定。

表 10-1 聽覺功能的分級標準

等級	標準
1 級	1. 六歲以上：雙耳整體障礙比率介於 45.0%至 70.0%，或一耳聽力閾值超過 90 分貝（含）以上，且另一耳聽力閾值超過 48 分貝（含）以上者。如無法取得純音聽力閾值者，以 ABR 聽力閾值作為純音聽力閾值計算。 2. 未滿六歲：雙耳整體障礙比率介於 22.5%至 70.0%如無法取得純音聽力閾值者，以 ABR 聽力閾值作為純音聽力閾值計算。六歲以上不適用本項基準。
2 級	雙耳整體障礙比率介於 70.1%至 90.0%如無法取得純音聽力閾值者，以 ABR 聽力閾值作為純音聽力閾值計算。
3 級	雙耳整體障礙比率大於等於 90.1%如無法取得純音聽力閾值者，以 ABR 聽力閾值作為純音聽力閾值計算。

註：引自《身心障礙者鑑定作業辦法》（2024）附表二甲。

而在《特殊教育學生及幼兒鑑定辦法》（2024）第 5 條中，則規定聽覺障礙學生的鑑定基準如下：

「本法第三條第三款所稱聽覺障礙，指由於聽力損失，致使聽覺功能或以聽覺參與活動之能力受到限制，影響參與學習活動。

前項所定聽覺障礙，其鑑定基準依下列各款規定之一：

一、純音聽力檢查結果，聽力損失達下列各目規定之一：

（一）優耳五百赫、一千赫、二千赫、四千赫聽閾平均值，未滿七歲達二十一分貝以上；七歲以上達二十五分貝以上。

（二）任一耳五百赫、一千赫、二千赫、四千赫聽閾平均值達五十分貝以上。

二、聽力無法以前款純音聽力測定時，以聽覺電生理檢查方式測定後認定。」

目前，這兩套規定都包含了單側聽力損失，但均未納入聽覺處理異常者。此外，教育領域的標準與身心障礙證明的標準之不同處是，不分障礙等級只要超過規定的分貝數，且以聽覺參與活動之能力受到限制，即認定為聽覺障礙學生。這樣的規定強調的是聽覺參與是否受到限制，而非僅以語音頻率的平均聽閾為考量依據。

衛生福利部的考量基準與教育部考量的部分不同，因此教育單位依《特殊教育法》的規範鑑定聽覺障礙學生，其身心障礙證明僅為參考資料。而從《特殊教育法》規定鑑定的聽覺障礙學生，則不一定可以取得身心障礙證明。

第二節　聽覺障礙的成因

　　人類的外耳包括耳殼、外聽道與耳膜，主要功能是蒐集聲波。中耳的主要構造為擴大聲波之聽小骨、卵圓窗。歐氏管的主要功能是維持中耳腔內與外界大氣壓力之平衡，以便中耳的擴大聲波功能不受影響。內耳與聽覺有關的構造為耳蝸與聽神經。耳蝸充滿淋巴液，基底膜上有科蒂氏器（Organ of Corti）。科蒂氏器內功能正常的外毛細胞可將聲波轉換為神經脈衝，再經由聽神經，將聽覺刺激傳向大腦。造成聽覺障礙的原因很多，根據藍胤瑋、林藍萍等人（2016）的研究發現，2000 至 2014 年間我國聽覺障礙者的成因為先天、疾病、職業傷害、意外、交通事故因素顯著增加。以下分別從遺傳、疾病、噪音、年齡變化、耳毒性藥物、其他等項目說明之。

一、遺傳

　　由於基因問題造成的遺傳性聽覺障礙，主要可以分為體染色體顯性遺傳、體染色體隱性遺傳，以及性聯遺傳或是粒線體遺傳。如果親代之一方有體染色體顯性遺傳基因，其每一子代將會有50%的機會為聽覺障礙。如果親代聽力正常但均有體染色體隱性遺傳基因，其每一子代將會有25%的機會為聽覺障礙，25%的機會為聽力正常，25%的機會為聽力正常但有體染色體隱性遺傳基因。X染色體攜帶了大部分的基因訊息，許多與聽力損失有關的隱性基因位於 X 染色體上。因此，女性即便帶有與聽力損失有關的隱性基因，其本身的聽力依舊正常，但此基因若傳給兒子，兒子就會是聽覺障礙者。基因造成的障礙狀況若不止聽覺障礙一項，而兼有其他方面的異常，則稱為症候群，例如：Treacher Collins 症候群，除了顏面骨骼受影響外，也可能造成先天性外聽道閉鎖，影響聲波的傳入；CHARGE症候群，除了耳廓、外聽道異常外，其他聽覺系統也會受影響，除此之外還有視覺、心臟、呼吸道、發展遲緩與泌尿生殖系統異常；Usher 症候群，除了聽覺損傷外，隨著個案成長，其視力也會逐漸變差，甚至成盲；Wardenburg症候群，除了聽覺損傷外，還有藍眼珠、額前一撮白髮、可能併有長期便秘或其他狀況。為了提早發現聽覺障礙問題，美國聯邦政府立法要求全面性實施新生兒聽力篩檢。我國國民健康保健署則於 2012 年起，全面以公費補助新生兒聽力篩檢。

二、疾病

　　會造成聽力損失的疾病，在外耳部分的有外耳炎、耳膜發炎、骨瘤等，這些都會阻礙聲波傳至中耳。在中耳部分的有歐氏管感染、歐氏管口肥厚性腺樣體等，這些會造成歐氏

管的功能異常。此外，中耳炎會影響中耳的擴音功能，因著發炎的狀況而造成不同程度的聽力損失，大多會發生在兒童時期（Martin & Clark, 2015, p. 276）。當皮膚進入中耳裂後，可能會產生膽脂瘤，隨著時間增加，膽脂瘤會逐漸占據中耳腔，甚至進入鼻咽或腦腔，最佳的處理方法是手術清除。

在內耳部分的有腦膜炎、腮腺炎、自體免疫內耳疾病、病毒感染、梅毒、梅尼爾氏症等。女性在孕期受到巨細胞病毒 15～26% 的受感染胎兒，會出現聽力損失狀況。此外，母體孕期感染德國麻疹、TORCH 等病症，也可能會引發胎兒聽覺系統發展異常。在聽神經徑路方面的疾病則有聽神經瘤、聽神經炎、多發性硬化症、聽神經病變、核黃疸症、梅毒，以及聽神經徑路上的任何腫瘤等。因為疾病造成的聽力損失，及時就醫可減少其所帶來的影響。

三、噪音

根據研究（Martin & Clark, 2015, p. 315），噪音可能導致內耳外毛細胞損失，或是耳蝸的血液供給等問題，而形成噪音型聽力損失。暴露於強大的噪音後，若聽力部分未恢復，稱為暫時性聽閾改變（temporary threshold shift），如果聽力無法恢復，則稱為永久性聽閾改變（permanent threshold shift）。為了保護聽力，人們需避免長期暴露在噪音的環境中。我國的《職業安全衛生設施規則》（2022）第 300 條指出，勞工暴露之噪音音壓級（dBA）及其工作日容許暴露時間，在 90 dBA 的音量下，工作日容許暴露時間以 8 小時為限；在 92 dBA 的音量下，以 6 小時為限；在 95 dBA 的音量下，以 4 小時為限；在 97 dBA 的音量下，以 3 小時為限；在 100 dBA 的音量下，以 2 小時為限；在 105 dBA 的音量下，以 1 小時為限；在 110 dBA 的音量下，以半小時為限；在 115 dBA 的音量下，以 15 分鐘為限。

四、年齡變化

約 25% 年齡介於 45～64 歲之間的成人與 40% 的 65 歲以上成人，會有聽力損失的情形（Glass, 1990，引自 Martin & Clark, 2015, p. 330）。老人聽力損失的特徵是知道有語音的存在，但不理解語音內容。Schuknecht（1993，引自 Martin & Clark, 2015, p. 330）的研究認為，造成老年性聽覺障礙的原因可能是：耳蝸外毛細胞及耳蝸底圈支持細胞消失、耳蝸聽神經損傷、耳蝸血管帶萎縮，或是耳蝸的流動性變差等四種不同原因交織的結果。不過，Gates 等人（2002）的研究指出，耳蝸血管帶萎縮才是造成老年性聽力損失的主要原因。而根據藍胤瑋、林藍萍等人（2016）的研究發現，在我國聽覺障礙者年齡分層之盛行率方面，7～17 歲年齡層的聽覺障礙者盛行率呈現顯著下降；而 18 歲以上年齡層的聽覺障礙者，則呈現顯著上升，其中尤以 65 歲以上聽覺機能障礙者增加最多。

五、耳毒性藥物

　　會造成聽力損失的藥物被稱為耳毒性藥物，常見的有新黴素、康黴素、鏈黴素、慶大黴素、奎寧、阿斯匹靈、利尿劑等。藥物的劑量與服用時間長短會影響聽力損失狀況。服用古柯鹼與海洛因也會造成聽力損失。美國聽語學會（ASHA, 1994）提出監控使用耳毒性藥物的指南，包括：鑑別耳毒性藥物的特定指標、即時識別高危險群患者、用藥前關於潛在耳蝸毒物影響的諮詢、治療前後進行聽力檢查、定期評估聽力損失程度、持續追蹤治療效果。

六、其他成因

　　母親懷孕期間若服用沙利竇邁（Thalidomide）、產程不順缺氧及早產等，都可能會造成胎兒的聽力受損。耳膜穿孔、耳硬化症、輻射治療腦腫瘤、顱部外傷、外聽道有異物，或過多的耳垢等，也都可能造成聽力損失。

第三節　聽覺障礙者的出現率與安置率

一、聽覺障礙者的出現率

　　藍胤瑋、林金定等人（2016）藉由衛生福利部於 2000 至 2014 年的身心障礙者資料庫發現，聽覺障礙者總盛行率由千分之 3.44 上升至 5.25。性別盛行率皆顯著上升；在聽覺障礙者之性別百分比部分，雖男性之盛行率顯著大於女性，但男性呈現顯著下降，而女性則呈現顯著上升。在男性及女性聽覺機能障礙者之障礙等級各等級之比例部分，男性及女性之重度及中度聽覺障礙者之比例皆呈現顯著下降，而輕度則呈現顯著上升。根據 2023 年衛生福利部統計處公布的身心障礙者人數資料，臺灣地區的聽覺障礙者有 134,409 人，占總人口數的千分之 5.74。身心障礙人口總數為 1,214,668 人，其中的聽覺障礙者占了百分之 11，人數次於肢體障礙者、重要器官失去功能者、多重障礙者。性別方面，男性占 55.4%，女性占 44.6%。障礙程度方面，輕度者最多，占 58.45%；中度者次之，占 25.8%；重度者再次之，占 15.72%；極重度最少，占 0.03%。隨年齡增加，具聽覺障礙者明顯增多，0 至未滿 18 歲者占 2.37%；18 至未滿 30 歲者占 2.43%；30 至未滿 45 歲者占 5.25%；45 至未滿 50 歲者占 2.25%；50 至未滿 60 歲者占 6.94%；60 至未滿 65 歲者占 7.34%；65 歲以上者占 73.41%（衛生福利部統計處，2023）。

二、聽覺障礙學生的出現率

衛生福利部的《身心障礙者鑑定作業辦法》（2024）與教育部的《特殊教育學生及幼兒鑑定辦法》（2024）之聽覺障礙鑑定基準不一，以下資料是依照教育部的鑑定基準。表10-2呈現的資料來源為98學年度（2009年）、103學年度（2014年）、108學年度（2020年）、111學年度（2023年）由教育部出版的《特殊教育統計年報》。從表中可以看出，學前階段接受特殊教育的聽覺障礙學生有逐年增加的趨勢，國小階段在111學年度的人數上升，國中至大專階段人數都呈現漸減的趨勢，這或許是受到少子化的影響。至於性別方面，不論哪一個教育階段，都是男生多於女生。如果從義務教育階段的學生人數統計，聽覺障礙學生約占所有身心障礙學生的百分之3，聽覺障礙學生在所有義務教育階段學生的出現率約為千分之1，是低出現率的障礙別，此與美國的情形類似（Kirk et al., 2015, p. 349）。

表 10-2　各教育階段聽覺障礙學生的性別人數與出現率

學年度	學前		國小		國中		高中		大專		聽障總數	%[1]	%[2]
	男	女	男	女	男	女	男	女	男	女			
98	246	208	735	618	478	406	518	418	643	566	4,836	3.45	0.08
	454		1,353		884		936		1,209				
103	217	183	674	526	396	367	426	354	656	558	3,143	2.79	0.09
	400		1,200		763		780		1,214				
108	377	299	659	508	359	298	349	289	540	536	4,214	2.58	0.10
	676		1,167		657		638		1,076				
111	421	296	794	606	306	259	362	279	449	395	4,167	2.45	0.11
	717		1,400		565		641		844				

註：1.義務教育階段聽覺障礙學生人數／身心障礙學生總人數（98學年度64,803人；103學年度70,250人；108學年度70,631人；111學年度80,239人）。

2.義務教育階段聽覺障礙學生人數／全國學生總人數（98學年2,629,279人；103學年2,055,932人；108學年度1,778,581人；111學年度1,784,768人）。

3.引自教育部（2009，2014，2020，2023）。

三、聽覺障礙者的教育安置型態

根據教育部（2020）的《特殊教育統計年報》顯示，目前臺灣地區聽覺障礙學生的教育安置方式有：啟聰學校、集中式聽障班、聽障資源班、不分類資源班、巡迴輔導等，說明如下。

（一）啟聰學校

在 1942 年以前，啟聰學校被稱為盲啞學校，負責臺灣所有視障聽障學生教育，之後更名為盲聾學校。由「啞」改「聾」，代表聽覺障礙者之不會說話並非構音器官的原因，經過適當的訓練還是有具備說話能力的可能性。1975 年盲聾分校，招收聽障的學校更名為啟聰學校（張蓓莉，1989a），目前共有 3 所啟聰學校，各校均涵蓋學前、國小、國中、高中職四階段。學校有宿舍，但原則上只提供住家較遠的學生住宿。學校採用口語及手語兩種溝通方式。學校的課程與普通學校相同，另外再增加聽覺障礙學生所需要的特殊需求領域課程。近十年來，啟聰學校的學生人數逐年下降，三校合計：98 學年度有 454 人（占高中職以下聽覺障礙學生總人數的 12.5%）；103 學年度有 354 人（占高中職以下聽覺障礙學生總人數的 11.3%）；108 學年度有 303 人；111 學年度有 294 人（占高中職以下聽覺障礙學生總人數的 8.8%）。目前的學生人數不到 78 學年度臺北啟聰學校學生人數（671人）之一半。至於各部別的學生人數從表 10-3 可以發現，就讀啟聰學校的聽覺障礙學生，在學前階段的無論哪個學年度，大約占該學年度聽覺障礙學生的不到二成，國小階段幾乎不到一成，國中階段約為一成，高中階段幾乎不到一成半。這些現象與少子化、回歸主流及融合教育趨勢有關，而啟聰學校的角色也由聽覺障礙學生唯一的安置場所轉為之一的安置型態。

（二）集中式聽障班

集中式聽障班是指，在普通國小與國中內設自足式啟聰班，一班約有 15 名聽覺障礙學生。國小階段每班有 2 位專長聽覺障礙的特殊教育教師，國中階段則有 3 位老師，原則上是由這些教師負責所有的課程。聽覺障礙學生雖然在普通學校上課，但除了下課時間外，與普通學生接觸的機會有限。臺灣第一個集中式聽障班設在彰化縣二林國小。近年來在融合教育政策下，家長傾向將聽覺障礙學生送往學區內學校就學，從 69 至 111 學年度，啟聰班由 32 班減為 13 班。表 10-3 顯示，學前階段、國小階段與國中階段的聽覺障礙學生安置在啟聰班的人數，占該學年度聽覺障礙學生的不到一成。

（三）聽障資源班、不分類資源班、巡迴輔導

這三種班級都設在普通學校內。聽障資源班屬於分類資源班，最早成立的是臺北市新興國中的聽障資源教室，服務學生人數約為 25～30 人。國小階段每班有 2 位專長聽覺障礙的特殊教育教師，國中階段則有 3 位。聽覺障礙學生在校半數以上的上課時間是在普通班上課，在普通班無法學習的課程，則抽離至聽障資源班上課，或者由資源班教師利用其他時間增多該課程的授課時數。同樣受到融合教育的影響，大多數的聽障資源班已轉型為

不分類資源班，108 學年度僅有 1 所國小設置 1 班聽障資源班。

　　基於不是每所普通學校都有具備聽覺障礙教育專業或經驗的特殊教育教師，為了滿足這些學校中的聽覺障礙學生需求，當地教育主管機關會指派具備聽覺障礙教育專業或經驗的特殊教育教師，定期到有聽覺障礙學生就讀的學校提供服務，這樣的模式稱為巡迴輔導。其服務內容為視學生需要，直接教導聽覺障礙學生課程與輔導，提供學生家長及該校其他老師相關諮詢服務。108 學年度的聽障巡迴輔導班計有：學前階段 11 班，國小階段 23 班，國中階段 8 班，高中階段 5 班。聽障資源班、不分類資源班、巡迴輔導等，都是利用資源支持在普通班就讀的聽覺障礙學生，屬於資源方案的不同實施方式（Harris & Schultz, 1990, pp. 20-23）。表 10-3 的資料顯示，近十多年來的學前階段聽覺障礙學生接受資源方案的人數逐漸增加，目前有 87% 的學生在普通幼兒園就讀。在隔離環境中就讀的人數逐年降低，約占 10%。國小與國中階段在普通學校就讀者的所占比率已超過 90%。高中階段在普通學校就讀的比率稍低，但也在八成以上。

表 10-3　高級中等以下各教育階段聽覺障礙學生的安置類型與人數

學年度		學前			國小			國中			高中	
		校	班	資源	校	班	資源	校	班	資源	校	資源
98	人數	82	37	335	121	121	1,111	119	73	692	132	804
	%	18	8	74	9	9	82	13	8	78	14	86
103	人數	63	14	323	79	48	1073	83	34	646	129	651
	%	16	4	81	7	4	89	11	4	85	17	83
108	人數	84	26	566	73	35	1	53	6	598	93	545
	%	12	4	84	6	3	91	8	1	91	15	85
111	人數	74	22	621	92	42	1	47	7	511	81	560
	%	10	3	87	7	3	90	8	1	91	13	87

註：1.「校」是指啟聰學校；「班」是指集中式啟聰班；「資源」是指聽障資源班／不分類資源
　　　班／巡迴輔導。
　　2.引自教育部（2009，2014，2020，2023）。

　　目前，聽覺障礙學生的安置是由各縣市政府所設立的特殊教育學生鑑定及就學輔導會（簡稱鑑輔會）辦理安置事宜。通常特殊需求較少、學習狀況與普通學生差距不大者，會安置在普通學校就學並接受資源服務，學習狀況與普通學生差距明顯者，則安置在不分類資源班或啟聰學校就讀。2006 年，聯合國公布的《身心障礙者權利公約》（CRPD）第 24 條（教育）主張融合教育，亦即不能以身心障礙為由，將身心障礙者拒於普通學校外。身心障礙者有權，在與其他人平等的基礎上，獲得融合、優質的教育，並在學校內得到必要的援助，以及符合個人需要的合理調整（衛生福利部，2008）。我國於 2014 年通過《身心障礙者權利公約施行法》，遵守《身心障礙者權利公約》所揭示保障身心障礙者人權之

規定，具有國內法律之效力。鑑輔會特殊教育學生鑑定及就學輔導會議決身心障礙學生教育安置的作為，與公約的主張並不相符。

第四節　聽覺障礙者的溝通方式

失聰影響最明顯的是聽與說的能力。18 世紀以前，重度以上的聽覺損傷者多以手語與他人溝通。Samuel Heinicke（1729-1784，引自 Moores, 2001, p. 49）以其自創方式教導聾人以說話方式溝通後，手語或口語就成為聽覺障礙者主要的溝通方式。以下分別簡要說明之。

一、手語

手語是指聾人日常使用的語言。Stokoe、Jordan、Hoemann 等學者（引自 van Uden, 1986, p. 14）指出，手語具備語言的要素，是一種正式語言；手語及口語是相似的，不僅有完整的語言形式，幼兒手語習得的階段也類似。聾人所擁有的溝通視覺系統與溝通的能力一點也不比口語遜色。游順釗先生首先提出「視覺語言學」（徐志民編譯，1991，頁368）一詞，目前已被語言學家接受，將手語歸類為視覺語言，該語言用視覺了解手勢、動作及空間位置訊息的意義，也用相同的方式傳達訊息。

手語詞彙的組成要素為：手形、位置、動作、掌心方向，以及表情。手形是指單手或雙手所做出之形狀，臺灣手語之基本手形約有 50 種（丁立芬、史文漢，1995，頁 21）。位置是指打手語時手所在的地方，最常出現的是身體前方，臺灣手語的位置範圍是在大腿上半至頭的上方。動作是指手或手臂的動作，其動作的強弱代表不同的意義。掌心方向是指手掌所面對或指向的方向。表情是指眼神、面部表情（眉、眼、頰、唇、齒、舌）等，臺灣手語約有 58 種表情；表情的表達講求速、簡、韻、順，表情的強弱也代表不同的意義（趙建民等人，1988，頁 11）。2020 年，各國的嚴重特殊傳染性肺炎記者會上都有手譯員做即席翻譯，但是他們都沒有戴口罩，這是國際慣例，原因是戴了口罩會遮住臉上表情，語意即無法完整表達。在手部動作與表情的組合下，手語詞彙豐富，具有透明性與擬象性，例如：吃的動作、開不同之窗戶、不同之走姿等。

手語的語法具有空間性與同時性：空間性是指以動作的方向表達實際發生的狀態；同時性是指兩手及表情表達同時間發生或存在的事情。因為是由動作表示時態，所以沒有被動時態。手語以動作方向代表肯定與否定狀態；此外，也因為有面部表情及空間性的特性，相較於口語，手語的語序比較彈性。

基於以上的視覺語言特性，手語曾經被認為是不完整的語言，手語使用者在以文字表達所打出的手語時，會出現語句顛倒的情形，因此被認為是造成聾人語文能力不佳的原

因。1880 年，在米蘭召開的世界第二次聾教育會議（International Congress on Education of the Deaf）中，倡導口語的代表認為手語會妨礙聾人的社會參與，且口語優於手語，可以讓聾人學得更好的語言能力。但同時使用口語和手語，會損害口語、讀唇以及意見的準確性，因此純口語教學應該是更好的選擇。大會最後決議以口語代替手語，自此教導聽覺障礙學生即以口語為溝通方式，教師以口語教學，成為聽覺障礙教育主流，手語則較不受重視，甚至受到貶抑，不過並沒有完全被摒棄，還是有擁護與倡導者。

為了提升聾人的語文能力，啟聰教育界有以手勢編碼語（manual coded language）的措施，簡單的說就是以手勢表達口語語序的內容，例如：美國的指拼文字（Finger-spelling，Rochester Method）、Sign Essential English、Sign Exact English、暗示語（cued speech）等，以及臺灣的文法（字）手語（手勢中文）、國語口手語等。以語言學的角度來看，這些都屬於洋涇濱式的語言，沒有獨立的語法，並非自然語言。

有研究發現，父母為聾人的聾子女之學習表現優於使用口語聽人家庭中的聾子女（張蓓莉、Gonzales, 1987；Dammeyer & Marschark, 2016; Mohay et al., 1998）。自然手語在聾人學習過程中扮演的角色，重新受到重視。1990 年之後，世界聾人聯盟（World Federation of the Deaf [WFD]）強調聾人是使用手語的族群，要求在學校及公共服務上提供手語翻譯，協助使用手語的聾人能有充分參與的機會。第十九屆世界聾教育會議也強調重視手語及聾文化（張蓓莉，2001a）。聯合國教科文組織於 2001 年公布〈世界文化多樣性宣言〉，提倡語言多樣化，強調每個人都應可以用其選擇的語言，特別是用自己的母語來表達自己的思想。2006 年，聯合國公布的《身心障礙者權利公約》（CRPD）第 24 條（教育）提及，為促進手語學習及推廣聾人的語言認同，應該讓他們有機會接觸手語（衛生福利部，2008）。2010 年，在溫哥華召開的世界第二十一屆聾教育會議，否定了 1880 年米蘭會議的建議，認為肯認聾人的語言及文化，對聾人而言是不可剝奪的權利，大會並呼籲各國尊重各種語言與溝通方式（黃玉枝，2010）。

我國於 2019 年公布《國家語言發展法》，言明國家語言包括臺灣手語，奠定了臺灣手語在國家語言的定位，喚起社會大眾對於臺灣手語的重視，同時也能幫助有聾人的家庭成員間之溝通。教育部則將臺灣手語列為十二年國民基本教育的部定課程，並編訂臺灣手語課程綱要，開放所有學生選修（預計 2022 年開始實施）。經過一百多年的研究以及手語擁護者的倡議，手語終於從式微走向復振之途。

二、口語

聽覺是發展口語的必要能力。聽覺受損，即使構音器官無損傷，還是會影響口語能力的自然發展。由於 95% 的聽覺障礙者出生於聽人家庭（Horejes, 2012, p. 1），父母並不會手語，口語在聽人世界中的優勢與方便性，以及醫學與聽覺輔助科技的進步，可以讓聽覺損傷者在醫學與聽覺輔助科技和訓練的協助下增進聽覺，以發展口語溝通能力。因此，大

多數的聽人父母為其聽障子女選擇口語成為其溝通管道，並及早配戴合適的助聽器或人工電子耳（以下簡稱助聽輔具），接受早期療育，掌握學習語言的關鍵時期。溝通能力包括接受與表達，以口語溝通的聽覺障礙者，用配戴輔具後的聽覺及視覺接收外界語音，用說話方式表達自己的意見，這通常需要接受聽能訓練、讀話訓練、說話訓練。以下簡要說明之。

（一）聽能訓練

一般人在聽取過程中不僅知道有語音的存在，同時了解語音的意義，其過程涉及聽覺訊息處理，包括：聽覺注意、聽覺聯合、聽覺分析、聽覺閉鎖、聽覺分辨、聽覺性主題與背景、聽覺性序列記憶等。適配的助聽輔具只能提升配戴者察覺聲音的能力，但察覺聲音並不等於理解聲音。聽能訓練的主要目的在於訓練聽覺障礙者學習利用音響線索過程，培養「傾聽」的習慣，了解語音內容，進而促進自然發聲，並增進語音清晰度。

聽能訓練的內容，包括：察覺聲音、分辨聲音、認識聲音與理解聲音。察覺聲音是指知道聲音的存在，訓練聽覺障礙學生的聽覺注意力。分辨聲音是指分辨語音及非語音、語音音節、聲調、音量、速度、語音持續時間的長短及語調等。認識是指認識聲音所代表的物件或動作。理解則是指了解語音的意義，從聽得懂短句，到了解一段話的內容。聽能訓練的材料通常是以聽覺障礙者在日常生活、學校或職場生活所聽到的語音為主。非語音方面則是以聽覺障礙者生活安全，具有警示的聲音為主，而音樂訓練已經被證實可以提升植入人工電子耳兒童的聽覺能力（Fu et al., 2015）。

聽能訓練的方法很多，以運用感官情形來區別，可以分為單一感官法與多重感官法。前者強調以「聽覺」為學習管道，禁止提供視覺線索，如聽覺口語法；後者除了利用聽覺外，訓練時還利用視覺、觸覺或肌動覺，如語調聽覺法。兩種方法都各有成功的案例（張蓓莉，1996a），不過語調聽覺法需要特殊的儀器，相對而言執行較不方便。聽覺口語法在早期介入、密集的訓練，適合助聽輔具家長配合的情況下，效果是可以期待的。

聽能訓練不是一觸可及的事，也不是配戴了助聽輔具就能聽得懂的事，通常需要長時間且密集的訓練。聽覺障礙者的學習動機與能力、專業人員間的溝通，以及適合助聽輔具的選配與維修等，都是影響成功與否的重要因素。

（二）讀話訓練

讀話（speech reading）是指，經由視覺管道觀察別人的嘴部動作、臉部表情、其他肢體語言，了解他人的口語訊息，以彌補聽取不佳的部分。讀話可以經由訓練學習，但發音部位是否易於觀察、說話者的口齒清晰程度、速度是否適中、溝通場所的光線、讀話者與說話者的距離、角度，以及讀話者的聽取能力和語文能力等，都足以影響讀話成效。循跡

法是較常用的讀話訓練，教師在教學時會唸出一段有意義的語詞，要求聽覺障礙者一字不漏地複誦，也教導聽覺障礙者運用不同的修正策略（蘇芳柳，1991）。隨著助聽輔具的進步，早期介入也受到重視，目前以口語溝通的聽覺障礙者較少進行讀話訓練。

張蓓莉等人（2009）曾調查 385 名三至九年級聽覺障礙學生以「聽」及「讀話」方式接受短句口語的能力，結果發現：幾乎可以完全正確接受短句口語訊息的學生比例，分別是五、六年級近八成，四年級約七成，八、九年級約六成，七年級約五成，三年級最低，只有四成五。接受口語訊息是片段不全的學生比例，分別是五、六年級不到一成，八年級一成，其餘年級則不到二成。以上結果代表大部分口語聽覺障礙學生有起碼的短句口語接受能力，但還是有少部分學生還需要加強口語接收能力。

（三）說話訓練

聽覺障礙者受限於聽取能力，因聽不完整他人與自己的語音，所以不易發展出說話能力，而需要經由說話訓練，發展口語表達能力。通常說話訓練的內容，包括：呼吸與說話的配合、音量、語速、節律、聲調、語調、放鬆練習、構音器官靈活度、發音練習等。說話訓練的方式則有：(1)聽覺方式：強調由「聽」學習說話，與聽能訓練充分配合；(2)多重感官方式：除了聽覺外，利用視覺、觸覺、肢體動作學習發音及說話。簡子欣與陳淑瑜（2007）對三名聽覺障礙幼兒進行以發聲練習和聲調覺識為主的音樂訓練，結果發現這樣的音樂訓練可以明顯改善幼兒的國語聲調清晰度。

張蓓莉（2000）以知覺分析 98 名中重度以上聽覺障礙學生的說話清晰度，結果發現學生的語詞清晰度為 30.74%，聲調清晰度為 53.92%，短句清晰度為 49.83%，各項清晰度與學生優耳的聽閾值有明顯相關。林寶貴與錡寶香（2002）的研究發現，聽覺障礙學童的口語述說所使用的總詞彙數、相異詞彙數、成語數等，皆顯著低於一般學童，他們所使用的總共句子、連接詞、平均句長、直接引句、句型等，皆顯著低於聽常學童。然而，聽覺障礙學童所使用的簡單句卻高於聽常學童。簡千蕙（2014）比較 35 名聽覺障礙兒童及 38 名聽覺正常兒童在擔任聽者與說者時的表現，結果發現在擔任說者時，聽覺障礙兒童描述關鍵的詞彙數字少於聽覺正常兒童，但描述非關鍵特徵卻比聽覺正常兒童多。而在擔任聽者時，訊息若不完整，則聽覺障礙兒童很少要求澄清，傾向用猜的方式處理。

第五節　聽覺障礙者的特質

聽力損失是否會影響個人各項能力的發展與成就，一直都是備受關注的議題。事實上，單一因素並非影響個人發展的唯一原因，但可能是不利發展的因素。以下簡要說明聽覺障礙者的認知能力、語文能力，以及社會適應能力。

一、認知能力

認知能力的發展是個人先天能力與環境互動的結果。聽覺障礙者在成長的過程中，可能有不同於聽人的溝通方式及接觸訊息經驗，需要適合的引導，則其認知能力可以發展得與聽人相似。

19～20 世紀關於聽覺障礙者認知能力的研究結果，大約可以分成三個階段。第一個階段（1950 年以前）的研究結論是：聾人智商低於或等於 90，智力較差，但智商與成聾年齡、原因無關。第二個階段（1950～1960 年之間）的研究結論是：聽覺障礙者的抽象思考能力落後，具體操作能力與一般學生相當。第三個階段（1960 年以後）的研究結論是：聽覺障礙者的智力正常（Moores, 2001, pp. 172-174）。會有這樣的不同，評量工具是重要原因，因第三階段的研究是以非語文測驗為評量工具。張蓓莉（1988a）以「魏氏兒童智力量表」（修訂版）操作部分評量 9～13 歲共 141 名聽覺障礙兒童的智力，結果發現各年齡層的智商在 99～104 之間，隨年齡增加，非語文智力成直線趨向發展。張蓓莉（1988b）亦調查 9～13 歲共 246 名聽覺障礙學生的數目、液體、重量、體積保留概念之能力，也與一般學生相當，與西方第三階段的研究結論相符。Hamilton（2011，引自 Kirk et al., 2015, p. 364）發現，聽覺障礙的優勢在視覺空間記憶、視覺意象、語音，以及手語雙重編碼。

教學方式可能促進或妨礙聽覺障礙學生認知能力的發展。Gonzales（1984，引自張蓓莉，1985）曾經提出妨礙聽覺障礙學生能力發展的教學狀況有：填鴨式教學（強調背誦與記憶）、提問多屬於記憶性層次問題、問題超越學生的認知能力、閱讀材料與語文經驗和能力不符、缺少自主學習、過度以教師和家長為中心的方式、忽略學生學習型態等。Gonzales 建議促進聽覺障礙學生認知能力發展的教學方式為：要利用校標參照測驗了解學生能力、確認學生的認知能力發展階段、多提問開放式問題促進學生思考、教學型態配合學習型態、提供思考、觀察與練習的機會。黃玉枝（2007）也提出促進聽覺障礙學生批判思考的教學方式為：合作學習的策略、個案研究／討論方法、使用提問、用討論會的形式學習、使用寫作作業、書面對話等，值得參用。

二、語文能力

語文能力是學習及溝通的工具。一般學生在國小一～四年級會學習閱讀，五年級以後則經由閱讀學習。根據九年一貫課程綱要的設計，一～三年級學生要認識 1000～1200 字，了解部首、造字原理、文章大意、學會造句及寫一段文字。四～六年級學生要認識 2,200～2,700 字，發展口述一筆述能力，可以組成篇章，學會各種表達方式。七～九年級學生要認識 3,500～4,500 字，並可以精準表達自己的意思。

具備良好語文能力的學生，即使聽不清楚，也可以透過文字，獲得訊息。反之，閱讀

能力不足，即使有文字資料，也無法了解文字內容。聽覺障礙學生無論選用哪種溝通模式，都需要具備閱讀及書寫表達能力，才能順利學習。

根據國內的既有研究，聽覺障礙學生語文能力的表現，平均而言聽覺障礙學生的文字和語文能力隨年級遞升而增加，但是比聽常者落後三年（林寶貴、黃玉枝，1997；張蓓莉，1989b，2001b）。常見的錯誤情形是：(1)錯別字，如年輕、年青；在、再；(2)措辭不當，如「頭髮短短的，又圈圈的」；「有老師鼓勵，我們奮鬥一分一秒」；(3)字序顛倒，如罵責、業作、寫功課完去玩；(4)贅字，如很多辛苦、很乾乾淨淨、才能會成功；(5)漏字，如我老師、你好學生；(6)取代，如老師對我去教室。難懂句型有：(1)條件句：假如……就……；(2)比較句：甲比乙大；(3)雙重否定：不是很遠；(4)推論式語句：因為……所以……；(5)代名詞、長句、斷句：用 100 元買原價 25 元的果汁 5 瓶；老師將 55 顆糖果分給 11 名小朋友，小華吃了 3 顆，請問還剩下幾顆？(6)折價、便宜、每一個，每人、需要多少錢？需要幾元？影響聽覺障礙學生的文字能力因素有：認知能力、智力、年級、閱讀課外書籍、與家人的溝通情形等（張蓓莉，1987），語文能力與聽覺損傷程度呈低相關，或無明顯相關（林寶貴、李貞賢，1987；張蓓莉，1994）。

從發展的角度來看，Chen（2014）的研究指出，典型聽力與聽覺障礙學童閱讀發展的歷程其實是相似的。因此，要盡量幫助聽覺障礙學生發展閱讀能力，而不要只進行補救性的教學，應該是首要考量。文獻中曾提及，適合或有效的提升聽覺障礙學生閱讀能力的教學方式有：直接閱讀模式、直接閱讀思考活動、語言經驗模式、恢復閱讀能力、大家都成功、交互教學（Schirmer, 2000, pp. 139-147）、文章結構教學（曾彥翰，2006）、經驗教學法（李苑薇，2005）等，值得參用。

三、社會適應能力

社會適應能力與情緒在兒童的課業學習中扮演著重要角色，且彼此是互相影響的關係。Knoors 與 Marschark（2014, pp. 133-138）指出，不利於社會情緒發展的首要因素是聽力損失，對幼兒影響的是在家裡是否能有效的溝通，而對兒童影響的是文化與使用語言的特性，更可能的是被標記為「障礙」；第二個因素是社會技巧發展遲緩；第三個因素是不切實際的自我形象，由於溝通技巧不足，可能較不能正確察覺別人對自己的反應；第四個因素是人際問題，聽力損失未必是決定的因素，但聾生反映在學校被忽略、被拒絕的程度高於聽常同儕；第五個因素是學業成就低落；最後一個則是家庭支持與否。

朱瑞嵐（2002）綜理既有研究文獻，說明臺灣高中以下聽覺障礙學生的心理特質有：自我概念較低落，進而影響自信；溝通模式固著並習於依賴他人回饋；情緒表現直接且易受暗示；缺少人際敏感度；因障礙限制而易產生被歧視的負向感受。

目前有愈來愈多的聽覺障礙學生就讀普通學校，因此聽覺障礙學生在融合教育環境中的適應情形受到關注。McCain 與 Antia（2005）探討美國一所實施融合教育（Co-enrolled classroom）小學中的學生學業與社會適應狀況，研究結果發現：聽覺障礙學生與普通學生在同儕及教師溝通、對班級上的感情，都在符合研究者期望的範圍內。社會行為方面，在教師眼中，聽覺障礙學生的社會技巧不如普通學生。

　　Wauters 與 Knoors（2008）探討荷蘭 18 名聽覺障礙小學生在融合教育中的社會統合（social integration）狀況，研究結果發現：同儕評等、學生社會地位方面，兩類學生間沒有顯差異，但是聽覺障礙學生的獨立社會行為少於普通學生，而退縮行為多於普通學生。

　　Most（2007）研究聽障班、普通班聽覺障礙學生的孤獨感、抗壓感受之關係。研究對象共有 19 名學生，10 名在聽障班上課，9 名在普通班上課。他們都沒有其他顯著障礙，與同儕有著相當的閱讀能力。研究結果顯示：兩種教育情境下的聽覺障礙學生之孤獨感與抗壓感受沒有明顯差異。

　　張蓓莉（2007）從學習參與、溝通、人際互動三個項目，調查 300 名臺北市與新北市高中以下就讀普通學校聽覺障礙學生的學校適應狀況，結果發現：整體而言，學生都算適應，各年級學生間的適應沒有顯著差異。而在學習階段的分析中，高中職學生的學習參與適應明顯不如國中或國小學生。值得注意的是，有學生適應得很好，也有學生適應不佳。之後，張蓓莉（2008）近一步訪問 14 名在普通學校適應良好的聽覺障礙學生與 16 名適應狀況不良的學生後發現，適應良好的學生，其個人條件佳（智商、學習態度、學習策略）、家庭支持度高、接受到的特殊教育服務符合需求。反之，適應不佳的學生，除兼具其他障礙的學生外，其餘學生的智商並不比適應良好組差，但學習動機、學習態度、學習策略都不佳，家庭支持度明顯不如適應良好組。學校或教育行政單位雖然也提供了資源服務，但並沒有完全滿足學生需求。在邱梅芳與黃玉枝（2017）以及陳志榮（2016）的研究中，分別發現在普通學校就學，對國中與國小聽覺障礙學生之適應能力有正面影響。

　　雖然以上的研究結果還算令人滿意，但是融合教育中有適應不佳的個案還是需要被關注。Oliva（2004）以及林旭（2005）分別出書敘述在融合教育環境中的寂寞。另外，如果要增進聽覺障礙學生的社會適應能力宜從多方面著手，Luckner 與 Muir（2001，引自 Kirk et al., 2015, p. 368）提出提升聽覺障礙學生社會適應能力可從以下因素著手：早期鑑定與介入、提升兒童全面功能與增進自尊、家庭支持與接納、利用科技輔具提供近用資訊與社會接觸、參加課外活動，以及專家支持兒童與家庭。歐美多國使用且證實有效的 PATH（Promotion Alternative Thinking Strategies）課程，值得參考。

第六節　聽覺障礙者的評量與鑑定

一、聽覺障礙者的評量

　　評量之目的在於了解受評者的各項能力，並分析受評者的優勢、限制與需求，以做為

提供適當服務的依據。評量的方式多元，可以利用標準化的測驗、觀察、晤談、實作，或分析受評者的相關檔案等。評量時，評量者與受評者間需要溝通無礙，否則會影響評量結果的效力，換言之可能低估或高估受評者的能力，接續提供的相關措施可能會不符合受評者的需求。聽覺障礙者的溝通能力及語文能力是評量時需要特別考慮的項目（張蓓莉，1996b）。此外，多元資料驗證也是必要的。以下從評量的各階段分別說明應注意事項。

（一）評量前

評量前，應該依評量之目的選擇適合聽覺障礙學生的策略或工具。專為聽覺障礙學生編製的測驗工具不多，目前有的是：「學齡階段國語文能力測驗」（林寶貴等人，2009）、「短句口語接受能力測驗」（張蓓莉等人，2010a）、「短句閱讀能力測驗」（張蓓莉等人，2010b）、「手語能力理解測驗」（劉秀丹等人，2015）、「聽覺障礙學生普通學校適應量表」（分為國小版、國高中版及教師版）（張蓓莉，2008）等。顯然這些是不夠的，因此需要使用其他測驗工具。

除非是聽力相關測驗，其他任何測驗施測方式若為「聽」的題目，以口述回答，對聽覺障礙學生而言是不適當的。因為聽覺障礙學生即使配戴了助聽輔具，也有可能聽不清楚題目，而口述回答也可能受限於口述能力，詞不達意。因此，宜選用操作型或非語文型的施測工具。紙筆測驗的工具需要考慮聽覺障礙學生的語文能力，除非是評量語文能力，否則需要考慮聽覺障礙學生是否看得懂題目，或採用淺白易讀文字的題目。

（二）評量過程中

考量聽覺障礙學生的溝通能力，評量者宜先了解聽覺障礙學生的溝通方式，配合他們的溝通需求，增加視覺提示，或是邀請手語翻譯員在場協助解說評量方式，以免因為溝通不良，影響聽覺障礙學生的表現。為求聽覺障礙學生能有最大表現，評量者一定要確認他們了解如何回應，才能進行評量。

（三）常模的應用

評量工具的適用對象是以其建立常模之對象為範圍。如果採用了常模建立時不包括聽覺障礙學生的評量工具，宜慎重解釋評量之後對應常模所得到的結果，以免低估聽覺障礙學生的能力。

二、聽覺障礙的鑑定程序

依據《特殊教育學生及幼兒鑑定辦法》（2024）之規定，身心障礙學生及資賦優異學

生之鑑定，應依轉介、申請或推薦，蒐集相關資料，實施初步類別研判、教育需求評估及綜合研判後，完成包括教育安置建議及所需相關服務之評估報告。如果是習語前即失聰的聽覺障礙學生，或者是聽力損失程度非常嚴重的學生，極可能在入學前已經被發現，且確定為聽覺障礙學生，但聽力損失程度較輕或者是漸進性聽力損失者，則較難被發現。以下為疑似聽力損失者的行為特徵，可供家長或教師參考，以便早期發現，及時提供服務。

（一）行為特徵

1. 特殊姿勢：學生在聽別人說話時，會將聽力較好的耳朵轉向說話者，或身體向前傾，希望縮短與說話者之間的距離。尤其在吵雜的環境下，情形會更為明顯。

2. 答非所問：別人問話時學生可以回應，但總是答非所問。聽寫成績不佳。

3. 發音不正確：說不清楚，通常也分不清楚含有ㄓ、ㄔ、ㄕ、ㄖ、ㄗ、ㄘ、ㄙ等音的詞彙。

4. 說話時的音質單調、無抑揚頓挫，好像外國人學說國語的情形。較難正確的說出國語中的二聲、三聲。

5. 學生的智力與其學業表現不一致：學生的智力尤其以操作性智力測驗評量時的結果不錯，他們也不是不用功，但其學習表現卻與之有明顯差異。

6. 與別人交談時，特別注意說話者的面部表情。傾聽時表情比較緊張。

7. 對突然出現的強大聲音沒有反應或反應遲鈍。總是看到別人的反應，才跟著注意到發生了什麼事。

8. 聽講、聽故事時，注意力不能持久、沒有興趣，而且容易疲倦。老師常常認為剛開始上課時學生還算專心，但上課上到一半就開始分心。

9. 別人問話之後常要求重複，或常常問「你說什麼？」

10. 音源來自後方時，不確定音源的方向，或者以側面對著說話者。

（二）外觀

1. 外耳畸形：學生的耳殼形狀或大小與同儕相較有明顯差異，有時甚至看不到外耳殼或外聽道。

2. 耳朵流膿或水：從外耳可以看到由內流出的膿液，有時還有些臭味。

3. 用嘴巴呼吸，所以嘴巴常是開的。

（三）學生的抱怨

1. 經常說自己的耳朵痛，不舒服。

2. 表示有耳鳴情形，或者表示耳朵有聲音。

3. 即使在安靜的環境中，學生還是經常說「聽不清楚」別人說的話。

4. 表示有「噁心、頭痛」的情形。

聽覺障礙的鑑定，在核發身心障礙證明部分，是由衛生福利部指定醫院合格醫師負責，聽力檢查是由聽力師負責。在教育方面，學生需要先到衛生福利部指定醫院進行聽力檢查，再將結果帶至縣市鑑輔會，由鑑定輔導委員綜合其他相關資料後判定。通常除了聽力檢查結果外，還需要進行教育需求評估，應包括健康狀況、感官功能、知覺動作、生活自理、認知、溝通、情緒、社會行為、學科（領域）學習等，並綜合判斷學生的聽力損失程度是否限制了學生參與聽覺性的活動。通常沒有兼具其他顯著障礙的聽覺障礙學生，其可能的教育需求為：溝通訓練（口語或手語訓練）、安排有利聽取或讀話的座位、教室音響環境合宜、提供調頻系統、筆記抄寫員、手語翻譯員（以手語溝通者）、評量調整（免聽寫評量或以其他方式進行）、提供視覺性教材、課業輔導、同儕接納、社會適應輔導等。若兼具其他顯著障礙的聽覺障礙學生，則需要考慮因兼具障礙所需要的特殊教育服務。

第七節　聽覺障礙者的教育與輔導

一、聽覺障礙者的教育

手語復振之後，雙語雙文化或雙模式雙語的教學模式被提出，而且很快的成為世界聾教育趨勢。北歐國家早在 1980 年代就開始這樣的教學方式，以培養手語流利的教師或聾教師，負責教導聽覺障礙學生。Dammeyer（2014）的研究發現，在雙語雙文化的教學模式下，45%配戴人工電子耳的聽覺障礙學生並沒有閱讀或寫作的困難，因此聽力損失程度與配戴人工電子耳並非預測聽覺障礙學生語文能力的因素。在亞洲方面，日本、香港、臺灣也都開始進行相關實驗。在香港賽馬會慈善信託基金的支持下，九龍灣聖若翰天主教小學開始進行雙語教學實驗，香港中文大學也成立了雙語教學研究中心，並定期舉辦手語雙語與聾教育研討會，分享研究結果，並冀望擴大推動。不過，由於學生人數有限（每年級 5~6 名學生），研究結果雖然顯示成效不錯，但推論受限，香港教育當局尚未完全肯定與接受雙語教學模式。在臺灣方面，最早是在 2005 年由黃玉枝教授在高雄一所私立幼兒園進行，之後邢敏華教授在臺南、劉秀丹教授在臺中陸續展開實驗，但實驗結果也受限於參與人數，推論有限。Dammeyer 與 Marschark（2016）以及 Mayer 與 Trezek（2020）發現，聾校或雙語雙文化學校教育尚不能縮短聾、聽學生學習成效的明顯差距。據此，雙語雙文化或雙模式雙語的教學模式尚待更多的實驗研究以確定是否有效。

在「十二年國民基本教育課程綱要」實施之前，有專為啟聰學校及聽障班的學生訂定之啟聰學校（班）課程綱要。在實施融合教育及「十二年國民基本教育課程綱要」公布實

施後，無論聽覺障礙學生在哪裡就學，其課程綱要與一般學生相同。換言之，聽覺障礙學生除非特殊狀況，否則一定要修習部定課程與校訂課程。除此之外，學校還會依據聽覺障礙學生的需求，為其開設特殊需求領域課程中的相關科目，包括：生活管理、社會技巧、學習策略、職業教育、溝通訓練、點字、定向行動、功能性動作訓練、輔助科技應用等。

二、聽覺障礙學生就學輔導考慮的面向

1. 助理人員：考慮聽覺障礙學生是否需要助理人員，端視有無行動、生活自理行為上的特殊狀況。單純的聽覺障礙學生通常是不需要的。

2. 相關專業服務：是指是否需要語言治療、物理治療、職能治療、聽能管理、社工服務或心理諮商等。聽覺障礙學生通常需要的是聽能管理，至於其他則視學生個別狀況及需求提供。

3. 教育輔助器材：使用口語溝通的聽覺障礙學生，多半會申請調頻輔具，以協助其在課堂上聽取。

4. 課程調整方面：如果認知能力沒有問題，課程內容並不需要調整。教學歷程方面，授課教師需要符應學生的溝通需求，如配戴調頻輔具的發射器，配合學生讀話的需求，或與手語翻譯員配合，並盡量提供視覺提示輔助教材，說話速度也不宜太快。評量調整方面，聽覺障礙學生無法從聽寫的評量方式表現自己，教師可以改以其他方式為之。此外，測試注音符號的能力、造詞等作業要求，並不適合用來要求以手語為主要溝通方式的聽覺障礙學生。聽覺障礙學生的教室座位需要考慮是否看得清楚老師與上課用的媒體，以及是否會受到教室內噪音的干擾。

5. 特殊需求課程：聽覺障礙學生極可能需要的是溝通訓練（口語或手語訓練）。如果有學習方法無效、學習動機不強、時間管理不佳等問題，則需要學習策略課程；如果有與人互動的問題，就需要社會技巧課程；如果有肢體動作方面的困難，宜考慮是否需要功能性動作訓練課程。相關課程如果需要應用科技輔具，則需要輔助科技應用課程。

6. 無障礙環境：因為聽覺障礙學生很容易受到噪音的干擾，所以在安排教室時，需要考慮學生的教室所在位置是否較為安靜。

7. 手語翻譯或聽打服務：以手語為主要溝通的學生，其上課或參與學校活動時，有可能需要手譯員的協助溝通，也有些聽覺障礙者需要聽打員，將說話者說的內容以文字呈現，促進語音的接收。

8. 轉銜服務：如果是新生或是將畢業的學生，學校需要提供轉銜服務，以了解學生在前一學校所接受的服務或相關事宜，並根據學生現況決定是否延續或調整。對於即將畢業的聽覺障礙學生，學校需了解其畢業後的發展方向，並提供適當的準備與輔導。

9. 特教宣導：其目的在於讓聽覺障礙學生的同儕、學校內的其他教師或學校工作人員了解與聽覺障礙學生溝通的方式，以免產生誤會，例如：聽覺障礙學生可能對視線範圍外的聲音沒有反應，所以不會對來自背後的呼喚有所反應，如果要呼叫他們，必須走到他們的身後輕拍肩膀代替呼叫。聽覺障礙學生也是以同樣的方式呼叫聽人，如果不知道這是他們的行為模式，可能會誤會是「打人」，而非「叫人」。

　　至於聽覺障礙學生的其他輔導需求，應依循學校三級輔導制度的措施進行。但是需要留意的是，輔導者與聽覺障礙學生之間是否溝通無障礙，需要時可以請與聽覺障礙學生溝通無礙的教師或是手譯員居間協助。

三、聽覺障礙學生需要他人配合聽取及讀話需求的事項

1. 如果聽覺障礙學生使用調頻系統，說話者宜配戴聽覺障礙學生提供的發射器。正確的配戴位置為距離嘴部 10 公分。
2. 說話者不能背著光講話，如此聽覺障礙學生會看不清楚說話者的臉部，尤其是嘴唇動作。
3. 讓聽覺障礙學生可以清楚的看到說話者臉部及肩部以上的身體部位。說話者不要用手或讓任何物品遮住嘴部。
4. 不要背對聽覺障礙學生或低著頭說話，老師切記不要一邊板書，一邊解釋。
5. 說話者不宜四處走動，尤其是走出聽覺障礙學生的視線範圍。
6. 以適中的語速說話即可，不需要刻意變慢。
7. 保持眼光接觸，當發現聽覺障礙學生出現疑惑的表情時，可詢問其是否有不清楚的地方，或者先重述一次，然後試著用較簡單或其他的詞彙或表達方式。

四、其他

　　當有手譯員在場時，宜直接與聽覺障礙學生對話，而不是與手譯員對話。手語翻譯的速度比說話者稍慢幾個字，說話者宜配合之。如果沒有手譯員在場，遇到無法以口語溝通時，可用筆談；筆談內容宜簡短、淺白，不需要每個字都寫出來，寫完立即抬頭看聽覺障礙學生，並讓他們看文字並做回應。

第八節　聽覺障礙者輔助工具的應用

　　聽覺障礙者可以使用的輔助工具大致可以分成聽覺輔具及生活／學習輔具兩大類。聽

覺輔具又可分成助聽器、人工電子耳及調頻系統。助聽器與人工電子耳最好是雙耳配戴，因為在噪音中雙耳的聽取效果比單耳聽取佳，佩戴者容易分辨音源方向，且有利於子音的聽取（Martin & Clark, 2015, p, 391）。生活／學習輔具則是將聲音轉為視覺訊息或震動，以替代聲音訊息。以下分別說明之。

一、聽覺輔具

（一）助聽器

　　助聽器的基本構造有麥克風、擴大器與接收器：麥克風的功能是蒐集聲音，同時能將聲波轉為電波；擴大器能將電波增大；接收器則是將增強的電波再轉為聲波。其他的構造包括開關、音量調節等，而電池則是助聽器的能量來源。以外型來區分，常見的助聽器有耳掛式（戴在耳殼上）、耳內式（戴在耳殼的耳甲）、耳道式（比耳內式小）、深耳道式（戴在耳道中）、口袋式（帶在身上以導線連接耳模）。

　　以處理聲音方式來區分，助聽器可分為類比式助聽器、數位式助聽器、程控式助聽器。2000 年以後，數位式助聽器幾乎全面取代類比式助聽器，其聲電優點是將語音頻譜切割為數個頻道，在個別的頻道內可以有不同的放大策略，可配合聽力損失型態，選用頻道數，並提供不同的聲音頻譜處理，增加接收語音的清晰度。數位式助聽器的寬動態範圍壓縮系統，可隨著輸入音量的大小而改變放大率，小音量時放大率增加，大音量時則減小，如此可以增加配戴者的可聽度及舒適度。數位式助聽器有多組程式設定，每組為不同環境的聆聽模式，能提供佩戴者依環境狀況選擇。通常耳模不合或助聽器未帶好時，傳至耳朵的聲音會從耳道漏出來，而產生回饋音（尖銳的噪音）。數位助聽器的功能之一，是當聲音漏出後再進入麥克風時，內部會立即啟動消除系統——消除回饋音。此外，方向性麥克風的設計，讓配戴者在噪音的環境中會聽得比較清楚。

　　助聽器的選配是聽力師的專業任務，選配之前需要經過必要的聽力檢查，根據檢查結果，選擇適合的助聽器，之後試戴並進行測試，再根據測試結果與配戴者的反應進行調整，以確定配戴的助聽器是在適配狀態。

　　初次佩戴助聽器者可能會不習慣，通常需要經過訓練，先在安靜環境中每天有幾次十多分鐘的配戴，之後逐漸增加配戴時間，並逐漸從安靜場所轉到常態環境中。最終目標是除了睡眠之外，全天配戴。除此之外，還需要接受聽能訓練，才能理解所聽到音響的意義。

　　為維護助聽器的功能，助聽器需要定期（每半年）送回出售公司保養，損壞時應立即送修。平日更須注意避免受到震動或摔落，避免潮濕（除非有防水裝置），長時間不用時，應將電池取出。也要隨時保持助聽器的清潔，為避免錯誤的清潔方式，建議以助聽器清潔保養組內的物件保養助聽器。

（二）人工電子耳

人工電子耳主要有植入體內的元件及體外配戴的兩個部分：體內部分包括一個磁鐵、一個接收器與電極，需要經由外科手術植入；體外部分包括一個語言處理器、麥克風與傳送器，此傳送器須戴在開刀側的耳朵上方，植入體內磁鐵的相對位置。人工電子耳處理音訊的過程是：外界聲音經過麥克風轉成微電子訊號，然後傳至語音處理器。處理之後將訊號傳至傳送器，再傳至體內的接收器，產生電子脈衝，傳至電極，刺激內耳聽神經，再循聽覺徑路傳至聽中樞，解決了內耳毛細胞受損造成的問題。人工電子耳的語言處理器有不同之語音處理策略，提供使用者選用。隨著科技進步和手術安全性的提高，目前適合植入人工電子耳的標準已經放寬，戴助聽器沒有幫助或幫助很少是條件之一，此外還需要詳細的術前評估，其參與者有耳鼻喉科醫師、聽力師、心理師、內科醫師、神經科醫師、特殊教育教師等，術後則需進行復健與成效評估。人工電子耳的手術是在全身麻醉下進行，時間約 2～3 個小時，待 1～4 週傷口復原後就可以進行開頻、調整參數，改善聲音品質。

植入人工電子耳之後還是需要接受聽能訓練，才能理解所聽到音響的意義。為維護人工電子耳的功能，人工電子耳的體外部分須注意保持清潔，避免受潮或摔落。開刀處需要避免直接碰撞。

（三）調頻系統

調頻系統的主要部分包括發射器與接收器，兩者之間以無線電波傳送訊號，所以沒有電線相連。使用調頻系統的功能在於提升使用者在噪音中的聽取效果，可與助聽器或人工電子耳併用。除了聽覺障礙者外，學習障礙者、閱讀困難者、自閉症，以及中樞聽覺處理異常者也都可以使用並獲益。調頻系統的發射器需要避免碰撞、不宜用力拉扯或扭曲天線。接收器部分宜避免受潮、碰撞，須保持乾燥。

二、生活／學習輔具

聽覺障礙者運用的生活／學習輔具大多是放大音量，例如：電話擴音或將聲音訊息轉為視覺訊息或震動，如傳真機、電子跑馬燈、火警閃光警示器、電話閃光震動器、門鈴閃光震動器、鬧枕等。各種行動載具，如手機、平板電腦等問世之後，口語通訊不再依賴語音，視訊、遠距筆談等都讓聽覺障礙者的溝通無障礙，生活更方便。此外，還有行動化應用軟體，如各種語音轉文字筆記工具，技術更為成熟後將可取代聽打的工作。

第九節　聽覺障礙者面臨的困境與發展

一、聽覺障礙者面臨的困境

聽人的誤解、社會環境的不友善，以及聽覺障礙者自身，這三方面彼此影響，都可能造成聽覺障礙者面臨的困境，以下分別說明之。

（一）聽人對聽覺障礙的迷思、誤解與溝通不順暢

聽人常誤以為：聽覺障礙者都聽不見任何聲音、不怕吵；戴上助聽輔具後，就像戴上眼鏡一樣，聽力會變得沒問題，跟聽人一樣；聽覺障礙者都會讀話，可以了解別人所說的話。

事實上，聽覺障礙者的聽力損失程度不一，所造成的障礙程度也不相同，其表現出的聽覺行為並不相同。聽覺障礙者戴上輔具之後，雖聽取問題減少，但還是有聽的問題，需要利用視覺或觸覺補充，此時更需要安靜的環境，以免噪音也跟著助聽輔具放大，干擾聽取。聽覺障礙者選取的溝通方式不同，不是每個聽覺障礙者都以讀話方式接受他人的語音訊息。即使是使用口語溝通，也無法聽到工作場所中的每一句話（鄭雅文，2015）。

聽覺障礙者的口語表達能力多半不如一般人，所以常被誤會他們的能力較差。在具有競爭性的情境下，如求職面試、晤談時，容易受到不公平的待遇。甚至有人認為聾人的認知能力狀況不如聽常者，不需要學音樂、不能開車、可以做的職業受限，或者聾人很安靜。

但事實上，聽覺障礙者的認知能力與聽人相當，有能力超常者、平庸者，也有低下者。聽覺障礙者尤其戴上輔具之後是可以享受聽音樂的樂趣，特別是節奏分明的樂曲，因此熱舞社在啟聰學校是相當熱門的社團活動。另外，只要具備駕照，聾人也可以駕駛汽機車。聾人可以從事的職業並不受限，只要具備專業能力都能勝任。

聽人通常也不了解如何配合聽覺障礙者的溝通需求，如面對面溝通、保持眼神接觸等。有些人會嫌筆談花時間，因此與聽覺障礙者溝通不良或不願與之溝通。

（二）社會環境

聽覺障礙者相當依賴視覺訊息，但公共場所經常是以廣播方式向大眾宣布訊息，電視新聞節目幾乎沒有手語翻譯，這些都阻礙了聽覺障礙者近用資訊的權利。2020 年，嚴重特殊傳染性肺炎記者會均備有手語翻譯是很好的示範，但美中不足的是缺少字幕，不用手語的聽覺障礙者能吸收的資訊有限。此外，目前臺灣的手譯員及聽打員的質量都尚待擴

充，以滿足聽覺障礙者的需求。兼具其他障礙的聽覺障礙者的教育問題、手語師資的問題也需要被關注。目前，臺灣社會對於聾文化尚未完全了解及尊重，以致使用手語的聾人常被誤解。

（三）聽覺障礙者

遇到聽人誤解聽覺障礙者的需求時，聽覺障礙者宜具體明確的告知自己需要的溝通條件。在聽人與聽覺障礙者溝通時，比較沒有困難的是筆談，但如果聽覺障礙者的語文程度有限時，還是無法溝通。聽覺障礙者宜至少具備基礎的語文能力。

二、聽覺障礙者的發展

《身心障礙者權利公約施行法》（2014）與《國家語言發展法》（2019）公布之後，國家有義務為尊重身心障礙者權利（包含聽覺障礙者）、保障身心障礙者的充分參與及自主與自立，讓身心障礙者（代表）能參與決策過程。同時，還需要促進並實現《身心障礙者權利公約》（CRPD）所述及的身心障礙者各項具體權利，其中包括促進聾人學習手語和推廣聾人的語言認同。臺灣手語已經是國家語言之一，並列入高中以下學校的部定課程，相信在這樣的客觀條件下，聽覺障礙者的需求會被重視，手語復振、聾文化得到尊重、社會大眾也會因此對聽覺障礙者有正確的的認識。聽覺障礙者的認知能力與聽人相當，各種行動載具、輔具及應用軟體的功能也快速提升，聽覺障礙者只要積極努力，可以朝自己的優勢興趣充分發展，自我實現。

延伸閱讀

一、推薦書籍

林旭（2005）。寂靜之外。左岸文化。

陳昭如（2014）。沉默。我們出版社。

趙建民（2011）。手語語言學概論。中華民國啟聰協會。

宮本円香（2014）。聽不見的鋼琴家〔陳偉樺譯〕。有樂。（原著出版年：2010）

Leigh, I. W., & Andrews, J. F.（2021）。聾人與社會：心理、社會及教育觀點〔陳小娟、邢敏華、劉秀丹、李信賢譯〕。心理。（原著出版年：2017）

Schein, J. D., & Stewart, D. A.（2005）。動作中的語言：探究手語的本質〔邢敏華譯〕。心理。（原著出版年：1995）

二、相關網站資源

中華民國啟聰協會（https://www.deaf.org.tw）

婦聯聽覺健康社會福利基金會（https://hh1314.org.tw）

中華民國愛加倍社會福利關懷協會（http://www.agape-welfare.org.tw）

中華民國聽障人協會（http://www.cnad.org.tw）

中華民國聾人協會（https://www.nad.org.tw）

臺中市聲暉協進會（http://www.tcsh.org.tw）

雅文兒童聽語文教基金會（https://www.chfn.org.tw）

Alexander Graham Bell Association for the Deaf and Hard of Hearing（https://agbell.org）

Laurent Clerc National Deaf Education Center（https://clerccenter.gallaudet.edu/）

World Federation of the Deaf（https://wfdeaf.org）

參 考 文 獻

中文部分

丁立芬、史文漢（1995）。**手能生橋（第一冊）**。中華民國聾人協會。

朱瑞嵐（2002）。**運用敘事曲項藝術心理治療增進聽覺障礙大學生人際行為之個案研究**〔未出版之碩士論文〕。國立臺北教育大學。

李苑薇（2005）。**經驗教學法與講述教學法對促進國小聽障生句型理解能力之比較研究**〔未出版之碩士論文〕。國立臺灣師範大學。

身心障礙者權利公約施行法（2014）。中華民國 103 年 8 月 20 日總統華總一義字第 10300123071 號令制定公布

身心障礙者鑑定作業辦法（2024）。中華民國 113 年 5 月 6 日衛生福利部衛部照字第 1131560550 號令修正發布。

林旭（2005）。**寂靜之外**。左岸文化。

林寶貴、李貞賢（1987）。聽覺障礙學生國語文能力之研究。**教育學院學報**，**12**，1-29。

林寶貴、黃玉枝（1997）。聽障學生國語文能力及錯誤類型之分析。**特殊教育研究學刊**，**15**，100-129。

林寶貴、黃玉枝、李如鵬（2009）。**學齡階段國語文能力測驗**。教育部編印。

林寶貴、錡寶香（2002）。聽覺障礙學童口語述說能力之探討：語意、語法與迷走語之分析。**特殊教育研究學刊**，**22**，127-154。

邱梅芳、黃玉枝（2017）。國中普通班聽覺障礙學生學校適應及相關因素研究：以特殊教育長期追蹤資料庫為例。**屏東大學學報：教育類**，**1**，1-47。

徐志民（編譯）（1991）。**視覺語言學**（原作者：游順釗）。大安。

特殊教育法（2023）。中華民國 112 年 6 月 21 日總統華總一義字第 11200052781 號令修正公布。

特殊教育學生及幼兒鑑定辦法（2024）。中華民國 113 年 4 月 29 日教育部臺教學（四）字第 1132801926A 號修正發布。

國家語言發展法（2019）。中華民國 108 年 1 月 9 日總統華總一義字第 10800003831 號令制定公布。

張蓓莉（1985）。皮亞傑的認知發展理論對聽覺障礙教育之啟示。**教師研習簡訊**，**14**，26-29。

張蓓莉（1987）。回歸主流聽覺障礙學生語文能力之研究。**特殊教育研究學刊**，**3**，119-134。

張蓓莉（1988a）。臺北地區聽覺障礙兒童之非語文智力研究。**衛生教育論文集刊**，**2**，203-255。

張蓓莉（1988b）。國小聽覺障礙學生之保留概念能力。**特殊教育研究學刊**，**4**，113-130。

張蓓莉（1989a）。啟聰學校的過去、現在、與未來。**特殊教育季刊**，**33**，20-27。

張蓓莉（1989b）。聽覺障礙學生之語言能力研究。**特殊教育研究學刊**，**5**，165-204。

張蓓莉（1994）。臺灣地區聽覺障礙學生句型理解能力。**特殊教育研究學刊**，**10**，209-227。

張蓓莉（1996a）。聽覺訓練策略及其相關課題。**特殊教育季刊**，**59**，10-17。

張蓓莉（1996b）。聽覺障礙學生接受心理測驗之問題與呼籲。**測驗與輔導，134**，2760-2767。

張蓓莉（2000）。聽覺障礙學生說話清晰度知覺分析研究。**特殊教育研究學刊，18**，53-78。

張蓓莉（2001a）。世界聾教育會議暨亞太地區聾會議。**科學發展月刊，29**（3），215-218。

張蓓莉（2001b）。國小階段聽覺障礙學生數學學習資料庫及建構式教學效果之研究。行政院國家科學委員會第一年專案計畫報告（NSC 89-2614-S-003-008）。

張蓓莉（2007）。**建構適合融合教育的聽覺障礙學生能力指標（I）**。行政院國家科學委員會報告（NSC 96-2413-H-003-013）。

張蓓莉（2008）。**建構適合融合教育的聽覺障礙學生能力指標（II）**。行政院國家科學委員會報告（NSC 97-2410-H-003-017）。

張蓓莉、Gonzales, B. R.（1987）。聽障父母之聽障子女之保留概念能力試驗性研究。**特殊教育季刊，25**，15-19。

張蓓莉、蘇芳柳、韓福榮（2009）。聽覺障礙學生短句口語接受能力研究。載於**特殊教育學術研討會暨中華民國特殊教育學會北區研討會論文集：研究與實務的結合**（頁25-30）。中華民國特殊教育學會。

張蓓莉、蘇芳柳、韓福榮（2010a）。短句口語接受能力測驗。國立臺灣師範大學特殊教育中心編印。

張蓓莉、蘇芳柳、韓福榮（2010b）。短句閱讀能力測驗。國立臺灣師範大學特殊教育中心編印。

教育部（2009，2014，2020，2023）。**特殊教育統計年報**。作者。

陳志榮（2016）。國小低年級聾生就讀普通學校之學業及人際適應成效之研究：以小安為例。發表於2016海峽兩岸溝通障礙學術研討會，國立臺灣師範大學。

曾彥翰（2006）。文章結構教學對增進漸進國小聽覺障礙學生說明文閱讀理解成效之研究〔未出版之碩士論文〕。臺北市立教育大學。

黃玉枝（2007）。促進聽障學生批判思考的教學。**屏師特殊教育，15**，46-53。

黃玉枝（2010）。開啟聾人參與和合作的新世紀：第21屆世界聾教育會議（ICED）倡議的省思。**南屏特教，1**，101-110。

趙建民、褚錫熊、劉兆中（1988）。**臺灣自然手語**。手語之家。

劉秀丹、劉俊榮、曾進興、張榮興（2015）。臺灣手語理解能力標準化測驗的編製與發展。**特殊教育研究學刊，40**（3），27-57。

衛生福利部（2008）。**聯合國身心障礙者權利公約**。https://crpd.sfaa.gov.tw

衛生福利部統計處（2023）。**身心障礙者統計專區**。https://dep.mohw.gov.tw/dos/cp-5224-62359-113.html

鄭雅文（2015）。成人聽損者如何善用機會。**雅文聽語期刊，28**，2-3。

簡千蕙（2014）。**國小聽障語聽常兒童餐趙姓溝能力之探討**〔未出版之碩士論文〕。臺北市立大學。

簡子欣、陳淑瑜（2007）。以發聲練習和聲調覺識為主的音樂訓練對聽覺障礙兒童國語聲調清晰度之成效研究。**特殊教育研究學刊，32**（2），93-114。

職業安全衛生設施規則（2022）。中華民國111年8月12日勞動部勞職授字第1110204391號令

修正發布。

藍胤瑋、林金定、徐尚為、林藍萍（2016）。聽覺機能障礙者盛行率長期變化趨勢：性別與地理區域差異分析。**身心障礙研究，14**（3），195-206。

藍胤瑋、林藍萍、徐尚為、林金定（2016）。聽覺機能障礙人口與致殘成因長期變化趨勢分析。**身心障礙研究，14**（2），158-166。

蘇芳柳（1991）。循跡法（TRACKING）：一種讀話訓練和評量的方法。**國小特殊教育，51**，39-57。

英文部分

American Speech-Language-Hearing Association. [ASHA] (1994). Guidelines for the audiologic management of individuals receiving cochleotoxic drug therapy. *ASHA, 36*, 11-19.

American Speech-Language-Hearing Association. [ASHA] (2020). *Hearing loss in adults*. https://www.asha.org/Practice-Portal/Clinical-Topics/Hearing-Loss

Bellis, T. (2004). Understanding auditory processing disorders in children. In *Audiology Information Series, ASHA's Consumer Newsletter*. American Speech-Language-Hearing Association.

Chen, Y.-H. (2014). Effects of phonological awareness training on early Chinese reading of children who are deaf and hard of hearing. *The Volta Review, 114*(1), 85-100.

Dammeyer, J. (2014). Literacy skills among deaf and hard of hearing students and students with cochlear implants in bilingual/bicultural education. *Deafness & Education International, 16*(2), 108-119.

Dammeyer, J., & Marschark, M. (2016). Level of educational attainment among deaf adults who attended bilingual-bicultural programs. *Journal of Deaf Studies and Deaf Education, 21*(4), 394-402.

Fu, Q. J., Galvin, J. J., Wang, X., & Wu, J. L. (2015). Benefits of music training in mandarin-speaking pediatric cochlear implant users. *Journal of Speech, Language, and Hearing Research, 58*, 163-169.

Gates, G. A., Mills, D., Nam, B. H., D'Agostino, R., & Rubel, E. W. (2002). Effects on age of the distortion product otoacoustic emission growth functions. *Hearing Research, 163*, 53-60.

Harris, W. J., & Schultz, P. N. B. (1990). *The special education resource program*. Merrill.

Horejes, T. P. (2012). *Social constructions of deafness: Examining deaf languacultures in education*. Gallaudet University Press.

Kirk, S., Gallagher, J. J., & Coleman, M. R. (2015). *Educating exceptional children* (14th ed.). Cengage Learning.

Knoors, H., & Marschark, M. (2014). *Teaching deaf learners: Psychological & developmental foundations*. Oxford University Press.

Martin, F. N., & Clark, J. G. (2015). *Introduction to audiology* (12th ed.). Allyn & Bacon.

Mayer, C., & Trezek, B. J. (2020). English literacy outcomes in sign bilingual programs: Current state of the knowledge. *American Annals of the Deaf, 164*(5), 560-576.

McCain, K. G., & Antia, S. D. (2005). Academic and social status of hearing, deaf, and. hard of hearing students participating in a coenrolled classroom. *Communication Disorder Quarterly, 27*(1), 20-32.

Mohay, H., Milton, L., Hindmarsh, G., & Ganley, K. (1998). Deaf mothers as communication models for hearing families with deaf children. In A. Weisel (Ed.), *Issues unresolved: New perspectives on language and deaf education* (pp. 76-87). Gallaudet University Press.

Moores, D. F. (2001). *Educating the deaf, psychology, principles, and practices* (5th ed.). Houghton Mifflin.

Most, T. (2007). Speech intelligibility, loneliness and sense of coherence among deaf and hard-of-hearing children in individual inclusion and group inclusion. *Journal of Deaf Studies and Deaf Education, 12*(4), 495-503.

Oliva, G. A. (2004). *Alone in the mainstream: A deaf woman remembers public school*. Gallaudet University Press.

Schirmer, B. R. (2000). *Language literacy development in children who are deaf* (2nd ed.). Allyn &Bacon.

Special Education Guide. (n.d.). *Hearing impairments: Definition*. https://www.specialeducationguide.com/disability-profiles/hearing-impairments/

van Uden, A. M. J. (1986). *Sign languages used by deaf people and psycholinguistics: A critical evaluation*. Swets North America.

Wauters, L. N., & Knoors, H. (2008). Social integration of deaf children in inclusive settings. *Journal of Deaf Studies and Deaf Education, 13*(1), 21-36.

第十一章
語言與溝通障礙

劉惠美

　　溝通是兩個人（或以上）彼此交換訊息和想法的互動歷程，包括接收與表達兩個向度。有效的溝通通常需要藉助一套共通的語言符號系統，而說話則是最常被用來表達語言的一種方式。無論是說話或語言的問題，都會影響溝通的效能。國外特殊教育的分類通常以「溝通障礙」或「說話—語言障礙」指稱有明顯溝通問題的學童，國內《特殊教育法》的分類則是使用「語言障礙」一詞，涵蓋有說話或語言問題的學童。本章使用「語言與溝通障礙」一詞，強調不論是因說話或語言問題所導致的溝通功能出現困難者，其內涵與國內所稱的「語言障礙」有一定的重疊與可互換性。本章主要探討語言與溝通障礙的定義、分類與鑑定基準、成因、出現率與安置率、身心特質、教育與輔導、輔具應用、可能面臨的困境與發展，以及延伸閱讀的參考資料等，以期能對語言與溝通障礙有較全面的了解。

第一節　語言與溝通障礙的定義、分類與鑑定基準

　　本節先介紹語言與溝通障礙的定義及相關概念，再說明分類與鑑定基準。

一、語言與溝通障礙的定義

　　在介紹語言與溝通障礙的定義之前，必須先了解溝通、語言和言語這三個基本概念及其相互關係。

（一）基本概念

1. 溝通（communication）

「溝通」是指，個體之間彼此交換訊息、想法或需求的動態歷程（Owens et al., 2015），包含了：訊息傳送者、訊息接收者、共通的溝通意圖，以及可以達成溝通的方法（如圖 11-1 所示）。簡單來說，「溝通」可以視為一個訊息的編碼、傳遞與解碼的處理歷程。溝通可以透過語言，例如：口語（oral language）和書寫語（written language）；也可以透過非語言的方式，例如：手勢、動作、表情等。在日常生活中，溝通的行為時時刻刻都在發生，例如：兩個人揮揮手微笑而互打招呼、一群人在一起說話聊天、路人向你推銷某種產品等，這些都是溝通行為。然而，要達成有效的溝通卻並不一定是件容易的事，上述的要素缺一不可，例如：遇到外國人問路，即使很想幫忙，但由於缺乏訊息傳送者和接收者彼此都能了解的語言系統，單靠比手劃腳是不容易迅速達成有效溝通的，甚至可能會出現溝通失敗的情形。

圖 11-1　溝通歷程的簡化示意圖

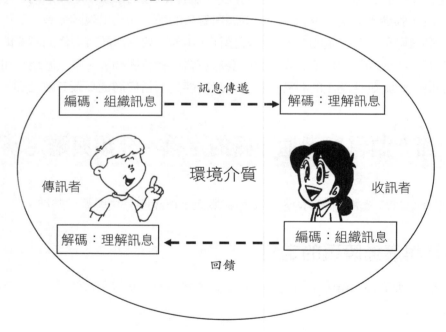

2. 語言（language）

「語言」是一群人所共同使用的一套約定俗成的符號系統，也是個體在溝通時用來進行編碼與解碼的符號或工具（Owens et al., 2015）。人類的語言是一種具有內容（content）、形式（form）和功能（use）的符號系統，含語音、語法、語意和語用等要素（Bloom & Lahey, 1978），而中文、英文、日文等都是常被使用的語言。

　　音素（phoneme）是語言中的最小語音單位，音韻（phonology）是語音結合的規則，例如：「西瓜」這個語詞包含的音素為「ㄒㄧㄍㄨㄚ」；不同語言中的子音與母音有一定的組合規則，例如：「ㄧㄒㄨㄚㄍ」就不存在於中文的語言系統中，無法被組合後發出語音，也就無法形成意義。語法則包括了構詞（morphology）和句法（syntax）兩個層次。詞素（morpheme）是語言中最小的有意義單位，詞素之間的組合規則就是構詞，例如：英文裡的「eating」是由兩個詞素「eat」和「ing」組合而成的有意義詞彙；中文裡的「紅蘋果」或「喝茶」也是兩個詞素所組成的有意義詞彙。句法則是詞彙之間的排列組合順序及組成短語或句子的規則，例如：「你先寫功課，再吃飯。」是符合中文語法規則的語句，其意義就很容易被了解，而「你再功課寫吃飯先」則是因為語詞的排列順序怪異，無法用中文知識去理解其意義。上述的語音和語法都屬於語言的形式。

　　語意（**semantics**）則是詞彙與其指稱物或概念之間的意義連配，以及詞彙組成句子的結合關係與意義，也就是語言的內容，例如：「摩托車是一種有兩個輪子的交通工具」、「我每天騎摩托車上班」，透過對詞彙或語句內容的了解，可以讓傳訊者和收訊者了解溝通內容的意義，達到溝通的目的。

　　語用（**pragmatics**）是指，在不同溝通情境中使用符合社會規範或約定俗成的方式以達到人際溝通的功能，也就是語言的**使用與功能**，例如：當朋友跟我們打招呼說「早安」，我們通常也會向對方說「早安」，而不是開口怒罵對方「你是外星人！」，或是一語不發地走開；後兩者都不是合宜的溝通，也無法有效達成溝通的目的。

3. 言語（speech）

　　「言語」是藉由一系列的神經肌肉運動來表達語言的口語或說話的行為，人類的說話行為看似簡單，因為幾乎人人都會說話，但言語產生的歷程其實牽涉了極為複雜的神經和肌肉運動的協調機制，主要包括了中樞神經系統（central nervous system）、呼吸（respiration）、發聲（phonation）、構音（articulation）、共鳴（resonation）等系統的運作。口語的產生，是從中樞神經系統將所要傳達的概念以語言符號的形式加以組織和編碼（encode）開始，再傳遞至與口語產生有關的肌肉群，並負責控制和協調說話動作，接著由呼吸系統中的橫膈膜、腹腔肌肉群、胸腔肋間肌共同協調產生足夠的氣流以啟動發聲器官，加上喉部肌肉的收縮，使聲帶產生不同張力，配合呼氣的動作，讓聲帶振動發出聲音，此時負責構音動作的口腔內之舌頭、唇、硬顎、軟顎、牙齒、嘴唇等器官的運動調整，形塑出不同的語音，同時聲音也會進入咽腔與鼻腔使空氣振動而產生共鳴（如圖 11-2 所示）。在說話的同時，聽覺系統會將說話者發出的語音訊號轉換成神經訊號，提供聽覺回饋給中樞神經系統，讓說話者可以監控自己的口語。各個與說話有關的生理系統必須正常運作才能產生清晰的語音，以達到口語溝通的目的。

圖 11-2　人類言語產生的相關構造

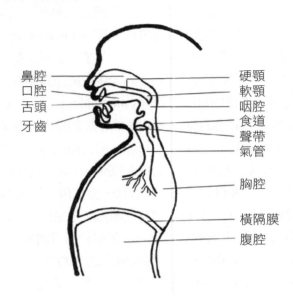

鼻腔
口腔
舌頭
牙齒

硬顎
軟顎
咽腔
食道
聲帶
氣管

胸腔

橫隔膜
腹腔

4. 溝通、語言和言語的關聯性

　　溝通、語言和言語三者之間的關係密切,溝通是訊息交換的互動歷程,這個歷程要能有效且迅速地達成,往往必須依賴一套傳訊者和接收者共通的語言符號作為溝通的工具,而言語則是將語言以語音產生的方式表達出來,也是最大多數人類最常使用且最便利的一種溝通方式。這三個名詞常被視為相似或可以互通的概念,但深究其內涵仍有些不同。舉例來說:一個 10 個月大的嬰兒會發出許多與成人類似的語音(如/baba/、/wawa/),或模仿部分語音,但其語音並不完全符合語言的規則與內涵,他人可能無法了解這些語音的意義,而導致其他人與嬰兒的溝通互動可能會有困難;一個有口吃的學生,是屬於言語流暢度的問題,雖然她(他)的語言能力可能是正常的,但仍可能會造成溝通困難;一個同時有腦性麻痺和智能障礙的學生,其語言符號的使用和說話運動的能力可能同時受到影響,而出現溝通困難。上述例子說明了言語問題和語言問題可能獨立存在,也有可能共同存在,但無論是言語或語言的問題,都會影響溝通的效能。

(二)定義

　　國外聽語臨床界和特殊教育的分類,通常以「溝通障礙」(communication disorder)或「口語或語言障礙」(speech or language impairment)指稱有明顯語言與溝通問題者;國內的《特殊教育法》使用「語言障礙」一詞,含括有口語或語言問題的溝通障礙學生。由於特殊教育需求的學生中,有很高比例同時伴隨有明顯的說話和語言問題,例如:智能障礙、聽覺障礙、學習障礙、自閉症、腦性麻痺等,都可能會衍生出溝通困難,本章使用

「語言與溝通障礙」一詞，強調不論是因說話或語言問題所導致的溝通功能出現困難者，其內涵與國內所稱「語言障礙」有一定的重疊與可互換性。以下分別介紹美國與國內普遍採用的定義：

1. 美國聽語學會的定義

美國聽語學會（American Speech-Language-Hearing Association [ASHA]）將「溝通障礙」定義為：在接收、傳遞、處理和理解概念、口語、非口語或符號系統上有障礙（ASHA, 1993）。此一廣義的定義，涵蓋了口語、語言、閱讀和書寫方面的障礙，主要分為口語障礙（speech disorder）和語言障礙（language disorder），但同時也將聽覺障礙（hearing disorder）、中樞聽覺處理障礙（central auditory processing disorder）納入溝通障礙的範圍。

其中，口語障礙和語言障礙是指一個人的口語或語言相較於同年齡、同性別或同種族的同儕出現偏異或很難被他人了解，或出現過度擔心自己的話語不被理解，或害怕與他人溝通等問題。ASHA（1993）將口語障礙進一步分為構音異常（articulation disorder）、語暢異常（fluency disorder），以及嗓音異常（voice disorder）等三類，並將語言障礙定義為「**在口語、書寫或其他符號系統的理解與（或）使用上有障礙，可能表現在下面三項之其中一項或一項以上的障礙，包括：語言形式（音韻、構詞、語法）、語言內容（語意），或語言使用的功能（語用）**」。由此定義來看，口語障礙是從說話的構音正確性、說話流暢度，以及說話的嗓音特質加以界定，強調與同儕表現相比較的結果；語言障礙則涵蓋了語言的理解和表達兩個面向的問題，也涵蓋了口語和書寫語言兩種不同的語言表達形式，並強調不論是單一或多元的語言要素缺損，都可能造成語言與通溝障礙。

2. 美國的定義

美國在 2004 年的《身心障礙者教育法》（IDEA）中，將口語或語言障礙定義為「**一種溝通障礙，包括口吃、構音障礙、語言障礙或嗓音異常，並且會對兒童的教育表現有不利的影響**」。

3. 國內的定義

依據最新修訂的《特殊教育學生及幼兒鑑定辦法》（2024）第 6 條規定，依《特殊教育法》（2023）「**第 3 條第 4 款所稱語言障礙，指言語或語言符號處理能力較同年齡者，有顯著偏差或低落現象，造成溝通困難，致影響參與學習活動**」。上述定義採用「語言障礙」一詞，實質上涵蓋了口語障礙和語言障礙，與美國特殊教育界所採用的定義內涵是相同的，強調語言障礙學生的核心問題包括了言語或語言符號處理能力缺陷，兩者皆屬於語言障礙的範疇。

　　綜觀國內外對於語言與溝通障礙的定義，雖然所採用的類別名稱不太一致，但是其所界定的實質內涵是相似的，都包括了口語障礙和語言障礙，前者指的是構音、嗓音和語暢的問題，後者所指的是語言理解和表達的問題，而且都強調對個人的生活、溝通或教育會產生不利的影響。

二、語言與溝通障礙的分類

（一）依障礙內涵的描述性分類（descriptive classification）

　　國內或國外對於語言與溝通障礙的分類，主要都是以會影響溝通表現的言語和語言機能之問題面向為描述分類的依據，將言語障礙分為構音障礙、嗓音異常、語暢異常等三類，語言障礙則依語言的要素分為語言的形式、內容和功用方面的障礙。

（二）依障礙的病因分類（etiology or disability classification）

　　依據造成障礙的病因（etiology）來看，語言與溝通障礙大致可以分為運動功能障礙（如腦性麻痺）、感官缺陷（如聽覺障礙）、中樞神經功能損傷（如學習障礙）、嚴重情緒或社會問題（如自閉症）、認知功能損傷（如智能障礙）等，所引起的語言或言語問題，這種分類方法試圖反映造成個體語言與溝通障礙的原因（McCormick & Schiefelbusch, 1990）。從另一角度來看，特殊教育需求的學生中有很高比例同時會伴隨著明顯的說話和語言問題，而造成溝通效能的損傷，因此舉凡智能障礙、自閉症、注意力缺陷過動症、聽覺障礙、視覺障礙、盲多障、肢體障礙、行為與情緒障礙、多重障礙等，都可以視為和語言與溝通障礙有關聯的病因。廣泛來說，這些身心障礙族群也應納入語言與溝通障礙的服務對象（Kuder, 2008）。此分類方法可以增進語言治療師或特殊教育教師對某一類身心障礙兒童特性的了解，並提供因應其身心特性所發展出的語言介入策略或方案。

（三）依障礙程度分類（severity classification）

　　行政院衛生署於民國 97 年（2008）修正公告《身心障礙等級》（2008），將聲音機能或語言機能障礙定義為「由於器質性或機能性異常導致語言理解、語言表達、說話清晰度、說話流暢性或發聲產生困難」，並依其溝通效能被影響的嚴重程度分為三個等級：

1. 重度：(1)聲音機能或語言機能喪失，完全無法與人溝通者；(2)喉部經手術全部摘除，發聲機能全廢者。
2. 中度：語言理解、語言表達、說話清晰度、說話流暢性或發聲有嚴重困難，導致與人溝通有顯著困難者。
3. 輕度：語言理解、語言表達、說話清晰度、說話流暢性或發聲有明顯困難，且妨礙交談者。

（四）其他分類

以障礙發生的時間點來看，可以分為先天性（congenital）或獲得性（acquired）語言障礙（Owens et al., 2015），前者指的是在出生時就出現的障礙，而後者指的是後天因疾病、意外事件或環境因素所引起的語言障礙；但這兩者的分類有些粗略，除了能了解個案所具備的語言學習經驗外，對臨床或教育的應用性頗為有限。另外，也有將語言障礙依其語言問題的本質，分為語言遲緩（language delays）和語言異常（language disorders），前者指的是語言能力的發展速度較一般兒童緩慢，例如：最早能說出五十個詞彙的時間較晚、較晚開始出現使用語詞連結的能力，或早期的溝通手勢較少等，但並不一定會導致語言障礙（Wetherby, 2002）；後者指的是語言發展的順序或所使用的語言內容結構與同年齡者相較有明顯偏異。然而，許多語言發展遲緩幼兒的語言能力持續落後於同年齡幼兒，以致於影響了較高層次或較複雜的語言能力學習，極可能會造成語言異常或障礙，因此兩者之間的分際在某些發展時間點上並不容易清楚劃分。

不同的分類方法雖可以增進我們對語言與溝通障礙及介入可能性的了解。在面對兒童的語言問題時，不應單單僅就被標示的某一障礙類別來考量其教育需求，而應該要綜合該兒童語言問題的內涵、可能病因、障礙程度等多元面向去了解其語言與溝通的行為與功能，並思考適切的介入方案。

三、鑑定基準

依據最新修訂的《特殊教育學生及幼兒鑑定辦法》（2024）第 6 條：

「本法第三條第四款所稱語言障礙，指言語或語言符號處理能力較同年齡者，有顯著偏差或低落現象，造成溝通困難，致影響參與學習活動。
前項所定語言障礙，其鑑定基準依下列各款規定之一：
一、語音異常：產出之語音有省略、替代、添加、歪曲、聲調錯誤或含糊不清等現象，致影響說話清晰度。
二、嗓音異常：說話之音質、音調、音量或共鳴與個人之性別、年齡或所處文化環境不相稱，致影響口語溝通效能。
三、語暢異常：說話之流暢度異常，包括聲音或音節重複、拉長、中斷或用力，及語速過快或急促不清、不適當停頓等口吃或迅吃現象，致影響口語溝通效能。
四、發展性語言異常：語言理解、語言表達或二者較同年齡者有顯著偏差或低落，其障礙非因感官、智能、情緒或文化刺激等因素直接造成之結果。」

　　此鑑定基準強調，語言障礙學生係因言語或語言機能的限制，出現言語和語言能力之顯著偏差或低落，與同儕語言能力之差距達到一定的顯著程度（通常是以差距達 1.5 個標準差做為判斷標準），而且會造成個人溝通困難，以致影響參與學習活動者。

第二節　語言與溝通障礙的成因

　　從一般兒童的發展歷程來看，溝通的發展是相當容易且自然的事，然而它所涵蓋的語言處理歷程卻是相當複雜的，必須仰賴個體具有正常的生理（physiological bases）、認知（cognitive bases），以及社會基礎（social bases）（Kuder, 2008），缺一不可。因此，自母體懷孕時期開始，歷經嬰幼兒期、兒童期、青少年期至成人期，若在任何階段出現或遭遇到嚴重腦傷、意外傷害、疾病、環境不利等事故，而造成與說話或語言有關的生理構造缺陷或功能損傷，例如：發聲或構音器官受損、聽覺能力損傷、大腦神經功能異常、認知能力損傷，以及環境文化不利等因素，皆可能導致說話或語言的障礙，造成溝通困難。影響說話和語言發展障礙的相關因素雖已被廣泛探討，但造成語言與溝通障礙的原因往往是多元的，也可能是互相影響而非單一的，且有許多確切成因仍屬未知。以下歸納可能造成語言與溝通障礙的成因（例如：林寶貴，1994；Kuder, 2008; Owens et al., 2015; Van Riper & Emerick, 1990），並依國內的《特殊教育法》（2023）中語言障礙的四個類別，分別說明其相關因素。

一、語音異常的原因

　　語音異常（speech sound disorders）通常分為器質性（organic）和功能性（functional）兩種，前者是指因身體的某些器官或生理構造有缺陷所造成的語音問題，後者是指許多語音異常者的成因其實找不到生理上的直接證據，而是由不明原因導致語音錯誤，包括：

1. 構音器官異常（articulation structure deficits）：因口腔、唇、舌、牙齒、軟顎、硬顎等構音器官構造上的異常或生理功能有缺陷，例如：唇顎裂（cleft palate）、舌繫帶（lingual frenum）太緊、持續出現弄舌癖的吞嚥形態（tongue thrust sallow）、牙齒嚴重咬合不正等，以致於無法正確發出特定的語音。

2. 中樞神經系統損傷（central nervous system deficits）：因中樞神經系統的損傷造成說話或語言處理過程中的構音動作之協調或控制不良，而產生構音困難或語音不清晰的現象，例如：腦性麻痺患者（cerebral palsy）或其他運動性言語障礙者（motor speech disorders）常出現的吶吃（dysarthria），通常都會影響其構音正確度及語音清晰度（Liu et al., 2000）。

3. 感官異常（sensory abnormalities）：因感覺或知覺的損傷或異常，而造成語音動作產生時無法獲得正確的感覺回饋（如聽覺和觸覺回饋），並進而影響語音動作產生的正確度，例如：聽覺障礙兒童，其聽力損失往往會影響對語音的知覺，其所聽取到的語音是模糊的或是歪曲的，且不容易透過模仿他人或自身的回饋建立起正確的構音模式，因而出現明顯的構音錯誤。

4. 語言學習遲緩或障礙（language delay or impairment）：構音和音韻的發展也是整體語言發展的一環。語言發展遲緩兒童的構音可能也會受到發展遲緩的影響，而呈現構音異常；而學習障礙或閱讀障礙兒童的語言學習問題，也會影響其構音的學習。

5. 其他環境因素：如缺乏適當的語言或文化刺激等因素，也與構音異常有一定的關聯性，但其因果關係較不明確。

二、嗓音異常的原因

造成嗓音異常的原因大致可以分為器質性與機能性嗓音異常（organic & functional voice disorder）（盛華，1995）。器質性聲音異常是聲帶或發聲的相關組織或構造受到損害或神經性疾病，造成聲帶運動不良；機能性嗓音異常則是因為說話發聲時，喉部骨頭肌肉、咽喉、呼吸肌肉群使用不當或協調不良、用聲過度或用聲習慣不良所引起。大部分的嗓音異常是由機能性原因造成的，然而有些機能性嗓音異常也會產生器質性的病變。常見的原因如下。

（一）器質性原因

1. 發聲器官的老化或萎縮，使聲帶黏膜的厚度或硬度產生變化，容易導致聲帶閉合不全，說話可能會有漏氣的現象。

2. 不當的荷爾蒙刺激會使聲帶產生不可逆的組織變化，例如：聲帶變粗或變長，導致嗓音變化。

3. 上呼吸道感染或外物刺激所引起的發炎反應，例如：急性或慢性喉頭炎、過度使用菸酒、胃酸咽喉逆流、過度用聲等問題，都可能造成聲帶發炎腫脹，狀況若持續復發，則可能造成聲帶病變。

4. 喉部構造異常或腫瘤（tumor），例如：先天性聲帶畸形（vocal fold malformation）、聲帶溝（vocal sulcus）或聲帶蹼（web）、聲帶或喉部腫瘤，均會影響聲帶振動的規律性，使得聲門的閉鎖不完全，造成說話時有漏氣或較吃力的情形。

5. 由病理或不明原因所造成的聲帶神經肌肉損傷，例如：聲帶麻痺（vocal fold paralysis）（含單側或雙側），會使聲帶及喉部肌肉協調不良，甚至聲帶無法閉合或張開，造成痙攣性或顫抖性的嗓音問題。

（二）機能性原因

主要是因為個人的性格因素（如容易緊張焦慮）、飲食習慣（如菸、酒、辛辣食物等）、情緒狀態（如情緒起伏過大）、不正確的發聲習慣（如大聲喊叫、過度清喉嚨）等。長期的聲帶不當使用或濫用往往會造成發聲器官的器質性變化，例如：聲帶結節（vocal nodule）、聲帶息肉（vocal polyp）、接觸性潰瘍（contact ulcer）。另外，由心理因素所引起的轉化性嗓音異常或失聲（conversion dysphonia）或青春期的變聲性假聲（mutational falsetto），也都屬於機能性的嗓音異常問題，不易找到生理上的病變證據。

三、語暢異常的原因

語暢異常（fluency disorder）是相當複雜的現象，有學者強調是環境和個體交互影響下的產物，故提倡多向度的口吃理論模式（如 Zimmerman, 1984）；也有學者統整多項理論模式（如遺傳、神經官能症、器質假說、學習論、聽覺延宕回饋與噪音干擾、言語動作或時序失調等）（Van Riper & Emerick, 1990），試圖解釋口吃的成因，但截至目前為止仍未有明確的定論，較無法以單一因素解釋口吃的形成。以下簡述兩類主要原因：

1. 器質性原因：因中樞神經系統的輕微損傷或功能異常，造成個體在統整說話動作、語言和認知處理時有困難、語言的計畫與執行間的聯繫產生問題（Howell, 2004）、優勢大腦的分化不明顯（Bloodstein, 1995）等神經生理因素。

2. 非器質性原因：主要是個體為因應外在環境的壓力而產生的行為反應，如父母對待口吃的態度過於嚴苛、個體容易焦慮或緊張。心理語言學家提出不少假設，嘗試解釋造成口吃的原因，例如：內在修正假設（Covert Repair Hypothesis）（Postma & Kolk, 1993）認為，口吃者在將說話的命令傳遞至大腦語言中樞，並將發音的指令編碼時，大腦迴路偵測到語音的計畫有誤，並在實際發出語音之前，試圖修正這些錯誤，就容易產生口語中斷或拉長的不流暢現象；另外，說話不流暢常發生在 2 至 3 歲語言快速成長期的幼兒，可能因為這時期的詞彙快速增加，同時也要學習成人的語法，使得幼兒的語言內在機轉無法應付，而較易產生語句中斷的現象。

3. 遺傳因素：由於男性發生口吃的機率明顯大於女性，且有較高的家族遺傳現象，有研究指出遺傳和口吃有一定的關聯性（如 Shugart et al., 2004），但確切的基因則需進一步探究。

四、語言異常的成因

上述提及的各項因素大都會影響語言的學習與使用，以下簡單分為兩類原因加以說明：

1. 個體內在因素：遺傳異常，例如：X 染色體脆裂症（Fragile-X Syndrome）、道恩氏症候群或唐氏症（Down's Syndrome）、朴列德—威利症候群（Prader-Willi Syndrome）、先天代謝異常〔如苯酮尿症（Phenylketonuria [PKU]）及黏多醣類疾病（Mucopolysaccharidosis）〕；後天的意外（如腦部缺氧或腦傷）、感染（如腦炎、腦膜炎、中耳炎）、毒物代謝疾病（如鉛／汞中毒）等（Paul, 2006）。另外，個體因特定病因所造成或伴隨而來的語言與溝通困難，例如：智能障礙、聽覺障礙、學習障礙、特定型語言障礙、自閉症、情緒障礙、腦性麻痺、腦傷或輕微腦功能異常、長期病弱等，通常也都會伴隨產生語言發展遲緩或障礙。

2. 外在環境因素：任何會對胎兒發育造成不利影響的因素，例如：孕婦藥物濫用（如古柯鹼、海洛英）、過量飲酒〔如「胎兒酒精症候群」（fetal alcohol syndrome [FAS]）〕、傳染病（如德國麻疹、梅毒）等，都可能導致胎兒的腦部成長受到限制，而影響其認知和語言的發展。另外，長期處於被忽略或受虐的環境（neglect and abuse）、家庭社經地位極低、嬰幼兒時期接收到語言輸入的量不足或品質不佳、親子依附關係不當等因素，也可能會影響語言發展（Smith & Tyler, 2010）。

整體來看，除上述提及的可能成因外，研究也顯示語言障礙者有著較高比例的家族遺傳史，大約 28～60%的語言障礙兒童有其他手足或父母親中也是語言障礙者（Fox et al., 2002）。

但是，國內《特殊教育法》（2023）所界定之發展性語言異常，強調是在發展階段出現語言理解、語言表達或兩者能力相較於同年齡者有顯著偏差或低落問題，且這些語言能力的困難並不是源自於個人的感官缺陷、智能低下、情緒問題或文化刺激不足等因素所直接造成之結果，其成因仍有待探討與確認。

第三節　語言與溝通障礙者的出現率與安置率

本節先針對國外和國內之語言與溝通障礙者的出現率進行說明，然後再說明我國語言障礙學生的教育安置概況。

一、溝通障礙者的出現率

（一）美國的情形

根據美國教育部的特殊教育統計資料（Office of Special Education Programs, 2023）顯示，在《身心障礙者教育法》（IDEA）的推動下，2021～2022 年所鑑定出 3～21 歲言語和語言障礙的出現率約占該年齡層總人數之 2.8%，約占該年齡層所有身心障礙人口的

19%，其人口數僅次於學習障礙，其中就讀於普通班的比例是所有類別特殊學童中比例最高的。

　　數據顯示，語言障礙是頗為普遍的障礙，但其實際被鑑出的比例仍明顯低於推估的出現率，其主要原因可能是因為部分言語─語言障礙程度較輕微的個案沒被納入特殊教育的鑑定系統，且言語─語言障礙經常是其他障礙的次級障礙或伴隨障礙，因此可能會被歸類於其他主要障礙。

　　由於言語─語言障礙是一概括性的溝通障礙統稱，就其障礙的本質類別來看，其中各個主要障礙類別的出現率並不盡相同，而且會受到調查對象的年齡層、性別或特定因素而有所差異。

　　就口吃的出現率來看，有報告指出，約有 5%的成人在一生中曾出現過口吃的問題，但很高比例的學前幼兒（6 歲前）之口吃問題會自然回復，真正的持續口吃發生率約為 1%（Yairi & Ambrose, 2004），與學齡階段的口吃人口出現率約為 0.97%（Bloodstein, 1995）的資料非常接近，而小學二至四年級的口吃出現率較高（約 4～5%）（Andrews, 1984）。男女生口吃的出現率在學前的差異並不明顯，但在學齡階段時，男生的口吃出現率則明顯高於女生，大約為 2～3 倍（Zebrowski, 2003）。

　　就嗓音異常的出現率來看，學齡階段兒童的出現率頗高，約為 6～23%，其中最主要的嗓音問題是聲音沙啞（hoarseness）（Faust, 2003）；在成人階段，嗓音異常的出現率推估為 3～9%，其中教師出現嗓音異常的比例（約 11%）明顯高於非教師的比例（6%）（Roy et al., 2004）。

　　就構音異常的出現率來看，學齡前階段幼兒的構音異常（含音韻障礙）出現率約為 8～9%，在小學一年級後則較為減少，約為 5%（ASHA, 2006），然而伴隨有其他障礙者，例如：智能障礙、聽覺障礙、運動神經障礙（如腦性麻痺）兒童，其構音異常的出現率則較高。

　　就語言發展異常的出現率來看，由於其定義與評量工具的多樣性，其出現率的推估較不易有一致的看法。美國聽語學會（ASHA）推估學齡前階段出現語言發展遲緩或異常的比率約為 2～19%，學齡階段早期的語言異常出現率為 2～8%（ASHA, 2007; Nelson et al., 2006）。也有研究關注幼兒早期語言發展的連續性，發現 2 歲的表達性語言發展遲緩幼兒（如表達性詞彙少於五十個）約有 10～15%（Ellis Weismer et al., 1994），到了幼兒園階段以後的特定型語言障礙兒童的出現率則約 7%（Tomblin et al., 1997），且可能在學齡階段衍生出學習的問題，例如：閱讀、書寫和學業學習困難等（Catts et al., 2002）。

（二）國內的情形

　　至於我國對語言障礙學生之出現率，根據民國 82 年（1993）教育部所執行的全國第二次特殊兒童普查結果顯示，全國 6～15 歲語言障礙兒童的人數為 2,916 人，占當年總身

心障礙學齡人口數（75,562 人）的 3.86%，占學齡兒童母群體人口數（3,561,729）的 0.08%（教育部特殊兒童普查執行小組，1993）。其中，以構音異常的出現率最高，占該年齡層語言障礙兒童人數的 88.96%，其次是嗓音異常（27.64%）、語言發展遲緩（20.07%）、語暢異常（17.52%）。

根據 111 學年度《特殊教育統計年報》（教育部，2023）顯示，國內 2023 年高級中等以下學校身心障礙類學生有 12 萬 6,689 人，語言障礙學生有 1,326 人，占全部身心障礙學生的比例為 1.05%。其中，各教育階段的語言障礙學生數及其所占該階段障礙學生人數之比例如下：學前階段為 51 人（0.20%）、國小階段為 1,259 人（2.60%）、國中階段為 55 人（0.20%）、高中階段為 117 人（0.26%）、大專階段為 117 人（1.18%），且男女生出現語言障礙的比例約為 2.55：1。

由上述資料來看，國內語言障礙學生的通報率極低，明顯低於美國推估的語言障礙出現率。再由不同教育階段的資料來看，從學前到大專階段經鑑定之語言障礙學生總數約占該階段身心障礙學生的 0.20～2.60%，國小階段的語言障礙學生之比例明顯高於其他教育階段。而我國語言障礙學童的低通報率，可能是因為語言問題同時也是其他類別障礙者常見的顯著困難之一，以致於要明確估計其出現率並不容易，而出現低估現象。

二、語言與溝通障礙者的安置概況

依美國教育部的特殊教育統計資料（Office of Special Education Programs, 2023），2021 年約有 95%以上的言語─語言障礙學生被安置於普通班或資源班，只有少數的學生安置於隔離式的班級或學校（約 4%）。

臺灣特教通報網內雖沒有明確地統計各類身心障礙學生的教育安置情形，但從整體的教育安置資料推論，國內對語言障礙學生的教育安置主要是依其障礙程度與教育需求，以普通班或不分類資源班為主要安置場所。此外，各特殊教育學校以聘請專任或兼任語言治療師的方式，為發展遲緩、智能障礙、自閉症、腦性麻痺、多重障礙，以及其他各類特殊教育需求的學生進行語言溝通訓練；而普通學校則是以申請語言治療巡迴輔導的服務模式，協助學校裡有語言與溝通介入需求的學生。

第四節　語言與溝通障礙者的身心特質

以下分別說明語言與溝通障礙學生的言語和語言特質，及其一般常出現的身心特質。

一、言語和語言的特質

（一）語音異常（speech sound disorders）

　　說話者的構音方法、位置、速度、強度或協調度有問題，以致於產生的語音（包括聲母、韻母和聲調）出現錯誤或含糊不清的情形，造成他人（聽話者）無法清楚了解其說話內容，導致溝通困難。隨著年齡增加與構音動作發展的成熟，語音錯誤情形會逐漸減少，因此在鑑定兒童是否有語音異常時必須考量其年齡常模。

　　常見的構音錯誤類型有替代（substitution）、省略（omission）、添加（addition）、歪曲（distortion）（Owens et al., 2015），其中又以替代最多（王南梅等人，1984），說明如下：

1. 替代是指，以另一個語音代替某一個標準語音，例如：將「蘋果」說成「蘋朵」（以舌尖音/ㄉ/替代舌根音/ㄍ/），較常發生在語言學習階段的早期。

2. 省略是指，將聲母或韻母省略，通常是將聲母省略的情形較多，例如：將「蝦子」說成「鴨子」（省略了聲母/ㄒ/）；或者是將複韻母省略成為單韻母，例如：將「白兔」說成「拔兔」（將複韻母/ㄞ/的末尾單韻母/ㄧ/省略了）。

3. 添加是指，在正確的語音中加入額外的音，例如：將「青蛙」說成「青花」（添加了韻母/ㄏ/），但中文構音出現添加音的情形較少見。

4. 歪曲是指，該語音聽起來不同於標準語音或不存在於原語音系統裡的語音，而讓人無法正確聽辨其語音內容，例如：將「小狗」說成「小？？」，介於ㄍ和ㄉ之間的怪異音。

　　除了上述四種常見的語音錯誤類型，中文語音裡四個聲調的錯誤運用，例如：把「不要」說成「補藥」（二聲和三聲的混淆），或者是整體說話的語音含糊不清，雖無明確的構音錯誤組型，但仍會影響說話清晰度（speech intelligibility），也屬於語音異常。

（二）嗓音異常（voice disorders）

　　嗓音異常是指說話的嗓音音質（quality）、音調高低（pitch）、音量大小（loudness），或共鳴（resonance）等特質出現異常，與個人之性別、年齡或所處文化環境不相稱，致影響口語溝通效能，例如：小女孩的說話音調低沉且聲音過度沙啞、青少年的說話音調過高或音質過於尖銳、成年男性的說話聲音像小孩一樣清脆尖銳等。常見的嗓音異常包括：

1. 音質異常：沙啞聲（hoarseness）、顫抖聲（tremor）、氣息聲（breathiness）、嗓音過緊（strain）、失聲（aphonia）或發聲困難（dysphonia）等。

2. 音調異常：說話的習慣性音調過高或過低、音調變化範圍太小（也就是說話音調

平板）或音調控制不穩（音高斷裂）等。

3. 音量異常：說話音量過小或過大或音量控制不穩（忽大忽小）等。

4. 共鳴異常：說話時鼻音過重（hypernasality）或鼻音不足（hyponasality）等。

（三）語暢異常

語暢異常是指說話之流暢度異常，包括：聲音或音節重複、拉長、中斷或過度用力，以及語速過快或急促不清、不適當停頓等不流暢的現象，致影響口語溝通效能，最常見的是口吃（stuttering）和迅吃（cluttering），例如：

1. 語音、音節或字的重複（repetition）：如「ㄅㄅㄅ不要」、「我我我我們去玩」、「西瓜西瓜西瓜西瓜真好吃」，且通常會連續重複該語音、音節或字詞連續三次以上。

2. 語音或字詞的時間延長（prolongation）：如「我要買……（聲音延長）玩具」，通常會延長某一語音或字詞達兩秒以上。

3. 常出現不適當的中斷（block or broken words）：如「我要去搭捷……（停頓兩秒鐘以上）……運」。

此外，說話時出現明顯的首語難發（initial difficulty）、插入字（interjection）、修正（revision）、急促不清（cluttering）等問題，也都是語暢異常的現象之一（楊淑蘭，2001）。而迅吃的現象主要包括說話時語速過快或時而正常時而過快，容易出現構音錯誤，例如：聲母省略或錯誤，音節省略或難以辨識，令聽話者不易聽清楚，同時也可能會出現插入字詞（interjection）、修正（revision）和多音節重複，以及在不適當的地方暫停等問題。迅吃者也會伴隨口吃現象，二者有共病情形。

除了口語不流暢，較重度者經常伴隨出現許多身體動作，包括：眨眼睛、聳肩、皺眉、臉部怪異表情、頓足、擺手等次要症狀（secondary syndromes）（Bloodstein, 1995），這些說話掙扎或逃避說話的行為，也是判斷口吃的重要特徵。持續的口吃問題不僅導致溝通困難，也容易造成說話者本身的負面情緒反應，例如：害怕、生氣、困窘等，進而影響其和他人互動的意願。

（四）發展性語言異常

國內對語言障礙的最新鑑定分類中，以「發展性語言異常」一詞涵蓋所有的語言異常問題，強調在發展階段出現語言理解、語言表達或兩者能力相較於同年齡者有顯著偏差或低落的問題。

由於語言的發展是連續性的過程，國內外調查都顯示，語言問題是學齡前階段幼兒最常見的發展問題（王天苗，1998，2011；Office of Special Education Programs, 2023），這些早期語言發展遲緩幼兒的語言問題可能會持續到學齡階段。他／她們通常會出現較晚的

語言發展里程碑，例如：詞彙發展遲緩（質與量）、較晚出現兩個詞彙的連結、較晚出現完整的句子，或語言發展的程度較正常兒童低下的情形。就正常的語言發展趨勢來看，1歲開始產生有意義的第一個詞彙，1歲至1歲半左右主要是「單詞語句」時期，18個月大的幼兒平均有五十個表達性詞彙，並開始使用「雙詞連結」的能力（例如：媽媽鞋鞋），2歲時平均約有二百五十個表達性詞彙，且說話的平均語句長度（mean length of utterance [MLU]）約為二個語詞，3歲的平均語句長度則增加到四個語詞（劉惠美、曹峰銘，2010；Fenson et al., 1994）。在臨床鑑定上，若2歲幼兒的表達性詞彙少於五十個，還無法使用「雙詞連結」，或語言標準化測驗中的語言表達百分等級低於10，則常被界定為「遲語幼兒」（Late Talker）或「表達性語言遲緩」。雖然約有二分之一以上的「遲語幼兒」能在4歲前自發性地追上同儕的語言發展，但不少研究顯示這些早期語言表達遲緩的幼兒會在稍後（4～6歲）成為「特定性語言障礙」（Specific Language Impairment [SLI]）的高危險群（Ellis Weismer et al., 1994）。

　　特定型語言障礙兒童在各方面的發展正常，但卻出現語言發展遲緩或障礙，而其語言學習困難並非源自於智能缺陷、感官缺陷、嚴重的情緒行為問題，或是明顯的神經損傷（錡寶香，2002；Tomblin et al., 1997）。主要的語言困難包括：在語意方面較無法理解說話者意涵、詞不達意或找字困難（word finding）；在語法方面則是說話的句型結構過度簡單，或語句語法結構出現混淆或省略等不合語法的現象；在語用方面則容易出現說話內容不符合溝通情境的要求，或因對話技巧不佳而常出現溝通中斷的情形。

　　另外，特定型語言障礙兒童在口語聽覺處理歷程中也常出現困難，例如：聽知覺處理困難、無法處理快速變化的語音訊息（陳立芸、劉惠美；2010）及音韻短期記憶較差（錡寶香，2009）；在較高層次的後設語言能力及敘說表達上也容易出現困難，例如：較難理解他人的幽默、笑話與抽象語言，或無法清楚敘說故事或適切地解釋說明與澄清。這些困難亦可能在學齡階段衍生出學習的問題，例如：閱讀、書寫和學業學習困難，以及人際關係與社會互動問題（Tomblin & Samulson, 2005）。

二、其他身心特質

　　語言與溝通障礙兒童除了少部分有器質性缺陷或異常外（例如：唇顎裂、腦性麻痺、顏面損傷、喉部切除等），大多數從身體或外觀上很難發現其與一般兒童的差異。然而，由於語言是學習的重要工具，嚴重且持續的語言問題也會影響其溝通以外的能力發展，以下就語言與溝通障礙者較可能伴隨出現的特質加以說明。

（一）社會情緒

　　嚴重且持續的言語問題，在自我概念或社會獨立等能力上也容易出現困難，且可能會出現逃避說話的行為，較可能出現自卑或退縮的態度，甚至在同儕群體中較容易被孤立或

被霸凌（Blood & Blood, 2004）。

（二）認知方面

語言是認知運作的中介符號，語言障礙學生在以語言符號為主的測試作業表現中或多或少都會受到影響，其中以特定型語言障礙或語言學習障礙（Language Learning Disabilities）學童最為明顯，這些學童的智力或許沒有本質上的明顯缺陷，但在語文智力測驗上的表現往往較差（Nelson, 2009）。

（三）學業方面

語言能力是各學科學習的重要工具，學科的學習必須仰賴聽、說、讀、寫的能力。語言障礙學生常常伴隨出現閱讀、書寫方面的問題，而這些問題都可能會造成在語文、數學、社會、自然等學科的學習困難，尤其是特定型語言障礙學童在這些方面的問題更為普遍（Nelson, 2009）。

第五節　　語言與溝通障礙者的評量與鑑定

語言與溝通能力涵蓋了多個面向與層次，其判斷標準往往需考量在真實情境下的互動需求與文化合宜性。在國外，通常是由專業且合格的語言治療師負責評量與鑑定過程，而在臺灣，由於目前語言治療師尚未普遍進入學校系統中，因此除了醫療單位對語言障礙兒童的評估診斷外，在教育現場仍需依賴普通班教師、特殊教育教師對學生在日常課堂中所展現的語言能力加以仔細觀察，進而將可能有語言困難的學生初步轉介，再由各縣市政府的特殊教育鑑定及就學輔導會心評小組人員，針對個案之語言與溝通能力進一步評量與鑑定。

以下說明語言能力評量的目的、內涵與方法，以及鑑定程序。

一、語言與溝通能力的評量

以下簡要說明評量的目的、內涵、程序與方法。

（一）目的

溝通評量是一個資料蒐集的過程，需透過多元方法與工具評估孩子的溝通能力。其主要的目的，包括：找出可能有語言與溝通障礙的個案、確認個案是否有語言與溝通障礙及

其溝通問題的面向、分析個案溝通能力強弱剖面圖及嚴重程度、找出其語言與溝通障礙的可能原因、決定個案是否應接受及需要何種語言療育服務，並進行介入後的成效評估。

　　語言與溝通能力的評量通常會透過轉介（referrals）和篩檢（screening），且通常是由小兒科醫師、父母或老師轉介疑似有語言與溝通障礙幼兒。同時，也可透過大規模（大樣本）實施的溝通能力篩檢測試，找出疑似個案。接受轉介和篩檢的個案，通常會接受一項簡單、快速實施且具良好效度的溝通能力篩檢測試，依其結果再決定是否要接受進一步詳細的溝通能力評估。進一步的評估目的則是要確認個案是否有語言與溝通障礙，主要透過各種標準化語言測驗的實施，了解語言表現是否與同年齡常模或相同背景的兒童有明顯落後；另外，家長的觀察、個案發展史的蒐集、語言樣本的分析等，也都是重要的語言評估方法。總之，透過多元的評量方法詳細地評估各個向度的語言能力，以期能確認個案是否有語言與溝通障礙。

　　在確認語言與溝通障礙的個案之後，則需進一步分析個案在各個面向溝通能力的強弱剖面圖，以了解個案具備了哪些溝通能力及其溝通困難的向度，同時對於語言與溝通障礙的嚴重程度也應加以描述。除了參考標準化測驗結果之外，也需考量個案的語言困難對其生活溝通效能的影響程度。另外，找出導致個案溝通障礙的可能原因也是評估過程中的目的之一，雖然不容易確認真正的原因，但了解病因的相關訊息，可以作為擬定語言治療介入計畫的重要參考。

　　溝通評量的目的也包括決定個案是否需要語言療育服務的介入，以及需要何種介入服務。治療師或教師必須綜合考量個案本身語言能力的優劣勢、嚴重程度、心理或其他向度的能力、所屬環境的支持度等因素，對個案接受語言治療介入與否的預後（prognosis）情形做判斷，以作為決定語言療育介入的參考依據。

　　總之，語言與溝通能力的評量是一個動態循環歷程，評量目的是為了能了解個案真正的溝通能力，並提供適切的語言療育服務，同時也能提供修正語言介入實施的參考；而語言療育介入的成效也須透過評量加以確認，以確實達成評量→介入→評量→介入的目的。

（二）評量的內涵

　　溝通是一項複雜的能力，其內涵應該包括個案在語音、語意、語法和語用等語言要素上的理解與表達能力，以下說明之：

1. 語音的評量

　　在語音表達的層次上，主要是在評量個案語音產生的能力（speech production），包括：口腔構音動作的正確性、構音的正確性、構音／音韻的錯誤分析、說話清晰度（字詞、語句、短文）等項目，以了解個案是否有能力正確發出各個語音，再結合不同的語音形成有意義的詞彙，並將音韻技能應用於自發性的言語表達中，及其說話的內容可被一般

聽者所理解的清晰程度。

在語音理解的層次上，主要是在評量個案的語音知覺（speech perception）和音韻處理能力，包括：對不同語音的區辨（discrimination）和指認（identification）、各項音韻覺識能力（phonological awareness）（如語音的組合、拆解、韻腳偵測、刪除字首或字尾的語音等）等，以了解個案對語音音韻規則的覺識與掌握程度。

2. 語意的評量

語意指的是詞彙與其指稱物之間的意義連配，以及詞彙組成句子的結合關係與意義。在語意的表達層次上，主要是在評量個案的詞彙使用能力，包括：詞彙量、詞彙的種類、對詞彙定義、詞彙的提取速度與正確度等項目。

在語意的理解層次上，主要是在評量個案的語意知識，包括：對一般詞彙、比喻語言（figurative language）或非字面語（nonliteral language）的理解、對諺語或俗語等抽象語言的理解等能力。

3. 語法的評量

在語法的表達層次上，主要是在評量個案是否能使用正確的詞素、說出合乎句子要素的語句（如主詞、動詞）、使用不同句型（如簡單句和複雜句）、使用句型轉換（如疑問句和被動句）等能力。

在語法的理解層次上，主要是在評量個案是否能指認正確的文法詞素、理解不同句型轉換的規則並了解其語句的意涵。

4. 語用的評量

語用能力在表達的層次上，主要是在評量個案是否能使用各種口語行為，以達成溝通目的（如請求、打招呼、回答問題、與人分享訊息等），及其對話的能力（如開啟話題、輪流、結束話題、對話中斷時的修補等）；在理解的層次上，主要是在評量個案了解他人口語行為的溝通意圖之能力（如直接或間接請求）。

除了上述的語言能力之外，也必須針對與語言發展有密切相關聯的其他能力進行評估，包括：個案的認知能力、聽力、知覺動作協調能力、口腔構造與動作機能等，有助於深入了解個案的語言能力與問題本質。

（三）評量的方法與程序

為達成語言評量的目的，以下列出可採用的方法和程序：

1. 個案史（case history）

在正式評量之前，可以透過個案的出生史、發展史、醫療史與接受教育服務等相關書面紀錄的蒐集，作為了解個案溝通問題的原因、問題本質，並作為語言介入的參考。

2. 晤談（interview）

透過與個案、個案的主要照顧者或教師進行晤談，可以了解個案在日常溝通情境中的語言行為與困難。尤其是重度和極重度的語言與溝通障礙者，更能透過此方法了解其溝通意圖的展現方式、溝通的方法及溝通的效能。

3. 標準化語言能力測驗（standardized test）

標準化語言能力測驗具有標準化的實施程序、計分方法和結果解釋，並提供常模參照（norm-referenced）或標準參照（criterion-referenced）分數，前者可以將個案的語言表現和其他同年齡兒童相比較，了解個案的百分等級分數，以作為判斷個案是否有語言障礙的依據；後者則是個案是否具備了某一程度的能力，以作為個案語言能力的基準線。

標準化測驗之內容分為兩大類：一是綜合性的語言測驗（comprehensive language tests），通常涵蓋了多個語言向度和層次的測試，其結果能提供了解個案整體語言能力的訊息，但對於特定的語言能力則較無法提供深入的分析；二是特定項目的語言測驗（tests of specific language skills），通常只涵蓋特定或少數的語言能力向度，例如：語意、語法、語音、語用，較能深入評量特定項目語言的能力。

整體來看，標準化語言能力測驗的主要優勢是實施的程序較一致，且可以將個案的表現與常模相對照，對了解個案語言能力是否明顯低於一般兒童，能提供明確的訊息。但其限制為，標準化施測程序是否適用於不同障礙程度的兒童、其測驗結果不一定具有足夠的社會生態效度以反應個案在真實生活情境中的語言與溝通能力。

相較之下，國外已經發展出相當豐富的評量工具，大致足以涵蓋所有的語言面向（語用能力除外）及發展年齡範圍（從幼兒到青少年）（參見 Kuder, 2008）；國內所發展出來的兒童語言評量工具，能涵蓋的語言能力向度與年齡範圍相較有限（如表 11-1 所示），且每項評估工具都有其優劣點及適用範圍，須謹慎選用。

4. 系統性的觀察與言語—語言樣本的蒐集與分析（systematic observation and speech-language sampling）

行為觀察是非正式（informal）的評估方式之一，通常是透過系統性觀察並記錄個案在多種溝通情境與對象下所呈現的語言行為，包括蒐集有代表性的言語—語言樣本並進行語料分析，以了解個案的語言能力。常用的言語—語言樣本蒐集方法，是以個案較感興趣的主題，以開放式問句誘發語言樣本（例如：「告訴我，你平常最喜歡看什麼電視節目？裡面有哪些好玩的事？」）；也可以用圖片、玩具、故事書等作為媒介，引導個案敘事、

表 11-1　國內常用的兒童語言評量工具

工具名稱	編製／修訂者	適用對象	語言向度
零歲至六歲兒童發展篩檢量表：語言與溝通發展分測驗	黃惠玲（2000）	0～6 歲	綜合性語言
嬰幼兒綜合發展測驗：語言分測驗	王天苗等人（2002）	3～71 個月	綜合性語言
華語嬰幼兒溝通發展量表（臺灣版）（MCDI-T）	劉惠美、曹峰銘（2010）	8～36 個月	綜合性語言／詞彙理解與表達／語法表達
零歲至三歲華語嬰幼兒溝通及語言篩檢測驗（CLST）	黃瑞珍、李佳妙、黃艾萱、吳佳錦、盧璐（2009）	0～3 歲	綜合性語言／詞彙理解與表達
華語兒童理解與表達詞彙測驗（第二版）（REVT）	黃瑞珍、簡欣瑜、朱麗璇、盧璐（2011）	3～6 歲	詞彙／理解與表達
修訂畢保德圖畫詞彙測驗（PPVT-R）	陸莉、劉鴻香（1998）	3～12 歲	詞彙／理解
修訂學前兒童語言障礙評量表	林寶貴、黃玉枝、黃桂君、宣崇慧（2008）	3～6 歲	綜合性語言
學前幼兒與國小低年級兒童口語語法能力診斷測驗	楊坤堂、張世彗、李水源（2005）	4～8 歲	語法／理解與表達
兒童認知功能綜合測驗：語言分測驗	陳振宇等人（2003）	4～8 歲	綜合性語言
兒童口語表達能力測驗	陳東陞（1994）	5～10 歲	綜合性語言／表達
修訂學齡兒童語言障礙評量表	林寶貴、黃玉枝、黃桂君、宣崇慧（2009）	6～12 歲 11 個月	綜合性語言
修訂西北語句構成測驗	楊坤堂、張世彗、黃貞子、林美玉（1993）	6～7 歲	語法／理解與表達
兒童口語理解測驗	林寶貴、錡寶香（2002）	7～12 歲	綜合性語言／理解
聲韻覺識測驗	曾世杰（1999）	小二～國一	聲韻覺識
聽覺記憶測驗	陳美芳（1999）	小二～國一	聽覺記憶（口語理解）
國語正音檢核表（第二版）	席行蕙、許天威、徐享良（2004）	小一～國三	構音
修訂中文口吃嚴重度評估工具（兒童版）（SSI-3）	楊淑蘭、周芳綺（2004）	3～13 歲	說話流暢度
華語兒童構音與音韻測驗（APTMC）	鄭靜宜（2018）	3～8 歲，或 6 歲以上具有明顯語音異常者	構音／音韻
兒童溝通能力檢核表（CCC2）	曹峰銘、劉惠美（2021）	4～15 歲 11 個月	社會溝通和語用能力

回答問題或重述故事，並透過良好的錄音和錄影程序蒐集語言樣本。

雖然語言樣本的代表性會隨著個案的語言能力、引導者的技巧、誘發情境、活動和材料而有所差異，一般來說，語言樣本的長度大約需要 50～100 句以上的清晰語句，才能提供具代表性的語料，此大約需要三十分鐘左右的語料蒐集時間（Miller, 1981）。所蒐集到的語言樣本必須加以清楚地轉譯（transcription）和斷句（segmentation），才能進行各種語言項目的分析，例如：總詞彙數（total words）、相異詞彙數（total number of different words）、相異詞彙比率（type-token ratio）（相異詞彙數／總詞彙數）、平均語句長度（MLU）、敘事結構、社會言談（social discourse）等。其優點在於能詳細描述個案在各個語言面向的能力，了解個案在自然互動情境中的語言表現，以彌補標準化測驗的不足。然而，完整的語料蒐集與分析歷程較費時費力，且語言樣本的代表性也不易確認。

5. 其他評量取向

除了上述常用的評量方法，以下幾種評量取向也常運用在語言與溝通障礙評量上：

(1) 以課程為本位的溝通語言能力評量（Curriculum-Based Assessment）：強調以個案要學習的課程內容作為評估的基礎，以了解個案在此課程學習中所具備的語言能力與所需要的語言介入為何（Nelson, 1989）。並可以透過師生課堂問答、學生在不同學科中使用語言思考的情形、蒐集學習檔案（portfolio）等方法，了解個案目前的語言能力及學習上的需求。

(2) 生態評量（ecological assessment）：評量在自然情境（如教室內、走廊上）中所要求的溝通能力、個案所展現的能力，藉此了解個案溝通能力在真實生活中的功能性及提供實用性的介入協助，此方法特別適用評估重度的語言與溝通障礙兒童。

整體而言，不同的評量方法各有其優勢與限制，可以依階段性評量目的之需要交互使用，以蒐集到完整的訊息，提高評量結果的信效度，達到評量的目的。

二、鑑定程序

依《特殊教育法》（2023）的規定，各類語言障礙學生的鑑定、安置、輔導等事宜，是由各縣市政府所設之特殊教育學生鑑定及就學輔導會（簡稱鑑輔會）辦理，除遵循鑑定基準的大原則之外，其實施方法、程序、期程與運作方式可由各縣市政府自行訂定與執行，採多元評量的原則，依學生個別狀況，採取標準化評量、直接觀察、晤談、醫學檢查等方式，或參考身心障礙手冊之記載與蒐集個案資料，綜合研判之。

依據《身心障礙及資賦優異學生鑑定原則鑑定基準說明手冊》（林寶貴，1999），語言障礙學生的鑑定流程大致如下：家長或級任導師轉介→心理評量小組或資源班教師初測→徵求家長同意→資源班教師複測→構音器官功能檢查→智力測驗→聽力篩檢→整理評量結果資料→召開安置會議→決定安置場所→設定補救或訓練目標→擬定補救或輔導計

畫→進行教學或輔導→實施教學或輔導後的評鑑。鑑定的步驟大致如下：

1. **轉介**：由教師或家長反映個案經常出現說話問題（如口齒不清、說話結巴或聲音沙啞等）、無法理解他人的話語、所表達出來的語句混亂，或常無法與人有效溝通互動等問題，填寫轉介資料表後送出。

2. **初步篩檢**：由教師或家長使用語言或溝通問題檢核表，詳盡地列出其初步篩檢出的言語—語言問題的類型（如構音異常、語暢問題、口語理解、口語表達、選擇性緘默等），及其伴隨出現的情緒行為問題。同時也可透過主要照顧者的訪談，蒐集可能影響個案障礙的相關發展史與醫療或教育史。

3. **鑑定與診斷**：對於初步篩檢出來可能有言語—語言障礙的兒童，鑑定小組必須針對學生的語言問題進行多元評量，包括實施個別化智力測驗，並比較其語文與非語文智力之間的差異，以確認其認知能力在正常發展範圍內。接著，使用標準化評量工具和語言樣本的分析，深入了解個案言語和語言能力的優弱勢。同時也應加入相關的檢查，例如：聽力檢查、口腔呼吸系統、構音器官及功能檢查。

4. **綜合研判**：鑑輔會委員依上述多元語言評量的結果資料，必要時得請評量小組或相關人員提供其他具體資料供討論之參考，進行鑑定結果的綜合研判，以認定個案之語言障礙資格。若符合語言障礙的鑑定基準，則提出個案所需的特殊教育服務方式與內容及教育安置之建議。若不符合語言障礙的鑑定基準，則轉送回原班級，加強個案與教師、家長之溝通，並由特殊教育教師提供普通班教師諮詢服務。

三、各類語言與溝通障礙兒童的鑑定步驟與重點

（一）語音異常

1. 語音異常的篩檢

　　通常可以透過聆聽個案說話，或要求完成一些簡單的口語活動，例如：數數、自我介紹、圖片或顏色命名、短文朗讀等，加以評估。以「修訂學齡（前）兒童語言障礙評量表」為例，分測驗三共有 13 題，係以圖卡命名的方式快速篩檢構音、音韻、聲調是否正常。由於各個音素的習得時間有差異，評估人員可以對照國內 2～6 歲兒童音素習得的資料（如表 11-2 所示），作為語音能力篩檢的參考。然而，各個研究所建置之語音發展常模因其語音材料、誘發方法、判斷標準不同而有些差異，僅能作為快速篩檢的參考。

表 11-2　國內 2～6 歲兒童音素習得的常模資料表

	王南梅等人（1984） 通過標準 75%	張顯達、許碧勳（2000） 通過標準 90%	鄭靜宜（2004） 通過標準 70%
2 歲半	ㄅ、ㄆ、ㄇ、ㄊ、ㄏ、 ㄎ、ㄍ、ㄉ、ㄋ		ㄅ、ㄋ
3 歲	ㄎ、ㄑ、ㄗ	ㄅ、ㄇ、ㄋ、ㄊ	ㄇ、ㄉ、ㄍ、ㄐ
3 歲半	ㄒ、ㄘ、ㄙ、ㄈ		ㄉ、ㄎ、ㄏ
4 歲	ㄐ	ㄆ、ㄉ、ㄊ、ㄌ、ㄍ、ㄏ、 ㄐ、ㄑ、ㄒ	ㄈ、ㄊ、ㄑ
5 歲		ㄈ、ㄓ、ㄗ、ㄘ、ㄙ	ㄆ、ㄒ、ㄗ、ㄘ
6 歲以後	ㄓ、ㄔ、ㄕ、ㄖ	ㄔ、ㄕ	ㄓ、ㄔ、ㄕ、ㄖ、ㄙ

2. 使用正式構音／音韻測驗

　　構音測驗通常是以圖卡或字卡的型式，呈現特定詞彙或語句讓個案命名或誦讀，其內容大都會涵蓋該語言中所有的語音，以分析音素構音的正確率、錯誤數量和類型。另外，由於語音的錯誤有些是有規則的，構音錯誤分析的結果常可被歸類於特定音韻歷程（phonological processes），例如：前置音化、後置音化、塞音化、擦音化、塞擦音化、鼻音化等，此音韻歷程的分析，將有助於兒童音韻異常的矯治。採取標準參照的方式，可以診斷個案的構音異常及其問題類型，例如：「國語正音檢核表」（席行惠等人，2004）就是一項國內常用的構音／音韻測驗。另外，近年來也有以電腦輔助評估個案在單字詞或連續說話時的構音情形，例如：「華語兒童構音與音韻測驗」（鄭靜宜，2018）。

3. 分析語言樣本

　　除了利用構音測驗所蒐集到的言語樣本，建議取得一個或多個具代表性的自然會話樣本，以分析個案的正確音和錯誤音的數量、種類、清晰度（語詞和句子層次）、說話速度、說話韻律等項目。

4. 構音錯誤的綜合判斷

　　由於自然會話樣本可能無法誘發出所有的語音，所以必須綜合個案在標準化構音測驗與自然說話情境下的言語樣本加以比較，以確認其構音錯誤情形，包括：錯誤音為何、錯誤音的類型、錯誤音的共同性、音韻歷程，以作為決定短期與長期構音治療目標的依據。

5. 語音「可刺激性」的評量

　　構音／音韻的評量除了測量個案目前各音素的習得情形外，也應測量個案尚未發展出來的語音可刺激性（stimulability）。「可刺激性」是指，在簡單（如仿說）的刺激情況

下，個案可以說出或者矯正（或改善）錯誤語音的能力。這些較易被誘發出的語音可以作為構音治療的起始語音，與日後語言介入的成效有正向密切的關係（Shipley & McAfee, 2004/2006）。

6. 語音聽辨檢查

感覺回饋對於構音發展也有重要的影響，構音音韻的評量也應檢查個案是否能辨別正確音與錯誤音。

7. 口腔顏面檢查

口、唇、舌、齒、口蓋等構造與運動協調性，也是必須檢查的項目之一。

（二）嗓音異常

嗓音異常的評估包括音調、音質、音量、共鳴等向度，步驟如下：

1. 嗓音異常的篩檢

由語言治療師或教師要求個案完成一些簡單的活動，例如：數數、仿說句子、圖片敘說、短文朗讀、自然會話，或發出簡易母音並維持數秒鐘，以檢核其聲音，或是可以利用評量工具，例如：「修訂學齡（前）兒童語言障礙評量表」的分測驗一共有 5 題，可以做為快速篩檢兒童的聲音是否正常的工具。

2. 發聲器官的病理檢查

由耳鼻喉科醫師透過頻閃觀測儀（Stroboscope）和內視鏡（Endoscope）檢查個案的喉部、聲帶與發聲結構，以確認造成嗓音異常的病因是否為器質性或神經性的問題（例如：聲帶溝、聲帶麻痺、血管瘤等）。若為功能性的嗓音異常，則需判斷是否有聲帶息肉、結節、水腫、潰瘍等聲帶構造上的變化。

3. 聲音特性的檢查

通常是由語言治療師蒐集個案的言語樣本，透過專業儀器測量和主觀聽知覺，判斷個案聲音各個重要向度的情形，以確認其嗓音異常的問題與嚴重程度，包括：
(1) **音調的檢查**：測量個案從最低到最高音階的音調變化範圍、平時說話時的平均音調，以及平時說話的習慣音調（habitual pitch）是否在正常範圍內。
(2) **音量的檢查**：測量個案平時說話聲音、大聲說話及小聲說話時的平均音量是否有差別，且在適合範圍內，也可以在隔音室內利用音量計加以測量，以提高評估的正確性。

(3) **音質的檢查**：個案在與人對話或發聲時，是否有氣息聲、沙啞聲、粗嘎聲、拉緊聲等聲音問題，並判斷其嚴重程度。

(4) **共鳴的檢查**：透過特殊儀器（如鼻氣流計或鼻腔聽診管）或聆聽，偵測個案發音時是否有鼻音過重、不足或鼻音同化（assimilation nasality）的問題；另外，也可觀察個案在發出非鼻音的子音時，是否出現鼻漏氣或鼻音過重的情形，藉以判斷其顎咽功能是否正常。

(5) **呼吸系統功能的評估**：讓個案發出「ㄚ」音並持續數秒鐘，測量持續發聲時間的長度，兒童約可持續 10 秒，成人則約 20～25 秒（Deem & Miller, 2000），可用以檢查呼氣時有效發聲的程度。

（三）語暢異常

語暢異常的評估項目，包括：說話不流暢的行為指標、附屬或伴隨行為、說話速度，以及說話態度的評估，步驟如下：

1. **代表性言語樣本的蒐集**：說話的流暢度與說話情境和對象有密切關聯性，因此語料蒐集必須考慮取得兩個以上的說話情境，以期獲得個案最多不流暢、最少不流暢及典型不流暢的說話樣本。

2. **不流暢口語行為的測量**：可以利用「修訂學齡（前）兒童語言障礙評量表」的分測驗一的 5 個題項，與個案對話，觀察說話時是否有結巴、重複、停頓等現象。不流暢指標是計算言語樣本中出現不流暢口語的比例，主要包括重複、停頓、聲音延長等行為。國內學者修訂之「中文口吃嚴重度評估工具（兒童版）」（楊淑蘭、周芳綺，2004）是常用的說話流暢度評估工具。

3. **附屬或伴隨行為的紀錄與分析**：不少口吃者在說話不流暢時，會伴隨出現一些與說話內容無關的肢體動作，例如：眨眼、皺眉、歪嘴、聳肩、抖動手臂等行為，應記錄與計算這些伴隨行為的出現比率。另外，也應觀察個案是否出現逃避特定說話情境或字音、語句，而有改變說話方式（如圍繞同一話題或贅詞）或減少說話（甚至完全不說話）的情形。若有上述行為，顯示個案之口吃問題較為嚴重。

4. **說話速度的測量**：計算個案一分鐘內所說出的音節（或字）數，包含流暢與不流暢的口語，或只單獨計算流暢的口語；兩者計算結果的差異，會反映出個案說話速度對流暢度的影響程度。

5. **說話態度的評估**：幼兒時期通常較不易自覺有口吃，但隨著年齡增加則會察覺自己的口吃，且會受到外界環境與他人態度（如家長的過度擔憂）的影響而產生心理壓力。一般建議幼兒說話不流暢的評估，應同時了解個案與家人（尤其是父母）在日常生活中的說話特徵（如說話速度是否過快、語句過於複雜，或父母經常打斷個案說話等），透過自然觀察方式評估個案說話流暢度及與家人互動的情形，而較不

建議直接進行口吃的測量。若明顯有口吃問題或較嚴重時，則應在檢查時營造兒童感到自在的情境，且需要與其家人晤談，綜合各種情境的觀察結果後再進行判斷。

（四）發展性語言異常

「發展性語言異常」一詞泛指語言理解和表達障礙。評估人員可以利用各項語言能力測驗，諸如「聽覺記憶測驗」、詞彙測驗、語言發展與障礙評量表等具特定性及綜合性的語言評量工具，了解個案的語意、語用、語法、語形、語彙的理解與口語表達能力。其詳細的評量與鑑定過程在上節已詳加說明。

若發現幼兒有語言發展遲緩的問題時，應轉介到醫院（兒童心智科、早期療育單位）接受評估，同時也要蒐集幼兒與家人的語言互動情形，以及其他面向的發展資料（如社會情緒、認知、知覺動作能力等），進行多元評量。

第六節　語言與溝通障礙者的教育與輔導

語言能力是所有學習的基礎，適當的語言與溝通的教學或介入不僅可以有效提升兒童的語言能力，也可以促進兒童各方面的學習成效與人際互動，以語言與溝通為核心的早期療育成效更是顯著（如 Law et al., 2004）。以下依序就語言與溝通障礙者的教育安置型態、教育目標，以及教學與輔導原則進行說明。

一、語言與溝通障礙者的安置型態

考量語言與溝通障礙對學生的影響程度與教育需求，應以最少限制的學習環境為原則，提供適合其最大發展與學習機會的教育安置。語言與溝通障礙學童的教育安置型態包括下面幾種（林寶貴、錡寶香，2006；Kuder, 2008）：

1. 普通班：若語言與溝通障礙程度未影響其學習，且未造成適應困難者，建議就讀普通班，由普通班教師視學生需求調整普通班的語文教學與環境，以提升語言與溝通障礙兒童在教室裡的學習效果。

2. 普通班輔以諮詢服務：對於語言與溝通障礙程度雖不致於影響學習，但其適應或學習稍有困難者，可由語言治療專業人員或特教老師提供家長或普通班教師語言教學或溝通訓練的諮詢服務，使語言與溝通障礙兒童在教師與家長的協助下，增進語言與溝通技能。

3. 普通班輔以語言治療師輔導或教室裡的合作教學：語言與溝通障礙程度並未影響其適應行為的發展，但學習活動需要輔助者，可由語言治療師提供巡迴輔導的教學

服務，也可以由語言治療師與普通班教師合作，將溝通技能或語言介入目標融入教學方案中，在平時的教室活動裡實施。

4. 資源班（或資源教室）：語言與溝通障礙程度對於部分學習活動及適應行為有不良影響且使學業成就處於不利地位者，可以安排特定的時間在資源班（或資源教室），由語言治療師或有溝通訓練專長之教師，對語言與溝通障礙兒童實施語言溝通訓練。

5. 特教班（校）：重度智能障礙、自閉症、腦性麻痺、多重障礙、其他各類障礙學生通常也伴隨有語言與溝通障礙，若其障礙明顯影響其學習普通課程，產生不良適應行為，由於這些兒童所需的特殊教育服務時間較長，需提供特別的課程或訓練，則可安置於特教班或特殊教育學校或機構。

國內目前針對語言與溝通障礙學童所提供的教育安置是以普通班為主，僅有極少數障礙程度較嚴重或需求較明顯者會被安置於資源班上課或接受巡迴輔導。美國的情形是大部分言語—語言障礙兒童雖然也都在普通班接受教育，由普通班教師負責提供所有學科教學，只有少部分時間接受語言治療，但由語言治療師提供諮詢協助的情形則相當普遍。相較之下，國內目前的學校系統中並未能廣泛提供語言介入服務，因此有必要加強普通班教師對語言與溝通障礙的認識與相關特教知能，而特教教師則應加強其語言與溝通訓練的相關知識與技能，以期能透過資源班教學幫助語言與溝通障礙兒童，或者提供給普通班教師關於語言教學與溝通訓練的諮詢服務，以協助普通班中的語言與溝通障礙兒童。

二、語言與溝通介入的原則

（一）運用有科學證據基礎的語言教學介入（evidence based intervention or practice [EBI or EBP]）

近年來，不論是在特殊教育界或語言治療領域，都逐漸強調研究與臨床的結合，並採用有科學證據為基礎的介入方案，以提高教學或治療的成效。經過多年的努力，已陸續發展出一些符合科學證據根據的語言教學介入方法或策略（如Dollaghan, 2004）。語言教育人員或語言治療臨床人員在選擇介入方法時應盡量秉此原則，加以運用。

（二）以功能性溝通為目標選擇的考量

不論語言與溝通障礙類型為何，介入的目標在於接受教學或療育之後，個案的語言與溝通能力能有明顯的增進，包括：能習得正確且適當的語言溝通技能、能將新習得或已獲改善的語言或溝通技能類化到日常生活中、能在不同的情境中自發性地使用習得的語言或溝通技能，並能有效地自我監控語言與溝通的行為（Owens et al., 2015）。因此在為個案擬定語言教學或介入目標時，應考量以下原則：

1. 根據說話、語言或溝通能力評量的結果，考慮其能力的優劣勢，以及目標行為的可刺激性與難易程度，將個案較可能習得的溝通技能列為介入目標。

2. 尊重個案的個別溝通需求，將其優先列為介入目標。由於個案對此目標的習得有較強的內在動機，且類化練習的機會較多，通常較容易達成介入目標。

3. 考量介入目標在個案日常生活中的可類化情形，若此溝通行為在不同情境或不同對象下的使用頻率較高（如與人打招呼），則其類化的可能性也較高，可以優先列入。

4. 參考學童的年齡、各方面的發展程度，以及適合該年齡之生活經驗，將其納入教學目標與教學活動的設計中，會比較適合個案的需求與興趣。

5. 依據個案的障礙程度進行介入目標的調整。針對較重度語言與溝通障礙兒童，介入的目標可以採訓練功能性的語言與溝通行為；而對輕度及中度語言與溝通障礙兒童，其介入目標的設定則可依據同年齡正常發展學童的發展順序和個案的認知能力，以提升現有的語言與溝通技能。

整體而言，在決定多項目標行為訓練的順序安排時，應以該溝通行為在真實環境中的重要性及功能性為優先考量，選擇能使個案的溝通行為獲得較顯著改善與類化，且能獲得較佳的療育效果之介入行為目標為優先。

（三）採用評估─介入動態循環的介入程序

有系統的語言與溝通介入是將整個介入過程視為個案管理（case management）程序，包括：溝通能力的評量、取得各項溝通能力的基準線資料（baseline data）、介入目標的擬定、具體行為目標的擬定、語言教學或治療計畫的執行（直接、間接）、介入後的成效評估、後續介入成效的追蹤評估等，視評估─介入─評估─介入為一個動態循環。

（四）強調班級本位的語言教學介入模式

在學校場域中常見的語言教學介入模式，包括：

1. 抽離式的語言治療模式（pull-out）：指由教師或語言治療師主導語言介入的內容，可以在醫療院所、特殊班、特殊教育學校或抽離普通班的方式進行，以溝通訓練課程的實施，針對個案的特定語言問題進行矯正和訓練，但其限制可能是溝通技能較不容易類化。

2. 入班教學治療模式（in-class therapy）：指語言治療師或特教老師在教室裡為語言障礙兒童進行教學，其優點為可以觀察兒童在教室情境中的語言與溝通行為，使用實際課程內容作為語言訓練材料，兒童可以立即應用所學的語言技能在課堂內，但其限制則是容易造成兒童分心或被標記。

3. 諮詢服務（consultation）：指語言治療師提供教學方法和教材給教師參考，其優點是治療師可以提供老師協助並參與教學討論，由老師透過平時的教學提升兒童的語言能力，但其限制是教師對兒童的語言學習必須有較清楚的概念才能有效執行，且教學計畫的討論通常較費時。

4. 合作模式（collaboration）：指由教師和治療師共同教學，其優點是可以互相支援教學，且可將語言訓練活動和教室裡的教學活動做一整合；但其限制可能是教學活動較無法聚焦於個案的語言訓練目標。

以上各種語言介入模式，除了第一項是較傳統的以教師或語言治療師為主導的介入模式外，其餘都是以學校教室本位（class based）的學習概念所發展出來的語言介入模式，其強調語言治療師和教師成為教學夥伴，並將語言與溝通訓練目標和課堂學習活動加以結合，以提升語言介入活動的生態效度。

（五）強調普通班教師的教學方法與教學環境調整重要性

由於語言與溝通障礙兒童主要的學習環境是在普通班教室，因此普通班教師於教學方法與教學環境的調整是語言介入中很重要的一部分。Smith 與 Tyler（2010）建議，普通班教師應了解語言障礙兒童的需求，提供語言障礙兒童一個支持性的語言學習環境，包括：依學生語文程度調整教學方法和程序、多使用明確且直接的語言教學、營造支持兒童語言發展的學習環境等原則。

三、增進溝通能力的教學方法與策略

由於普通班教室是語言障礙兒童的主要學習環境，以下綜合說明在融合教育的環境中，最常被使用的語言教學方法與策略（林寶貴、錡寶香，2006；Kuder, 2008; McCormick, 2003; Olswang & Bain, 1991）。

（一）常用的語言與溝通教學方法

1. 自然情境語言教學（Milieu Language Teaching）

情境教學法是一種強調在自然教學情境中，以兒童為中心的教學模式（Kaiser et al., 1991）。其所教導的語言技能對兒童在溝通互動中有立即的功能性，較能產生類化效果。主要運用的教學技巧，包括：示範（model）、提示—示範（mand-model）、時間延宕（time delay），以及隨機教學（incidental teaching）。透過環境安排（如同儕、教材、製造溝通機會等），利用上述語言教學的技巧給予次數頻繁且適當的語言示範，讓兒童有主導的練習機會，以增強語言障礙兒童的功能性溝通技巧。

2. 共同活動教學法（Joint Action Routines）

在與孩子日常生活的互動中，教師可以有系統地安排可預測性的重複事件或活動，將與該活動或事件有關的溝通行為或所需的語言技能加以事先建構，故又稱為腳本治療（script therapy）（Reed, 2005）。由於學生對預期發生事件的內容與順序已有一定的記憶表徵，融入這些生活經驗（如暑假生活、角色扮演遊戲）所構成的腳本在語言治療活動中，可減少語言學習的認知處理負荷，能較專注於語言目標的學習。一開始應讓兒童模擬事件或活動的順序，使用簡單的語言目標；待兒童逐漸熟悉某項活動的腳本時，則可逐漸提高語言介入目標的層次，例如：兒童開始學習堆疊積木做出特定模型時，一開始教師與兒童的對話中可以使用詞彙或是短句描述積木的形狀、顏色等，接著則可使用較複雜的完整語句描述整個事件的過程。

3. 鷹架式語言教學（Scaffolding）

鷹架式語言教學是一種結構化的教學方法，強調教師在自然的情境裡，視個別兒童的語言能力，提供兒童在其「近側發展區域」（zone of proximal development）內適當的語言支持，協助兒童延伸並擴充出較複雜的口語理解與表達能力。此教學方法的特色為提供一個正向肯定的溝通環境，在互動中儘量肯定兒童的語言表現，以豐富的問題提問方式協助兒童主動學習，而不是時時矯正兒童的錯誤反應。在兒童有能力獨自完成時，教師應逐漸褪除所提供的語言支持，將互動的主導權由成人逐漸轉移至兒童身上，使其能將習得的溝通行為類化應用。

4. 歸納教學法（Inductive Teaching）

歸納教學法是一種相當結構化且以教師為主導的語言教學法，係由教師設計有意義的溝通情境，讓兒童從教學活動中發現並學會使用語言的某些規則或成分（Olswang & Bain, 1991）。其程序強調直接教學的特色，主要包括先說明特定語言的範例或規則（如**因為外面下雨，所以要穿雨衣**）、讓兒童了解其規則與意義、練習使用該語言規則（如說出有因果關係且合乎情境的句子）並類化到不同語境中。

以上四種常用的語言與溝通教學方法，雖然特色和重心有所不同，例如：自然情境語言教學和共同活動教學法採自然教學取向，鷹架式語言教學和歸納教學法則採結構化或直接教學取向，但在實際教學運用時，應依據語言與溝通障礙兒童的特性及介入目標，彈性調整並結合使用不同的方法，才能達到較佳的介入效果。

（二）常用的語言與溝通介入策略

以下綜合說明常用的語言與溝通介入策略（林寶貴、錡寶香，2006；Fey et al., 2003;

Kuder, 2008; Owens et al., 2015; Reed, 2005）：

1. 自我談話（self-talk）和平行談話（parallel talk）

　　在兒童開啟對話之前，教師可以大聲說出自己或兒童正在從事的活動或注視的物品，提供兒童聆聽有語意情境的口語刺激之機會，但不用刻意要求兒童回應。此策略可以作為引起互動的動機或是示範特定的語言形式或內容，例如：教師與兒童一起剪紙時，教師可以說：「我已經剪好了一隻兔子，我把牠放在桌子上。」或者是：「你已經剪好了一隻大象，你把牠放在盒子裡。」以提供正確的語言輸入。

2. 示範、模仿和提示

　　這三種策略常在語言介入的早期階段，用來促進兒童產生特定的語言行為（如詞彙或語法）。先由教師示範（modeling）所要教導的語言行為，接著等待或要求兒童仿說該項語言行為，過程中視兒童的反應進行適當的提示。教師應針對目標行為提供多重範例讓兒童學習，也可運用兒童的同儕進行模仿作為示範。隨兒童語言的反應有層次或結構化地調整所給予的提示，從較具體且明確的線索提示（如整句示範仿說）逐漸褪除或減少線索（如只提供句首單字）。

3. 重述或換句話說（recasting）

　　在兒童產生語言反應之後，教師運用複述策略，將兒童所說的話再說一次，此除了延續口語互動，也讓兒童有機會再聽一次。除了單純的複述，教師也可根據兒童所說的內容和語法結構加以調整，運用擴展（expansion）和延伸（extension）的策略，以更完整的語意和語句形式重述兒童的話語，讓兒童有更多機會接收到更為完整且豐富的語言訊息。舉例來說，當兒童說出：「西瓜。」教師可擴展為：「一顆甜甜的西瓜。」之後，教師可視兒童的反應，再延伸為：「夏天很熱，大家都愛吃西瓜。」

　　上述語言與溝通的介入策略主要在於提供正確且豐富的口語輸入，並適時給予兒童回饋和練習的機會。介入過程中很少單獨運用，需與其他策略，諸如增強、練習、類化等合併使用，才能達到較好的介入效果。

四、各類語言與溝通障礙兒童的語言與溝通介入重點

（一）語音／音韻異常的介入

　　介入目標包括正確語音的建立與類化，常用的訓練方法如下：若個案只有語音錯誤，而且沒有明顯的神經損傷，建議採用單一音素為目標的訓練取向（single-phoneme approach）（Van Riper & Erickson, 1996）。首先，以聽覺或知覺方式讓兒童知道目標音素的特性、提示兒童注意並指認目標音素在不同音節中的位置（如在音節首或尾）、區辨正確或不正確的目標音。接著以語音表達訓練，讓個案發出含目標語音的單音節、語詞、短語到句子，逐漸增加目標音的語境複雜度，並在日常對話中充分練習所習得的正確語音。

若個案有多種構音錯誤且口語清晰度極差，則建議採用音韻歷程的訓練方法（phonological process approach），以個案較具可刺激性且較容易習得的音韻歷程作為介入目標。採用循環介入取向（cycles approach），在每個循環過程中選定優先治療的某個音韻歷程為目標，針對該目標提供足夠且適當的範例，讓兒童可以透過聽覺轟炸式的聆聽（auditory bombardment）和構音練習而習得正確的音韻歷程。再透過大量的對話練習以類化到自發性的口語表達中，並進行下一個不同音韻歷程的循環訓練（Hodson & Paden, 1991）。在音韻歷程訓練過程中，除了聽覺和動作的訓練外，針對認知能力沒有損傷之兒童，可以讓兒童覺知自己的構音／音韻錯誤、提高學習的內在動機，並學會自我監控構音的能力。

若聽知覺訓練的效果不佳，則建議加入構音器官或動作訓練（articulatory training），例如：感官動作訓練（sensorimotor training）和口腔動作訓練（oral-motor training）；前者主要是透過個案的觸覺和本體覺的回饋訓練，去感知與產生正確的構音動作，例如：利用壓舌板碰觸或輕壓兒童的構音器官，使其清楚地感受正確的語音產生位置，或者利用鏡子、構音器官圖和模型，說明、示範正確語音產生的方式和位置，並透過說話動作的肌肉強度、耐力、姿勢、協調性等訓練，去增強構音器官的靈活度和動作的正確度。

不論採何種訓練方法，構音／音韻訓練的材料從語音、語詞、語句到對話，以從較簡單、較易區別的語音開始為原則，並以配對方式呈現，例如：最小語音對比配對的語詞，以兩個音節結構接近或相同的詞彙組（如掃地—草地），作為練習的材料，並依據兒童的音韻錯誤類型選擇適當的語音對比。雖然構音異常的矯治需要專業的語言治療技術，然而，普通班教師和家長應透過日常的溝通互動，鼓勵兒童將已建立的正確說話型態類化到日常生活中。

（二）嗓音異常的介入

嗓音治療的主要目的，是依個案的喉部構造、發聲機能，以及心理狀況的不同，將其聲音恢復到滿足生活的需求。其中，器質性嗓音異常的治療以聲帶手術合併發聲訓練為主；機能性嗓音異常則以發聲訓練為主；心理或壓力所導致的嗓音異常，則需加入心理諮商輔導和發聲訓練。

大多數的嗓音問題是由不正確的發聲習慣所引起的機能性嗓音異常，其治療的重點為教導正確的發聲方法，幫助個案找到說話的最佳音調、音量、共鳴方式。嗓音治療的常用方法如下（盛華，1995；Owens et al., 2015）：

1. **聽覺訓練**：教導個案指認與區辨正常與異常的聲音，例如：不同音質、音高的辨

別，並覺知自己的聲音問題。

2. **放鬆練習**：教導個案放鬆的技巧，幫助其比較緊張與放鬆的感覺，透過轉頭運動、頸部肌肉放鬆、張口動作等練習，達到說話時放鬆喉部肌肉，減少嗓音異常。

3. **呼吸控制**：養成以腹式呼吸說話的習慣，以提高說話時的肺活量與足夠的氣流支持，有助於適當的發聲。

4. **確定最佳音高**（optimal pitch）：指導個案依照音階從低到高往上唱出「ㄚ」音，再由高到低往下唱，找到一個用力最少但音量最大的音階，即是個案的最佳音高，也就是說話時聲帶最有效率的振動頻率。

5. **改變姿勢**：教導個案在說話時維持正確的姿勢，例如：說話時保持頭部直立、肩膀微微向後、眼睛直視、雙腳分開，以維持良好的肺部擴張、呼吸控制及胸腔共鳴，可有效改善發聲問題。

6. **禁聲**（vocal rest）：適度的禁聲可以讓疲累的聲帶獲得休息，尤其是在接受聲帶手術或長時間用力說話之後，更應禁聲。

7. **類化**：良好的發聲行為建立之後，要從治療情境類化到日常生活的情境中是相當重要的，可以透過自我監控以養成好的說話習慣，例如：常提醒自己用軟起音（gentle voicing onsets）、適當的音量、速度和呼吸方式說話。

除了接受醫療手術和語言治療之外，教師可以運用各種行為改變技術和認知策略，輔導兒童了解聲帶保健知識與養成衛生的說話習慣，例如：避免在有噪音的環境中高聲呼喊或尖叫、以吞嚥口水的方式避免用力清喉嚨或咳嗽、感冒或喉嚨痛時儘量讓聲帶休息、不勉強唱音域過高的歌曲等，以改善其嗓音異常的問題。

（三）語暢異常的介入

口吃的矯治方式需視個案的年齡和嚴重度而調整。幼童以接受間接治療為原則，透過與父母或主要照顧者諮商，提醒並教導父母改變平時說話的速度和溝通的態度，營造一個耐心傾聽、正向鼓勵、不責備、減少溝通壓力的溝通情境，以改善學前兒童的口吃問題。當兒童出現明顯的次級症候且對自己口吃的問題有了覺察（如不願意開口、逃避說話等）時，則建議採用直接治療，由語言治療師針對兒童的口吃症狀進行矯治。

面對較大年紀兒童的較嚴重口吃問題，可採用心理諮商幫助其改變自我負面的感覺與態度，間接改善口吃問題，但仍建議配合口吃的直接治療，教導流利的說話行為。以下歸納常用的直接教導說話流暢度的技巧（Owens et al., 2015）：

1. 改善說話動作的時間特性

運用放慢說話速度的策略，指導個案延長音節長度，使說話的語音有系統地被拉長，也可以使用一種延宕的聽覺回饋（delayed auditory feedback），讓口吃者學習放慢說話速

度。另外，教導個案延長斷句和停頓的時間（pausing/phrasing），以減短每句話的長度與整體說話速度。運用這些改變說話速度的策略，待流暢的口語建立之後，再慢慢引導個案使用接近正常說話速度的方式說話。

2. 改善說話動作的強度特性

　　運用說話氣流的調整策略，指導個案在開始說話之前要先吸足氣，先吐出一小部分的氣流，之後再說話，減少因聲帶過度緊張而使得氣流無法配合，或邊吸氣邊說話的不流暢問題。由於口吃者也常會出現首語難發的問題，此可能是聲帶相關肌肉組織的張力過強所致，氣流調整策略也會讓個案以較和緩的方式發出首音，再配合教導以軟起音的說話方式，則可減輕因聲帶張力太大所引起的說話不流暢問題。

　　明顯的流暢度異常之矯治需要專業的語言治療技術，然而教師仍可透過平時與兒童的互動，幫助有口吃問題的學生發展或維持其流暢的口語，例如：不要刻意注意口語的不流暢、宜多營造鼓勵以口語表達和互動。

（四）語言發展異常的介入

　　介入的重點在於增進語音、語意、語法、語用能力，以及聽覺理解和口語敘說的訓練等。早期語言療育是相當重要的，其訓練的重點在於提供學前幼兒一個有豐富語言刺激的學習環境，包括學校與家庭，應安排多元的語言學習活動，透過適當的語言引導與介入，例如：示範、提示、回應（增強或矯正）、類化等技巧，協助兒童發展其最大的語言潛能，並增進日常生活中的溝通互動能力。

　　若個案除了語言問題之外，還有其他明顯的身心障礙，例如：智能障礙、自閉症、聽覺障礙、腦性麻痺等，其語言介入除了參照先前提出的原則和策略之外，也應考量其身心學習特質及個別需求，並加以調整語言與溝通介入的方法與策略。

第七節　語言與溝通障礙者輔助工具的應用

　　近年來，輔助科技（assistive technology）提供語言與溝通障礙者諸多生活與學習的重要幫助，其中，擴大及替代性輔助溝通系統（Augmentative & Alternative Communication [AAC]）是語言與溝通障礙者最重要的輔助科技（Beukelman & Mirenda, 2005）。以下簡單說明 AAC 的內涵及其應用。

一、擴大及替代性輔助溝通系統的內涵

AAC 提供一個有效且便利的溝通方法給暫時或永久患有嚴重口語溝通困難者，以提升其溝通能力，並改善生活品質。應用對象為重度語言與溝通障礙者，例如：喉頭切除術病患、意外傷害和脊髓損傷病患、構音異常、失語症、運動性言語障礙，以及自閉症、智能障礙等，包含暫時性或永久性功能損傷，年齡範圍從童年到老年。其主要組成的要素，包括：溝通輔具、溝通符號、溝通技術，以及溝通策略（Church & Glennen, 1992）。

AAC 依個案需輔具的程度，分為非輔具的（unaided）和輔具的（aided）溝通，前者不需藉助任何外加的輔助溝通器，只要利用自身的手勢、臉部表情、身體動作等表達方式即可；後者則需藉助各種輔助溝通器，例如：溝通圖／卡（簿）、溝通板（單句、多句……）、電腦語音溝通板等。溝通符號依其具體程度加以區分，從最具體的實物、照片、線條畫，到最抽象的文字等（Downing, 1999/2002）。溝通技術是指使用者操作溝通輔具的方法，例如：直接選擇（direct selection）和掃描（scanning）。前者是由使用者用聲音、手或身體其他部位的移動去表示出所要表達的目標（如圖片、符號或文字），也可以透過替代性的鍵盤、觸控式螢幕、頭杖、頭控滑鼠、雷射棒、手寫板等方式來控制，較具主動性；而後者是由他人（或電腦）逐一呈現目標物，直到溝通者所要選定的目標物出現，藉由按壓特殊開關去選擇想要的選項，通常較費時且費力，適用於肢體動作不靈活者。

有了溝通輔具、符號和技術，則需透過詳細評估個案日常生活的溝通需求，由專業人員提出並執行輔助溝通介入計畫，協助個案將輔助溝通運用到日常的溝通中，以增加溝通效能。

二、AAC 在語言與溝通障礙的應用

輔助溝通系統的選擇與介入需依據語言與溝通障礙者的個別需求，透過專業的服務團隊，包括：語言治療師、物理治療師、職能治療師、醫師、輔具工程師、電腦輔助系統專家、特教老師及家庭成員等，共同參與評估與訓練過程，才能使溝通輔助發揮最大的功效。關於 AAC 的運用，需考量下列概念與原則（ASHA, 2002a, 2002b; Beukelman & Mirenda, 2005）：

1. 介入目標應涵蓋語言表達及理解層次，以及合宜的社會互動技能。除了讓使用者具有操作溝通輔具的技巧，也應結合訊息聆聽和口語表達的訓練，與他人進行雙向溝通。
2. 溝通輔具的設計要以能增進個案的功能性溝通技能為主要考量，包括：溝通輔具的內容選擇應兼顧社交、學習和其他方面的實際需求，也應涵蓋個案的重要生活經驗和情境，以增進類化。

3. 建立與提升溝通夥伴正確的輔助溝通觀念和使用方法，才能在真實的生活情境中產生足夠的溝通機會給 AAC 使用者。

4. 溝通輔具的設計必須考量個案的語言、認知及肢體動作能力，使用者必須接受訓練及追蹤評估，以確保溝通輔助工具的可用性。

國內目前對使用溝通輔具的觀念已日趨發展，在實際的研發與運用上也有不少團隊（例如：科技輔具文教基金會、衛生福利部社會及家庭署多功能輔具資源整合推廣中心）採專業整合的合作方式。期能推動國內 AAC 硬體與軟體的研發與製造，並推廣 AAC 使用、保養與維修的教育課程訓練，協助語言與溝通障礙者在運用科技輔具後，能增加其獨立生活能力與就業機會。

第八節　語言與溝通障礙者面臨的困境與發展

語言與溝通障礙可能會發生在人生的任何一個階段，不僅會影響其溝通的功能，對於生活、學習、工作和社會適應等也有負面的影響。如何在不同的生命週期都能獲得適切的教育或輔助，以期達成無障礙的學習與生活目標，是亟需克服的課題。以下就國內現況，說明語言與溝通障礙者面臨之困境與可行的發展突破。

一、如何落實語言與溝通障礙者的早期發現與鑑定？

語言與溝通能力是生活和學習的基礎，嬰幼兒早期的語言與溝通發展遲緩問題應該受到相當的重視，除了落實新生兒聽力篩檢、語言發展遲緩篩檢等現有的相關措施之外，更應積極導正國人對語言發展遲緩所抱持的「大雞慢啼」之忽視心態。目前國內語言與溝通障礙幼兒的出現率相較於美國明顯偏低（特殊教育法，2019；ASHA, 2006），也反映出我們在語言障礙早期發現與鑑定上的困境。要改善此一問題，必須仰賴多方面的共同努力（包括：行政、學界、實務界、家長等），例如：宣導並提供正確資訊，讓家長、小兒科醫師、幼教工作者能了解正常語言發展與語言發展遲緩或障礙的區辨指標，及早且持續關注可能會有語言與溝通障礙的高危險群，建立有效率的早期發現與通報管道，並採取具體可行的語言與溝通障礙鑑定基準與程序，以有效篩檢出在語言發展上有困難的兒童。

二、如何在不同階段獲得適切的溝通介入服務？

在落實早期發現與早期鑑定之後，如何為不同類型之語言與溝通障礙者在不同生涯階段，提供符合其需求的溝通介入服務則更是一大挑戰。以國內目前語障服務的提供情形來看，學前語言障礙兒童獲得語言介入服務的情形，比學齡之後（國小和青少年階段）都來

得普遍。主要是以醫療單位提供的語言治療或復健為主，另外有一部分兒童則是接受機構的療育課程、學校的資源教室服務和語言治療巡迴輔導。然而，各個階段所提供的語言障礙介入服務仍是不足的。為解決此一困境，觀念上應該正視語言與溝通障礙者在各階段有不同的服務需求，將語言與溝通障礙的介入服務對象涵蓋學前到青少年甚至成人階段。在義務教育範圍內，語言與溝通障礙兒童主要安置在普通班中，除了增加接受資源班或巡迴輔導服務的機會之外，應加強普通班教師對語言與溝通障礙的認識與相關特教知能，並提供普通班教師關於語言教學與溝通訓練的諮詢服務，以全面協助普通班中的語言與溝通障礙兒童，而這些特殊教育及相關支援服務也應擴及有語言與溝通障礙服務需求的高中職和大專學生，以落實提供跨不同生涯階段（lifespan）的語言溝通介入，確保語言與溝通障礙者的教育權益。

三、如何以跨專業整合的方式提升溝通介入服務品質？

　　語言與溝通障礙的發展在先進國家已受到相當大的重視，強調跨專業合作的服務，整合教育和醫療的介入模式。國內語言與溝通障礙服務的提供，無論是在醫療或教育體系方面，近年來都有持續的進步，例如：語言治療專業透過立法與考試制度，提升了從業人員的專業知能並監控服務的品質；特殊教育則透過教育課程與訓練，提升了特教和普通班教師對語言與溝通障礙的了解與訓練的專業能力。然而，就國內的語言與溝通障礙兒童而言，所接受的介入通常是以醫療和教育分軌的方式提供，語言治療服務進到學校系統的情形不夠普遍。未來應該加強不同專業的合作，以專業整合的方式提供溝通障礙服務，建立有效的語言治療專業與特教專業的合作與支援模式，增進語言與溝通障礙者的學習成效，例如：將家長、普通班教師、特教教師、語言治療師等相關服務人員共同納入團隊中，建立彼此間緊密的合作關係，以落實溝通介入服務的提供。

延伸閱讀

一、相關書籍

劉麗容（2003）。**突破溝通藩籬：如何跨越生命光譜中不同階段的溝通障礙**。遠流。

錡寶香（2006）。**兒童語言障礙：理論、評量與教學**。心理。

錡寶香（2009）。**兒童語言與溝通發展**。心理。

Shipley, K. G., & McAfee, J. G.（2006）。**語言障礙評估資源手冊**〔王南梅譯〕。心理。（原著出版年：2004）

Owens, R. E., Metz, D. E., & Farinella, K. A. (2015). *Introduction to communication disorders: A life span evidence-based perspective* (5th ed.). Pearson.

二、相關網站資源

美國聽語學會（American Speech-Language-Hearing Association [ASHA]）（https://www.asha.org）

台灣聽力語言學會（https://www.slh.org.tw）

中華溝通障礙教育學會（https://www.tcda.org.tw）

科技輔具文教基金會（http://www.unlimiter.org.tw）

衛生福利部社會及家庭署輔具資源入口網（https://newrepat.sfaa.gov.tw）

參考文獻

中文部分

王天苗（1998）。**臺灣地區發展遲緩幼兒人口調查研究**。教育部特殊教育工作小組專案研究報告。國立臺灣師範大學特殊教育學系。

王天苗（2011）。**特殊教育長期追蹤資料庫之建置**。行政院國家科學委員會補助專題研究計畫成果報告。（計畫編號 NSC 96-2420-H-003-002-MY3）

王天苗、蘇建文、廖華芳、林麗英、鄒國蘇、林世華（2002）。**嬰幼兒綜合發展測驗**。教育部。

王南梅、費珮妮、黃恂、陳靜文（1984）。三歲至六歲學齡前兒童華語語音發展結構。**聽語會刊**，**1**，12-17。

身心障礙等級（2008）。中華民國 97 年 7 月 1 日行政院衛生署衛署照字第 0972800153 號公告修正。

林寶貴（1994）。**語言障礙與矯治**。五南。

林寶貴（1999）。語言障礙學生鑑定原則鑑定基準說明。載於張蓓莉（主編），**身心障礙及資賦優異學生鑑定原則鑑定基準說明手冊**（頁 53-73）。國立臺灣師範大學特殊教育學系。

林寶貴、黃玉枝、黃桂君、宣崇慧（2008）。**修訂學前兒童語言障礙評量表**。教育部。

林寶貴、黃玉枝、黃桂君、宣崇慧（2009）。**修訂學齡兒童語言障礙評量表**。教育部。

林寶貴、錡寶香（2002）。**兒童口語理解測驗**。教育部。

林寶貴、錡寶香（2006）。**語言障礙學生輔導手冊**。國立花蓮教育大學。

席行蕙、許天威、徐享良（2004）。**國語正音檢核表**（第二版）。心理。

特殊教育法（2023）。中華民國 112 年 6 月 21 日總統華總一義字第 11200052781 號令修正公布。

特殊教育學生及幼兒鑑定辦法（2024）。中華民國 113 年 4 月 29 日教育部臺教學（四）字第 1132801926A 號修正發布。

教育部特殊兒童普查執行小組（1993）。**中華民國特殊兒童普查報告**。教育部教育研究委員會。

教育部（2023）。**特殊教育統計年報**。作者。

盛華（1995）。嗓音異常治療。載於曾進興（主編），**語言病理學**（第一卷）（頁 157-197）。心理。

陳立芸、劉惠美（2010）。學齡期特定型語言障礙兒童聽知覺處理能力。**特殊教育研究學刊**，**35**（1），1-18。

陳東陞（1994）。**兒童口語表達能力測驗**。中國行為科學社。

陳美芳（1999）。**聽覺記憶測驗**。教育部。

陳振宇、謝淑蘭、成戎珠、黃朝慶、洪碧霞、櫻井正二郎、吳裕益、邱上真、陳小娟、曾進興（2003）。**兒童認知功能綜合測驗**。教育部。

陸莉、劉鴻香（1998）。**修訂畢保德圖畫詞彙測驗**。心理。

張顯達、許碧勳（2000）。國語輔音聽辨與發音能力之發展研究。**中華聽語學誌**，**15**，1-10。

曾世杰（1999）。**聲韻覺識測驗**。教育部。

黃惠玲（2000）。**零歲至六歲兒童發展篩檢量表**。心理。

黃瑞珍、李佳妙、黃艾萱、吳佳錦、盧璐（2009）。**零歲至三歲華語嬰幼兒溝通及語言篩檢測驗**。心理。

黃瑞珍、簡欣瑜、朱麗璇、盧璐（2011）。**華語兒童理解與表達詞彙測驗（第二版）**。心理。

楊坤堂、張世彗、李水源（2005）。**學前幼兒與國小低年級兒童口語語法能力診斷測驗**。教育部。

楊坤堂、張世彗、黃貞子、林美玉（1993）。**修訂西北語句構成測驗**。臺北市立師範學院

楊淑蘭（2001）。口吃發生學。屏師特殊教育，**2**，2-15。

楊淑蘭、周芳綺（2004）。**修訂中文口吃嚴重度評估工具（兒童版）**。心理。

語言障礙、身體病弱、性格異常、行為異常、學習障礙暨多重障礙學生鑑定標準及就學輔導原則要點（1992）。中華民國 81 年 2 月 21 日教育部臺（81）社字第 09057 號函訂定發布。

劉惠美、曹峰銘（2010）。華語嬰幼兒溝通發展量表之編製與應用。**中華心理衛生學刊，23**（4），503-534。

鄭靜宜（2018）。**華語兒童構音與音韻測驗**。心理。

錡寶香（2002）。特定型語言障礙兒童鑑定方式之探討。**特殊教育季刊，84**，1-8。

錡寶香（2009）。特定型語言障礙兒童音韻短期記憶能力之初探。**特殊教育研究學刊，32**（4），19-45。

Downing, J. E.（2002）。**教導重度障礙學生溝通技能：融合教育實務**〔曾進興譯〕。心理。（原著出版年：1999）

Shipley, K. G., & McAfee, J. G.（2006）。**語言障礙評估資源手冊**〔王南梅譯〕。心理。（原著出版年：2004）

英文部分

American Speech-Language-Hearing Association [ASHA] (1993). Definition of communication disorders and variations. *Asha, 35*(Suppl. 10), 40-41.

American Speech-Language-Hearing Association [ASHA] (2006). *2006 schools survey report: Caseload characteristics*. Author.

American Speech-Language-Hearing Association [ASHA] (2007). *Incidence and prevalence of communication disorders and hearing loss in children* (2008 edition). http://www.asha.org/research/reports/children.htm

Andrews, G. (1984). The epidemiology of stuttering. In R. F. Curlee, & W. H. Perkins (Eds.), *Nature and treatment of stuttering: New directions*. College-Hill Press.

Beukelman, D. R., & Mirenda, P. (2005). *Augmentative and alternative communication: Supporting children and adults with complex communication needs*. Paul H. Brookes.

Blood, G. W., & Blood, I. M. (2004). Bullying in adolescents who stutter: Communicative competence and self-esteem. *Contemporary Issues in Communication Science and Disorders, 31*, 69-79.

Bloodstein, O. (1995). *A handbook on stuttering.* Singular.

Bloom, L., & Lahey, M. (1978). *Language development and language disorders.* John Wiley & Sons.

Catts, H. W., Fey, M. E., Tomblin, J. B., & Zhang, X. (2002). A longitudinal investigation of reading outcomes in children with language impairments. *Journal of Speech, Language, and Hearing Research, 45*(6), 1142-1157.

Deem J. F., & Miller, L. (2000). *Manual of voice therapy* (2nd ed.). Pro-ed.

Dollaghan, C. (2004). Evidence-based practice: Myths and realities. *The ASHA Leader, 9*(7), 4-5, 12.

Faust, R. A. (2003, January/February). Childhood voice disorders: Ambulatory evaluation and operative diagnosis. *Clinical Pediatrics, 42*, 1-9.

Fenson, L., Dale, P., Reznick, J. S., Bates, E., Thal, D., & Pethick, S. (1994). Variability in early communicative development. *Monographs of the Society for Research in Child Development, Serial, 59* (5, Serial No. 242).

Fey, M., Long, S., & Finestack, L. (2003). Ten principles of grammar facilitation for children with specific language impairmnts. *American Journal of Speech-Language Pathology, 12*, 3-15.

Fox, A. V., Dodd, B., & Howard, D. (2002). Risk factors for speech disorders in children. *International Journal of Language & Communication Disorders, 37*(2), 117-131.

Hodson, B., & Paden, E. (1991). *Targeting intelligible speech: A phonological approach to remediation* (2nd ed.). Pro-ed.

Howell, P. (2004). Assessment of some contemporary theories of stuttering that apply to spontaneous speech. *Contemporary Issues in Communication Science and Disorders, 31*, 69-79.

Kaiser, A. P., Hendrickson, J. M., & Alpert, C. L. (1991). Milieu language teaching: A second look. In R. A. Gable (Ed.), *Advances in mental retardation and developmental disabilities.* Jessica Kingsley.

Kuder, S. J. (2008). *Teaching students with language and communication disabilities* (3rd ed.). Allyn & Bacon.

Law, J., Garrett, Z., & Nye, C. (2004). The efficacy of treatment for children with developmental speech and language delay/disorder: A meta-analysis. *Journal of Speech, Language, and Hearing Research, 47*, 924-943.

Liu, H.-M., Tseng, C.-H., & Tsao, F.-M. (2000). Perceptual and acoustic analyses of speech intelligibility in Mandarin-speaking young adults with cerebral palsy. *Clinical Linguistics and Phonetics, 14*(6), 447-464.

McCormick, L. (2003). Ecological assessment and planning. In L. McCormick, D. F. Loeb, & R. L. Schiefelbusch (Eds.), *Supporting children with communication difficulties in inclusive settings* (2nd ed.). Allyn & Bacon.

McCormick, L., & Schiefelbusch, R. (1990). *Early language intervention* (2nd ed). Merrill/Macmillan.

Miller, J. (1981). *Assessing language production in children: Experimental procedures.* Allyn & Bacon.

Nelson, H. D., Nygren, P., Walker, M., & Panoscha, R. (2006). Screening for speech and language delay in preschool children: Systematic evidence review for the US preventive services task force. *Pedi-*

atrics, 117(2), e298-e319.

Nelson, N. W. (1989). Curriculum-based language assessment and intervention. *Language, Speech, and Haring Services in Schools, 20*, 170-184.

Nelson, N. W. (2009). *Childhood language and literacy disorders: Infancy through adolescence.* Allyn & Bacon.

Office of Special Education Programs. (2023). *Fast facts: Students with disabilities.* https://nces.ed.gov/fastfacts/display.asp?id=64

Olswang, L. B., & Bain, B. A. (1991). Intervention issues for toddlers with specific language impairments. *Topics in Language Disorders, 1*(4), 69-86.

Owens, R. E., Metz, D. E., & Farinella, K. A. (2015). *Introduction to communication disorders: A lifespan evidence-based perspective* (5th ed.). Pearson.

Pan, B. A., Singer, J. D., & Snow, C. E. (2005). Maternal correlates of growth in toddler vocabulary production in low-income families. *Child Development, 76*(4), 763-782.

Paul, R. (2006). *Language disorders from infancy through adolescence: Assessment and intervention* (2nd ed.). Mosby-Year Book.

Postma, A., & Kolk, H. (1993). Prearticulatory repair processes in normal and stuttered disfluencies. *Journal of Speech and Hearing Research, 36*, 472-487.

Reed, V. A. (2005). *An introduction to children with language disorders* (3rd ed.). Maxwell Macmillan.

Roy, N., Merrill, R. M., Thibeault, S., Parsa, R. A., Gray, S. D., & Smith, E. M. (2004). Prevalence of voice disorders in teachers and general population. *Journal of Speech, Language, and Hearing Research, 47*, 281-293.

Shugart, Y. Y., Mundorff, J., Kilshaw, K., Doheny, K., Dona, B., Wanyee, J., Green, E. D., & Drayna, D. (2004). Results of a genome-wide linkage scan for stuttering. *American Journal of Medical Genetics Part A, 124*(2), 133-135.

Tomblin, J. B., & Samulson, V. (2005). The course and outcomes of specific language impairment. *Frequences, Revue de l'Ordre des Orthophonistes et Audiologistes du Quebec, 17*(3), 21-26.

Tomblin, J. B., Records, N. L., Buckwalter, P., Zhang, X., Smith, E., & O'Brien, M. (1997). The prevalence of specific language impairment in kindergarten children. *Journal of Speech, Language,and Hearing Research, 40*, 1245-1260.

U.S. Department of Education, National Center for Education Statistics. (2007). *The condition of education 2007.* https://nces.ed.gov/pubs2007/2007064.pdf

Van Riper, C., & Emerick, L. (1990). *Speech correction* (8th ed.). Prentice-Hall.

Van Riper, C., & Erickson, R. L. (1996). *Speech correction: An introduction to speech pathology and audiology.* Allyn & Bacon.

Wetherby, A. M. (2002). Communication disorders in infants, toddlers, and preschool children. In G. H. Shames, & N. B. Anderson (Eds.), *Human communication disorders: An introduction* (6th ed.) (pp. 186-217). Allyn & Bacon.

Weismer, S. E., Murray-Branch, J., & Miller, J. F. (1994). A prospective longitudinal study of language development in late talkers. *Journal of Speech, Language, and Hearing Research, 37*(4), 852-867.

Yairi, E., & Ambrose, N. (2004). Stuttering: Recent developments and future directions. *The ASHA leader, 18*(4-5), 14-15.

Zebrowski, P. M. (2003, July). Developmental stuttering. *Pediatric Annals, 32*(7), 453-458.

Zimmerman, G. N. (1984). Articulatory dynamics of stutterers. In R. F. Curlee, & W. H. Perkins (Eds.), *Nature and treatment of stuttering: New directions*. College-Hill.

第十二章
肢體障礙、腦性麻痺與身體病弱

佘永吉

　　肢體障礙（physical disabilities）、腦性麻痺（cerebral palsied）與身體病弱（health impairments）的成因非常多元，除了大約腦性麻痺中的三成之外，多數都沒有心智或者認知上的顯著障礙，建議透過專業團隊的合作與溝通、適應體育的積極介入（古沛儒、佘永吉，2021；佘永吉等人，2022；吳宛霖、佘永吉，2016；林意婷、佘永吉，2023；商執中、佘永吉，2021；張芷榕、佘永吉，2020；張凌瑋、佘永吉，2021；莊心瑜、佘永吉，2017；郭依婷等人，2021；陳佳瑜、佘永吉，2023；陳怡均、佘永吉，2020；陳勇安等人，2014；陳舒婷、佘永吉，2024；陳鈴津、佘永吉，2016；喻紹嫻、佘永吉，2021；黃灼倩等人，2024；劉宛穎、佘永吉，2021；鍾琁如、佘永吉，2021；簡廷倚、佘永吉，2020；龔玉華、佘永吉，2016）、搭配輔助科技（林欣品等人，2022；林祥裕、佘永吉，2020；林靖文等人，2021；張怡華等人，2022；張嘉恩等人，2023；彭慧雯、佘永吉，2021；曾鳳君等人，2019；鍾高基等人，2014；Hong et al., 2022; Lo et al., 2023; Sher et al., 2021, 2022, 2024）建構出無障礙的環境，以提供這三類學生高品質的教育。

　　專業團隊的跨領域（trans-disciplinary）整合性服務是必要的，包括：教師、物理治療師、職能治療師、語言治療師、醫師、護理師、心理治療師，以及社會工作者等（吉婷等人，2021；朱卿雲、佘永吉，2023；胡藝馨、佘永吉，2021；Dettmer et al., 2012/2014），但是專業人員如果僅僅提供個別且片段的服務，可能會使學生混淆且挫折，例如：教師希望學生在學校能夠有良好的坐姿和手功能，來學習寫字或上課，此時就必須先訓練眼神接觸、眼球運動，以及身體與手的控制；但是物理治療師則會優先處方訓練像身體控制之類的粗大動作（gross motor），而非像手功能等精細動作（fine motor），此時就必須透過包括學生和家屬參與的專業團隊進行有效的整合溝通後，以建立最適宜的個別化教育計畫。

第一節　肢體障礙

　　肢體障礙學生的人數，在中學以下占全體特殊學生的比例並不高，在大專教育階段則為特殊學生的**第一大族群**。肢體障礙主要會影響到學生的肢體運動功能，連帶造成學習上的特殊需求，但是由於其肇因疾病非常多樣，個案之間差異極大；即使是肇因於同一種疾病而被歸類成肢體障礙的學生，其個案之間的需求，通常也會有很大的不同。

　　首先，必須思考肢體障礙者的疾病意涵在生理、情緒、智能或感官機能上，有多少功能限制？影響哪些發展的遲緩？將造成哪些學習上的影響？對學生的角色認同與社會參與有哪些改變？在人際互動、學習型態、休閒方式等社會文化方面有何限制？再針對學習情境的特殊需求，做全面性的考量與改進，例如：考試時間的延長或協助、全方位的無障礙環境（包括廁所、上課場所）、實驗與實習、電梯與輔助科技的可即性等。

　　肢體障礙學生的教育與輔導必須是「**全面性**」（holistic），且考量到「**生態**」（ecological）的觀點（何華國，1999；Kauffman & Hallahan, 1981）。「**全面性**」指的是，不應該只單獨針對肢體障礙所引發的個別問題，而必須整體考量教育相關的課題，包括：心理、醫療與社會問題，以協助學生發揮潛能、實現自我（self-actualization）；「**生態**」指的是個體和環境的相互調適，以提升知覺（perceptual）與概念（conceptual）學習經驗的質與量，減少參與之限制，促進其認知（cognitive）與社會發展（Verhaaren & Connor, 1981）。肢體障礙學生的智能和認知能力與一般學生的分布相似，其教育及輔導偏重在**心理**與**學習**問題，必須先觀察並評估他們在**學習**、**行動**、**生活自理能力**是否受到影響？例如：是否需要義肢、輪椅之選配、輔助科技、家具調整、無障礙環境、藥物，甚至尿布或尿管等，使學生的日常生活功能足以克服肢體障礙，增加與同儕互動的機會。學者們建議，應以**學習情境的特殊需求**（adapting the learning environment to their needs）作為優先考量，針對學生學習條件的個別差異，在不同的時間階段或者教學環境中，提供教學輔助與相關的輔導（individua- lized education）。

一、肢體障礙的定義、分類與鑑定辦法

　　佘永吉（2020）、Kirk 等人（2003）、王亦榮（2000a），以及 Taylor 等人（1995）指出，肢體障礙乃因為神經系統（包含腦、脊髓、周邊神經）或肌肉骨骼系統（包含肌肉、骨骼、關節周邊的軟組織）發生病變，產生肢體缺損、神經系統受損，妨礙其肢體控制，導致行動的困難。Hallahan 與 Kauffman（1997）以及 Cross（1993）指出，肢體障礙意指因為非感官（nonsensory）的身體限制、生理或健康問題，妨礙其在學校的參與或學習，影響與社會的正常互動，以致於需要特殊的教育服務、訓練、設備、教材或儀器等的

學生，但不包括視覺障礙、聽覺障礙，或重度以上智能障礙。Sirvis 與 Caldwell（1995）指出，肢體障礙是指個體有動作技能（physical skills）導致的功能性失能（functional disabilities），例如：手功能、軀幹控制或動作的障礙等。

（一）定義

依據最新修訂的《特殊教育學生及幼兒鑑定辦法》（2024）第 7 條：

> 「本法第三條第五款所稱肢體障礙，指上肢、下肢、軀幹或平衡之機能損傷，致影響參與學習活動。
> 前項所定肢體障礙，其相關疾病應由專科醫師診斷；其鑑定基準依下列各款規定之一：
> 一、先天性肢體功能障礙。
> 二、疾病或意外導致長期持續性肢體功能障礙。」

行政院衛生福利部則依據最新的「國際健康功能與身心障礙分類」（International Classifi- cation of Functioning, Disability, and Health [ICF]），頒布了《身心障礙者鑑定作業辦法》（2024）之附表二甲，肢體障礙歸屬於其中第七類「神經、肌肉、骨骼之移動相關構造及其功能」，依據其鑑定向度再區分為：關節移動的功能（上肢、下肢）、肌肉力量功能（上肢、下肢）、肌肉張力功能、不隨意動作功能、上肢構造、下肢構造、軀幹，最後再分別區分其障礙程度與基準。

（二）分類

Patton 等人（1991）將肢體障礙分成：(1)神經系統缺損：如腦性麻痺（cerebral palsy）、多發性硬化症（multiple sclerosis）、脊柱裂／脊髓脊膜膨出或稱脊髓膜囊腫（spinal bifida/myelomeningocele）、脊髓損傷（spinal cord injury）等，主要是影響中樞神經系統相關運動區功能的疾病；(2)骨骼肌肉異常：如年少型類風濕性關節炎（juvenile rheumatoid arthritis）、缺肢（limb deficiency）、肌肉萎縮（muscular dystrophy）、脊柱側彎（scoliosis）等；(3)其他身體狀況（miscellaneous physical conditions）：如意外（accidents）、燒燙傷（burns）、兒童虐待（child abuse）等。郭為藩（2007）以及 Umbreit（1983）提到，肢體障礙常見的病型有：中樞神經損傷，如腦性麻痺、脊髓損傷；先天性畸形（congenital malformations/defects），如畸形足（clubfoot）、斜頸（wryneck）；新陳代謝失調（metabolic disturbance），如肌肉萎縮、先天性肌無力（congenital myasthenia）、重症肌無力（myasthenia gravis）；脊柱彎曲（curvatures of the spine），如側彎、過度前彎腰（lordosis）、過度後彎腰（kyphosis）；脊柱裂造成腦脊髓膜膨出（meningocele）、脊髓膜膨出（myelomeningocele）、水腦症（hydrocephalus）、脊椎肌肉萎縮（spinal muscular dystrophy）、癲癇（epilepsy）；傳染性疾病，如小兒麻痺（poliomyelitis）、脊椎結核病（tuberculosis of the spine/Potts disease）、骨關節結核病（tuberculosis of the bone and joint）、骨髓炎（osteomyelitis）、關節炎（arthritis）、肌炎（myositis）、骨骺炎（epiphysitis）等。

（三）鑑定向度與障礙程度基準

Jones（1983）所謂的重度（severe）是指，若沒有適當的處置，將幾乎完全失能（incapacitating）；中度（moderate）是指，對步行、自我照顧與溝通造成嚴重障礙，但是尚未達到完全失能（disable entirely）；輕度（mild）是指，活動或協調性有著極小限制。在《身心障礙者鑑定作業辦法》（2020）中，依照障礙程度分別有四級：障礙程度 1 亦即輕度；障礙程度 2 亦即中度；障礙程度 3 亦即重度；障礙程度 4 亦即極重度。茲就該辦法的規定中，關於各向度最嚴重的障礙程度摘錄如下：

1. 關節移動的功能（上肢）之重度：兩上肢之三大關節中，各有兩大關節活動完全僵直者。
2. 關節移動的功能（下肢）之重度：兩下肢之三大關節中，各有兩大關節活動完全僵直者。
3. 肌肉力量功能（上肢）之重度：(1)兩上肢之三大關節中，各有兩大關節肌力程度為零級或 1 分者；(2)兩手各有三指（含大拇指）麻痺者（肌力程度為零級或 1 分）。
4. 肌肉力量功能（下肢）之重度：兩下肢之三大關節中，各有兩大關節肌力程度為零級或 1 分者。
5. 肌肉張力功能之重度：(1)兩上肢因肌張力不全、僵直或痙攣達 modified Ashworth scale 第三級，日常生活完全無法使用；(2)兩下肢肌張力不全、僵直或痙攣達 modified Ashworth scale 第三級，無法站立或行走。
6. 不隨意動作功能之重度：(1)巴金森氏病達 Modified Hoehn-Yahr Stage 第五級，無法站立或行走；(2)腦性麻痺 Gross Motor Function Classification 第四或五級，無法功能性行走，須以輪椅行動；(3)由於震顫、舞蹈病、肌躍症、小腦性或感覺性運動失調、神經或肌肉性疾病等症狀，無法站立或行走；(4)由於震顫、舞蹈病、肌躍症、小腦性或感覺性運動失調、神經或肌肉性疾病等症狀，雙手操控顯著困難，日常生活完全無法使用。
7. 上肢構造之重度：兩上肢腕關節及遠端欠缺者。
8. 下肢構造之重度：兩下肢膝關節及遠端欠缺者。

9. 軀幹之中度：頸椎與胸椎 X 光片出現脊椎韌帶骨贅變化，皆各有超過一半以上的脊椎融合，且經脊椎側面 X 光檢查，胸腰椎之 Cobb 角度大於 70 度，及腰椎 X 光片出現脊椎韌帶骨贅變化，且腰椎前彎 Schober 測試達 2 公分以下。

二、肢體障礙的成因

　　了解疾病的相關醫學常識，可以提供教學情境特殊輔導的參考。肢體障礙的**成因**，一般是由於神經系統、肌肉骨骼、心肺系統、發展遲緩等相關疾病，或者是意外傷害所造成的永久性障礙，而無法自主的控制肢體，以致於影響活動。Kirk 等人（2003）、Patton 等人（1991），以及 Nuffield（1988）指出，肢體障礙的**成因**可能是先天的（congenital）或後天的（acquired）；出生前（pre-natal）、出生時（para-natal）或出生後（post-natal），都有可能因為基因的因素（genetic factor）、身體受傷（physical trauma）、缺氧（oxygen deprivation）、中毒（chemical agents/poisoning）、疾病（disease）、不當醫療、飲食、吸菸、飲酒或藥物濫用，或其他綜合原因等，造成肢體障礙，例如：脊髓損傷導致肌肉麻痺與感覺喪失，而運動功能缺損可能包括無法協調乃至完全癱瘓。

　　事實上，肢體障礙的成因，因為罹患疾病的不同而差異極大。國內外許多研究在描述肢體障礙類別時，都採用依照不同疾病，分別逐一敘述造成障礙原因的方式（徐享良，2005；Batshaw, 2002; Cross, 1993; Gearheart et al., 1992; Hallahan & Kauffman, 1997; Heward, 1996; Kaplan, 1996; Taylor et al., 1995; Verhaaren & Connor, 1981）：

1. **肌肉萎縮**：其發生率在美國約為二十萬分之一，大多是基因突變或染色體異常，是進行性的疾病，可以透過磷酸肌酸酶 CPK（the Creatine Phosphokinase Test）檢測出不正常的基因。以男孩最常見的杜馨氏（Duchene）肌肉萎縮症為例，它是一種隱性的（recessive）性聯遺傳（sex-link）之疾病，又稱為假性肥大萎縮症（pseudo-hypertrophic dystrophy），大多在 2 至 6 歲時發病。其他如 Limb-girdle dystrophy（juvenile dystrophy/Erb's disease）肌肉萎縮症，好發在 6 至 10 歲；Facio-scapulo-humeral（Landouzy-Dejerine）肌肉萎縮症，好發在青春期開始時，患者會出現蹣跚（waddling）步態，常常跌倒，動作功能與體適能逐步下滑，需要各式輔具的及時介入，情緒與心理支持也很重要，通常發病後十至十五年會死於呼吸衰竭，病程惡化的速度有些許個別差異。2014 年，漸凍人協會透過網路點名三位朋友，選擇捐款或者上傳以冰桶淋水的體驗影片，成功引起注意並造成話題，募得許多善款，而肌萎縮性脊髓側索硬化症（amyotrophic lateral sclerosis [ALS]）俗稱「漸凍人」。

2. **神經管缺陷**（neural tube defects）：其發生率約為千分之一至二，導因於基因及環境因素，使原本應中空封閉保護脊髓神經的脊椎管閉合不全，此症分為脊柱裂（spinal bifida occulta）、腦脊髓膜膨出（meningocele）、腦膨出（encephalocele）、脊髓膜膨出（myelomeningocele）、無腦無脊髓（anencephaly）等。Rowley-Lelley 與

Reigel（1993）指出，脊柱裂的囊狀突起（saclike bulge）意指位於脊椎管中的組織溢出成胞囊，有時在局部體表長出毛髮，此似乎和胎兒羊水（amniotic fluid）中的α胎蛋白（alpha fetoprotein）高濃度有關，可能會出現下肢癱瘓、水腦、肥胖、大小便失禁、皮膚感覺異常等相關的器官功能缺陷。

3. **脊髓損傷與頭部外傷**（Traumatic Brain Injury）：以交通意外居多，除了影響下肢或四肢功能外，可能還伴隨骨折、脫臼、大小便功能障礙、褥瘡潰瘍等，發生小範圍的腦傷時，智能通常不受影響。頭部外傷包括挫傷（contusions）、腦膜上血腫（epideural hematomas）、腦膜下血腫（subdeural hematomas）、腦震盪（concussion）等。受傷後的復元可分為三個時期，包括：脊髓震盪（spinal shock）期、脊髓反射與痙攣增強（spinal reflex activity and increasing spasticity）期，以及穩定（stabilization）期。居家自我照護及體能維持運動是復健的重點。

4. **截肢**：其病因是天生的缺肢（amelia）略多於車禍及癌症所造成的，建議訓練其使用義肢，並注意是否會影響日常生活功能，或者會出現不正常的代償動作而引起其他問題。選配義肢有助於坐姿平衡、肢體動作對稱，以及改善自我形象（body image），同時要訓練其關節活動度、肌力、姿勢對稱運動、協調、平衡與保護反射等。義肢的材質、外型、重量以及使用訓練，對於功能與癒後都有影響，而且必須定期檢測調整。先天或後天截肢、年齡，以及截肢的高度等因素，都會影響訓練的成效。

5. **小兒麻痺**（poliomyelitis）：此症為病毒感染脊髓的神經組織，尤其是前角灰質的傳出運動神經纖維，而影響神經控制肌肉運動的能力，導致肢體障礙的問題；目前臺灣的新生兒已經全面接種疫苗，不再出現大流行，僅有少數零星的境外移入案例，現今反而是四十餘年前大流行時期的患者於成年後，於近幾年陸續大量出現小兒麻痺後肌萎縮（post polio muscle atrophy）症候群，所形成的嚴重問題。

6. **癲癇**（convulsive disorder, epilepsy）：此症為暫時性大腦不規則放電所造成，可以大致分成全面性癲癇（generalized seizure）發作，或部分區域癲癇（partial seizure）發作。全面性癲癇又可分為張力震攣型癲癇（tonic-clonic seizures/grand mal），發作時會喪失知覺，全身肌肉持續抽搐、緊張與震顫約二至五分鐘；缺席型癲癇（absence seizures）則是瞬間喪失知覺幾秒鐘，或眼球凝視即恢復正常，但是若發作太頻繁，也會影響學習；其他尚有atypical absence seizures以及myoclonic and atonic seizures等。有部分學者將妥瑞氏症（Tourette's syndrome）歸類為癲癇（a seizure disorder）的一種，患者會出現特定重複的動作、臉部表情或聲音等，建議不宜和癲癇（epilepsy）混淆（Turnbull et al., 1995）。

7. **多發性硬化症**：此症是進行性疾病，其機轉是因為免疫系統異常反應，造成神經髓鞘被疤痕結締組織所取代，病因不明，可能是免疫系統、基因或環境因素所造成，寒帶白人女性較常見（Cross, 1993）。初期會出現視力與動作不協調的問題，

並逐漸發展成眼盲、語言障礙、大小便失禁，甚至部分肢體癱瘓等。

8. **畸形足**：此症多為先天性的足部肌肉骨骼畸形，腳掌無法與小腿成九十度平貼於地面，走路時猶如踮腳尖行走。

9. **關節炎**（arthritis）：此症由於長期發炎導致關節變形（joint deformities），最後影響行動能力，必須給予適當的藥物、手術、運動，以及教育調適（educational adaptations）。

10. **脊柱過度彎曲變形**：此症可能是先天、外傷、姿勢不良或疾病所引起，可以區分成駝背（kyphosis）、過度前突（lordosis），以及側彎（scoliosis）等。在青春期時的脊柱過度彎曲變形患者的出現比例，女生比男生多，其中側彎又可依脊椎骨排列的外型，分成 C 型、倒 C 型、S 型、倒 S 型、旋轉型等。

11. **成骨不全**（Osteogenesis imperfect）：俗稱「玻璃娃娃」，導因於衍生骨組織之結締組織的遺傳疾病，因為酵素與胺基酸不正常，造成骨組織與膠原蛋白的結構異常。患者的骨頭脆弱易折斷，鞏膜呈藍色、身材矮小、牙齒脆弱、皮膚常瘀青、關節韌帶鬆動易脫臼，極可能出現脊柱側彎、疝氣、顱內出血、上呼吸道感染等。必須同時由藥物、手術、教育及社會等四方面來協助。學校無障礙環境的建構與意外傷害的預防是首要之務。

12. **股骨頭壞死**（Legg-Perthes disease）：此症病因不明，懷疑與遺傳有關，患者多數是男孩，容易造成骨生長板（epiphysis）非感染性缺血性壞死（aseptic avascular necrosis），透過手術重建髖關節及物理治療可讓患者重返學校學習。

三、肢體障礙者的出現率與安置率

依據 Turnbull 等人（1995）所引述的美國統計資料顯示，肢體障礙學生約占全體學生的 0.12%，約占特殊教育學生的 1.1%。依據臺灣衛生福利部（2024）的身心障礙統計資料，在領有身心障礙手冊的 1,215,021 人口中，肢體障礙者占超過 339,173 人，高居第一位。教育部（2024）統計身心障礙學生人數約 13 萬餘人，其中肢體障礙學生的總人數約 2,031 人，在 93 學年度（9,978 人）以前逐年遞增，近幾年緩步減少；而 2023 年肢體障礙學生占身心障礙學生人數的比例約為 1.54%（如表 12-1 所示），在 91 學年度（12.03%）以前逐年增加，近幾年則逐漸減少。推測可能的原因是：部分肢體障礙學生依據新修訂的《特殊教育法》規定，若同時出現多種障礙，各縣市「特殊教育學生鑑定及就學輔導會」（簡稱鑑輔會）則會依據學生的實際情形與醫師診斷做綜合研判，改判為新增的類別「腦性麻痺」；或依據其他非肢體障礙類別的主要障礙，將其判定為智能障礙、學習障礙或多重障礙等。但如果只觀察就讀大專校院的身心障礙學生障別比例，肢體障礙學生仍居所有障礙類別的第 5 位。

在肢體障礙學生的安置方面，早期有啟仁班、彰化仁愛實驗學校，甚至有部分設在機

表 12-1　89～111 學年度肢體障礙學生人數統計概況

學年度	學前人數	國小人數	國中人數	高中職人數	大專校院人數	人數總計	身障總人數	占身障總人數比例
89	585	2,348	1,014	0	0	3,947	61,079	6.46%
90	720	2,751	1,300	980	2,511	8,262	77,019	10.73%
91	762	2,813	1,404	1,162	3,067	9,208	76,535	12.03%
92	751	2,846	1,490	1,340	3,437	9,864	83,389	11.83%
93	876	2,808	1,535	1,382	3,377	9,978	90,133	11.07%
94	768	2,740	1,488	1,358	3,385	9,739	93,613	10.40%
95	706	2,678	1,431	1,357	3,504	9,676	97,897	9.88%
96	638	2,498	1,407	1,373	3,340	9,256	102,775	9.01%
97	603	2,296	1,456	1,384	3,403	9,142	106,882	8.55%
98	601	2,030	1,460	1,350	3,284	8,725	111,724	7.81%
99	540	1,894	1,306	1,355	3,014	8,109	115,230	7.04%
100	521	1,625	1,231	1,275	2,963	7,615	116,722	6.52%
101	537	1,574	1,157	1,122	2,943	7,333	111,988	6.55%
102	441	1,348	1,027	1,163	2,562	6,541	145,240	4.50%
103	368	1,138	826	963	2,361	5,656	101,003	5.60%
104	262	965	673	870	2,023	4,793	121,313	3.95%
105	223	826	534	743	1,798	4,124	109,542	3.76%
106	217	699	467	639	1,514	3,536	111,621	3.17%
107	200	628	389	562	1,304	3,083	126,419	2.44%
108	167	570	369	468	1,135	2,709	129,749	2.09%
109	136	527	343	413	1,024	2,443	121,359	2.01%
110	143	503	311	360	967	2,284	126,689	1.80%
111	122	479	262	350	818	2,031	131,884	1.54%

註：引自教育部（2024）。

構法人附設的特殊班。現在政策則朝向融合教育發展，目前已經全面回歸校園，以普通班級安置回歸主流為主，視情況提供諮詢，或者到資源班上特殊課程，如適應體育等。配合無障礙環境與輔助科技的推廣實施，加計少數極重度在家教育及住院學生，**安置率**已經超過 99%。

四、肢體障礙者的人格特質

Batshaw（2002）指出，大部分的肢體障礙學生智能正常，學業困擾不是主要的教育問題，反而是由於身體的限制所形成的社會與情緒之調適困難。Kirk 等人（2003）認為，

對於青春期的肢體障礙者，必須特別注意的是身體形象（body image）、同儕接受度（peer acceptance）、獨立度（independence from parents）、自我接受度（self-acceptance），以及成就感（achievement）等問題。肢體障礙學生由於敏捷性和動作功能受限、身體疼痛和不舒服、無法行動自如且活力降低等原因，常出現和肢體、生活功能上相關的問題，因此常常覺得被朋友或者家人疏離，也常常因為肢體疾病而必須面對手術或許多的醫療介入。因此，肢體障礙造成學生在教育、心理、醫學與社會上的主要**特質**是：因為行動不便或手部操作能力不足，而致**生活自理能力不足、參與社會活動受限**等；由於生理上的限制，身心障礙學生從事動態的休閒活動比率較低，因為運動不足而導致身體機能退化的情形相對較高；也由於無法行動自如，活動範圍受限顯得較孤立，**缺乏學習及擴展生活領域的機會**；也因為肢體障礙較容易影響外貌和姿態，因而容易增加人際互動上的不安，引發其自憐自卑、導致**社會適應**上的困擾，容易產生沮喪、退縮、憤怒、消極、認命等的負面情緒。肢體障礙學生通常外顯特徵比較醒目，例如：可能會由於出現外型的缺損、流口水、大小便失禁、不可預期的癲癇、呼吸中止、動作不協調、行走、語音產生，或衣、食、如廁的日常生活功能困難等，遭同儕排擠，而缺少與同儕互動或遊戲的經驗，並進一步降低認知與社會功能的發展。

　　Livneh 與 Evans（1984）認為，肢體障礙學生在真正面對、接受與適應自己的障礙之前，都會歷經震驚（shock）、焦慮（anxiety）、等待奇蹟（bargaining）、否定（denial）、悲傷（mourning）、沮喪（depression）、退縮（withdrawal）、內心憤恨（internalized anger）、外顯攻擊（externalized aggression）、面對（acknowledgment）、接受（acceptance）、適應（adjustment）等十二個時期，這樣的心理歷程也普遍出現在面對重大疾病或人生轉折的人身上。肢體障礙學生由於智力與認知功能大多未受到疾病的影響而喪失，需要我們投注心力於相關的輔導工作上。唯有盡快讓肢體障礙學生進入最後的適應歷程，相關的學習與輔導工作才能有效率的協助與進行。

（一）肢體障礙學生可能出現的主要心理問題

　　郭為藩（2007）強調，應注意肢體障礙學生是否出現心理空間或物理空間的孤立狀態、自我貶值、前途的憂慮、偽裝的煩惱等問題。**孤立狀態係指**，由於無法行動自如、活動範圍受限，所接觸的生活領域及經驗也隨之受限，因而產生物理空間的孤立感。再者，由於對自身的障礙具有高度的自卑感，而避免與人接觸，在心理空間上難免形成孤立，影響其與他人的情感交流，因而產生物理、心理空間上的孤立。**自我貶值係指**，有些肢體障礙者由於長期在依賴狀態下，例如：依靠他人料理日常生活雜務、用餐、沐浴、如廁等，難免自覺沒有能力而自慚形穢，在他人好奇的注視、取笑跛腳、歪嘴，或者不合宜的同情表現下，時時觸及傷痛，難免打擊自尊心。**對前途的憂慮**是每一個肢體障礙者必須面臨的一項瓶頸，而對傷殘程度較重者，由於長期依賴別人的扶持，所以內心會時時感受到一種缺乏

安全感的焦慮，深恐別人嫌惡而遺棄之。**偽裝的煩惱係指**，對肢體健全者認同，在各方面表現盡力，會盡其所能去掩飾本身的障礙，但又怕被發現，因此心理上一直呈現緊張狀態。

（二）肢體障礙學生的表現有很大的個別差異

　　生理的障礙對個人的心理生活有深遠的影響，但是也和**個人的人格特質**有關，不一定會造成正面或者負面的行為。肢體障礙學生在心理上有尋求獨立的想法，生活上卻需要他人協助，因此可能產生矛盾、缺乏安全感，以及不確定感。肢體障礙學生會對一般同儕認同，在許多方面的表現會盡其所能，卻又擔心身體上的缺陷會影響其人際關係，因而形成心理上的緊張和衝突。肢體障礙的學生會比較容易不被正常學生所接受，而且肢體障礙也是影響**社交技巧、社會接納**的重要原因。他們可能會因為外表、身體情況或身體缺陷，而造成身體心像的改變，以及心理上的變化；換句話說，可能會因為身體方面的缺陷，而影響到個人的**心理健康、社會適應和自我概念**；外表可觀察到的障礙情形愈是明顯，可能影響的程度也愈高。

　　外貌缺陷也會使得自我概念的發展受到身體形象不利的影響。因為外表軀體形象的影響，以致對自己的外貌產生厭惡、恐懼以及感到羞愧，比較沒有自信心或容易在人群當中退縮。肢體障礙會讓少數學生在**生理上**容易出現氣喘、失眠、食慾不振、疲憊等反應；在**心理上**容易出現生氣、憤恨、焦慮、自暴自棄等反應，這些身心反應會對自我概念產生不好的影響。某些肢體障礙者可能因為自我概念不佳、對自己缺乏自信心，**與他人互動**時顯得比較退縮、壓抑自己的需求，或容易因為小衝突引發較大的挫折，因而影響到人際關係的正常發展。由於行動上的限制，肢體障礙學生的活動領域及生活空間較一般同儕狹隘，可能在情緒上產生**自我封閉**的現象（甘敏郁、佘永吉，2017）。

　　徐享良（2005）、Ysseldyke等人（2000）、Ysseldyke與Algozzine（1995）、Harvey與Greenway（1984），以及Santrock（2015/2018）等學者則認為，若肢體障礙導源於腦傷或脊髓損傷的中樞神經系統之疾病，則除了肢體問題之外，更可能同時出現心智遲緩、學習問題、認知問題、缺乏協調、注意力轉移、情緒與行為異常、溝通異常等行為表現。此必須透過身心評量，了解並確實掌握學生的真實狀況，包括：檢核生理發展的正常狀況、相關的特殊檢查、認知能力的評量、感覺動作能力的評量、生活自理能力、移動能力、語言及溝通能力、學業成就、人格適應等。

　　徐享良（1999）建議，目前可應用針對智能障礙者的適應行為量表，來評量肢體障礙學生的十項指標，包括：溝通能力、自理能力、居家生活、社會技能、社區活動、自我指導、安全衛生、實用知識、休閒活動、職業活動，作為鑑定工具之一。

五、肢體障礙者的教育與輔導

（一）教育的設計原則

　　首先要針對每一個學生提供「個別化教育計畫」（individualized education plan [IEP]）。肢體障礙學生的**教育**，除了一般課程的知能學習外，尚應配合適當的醫療，給予機能訓練、語言訓練、心理輔導與職業陶冶，以增進身體機能及生活適應能力（教育部，2006）。思考肢體障礙者的疾病，意味著在生理、情緒、智能或感官機能上有多少功能限制？影響哪些發展的遲緩？將造成哪些學習上的影響？對學生的角色認同與社會參與有哪些改變？在人際互動、學習型態、休閒方式等社會文化方面有何限制？再針對學習情境的特殊需求，做全面性的考量與改進，例如：考試時間的延長或協助、全方位無障礙環境，如廁所、上課場所、實驗與實習、電梯與輔助科技的可及性等。

　　王亦榮（2000b）指出，在教師進行教學，編選教材、運用教學方法時，必須充分考慮肢體障礙程度、身心發展、身心特質，以及各種實際條件，並把握下列教學原則：(1)設計適合兒童障礙程度、學習能力的教材，教材以實用為主，讓兒童學習之後能立即應用於日常生活中；(2)應用工作分析的技術，分析教材內容，使之能循序漸進，達成教學目標；(3)需參酌學生的障礙程度及情形，酌減各科教學內容；(4)若因病或醫療上的需要而缺課，必須給予補救教學，以免影響進度；(5)考量兒童的障礙情形，在指派工作或考試時，給予較多的時間完成，或是減少其作業量；(6)若是兒童無法書寫，允許其以打字、錄音或口述來替代；(7)若是閱讀或翻頁有困難，則提供有聲教材，讓兒童由聽覺管道學習；(8)彈性應用各種教學評量的方法，在教學中注重形成性評量；(9)妥善運用教學評量的結果，以做為改進教材、教學方法，以及學習輔導之依據。

　　郭為藩（2007）指出，肢體障礙學生必須：(1)**復健**（rehabilitation），包括：早期的發現鑑定與療護指導、障礙程度及剩餘能力的清查（如智力測驗、日常生活動作能力與機能檢查、視力及聽力）、醫療重建（如整型手術與物理治療）、生活教育輔導（如充實生活經驗、培養基本生活習慣、重視職業生活的指導、指導休閒生活的利用）等；(2)**機能訓練**，包括：基本動作訓練、起立步行訓練、水療訓練、職能治療、語言治療等；(3)**父母親職教育**，包括：心理輔導、醫護常識、輔助科技介紹等。

　　郭為藩提出下列四個教育課程的設計原則：

1. 充實生活經驗：肢體障礙學生受限於行動能力，其生活經驗領域有限，可以透過實地觀察、參觀、欣賞、視聽教材，重視完整的生活經驗。何華國（1999）指出，教育與輔導的策略在於加強實施早期教育、了解特殊需求、消除環境中的行動障礙、提供生活與學習上必要的輔助設備，例如：透過適當的評估器材，以了解坐姿擺位及座面壓力等人因計測資料等。此外，更要注意是否有交通接送的需要？除了兼顧醫療復健方面的需要，並提供必要的教育訓練與心理輔導。

2. 培養基本生活習慣：由於生理限制與父母可能的過度保護，宜訓練與培養良好的起居、衣著、儀容、盥洗、飲食及社交生活習慣。邱上真（2004）認為，肢體障礙學生的智力或者學習能力，如果沒有受到明顯的影響，則教師的協助可以偏重在學生的行動、生活自理，以及涉及動作的課程，並提供活動上的協助。肢體障礙學生的抱負水準、生活目標，以及外界對其學習效果的期許，會影響學生的學習成就。

3. 重視職業生活的指導：肢體障礙學生的就業率比智能障礙學生高，正確的職業技能與工作態度之培養，使其具有一技之長，以作為經濟獨立與人格尊嚴的基礎，建立其自立自主的自信心。徐享良（2005）認為，應該就座位、行動能力、建築物的方便性、改裝設備、多重障礙情形、健康狀態等，予以全面性的考量與協助，並包含下列幾方面：基本動作訓練，包括粗動作發展里程碑的頭部控制、翻身、坐起、爬行、跪立、扶牆走等；可以在被動、協助、主動與阻力狀態下進行。起立步行訓練係透過物理治療及輔助科技，如站立架、跑步機等，訓練下肢肌力與行走能力。水療訓練係經由水的溫度減少肌肉痙攣與疼痛，提供感覺刺激與適當的阻力；水中運動最大的優點是浮力能提供人體近乎無重力的狀態，可以在不受重力干擾之下進行各種治療運動（陳佳瑜、佘永吉，2018；傅琪瑋、佘永吉，2017）。職能治療則透過支持性與功能性的治療，選取適當的輔具，保持肌力，增進持久性，能穩定肢體障礙學生的情緒，培養正確的工作態度與社會習性，增進自信心與自重感（蔡宛靜、佘永吉，2019）。

4. 指導休閒生活的利用：創造力和想像力並未因肢體障礙而受損，適當的休閒生活，可以促進人格健全發展，並提高生活的境界。應提供學生包括音樂、美術、文藝、戲劇、工藝，乃致於適應體育，以培養多方面的興趣，使其體驗充實而有意義的生活（陳勇安、佘永吉，2019）。

此外，也要注意學生在日常生活活動中的自我照顧技巧，與同儕的社會互動及情緒的調適等。以脊柱裂學生為例，除了運動、感覺缺損，可能會有大、小便失禁的問題，尿路感染比上呼吸道感染更常見，所以應施以排尿功能訓練，如骨盆底肌群的凱格爾運動（Kegel Exercise）等，以改善其尿失禁的問題，有助於社交與學習。

徐享良（2005）則認為，應該加強訓練語言溝通、生活自理能力，充實生活經驗、生計教育、休閒活動與體育，以及一般學科教育等幾方面的教育協助。

Cross（1993）主張，要開始建立肢體障礙學生的個別化教育計畫時，必須檢視其醫療、通勤、移位、溝通、自我照護、擺位及教育等七方面的問題與需求。**醫療**需求方面，應先檢視除了主要障礙外，是否有其他問題？如癲癇、糖尿病、感覺異常等；是否必須在學校服藥？次數及數量為何？有沒有副作用？緊急醫療的程序和連絡人為何？有何禁忌或限制？**通勤**需求方面，應先檢視其是否需要校車或復康巴士接送服務？**移位**需求方面，應先檢視其是否需要移行輔具及無障礙設施？**溝通**需求方面，應先檢視其是否有口語能力？是否有書寫或閱讀障礙？**自我照護**需求方面，應先檢視其日常生活功能，包括：進食、穿

衣、盥洗、如廁等活動的獨立程度；**擺位**需求方面，應先檢視其是否需要特殊坐姿擺位輔具等？**教育**需求方面，應先檢視學生現有的課業能力、發展的里程碑與職業能力，有哪些優勢與缺點？肢體障礙會影響到哪些在學校的成就？參與學校活動時有哪些醫療上的需求或考量？教室或學校內應該提供哪些無障礙環境？有哪些軟硬體與服務必須提供？

　　學者 Turnbull 等人（1995）、Bigge 等人（1999），以及 Bauer 與 Shea（1989）則指出，在調整教學策略時，應注意增進對於學生障礙狀況的真正了解，著重在生活品質的提升。在生活的其他面向上，則是應協助學生，增加其對於日常生活獨立能力的控制感，並鼓勵他們參與適當的適應體育活動。

（二）課程調整

　　依據教育部 2001 年起實施的九年一貫課程，將學習內容分為語文（含本國語文、英語）、數學、自然與生活科技、社會、藝術與人文、健康與體育，以及綜合活動等七大學習領域。茲分別依照學習領域的**教學策略摘錄**如下：

1. 語文領域教學策略：(1)對於上肢障礙的學生，教師應適時的減少書寫方面的功課，可以其他的替代性作業替代之，以免抹煞其學習動機；(2)應注意下肢障礙學生在上課行動的方便及安全；(3)上課筆記部分，若上肢障礙學生有抄寫上的困難，可允許其採用課堂錄音的方式替代，或請同學代勞。

2. 數學領域教學策略：教師在教授涉及操作性的學習內容時，應提供特殊的輔助器材，或是請同儕加以協助，以利學習活動的進行。

3. 自然與生活科技領域教學策略：(1)教師在上課前需對授課內容充分的了解，並思考教學流程及動線，如觀察的地點是否適宜、是否方便肢體障礙學生行動；(2)調整或簡化教材及活動內容；若場地無法配合，教師需思考可替代性的活動；(3)利用視聽多媒體設備輔助教學；(4)示範輔具的使用。

4. 社會領域教學策略：(1)善用科技、多媒體、網路輔助教學：教師可於課前攜帶攝影器材拍攝教學內容，讓肢體障礙學生有如身歷其境，也可善加利用網路搜尋課堂相關資料；(2)小組合作學習：肢體障礙學生由於行動不便，可能無法進行田野考察訪談或至圖書館蒐集資料，教師除了設法為其排除障礙，亦可利用小組合作學習模式，由其他同學進行資料蒐集及調查的部分，而肢體障礙學生則參與討論、分享或報告。

5. 藝術與人文領域教學策略：在動覺藝術的表現方面，可以強調肢體障礙學生其正常或具優勢的部分，或以不同的形式表現替代之。

6. 健康與體育領域教學策略：(1)在教學方面，教師可建立同儕制度，運用工作分析簡化教學單元，配合學生能力由簡而繁進行教學，使肢體障礙及普通學生同時獲得相同的學習成效；(2)教師需了解及評估能力，由於其所具備的運動能力、經驗及參與體育活動的態度，會使每位學生有不同潛能的發展。

7. 綜合活動領域教學策略：(1)教師可針對適合肢體障礙者所需的課程內容深入介紹，設計教學活動，培養其認同、欣賞及接納自我；(2)基本生活能力的培養及訓練；(3)面對危急時，就自己的能力所做的因應處理方式。

（三）輔導方法

　　在肢體障礙學生的輔導方面，要注意他們的軀體缺陷是否會影響自我概念的發展，影響自我概念的並不是直接導因於身體上的缺陷，而是因缺陷所導致的挫折與自卑；應輔導學生面對現實、接受生理功能的限制、把握實際的生活目標、適應生活環境，並實現自我的理想（郭為藩，2007），至少要努力做到日常生活功能的獨立。肢體障礙學生常因身體社會能力的問題，而無法培養正面的自我感受；負面的自我感受是由許多原因造成，包括：社會經驗、被限制的機會，以及被貼上障礙者的標籤等，這樣的經驗與信念通常導致其容易有疏離感、被貶低、污穢及歧視的想法。要加強肢體障礙者的自我接受，最好方法就是運動或是適應體育活動，其中包括休閒活動。提供身心障礙者符合年齡的適當休閒活動，有助於對社會的適應。

　　Olkin（1999）及郭為藩（2007）等學者認為，肢體障礙學生必須經過一系列的改變與適應，才有辦法去接受其障礙方面的事實。具體的輔導措施與價值調整可以透過擴大價值的範圍（enlarging the scope of value），理解在社會上除了身體上的價值外，還有很多其他價值存在，雖然身體上有障礙，但只要包容失能的效應、擴大去追求其他價值，例如：鼓勵學生專注於提升智慧、勇氣、學業、事業、友誼、品德、忍耐、同情等，還是可以獲得價值上的滿足。理解身體外表是次要的（subordinating physique），肢體障礙雖然會對自己有一些的影響和不便，但障礙者不應該把這些影響擴大到整個自我功能。限縮障礙的影響（containing disabilities effects）意指，心理方面不要因為肢體障礙，而認為自己一無是處。進一步從「比較價值」轉換為「內在價值」（transforming comparative values into asset values），對於自己的評價應該給予肯定，重視自己本身的價值，不需要去跟一般人比較，轉移學生對肢體障礙單一價值的認定，知足常樂，使學生了解自己的長處與價值，才是最重要的。

（四）具體輔導要點

　　教師宜注重個別的差異，並給予個別的輔導，藉由改變教學和學習環境，適應肢體障礙者的個別需要。協助其建立積極人生觀，與父母、學生合作，讓肢體障礙者重新體認生活目標是多方面的，人生中值得追求的價值還有很多。針對障礙造成的後果做一較公允的評估，找出其限制與專長處，以發現重建或補救的途徑。

　　協助學生了解「肢體障礙」是一種個別差異，而不是一件值得害怕、羞恥或自卑的事。教師應誠實回答學生的問題，承認並尊重肢體障礙者對障礙的感受。不寬恕其他同儕

對他們的嘲笑、取綽號等一些污衊、嘲弄的不適當行為。協助學生把障礙視為生活及自己的一部分，經由面對及討論分享中，認識個人的限制與專長，積極的找尋幫忙他人的能力。藉由**動作、健康、自理技能**等運動，幫助肢體障礙者適應、克服身體的障礙，以增加處理事物的能力（佘永吉，2016b）。實施令他們有成就感的活動，成功的經驗會促使他們擁有成就感，而更願意去學習；失敗的經驗也會造成他們習得的無助感。**老師應該要針**對他們的優點，多給予自我表現的機會，適時的給予獎勵，減少他們的挫折感，以增進自我概念的提升。隨著「回歸主流」和「融合教育」的推展，特殊需求學生融入一般教室生活與學習，以「**最少限制的環境**」作為安置原則。建立校園無障礙環境之目的，在於增進行動不便學生，對於校園生活學習與適應能力，並藉由校園內（如建築物、教學環境、接納等）各方面軟硬體的改善，以消除校園內各種有形與無形的障礙，期使行動不便學生能夠在最少限制條件的環境之下，與一般學生一起學習，共同享用各種教育資源。

　　教師宜注意學校提供的無障礙環境，應該包括**物理、心理**，以及**社會環境**的無障礙（佘永吉，2009，2016a；邱上真，2004；Hallahan & Kauffman, 1997; Lewis & Doorlag, 1999; Snell & Browder, 1986）。

　　物理無障礙環境包括：是否將學生安排在一樓或電梯可以抵達的教室，確認各科的學習場所都可以抵達；讓學生擁有適當大小的活動空間；適當的座位安排，以方便輪椅或者助行器的移動；是否能夠讓學生獨立的完成上廁所等基本的日常生活需求，如入口與走道的適當安排；可以使用固定的電腦、紙張書寫、書本閱讀、進行美勞課程的桌面；學習動線的適當規劃，以利取得學習資源與進行學習活動；協助科技輔具的取得與使用，如書寫、用餐輔助器、溝通板等（佘永吉、鍾高基，2001）；若肢體障礙的問題影響學生的上課筆記抄寫、報告繳交與考試，建議使用替代或調整方式，允許學生使用錄音機、電腦輔具、延長時間，或者改變考試題型等方式。

　　心理與**社會環境**則包括幫助學生建立自信心與自尊、社會與情緒適應技能等。而在**課程與教學策略**的調整方面，則包含：動作與移動技能的教學、生活自理能力訓練（何欣、佘永吉，2016）、增進其他學生對障礙特質的了解、強調生活品質的重要性、增進學生自我管理的能力等。

　　透過班級各項團體輔導技巧，提升同學對肢體障礙學生的正確認識，學習良好的相處方式。透過體驗活動的角色扮演，讓每位同學實際體驗肢體障礙學生的不方便，進而將心比心，隨時隨地同理與尊重肢體障礙學生的感受。在安排班級事務及學習活動時，不要預設立場或先入為主的認為他們無法達成目標而排除其參與的機會，剝奪其公平學習的權益。舉辦校外教學或參訪活動時，可先徵詢學生的意見，鼓勵其參與，若有必要，宜進行必要的心理輔導。

　　Taylor 等人（1995）以及 Fonosch 等人（1982）認為，增廣生活經驗、訓練日常生活技能、培養休閒生活技能（適應體育與體適能）、職業陶冶與技能訓練，可以有效協助肢體障礙者獲得充分的運動、減少自卑，以及增加自我認同、自信心與成就感。

六、肢體障礙者輔助工具的應用

　　輔助科技包含設計、製造到評估、處方，必須由跨領域的科際專業團隊合作才可以有效的達到目標。輔助科技使用的目的，在於達成學習與日常生活上的獨立，減少對他人的依賴，回歸主流融合教育。如果沒有適當的輔具、輔助科技，以及無障礙環境，往往會限制了肢體障礙學生的行動與學習。教學與輔助科技（instructional and assistive technology）意指，支援與加大資訊效益的相關設施；輔助科技則意指，擴大障礙學生適應功能的科技協助。

　　Challenor 與 Katz（1974）認為，及早選配義肢可增進學生及家屬對義肢的接受度，預防使用單側、無效率的操作物品，以改善平衡及避免脊柱側彎，增進協調功能，減少骨質疏鬆及肌肉萎縮。Schreiner 等人（1987）指出，透過義肢（prostheses）或科技輔具（technical devices），重度肢體障礙學生可坐起來或走路；透過頭控滑鼠（head pointers）、溝通板（communication boards）等輔具，肢體障礙學生可代償（compensate）失去的功能。其他中、輕度障礙學生也可透過行動輔具，例如：手杖（Canes）、腋下拐（Crutches）、助行器（walker）、輪椅（Wheelchair）、電動輪椅等，配合預防關節畸形的合適裝具（orthoses/brace），如踝足支架（ankle foot orthoses, AFO）（曾鳳君等人，2019）。甚至是侵入式的，如脊柱裂學生植入的霍特氏引流管（Holter shunt），可減輕水腦症（hydrocephalus）的腦壓；相關的無障礙廁所輔助裝置（physical toileting assistance）、具有適當人機介面的電腦溝通輔助系統（AAC）等，都是肢體障礙學生可能會使用的輔具。

　　由於肢體障礙的個別差異太大，輔具的評估處方並不適用於一般量產製造的通用設計（universal design），量身訂製成為早期發展不得不然的選擇。但經過多年的實證與研發，模組化（modulization，如圖 12-1 所示）的設計與製造，已成為兼顧成本效益（cost-effective）與個別差異需求的最佳選項（鍾高基，1998）。此一設計理念，已廣泛應用在避免骨骼肌肉系統後遺症（Orthopedic complication）的坐姿擺位系統（如圖 12-1、圖 12-2 所示），藉以誘發坐姿平衡（facilitate sitting balance）、使肢體對稱活動（symmetry of limb activities）、矯正坐姿（total body image），以避免嚴重的脊柱彎曲影響呼吸及手功能，透過持續的伸展運動，預防關節攣縮（joints contracture）。

　　Sirvis 與 Caldwell（1995）、Taylor 等人（1995），以及 Cross（1993）主張，透過適當的輔助科技，可提供更好的坐姿擺位（better positions，如圖 12-3 所示）、日常生活活動（activities of daily living），如飲食、穿衣、如廁、個人衛生、烹調、旅行及交通工具等自我照顧、動作及移位（mobility & locomotion，如圖 12-4 所示）、溝通輔具（如圖 12-5 所示）、學業潛能（academic potential）、學習適應（adaptations for learning）、轉銜服務（vocational or transition skills）（吳亭芳等人，2020；林恩慈等人，2019），以及娛樂和休閒活動（recreation & leisure activities）（王嘉瀅、佘永吉，2019）等。

圖 12-1　**左圖為模組化評估椅；右圖為模組化特製輪椅**

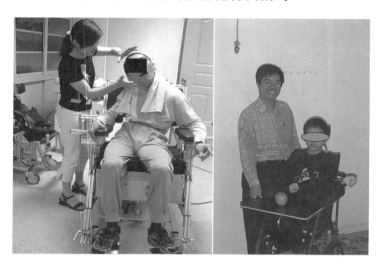

圖 12-2　**特製輪椅的個別評估與處方**

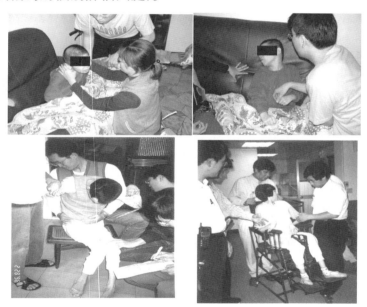

　　實務上可以考量降低課業負擔，依據學生個別的障礙情形，在指派工作或考試時，給予較多的時間完成，或是減少其作業量。若是學生無法書寫，允許其以打字、錄音或口述來替代。若是閱讀或翻頁有困難，則可以提供有聲教材，讓學生由聽覺管道學習。彈性應用各種教學評量的方法，在教學中注重形成性評量。**妥善運用教學評量的結果**，以做為改進教材、教學方法，以及學習輔導的依據。上課筆記部分，若上肢障礙學生有抄寫上的困

圖 12-3　傳統輪椅與量身訂作特製輪椅　**圖 12-4　在家教育兒童與特製輪椅**

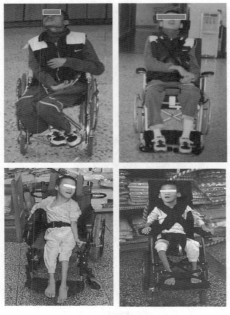

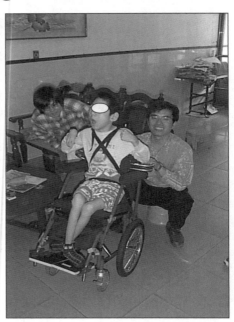

圖 12-5　特殊兒童使用溝通板

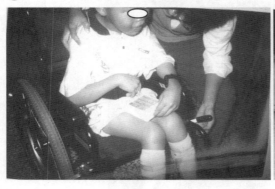

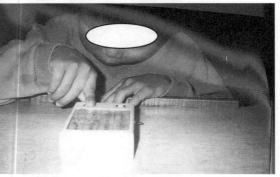

難（Lin & Sher, 2019），可允許其採用課堂錄音的方式替代，或請同學代勞。評量方式及原則由於有動作上的障礙，在完成作業或考試時，常較其他同學需要更多的時間。因此，在**作業和考試**方面應給予彈性延長時間，以使其有充分的時間完成。對於肢體障礙學生在作業和考試時應允許以電腦、口語錄音、專人代筆的方式作答，例如：上體育課或其他動態課程時，要依據肢體障礙學生的體能狀況，提供個別的指導和協助，使其有團體的參與感和隸屬感（陳勇安、佘永吉，2019）。

在最少限制的環境（LRE）中，排除各種不利的限制，例如：上下學時，可以提供輪椅進出的復康巴士及公共交通工具，讓障礙學生接受最適當的教育，也就是說要盡量接近

正常的融合環境。**體育**方面的教學評量，除了涉及上肢障礙者的手部動作、下肢障礙者的行動和移位外，應與一般學生的評量方式並無多大的差異，若有涉及弱勢項目部分，可以坐輪椅或執柺杖支架、義肢替代之；或是**修正環境器材和規則**（謝寶萱、佘永吉，2019），不要強調技能為成就標準。在「身心障礙奧林匹亞運動規則」中，有很好的規則與範例。

透過各處室提供的資訊和支援，協助肢體障礙學生認識各項場地設施的使用方法，以及可能受到的傷害和限制。**安排教室時**，要考慮肢體障礙學生的體能負荷和行動方便，並將座位安排於方便出入的位置，避免課桌椅對其造成障礙。也應依據學生肢體障礙的程度，盡量將其教室安排在**一樓及靠近廁所**的位置。提醒學生維持正確的身體姿勢，以及注意適當的擺位方式。

Heward（1996）舉出繼盲人的導盲犬（guide dogs）、聽障者的助聽犬（hearing dogs）之後，有人訓練肢障協助犬（helping or service dog）來協助肢障者拿書、物品、電話聽筒，或開關門、電燈等，甚至緊急狀況時向鄰居或家人求救。專業服務團隊（staff of support personnel）是必須且不可或缺的部分，例如：物理治療師、職能治療師、醫師、護理師等（林秀慧、佘永吉，2019；邱佳榛、佘永吉，2019）。透過跨科整合評量學習輔具服務及提供適當溝通輔具（assistive communication），例如：口語方面有各式溝通板，可以合成、辨識語音的電腦輔具，以及適當的人機界面（如圖 12-6 所示）等；書寫系統（writing aids and systems）則有鉛筆或蠟筆抓握裝具、特殊鉛筆持握器（Lin & Sher, 2019）、前臂支撐板、特殊紙鎮、寬行紙張、電腦輔助書寫系統等。

總而言之，無障礙環境及輔助科技的提供，可有效提供語言領域及適應體育等科目學習時的特定需求，更可大幅提高日常生活功能獨立與生活品質。

圖 12-6　特殊滑鼠人機介面

圖 12-7　模組化特製輪椅

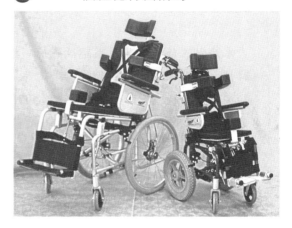

七、肢體障礙者面臨的困境與發展

　　針對肢體障礙學生，應持續加強心理輔導制度，提供諸如自我形象管理、面對疾病與生死的哲學與輔導等。所以，下一步就是針對各縣市乃至個別學校，全面落實與完善就學輔導的相關軟硬體設施，包括：資源教室服務的設置、提供特別考試服務、延長修業的年限、建構無障礙的學習環境、減免學雜費和提供獎助學金，以及提供個別化輔具（如圖12-7 所示）等。

第二節　腦性麻痺

　　腦性麻痺在 2013 年獨立分類以前，大多被鑑定為肢體障礙，少數較為嚴重的學生，會依據教育部 1992 年的鑑定標準，判定為以肢體障礙為主的多重障礙。

　　腦性麻痺會因缺氧或受傷的位置、範圍大小與嚴重性，而出現不同的症狀組合：額葉專司骨骼肌的隨意動作、抽象思考、智能統整，以及情緒控制；頂葉專司體感覺的詮釋、語言理解及表達；顳葉專司聽覺詮釋與記憶；枕葉專司視覺的認知與眼球對焦動作之整合；島葉則專司記憶與感覺整合（馬青等人編著，2013）。由於神經系統之運作非常複雜，所控制的功能並非一對一的單一組合，導致實際的個案呈現非常大的多樣性。

一、腦性麻痺的定義、分類與鑑定辦法

（一）定義

　　依據最新修訂的《特殊教育學生及幼兒鑑定辦法》（2024）第 8 條：

> 「本法第三條第六款所稱腦性麻痺，指因腦部早期發育中受到非進行性、非暫時性之腦部損傷，造成動作、平衡及姿勢發展障礙，經常伴隨感覺、知覺、認知、溝通及行為等障礙，致影響參與學習活動。
> 前項所定腦性麻痺，應經由該專科醫師診斷。」

　　在《身心障礙者鑑定作業辦法》（2024）中，腦性麻痺可以歸屬於第七類「神經、肌肉、骨骼之移動相關構造及其功能」，依據其鑑定向度再區分為：關節移動的功能（上肢、下肢）、肌肉力量功能（上肢、下肢）、肌肉張力功能、不隨意動作功能、上肢構造、下肢構造、軀幹；其中大約有三成可能同時具有第一類「神經系統構造及精神、心智功能」的問題，依據其鑑定向度再區分為：意識功能、智力功能、整體心理社會功能、注

意力功能、記憶功能、心理動作功能、情緒功能、思想功能、高階認知功能、口語理解功能、口語表達功能、閱讀功能、書寫功能；最後再分別區分其**障礙程度**與**基準**。

（二）分類

腦性麻痺患者若以**肢體受影響**的範圍來看，則有單肢麻痺（monoplegia）、雙側麻痺（diplegia）、三肢麻痺（triplegia）、下肢麻痺（paraplegia）、半身麻痺（hemiplegia）、雙側半身麻痺（double hemiplegia）、四肢麻痺（quadriplegia）等。單肢麻痺指僅有一肢體受影響；雙側麻痺指四肢均受影響，但是雙側下肢較嚴重；三肢麻痺指三肢罹病，通常為雙下肢與一上肢；下肢麻痺指雙下肢受影響；半身麻痺指單側一臂一腿罹病；雙側半身麻痺指四肢均受影響，但是雙側上肢較嚴重；四肢麻痺指四肢均受影響。

腦性麻痺若依照**肌肉張力**的性質，則可以區分為痙攣型（spastic）、手足徐動型（athetosis）、運動失調型（ataxic）、僵硬型（rigid）、震顫型（tremor）、馳軟型（atonic/flaccid）、混合型等（如圖 12-8 所示）。痙攣型會出現顯著的肌肉張力、協同動作（synergy）、協同反應（associated movements），以及原始反射（primate reflexes）；手足徐動型屬於運動困難（dyskinesia），在動作過程中會出現快速無法預期的動作，清醒時肌張力較強，睡著時肌張力較低，常合併高頻聽力損失；運動失調型主要是平衡功能障

圖 12-8　左上圖為痙攣型；右上圖為馳軟型；下圖為手足徐動型腦性麻痺

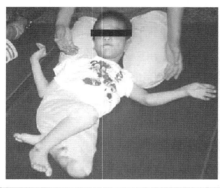
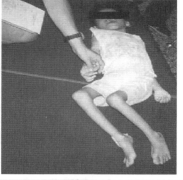
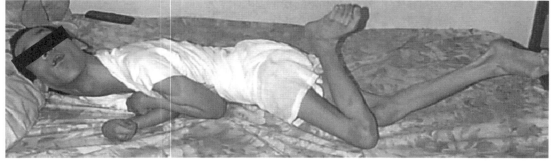

礙、手眼協調功能差；僵硬型是主動肌（agonists）和拮抗肌（antagonists）同時收縮，肌張力有鉛管（constant）和齒輪（intermittent）等兩種表現型式；震顫型是指肌肉出現重複、有節奏的收縮；弛軟型是指肌肉低張力；混合型則可能出現上述二種以上之症狀。腦性麻痺患者除了運動功能及肌張力的問題外，還可能出現其他相關的問題，包括：學習障礙、智能障礙、癲癇、語言障礙、吞嚥餵食障礙、感覺缺損、關節活動度異常、剪刀腳或墊腳尖步態，以及骨骼畸形（如脊柱側彎）等。Batshaw（2002）指出，約有 40 至 70%的腦性麻痺兒童具有正常智能，但是由於受限於肢體障礙，而影響到口語或書寫表達，全面而正確的評估是相當困難的。

（三）鑑定向度與障礙程度基準

在《身心障礙者鑑定作業辦法》（2024）的附表二甲「身體系統構造或功能之類別、鑑定向度、程度分級與基準」中，依照障礙程度則分別有四級：障礙程度 1 亦即輕度；障礙程度 2 亦即中度；障礙程度 3 亦即重度；障礙程度 4 亦即極重度。

腦性麻痺都具有肢體障礙的問題，茲就《身心障礙者鑑定作業辦法》（2024）的規定中，關於第一類各向度最嚴重的障礙程度摘錄如下：

1. 意識功能之極重度：每日持續有意識障礙導致無法進行生活自理、學習及工作者。
2. 智力功能之極重度：智商小於或等於 24 或心智商數（mental quotient）小於或等於 24，或於成年後心智年齡未滿 3 歲或臨床失智評估等於 3 且溝通能力完全喪失。
3. 整體心理社會功能之極重度：整體功能評估小於 20（含）。
4. 注意力功能之極重度：持續有極嚴重程度症狀困擾（如：易分心、注意力無法持續或轉移等），幾乎完全無法有目的注意任何目標，對環境之明顯刺激也難以警覺，幾乎在所有的領域都無法獨立維持功能（如：在他人個別協助之下，仍難以進行學習或工作；需他人持續提醒或協助，才能完成生活自理）。
5. 記憶功能之重度：因登錄、儲存及提取資訊的記憶困難，幾乎在所有的領域都無法獨立維持功能。
6. 心理動作功能之極重度：整體功能評估小於 20（含）。
7. 情緒功能之極重度：整體功能評估小於 20（含）。
8. 思想功能之極重度：整體功能評估小於 20（含）。
9. 高階認知功能之重度：因目標導向相關的執行功能困難，幾乎在所有的領域都無法獨立維持功能或臨床失智評估大於或等於 3。
10. 口語理解功能之重度：完全無法理解口語訊息。
11. 口語表達功能之重度：幾乎完全無法口語表達或所說的別人完全聽不懂。
12. 閱讀功能之輕度：(1)閱讀能力測驗得分低於就讀年級負 2 個標準差（不含）；(2)年滿 12 歲，且就讀國民中學以上之學校或未就學者，閱讀能力測驗得分低於國小六年級常模負 2 個標準差。

13. 書寫功能之**輕度**：(1)書寫語言能力測驗得分低於就讀年級負 2 個標準差（不含）；(2)年滿 12 歲，且就讀國民中學以上之學校或未就學者，書寫語言能力測驗得分低於國小六年級常模負 2 個標準差。

二、腦性麻痺的成因

　　腦性麻痺的發生率（incidence）約為千分之一點五至五，**主因**在於神經系統（大腦、脊髓）未發展成熟前的病變，所造成的運動功能缺損，導致**非進行性**骨骼肌控制的動作、姿勢及協調異常。超過三分之二的腦性麻痺是**出生前**及**出生時**的各種併發症所造成，例如：缺氧、母體感染、母體代謝疾病等；**出生時**的缺氧肇因於臍帶繞頸、產鉗傷害、麻醉或難產等，而早產（prematurity）也是重要的病因之一；**出生後**的腦傷、腦膜炎、腦炎、血管疾病、缺氧等。由於神經系統的受損範圍及程度不同，腦性麻痺的症狀非常多樣，除了典型的關節活動度異常、肌肉張力異常，以及出現原始反射外，約有一半的腦性麻痺患者可能合併有癲癇、視力缺損〔如斜視（strabismus）、眼球震顫（nystagmus）等〕、高頻聽力缺損、語言障礙、脊柱彎曲、認知及感覺整合等問題。據學者推估，智能與普通學生一樣呈常態分布的人數約三分之二，其他約三分之一有輕度、中度或重度之智能障礙（Jones, 1983）。

三、腦性麻痺者的出現率與安置率

　　腦性麻痺為前一次 2013 年教育部修訂《特殊教育法》後之新增類別。教育部（2024）統計腦性麻痺學生人數共 3,477 人，其中高中職以下 3,084 人，大專校院 393 人（如表 12-2 所示）。

表 12-2　102～111 學年度腦性麻痺學生人數統計概況

學年度	學前人數	國小人數	國中人數	高中職人數	大專校院人數	人數總計	身障總人數	占身障總人數比例
102	148	252	167	173	185	925	145,240	0.64%
103	214	343	225	99	188	1,069	101,003	1.06%
104	414	611	472	353	332	2,182	121,313	1.80%
105	445	771	558	461	345	2,580	109,542	2.36%
106	433	909	631	562	428	2,963	111,621	2.65%
107	426	1,121	635	617	456	3,255	126,419	2.57%
108	402	1,196	659	615	453	3,325	129,749	2.56%
109	430	1,271	650	642	407	3,400	121,359	2.80%
110	458	1,293	676	643	441	3,511	126,689	2.77%
111	404	1,336	689	655	393	3,477	131,884	2.64%

註：引自教育部（2024）。

四、腦性麻痺者的人格特質

　　腦性麻痺學生的人格特質與肢體障礙學生相近，他們的外顯特徵（visibility of disability）通常比較醒目，例如：可能會由於出現外型的缺損（disfigurement）、流口水（drooling）、大小便失禁（incontinence）、不可預期的癲癇（unexpected seizures）、呼吸中止（frightening respiratory interferences）、動作不協調（gross incoordination）、行走（ambulation）、語音產生（speech production），或衣（dressing）、食（eating）、如廁（toileting）的日常生活功能（activities of daily living）困難等，遭同儕排擠，而缺少與同儕互動或遊戲的經驗，會進一步降低認知與社會功能的發展（簡廷倚、佘永吉，2018；Kauffman & Hallahan, 1981）。由於特殊教育以往的文獻中，均將腦性麻痺歸類於肢體障礙中論述，屬於運動功能或外表的顯著障礙，故關於腦性麻痺學生的人格特質，可以參閱本章第一節。

五、腦性麻痺者的教育與輔導

　　腦性麻痺學生的教育與輔導和肢體障礙學生相近，但是必須透過更細緻的評估，鑑別多重障礙所造成的個別化特殊需求。邱上真（2004）認為，若其智力或學習能力未受損害，而提出了包括物理、心理以及社會環境的無障礙，就需要考量教室位置的安排、活動空間、座位安排、桌面安排、移動動線規劃、上廁所的行動協助、科技輔助等；課程與教學策略調整，則包含：動作與移動技能的教學、生活自理能力的訓練、增進其他一般學生對障礙特質的了解、強調生活品質的重要性，以及增進自我管理的能力。

　　教師宜先依據學生基本能力（包括動作、溝通、認知、社會與活動表現等五項技能）的評量結果，規劃個別化教育方案；再分析教學活動、教導學生參與多樣的環境、在自然情境中教導學生所有的技能、教導日常生活中的例行之事；爾後再透過分析自然環境中的重要活動、分析日常生活中的例行之事、確定評量與教學的環境、確定學生在決定的重要活動中目前的表現水準等步驟，以確定學生目前的表現水準，來發展年度與教學目標（Holowach, 1989/2002）。

　　廖華芳與吳亭芳（2023）建議，腦性麻痺的專業治療需與其他相關醫療及教育目標和活動相互協調，個別治療時間是設計用來評估治療效果，以了解兒童與照顧者之問題，並教導訓練方法，而平時訓練應儘量在團體活動或融入日常生活活動中進行，且治療目標應該符合在特定時間範圍內的特殊需求，家屬與教師的訓練活動儘可能地務實（Wilson Howle, 1999）。醫療復健專業人員於特殊教育系統中常用的訓練方法有：治療性運動、感覺統合、任務取向之功能訓練、輔助科技服務、日常生活自理訓練、操作治療技術、認知與行為處理、溝通功能訓練、轉位技巧、擺位原則等。

由於在特殊教育以往的文獻中，均將腦性麻痺歸類於肢體障礙中論述，屬於運動功能或外表的顯著障礙，故關於腦性麻痺學生的教育與輔導可參閱本章第一節。

六、腦性麻痺者輔助工具的應用

對許多腦性麻痺學生而言，只有全方位設計、教學調整及差別化教學是不夠的，他們需要更多的支持，以便能參與學習活動、學習普通課程以及與同儕互動（Smith, 2006/2008）。在現今回歸主流的趨勢下，強調融合教育，沒有嚴重智能與認知障礙的腦性麻痺學生可以在普通班級學習，透過特殊教育服務之提供，包括：適應體育（physical education）（陳勇安，2015）、無障礙環境（handicap free environment）、身體形象與心理輔導（body image & psychological）、同儕關係（peer-relation）、認知發展等介入，配合專業團隊包括：普通教師、特殊教育老師、物理及職能治療師、學校護士、社工師、諮商師、語言治療師、適應體育教師、轉銜諮商師等，可以提供更好的融合教育與回歸普通班級。

吳亭芳與陳明聰（2023）指出，透過輔助科技的評估團隊，針對個案需求以及能力評估（感官知覺能力、肢體動作能力、認知能力、語言能力等），例如：透過其擺位評估椅（如圖 12-9 所示），評估個案坐姿擺位功能，再根據個案需求及能力選擇合適的輔具，並訓練個案使用輔具且作記錄，定期追蹤個案使用輔具的情形（鍾高基、佘永吉，2001）；配合控制界面與特殊開關的選擇，配合適當的擺位輔具、電腦相關輔具、溝通輔助系統、移行輔具、感官類輔具與生活相關輔助科技，協助腦性麻痺學生更容易地參與普通班的學習。

由於在特殊教育以往的文獻中，均將腦性麻痺歸類於肢體障礙中論述，屬於運動功能或外表的顯著障礙，故關於腦性麻痺學生的輔助工具應用可參閱本章第一節。

圖 12-9　擺位評估椅

七、腦性麻痺者面臨的困境與發展

針對腦性麻痺障礙學生，應持續加強心理輔導制度，提供諸如自我形象管理、面對疾病與生死的哲學與輔導等。

Hallahan 與 Kauffman（1997）、Kirk 等人（2003），以及郭為藩（2007）認為，個別化教育方案可以提供所有身心障礙學生，一份屬於個別的、年度的、適合個別特殊需求的個別化教育方案，以達成適性教育的目標。

轉銜服務（transition services）則須經由一連串協調、整合的活動，用以協助障礙學生各教育階段及離校的銜接，以便回饋提供更完整的特殊教育服務，例如：學校教育逐漸重視日常生活知識與技能的訓練，尤其是家庭生活、社會生活、休閒生活、職業生活、轉銜服務，以及生涯發展，強調全人的五育均衡發展教育，避免因腦性麻痺造成偏態的自我意識。未來應該更著重在畢業轉銜服務的整體規劃，相關的專業整合服務則強調整合衛生、社政、教育及勞務等諸多資源，提供跨不同專業的整合性服務，例如：為了腦性麻痺員工的就業，可以向行政院勞動部提出職務再設計的補助申請，獎勵項目包括：改善工作環境、改善工作場所機具設備、適當調整工作內容、改善工作條件等。

考慮其學習能力、社會適應能力、學業成就、家庭需求、家長意願，以及社區化等因素，安置方式也由早期的隔離教育、回歸主流、統合教育，邁向完全融合（教育部，2006）。無障礙環境使得入學機會的均等理想得以實現，並且透過多管道的入學機會、入學方式的彈性與個別化考量，目前已經提供的大專入學考試五類（腦麻、視覺、聽覺、自閉、其他）學生的身心障礙甄試，例如：肢體障礙類可以報考腦麻。目前教育部也已經開放大學校院可以申請辦理單獨招收身心障礙學生，由早期療育一直到高等教育的管道已經打通。

腦性麻痺學生全面回歸主流是政府既定的政策方向，然而，邱上真（2001）綜合國小與國中普通班教師的需求發現：減少班級人數、認識特殊需求學生的特質，以及學習處理個別差異的技巧，是較多教師們的心願；此一研究結果顯示，加強普通班教師的特殊教育知能，是無可迴避的配套措施。整體而言，腦性麻痺學生的教育與輔導，乃至轉銜就業的關鍵成敗因素，都在於普通班教師與特殊教育教師的特教專業知能、相關專業團隊的整合、適當輔助科技服務的提供，以及教育與職場無障礙環境的完整建構。

第三節　身體病弱

　　身體病弱學生的智能和認知與普通學生的分布通常差異不大，所以其教育及輔導偏重在**生理狀況**的處理，以及**面對健康、生死的哲學**。Kirk等人（2003）認為，身體病弱學生需要持續的醫療照護，但是通常不會妨礙到學生參與一般教室活動的能力，也不需要特殊的課程安排；但是其在校時，應視個別狀況，教師可能需要配合提醒學生服用藥物或協助特殊的醫療處方，或需要限制他們的體能活動，以及給予飲食上的控制；教師必須了解學生的醫療史（medical history）、病況發生時的緊急處理程序（first-aid procedure），以及醫生給予的限制警告等。Sirvis 與 Caldwell（1995）指出，身體病弱是指個體有醫療問題導致的功能性失能，例如：體力或活力喪失等。也就是說，身體病弱主要是以醫學疾病診斷為主，所列舉出常見的慢性疾病，例如：徐享良（2005）及 Patton 等人（1991）以疾病的種類來區分並指出，身體病弱可分為過敏／氣喘（allergies/asthma）、癌症（cancer）、囊腫性纖維化（cystic fibrosis）、糖尿病（diabetes mellitus）、癲癇（epilepsy）、肺結核、心臟血管問題（cardiovascular problem），或血液（hematological）問題，如血友病（hemophilia）、血小板不足、白血病、地中海型貧血症（sickle cell anemia）等。

　　身體病弱在特殊教育領域，強調以**身體的體能、生理狀況、長期療養、外觀特徵**加以描述，並據以說明其在**教育學習活動上的特殊需求**。**身體的體能**指的是：慢性疾病造成學生的體能衰弱，無法負荷正常的學校課程，但是若經過適當的調整，可以學習與生理年齡相近的學業，而不宜因為疾病而中斷課業；**生理狀況**指的是：疾病的療程需要持續性地進行，間斷治療可能會嚴重影響到學校的上課狀況；**長期療養**指的是：學生基於治療的方便，需要特別的學習環境以利康復，例如：床邊教學或附設特殊班。有些疾病有傳染的隱憂，或學生有易被感染的風險，或學生為極重度患者，即使有復康巴士及特殊擺位系統等輔具，也無法正常上下學，此時則考慮以在家教育或日光學苑等方式進行；**外觀特徵**指的是：類似「八仙塵爆」這一類的燒燙傷所造成的皮膚外觀傷害；若無法歸類到肢體、多重等障別；或者是對身體體能、生理狀況影響沒有外觀特徵來得大，卻的確有特殊教育需求的學生，如某些代謝性疾病。Umbreit（1983）將**身體病弱**分成氣喘、血管疾病、燒燙傷、兒童癌症、幼兒型糖尿病（childhood diabetes）、囊腫性纖維化、尿失禁和大便失禁（enuresis and encopresis）、心臟病、先天代謝異常（inborn errors of metabolism）、年少型類風濕性關節炎（juvenile rheumatoid arthritis）、腎臟病、肺結核等，其所造成的體能衰弱，需要長期療養且影響學習活動與教育成效者。

一、身體病弱的定義、分類與鑑定基準

依據最新修訂的《特殊教育學生及幼兒鑑定辦法》（2024）第 8 條：

> 「本法第三條第七款所稱身體病弱，指罹患疾病，且體能衰弱，需長期療養，致影響參與學習活動。
> 前項所定身體病弱，其相關疾病應經由該專科醫師診斷。」

在《身心障礙者鑑定作業辦法》（2024）中，**身體病弱可以歸屬於第四類至第六類與第八類**；分別是第四類「循環、造血、免疫與呼吸系統構造及其功能」，**依據其鑑定向度再區分為：心臟功能、血管功能、血液系統功能、呼吸功能、呼吸系統結構**；第五類「消化、新陳代謝與內分泌系統相關構造及其功能」，**依據其鑑定向度再區分為：攝食功能、胃結構、腸道結構、肝臟結構**；第六類「泌尿與生殖系統相關構造及其功能」，**依據其鑑定向度再區分為：腎臟功能、排尿功能**；第八類「皮膚與相關構造及其功能」，**依據其鑑定向度再區分為：皮膚保護功能、皮膚其他功能、皮膚區域結構**。依照障礙程度則區分成四級：障礙程度 1 亦即輕度；障礙程度 2 亦即中度；障礙程度 3 亦即重度；障礙程度 4 亦即極重度。

ICF 新增活動參與及環境因素，分為成人版（大於 18 歲）及兒童版（6 歲至未滿 18 歲）；其中成人版包含認知、四處走動、生活自理、與他人相處、居家活動、工作與學習、社會參與、環境因子、與動作活動等八大領域的能力評估；兒童版則包含兒童健康概況、家庭及社區的參與、身體功能問題、與環境因素等的評估。

中央衛生主管機關所公告之**罕見疾病、染色體異常、先天性代謝異常及先天性缺陷疾病**，若八大身心障礙類別無適當之鑑定向度但經評估其獨立自理生活、從事半技術性或簡單技術性工作，受到該疾病之影響者，其身體功能與結構，至少應以程度 1 級列等。

身體病弱可以歸屬於第四類至第六類與第八類；依據其鑑定向度最後再逐一區分其**障礙程度與基準**。茲就《身心障礙者鑑定作業辦法》（2024）的規定中，**關於各向度最嚴重的障礙程度的基準摘錄如下**。

（一）第四類「循環、造血、免疫與呼吸系統構造及其功能」

1. 心臟功能之極重度：第三度房室傳導阻滯等，共計十二項基準。
2. 血管功能之重度：患有肢體周邊動脈阻塞性疾病（經超音波或血管攝影證實），無法手術，但經藥物治療三個月以上仍有缺血性潰瘍，導致血管機能遺存顯著障礙，生活自理能力欠缺，需賴醫藥及家人周密照顧者。
3. 血液系統功能之極重度：(1)經治療後持續惡化，且發生經治療後持續惡化，且發生與貧血相關休克，敗血症，內臟器官出血；(2)第八、九凝血因子小於 1% 以下，

合併抗體存在；(3)血小板數目小於五千持續超過三個月的時間；(4)抗磷脂質抗體症候群或抗血栓因子（Protein C、Protein S、Antithrombin）缺乏引起的血栓症合併有體內器官嚴重傷害或衰竭者（含腦中風後遺症、心、肺、腎等功能明顯傷害或衰竭或腸子切除明顯影響營養攝取者）；(5)罕見出血性疾病合併體內器官嚴重傷害者（含腦出血後遺症、關節肌肉系統功能明顯傷害等）。

4. 呼吸功能之**極重度**：(1)PaO$_2$ 小於 50 mmHg 或 SpO$_2$ 小於 85%（呼吸常壓空氣時或經氣切術後未長期使用呼吸器病患）；(2)侵襲性呼吸器依賴（Invasive Ventilator-dependent）；(3)19 歲以下於未用呼吸器時 PaCO$_2$ 大於 65 mmHg。

5. 呼吸系統構造之**重度**：肺臟切除或先天缺失一側（含）以上者。

（二）第五類「消化、新陳代謝與內分泌系統相關構造及其功能」

1. 攝食功能之**中度**：因吞嚥機能缺損而需長期以管食方式或造廔灌食維持生命者。

2. 胃結構之**輕度**：胃全部切除，經口飲食但無法保持理想體重的 75%，或需長期全靜脈營養治療者。

3. 腸道結構之**重度**：因醫療目的將小腸大量切除或因先天短腸症，腸道蠕動異常或腸道吸收黏膜缺陷等，無法經口飲食保持理想體重 75%，或需長期全靜脈營養治療者。

4. 肝臟構造之**極重度**：(1)符合 Pugh's modification of Child-Turcotte criteria 等級之 Child's class C 者；(2)符合肝臟移植之條件，但未獲肝臟移植前。

（三）第六類「泌尿與生殖系統相關構造及其功能」

1. 腎臟功能之**極重度**：慢性腎臟疾病或泌尿系統疾病併發尿毒症，需長期透析治療，生活無法自理，經常需要醫藥或家人周密照顧者。

2. 排尿功能之**中度**：(1)膀胱造廔，終生需由腹表排尿者；(2)因神經受損致膀胱功能異常，無法正常排尿，需長期導尿照護者；(3)因神經病變、長期憋尿、攝護腺肥大或尿液長期無法排空引發感染後膀胱收縮力變差，導致膀胱功能失常，膀胱變大、缺乏收縮力，膀胱脹卻無尿意感，導致滿溢性尿失禁者。

3. 泌尿系統構造之**中度**：裝置永久性人工膀胱，終生需由腹表排尿者。

（四）第八類「皮膚與相關構造及其功能」

1. 皮膚保護功能之**輕度**：由於掌蹠角皮症而對肢體關節活動困難者，請加評關節移動的功能。

2. **皮膚區域構造之重度**：(1)頭、臉、頸部損傷面積占頭臉頸部 60%以上，而無法或難以修復者；(2)頭臉頸部以外之身體皮膚損傷面積占身體皮膚之 71%以上，而無法或難以修復者。

二、身體病弱的成因

身體病弱的**成因**可能是先天的（congenital）或後天的（acquired）（Kirk et al., 2003），包括：氣喘、心臟缺損（heart defects）、惡性腫瘤、肝臟、呼吸器官、腎臟、吞嚥機能障礙、胃、腸道、膀胱、造血機能、染色體（genetics）異常〔如囊腫性纖維化（cystic fibrosis）、血友病（hemophilia）等〕、糖尿病、先天代謝異常、其他先天缺陷、罕見疾病等。母體懷孕時因為細菌、病毒（如H1N1）的感染或其他疾病、過量輻射、營養不良、缺氧、酗酒、吸毒等因素，都可能影響到胎兒。

徐享良（2005）、Heward（1996）、Taylor 等人（1995）、Cross（1993），以及 Verhaaren 與 Connor（1981）等學者，對於身體病弱的成因，則依據常見的疾病，分別列出可能的病因，逐項一一敘述如下：

1. **癌症**（cancer）：此症源自正常身體細胞的癌化，除了身體不適與治療過程的痛苦外，還有心理與經濟上沉重的負擔。常見的兒童癌症為**白血病**（leukemia），俗稱血癌，是兒童死亡率僅次於意外的第二大死因，其病因仍舊不清楚，懷疑和病毒、基因、放射線等有關。骨髓、淋巴結、脾臟產生過多不成熟的白血球，反而影響正常的感染對抗，也可能中斷紅血球的生成而導致貧血，影響血小板產生而導致凝血異常等。白血病兒童因為放射治療、化療及外科手術，會引起情緒、疲勞、體重減輕、呼吸感染、疼痛、禿頭等問題；其生活品質、情緒及社會適應必須密切關注。**發生率第二高**的兒童癌症則是**淋巴癌**（lymphoma），分為何杰金氏病和非何杰金氏淋巴瘤，由於新治療方式及骨髓移植的發展，使得治療效果提升，但應注意治療對學習的影響。

2. **心肺疾病**（cardiopulmonary conditions）：此症包括心臟及肺臟，如氣喘（asthma）與囊腫性纖維化、先天性心臟病（congenital heart disease）、心肌炎（myocarditis）、心內膜炎（endocarditis）、心包炎（pericarditis）、風溼性心臟病（rheumatic heart disease）、心臟瓣膜疾病等。學生在從事高強度運動時必須非常小心，嚴重時連日常生活的活動都需要協助，通常會因為醫療問題必須經常請假，可能會因此出現社交參與及情緒的問題。在課業學習與課程安排上，應特別考量下課休息間隔的長度，或者給予延長時間，以完成特定的體育活動等。

3. **氣喘**：此症是因為呼吸道的塌陷與阻塞，出現大量分泌物導致呼吸困難，可能是過敏原、心理壓力、家族遺傳、細菌或病毒感染、激烈運動、氣候變化所引起。適當的運動有助於改善心肺呼吸與免疫系統的功能，降低氣喘的嚴重程度。

4. **過敏**（allergies）：此症是指免疫系統對特定物質過度反應，過敏原有塵蟎、花粉、灰塵、菸塵、食物（如蛋）、藥物、動物毛髮等，容易出現咳嗽、打噴嚏、發炎的現象，嚴重甚至會休克。避免過敏原或接受減敏治療，可減少過敏發生。

5. **囊腫性纖維化**：此症是第 7 對染色體長臂上基因缺陷的遺傳疾病，在高加索白人常見，主要攻擊外分泌系統與上皮細胞，例如：肺及消化系統，易導致過多的分泌物，堵塞支氣管，引起感染。也可能堵塞胰管，使得胰消化液無法進入腸道，造成食物無法充分消化。或者在高溫、激烈運動後，由於汗腺異常，大量分泌氯及鈉離子，導致鹽分流失。

6. **腎病**（nephrosis）：此症的可能病因是感染、中毒、燒燙傷、意外等，例如：急性腎絲球體炎（glomerulonephritis）通常是鏈球菌（streptococcal）感染，會造成蛋白尿、水腫，必須給予低鹽及低蛋白飲食。1 歲半至 4 歲的男生發生腎炎的機會比女生大兩倍。成人的慢性腎絲球體炎的病因通常不明，常發展成高血壓或腎衰竭。

7. **年少型糖尿病**（juvenile diabetes）：此症的病因不明，可能是遺傳性免疫或代謝疾病，由於胰島素分泌不足，導致細胞利用葡萄糖的障礙。必須教導學生監控自己的血糖與胰島素反應、飲食定時定量、養成運動習慣、定時注射胰島素等。長期罹患糖尿病可能會導致腎臟疾病與循環問題，甚至造成眼盲。因此，提供適當的適應體育課程相當重要。

8. **血友病**（hemophilia）：此症是關於血液凝固的性聯遺傳疾病，以男性居多，具有目前已知最高的突變率，約三分之一患者無家族病史，也無人種差異。預防內出血非常重要，尤其是關節腔內出血常造成疼痛；跨科別的諮詢照護也很重要，包括：血液、小兒、內科、骨科醫師、物理治療師等專業人員的適當協助，如運動處方、不含阿斯匹靈類會造成出血惡化的藥物等，以及意外傷害發生時的緊急就醫程序。研究顯示，血友病對於人格、智能與認知所造成的影響，並無統計上的差異。

9. **地中海型貧血與鐮刀型貧血症**（Cooley's anemia/Thalassemia and sickle cell disease）：此症屬於遺傳性疾病，非洲裔、加勒比海、阿拉伯、印度，以及地中海周圍人種之盛行率較高，肇因於骨髓造血機能缺陷，導致紅血球的血紅素中攜氧胺基酸分子的異常，容易阻塞血管，造成組織壞死，併發疼痛、關節腫大、疲勞、高燒等。嚴重時會不定期反覆出現關節病變、肢體變形、癱瘓、痙攣、腎衰竭等。除了適應體育的相關課程調整外，通常在普通班級上課，容易因為疾病而請假缺席；不會有智力方面的問題，但是要注意情緒的管理。

10. **葡萄糖-6-磷酸脫氫酶缺乏症**〔Glucose-6-Phosphate Dehydrogenase（G6PD）deficiency〕：此症俗稱蠶豆症，是 X 染色體性聯遺傳疾病，容易出現急性紅血球被破壞的異常溶血反應，在臺灣的發生率約為 3%。在接觸或服用特定藥物（如抗感染藥物磺胺類、阿斯匹靈類等）、吃蠶豆、激烈運動或接觸紫藥水、樟腦丸之後，可能會使溶血、黃疸情況急速惡化。

11. Familial dysautonomia/Riley-Day syndrome：此症是第 9 對染色體異常，主要出現在猶太人，會影響感覺及自主神經功能，包括：心跳速率、消化、體溫，以及反射等。患者缺乏眼淚，對疼痛及冷、熱無法區辨，會出現流口水、吞嚥功能受損等。

12. **年少型類風濕性關節炎**：此症的病因不明，主要侵犯關節和附近的結締組織，有系統性（systemic/Still's disease/acute febrile type）、多關節（poly-articular）、少關節（pauci-articular）等三種形式。女性患者比男性多，推測和病毒、感染、外傷、遺傳傾向、情緒障礙可能有關係，也可能侵犯單一關節或多個關節，並引起眼睛慢性發炎，導致青光眼（glaucoma）、白內障（cataracts）等。臨床上使用阿斯匹靈與類固醇減輕症狀，但也同時會導致其他副作用。物理及運動治療不可或缺，低於 5%的病人會因為疾病與相關的併發症而死亡。

13. **唇顎裂**（oral-facial cleft）：此症或稱兔唇，是嘴唇乃至口腔頂部直到後方的畸形。孕婦應攝取含維生素 B 的綜合維他命及避免飲酒，可降低胎兒罹患唇顎裂風險，建議由小兒外科、聽力師、語言病理學家等組成專業團隊提供跨專業整合服務。

14. **結核病**（tuberculosis）：此症是一種傳染病，好發於肺臟，其症狀包括疲倦、體重減輕、咳嗽、發出氣喘音（wheezing）等。根據聯合國世界衛生組織（WHO）的資料顯示，最近全世界的結核病患有增加的趨勢，但是只要遵照醫囑服藥，完成全部的療程，絕大多數的結核病是可以治癒的。

15. **兒童虐待**（child abuse）：可能導致腦性麻痺或者頭部外傷等，其因果關係亟待進一步的研究釐清。

16. **燒傷**（burns）：可能是居家意外，也可能是兒童虐待。嚴重的燒傷可能有器官併發症、身體或心理的問題；會經歷疼痛、結痂、動作限制、長期住院、反覆外科手術等。要注意對行為及自我形象所造成的影響。

17. **藥物濫用**（substance abuse）：包括酒精（alcohol）、古柯鹼（cocaine）、海洛英（heroin）與大麻（marijuana）等。以酒精為例，孕婦飲酒可能會引起胎兒酒精症候群（fetal alcohol syndrome），包括：早產、顏面畸形、智能障礙、行為問題、學習障礙、發展遲緩等。除了酒精之外，其他類毒品產生的後遺症，遠比酒精更為嚴重。

18. **後天免疫不全症候群／愛滋病**（acquired immunodeficiency syndrome [AIDS]）：此症是因為母體垂直感染、輸血、性行為、施打毒品的針頭，而感染人類免疫缺乏病毒（human immunodeficiency virus [HIV]），抑制白血球 T 細胞，導致進一步出現其他感染，例如：感冒、卡波西氏肉瘤（Kaposi's sarcoma）、肺囊蟲肺炎（pneumocystis carinii pneumonia）等，通常上述疾病會感染老人、幼兒或者免疫系統比較弱的人，不容易出現在免疫系統正常的人身上。需注意在確保如盥洗用具、餐具、衣著等個人衛生的前提之下，鼓勵參加學校活動。此一症候群的衍生疾病可能會導致發展遲緩、中樞神經功能障礙、動作問題、心理問題，乃至於死亡。

三、身體病弱者的出現率與安置率

教育部（2024）統計身體病弱學生的人數，在中學以下占全體特殊學生的比例並不高（如表 12-3 所示），隨著特殊教育日益受到重視，身體病弱學生的受教權也逐漸獲得保障。

表 12-3　89～111 學年度身體病弱學生人數統計概況

學年度	學前人數	國小人數	國中人數	高中職人數	大專校院人數	人數總計	身障總人數	占身障總人數比例
89	188	919	277	0	0	1,384	61,079	2.27%
90	200	1,390	748	289	246	2,873	77,019	3.73%
91	234	1,546	578	365	338	3,061	76,535	4.00%
92	265	1,621	698	472	446	3,502	83,389	4.20%
93	369	1,664	856	529	593	4,011	90,133	4.45%
94	383	1,604	963	600	695	4,245	93,613	4.53%
95	365	1,172	1,000	729	824	4,090	97,897	4.18%
96	334	1,655	947	890	916	4,742	102,775	4.61%
97	365	1,667	903	964	992	4,891	106,882	4.58%
98	350	1,637	887	999	1,059	4,932	111,724	4.41%
99	305	1,589	858	957	1,247	4,956	115,230	4.30%
100	264	1,495	817	882	1,339	4,797	116,722	4.11%
101	295	1,505	826	870	1,320	4,816	111,988	4.30%
102	293	1,395	845	783	1,344	4,660	145,240	3.21%
103	230	1,249	785	737	1,338	4,339	101,003	4.30%
104	232	1,120	713	722	1,019	3,806	121,313	3.14%
105	207	993	611	707	939	3,457	109,542	3.16%
106	193	852	576	655	808	3,084	111,621	2.76%
107	189	760	507	591	770	2,817	126,419	2.23%
108	152	742	451	506	691	2,542	129,749	1.96%
109	430	1,271	650	642	407	3,400	121,359	2.80%
110	458	1,293	676	643	441	3,511	126,689	2.77%
111	404	1,336	689	655	393	3,477	131,884	2.64%

註：引自教育部（2024）。

四、身體病弱者的人格特質

郭為藩（2007）指出，身體病弱學生長期面對單調刻板的醫院和治療，以及健康恢復的持續，導致沉重之心理壓力與不確定性，容易造成精神上與情緒上的問題；所以營造一個適合其狀況的學習環境，提供團體學習活動的機會，不僅是有意義的群性教育，提供認識朋友、互訴寂寞與痛苦的互動環境，有助於疾病的痊癒與健康的恢復，更有助於日後回歸正常的生活。

Kaplan（1996）及郭為藩（2007）在描述身體病弱學生的處境時指出，由於治療疾病的必要性與需求，常常必須缺課，如果缺乏特殊教育的處置，將趕不上進度；獨處時間多，繼續課業可以填補生活的空檔；體能活動少，無所事事時容易胡思亂想、心理不平衡；心理上不可預測性，缺乏安全感，長期焦慮而致外在主宰（external locus of control），覺得凡事聽天由命，自己無法作主；自覺負向的與眾不同，感到被屏棄疏遠，容易產生孤獨與陌生感；對長遠未來的不確定感，無法清楚預期病情癒後的狀況，覺得前途茫然；按時服藥，定期回診治療，等於時時提醒其病人身分，隨時受到病痛與治療的折磨；藥物與治療的副作用，容易產生昏眩、嘔吐、疼痛、失眠、精神不振的狀況，影響其認知與學習。由於疾病威脅生命，造成震驚、惶恐、焦慮，不自覺歸咎於因果報應或懲罰，加上家人的過度關懷或縱容，會使學生喪失自信心及奮鬥的勇氣，必須配合適當的心理輔導。郭為藩以**心臟病**學生為例，他們長期壟罩在重病與死亡的陰影下，最顯著的行為特徵是精神不穩定、比較敏感、容易興奮或抑鬱，可能出現失眠、夢遊、尿床等現象。由於長期限制其活動或避免嚴重的懲罰，容易因此養成傲慢、自我中心、自私或懶惰的性格，不過個體之間的差異仍舊很大。必須注意其生活起居，避免上呼吸道的感染，並且依照症狀的嚴重程度限制體能的活動量。

愛滋病帶原學生容易受到同儕的疑懼與疏離，感到無奈、焦慮與死亡的陰影會影響人際關係的發展。**癌症**迄今仍然沒有有效的療法，不管是外科手術、電療或化療，副作用大與療效有限，對學生會衍生極大的心理壓力與死亡的威脅。沮喪（depression）、獨立性不夠（lack of independence），以及缺乏自信與自尊（low self-esteem）等狀況，容易出現在身體病弱學生的身上。

五、身體病弱者的教育與輔導

身體病弱學生在得知重大疾病時，會出現心理學家所描述的震驚（shock）、否認（disbelief）、憤怒（anger）、失落感（a sense of loss）等情緒，害怕被遺棄；但是在長期的醫療過程中，則會因為陸續伴隨出現的倦怠、活力不足、恐懼與壓力，而無法充分的參與學習及活動，而屬於醫療脆弱（Medically fragile）以及醫療器材或輔具依賴（technology dependent）的族群。

　　一般身體病弱學生，如果沒有智力或學習能力上的嚴重問題，其**協助通則**包括：了解學生疾病的症狀，並與醫師保持聯繫；確定學生是否有正確的服藥以及服藥的時間；了解藥物的副作用對學習及行為的影響；允許學生適當的休息；注意或避免不適宜的學習活動；避免可能造成的意外傷害；缺課太多時，給予個別教學或運用同儕以及小老師教學；進立學生自信心；向家長及學生表達對學生健康的關心；幫助班上其他學生了解疾病的正確面貌；與學生討論可以幫助身體病弱學生的方法；與學生討論生命的意義（邱上真，2004；Gearheart et al., 1992）等。

　　身體病弱學生的教育與輔導主要在於（Lewis & Doorlag, 1999）：

1. **提供教學服務**（academic）。
2. 增進對疾病及障礙狀況的了解。
3. 增進社會（social）與情緒上的調適。
4. 提供**適應性體育課程**。
5. 提供**無障礙的學習環境**（Modifying the physical environment）。
6. 擬定**個別化健康照護計畫**。
7. 提供適當的輔助科技（adapting instructional activities）等。

　　若身體病弱的疾病問題影響學生的上課筆記抄寫、報告繳交與考試，建議使用替代或調整方式，允許學生使用錄音機、電腦輔具、延長時間，或者改變考試題型。**教育的目標**在於協助學生適應醫療環境與特殊的限制，課程編排宜注意教學活動、保健體能運動、課外康樂活動的配合，注意意志訓練及良好生活習慣的培養，利用視聽教具實施個別化學習。何華國（1999）舉「學校如果有**愛滋病**學生就讀」為例，主張必須正確教導學生，病毒可能是輸血、性交、共用感染針頭、母體垂直感染等，但是**不會因為**擁抱、輕吻、握手、共用餐具、衣物、馬桶、游泳池，或其他日常生活接觸而傳染。學校應該依法對感染者的身分保密，但是也要積極建立完善的公共衛生措施，以防範血液或分泌物（如唾液、鼻腔分泌物、嘔吐物等體液）可能造成的污染。依據美國紐約 Downstate 醫學中心的兒童生命課程，其指出教師面對身體病弱學生的幾個準備目標有：協助教師了解人類的身體、神經、心智、人格和社會發展，增加面對死亡的生物與心理知識，學習如何正確面對身體病弱的學生及家屬，增進與學生、家屬、醫療專業人員溝通的能力，發展使用治療遊戲技巧的能力等。

　　郭美滿（2006）指出，接受床邊教學的學生主要包含以下三種情形：(1)臥病治療期間在三個月以上，為免學業中斷，影響康復後上學的學習進度；(2)病情嚴重，不宜繼續上學，但須提早準備將來生活適應者；(3)臥病於醫院者。目前有醫院或療養中心的教學、特殊教育學校、特殊班、普通班等幾種安置方式。教育的目標在於協助學生適應其醫療環境與特殊的限制，課程編排宜注意教學活動、保健體能運動、課外康樂活動的配合，注意意志訓練及良好生活習慣的培養，利用視聽教具實施個別化學習。

六、身體病弱者輔助工具的應用

　　Kirk 等人（2003）建議，身體病弱學生應了解依疾病需求的輪椅（wheelchairs）或柺杖（crutches）、可通行的（accessible）無障礙環境之整建；或者器材支持，例如：知道該如何清潔或調整（regulate）氧氣管和其他急救器械（lifesaving devices）。

　　其他醫療輔具方面，例如：當學生因疾病失去進食能力時，或者出現吸吮反射、吞嚥反射異常時，可能就必須經由胃造口餵食、管筒餵食，或者靜脈餵食。當疾病影響大小便功能時，學生可能也必須進行導尿管與結腸造口術（catheterization and colostomy）。早產兒、體重過輕，或者嚴重呼吸疾病可能需要依賴氧氣供給（oxygen-dependent children），有的須遵醫囑指示配戴氧氣面罩，嚴重的必須透過氣管切管供應氧氣，此時可能必須搭配氧氣製造機或者抽痰機的使用。

　　由於身體病弱學生長期就醫進行治療，宜注意入學機會之均等，包括：提供多管道的入學機會、入學方式的彈性與個別化考量。醫師是學生、教師、家屬的支持資源之一，臺灣最早是由臺大醫院社會服務部自 1963 年起開始提供床邊教學服務，時至今日，透過資源教室服務的設置、減免學雜費和提供獎助學金、就學輔導之完善，包括：面對健康、生死的心理輔導、延長修業的年限、學習輔具服務，以及建構無障礙的學習環境，希望使長期重度臥病學生有受教育的機會。教師必須尊重病弱學生的課程參與權利，坦然面對並接受生死的結果，不必過度保護，其歸屬感則更為重要。

　　專業服務團隊（staff of support personnel）是必須的，例如：物理治療師、職能治療師、醫師、護理師等。透過無障礙環境以及輔助科技的提供，可以大幅提高身體病弱學生日常生活功能的獨立與生活品質，更可以有效提供語言領域以及適應體育等科目在學習時的特定需求。

七、身體病弱者面臨的困境與發展

　　未來，隨著十二年國民教育的政策方向發展，身體病弱學生的高等教育需求會逐漸增加。其解決之道應該透過多管道的入學機會、入學方式的彈性與個別化考量、無障礙學習環境的普及化，使得入學機會均等的理想得以逐步實現。教育部（2006）目前已經提供的大專學生身心障礙甄試入學考試共分五類（如腦麻、視覺、聽覺、自閉、其他），也已經開放大專校院可以申請辦理單獨招收身心障礙學生，由早期療育一直到高等教育的管道，已經逐漸打通。近年來在兒童癌症治療之大幅進展，已有效降低死亡率，縮短癌症治療的副作用，並減少對身體病弱學生學習的影響。隨著癌症治療的突破，相關病弱學生的特殊教育服務之提供方式與內容，也必須不斷地調整。

　　另一個有長足進步的領域是唇顎裂與先天性心臟病，例如：法洛氏四合症。由於過去數十年的努力、早期療育的落實，許多學生皆已施行適當的外科手術或治療，等到國民教

育階段以後，其身體狀況已恢復得不錯，因此常被鑑輔會判定為「非特殊生」，家長在心理上常常無法認同，需要加以說明及輔導。

　　隨著醫學及特殊教育的發展與進步，各專業之間的互動關係，也必須不斷地適應與調整，而這些調整，則需要更多的研究來支持與探討。

延伸閱讀

一、推薦書籍及文章

王文科（主編）（2005）。**新特殊教育通論**。五南。

林寶貴（策劃主編）（2023）。**特殊教育理論與實務（第六版）**。心理。

教育部（2006）。**身心障礙學生輔導手冊**。特殊教育工作執行小組。

郭為藩（2007）。**特殊兒童心理與教育（增訂五版）**。文景。

楊淑蘭（主編）（2009）。**大專特殊需求學生輔導手冊**。國立屏東教育大學。

鍾高基、陳綉儀、羅鴻基、張茹茵、邱毓賢、劉光哲、唐詠雯、劉倩秀、余南瑩、
　　張韶霞、佘永吉、吳弘斌、陳有圳（2014）。**輔助科技學**。華格那。

Dettmer, P., Knackendoffel, A., & Thurston, L. P.（2014）。**專業合作與溝通：合作、
　　諮詢與團隊運作支持特殊需求學生**〔韓福榮、林珮如、王雅瑜、蘇芳柳、佘永
　　吉譯〕。華騰文化。（原著出版年：2012）

二、相關網站資源

衛生福利部社會及家庭署輔具資源入口網（https://newrepat.sfaa.gov.tw）

參考文獻

中文部分

王亦榮（2000a）。肢體障礙兒童心理教育。載於王文科（主編），**特殊教育導論**（頁265-302）。心理。

王亦榮（2000b）。多重障礙兒童心理教育。載於王文科（主編），**特殊教育導論**（頁507-528）。心理。

王嘉瀅、佘永吉（2019）。**多媒體律動教學對一位發展遲緩幼兒動作之影響**。發表於2019中華民國特殊教育學會51週年年會暨學術研討會。國立臺灣師範大學。

古沛儒、佘永吉（2021）。極低量高強度間歇訓練對高職智能障礙學生健康體適能和身體自我概念之影響。**身心障礙研究**，19（3-4），98-118。https://reurl.cc/p3lkAx

甘敏郁、佘永吉（2017）。臺北市國中階段肢體障礙及腦性麻痺學生自我概念與生活適應之研究。**特殊教育與復健學報**，33，1-28。

吉婷、陳勇安、佘永吉（2021）。中文化成人聽覺障礙者功能性溝通評量工具之發展。**身心障礙研究**，19（1-2），80-97。https://reurl.cc/gGVq1R

朱卿雲，佘永吉（2023）。兒童癌症學生的求學路：床邊教學家長的經驗。**特殊教育季刊**，166，39-52。https://doi.org/10.6217/SEQ.202303_(166).39-52

何欣、佘永吉（2016）。應用手持裝置提升國中特教班中重度智能障礙學生購物技能之成效。**身心障礙研究**，14（2），134-157。

何華國（1999）。**特殊兒童心理與教育**（第三版）（頁229-276）。五南。

佘永吉（2009）。肢體障礙及身體病弱學生的教育與輔導。載於楊淑蘭（主編），**大專特殊需求學生輔導手冊**（頁13-23）。國立屏東教育大學。

佘永吉（2016a）。輔助科技在特殊教育之應用。**輔具之友**：「健康智慧生活系列（六）校園生活篇」，39，7-12。

佘永吉（2016b）。適應體育數位平臺的發展需求與趨勢。**學校體育雙月刊**，156，32-39。

佘永吉、葉家伶、陳志軒（2022）。地板滾球課程介入對三位輕度智能障礙國中生身體協調功能之提升觀察紀錄。**身心障礙研究**，20（1），87-103。https://reurl.cc/2Y1deE

佘永吉、鍾高基（2001）。本土化增益及替代語音溝通輔助系統之設計與研發。載於科技輔具應用與教學研究：國立彰化仁愛實驗學校創校三十五週年專輯（頁31-37）。國立彰化仁愛實驗學校。

吳宛霖、佘永吉（2016）。有氧舞蹈對促進國小學習障礙學生肌力與肌耐力表現之研究。**身心障礙研究**，14（4），290-308。https://reurl.cc/Ejx9yv

吳亭芳、陳明聰（2023）。輔助科技的應用。載於林寶貴（策劃主編），**特殊教育理論與實務**（第六版）（頁557-601）。心理。

吳亭芳、羅慧珊、佘永吉、洪榮昭（2020）。**虛擬實境職業技能訓練系統於智能障礙學生之可**

用性研究。發表於第十五屆臺灣數位學習發展研討會。國立交通大學。

身心障礙者鑑定作業辦法（2024）。中華民國 113 年 5 月 6 日衛生福利部衛部照字第 1131560550 號令修正發布。

林秀慧、佘永吉（2019）。桃園市特殊教育教師參與特殊教育專業團隊服務現況之研究。**身心障礙研究**，17（4）。

林欣品、陳勇安、佘永吉（2022）。使用即時回饋系統對國中學習障礙學生自我效能之成效。**身心障礙研究**，20（1），1-16。https://reurl.cc/qV7lqg

林恩慈、吳亭芳、佘永吉（2019）。**虛擬實境對自閉症工作面試技能之訓練成效**。發表於社團法人臺灣職業重建專業協會 2019 年促進身心障礙者就業研討會：看見職業重建的價值。國立高雄師範大學。

林祥裕、佘永吉（2020）。影帶自我示範教學策略對國小自閉症兒童運動技能學習成就之研究。**特殊教育季刊**，156，23-36。https://doi.org/10.6217/SEQ.202009_(156).23-36

林意婷、佘永吉（2022）。個別化增強式動作訓練方案對國小中度智能障礙學生平衡能力與健康體適能之影響。**特殊教育與兒童發展國際論壇**，3，16-44。

林靖文、佘永吉、簡睦容、陳振昇（2021）。3D 列印握筆器之個別化設計發展對一位大專院校脊髓性肌肉萎縮症學生書寫功能表現之研究。**特殊教育季刊**，161，13-32。https://doi.org/10.6217/SEQ.202112_(161).13-32

邱上真（2001）。普通班教師對特殊需求學生之因應措施、所面對之困境以及所需之支持系統。**特殊教育研究學刊**，21，1-26。

邱上真（2004）。**特殊教育導論**。心理。

邱佳榛、佘永吉（2019）。臺北市學前巡迴輔導教師及學前分散式資源班教師和特殊教育相關專業人員共事現況之調查研究。載於 2019 **中華民國特殊教育學會年刊**（頁 25-36）。國立臺灣師範大學。

胡藝馨、佘永吉（2021）。臺北市特殊教育相關專業人員提供服務之現況與困擾調查。**東臺灣特殊教育學報**，24，81-106。https://reurl.cc/Wx62oe

徐享良（1999）。適應行為評量。載於王亦榮等人著，**特殊兒童鑑定與評量**（頁 387-423）。師大書苑。

徐享良（2005）。肢體障礙與身體病弱者教育。載於王文科等人著，**新特殊教育通論**（頁 163-195）。五南。

特殊教育法（2023）。中華民國 112 年 6 月 21 日總統華總一義字第 11200052781 號令修正公布。

特殊教育學生及幼兒鑑定辦法（2024）。中華民國 113 年 4 月 29 日教育部臺教學（四）字第 1132801926A 號修正發布。

馬青等人（編著）（2013）。**人體生理學**（第三版）（頁 168）。新文京。

商執中、佘永吉（2021）。瑜伽運動對高職中重度智能障礙學生健康體適能之影響。**特殊教育季刊**，158，9-24。https://doi.org/10.6217/SEQ.202103_(158).9-24

張怡華、佘永吉、洪榮昭、戴凱欣（2022）。虛擬實境於技術型高中自閉症學生職業技能可用性之研究。**特殊教育學報**，55，39-80。https://doi.org/10.53106/207455832022060055002

張芷榕、佘永吉（2020）。功能性動作訓練課程對高中資源班自閉症學生動作精練度之成效。**特殊教育季刊**，155，21-38。https://doi.org/10.6217/SEQ.202006_(155).21-38

張凌瑋、佘永吉（2021）。競技疊杯運動教學方案對國小注意力不足過動症學生注意力影響之研究。**身心障礙研究**，19（1-2），25-44。https://reurl.cc/5vjALV

張嘉恩、佘永吉、陳振昇、簡睦容（2023）。個別化設計三維列印電腦鍵盤對國中特殊需求學生打字功能介入之成效。**特殊教育與復健學報**，38，27-48。https://reurl.cc/bVQObv

教育部（2006）。**身心障礙學生輔導手冊**。特殊教育工作執行小組。

教育部（2023）。**中華民國特殊教育統計年報**。教育部學生事務及特殊教育司。

莊心瑜、佘永吉（2017）。遊戲式爬樓梯運動對國中資源班學障學生健康體適能之影響。發表於第四屆海峽兩岸特殊教育高端論壇。嶺南師範學院。

郭依婷、佘永吉、陳志軒（2021）。慢性有氧運動課程對提升輕度智能障礙學生認知與學習之成效。**特殊教育與復健學報**，36，39-61。https://reurl.cc/QRrvkZ

郭為藩（2007）。**特殊兒童心理與教育**（增訂五版）（頁 85-118）。文景。

郭美滿（2006）。**身體病弱學生輔導手冊**。臺北市立教育大學特殊教育中心。

陳佳瑜、佘永吉（2023）。建構視覺障礙學生水中體適能課程並檢視其成效。**身心障礙研究**，21（1），46-65。https://reurl.cc/mM8mj7

陳怡均、佘永吉（2020）。跳繩運動對改善高職綜合職能科智能障礙學生健康體適能成效之研究。**身心障礙研究**，18（1），1-18。https://reurl.cc/5vjAyn

陳勇安（2015）。**應用跨理論模式促進大專肢體障礙與腦性麻痺學生體適能之研究**〔未出版之博士論文〕。國立臺灣師範大學。

陳勇安、佘永吉（2019）。應用跨理論模式促進腦性麻痺大學生體適能之研究。發表於 2019 中華民國特殊教育學會 51 週年年會暨學術研討會。國立臺灣師範大學。

陳勇安、闕月清、佘永吉（2014）。**腦性麻痺者體適能之探討**。發表於 2014 中華民國特殊教育學會學術研討會。國立臺灣師範大學特殊教育學系。

陳舒婷、佘永吉（2024）。懸吊運動課程對發展性協調障礙兒童手部動作改善成效:個案先驅研究。**身心障礙研究**，22（1），1-18。https://reurl.cc/nNa8dl

陳鈴津、佘永吉（2016）。應用體感式電玩遊戲機提升特殊教育學校國中智能障礙學生跑步機訓練之合規行為。**身心障礙研究**，14（3），180-194。https://reurl.cc/yLd3Na

傅琪瑋、佘永吉（2017）。水中活動對腦性麻痺大學生健康體適能之影響。發表於 2017 中華民國特殊教育學會 49 週年年會暨學術研討會。國立臺東大學。

喻紹嫻、佘永吉（2021）。以工作分析法進行地板滾球介入對國小中度智能障礙學生改善擲球精準度之研究。**身心障礙研究**，19（3-4），211-224。https://reurl.cc/dnNMkM

彭慧雯、佘永吉（2021）。互動式電子白板融入國小學習障礙學生數學教學與直接教學法之成效比較。**特殊教育季刊**，160，15-26。https://doi.org/10.6217/SEQ.202109_(160).15-26

曾鳳君、簡睦容、佘永吉、陳振昇（2019）。肢體障礙者穿著 3D 列印踝足支架之個別化設計與功能表現：單一受試。**特殊教育季刊**，151，23-38。https://doi.org/10.6217/SEQ.201906_(151).23-38

黃灼倩、陳勇安、佘永吉（2024）。定向越野運動方案對國小自閉症學生健康體適能及身體意象之影響。**身心障礙研究**，22（2）。（已接受）

廖華芳、吳亭芳（2023）。醫療復健。載於林寶貴（策劃主編），**特殊教育理論與實務**（第六版）（頁 139-194）。心理。

劉宛穎、佘永吉（2021）。發展注意力不足過動症國中生足球訓練課程並檢視對改善動作協調能力之成效。**身心障礙研究**，19（3-4），157-181。https://reurl.cc/3Xg2nj

蔡宛靜、佘永吉（2019）。平板電腦應用自我教導策略對國中智能障礙學生職業技能學習之成效。發表於 2019 中華民國特殊教育學會 51 週年年會暨學術研討會。國立臺灣師範大學。

衛生福利部（2024）。**身心障礙者人數按季**。https://dep.mohw.gov.tw/DOS/cp-2976-13815-113.html

謝寶萱、佘永吉（2019）。紅繩懸吊運動介入對大學腦性麻痺學生肌肉適能及柔軟度之影響。發表於 2019 中華民國特殊教育學會 51 週年年會暨學術研討會。國立臺灣師範大學。

鍾高基（1998）。復健工程／輔助性科技。**中華醫學工程學刊**，18（3），147-152。

鍾高基、佘永吉（2001）。腦性麻痺動靜態平衡訓練之電動玩具車研發設計。載於**科技輔具應用與教學研究：國立彰化仁愛實驗學校創校三十五週年專輯**（頁 38-42）。國立彰化仁愛實驗學校

鍾高基、陳綉儀、羅鴻基、張茹茵、邱毓賢、劉光哲、唐詠雯、劉倩秀、余南瑩、張韶霞、佘永吉、吳弘斌、陳有圳（2014）。**輔助科技學**。華格那。

鍾琁如、佘永吉（2021）。個別化跑步機運動訓練課程對大學視覺障礙學生健康體適能之介入成效。**特殊教育季刊**，159，13-28。https://doi.org/10.6217/SEQ.202106_(159).13-28

簡廷倚、佘永吉（2020）。樂趣化跳繩運動方案對國小智能障礙學生平衡能力與健康體適能之成效—單一受試研究。**身心障礙研究**，18（3-4），206-224。https://reurl.cc/LWykK4

龔玉華、佘永吉（2016）。斜坡道健走對高職中重度智能障礙學生健康體適能之影響。**特殊教育季刊**，138，9-19。https://doi.org/10.6217/SEQ.2016.138.9-19

Dettmer, P., Knackendoffel, A., & Thurston, L. P.（2014）。**專業合作與溝通：合作、諮詢與團隊運作支持特殊需求學生**〔韓福榮、林珮如、王雅瑜、蘇芳柳、佘永吉譯〕。華騰文化。（原著出版年：2012）

Holowach, K. T.（2002）。**中、重度障礙者有效教學法：個別化重要技能模式**（第二版）〔李淑貞譯〕。心理。（原著出版年：1989）

Smith, D. D.（2008）。**特殊教育導論：創造不同的人生**〔黃裕惠、陳明媚、莊季靜譯〕。學富。（原著出版年：2006）

Santrock, J. W.（2018）。**人類發展**（第二版）〔胡心慈、吳亭芳、佘永吉譯〕。臺北市：麥格羅希爾。（原著出版年：2015）

Hallahan, D. P., Kauffman, J. M., & Pullen, P. C.（2020）。肢體障礙暨身體病弱的學習者〔佘永吉譯〕。載於**特殊教育導論**（第二版）〔D. P. Hallahan, J. M. Kauffman, & P. C. Pullen 著；張正芬、李姿瑩、黃澤洋、鄭臻貞、詹孟琦、洪雅惠、林玟秀、葛竹婷、陳怡慧、黃玉枝、林慶仁、李淑玲、佘永吉譯〕（頁 14-1～14-32）。華騰。（原著出版年：2018）

英文部分

Batshaw, M. L. (2002). *Children with disabilities* (5th ed.). Paul H. Brookes.

Bauer, A. M., & Shea, T. M. (1989). *Teaching exceptional students in your classroom* (pp. 245-273). Allyn & Bacon.

Bigge, J. L., Stump, C. S., Spagna, M. E., & Silberman, R. K. (1999). *Curriculum, assessment, and instruction for students with disabilities*. Wadsworth.

Challenor, Y. B., & Katz, J. F. (1974). Limb deficiency in infancy and childhood. In J. A. Downey & N. L. Low (Eds.), *The child with disabling illness*. W. B. Saunders.

Cross, D. P. (1993). Students with physical and health-related disabilities. In A. E. Blackhurst & W. H. Berdine (Eds.), *An Introduction to special education* (3th ed.) (pp. 351-397). HarperCollins College Publishers.

Fonosch, G. G., Arany, J., Lee, A., & Loving, S. (1982). Providing career planning and placement services for college students with disabilities. *Exceptional Education Quarterly, 3*(3), 67-74.

Gearheart, B. R., Weishahn, M. W., & Gearheart, C. J. (1992). *The exceptional student in regular classroom* (5th ed.) (pp. 232-273). Merrill.

Hallahan, D. P., & Kauffman, J. M. (1997). *Exceptional children: Introduction to special education* (7th ed.) (pp. 394-449). A Gould Company.

Harvey, D., & Greenway, A. (1984). The self-concept of physically handicapped children and their non-handicapped siblings: An empirical investigation. *Journal of Child Psychology and Psychiatry, 25*, 273-284.

Heward, W. L. (1996). *Exceptional children: An introduction to special education* (5th ed.) (pp. 432-478). Prentice-Hall.

Hong, J. C., Tai, K. H., Luo, W. L., Sher, Y. J., & Kao, Y. W. (2022). Comparing the Taiwanese learning effects of shaking-on and Kahoot. *Journal of Computer Assisted Learning, 38*(3), 892-905. https://doi.org/10.1111/jcal.12655

Jones, M. H. (1983). Cerebral palsy. In J. Umbreit (Ed.), *Physical disabilities and health impairments: An Introduction* (pp. 41-58). Charles E. Merrill.

Kaplan, P. S. (1996). *Pathways for exceptional children: School, home and culture* (pp. 530-571). West Publishing Co.

Kauffman, J. M., & Hallahan, D. P. (1981). *Handbook of special education* (pp. 248-288). Prentice-Hall.

Kirk, S. A., Gallagher, J. J., & Anastasiow, N. J. (2003). *Educating exceptional children* (10th ed.) (pp. 492-534). Houghton Mifflin Company.

Lewis, R. B., & Doorlag, D. H. (1999). *Teaching special students in general education classrooms* (5th ed.) (pp. 342-365). Prentice-Hall.

Lin, C.-W., & Sher, Y.-J. (2019). *Individualized design and development for the spinal muscular atrophy student of using 3D printing pencil grip for functional performances in Taiwan*. Poster presented at 2019 SMA Researcher Meeting - the 2019 Annual SMA Conference, Anaheim, CA.

Livneh, H., & Evans, J. (1984). Adjusting to disability: behavioral correlates and intervention strategies. *Personnel and Guidance Journal, 62*, 363-365.

Lo, H. S., Sher, Y. J., Hong, J. C., Chang, H. K., & Wu, T. F. (2023). The effects of blended learning on the car detailing skills of students with intellectual disabilities. *Educational Technology & Society, 27*(3), 46-60. https://doi.org/10.30191/ETS.202407_27(3).RP03

Nuffield, E. (1988). Biomedical perspectives. In V. V. Hasselt, P. Strain, & M. Herson (Eds.), *Handbook of developmental and physical disabilities* (pp. 38-57). Pergamon Press.

Olkin, R. (1999). *What psychotherapists should know about disability*. The Guilford Press.

Patton, J. R., Kauffman, J. M., Blackbourn, J. M., & Brown, G. B. (1991). *Exceptional children in focus* (5th ed.) (pp. 91-108). Merrill.

Rowley-Lelley, F. L., & Reigel, D. H. (1993). *Teaching the student with spinal bifida*. Paul H. Brookes.

Schreiner, M., Donar, M., & Kettrick, R. (1987). Pediatric mechanical ventilation. *Pediatric Clinics of North America, 34*(1), 47-60.

Sher, Y. J., Chuang, C. Y., & Hong, J. C. (2021). Effects and motivation/engagement of an interactive digital game for special education students in elementary school: A case study analysis. *Journal of Rehabilitation Practices and Research, 2*(1), 118. https://doi.org/10.33790/jrpr1100118

Sher, Y. J., Hsu, M. C., Chiu, Y. H., Chen, Y. J., Wu, C. H., & Wu, J. L. (2024). Development and establish of Taiwanese text-to-speech system based on hidden Markov model through speech corpus and tonal phoneme database. *Journal of Information Science and Engineering, 40*(2), 283-302. https://doi.org/10.6688/JISE.202403_40(2).0006.

Sher, Y. J., Lin, E. T., Hong, J. C., Wu, T. F., & Tai, K. H. (2022). Effects of virtual reality on training in a food preparation curriculum for vocational high school students with autism spectrum disorder. *Educational Innovations and Emerging Technologies, 2*(1), 17-32. https://doi.org/10.35745/eiet2022v02.01.0002

Sirvis, B. P., & Caldwell, T. H. (1995). Physical disabilities and chronic health impairments. In E. L. Meyen, & T. M. Skrtic (Eds.), *Special education & student disability: An introduction: Traditional, emerging, and alternative perspectives* (4th ed.) (pp. 533-564.). Love Publishing Co.

Snell, M. E., & Browder, D. M. (1986). Community-referenced instruction: Research and issues. *Journal of the Association for Severely Handicapped, 11*, 1-11.

Taylor, R. L., Sternberg, L., & Richards, S. B. (1995). *Exceptional children: Integrating research and teaching* (2nd ed.) (pp. 261-284). Singular.

Turnbull, A. P., Turnbull III, H. R., Shank, M., & Leal, D. (1995). *Exceptional lives: Special education in today's schools* (pp. 410-459, 460-505). Prentice-Hall.

Umbreit, J. (1983). *Physical disabilities and health impairments: An introduction*. Charles E. Merrill.

Verhaaren, P. R., & Connor, F. P. (1981). Physical disabilities. In J. M. Kauffman, & D. P. Hallahan (Eds.), *Handbook of special education* (pp. 248-288). Prentice-Hall.

Wilson Howle, J. M. (1999). Çerebral palsy. In S. K. Campbell (Ed.), *Decision making in pediatric neurologic physical therapy* (pp. 23-83). Churchill Livingstone.

Ysseldyke, J. E., & Algozzine, B. (1995). *Special education: A practical approach for teachers* (3rd ed.) (pp. 413-453). Houghton Mifflin.

Ysseldyke, J. E., Algozzine, B., & Thurlow, M. L. (2000). *Critical issues in special education* (3rd ed.). Houghton Mifflin.

第十三章

情緒行為障礙

洪儷瑜

案例一

　　宜勁從小一開始，在課堂上愛講話、出現很多干擾行為、動不動就生氣、很容易和同學起衝突，不管老師勸導或處罰都一樣，他的問題行為不會因老師的管教或包容而有所改善，只是次數上稍微減少。所以，每次分班時，被安排到擔任該班導師的老師都會很困擾，幾乎每個剛接到宜勁班的導師都會仔細看之前的輔導紀錄，找特教老師討論如何準備。

案例二

　　小涓從小算是一個品學兼優的學生，老師給的評語經常是認真好學、負責、積極向上，雖然安靜但卻乖巧，是個很少讓大人操心的好孩子。升上國中後，導師發現她在班上比較孤獨，不易跟同學打成一片，在不同科目的表現差異很大，尤其是表現不佳的科目常會出現拒絕、放棄的行為，例如：遲交作業、考卷空白等，在老師和家長的勸導下，小涓雖然口頭答應改善，但行為表現卻依然未見改善。逐漸的，老師發現小涓在課堂上課出現不專心的現象愈來愈頻繁，而且狀況愈來愈嚴重，問她原因也問不出所以然來，她在班上顯得更沉默，好像逐漸消失在課堂似的。

　　每一個學校都可能有類似上述案例的學生：一種是會干擾教室常規、不順從老師的學生，另一種是對老師或教室上課沒什麼干擾的學生，他們可能沒有明顯的生理、外表、能力或家庭上的問題，但可能從小就出現潛在的徵狀，直到某個學習階段才浮現出問題。他們的情緒或行為問題可能會先被轉介到輔導室（處），在學校的輔導介入出現瓶頸時，很多學校卻忽略了他們可能還有特殊教育的需求，或可能在學校一直被忽略，直到無法正常

規律到校或出現嚴重適應困難，才直接轉介到醫療單位。在身心障礙類別中，「情緒行為障礙」就是指一群因為情緒或行為表現與一般同儕差異很大的學生，且問題影響到他們的學習，很難單靠輔導工作或單一治療的專業介入，就可以恢復在校的正常功能。這群學生如果沒有特殊教育的介入，他們可能會中輟、出現嚴重的違規，導致無法維持學籍，甚至有危險性。所以，特殊教育的介入，不僅在幫助學生改善問題，增進他們適應學校的功能，也在減少問題的惡化。

「情緒行為障礙」這類學生早在民國 59 年（1970）即被納為特殊教育的服務範圍，當時是以「性格及行為異常」一詞出現，但其真正的服務卻是在民國 87 年（1998）之後才逐步展開，在國內特殊教育的各類服務對象中，算是新近的類別。

第一節　情緒行為障礙的定義與內涵

一、名詞的演變

「情緒行為障礙」在臺灣幾次的法令中出現過各種不同的名詞，例如：「性格及行為異常」〔民國 59 年（1970）〕、「性格異常、行為異常」〔民國 73 年（1984）〕、「嚴重情緒障礙」〔民國 86 年（1997）〕、「情緒行為障礙」〔民國 98 年（2009）〕等，將近四十年的演變過程，從表 13-1 所列的國內外使用之名詞中，不外乎包括問題的領域與強度：問題的領域方面使用了情緒、行為、性格等名詞，而問題的強度則使用困擾、困難、異常、障礙等名詞。除了臺灣曾採用「性格」命名問題之外，英美多以「行為」、「情緒」來命名。洪儷瑜（1995）在〈必也正名乎〉一文中，呼籲國人立法時應慎選適當的名詞，例如：「異常」（disorder）在英文是比「障礙」（handicap）更顯負面標記，但在中文卻是剛好相反；「嚴重情緒障礙」之「嚴重」可能會誤導問題要變得更嚴重時才介入，事實上所謂「障礙」在正式定義上已標明症狀之嚴重性了，再強調「嚴重」除了無法涵蓋及早介入之用意，也反應出國人對於「情緒行為障礙」之要求，比其他類別之特殊教育服務對象更為嚴格，而可能有歧視之嫌。該文也建議中文應使用「情緒行為障礙」，以突顯這類學生在情緒和行為方面的特殊需求，採用中文負面標記較低之「障礙」，避免使用「困擾」過於輕微又得加上「嚴重」之贅述，就特殊教育的類別而言，強度適中，而這也呼應了美國學界推薦的名詞「emotion/behavioral disorder」（Kauffman, 2005）。經過了四十年，臺灣三次修訂的《特殊教育法》都給這類學生不同名稱，終於在民國 98 年（2009）給予此類學生一個適當的名詞。正名之路固然不短也不長，但卻反應出國人對此類學生之認識和態度。

表 13-1　臺灣和美國在《特殊教育法》中使用「情緒行為障礙」之名詞

年度	名詞	來源
1960 年	emotional disturbance （情緒困擾）	E. Bower 等人提出
民國 59 年 （1970）*	性格及行為異常	《臺灣省特殊教育推行辦法》
1975 年	seriously emotional disturbance （嚴重情緒困擾）	美國《所有殘障兒童教育法》（EAHCA， 《94-142 公法》）
民國 73 年 （1984）*	性格異常、行為異常	《特殊教育法》
1985 年	behavioral disorders （行為異常）	美國特殊兒童協會（Council of Exceptional Children, CEC）之行為異常兒童支會 （Division of Behavioral Disorder）
1987 年	emotional or behavioral disorders （情緒或行為異常）	美國心理衛生和特殊教育聯合組織
民國 80 年 （1991）*	性格及行為異常	全國第二次特殊兒童普查
民國 86 年 （1997）*	嚴重情緒障礙	第二次修訂頒布之《特殊教育法》
民國 98 年 （2009）*	情緒行為障礙	第三次修訂頒布之《特殊教育法》

註：*表示我國使用之名詞。

二、鑑定基準與內涵

除了名詞的變換繁多外，情緒行為障礙之定義與內涵的演變也很大。全國第一個以情緒障礙為名之特殊班就設立在臺北市立師範學院附屬小學（現為臺北市立大學附設實驗國民小學），以招收自閉症學生為主，成立於民國 74 年（1985），多年來部分掛名情緒障礙班卻以招收自閉症學生為主，可見早期的「情緒障礙」一詞曾為自閉症專用。直到民國81 年（1992），教育部才首次正式提出「性格異常」與「行為異常」之定義，將這類學生的適應困難主要詮釋為行為或人格之異常表現，但並未刻意將自閉症做區分，也未註明任何疾患與這兩類的關係，僅強調人格的發展和行為表現的異常及其嚴重程度，例如：

「性格異常，指在青少年或兒童時期由於體質、生理、心理或長期外在環境因素之影響，造成人格發展之缺陷，導致其生活內容、思考方式或行為表現僵滯或偏差者，此種現象通常持續到成年。」（《語言障礙、身體病弱、性格異常、行為異常、學習障礙暨多重障礙學生鑑定標準及就學輔導原則要點》，1992）

「行為異常，指在生活環境中所表現之行為顯著異於生活常規或年齡發展常態，並妨害其學習表現、情緒、人際關係、或妨害他人學習者。」（《語言障礙、身體病弱、性格異常、行為異常、學習障礙暨多重障礙學生鑑定標準及就學輔導原則要點》，1992）

民國 86 年（1997）新修訂之《特殊教育法》除了將兩個名詞合併外，也將「嚴重情緒障礙」和「自閉症」各自獨立，並列於身心障礙十二類中，新的法隨後擬定的定義和鑑定基準如下（《身心障礙及資賦優異學生鑑定原則鑑定基準》，1998，第 9 條）：

「本法第三條第二項第七款所稱嚴重情緒障礙，指長期情緒或行為反應顯著異常，嚴重影響生活適應者；其障礙並非因智能、感官或健康等因素直接造成之結果。情緒障礙之症狀包括精神性疾患、情感性疾患、畏懼性疾患、焦慮性疾患、注意力缺陷過動症，或有其他持續性之情緒或行為問題者。
嚴重情緒障礙之鑑定基準如下：
（一）行為或情緒顯著異於其同年齡或社會文化之常態者，得參考精神科醫師之診斷認定之。
（二）除學校外，至少在其他一個情境中顯現適應困難者。
（三）在學業、社會、人際、生活等適應有顯著困難，且經評估後確定一般教育所提供之輔導無顯著成效者。」

依據最新修訂的《特殊教育學生及幼兒鑑定辦法》（2024）第 10 條，情緒行為障礙之定義與前兩次（民國 87 年與 101 年）差異不大，僅就部分文意更精確的修改，其定義與鑑定基準如下：

「本法第三條第八款所稱情緒行為障礙，指長期情緒或行為表現顯著異常，致嚴重影響學校適應；其障礙非因智能、感官或健康等因素直接造成之結果。
前項情緒行為障礙之症狀，包括精神性疾患、情感性疾患、畏懼性疾患、焦慮性疾患、注意力缺陷過動症、或有其他持續性之情緒或行為問題。
第一項所定情緒行為障礙，其鑑定基準依下列各款規定：
一、情緒或行為表現顯著異於其同年齡或社會文化之常態者，得參考精神科醫師之診斷認定之。
二、在學校顯現學業、社會、人際、生活或職業學習等適應有顯著困難。
三、除學校外，在家庭、社區、社會或任一情境中顯現適應困難。
四、前二款之困難經評估後確定一般教育及輔導所提供之介入成效有限，仍有特殊教育需求。」

上述二者的定義都對於情緒行為障礙之內涵提出以下六項重點：

1. 主要問題都在行為或情緒的表現顯著異常：強調以一般可以顯著觀察的行為、情緒之異常表現來定義問題，不因心理學派之主張，定義在人格（personality）、自我（ego）等不易觀察的向度；也說明本障礙之主要原生問題（primary）在於情緒、行為的表現，與其他障礙類別主要在智力、學習、感官或其他問題有所區別。

2. 問題的嚴重程度是長期、明顯、嚴重，且經普通教育及輔導所提供之介入成效有限，仍有特殊教育需求：因為一般人受情境或發展階段的影響，也可能出現暫時性的行為或情緒異常的表現，為區分不同程度的異常，以及確保《特殊教育法》之精神，而對行為或情緒問題之嚴重程度提出四項標準：長期的、明顯的、問題的後果，以及轉介前介入仍有需求者。說明如下：

   (1) 長期的：一般兒童精神醫學在各種心理疾患（disorder）的診斷時間常以六個月或十二個月以上為準，意指問題出現的時間需持續六個月或十二個月，因各種疾患而異。換言之，如果是因環境變化、疾病或發展而致情緒或行為暫時性異常，並不符合此標準。

   (2) 明顯的：一般對於明顯的定義，係指與一般同年齡、同性別、相同文化背景的同儕相比較，可明顯看出差異者。

   (3) 問題後果之嚴重程度：由於情緒或行為的問題程度易有主觀的判斷，且有特質與適應問題之爭議，例如：固執性、容易焦慮或活動過多等，這些可能是個人特質，可能影響適應的問題所在。因此，在問題之嚴重程度上，以其後果來定義，明文指出情緒或行為問題必須造成行為者的團體生活、人際關係、學業學習、一般生活或工作表現等適應，受到嚴重負面影響。

   (4) 轉介前介入仍有需求者：因為很多情緒行為問題可以透過教室班級經營的調整、專業輔導、諮商或醫療等介入之後，獲得改善，此即是採用學校輔導工作三級輔導，在轉介特殊教育之前，建議先進行一般輔導的三級介入，故也被稱為轉介前介入。對於可因預防介入而改善的避免污名化，或過度隔離介入，宜留在普通教育（Kauffman, 2005），下文的「全校性正向行為支持系統」將有詳細說明。經轉介前介入之後，學生的症狀或功能仍難改善者，亦即表示此類學生確實需要特殊教育，或稱為有特殊教育需求（special educational needs）者，特殊教育可以增加其在學校適應功能改善的機會。

3. 以年齡發展、文化的常態做為問題異常性之鑑定基準：定義中的情緒行為表現，可能因文化、發展對於標準的判斷而有所差異，所以在定義中強調此異常並非由行政當局（如法律或校規）決定，而是考慮學生的年齡發展、心理發展、文化背景之常態，亦即強調異常的確需要尊重發展和文化的差異。

4. 需妨礙學習，或對教育成效有負面之影響，且會出現在學校以外情境的問題結果：本定義強調，情緒行為問題在情境出現上需要符合兩個必要條件，其中之一是需要

出現在學校情境之外，但其問題也需要出現在跨情境。

5. 非智力、感官等直接影響其情緒或行為問題之成因：情緒、行為問題可能因智力、感官等因素所致，此描述主要在排除因智力、感官而衍生的情緒、行為問題，但不否認智力或感官障礙合併非衍生性的情緒、行為問題之存在。此描述在民國 86 年（1997）之定義，即排除因慢性健康而衍生的情緒、行為問題，其與美國的心理衛生和特殊教育聯合組織一致。但因考慮我國特殊教育未設腦傷（traumatic brain injury）一類，後天腦傷出現情緒、行為異常問題者，可能因健康因素被排除，以及本法所列的很多疾患，例如：注意力缺陷過動症，都被證明是腦神經功能異常所致，所以在民國 101 年（2012）新的定義中，僅排除智力和感官，而刪去生理健康的排除因素。

6. 服務對象包括精神醫學所診斷的焦慮、情感、畏懼、精神性疾患，以及注意力缺陷過動的患者：為了方便專業之間的溝通，定義特別說明此類包括精神科醫師診斷之疾患，唯此些患者仍須具備上述鑑定基準之條件，才得以符合情緒行為障礙的標準。

總括上述內涵可以看出，「情緒行為障礙」一類的所指對象，其顯著障礙在行為或情緒的表現方面，是《特殊教育法》（2023，第 3 條）所謂「因生理或心理之障礙，經專業評估及鑑定具學習特殊需求，須特殊教育及相關服務措施協助者」。

如前所述，情緒行為障礙這類學生與一般學校輔導室（處）的服務對象有重疊，卻也容易混淆，但就上述重點與特殊教育之精神，情緒行為障礙學生也是輔導室（處）的服務對象，僅是其又有額外的特殊教育需求，如圖 13-1 所示，二者差異如下：

1. 行為或情緒的問題需顯著異於發展或文化的常態：學校輔導工作所指之心理不適應或偏差行為的輔導，並不一定要求需要達到「顯著異於發展或文化的常態」之標準，學校輔導室（處）經常也需要輔導違反校規的學生，而這些違規行為可能是發展上經常出現的問題。

2. 行為或情緒之問題是長期而非因環境壓力所引起的暫時性異常反應：學校輔導工作強調預防，因此服務範圍包括因環境壓力所出現之暫時性可預期的反應，而且不要求出現問題維持的期限。

3. 行為或情緒的問題非單一情境出現且需跨情境出現：學校輔導工作的服務包括對特定情境的不適應，如上臺恐懼、社交畏懼或親子關係不佳等，而特殊教育的服務對象則限定其問題不僅要明顯影響學校適應，也需嚴重到跨情境的出現。如果問題不會影響到學校適應，則無需特殊教育之介入，可能只是心理疾患的學生，僅需醫療和輔導。

4. 情緒行為障礙學生非一般輔導工作或單一醫療即可滿足其特殊需求者：亦即一般輔導工作或醫療可解決的適應問題，不需以高成本與標記性的特殊教育來進行。由此也說明了輔導與特殊教育的關係。

由於融合教育之趨勢，大多數情緒行為障礙學生都就讀普通學校，所以情緒行為障礙學生的介入，需與學校輔導室（處）建立密切的合作關係，二者關係可透過圖 13-1 來描述。

圖 13-1　輔導室（處）服務之適應欠佳學生與情緒行為障礙學生之關係

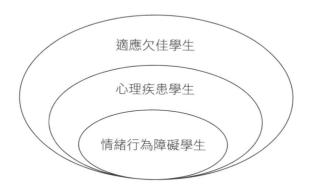

第二節　情緒行為障礙的成因

當兒童或青少年出現情緒或行為問題時，其可能的原因很多。對情緒或行為的變化，每個人所形成的原因不同，而即使相同的症狀，其背後產生的原因也可能不盡相同。故綜合起來可分為生物、環境，以及二者的交互作用等三方面來說明成因（施顯烇，1998；Carson & Butcher, 1988/1996; Kauffman, 2005）。

一、生物因素

生物因素會影響我們行為的所有層面，包括：智力、氣質、壓力忍受性，以及適應能力。生物因素包括遺傳、染色體異常、腦傷、內分泌失調、營養不良、受傷，以及其他會干擾行為正常發展和功能運作的因素。

（一）遺傳

遺傳的成因由兩方面的資料可以證實：一是從雙胞胎的研究結果可以發現，同卵雙胞胎的兩個人，同時出現不專注、過動的問題比異卵雙胞胎同時出現的機率較高；另一項研究則是發現，其父母或手足有注意力缺陷過動症，而自己也有注意力缺陷過動症的兒童之比率比一般兒童高（洪儷瑜，1998b）。Nicol 與 Gootteman 曾經整理不同程度的基因相似

度在罹患精神分裂症之比率，結果發現基因相似度百分之百的同卵雙胞胎，一人罹患精神分裂症，另一位手足罹患的機率是 46%，而基因相似度 50%的異卵雙胞胎，另一位手足罹患的機率是 14%，與一般人罹患的比率 1%相較，其罹患機率顯著高了很多（引自 Kauffman, 2005）。另外，研究發現情感性疾患或精神分裂症（目前已更名為思覺失調症）疾患的父母，其子女發生重鬱症、藥物濫用、社會功能障礙、學校生活問題，比其他健康父母的子女有較高發病的比率（Kauffman, 2005）。在心理或行為的疾患方面，基因所涉及的影響通常不是一對或少數幾對，反而不良的遺傳影響通常是多數基因的共同運作，亦即透過許多基因以某種添加或互動的方式共同作用。一個人若繼承了大量不良的基因，可能會導致腦部生化作用的失調，而容易導致情緒行為障礙。

（二）染色體異常

染色體在構造或數目上的異常與廣泛範圍的畸形和行為有所關聯，例如：柯氏症候群是男性染色體的一種異常結合，雖具有男性生殖器官，但缺乏生殖能力，比正常男性較可能成為青少年犯罪者，並容易產生性別認同混淆的問題；而女性雖擁有兩個 X 染色體，卻較不容易產生與性別有關的疾患，但有時會產生染色體不足或過多的情形，也會引起行為異常。男性則因為是單一的 X 染色體配對單一的 Y 染色體，因此任何一個染色體的缺陷都會造成麻煩。

（三）腦傷或腦功能異常

大腦主宰人類思考、行為與情緒的反應，研究發現大腦皮質的功能會影響行為監控，大腦邊緣系統的丘腦部分之病變會影響情緒的控制，扣帶回和海馬回部分的病變會影響人的攻擊性（LeDoux, 1998/2001），且目前也發現憂鬱症、強迫症、精神分裂症的幻聽、幻想等，都是因腦神經生理異常所致（Hyman, 2003/2023）。除了腦功能異常之外，腦部實質的損傷也可能造成行為或情緒的異常現象；腦部受傷可能因為懷孕期間不當的服用藥物、生產時所造成的疏忽、早產，或是生產後嬰兒的疾病或後天受傷、腦病變等所致。

（四）先天體質的弱點

在日常生活中，體格和身體外觀的其他方面也在人格發展和心理調適上具有影響地位。身體外觀較具吸引力的人在生活中可能較具優勢，這是較沒吸引力的人所沒有的。有研究發現，心理疾患與不具吸引力有關，而先天具有吸引力的人，有助於個體疾患復原的功能（Carson & Butcher, 1988/1996）。

（五）生理疾病

　　身體的傷害和疾病除了對生理有影響，個人也會因體力較差而降低對環境壓力的抗衡與調節之能力，另外，長期慢性疾病會因個人生活活動或機能的減低，而影響心情或對自己未來的希望感到憂慮，因而慢性疾病患者容易出現憂鬱症的問題。

（六）營養不良

　　食物的營養不僅有助於幼兒的腦部成長，而且也是維持個體活動所需的養分，長期嚴重的營養缺乏或不均衡可能會影響個體的行為或情緒之表現，例如：菸草酸和維生素 B_{12} 的不足可能導致器質性腦症候群；過多的糖分和食物易導致學生過胖，而容易影響學生的行動和體力。

（七）氣質

　　氣質是一個人先天的行為反應傾向，是個體對內外在刺激反應的方式。氣質並無好壞之分，重要的是父母可否順應兒童的氣質提供適當的教養方式，例如：面對一位反應強度較弱的兒童，父母若無法及時觀察並順應其需求，則可能會造成幼兒易感到挫折或彼此關係的緊張。徐澄清（1999）依據美國學者的氣質理論，將國內嬰幼兒的氣質類型分為難養型、慢吞吞型、中間偏難型、中間偏易型，以及好養型的孩子，研究上也發現難養型的幼兒與行為、情緒適應困難有高度相關（Kauffman, 2005）。

二、環境因素

　　環境因素一直被列為情緒行為問題之成因，可依據家庭、學校、社會等三方面加以討論。

（一）家庭方面

　　父母是兒童在家庭中的主要照顧者，父母與子女的互動關係，對子女未來的行為與情緒的表現有深遠的影響。家庭的因素包括：家庭的結構異常，如離婚家庭、單親家庭、複雜的家庭或是家庭幾代唯一的男孩等；家庭的功能不彰，如父母不睦、離婚、父母親長期分居、父母長期忙碌而疏忽督導等；父母的適應狀況，如父母酗酒或犯罪、長期失業等問題，或是管教方式，如過度保護、溺愛，或是過度限制和要求等，上述這些因素都容易讓父母在孩子成長的過程中給予不正常或創傷的經驗，進而影響日後情緒、行為的表現。長期研究犯罪行為的學者（Quinn & Poirier, 2007）發現，很多行為情緒適應困難都跟貧窮有

關；家庭貧窮並非單一因素，經常伴隨著家庭結構和功能不佳，而且也會出現問題之代代相傳的現象。及早介入貧窮家庭，由學前和學校教育來打破代間相傳之循環，才能遏止此惡性循環的產生。

（二）學校方面

在學校方面，學習課程不適合學生的能力和興趣，或老師教學不適當，都可能導致學生在學業上的挫折或失去學習興趣與信心，或者是學習壓力與考試競爭的壓力過大，也容易導致學生過度的焦慮；課業過重和考試壓力等是國內學生最大的心理困擾來源。此外，學校管理不當、期待不明確或不合理，或是制度無法顧及學生的個別差異等，除了無法讓學生建立符合期待的行為規範外，還容易讓學生與學校間無法互信，甚至降低學校對學生行為之約束力。Kauffman（2005）曾經指出，學校若對於學生情緒行為障礙產生負面影響，學校教育則可能會讓學童的問題惡化到障礙程度，包括下列七種狀況：

1. 對於學生的個別差異不敏感：學校過度強調一視同仁，統一課程、統一進度、統一標準、統一程序，忽略學生的個別差異。弱勢或學習差異較大的學生在這樣統一、規格化的環境中，長期下來所受的壓力遠較同儕大，成就感也遠較一般同儕低，所獲得的學習成效當然也較一般同儕低。所以，如其出現任何適應問題，學校未能及早發現、調整或補救，長期的學校教育就會使得這類學生的情緒、行為問題惡化。

2. 對學生有不當的期待：由於學校不察學生可能的特質和個別差異，或不察學習目標的難易差異，或是對標記有錯誤的刻板印象，而對於學生有不當的期待，導致學生過度挫折、缺乏成就感或被歧視、過低期待，因此學生就會形塑出不正確的自我概念。

3. 不一致的行為管理：很多學校經常對相同的行為，因情境或教師個人因素而有不同的行為管理方式，導致學生有機可乘，或錯誤的行為被錯誤增強等問題；不一致的行為管理環境也不易讓學生習得新的行為，Reid 與 Eddy（1997）發現，不一致的行為管理會助長行為問題之惡化。

4. 教學內容與生活無關或不實用：教學內容與學生生活無關，或讓學生感受不到學習的重要性，因此造成對學習失去興趣，而無法習得應有的學習基礎。很多學校一味的認為學生缺乏學習動機，而較少檢討教學的內容與目標是否吸引學生的生理、心理、發展或生活上的需求。

5. 缺乏有效教學方法與重要技能的教導：每個階段的學習目標很多，但有些是奠基、關鍵性的技能，缺乏了這些技能會讓學生累積更多的失敗經驗，所以如果學校無法察覺哪些是關鍵性的技能，對於關鍵性技能未能有效的教學，確保學生一定學會這些技能，學生就容易隨著年級增長而挫折感愈大、學習動機愈低、參與學習的行為

也就愈差。此外，很多學校對於弱勢家庭或文化不利的學生可能之弱點未能察覺，以為每個年級內的學生都具有同樣的基礎能力，而未能察覺缺乏基礎的學童，導致這些學童在一開始就跟不上進度，累積成長期學習的失敗經驗，而易離開學校或產生不正確之自我概念。

6. 干擾自然增強的制約關係：不論是正增強或負增強，都是在鼓勵學生行為的表現或維持，但如果教師誤用正負增強，則可能助長學生的行為問題。干擾自然增強的制約關係，乃因一般行為都會有其自然的後果，常見的是教師或學校行政人員誤認為批評和責備一定是懲罰或提供負面效果，而忽略其在學生身上可能的制約效果，例如：一個學生被教師公開責備，但卻得到同學對其勇氣之肯定，教師的懲罰或學校的記過就可能變成一種正增強。此外，教師或學校也經常錯誤的破壞學生行為所得之制約結果，例如：學生因不當行為被同學排擠而無法當班長，家長拜託教師設法讓學生當班長，大人如此幫忙也是干擾行為自然的後果，易讓學生無法由自然結果得到應有的學習。Kauffman認為，很多教室經常持續著破壞性的制約關係（destructive contingency）而不自覺，如果教室能維持建設性的制約關係（constructive contingency），就可以幫助學生擁有較多的正向行為，即使是嚴重適應問題的情緒行為障礙學生，亦可以透過班級有效的建設性制約制度，增進正向行為和適應功能。

7. 提供不適當的行為示範：學生都喜歡模仿有權威或有影響力的人，而不限於大人或同學都具有示範功能。有時候教師不小心在教室出現不當的行為或情緒反應，或是忽視學生暴力、作弊行為等，這樣都會間接的助長學生去模仿不當的行為。

　　上述的七項情況不僅指出學校應如何幫助學生在課業學習上有成就感，也提醒學校要注意建立建設性的行為制約環境，否則學校的很多努力可能都是在助長學生的適應困難，也難避免「我不殺伯仁」的間接責任。

（三）社會方面

　　在社會方面，包括：大眾傳播媒體的渲染，如過度報導色情、暴力、犯罪細節或過多不當的節目；社區缺乏正當的活動場所，無法隔離不良的社會風氣或不當的行業進駐等現象，會增加學生接觸不良誘惑的機會，如社會幫派侵入校園或是學校附近有色情行業和電動玩具店充斥等，這些大人的問題會讓孩子在無抵抗的狀況下耳濡目染，受到不良的影響。Kauffman 以美國的例子認為，社會的因素與種族、社區、宗教、學校和家庭的因素息息相關、相互關聯，不易單純由任何一個因素來解釋（Kauffman, 2005）。此外，德國學者 Bronfenbrenner 所提出的社會生態理論認為，人與環境之間是高度互動關係，環繞個人的環境可分為多層次的系統，如圖 13-2 所示，各系統間與個人之互動都會影響個人情緒行為之發展（引自 Lerner, 2001/2005）。圖 13-2 所呈現的不同生態系統，讓我們不難了解 Kauffman 所說的社會因素架構下各種環境因素間的關係。

圖 13-2　Bronfenbrenner 所提出的社會生態系統圖

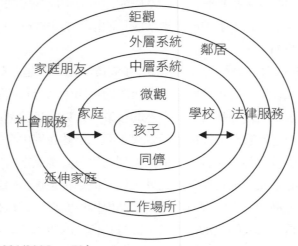

註：修改自 Lerner（2001/2005, p. 73）。

三、交互作用

　　情緒或行為的異常問題並非單一因素所致，前述的生物因素在遺傳、腦傷、生理疾病、營養不良、氣質等，都可能造成行為或情緒的不良影響，但是這些生物不利的因素並無法直接決定是否會罹患心理疾患，即使是百分之百的基因相似度，罹患思覺失調症之機率也低於 50%。疾患的罹患是在生物和環境的交互作用所決定的，不良的生物條件必須加上環境因素的配合，二者交互作用才會導致疾患或情緒行為障礙。換言之，不利的生物條件需要有環境因素的保護，如果父母能因材施教，學校積極採取預防性的措施，個體的行為或情緒異常問題之發生率就能大為降低。

　　素質—壓力交互作用（diathesis-stress interactive paradigm）以非單一因素解釋罹患心理疾患出現的說法，適應問題或異常行為是個人行為傾向（素質）和生活環境困擾（環境）交互作用（梁培勇等人，2009）。個人具有不同的生理條件，不管是基因、染色體、體質或氣質等，均統稱為素質，素質意味著每個人對於某些疾患的罹患機率或壓力承受的程度，如果成長環境中的壓力大於個人素質所能承擔，個人罹患心理疾患或出現行為和情緒異常的問題機率就很高；換言之，如果個人罹患某些疾患的機率比同儕高，在同樣的環境壓力下，個人出現適應困難的機率也會比一般人高。最近的研究也發現，復原力（resilience）等變項可調節二者的關係，讓疾患和因素之間的關係變得更動態（郭芳君等人，2011；譚子文、范書菁，2010）。因此，了解個別差異、因材施教，避免上述學校、家庭之不利因素，以及加強復原力的措施，確實可以降低情緒行為障礙學生的比率。

　　但可惜的是，周圍環境的家庭、學校或社會常忽略了潛在高風險或難養型氣質的孩子，家長可能依據一般孩子的管教方式教導，或忽略孩子的個別差異，而產生管教上的困

難和失敗。研究發現，難養型氣質的孩子容易讓父母生氣、情緒不佳，進而忽略或體罰孩子，容易演變成負面的親子關係（Keogh, 2003）。著名的脅迫理論（coercion theory）解釋違規、對立違抗行為的孩子與父母親之間的互相脅迫關係；Patterson 在觀察叛逆的孩子出現攻擊行為，當父母需要面對孩子的問題時，父母受到孩子叛逆行為的壓迫，就可能放手採取忽略，其忽視行為受到消極增強，父母就會逐漸減少管教這些行為，Patterson 也稱這種親子互動型態是一種消極增強的陷阱（negative reinforcement traps），親子互動無意間設下陷阱，利用壓迫的行為去控制對方的行為。另外，他也發現對立違規行為的孩子對於大人的處罰，與一般孩子的反應不太一樣，大人的處罰往往會增強了這類孩子的違規行為（Patterson, 1982）。上述確實指出很多生物和環境因素間交互作用的不同典範，也是見證因素之間交互影響所致，並指出可以正向預防的方向。。

第三節　情緒行為障礙者的安置與出現率

　　由於情緒、行為問題的嚴重程度跟情境、心理衛生之三級預防措施之完善與否有密切關係，障礙的出現率應該有多少，國內外學者都認為這類學生的問題和需求被嚴重低估。被低估的可能原因很多，包括：篩選的工具、篩選系統的完整與學校對於這類學生的態度與持續處理方式，以及社會對於情緒行為障礙之正確認識和接納等。

　　美國學者認為，情緒行為障礙學生（以下簡稱情障學生）應有 2%（Kauffman, 2005）；洪儷瑜曾利用「青少年社會行為評量表」教師和同儕版篩選臺北市國中一、二年級學生，篩選出 6.19% 屬於行為異常之高危險群（洪儷瑜，1998a）；教育部調查 10～18 歲學生後發現，9% 的學生有嚴重憂鬱症（陳為堅，2004）。情障在我國最早是在第二次特殊兒童普查開始調查的，當時曾修訂「性格及行為評量表」，僅以教師量表的方式篩選行為及性格異常學生，所得之出現率為 0.19%（教育部第二次特殊兒童普查工作小組，1992）；筆者在上述研究中，經過多元評量與排除等綜合研判，所得之情障學生約有 4.8%，但因該研究未進行轉介前介入，如確實施行轉介前介入，可能會降低此比率，有可能更接近美國的估計，約 2～3%。

一、學校安置的情障學生人數

　　研究的估計往往與教育部特殊教育學生通報所統計的安置數據有很大差距。美國教育部隨著 1975 年公布的《94-142 公法》之後，出現率由 0.62% 明顯提升，但到了 1980 年代之後，出現率就顯得平穩，約 1%（Kauffman, 2005）。2018～2019 年的情緒障礙學生占 6～21 歲學生之 0.52%，占全國身心障礙學生之 5.45%（U.S. Department of Education, 2019），美國學者都認為，教育部的數據嚴重低估了情緒障礙學生的人數。而國內於民國

81 年（1992）首次調查學齡兒童中有情緒障礙問題的學生，結果發現 6～15 歲中有 0.19% 的學生（總計 7,089 人）為「性格及行為異常」，占身心障礙學生之 9.4%。1997 年後因《特殊教育法》之規定，教育部須定期出版《特殊教育統計年報》，根據 87 學年度的《特殊教育統計年報》（教育部統計處，1999～2012）指出，各教育階段的情障學生之總人數為 798 人，仍少於第二次普查所得人數，111 學年度之情障學生人數達 10,532 人，占身心障礙總人數之 7.75%，比率逐年增加，但在比率上，都仍低於民國 80 年（1991）的普查，可見目前在學校所鑑定之情障學生仍嚴重低於實際需求學生數。

從 87 學年度到 111 學年度之情障學生都是以國小階段人數為最多（如表 13-2 所示），其次是國中，學前階段的人數最少。從 87～107 學年度，除了 91、92 學年度之外，情障

表 13-2　87～111 學年度情緒行為障礙學生在各階段之學生人數與占身障學生之比率

學年度	學前	國小	國中	高中	大專	人數總計	身障學生總人數	占身障學生總人數比例
87	9	586	192	11	-	798	60,572	1.32%
88	17	954	372	51	6	1,400	64,634	2.17%
89	17	1,281	443	85	12	1,838	70,229	2.62%
90	30	1,237	421	110	25	1,823	72,034	2.53%
91	7	712	251	186	109	1,265	76,742	1.65%
92	22	839	270	244	205	1,580	76,532	2.06%
93	27	1,014	282	315	252	1,890	84,896	2.23%
94	46	1,072	367	345	324	2,154	90,133	2.39%
95	58	1,380	492	375	417	2,722	93,735	2.90%
96	77	1,699	651	410	515	3,352	98,727	3.40%
97	96	2,094	804	450	616	4,060	102,841	3.95%
98	102	2,465	990	546	626	4,729	106,534	5.29%
99	95	2,865	1,132	702	669	5,463	110,154	4.96%
100	85	2,966	1,388	881	707	6,019	114,210	5.27%
101	70	2,894	1,242	1,060	761	6,027	116,722	5.16%
102	68	2,726	1,500	1,172	851	6,317	120,077	5.26%
103	61	2,678	1,468	1,276	953	6,436	115,395	5.58%
104	55	2,702	1,509	1,321	999	6,586	115,139	5.72%
105	60	2,782	1,629	1,395	1,106	6,972	122,625	5.69%
106	193	2,939	1,652	1,476	1,224	7,484	124,700	6.00%
107	75	3,184	1,696	1,482	1,257	7,694	126,419	6.09%
108	31	3541	1805	1564	1358	8299	129749	6.40%
109	80	3833	1958	1670	1546	9087	135143	6.72%
110	94	4159	2149	1718	1702	9822	141436	6.94%
111	78	4691	2218	1828	1717	10532	135962	7.75%

註：引自教育部（1999～2023）。

學生人數逐年增加，91、92 學年度之國中、國小階段的人數稍微下降，此可能因實施十二年國民教育安置，教育部開始督促各縣市鑑定安置輔導委員會之運作與通報資料有關；換言之，93 學年度以後，多數縣市之鑑定安置輔導委員會之運作逐漸展開和正常運作（洪儷瑜，2005），而出現二年的資料不穩定，此現象在民國 97 年（1998）新訂鑑定基準所出現的新近障礙類別都出現過類似的現象（可參考本書第十四章「學習障礙」）。

　　整體而言，二十多年來的情緒行為障礙學生之成長高達近 10 倍。情緒行為障礙學生在 95～100 學年度之人數快速成長，四個教育階段之人數均有明顯成長，之後增加人數漸趨，且仍不穩定，其中以學前階段最不穩定。其他三個教育階段在 100 學年後仍見平緩的成長。

二、出現率

　　我國情障學生之出現人數，本章試圖以國民教育階段的情障學生和一般學校學生之比率估計出現率。由於我國義務教育僅為國中、小的一～九年級，以我國就學率高達 99% 以上之現況（教育部統計處，2009），利用此階段估計出現率比較正確。如前文所提，各縣市對新近障礙類鑑定工作在 91、92 學年度出現調整階段，93 學年度之後的資料趨勢較為穩定。以 87～111 學年度的情障學生與一般國中學生人數相比，可推估情障學生的出現率為 0.03～0.35%，二十多年間的出現率成長了約 12 倍（如圖 13-3 所示）。比率的增加除了因情障學生人數增加之外，全國國中、小學生總人數的快速減緩也是因素之一。但這樣的出現率低於學術研究所得之數據（洪儷瑜，1998b），也低於美國教育部之數據（U.S. Department of Education, 2019）。嚴重低估的原因可能是學校和家長對於此類學生的特殊教育需求尚不了解，很多縣市尚未建立完善的鑑定工作系統；另外，國內學校教師、家長仍難接受情障或心理疾患之標記，可能都是關鍵因素。

　　國中、小學階段的情障學生大致呈現男多於女，男、女生之比為 6.5：1，男、女差異在國小比國中明顯（國小 7.0：1，國中 5.6：1），二者差異可看出情障女學生在國中人數逐漸增加。男、女比率到了高中職階段之差異卻明顯的拉近，男女比僅為 3.4：1，但由於高中職並非義務教育，有可能情障男學生多為外向的行為問題，不易繼續留在學校，也可能是女生所出現的情緒適應問題較多發病於青春期。總之，情障學生在中學階段之男、女比率隨教育階段而拉近。

圖 13-3　87～111 學年度情緒行為障礙學生出現率

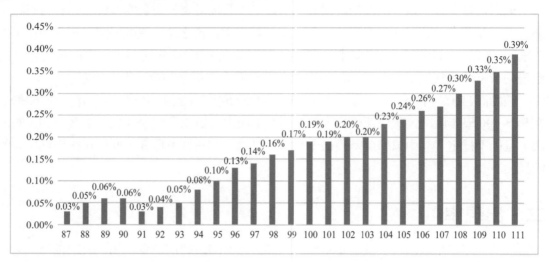

註：引自教育部特殊教育通報網（1999～2023）、教育部統計處（1998～1999，2018～2023）。

第四節　情緒行為障礙者的特質

一、一般特徵

　　為了幫助了解情障學生之特徵，特以生理、認知、行為、社會適應，以及學業等項說明，但由於情障包括不同類型，各類型有其不同特徵，且各類型容易初現（onset）的高峰時期也有所不同，因此難以用概括性的特徵類化所有的情障學生，所以本節先以一般特徵說明，另再分類說明不同類型之特徵。

（一）生理方面

　　除了焦慮疾患的心身症（Psychosomatic Disorder）常會有生理方面的症狀，如頭痛、肚子痛之外，一般情障學生的生理方面與一般學生差不多，但是因過度焦慮而引起的心身症學生，其所出現的生理症狀較難以查出生理的病因。另外，有些慢性精神疾患的學童，會因長期服用藥物而出現發胖的現象；有些憂鬱症的學童會因經常性的自傷行為，身上可能出現刀痕；有些注意力缺陷過動症的學童也會因衝動而容易有意外的外傷等，但上述這三者之生理方面的特徵與心身症不同的是，這些生理特徵都是藥物或是症狀的後果。

（二）認知方面

　　一般人常認為情緒或行為異常者之智力比較高，但這與事實不符；情障學童的智商分布也像一般學童一樣，呈倒鐘型的常態分布，以中等智商者為最多數，兩極端高或低智商的人數最少，但一般情障者的平均智商略低於一般人的平均數，平均智商約為 90（Kauffman, 1997）。另外，部分情障學生因為其焦慮或固執的症狀，而導致注意力和記憶力表現較差，注意力缺陷過動症的症狀本身就有注意力缺陷或衝動思考的認知問題，因此不論是因或果，情障學生在認知能力的表現上，容易表現得較一般學生差。

（三）行為方面

　　行為異常本是情障的核心特徵，其行為異常可以包括：無法適當的表達情感或行為表現、無法與一般人維持適當的人際關係、普遍的不快樂或憂鬱（Bower, 1960）。也有學者將行為問題分為外向性和內向性問題，如前文所述，這兩類的行為問題，各因對行為的控制過低或過高，而會表現出不同的現象；也有學者認為，行為異常可以區分為正向行為過少的缺陷（deficit）問題，以及負向行為過多（excessive）等兩部分（柯永河，1995；洪儷瑜，2000）。

（四）社會適應方面

　　情障學生常因其行為或情緒的異常導致社會適應的困難，社會適應包括學校、家庭，以及社區的生活和表現。情障學生在學校經常不是被同儕排斥，就是被忽視，很少能與同學或老師建立適當的友誼或師生關係，或是無法參與團體活動。在其家庭中，也容易因其行為或情緒的異常，導致家庭關係之緊張或疏離，有的父母甚至因無法接受孩子的異常現象，而刻意限制或忽視孩子，導致孩子未能在正常的環境下成長。所以有些學者認為，情障學生常因其行為或情緒的特徵，而引發周圍的家長、教師、同學、親友之迴避而不利其人際互動，而使得他們在行為和人格上的成長過程更為坎坷，如本章第二節「成因」說明之因素間的交互作用。

（五）學業方面

　　一般情障學生會因其症狀而出現低成就的現象，其學業表現會低於他們本身的能力水準，而且他們的學業表現也可能出現不穩定的現象。然而，這些學業低成就的原因，可能是因為他們的症狀影響了學習能力所致，或是因為他們的行為異常而導致學習不積極，例如：上學容易缺席、蹺課、容易分心，或是難以全力配合作業或考試的要求。也有學者認

為，低成就也可能是造成部分情緒行為障礙的成因，例如：長期的低成就導致自我概念較低，或是突然非預期的低成就給自己打擊太大；不論是因或是果，低成就是多數情障學生的學業方面特徵之一。然而，情緒行為障礙學生在同一階段的身心障礙學生比較，徐珮筠（2010）研究發現其閱讀能力是最好的，但其能力可能因其情緒不一定有好的學業表現。

（六）心理方面

許多心理諮商與心理治療理論依據其對於異常行為的主張，強調不同的心理特徵（梁培勇等人，2009），例如：心理動力學派認為，個人發展需求的壓抑而注意個人潛意識；人本學派主張，異常情緒行為問題來自於個人需求被壓抑，而強調自我意識、自我發展；認知學派認為，情緒行為問題來自於個人信念或構念的問題，而強調個人對問題的非理性信念之覺察和改變。這些特徵都是基於該學派的治療理念，並不能對所有的情緒、行為問題獲得實徵資料一致的支持，然而情緒行為障礙因情緒、行為表現之異常，其心理特徵如自我概念、情緒表達與管理等常是其主要的徵兆。

二、情緒行為障礙之類型

情障學的定義中提出精神醫學的五種疾患，以及其他行為或情緒的問題，包括：精神性疾患、情感性疾患、畏懼性疾患、焦慮性疾患，以及注意力缺陷過動症等五種疾患。

（一）精神性疾患

精神性疾患主要包括思覺失調症、類思覺失調症和情感思覺失調症，其主要症狀包括幻覺、妄想、思考異常、智力和語言功能缺陷，以及情緒方面的異常。在兒童階段出現思覺失調症的人數非常的少，約僅有 0.01～0.04%的兒童，而且約僅有 20%的思覺失調症患者會在 10 歲以前出現，但到了青春期，由於青春期導致思覺失調症的出現人數會遽然增加。整體而言，思覺失調症患者約占總人數的 1%（Wicks-Nelson & Israel, 1997）。

（二）情感性疾患

情感性疾患主要是指憂鬱症和雙極的躁鬱症，在學齡階段常見的是憂鬱症，而憂鬱症主要的症狀包括：憂鬱的情緒、對日常事物失去興趣、中斷與人互動、食慾不振、睡眠不正常、精力衰退、活動力減低、注意力渙散等（施顯烇，1998）。在兒童階段約有 2～5%的人數會有憂鬱症，而到了青春期會增加很多，由青春期到成人階段的人口中，估計約有 20～30%的人罹患憂鬱症（Wicks-Nelson & Israel, 1997）。

（三）畏懼性疾患

恐懼（phobia）是指特定型式的害怕，通常是指害怕的反應超出合理程度，且其感覺是難以理解的，甚至會持續表現出逃避的行為反應。畏懼性疾患包括特定對象畏懼，是指對某一事物長期持續不理性的恐懼感，害怕的對象包括動物、環境、血和傷害、情境、其他等五類，常見的懼學症就是特定對象的畏懼之例。另外，畏懼性疾患還包括沒有特定對象的泛慮症、社交恐懼症和恐慌症。雖然擔心害怕對幼童來說是很常見的現象，多數幼童會隨著年紀的增長而降低其恐懼，但有些幼童的恐懼反應仍不會隨著年齡增長而有所改善。目前對學齡階段的畏懼性疾患出現比率仍不清楚（Wicks-Nelson & Israel, 1997）。

（四）焦慮性疾患

焦慮反應是一般人的常見現象，所以焦慮性疾患也不易區分。焦慮通常與壓力有關，然而焦慮的反應常取決於壓力源和個人壓力調適力（素質）二者交互所得的結果，因此高壓力不一定會產生焦慮性疾患。然而，很多學齡階段的學童由於調適力不足以及長期的持續壓力，到最後衍生出焦慮性疾患。焦慮性疾患包括分離性焦慮、廣泛性焦慮、強迫症，以及創傷後壓力疾患（PTSD）。一般而言，對於創傷後壓力疾患都以輔導或醫療為主，直到接受介入後出現慢性化問題仍難以改善者，才進一步考慮轉介到特殊教育。焦慮性疾患的出現率約為 4～14%，以女生為多，而男生在 10 歲以後的青春期階段出現廣泛性焦慮的比例會逐漸增加（Wicks-Nelson & Israel, 1997）。兒童及青少年階段常見的焦慮有社交焦慮和選擇性緘默症，以及幼兒的分離焦慮。

（五）注意力缺陷過動症

注意力缺陷過動症（attention deficit/hyperactivity disorder [ADHD]）在精神醫學常用的《精神疾病診斷與統計手冊》（*Diagnostic and Statistical Manual of Mental Disorders* [DSM]）一書第四版之分類中，與違規行為障礙（conduct disorder [CD]）和對立性反抗行為障礙（Oppositional Defiant disorder [ODD]）兩者，同隸屬於注意力缺陷與干擾性行為疾患之一類，但第五版已區分開了，我國所謂的情障僅包括 ADHD，未包括違規行為障礙和對立性反抗行為障礙。注意力缺陷過動症主要的症狀有不專注、衝動、過動、難以習得常規行為，以及成就表現不穩定等，此疾患又分為注意力缺陷型、過動衝動型、綜合型等三種，通常綜合型或過動衝動型的學生比較容易被鑑定為情緒行為障礙，而單純的注意力缺陷型較難符合情障的鑑定基準。注意力缺陷過動症的症狀在進入小學之前即出現，但多數學童卻在進入小學後才會被發現和轉介出來，據估計約有 3～5%的學童有注意力缺陷過動症（洪儷瑜，1998b）。ADHD 是所有情障類型中症狀初現（onset）最早的類型之一，上

述類型多以青春期為初現症狀之高峰期，所以 ADHD 是國中以前最常見的情障類型（洪儷瑜，1998b）。

　　除了醫學上根據心理疾患區分的情緒行為障礙之類型外，有些學者也依據行為問題的類型來區分，常見的是美國 Achenbach 等學者根據他們所編製的行為量表之結果所做的區分。他們將行為分類區分為廣泛和狹隘的症狀兩種，廣泛分類包括外向性（externalizing）以及內向性（internalizing）問題行為。所謂外向性問題行為或稱外化問題行為是指，由於過少控制（under-controlled）所致的問題行為，而內向性問題行為或稱內化問題行為是指，由於過度控制（over-controlled）所致的問題行為。Dishion、French 與 Patterson 曾以行為活化系統（Behavioral Activation System [BAS]）或行為抑制系統（Behavioral Inhibit System [BIS]）來區分外向性和內向性：所謂的外向性問題，即是行為活化系統高於行為抑制系統，其問題多為抑制過少所致；相反的，內向性問題即是行為活化系統低於行為抑制系統（引自 Wicks-Nelson & Israel, 2006），其適應問題多因抑制過多，如孔子所謂的「狷者有所不為也」。

　　狹隘分類常是一般行為量表的分量表，包括：攻擊、過動、違規犯罪、精神分裂、憂鬱、社會退縮等類型。我國第二次特殊兒童普查工作所編製的「性格行為量表」（教育部第二次特殊兒童普查工作小組，1992），當時提出的類型包括：人際問題、行為規範問題、憂鬱情緒問題、焦慮情緒問題、偏畸習癖等五類；洪儷瑜所編製的「青少年社會行為評量表」（ASBS）也將不適應行為分為攻擊、違規、過動／衝動、退縮／膽怯、焦慮、人際問題、學習適應問題等七類，而依據因素分析結果，也發現七個分量表可以採廣泛性分類，進一步分為外向性、內向性和學業適應等三類（洪儷瑜，2000）。採問題行為類型分類的內容摘要，如表 13-3 所示。

表 13-3　「兒童行為檢核表」和「青少年社會行為評量表」的行為類型分類之內容

資料來源	Achenbach（1991）		洪儷瑜（2000）	
廣泛分類	外向	內向	外向	內向
狹隘分類	違規 攻擊	退縮 心身性抱怨 焦慮／憂鬱	攻擊 違規 過動／衝動	退縮／膽怯 焦慮 人際問題

　　其他分類常見的有依據出現比率來區分，例如：Smith 將情障類型依出現率分為高出現率（high incidence）和低出現率（low incidence）（Smith, 2006/2008），她將上述五類之思覺失調症歸為低出現率之情障類型，而其他四類為高出現率的類型。此外，著名的《兒童變態心理學》（*Abnormal Child Psychology*）一書（Mash & Wolf, 2009）依據核心症狀區分，將注意力缺陷過動症、違規行為障礙歸為行為障礙（behavioral disorders），將焦慮、憂鬱歸為情緒障礙（emotional disorders）。只是美國特殊兒童協會（Council of Exceptional Children [CEC]）認為，很多行為障礙學生也有情緒問題，例如：ADHD 學生的

很多焦慮情緒問題，卻經常被忽略（洪儷瑜，1998c），而情緒問題也需要由行為觀察得知，所以該協會反對使用「情緒」的字眼或將問題硬性區分為行為或情緒，當然該主張也不會同意 Mash 與 Wolf 的分類（Kauffman, 1997）。不管主張如何，這些分類都僅是將上述五種類型依據不同特點再度簡化成兩類，不同的分類也提供了認識和區分情障學生的特徵，例如：行為抑制功能、出現機率、核心症狀、可能的療育建議等。

第五節　情緒行為障礙者的教育與輔導

一、安置型態

因應情緒障礙學生不同的適應程度，情緒行為障礙者教育的實施型態可以在學校的普通班、資源班、特殊班或是特殊教育學校，也可以在兒童精神醫院、輔育院或社會福利機構等較多隔離之單位接受教育服務，甚至有所謂的「變通性教育方案」（alternative education program），能兼顧情障學生教育及相關特殊需求，美國很多變通性的教育方案機構都以多專業合作服務的模式，特殊教育教師只是機構內的工作人員之一，而非唯一或主要的工作人員，也常是跨局處的合作規劃與督導（洪儷瑜，1998c）。

近年來，我國在融合教育的趨勢下，多數身心障礙學生都在普通班接受服務或安置於資源班（洪儷瑜，2008）。現行在臺灣所見的情障教育安置型態，大致有下列四類：

1. 單類別駐校的情緒障礙資源班：如民國 81 年（1992）於臺北市西門國小成立的「行為異常」資源班，但目前都已轉成不分類的資源班，此類型已經不存在了。

2. 單類別巡迴的情緒資源班：如花蓮縣採巡迴方式到學生之學校提供教學或其他間接服務，國內目前的國小有 19 個班，國中有 13 個班，高中職的資源班都屬不分類，還沒有單類別的資源班（教育部統計處，2013）。

3. 跨類別的身心障礙資源班：如全國大多數之不分類身心障礙資源班，能提供學生直接教學或間接服務。目前國小只有 42 位、國中 8 位學生接受情緒巡迴資源班，其他都在不分類的資源班、普通班或巡迴班；由此可知，國中、小階段超過 98% 的情障學生都是在不分類的融合教育班接受特教服務（教育部統計處，2013）。

4. 不分類特教班：雖然情緒行為障礙學生多數智力正常，但少數學生智力低下且適應功能差者，會安置在不分類特教班，主要因考量教師人力資源、環境結構性和控制性高。107 學年度，國小、國中和高中有 1,311 位情障學生在特教班與其他以智能障礙為主的學生一起接受教育。

5. 巡迴資源班或支援服務：有些縣（市）有設置情緒行為障礙巡迴資源班，其異於不分類資源班，主要在提供直接服務，以教學為主。107 學年度，臺中、臺南、高雄、南投、嘉義和金門等縣市均有設置，但這些縣（市）並非情障學生出現較多的

縣市，有些縣市的情障學生人數遠低於其設班數，故此類巡迴資源班之服務內容尚待確認。另有些縣（市）在巡迴資源班採專業支援服務方式，專業支援教師主要提供間接服務，提供學校特教教師利用正向行為支持（positive behavior support, PBS）工作模式，整合學校行政、教師，甚至家長或相關專業服務，針對學生問題提供正向的教育計畫，臺北市和新北市在 92、93 學年度設立此服務模式，作為不分類資源班或巡迴班的支援（洪儷瑜等人，2018）。

6. 醫院內設置的特殊班：主要考慮學生的醫療需求高於教育，教育主管單位與縣（市）內的醫院合作設置特教班，協助學生在就醫階段可以維持其受教權利，例如：臺北市教育局與臺北市立聯合醫院松德院區合作的「蘭亭書苑」和「六合學苑」，以及與臺北榮民總醫院合作的「向日葵學苑」。後來，桃園市教育局與桃園療養院、高雄市教育局與凱旋醫院亦合作設置類似的特教班。

　　上述的安置型態依據與普通環境接觸的多寡，可以如圖 13-4 所示，僅是情緒障礙學生之適應功能狀況，經常依據醫療而有改變，因此與醫療合作的隔離式安置，多以中途式設計，亦即學籍仍在學校系統內，學生僅是暫時安置，可依據功能之表現逐步回到比較融合的環境。

圖 13-4　情障教育的各種安置型態之融合程度

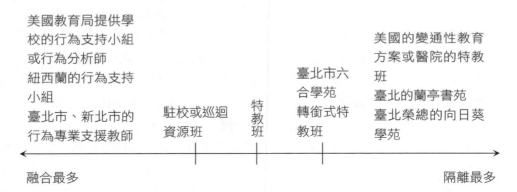

美國教育局提供學校的行為支持小組或行為分析師
紐西蘭的行為支持小組
臺北市、新北市的行為專業支援教師

駐校或巡迴資源班

特教班

臺北市六合學苑轉銜式特教班

美國的變通性教育方案或醫院的特教班
臺北的蘭亭書苑
臺北榮總的向日葵學苑

融合最多　　　　　　　　　　　　　　　　　　　　　　　隔離最多

　　安置情障學生應依據學生之功能決定，參考精神醫學的整體功能評估（Goble Assessment of Function [GAF]）之指標，特殊教育之安置與服務可分四等級，如表 13-4 所示。

二、教育原則

　　情障學生因其適應困難類型的多元、成因的交互作用等特殊性，其在特殊教育除了與其他身心障礙學生一樣，都需要個別化的教育設計外，還包括三項特有的教育原則：全校性正向行為支持系統、多專業系統的包裹式（wraparound）服務，以及健康導向（health-orientation）教育原則。說明如下。

表 13-4　情緒行為障礙特殊教育需求之程度與整體功能評估比較

需求強度	需求與安置、服務	GAF
輕度	所需之服務僅需要個別化教育計畫，不需另擬行為功能介入方案	51-60
中度	需要擬定行為功能介入方案，依據行為功能方案需要行政或其他專業支援，不需助理人員	中度症狀、學校適應困難
重度	需要擬定行為功能介入方案，依據行為功能方案需要行政或其他專業支援與助理人員	41-50 嚴重症狀、學校功能嚴重受損
極重度	宜暫時安置在醫療院所之住院或日間留院	31-40 現實感或溝通出現數個重大損傷，在學校功能嚴重損傷

（一）全校性正向行為支持系統

　　由於情障問題的嚴重程度可以透過及早介入而獲得改善，而多數情障學生都安置在普通學校，所以學校應該結合輔導室（處）和特殊教育的功能，建立全校性正向行為支持系統。所謂全校性正向行為支持（school-wide positive behavior support [SWPBS]），就是透過教育和系統的改變來解決情緒行為問題；教育主要在擴大個人行為目錄，系統的改變在重新調整個人的生活環境，以增進其生活品質，也減少其問題行為（Carr et al., 2002）。這不僅在改變方法策略，也是需要態度的改變。首先，需將所有學生可能的行為情緒適應問題視為常態，全校對於各類適應問題，依據程度來設計多層次的介入方案。傳統心理衛生的三級預防、英國健康諮詢服務（Health Advisory Service [HAS]）的四層次介入模式（如圖 13-5 所示）（Quinn & Poirier, 2007），以及美國 Jones 等人所提出的全校性行為支援系統（Jones & Jones, 2001）等，都是所謂的多層次介入之概念。這些多層次介入的方法，主要在針對不同對象，以正向行為策略增進其個人適應功能，異於傳統的懲罰、隔離、治療的思維，這也是人本思想與推動實徵支持介入的趨勢所自然產生的模式。美國學者 Sugai 與 Horner（2002）修正的心理衛生三級預防模式提出全校性正向行為支持（SWPBS），並指出 80%的學生在學校和班級有效經營下，正向行為管理即可預防其適應問題，15%的學生可能需要學校資源在班級內或校內提供進一步小組式的服務，類似英國的 HAS 層次就提出，可以先由非兒童心理衛生專業的人士，如教師、一般生理的醫師或家長為主要服務者，再嚴重者則由兒童心理衛生專業人員加以服務，如兒童社會工作員、學校心理師、兒童精神科醫師或兒童心理師。心理衛生預防模式的第三層次約僅有 3 ─ 5%的學生，每個學生的需求都是要個別化教育設計，以及跨專業整合的服務，此與學校輔導工作的處遇輔導相類似。但就人數估計，如前文所提，特殊教育的情障之定義內涵屬於處遇輔導之服務範圍，更需要長期和個別化、多專業的協助。英國的 HAS 層次對於

圖 13-5　情緒行為問題之多層次預防與介入服務模式

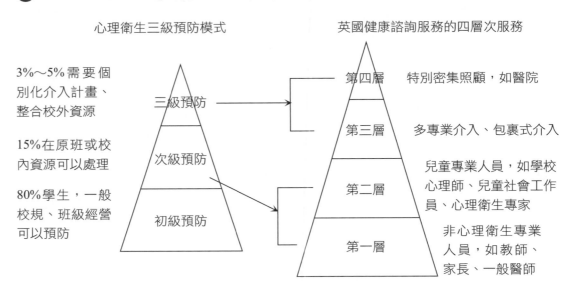

心理衛生三級預防模式　　　　　　英國健康諮詢服務的四層次服務

3%～5%需要個別化介入計畫、整合校外資源

15%在原班或校內資源可以處理

80%學生，一般校規、班級經營可以預防

三級預防

次級預防

初級預防

第四層　特別密集照顧，如醫院

第三層　多專業介入、包裹式介入

第二層　兒童專業人員，如學校心理師、兒童社會工作員、心理衛生專家

第一層　非心理衛生專業人員，如教師、家長、一般醫師

此層的服務，進一步建議要跨系統整合與包裹式的服務（詳見下文說明），更嚴重者則需要進入更密集照顧的單位（如住院），如前文所提之特殊教育需求之極嚴重者。圖 13-5 利用兩個多層次模式的實施方式與對象做比較，可讓讀者更為清楚多層次服務方案的內涵與對應。

　　除了多層次預防與介入之概念外，全校性正向行為支持系統強調善用行為策略，如預防、處理行為和行為訓練等多方策略，亦即行為前事（A）、行為（B）、後果（C）預防和減少學生的行為問題之誘發。另外，該系統也強調，全校應將所有問題建立起連續性服務模式，不要頭痛醫頭、疊床架屋，不同層次的問題有不同的目標與負責人員，也對於最前線的普通班教師提供一個完整的支持系統，讓教師在教導情障學生和一般學生時無後顧之憂。Jones 與 Jones（2001）對全校性支持提出四層次的工作模式，如表 13-4 所示，第一步驟相當於圖 13-5 的初級預防，第二、三步驟相當於次級預防，第四步驟則相當於三級預防，每個步驟的主要負責人、作法和有關資源都有所差異。他們也認為，推動全校性正向行為支持系統需要一個具有典範效果的領導人，校長要積極引導校內教師專業間分工合作、互相支持，全校教師能利用問題做為學習成長的課題，而非指責、逃避、抱怨或推卸，或讓全校員工因學生的行為問題而受到行政更大的壓力。有此連續性的全校支持系統，學校不但對於嚴重的行為、情緒問題處理已有因應方案，也可以利用有效的預防措施，降低問題惡化的機率。

　　中華民國特殊教育學會基於考慮特教學生的行為問題處理也應符應正向行為支持，在洪儷瑜主持之工作小組，依據特教學生出現行為問題的支援需求，再將三級區分出具特教需求的部分，稱之為小的三角形（洪儷瑜等人，2018）。如圖 13-6 所示，特殊教育學生

表 13-4　Jones 與 Jones 之四步驟的連續性行為管理系統

步驟	負責人員	作法	資源
一	班級教師、學生及家庭	安置普通班	教師透過教學並使用最被接納的班級處理方法
二	班級教師、學生、家庭及學校人員	安置普通班及轉介學校資源	學生轉介至全校性正向行為支持系統之校內資源，包括同事的支持與意見或教師支援團隊
三	班級教師、學生、家庭、地方及學校人員	安置普通班及地方資源配合	校外（學區）提供諮詢資源，如特殊教育教師、學校心理學家或行為專家，並尋求可能的社區資源
四	班級教師、學生、家庭、地方及學校行政人員	要求特殊教育鑑定與合法的安置	IEP 決定合法及適當的安置、協調相關服務

註：修改自 Jones 與 Jones（2001, p. 38）。

在左邊的大三角之介入，都符合三級需要個別化且多專業介入，但在右邊的小三角架構中，落實個別化教育計畫即是初級預防。特教教師可針對情緒行為障礙學生提供適性教育計畫，包括：建立接納環境、安排安全和結構的教學物理環境、與普通班教師合作實施正向班級經營策略、安排適性學習計畫、親師溝通等，即可讓很多情障學生留在普通班，與一般學生差異不大。

圖 13-6　全校性正向行為支持的多層級介入與特教學生的多層級介入

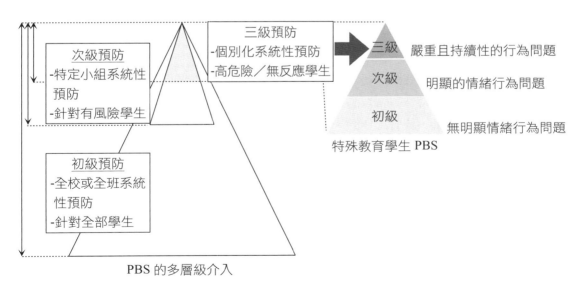

　　如果在接受初級的適性教育實施下仍有顯著的行為問題者，則進入次級預防，特教教師可先參考班級層級的功能本位介入小組方案（CWFIT）在普通班增加自我管理，或是參考簽到簽退（check-in check-out）、檢查連結（check & connect）等次級策略，或增加特殊需求課程之個別化練習等次級策略，或是實施簡易的功能性介入和危機處理的預防，即是個別化教育計畫（IEP）包括「具情緒與行為問題學生所需之行為功能介入方案及行政支援」（特殊教育法施行細則，2024）。如果前兩級預防性處理都未能有效改善，小三角的三級預防要求完整之功能行為評量和介入，和受過較多行為支持專業訓練的教師，及／或其他專業人員加入原來學校的團隊一起進行，也就是前面安置型態所提到的巡迴專業支援（林洒超等人，2018），當然小三角的三級經常也需要整合大三角第三級的心理、社會和醫療的資源，跨多專業包裹式的服務計畫。

　　Quinn 與 Poirier（2007）以中輟學生為例做成本效應分析，他們認為一所可以照顧好每個學生的學校絕對比一所辦學不佳的學校節省成本，因為學校辦學不好，即使學校的教育成本再少，讓學生提早離開學校，中輟學生在社會上所要付出的成本絕對高於學校所需要付出的。所以，全校性正向行為支持系統看似大工程，但卻已經建構出學校教育對於情緒、行為問題因應之完整模式，也是社會解決情緒、行為問題最具經濟效益的模式。英國學者們將心理健康為人力資本的指標，稱之為心理財富（mental wealth），提出增加國家競爭力的積極措施（Beddington et al., 2008），他們以一個人一生包括家庭、學前、學校、就業和退休等不同階段，強調能及早發現和預防各階段可能的問題，在各個不同階段及早設計和執行有效的介入，國家就可以有豐富的人力資本和心理財富，也才能有競爭力。兩組作者由不同的角度，均支持全校性正向行為支持系統的功能和意義。

（二）多專業系統的包裹式服務

　　前項原則強調情障學生的預防與介入應該在全校的計畫中，不因強調個別化而被隔離在特殊教育內。本項原則在強調特殊教育的情障學生之計畫需要多專業系統的介入，除了學校內的普通班教師、特殊教育教師與輔導室（處）外，還應包括其他相關專業人員，例如：醫師、臨床心理師、社會工作師、職能治療師、犯罪矯治人員或少年觀護人員等。相關專業的服務包括：藥物治療、心理諮商或治療、職能治療、休閒治療、家族治療、家庭安置服務、社區生活安排或輔育矯治等。多專業系統的服務有異於過去專業整合的服務，也常以專業服務機構為思考的主要核心；包裹式服務（wraparound）以學生需求為前提，以學生和其家庭所處的環境為中心，整合不同系統的服務計畫，包括：學校教育、社區、醫療等服務，主要是將學生的個別化教育計畫所需的不同系統專業服務，整合為一個包裹，提供給學生（Kerr & Nelson, 2002），學生不必要為了某些服務必須要移到特定的教育環境，或是疲於奔命到各地的專業服務機構去接受服務。

　　近年來，各縣市已經成立特殊教育資源中心，新的《特殊教育法》強化了地方政府的

支持功能，期待各縣市資源中心積極協調其他專業服務與學校教育合作，建立透明、方便的申請流程，確實減少學校申請校外專業服務的困難。但是因為目前臺灣的相關法令限制了專業人員執行專業服務的工作場所，因而也限制了相關專業人員僅能到校提供諮詢，其他直接服務則受限於法規無法在校執行，使得許多學生和家長無法負擔交通或不熟悉不同系統的服務流程，大大降低了情障學生和家庭接受其他專業服務的機會。臺北市政府教育局所規劃之「臺北市身心障礙學生個案管理工作」（洪儷瑜，2002），透過專案委託社會工作員將家庭的各項服務引進學校，讓 IEP 整合相關專業服務更容易被落實。臺北市和新北市的行為支援專業教師也常利用個案服務時間，陪同或協助家長、學生就醫等，或與社區醫療單位建立合作關係，拉近家長和不同專業服務的距離。由這些教師的工作服務內容來看，即可看到他們自然就扮演起整合系統的角色，他們的個案行為介入計畫也落實了包裹式的服務。各縣市如要整合不同系統的專業服務進入學校的特殊教育服務，仍需要很多配套措施和人員，否則整合不同專業系統、包裹式服務，可能僅停留在 IEP 書面文件，或僅是遙不可及的理想。

　　Eber 與 Keenan 認為，包裹式服務主要是基於前文所提之 Bronfenbrenner 的社會生態理論、Bandura 的社會學習理論，以及 Munger 的系統改變理論等，強調個人適應和其所處系統的密切關係，透過這種包裹式服務，情障學生在家庭有支持、學校學習有調整、社區有適當資源提供，才可能有機會重新發展出一種正常的生活模式，學生才可能在學校教育中出現正面效果（Eber & Keenan, 2007）。

（三）健康導向的教育原則

　　情緒障礙學生多數有罹患慢性心理疾患，症狀雖然受到控制但不易在短期內痊癒，傳統醫學模式治癒的概念已經漸漸改為以增進功能為目標，即是健康導向的原則，其強調發揮優勢、增進其功能，讓學生盡可能的參與一般教育環境（Algozzine et al., 1991）。所以，特殊教育對於情障學生，仍是以學生能力現況為教學起點，以健康、恢復正常的功能為目標，不管學生目前的課程需求為何（可參考下文所提的課程類型），強調透過個別化教育計畫（IEP）、階段性目標、適性課程、教育方案、相關服務、定期監控等，協助學生透過階段性的成長，逐步達到目標。因此，階段性目標和定期評量、監控成長是關鍵，能讓學生隨時了解自己的成長，透過逐步目標的達成，讓學生和周圍的關係人更有信心和動機去面對這段漫長的復健之路。石樹慧曾在國內醫院的合作式情障班進行參與觀察之田野研究，深深感受到班級中情障學生對於痊癒之路遙遙無期的無奈心情（石樹慧，2002）。所以，陪伴成長的特殊教育教師不應以疾患痊癒為目標，而應著重在強化其適應功能為目標，尤其是看到學生的優勢。在《P.S. 你沒有注意聽我說》（*P.S. Your Not Liste-ning*）一書的故事中（Craig, 1973/1995），可以看到老師運用此原則在課程活動和評量的設計，讓學生不受病情變化而受挫，有信心的不斷學習，讓部分學生得以順利回歸到普通班級或是社會。

三、課程類型與重點

　　情障學生所需要的特殊課程重點可分為四方面，這些課程的比重則需因應學生的學力、年齡、適應程度，以及適應功能之不同而有所差異，說明如下：

1. 學科方面：情障學生雖然沒有智力的問題，但多數會有學業低成就的問題，或是無法在大團體中學習學科，因此學科方面的調整學習也是特殊教育的重點之一。特殊教育的學科服務包括：普通班課程的補救教學、替代性學科或實用性學科教學，或是基本學習能力或學習策略之訓練，Kauffman 等人認為情障教育應聚焦在學業和社會技巧，這是 21 世紀情障教育的重要議題（Kauffman & Landrum, 2017/2019）。

2. 心理與休閒輔導方面：因應情障學生之情緒或行為表現異常，他們比一般人更需要心理或休閒輔導之課程，如輔導活動、團體活動、休閒技能訓練、課外活動等，讓他們能學習認識自己、調適情緒、發展興趣和專長。

3. 適應行為訓練方面：因應情障學生的行為問題，社會適應行為的訓練更是此類特殊教育之重點，應採定期持續性的訓練和評量，訓練重點則需參考學生之個別化教育計畫的目標擬定，可包括：溝通技巧、情緒管理、衝突處理、參與團體行為、自我管理，甚至自我接納、自我管理、自我倡議等自我決策等，以增加學生的正向行為目錄為目標，提升學生的復原力，即是特殊需求課程的生活管理和社會技巧等課程。

4. 職業陶冶與教育：對於情障學生施以職業陶冶或教育課程，除了可培養其工作之興趣、適當的態度與就業能力外，職業教育也常可發揮工作治療的效果，能讓學生由工作中學習生活適應的行為與態度，如負責、合作、耐性、情緒管理等，也能提供學生難以由學業學習中獲得之具體成就感。由石樹慧（2002）的觀察發現，情障班在工作坊的表現與具體的增強經驗，是增進他們正常功能的動力。

　　上述課程均可搭配特殊需求課程設計，除了課程領域外，情障教育需因應情障學生的發病病程、預後狀況，選擇其課程目標，其目標分為發展性、復健性、治療性的課程。對於慢性疾患且病情不穩定之患者，很多活動或課程的安排都應先以其症狀的治療為優先，目標應在力求穩定控制其症狀，降低學習能力的課程，例如：「蘭亭書苑」、「向日葵學苑」等醫療合作之班級的課程設計都以此類為主；甚至有些更嚴重的個案可能得暫時住院，如石樹慧研究中所說的急性病房（石樹慧，2002）。對於病情穩定者，在藥物和相關專業治療下，很多症狀都已控制，但功能仍退化或不穩定，仍難以適應一般教育環境者，此時課程設計強調其適應功能的復健，一旦復健順利，即可逐漸增加回歸普通班級的時間，部分「蘭亭書苑」、「向日葵學苑」之學生、「六合學苑」或部分資源班之學生適合類似的目標。最後一類課程適合多數情障學生，當學生之症狀控制得當，能在學校維持一

定的功能，且在特殊教育支援下可以接受一般教育中的要求、挑戰者，其課程設計應該依據普通教育課程之發展能力目標，並參考學生需求有所調整，此時，除了發展其學習潛能之外，為降低其症狀惡化、強化學生因應自己疾患的自我覺察、自我管理和自我倡導，課程的設計重點就要以協助發展個人的各項能力和健康的自我概念為目標。

　　情障學生的症狀不論是學齡前初現（onset）或青春期初現，很多學校、家長缺乏病程和預後療程的概念和準備，一味只跟著學校進度，擔心課業跟不上或無法參加升學考試或無法上大學，或一味期待孩子跟上同儕，而忽略孩子的差異性和治療或復健過程的需求，導致延誤療育，等到狀況惡化、出現衍生問題後，才開始求助於專業協助，導致症狀惡化、功能更加退化，甚至錯過治療的黃金期，更延後回到普通環境的機會和時間，這些都是國內案例常見之遺憾。有些學校則是錯誤的期待治療對情障學生之功效，忽略其在醫療下仍有長期復健的需求，一味期待學生待在醫院或隔離的環境，直到完全痊癒才返回學校，殊不知在普通環境採逐步訓練，遠比在醫院或在家的復健功能更佳。很多學生因此由醫院直接回到學校，但學校卻忽略學生對課程的不同需求，仍採一致性的標準要求學生，導致情障學生因無法適應而再度離開學校回到醫院（石樹慧，2002）。

　　《P.S. 你沒有注意聽我說》一書所介紹的是美國早期設立的情障特教班（Craig, 1973/1995），其主要在協助情障學生轉銜到普通班級的環境。臺灣因沒有類似的情障特教班，很多隔離的教育安置如特殊班或特殊教育學校，也沒有暫時性安置的措施，導致家長和學生都不願意到隔離的環境，而造成資源班安置的情障學生可能因其特殊需求過高，資源班卻無法滿足其需求，或延誤復健的進度和時間，對學生、家長、教育單位甚至社會都是一種損失。這也是目前推動融合教育所衍生的議題，資源班的經營是否可以滿足臺灣所有在普通學校的特殊教育需求，以及如何調整現有的特殊教育服務，讓學生的特殊需求和接近普通班之間取得最佳的平衡點（洪儷瑜，2008）。

四、教學與行為管理

　　「美國行為異常兒童協會」（Council for Children with Behavior Disorders [CCBD]）曾出版情緒行為障礙教育的相關系列叢書（Mini-library Series on Emotional/ Behavioral Disorders），其中一本由Jones等人撰寫的《在學校環境管理情緒行為障礙青少年之最佳作法》（*Best Practices for Managing Adolescent with Emotional/Behavioral Disorders within the School Environment*）（Jones et al., 1996）一書，即對於情障學生的教學提出具體的原則與策略。他們以情障教育先驅 F. Hewett 所提出來的 3C 為情障教學考慮的三大原則，包括：情境（conditions）、課程（curriculum），以及後果（consequences），這也是學習鐵三角（learning triangle），由此三方面討論情障最佳的教學與行為管理，如圖 13-7 所示，以下加以說明。

圖 13-7　Hewett 所提的情障教育之學習鐵三角

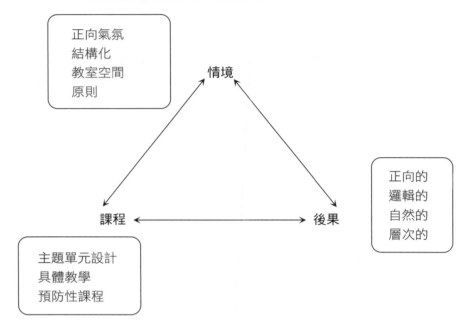

（一）情境方面

　　強調正向氣氛、結構化、教室適當安排和活動程序安排，注意普林馬克（Premack）原則：(1)建立正向的班級氣氛：教師接納每個學生的個別差異，教導學生尊重個別差異，建立互相幫助、支持的氣氛，讓每個學生在教室內都可以找到自己的地位和成就感；(2)學習環境盡量結構化：結構化的學習環境可以減少學生的焦慮和挫折，教室可以結構化的部分，包括時間、空間、學習材料、學習程序、預期目標；(3)適當的教室空間安排：考慮每個學生的需求，如個人空間、位置間的距離等；學生對位置會有不同需求，如容易受干擾者和不易受干擾者、需要比較多協助者，以及可以自學、行動不方便或需要較大活動空間者。此外，配合教室氣氛和班級經營所需要的增強系統、班規、冷靜思考區（或是隔離區）等，這些需求如可以在教室空間內適當安排，也配合結構化時間流程，將可以避免很多不必要的行為問題；(4)運用普林馬克原則安排教學活動：Premack建議把高增強性的放在低增強性的後面、高頻率的行為（學生常出現、喜歡的）放在低頻率行為的後面、困難度高的學習之後一定要放輕鬆的活動，此原則強調先苦後甘，不會的、困難的先做之後，一定要配合增強性或放鬆性的活動，這樣的安排能讓學生對後面的活動有期待，也就容易持續參與學習。

（二）課程方面

　　情障學生在學習方面經常顯得缺乏動機，也常因家庭或個人行為的因素缺乏很多一般學生應有的生活經驗，所以教學的設計建議：(1)多採主題單元設計的方式：主題單元設計的學習比較完整，可以讓學生將所有技巧、各學科領域在主題中有統整學習的經驗，以增進情障學生的學習動機和學習成效；(2)選擇適當的教材和活動：由於很多情障學生會有注意力或抽象理解能力的問題，教學時的講解應盡量具體、多舉例、選用實物或可以操作的教具，或安排可以實作的活動，以免學生的注意力無法持續；此外，重要的策略或技巧，如社會技巧、自我管理等，應每天都安排時間進行，寧可次數多、時間短，也不要隔很久卻連續上一、兩個小時；(3)多考慮預防性的課程：情障學生難免有很多情緒行為問題，教師應該依據其功能和需求設計一些預防性課程，少依賴行為事後處理；對情緒行為有幫助的預防性課程，包括：社會技巧、學習策略、因應壓力的放鬆或問題解決策略、適應體育、藝術、個人運動、健康衛生、服裝儀容、溝通禮儀、法律、休閒生活、家庭生活等。

（三）行為後果方面

　　對情障學生的行為後果之控制是教師必須要注意的重點，行為的後果盡量是：(1)正向的，而不要是負向的：如對於不當的行為可以採用區分性增強，很多情障學生對教師負向的結果策略毫無反應或激烈的反應，所得到的效果會適得其反；(2)後果要合邏輯的，不要非邏輯的：應以符合年齡、文化和行為的邏輯為主，如行為結果大小應該與行為的頻率和達成度搭配，小努力僅得小增強，大努力才給予大增強，以免過度增強而失去效果；(3)善用自然的後果，少用人為的：很多行為會出現自然的後果，教師可以善用自然後果，不一定要刻意安排人為的獎懲，班級內的增強系統也應盡量安排符合自然生活作息；(4)設計有層次的目標和後果：對於較大的目標可考慮切成不同的小目標逐步養成，以降低壓力且增加成功達成的機率；層次系統（level system）的實施就是一種依據學生的表現水準，比例原則逐步正向引導的實例，能給學生合理的期待和增強機率，以免造成學生因達不到而產生另一種焦慮和挫折。

　　上述三個原則可透過班級層級的正向行為支持（CWPBS）所強調的五個要素實踐：(1)教室與班級活動高結構性；(2)主動促進學生參與的教學設計；(3)有明示明確、可行的期待目標；(4)正向預防與支持回應不適當的行為；(5)積極團體增強（Simonsen & Mayers, 2015/2022），不僅是在融合班級或特教班級都是通用有效的實施。

第六節　情緒行為障礙者的困境與發展

　　情緒障礙學生進入我國特殊教育的法規中已超過四十年，在第四次《特殊教育法》（2023）頒布後，行為情緒障礙之特殊教育的具體進展有四：(1)有具體可行的定義、鑑定基準和評量工具；(2)情障學生的發現、鑑定、安置與輔導系統，有愈來愈多縣市逐漸完整建立；(3)接受特殊教育的人數在義務教育階段明顯的逐年增加，就學人數也逐漸向下和往上發展，義務教育之後的高中職、高等教育等逐漸增加；(4)安置和教育服務模式的類型和數量都在增加。這些都是未來情障教育在臺灣發展的基礎。

一、困境

　　然而，如前文也得知，目前情緒障礙學生的服務仍有下列幾個問題。

（一）發現與安置的比率過低

　　國內現有接受特殊教育之情障學生為就學學生的 0.39%，雖逐步增加但仍低於研究所估計的結果。此顯示很多情障學生無法在義務教育階段被發現，其適應問題可能因未被積極介入而延續到成人，進而演變為社會和家庭的負擔，增加社會福利和治安的成本。

（二）很多縣市的鑑定安置輔導委員會尚未落實情障學生之鑑定、安置工作

　　據了解，目前仍有縣市持續沒有鑑定情緒行為障礙，設立服務情緒障礙學生的縣市，很多縣市鑑定之情緒行為障礙學生都僅有十位數之人數，甚至很多縣市忽視《特殊教育法》的規範，沒有鑑定、沒有專業的服務，導致很多學校仍經常因學生的情緒行為問題，私下勸導家長轉學，甚至不當的管教，導致學生自殘或拒學在家繭居。近年來，報章媒體仍不斷會出現類似的消息，此反應各級政府仍需加強推動情緒行為障礙的特殊教育。

（三）特殊教育服務型態缺乏連續性的服務模式

　　國內目前所提供的情障學生之服務型態僅以資源班為主，且以國小為多。就型態而言，對於適應功能較差之學生的方式，僅有醫院合作式特教班，沒有在資源班和醫院之間的教育安置選擇，即使有縣市把自主式啟智班改為不分類的特殊班，但也因特殊班缺乏定期回歸普通班的機制，導致很多家長或學生卻步。很多縣市特教班和資源班的服務仍不夠

彈性，導致普通學校內的安置未能建立連續性的安置調整，也未能將現有教育安置型態之服務方式更具彈性、更適性，是目前特殊教育難以應付情障學生高變化和挑戰的原因。因此，如何滿足情障學生不同程度、不同階段之需求，即使國內表現較佳的縣市仍是需要再進一步努力的目標。

（四）缺乏校內的專業合作

學校內的特殊教育與輔導室（處）雖同處一室，但卻常見不同的專業未能整合與合作，全校性、連續性的行為支持系統需要輔導與特殊教育的合作，但目前校內兩個單位各與校外心理衛生或社會工作合作，卻鮮少建立校內合作。最常見的就是一旦發現有心理疾患的學生，輔導室（處）就直接轉介到特殊教育，毫無轉介前介入之機制，或是輔導教師輔導心理疾患學生多年，未曾考慮轉介特教鑑定，讓校內的連續性支持系統，變成只分工卻不合作的兩個單位。國內有些縣市主動建立輔特合作，學校的輔導組與特教組於三級輔導工作模式 WISER 的系統下，在校內建立連續性的支持系統，臺北市於民國 100 年為了落實情緒行為障礙學生之轉介前介入和專任輔導教師工作結合，在國小、國中和高中之鑑定流程中，特邀請輔導室（處）和負責單位合作建立輔特合作模式（臺北市政府教育局，2011）。新修訂的《特殊教育法》（2023）第 31 條強調，身心障礙學生之個別化教育計畫應以團隊合作方式，且在第 13 條提到積極落實融合教育，加強普通教育教師與特殊教育教師交流與合作，期待新法修正後可以提高校內專業合作的機會。

（五）缺乏這類學生之特殊需求的倡議聲音

各類身心障礙學生多倚靠社會團體或家長團體推動有關福利與教育政策，然而，有關情障之民間團體卻很少，在國內目前僅有「台灣赤子心過動症協會」，其他相關類型之需求尚未見有民間團體關注並反應教育的相關需求。如前文所述，情障學生需求之差異性，有很多發展上的限制和問題，卻因其倡議的聲量小，單一類型的家長難以考慮其他各類型，尤其是本章介紹的小涓內向型的問題容易被忽略，目前情障學生男女比例過度懸殊，也反映此問題的忽略。要解決上述發展的問題，缺乏民間力量恐難在短期內達成。

（六）缺乏正確的知識與態度

由於上述推動、關心情障的民間團體很少，因而在推動社會與學校對情障教育有正確的知識和態度之力量相當少。國內社會一般對於情障教育常見的錯誤觀念有：忽略個別差異、歧視或錯誤增強異質表現者、難以接納醫療的必要性、忽略復健工作所需之歷程。這樣的態度對於很多情緒、行為問題的介入，由於缺乏正確認識而錯失及早發現、及早介入；過於短視和期待立即見效，忽略複雜的成因或慢性的問題需要時間和階段性的介入，

導致介入或支援未能到位而難以見效。

（七）缺乏對情障成人的就業服務

由於特殊教育的情緒行為障礙與《身心障礙者權益保障法》的精神障礙所包括之範圍差異較大，導致大多數的情障學生畢業後，所需要的就業和社會參與等相關支持服務無法延續。新修正的《身心障礙者權益保障法》（2021）雖已改採功能性領域定義，可能會讓較多的情障學生可以獲得該法的保障，但還有很多情障學生難以獲得該法的社會福利；如果政府對於就業評估與生活輔導方面可以開放給有特殊教育資格者，得以延續情障學生離開學校之後所需的服務，這樣將可以降低未來社會福利的負擔，否則很多情障學生會因離開學校之後，難繼續就業，也缺乏相關的輔導，嚴重者可以繼續在日間留院，輕微者卻反而因無處可去（石樹慧，2002），而使特殊教育效益大打折扣。

二、建議

基於過去二十年的努力以及所面臨的困境，我國對於情障學生教育的推動方面仍有下列七項工作。

（一）加強推廣社會教育，增進社會、學校和家長加強認識「情緒行為障礙」

接納情障學生、認識高風險之因子和特徵、建立及早發現、及早介入的正確態度，並推廣實證研究支持有效的介入方法，以免學校和家長做出錯誤的決策與管教措施。

（二）強化各縣市情障學生的鑑定安置功能

由於情障在特殊教育的發展較為晚，也是目前較多縣市尚未上軌道的類別，教育部在定期評鑑縣市政府特殊教育工作時，可考慮將各縣市情障學生的鑑定、安置、輔導工作之建立納入評鑑重點，以強化各縣市情障學生的鑑定、安置與輔導功能，必要時提供資源較少的縣市必要的資源和輔導。

（三）與學校輔導工作合作，建立全校性正向行為支持系統

很多情障學生的問題是可以預防的，配合輔導室的 WISER 三級輔導工作，推動轉介前介入的概念與流程，參考全校性正向行為支持的預防、篩選之原則建立系統。因此，教育部應由部內主管單位率先合作，鼓勵學校輔導室（處）與特殊教育合作規劃相關政策和

計畫，建立全校性正向行為支持系統，此不僅可以落實輔導工作的三級預防，也可以解決鑑定前的轉介前介入之工作。

（四）增加質與量的服務模式

情障學生不但發現比率很低，被發現的情障學生大多數也都被安置在普通班或不分類的資源班，而對於高度需求的情障學生，僅有少數縣市可以提供校外專業支援服務，可見情障學生的教育服務不僅是數量不足，在服務模式和專業資源之整合也都嚴重欠缺。建議教育部參考中華民國特殊教育學會的兩個三角形之多層級支持模式（洪儷瑜、陳佩玉，2018），建立相關輔特合作政策。各縣市政府可參考上述普特合作模式，從發現與轉介前介入推動起，鑑定之後的學生可以先從可行的服務方案調整做起，以啟動轄區內的情障教育。而對於已有制度的縣市，則可以因應需求，建立專業整合機制、檢討不同階段的服務需求，鼓勵各種服務型態的創新，以更接近學生的需求為原則。

（五）善用情障第二專長的專業師資培訓，建立特殊教育教師的次專業分級

由於國內特殊教育師資採不分類，多數資源班教師都是不分類身心障礙的專業背景，所修習的情障專業知能仍有限。因此，各縣市應建立校外情障專業支援，但其師資絕對需要更進一步的專業知能，而非一般的新進特殊教育教師。目前教育部已建立身心障礙專長加註之課程，提供特殊教育教師修讀第二專長，期待類似的課程可以幫助各縣市培育情障第二專長的專業師資。只是這樣的專業師資人力，如何配合縣市需求運用，將是另一個關鍵。

（六）建立特殊教育不同層次的支援系統

參考特殊教育學會所提供之特殊教育學生正向行為支持的三級規劃，各縣市應建立校外專業支援（或稱跨校），以提供學校不時之需，透過整合多系統的包裹式服務，讓學校把各專業服務納入 IEP 並能落實。如果縣市政府可以將特殊教育服務支援區分為校內、校外的設計，如表 13-3 強化轄區內的特殊教育資源中心、輔導諮商中心，擔負校外支援的功能，如此一來，情障學生的問題在融合教育下的學校和班級，就不再那麼麻煩了。有時看到普通班教師拒絕情障學生固然惋惜，但看到普通班教師在學校內未能獲得支援，單獨承受情障學生的挑戰，不得不同情教師的處境（盧安琪，2000），沒有堅強、隨時可得的後援，卻只是呼籲普通班教師用愛心、耐心接納情障學生，對師生雙方都是殘忍的。所以，教育部應在相關法規上明訂，各縣市政府應建立不同層次的支援系統，以落實特殊教育推行委員會之功能，確定融合班內的前線教師隨時都有後援。

（七）加強研究危險因子和正向因素，建立情障學生及早預防工作模式

　　目前情障學生在學前階段之發現與安置的人數仍很少，而英、美各國都認為，學前階段為及早介入的最佳時機，也在學術研究和政策實務上給予鼓勵及早發現、及早介入。另外，因應正向心理學建立有效的預防因子和相關韌性發展的因素，都有利於建立及早預防的工作模式，我國新修訂的《特殊教育法》（2023）強調普特合作，也將有助於落實及早預防。

延伸閱讀

一、推薦書籍及文章

洪儷瑜（1998）。**ADHD 學生的教育與輔導**。心理。

洪儷瑜（2024）。情緒行為障礙學生鑑定辦法說明。載於陳明聰（主編），**身心障礙及資賦優異學生鑑定辦法說明手冊**。

徐澄清（1978）。怎樣早期發現適應欠佳學生。幼獅文化。

梁培勇、張如穎、薛惠琪、李筱蓉、陳韻如、吳文娟、鄭欣宜、許美雲、劉美蓉（2015）。**兒童偏差行為**（第三版）。心理。

Craig, E.（1995）。**P.S.你沒有注意聽我說：情緒障礙班教師工作手記**〔洪儷瑜、李湘屏譯〕。心理。（原著出版年：1973）

Kauffman, J. M., & Landrum, T. J.（2019）。**兒童與青少年之情緒行為障礙**〔洪儷瑜、李姿瑩、陳佩玉、黃秋霞、黃裕惠、吳怡慧、楊梅芝、何美慧、蔡明富譯〕。華騰。（原著出版年：2017）

二、相關網站資源

台灣兒童青少年精神醫學會：衛教專欄（https://www.tscap.org.tw/TW/NewsColumn/ugC_News.asp）

社團法人台灣赤子心過動症協會總會（https://www.adhd.org.tw）

社團法人中華民國康復之友聯盟（https://www.tamiroc.org.tw）

董氏基金會華文心理健康網（https://www.etmh.org）

台灣心理諮商資訊網（http://www.heart.net.tw/health）

ADHD 注意力不足過動症資料網（http://www.adhd.club.tw）

參考文獻

中文部分

石樹慧（2002）。**療養院嚴重情緒障礙班學員的生活經驗**〔未出版之碩士論文〕。國立臺灣師範大學。

身心障礙及資賦優異學生鑑定原則鑑定基準（1998）。中華民國 87 年 10 月 19 日教育部台八七特教字第 87115669 號函發。

身心障礙者權益保障法（2021）。中華民國 110 年 1 月 20 日總統華總一義字第 11000004211 號令修正公布。

林迺超、袁銀娟、翁素珍、洪儷瑜（2018）。特殊教育學生情緒行為問題處理架構。載於洪儷瑜、鳳華、何美慧、張蓓莉、翁素珍（主編），**特殊教育學生的正向行為支持**（頁 19-44）。心理。

施顯烇（1998）。**情緒與行為問題：兒童與青少年所面臨與呈現的挑戰**。五南。

柯永河（1995）。**習慣心理學：寫在晤談椅上四十年之後（理論篇）**。張老師文化。

洪儷瑜（1995）。必也正名乎：行為異常、性格異常、情緒障礙、或嚴重情緒困擾。**特殊教育季刊，54**，10-15。

洪儷瑜（1998a）。多元「社會行為量表」在鑑定國中情緒障礙學生之可行性研究。**特殊教育研究學刊，16**，247-268。

洪儷瑜（1998b）。**ADHD 學生的教育與輔導**。心理。

洪儷瑜（1998c）。我國嚴重情緒障礙教育之芻議。**特殊教育園丁，14**（1），1-7。

洪儷瑜（2000）。**青少年社會行為評量表**。心理。

洪儷瑜（2002）。整合資源的工作模式：以臺北市的身心障礙學生個案管理工作為例。載於周台傑（編），**中華民國特殊教育學會 2002 年刊：特殊教育資源整合**（頁 107-120）。中華民國特殊教育學會。

洪儷瑜（2005）。**學習障礙鑑定工作檢討與建議：由「各縣市實施學習障礙學生鑑定工作調查表」談起**。教育部特殊教育小組委託工作報告。國立臺灣師範大學特殊教育學系。

洪儷瑜（2008）。教室方案與臺灣的融合教育。**教育資料與研究，82**，45-68。

洪儷瑜、陳佩玉（2018）。從兩個三角形談臺灣推動正向行為支持的發展。載於中華民國特殊教育學會（主編），**2018 年中華民國特殊教育學會年刊：特殊教育半世紀來的回顧與前瞻論文集**（頁 121-139）。中華民國特殊教育學會。

洪儷瑜、曾瑞蓉、謝佳真（2018）。三級預防。載於洪儷瑜、鳳華、何美慧、張蓓莉、翁素珍（主編），**特殊教育學生的正向行為支持**（頁 187-214）。心理。

洪儷瑜、鳳華、何美慧、張蓓莉、翁素珍（主編）（2018）。**特殊教育學生的正向行為支持。**心理。

徐珮筠（2010）。**臺北市高職身心障礙學生閱讀理解能力之現況調查**〔未出版之碩士論文〕。國立臺灣師範大學。

徐澄清（1999）。**因才施教：氣質與兒童發展。**健康出版社。

特殊教育法（2023）。中華民國112年6月21日總統華總一義字第11200052781號令修正公布。

特殊教育法施行細則（2023）。中華民國112年12月20日教育部臺教學（四）字第1122806628A號令修正發布。

特殊教育學生及幼兒鑑定辦法（2024）。中華民國113年4月29日教育部臺教學（四）字第1132801926A號令修正發布。

教育部第二次特殊兒童普查工作小組（1992）。**性格及行為量表。**國立臺灣師範大學特殊教育研究所。

教育部統計處（1987〜2023）。**特殊教育統計年報。**作者。

教育部統計處（2009）。**教育概況。**http://www.edu.tw/files/publication/B0013/index1.xls

梁培勇、張如穎、薛惠琪、李筱蓉、陳韻如、吳文娟、鄭欣宜、許美雲、劉美蓉（2009）。**兒童偏差行為**（第二版）。心理。

郭芳君、譚子文、董旭英（2011）。內向性自我控制、復原力對不同類型青少年偏差行為之交互作用效應。**教育與社會研究，22，**1-37。

陳為堅（2004）。**學校憂鬱傾向學生推估與預防策略之研究。**教育部委託研究報告（未出版）。

臺北市政府教育局（2011）。**臺北市國民小學校園輔導團隊服務工作手冊。**作者。

語言障礙、身體病弱、性格異常、行為異常、學習障礙暨多重障礙學生鑑定標準及就學輔導原則要點（1992）。中華民國81年2月21日教育部臺（81）社字第09057號函訂定發布。

盧安琪（2000）。**過動兒教師壓力知覺與因應策略之探討**〔未出版之碩士論文〕。東吳大學。

謝佩蓉、徐明志（2008）。從專科醫師甄審談中小學教師進階制度的規劃。**北縣教育，63，**72-77。

譚子文、范書菁（2010）。依附關係、參與傳統活動、社會緊張因素與臺灣地區青少年外向性偏差行為及內向性偏差行為關聯性之研究。**輔導與諮詢學報，32，**17-42。

Carson, R. C., & Butcher, J. N.（1996）。**變態心理學**〔游恆山譯〕。五南。（原著出版年：1988）

Craig, E.（1995）。**P.S.你沒有注意聽我說：情緒障礙班教師工作手記**〔洪儷瑜、李湘屏譯〕。心理。（原著出版年：1973）

Hyman, S. E.（2003）。**精神疾病無所遁形**〔王道環譯〕。科學人，20，98-99。（原著出版年：2003）

Kauffman, J. M., & Landrum, T. J.（2019）。**兒童與青少年之情緒行為障礙**〔洪儷瑜、李姿瑩、陳佩玉、黃秋霞、黃裕惠、吳怡慧、楊梅芝、何美慧、蔡明富譯〕。華騰。（原著出版年：2017）

LeDoux, J.（2001）。**腦中有情：奧妙的理性與感性**〔洪蘭譯〕。遠流。（原著出版年：1998）

Lerner, R. M.（2005）。**青少年心理學：青少年的發展、多樣性、脈絡與應用**〔黃德祥、薛秀

宜、謝龍卿、洪佩圓、黃惠鈴、朱麗勳、巫宜倫、謝幸穎、許惠慈譯〕。心理。（原著出版年：2001）

Simonsen, B., & Mayers, D.（2022）。**全班性的正向行為介入與支持：預防性班級經營指引**〔洪儷瑜、陳佩玉、廖芳玫、曾瑞蓉、謝佳真、姚惠馨、李忠諺、蘇吉禾譯〕。心理。（原著出版年：2015）

Smith, D. D.（2008）。**特殊教育導論：創造不同的人生**〔黃裕惠、陳明媚、莊季靜譯〕。學富。（原著出版年：2006）

英文部分

Achenbach, T. M. (1991). *Integrative guide for the 1991 C2CL/4-18, YSR, and TRF profiles*. University of Vermont, Department of Psychiatry.

Algozzine, B., Ruhl, K., & Ramsey, R. (1991). *Behaviorally disordered*. CEC.

Beddington, J., Cooper, C. L., Field, J., Goswami, U., Huppert, F. et al. (2008). The mental wealth of nations. *Nature, 455*, 1057-1060.

Bower, E. (1960). *Early identification of emotionally handicapped children in school*. Charles C. Thomas.

Carr, E., Dunlap, G., Hornor, R. H., Keogel, R. L., Turbul, A. et al. (2002). Positive behavior support: Evolution of an applied science. *Journal of Positive Behavior Intervention, 4*, 4-16.

Eber, L., & Keenan, S. (2007). Collaboration and other agencies: Wrapaound and system of care for children and youth with emotional and behavioral disorders. In R. B. Rutherford Jr., M. M. Quinn, & S. R. Mathur (Eds.), *Handbook of research in emotional and behavioral disorders* (pp. 502-516). The Guilford Press.

Hung, L. (2006, April 6). *The positive behavioral support model in Taipei metropolitan area*. Invited speech for the International Conference of Applied Behavioral Analysis, National Changhua University of Education, Changhua City, Taiwan.

Johns, B. H., Guetzloe, E. C., Yell, B. S., Scheuermann, B., Webber, J., Carr, V. G., & Smith, S. R. (1996). *Best practices for managing adolescent with emotional/behavioral disorders within the school environment*. Council of Exceptional Children.

Jones, V., & Jones, L. (2001). *Comprehensive classroom management: Creative communication of support and solving problem* (6th ed.). Allyn & Bacon.

Kauffman, J. M. (1997). *Characteristics of behavior disorder of children and youth* (6th ed.). Merrill.

Kauffman, J. M. (2005). *Characteristics of emotional and behavioral disorders of children and youth* (8th ed.). Merrill.

Keogh, B. K. (2003). *Temperament in the classroom: Understanding individual difference*. Paul H Brookes.

Kerr, M. M., & Nelson, C. M. (2002). *Strategies for addressing behavior problem in the classroom* (4th ed.). Merrill/Prentice-Hall.

Lerner, J. (2006). *Learning disabilities and related mild disabilities: Characteristics, teaching strategies, and new directions* (10th ed.). Houghton Mufflin.

Mash, E., & Wolf, D. (2009). *Abnormal child psychology* (4th ed.). Wadsworth Cengage Learning.

Patterson, G. R. (1982). *Coercive family process*. Castalia.

Quinn, M. M., & Poirier, J. M. (2007). Linking prevention research with policy: Examining the costs and outcomes of the failure to prevent emotional and behavioral disorders. In R. B. Rutherford Jr., M. M. Quinn, & S. R. Mathur (Eds.), *Handbook of research in emotional and behavioral disorders* (pp. 78-97). The Guilford Press.

Reid, J. B., & Eddy, J. (1997). The prevention of antisocial behavior: Some considerations in the search for effective intervention. In D. M. Stoff, J. Breiling, & J. D. Maser (Eds.), *Handbook of antisocial behavior* (pp. 343-356). John Wiley & Sons.

Sugai, G., & Horner, R. H. (2002). Introduction to the special series on positive behavioral support in schools. *Journal of Emotional and Behavioral Disorders, 10*, 130-135.

U.S. Department of Education (2019). *IDEA section 618 data products: State level data files*. https://www2.ed.gov/programs/osepidea/618-data/state-level-data-files/index.html#bd

Wicks-Nelson, R., & Israel, A. C. (1997). *Behavior disorders of childhood* (3rd ed.). Prentice-Hall.

Wicks-Nelson, R., & Israel, A. C. (2006). *Behavior disorders of childhood* (6th ed.). Prentice-Hall.

第十四章

學習障礙

洪儷瑜、王曉嵐

案例一

　　筱智在入國小以前，是個活潑可愛、人見人愛的小男孩。進了國小之後，從注音符號到國字的作業、小考，他都很辛苦的應付。媽媽發現筱智學得很辛苦，也找了一些方法幫他複習，包括回家重新教過再寫作業、考試提早一個星期或用更多時間幫他複習等等。母子在國小六年一路下來，雖然筱智寫功課和複習的時間愈來愈多，但成績卻是愈來愈差，且經常藉口逃避，不喜歡寫功課。筱智的平均成績從剛進國小的 80 幾分，後來退到 70 幾分，到了高年級只剩下 60 分上下，甚至不及格。筱智媽媽找了各式各樣的參考書和練習本讓筱智練習，家庭的其他活動也已經被壓縮到幾乎只剩下寫功課了，但筱智的成績還是愈來愈差，學習情緒和學習動機也愈來愈低。筱智到底是笨，還是不認真？為何不能專心好好學習呢？

案例二

　　曼羽從小就是一個不多話、安靜的小孩。國小老師偶而會反應曼羽在學校被同學欺負，但都沒有跟老師報告，而曼羽的爸爸媽媽也很少聽到她回家提到學校的事，看到曼羽的成績還可以，就忽略老師所提的事。只是曼羽的國語從低年級的 90 幾分，到了中年級變成 70 幾分，而且連其他的科目，如社會、自然也慢慢都在退步，國語算是最好的。曼羽的爸爸媽媽以為安親班不負責任，決定調整上班時間，並從高年級後，媽媽從曼羽放學回家就自己指導功課，卻發現她難以回憶白天在學校所學的內容，看到課本和作業好像新的一樣；媽媽提出的課本問題，曼羽卻經常沉默不語，常需要追問之後，才簡單點頭或搖頭，或是回答簡單的語詞，但多只是重複問題出現的語詞。五年級第一學期的所有科目都退步到及格邊緣，讓媽媽開始擔心曼羽的腦袋是不是有問題。

　　上述這樣的學習困難學生經常出現在每個小學，但因教師或家長不了解學習困難背後的複雜因素，因而會懷疑自己的孩子成績不好是否與智力高低、不夠用功、缺乏動機等因素有關，而忽略了一群智力正常但具有隱性學習障礙的學生。因此，許多學習障礙學生被發現時，經常已經出現像筱智一樣失去學習動機，或是像曼羽一樣落後太多難以跟上學習，而出現退縮、沒有信心的情況。他們的特殊教育需求是常被忽略的，也是特教教師需要在一般學校倡導，且需要與普通班教師合作，才容易找到的一群學生。筆者曾在 2000 年做過學校轉介與鑑定之研究，結果發現鑑定較少的學校，其教師轉介和測驗篩選的重疊率較低。總之，長期宣導並做好校內轉介和鑑定的宣導，可增加校內對學習障礙的敏感性（洪儷瑜等人，2009）。

　　學習障礙是一群在聽、說、讀、寫、算的基本學習能力上有嚴重困難之學生，由於其核心困難跟學校教育目標有關，所以全世界各國對於這群學生的特殊教育資格之認定差異很大：有些國家認定其為學習困難（learning difficulties），和其他障礙（disabilities）不同；有些國家承認其與其他障礙一樣；但沒有義務教育的國家可能很難發現這群學生的特殊教育需求；而重視基本學習能力的西歐、北歐國家，對學習困難之重視可能不限於特殊教育。因此，要認識學習障礙，首先應該注意各國的教育體制和特殊教育的範圍。

第一節　學習障礙的定義與概念

　　學習障礙主要是由美國學者 Samual Kirk 把一群不同需要的特殊教育學生之特徵歸納所得的結果（洪儷瑜，1995），所以其異質性高，且與其他障礙或學校適應困難的學生之共同性高，因此有學者提出學習障礙出現率差異頗大的原因，係當年的歷史決策和其在美國的發展歷程有關（Kavale & Forness, 1985）。因此，要了解學習障礙的異質性和爭議，以及其本質的共同性，以下的歷史演進將有助於理解。

一、歷史演進

　　「學習障礙」一詞是美國學者 Samual Kirk 在 1960 年初因應美國特殊教育立法的籌備階段，為了把這群無法進入傳統障礙者統一稱為「特殊學習障礙」（specific learning disabilities），被美國學界稱為學習障礙發展的整合階段。此時，美國把世界大戰期間，歐洲在口語障礙、閱讀障礙、知覺動作和注意力缺陷的相關研究在美國本土化，過去在醫學、心理學或研究單位的實驗教育計畫，開始與政府單位合作，並在公立學校編列預算設置實驗性質的特殊教育服務，最後在 1968 年的《特殊學習障礙兒童法案》（*Children with Specific Learning Disabilities*），首次明定學習障礙的特殊教育服務需求。後來在美國的第一個特殊教育法——1975 年的《所有障礙兒童教育法》（*Education for All Handicapped Chil-*

dren），又稱《94-142 公法》中，將學習障礙與其他十一個障礙並列為身心障礙之一（洪儷瑜，1995）。此外，從 1920 至 1970 年代，美國推動學習障礙主要源自相同的腦傷研究群組，有幾個研究腦傷的團隊，其子弟帶著相同的研究背景往不同領域發展，包括：學習障礙、注意力缺陷過動症、輕度智能障礙、閱讀障礙、知動型學習障礙，導致學習障礙不僅其內涵異質，與其他身心障礙類別在特殊教育的需求中也出現相似性高的混淆，當初採歸納原則所提出的定義，自然在實踐過程中出現了相當多的爭議（洪儷瑜，1995）。

臺灣在學習障礙的推動，不管在政策、研究、專業培訓等部分，大多參考美國的作法（洪儷瑜，2006）。1970 年代，由臺灣師範大學郭為藩教授、臺大醫院徐澄清醫師各自與不同團隊合作的跨國研究開始探討學習障礙，徐醫師並延續研究所篩選的學生，與臺北市政府教育局合作辦理學習障礙資源班，在永春、東門、劍潭和河堤等國小辦理閱讀障礙資源班（民國 71 年，1982），算是臺灣學習障礙教育的先驅。當時，許天威教授在全國唯一的特殊教育學系開設學習障礙教育的課程，並和臺灣省教育廳合作推動《特殊教育推行辦法》的修訂，讓學習障礙正式進入特殊教育的服務範圍（民國 66 年，1977），這些都是學習障礙在臺灣正式公布《特殊教育法》前的萌芽階段。

經過民國 70 年代（1980）前的萌芽階段，臺灣的學習障礙正式進入立法的奠基。由於當時對學習障礙的專業基礎仍有限，第一個官方定義遲至民國 81 年（1992）才公布（《語言障礙、身體病弱、性格異常、行為異常、學習障礙暨多重障礙學生鑑定標準及就學輔導原則要點》），因此民國 80 年代（1990）第二次修法的促進成長，讓學習障礙教育的推動真正進入成長階段。直到 2005 年之後，在整合階段學習障礙的研究與服務開始有不同專業領域的加入，特殊教育的服務在鑑定、教育、升學與轉銜等相關工作，也逐漸上軌道並普及各縣市，許多不同領域、學者和縣市所主張的學習障礙之不一致，漸漸透過研究、修法、政府補助專業工具、專業訓練等，「讓執行上的矛盾逐漸減少，本土性解決模式逐漸明朗」（洪儷瑜，2006）。

目前，各國特殊教育在學習障礙的政策上多參考美國的作法（Lloyd et al., 2007），但各國的發展歷程與推動行動都因其國內文化以及本土化程序的差異而有所不同，例如：日本和韓國的鑑定就忽略介入反應（Response to Intervention [RTI]）的程序，其強調的學習障礙元素亦有不同，兩國進入正式法令的時間比臺灣晚一點，在特殊教育推動學習障礙的模式也有差異，而這些差異除了反映各國社會文化之外，也顯現出學習障礙的差異本質（洪儷瑜等人，2011）。

二、定義和內涵

學習障礙的定義在美國主要有兩個：一是在 1977 年由政府所提出，一直到 2004 年才進行些微修正，並增加介入反應（RTI）的程序，如表 14-1 所示；二是由美國學術團體聯合組成的學習障礙全國聯合委員會（National Joint Committee on Learning Disabilities

表 14-1　美國與臺灣的主要定義

出版單位（年代）	定義內文
美國教育部《94-142公法》（U.S. Office of Education, 1977, p. 65083）	學習障礙指兒童在理解或運用語文的心理歷程中有一種或一種以上的異常，以致於在聽講、思考、說話、閱讀、書寫、拼字或演算等方面顯現能力不足的現象。這些異常包括知覺障礙、腦傷、輕微腦功能失調、閱讀障礙和發展性失語症等情形。此一詞並不包括以視覺、聽覺、動作障礙、智能不足，或環境、文化、經濟等不利因素為主要因素所造成之學習問題。
學習障礙全國聯合委員會（NJCLD）（1990）	學習障礙係一個通稱不同學習異常的名詞，其包括在聽、說、讀、寫、推理、數學等方面的獲得和使用上出現明顯困難者。這種異常是個人內在因素所引起的，一般認為是由中樞神經系統的功能失常所致；學習障礙可能跨任何年齡。有些人有自律行為、社會知覺、人際互動的問題，同時和學習障礙出現，但這些問題本身並不能單獨構成學習障礙。雖然學習障礙可能和其他障礙同時出現，例如：感官缺陷、智能不足、嚴重情緒困擾等，或有外在因素介入，例如：文化差異、不當教學等，但這些障礙或外在因素並非導致學習異常的主要原因。
美國教育部（2004）	在 1997 年之定義增訂以下文字： ・地方教育單位不需要考慮學生是否具有智力、成就、口語表達、聽覺理解、書面表達、書寫表達、基本閱讀技巧、閱讀理解、數學計算和推理等有顯著差距。 ・決定孩子是否有特殊學習障礙（specific learning disability），的地方教育單位，可以運用學生對有實證支持的教學方法之反應（RTI）歷程做為鑑定的程序之一。
臺灣教育部《語言障礙、身體病弱、性格異常、行為異常、學習障礙暨多重障礙學生鑑定標準及就學輔導原則要點》（1992）	學習障礙，指在聽、說、讀、寫等能力的習得與運用有顯著的困難者。學習障礙可能伴隨其他障礙，如感覺障礙、智能不足、情緒困擾；或由環境因素所引起，如文化刺激不足、教學不當所產生的障礙，但不是由前述狀況所直接引起的結果。學習障礙通常包括發展性的學習障礙與學業性的學習障礙，前者如注意力缺陷、知覺缺陷、視動協調能力缺陷和記憶力缺陷等；後者如閱讀能力障礙、書寫能力障礙和數學能力障礙等。
臺灣教育部《身心障礙及資賦優異學生鑑定原則鑑定基準》（1998）	學習障礙，指統稱因神經心理功能異常而顯現出注意、記憶、理解、推理、表達、知覺或知覺動作協調等能力有顯著問題，以致在聽、說、讀、寫、算等學習上有顯著困難者；其障礙並非因感官、智能、情緒等障礙因素或文化刺激不足、教學不當等環境因素所直接造成之結果；其鑑定基準如下： ・智力正常或正常程度以上者。 ・個人內在能力有顯著差異者。 ・注意、記憶、聽覺理解、口語表達、基本閱讀技巧、閱讀理解、書寫、數學運算、推理或知覺動作協調等任一能力有顯著困難，且經評估後確定一般教育所提供之學習輔導無顯著成效者。

[NJCLD]）在 1990 年所提出的定義。美國學者 Hammill 曾經將美國文獻上所蒐集到的 11 個來自學者或政府、民間團體的學習障礙定義，統整出九個元素：

1. 低成就的定義，包括：性向與成就有顯著差異、個人能力間有顯著差異。
2. 中樞神經失調的病因。
3. 表現異常與心理歷程有關。
4. 可能出現在任何階段，不限於兒童。
5. 口語表現的特殊困難，例如：聽、說。
6. 在學業表現的特殊困難，例如：閱讀、書寫、數學。
7. 在概念表現的特殊困難，例如：思考、推理。
8. 在其他方面表現的特殊困難，例如：空間定向、感覺統合、動作協調或社會技巧。
9. 允許和其他障礙同時存在。

　　Hammill 利用這九個元素將十一個定義利用統計的叢集分析，將各家學習障礙的定義分為二群。第一群主要強調兒童在學習歷程上的困難，因過於抽象和模糊，較少被使用；第二群主要有七個定義建立之共識，也是後來討論學習障礙的主要元素：學習障礙是異質的（5、6、7），學習障礙是因中樞神經功能失調（2），導致心理歷程異常（3），因此出現口語、學習和思考上的障礙（5、6、7），困難的出現是終身的（4），但非其他因素所致（9）等五項共識。上述的低成就（1）和其他困難（8）則較未具共識。這也是我國第二次修訂定義時（《身心障礙及資賦優異學生鑑定原則鑑定基準》，1998）所依據，並未參考美國的官方定義，而直接參考主要元素去修訂，並加上實證本位的介入反應（RTI）做為排除其他外在因素的具體程序，「……等任一能力有顯著困難，且經評估後確定普通教育所提供之學習輔導無顯著」（《身心障礙及資賦優異學生鑑定原則鑑定基準》，1998）。因此，我國官方的定義採用介入反應（RTI）之元素比美國還要早。

　　在我國，學習障礙目前的定義算是第三次的修訂。依據《身心障礙及資賦優異學生鑑定辦法》（2013）第 10 條〔《特殊教育學生及幼兒鑑定辦法》（2024）第 11 條並未更新〕：

> 「本法第三條第九款所稱學習障礙，統稱神經心理功能異常而顯現出注意、記憶、理解、知覺、知覺動作、推理等能力有問題，致在聽、說、讀、寫或算等學習上有顯著困難者；其障礙並非因感官、智能、情緒等障礙因素或文化刺激不足、教學不當等環境因素所直接造成之結果。
> 前項所定學習障礙，其鑑定基準依下列各款規定：
> 一、智力正常或在正常程度以上。
> 二、個人內在能力有顯著差異。
> 三、聽覺理解、口語表達、識字、閱讀理解、書寫、數學運算等學習表現有顯著困難，且經確定一般教育所提供之介入，仍難有效改善。」

　　現有我國的定義參照上述美國定義的五個共同元素下，共包含了四個元素，僅缺少了一個終身出現的元素，說明如下：

1. 神經心理功能異常之病因：「神經心理功能異常而顯現出……有問題，致在……等學習上有顯著困難」。
2. 認知心理歷程異常：「注意、記憶、理解、知覺、知覺動作、推理等能力有問題」。
3. 出現口語、學習和思考上的障礙：「致在聽、說、讀、寫或算等學習上」，本定義將推理放到心理歷程而非學習表現上。
4. 排除其他因素所致：「其障礙並非因感官、智能、情緒等障礙因素或文化刺激不足、教學不當等環境因素所直接造成之結果」。

　　另外，臺灣的定義為了鑑定工作，另在操作性定義增加了三個元素，以及在概念性定義指出生理、認知和行為三層特徵的連貫關係：

1. 強調智力正常：「智力正常或在正常程度以上」，主要在規範上述排除智能因素所致的內涵。
2. 強調個人內在能力有顯著差異，主要回應美國官方定義所採用的差距標準，卻是上述美國定義群組沒有共識的元素，此元素在民國 87 年（1998）第二次修訂的定義即被提及，至今仍被保留。
3. 強調困難應該經過介入反應的評估：「經確定一般教育所提供之介入，仍難有效改善」，主要在排除其他文化刺激不足、教學不當等環境因素，也將第二次的學習輔導擴大為介入。
4. 強調生理、認知和行為三層特徵的架構。此是由英國學者 Frith（2001）所指出，了解兒童心理疾患的架構應該包括生理、認知和行為；在我國的定義中，「統稱神經心理功能異常」即是說明生理特徵，「顯現出注意、記憶、理解、知覺、知覺動作、推理等能力有問題」即是說明認知特徵，「致在聽、說、讀、寫或算等學習上有顯著困難」即是說明行為特徵。

　　因此，上述八項可說是我國學習障礙定義的主要內涵，其與國際學者所共識的元素和概念差異不多。單延愷與洪儷瑜（2003）另提出學習障礙三元立體模式，說明學習障礙與其他易混淆的學習問題（低成就、智能障礙）之關係，如圖 14-1 所示。學習障礙學生主要是智力正常但在認知功能表現和學業技能有困難，其與低成就學生的共同點是學業技能不佳，主要差異在認知功能；而與智能障礙學生的共同點是學業技能與認知功能差，但主要差異在智力水準。然而，認知功能與學業技能較差，除了智能障礙之外，其他發展性障礙，如自閉症、某些類型的情緒行為障礙等，也可能在學業表現上的困難與學習障礙類似，因此學習障礙的定義中有排除感官、情緒等障礙因素，也就是說，排除其他因素（exclusive）也是定義學習障礙的關鍵元素，例如：Lerner 與 Johns（2015/2016a）的著作《學習障礙與其他障礙之學習困難》，即包括了其他障礙的學習困難，顯示學習障礙與其他發展性障礙之密切關係。

圖 14-1　學習障礙三元立體模式

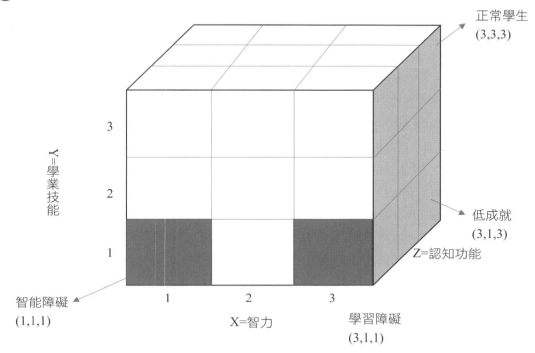

註：引自單延愷與洪儷瑜（2003）。

第二節　學習障礙的成因

　　英國倫敦大學退休榮譽教授 Uta Frith 曾經針對學習障礙中的讀寫障礙成因與定義，提出了三階層的因果關係模式（Frith, 1999），認為神經發展性疾患很難單方面從生理、認知或行為的角度解釋個體學習能力的差異，而是必須連結這三方面在環境互動中所形成的樣貌，才能了解個體所展現出來的困難特徵，同時找出可能有效的介入。

一、生理因素

（一）遺傳

　　據估計，約有 50% 的重度學習障礙者和 15% 的輕度學習障礙者是受到上一代遺傳的影響（Foster et al., 2015）。國外學者從家族調查、雙胞胎與收養等樣本的研究，以及基因檢定等面向提出證據，發現同卵雙胞胎同屬閱讀障礙者的比率為 54%，顯著高於異卵雙胞

胎同屬閱讀障礙者的比率（32%）（DeFries et al., 1993），類似的情形於數學障礙者當中，有 49%的同卵雙胞胎會同時出現數學困難，而異卵雙胞胎有 32%的機率（Light & De-Fries, 1995）。閱讀障礙兒童的一等親中約有 35～45%也有閱讀障礙（Schulte-Körne et al., 1996），數學障礙則有 40～60%的比率（Sand & Bolger, 2019）。整體而言，以閱讀能力為例，約莫有 40～80%的機率會與上一代的表現型相似（Schumacher et al., 2007），而表現特徵的差異尚須考慮基因與環境之間動態交互作用的結果。近年來，由於基因體研究的進步，分子遺傳學的技術已經可以精準標定遺傳訊號的主要位置，在多數可能帶有遺傳訊息的候選基因名單中，有四個重複性最強的閱讀障礙基因位點，包含：第 15q21 號染色體上 DYX1 中的 *DYX1C1*（Taipale et al., 2003）、第 6p21 號染色體上 DYX2 中的 *DCDC2*（Meng et al., 2005）和 *KIAA0319*（Cope et al., 2005），以及第 3p12-q12 染色體上 DYX5 中的 *ROBO1*（Hannula-Jouppi et al., 2005），這些基因的變異有可能會影響神經髓鞘和神經纖維的生長，引起大腦皮質間迴路聯絡失常，導致阻礙高階學習相關的感覺動作、知覺及認知發展。或許未來精確的基因檢定，可以在產前給予高風險對象一些線索，幫助父母提早因應。

（二）大腦神經功能與結構異常

認知神經科學累積了大量研究，試圖了解造成學習障礙的神經生物機轉。以閱讀發展為例，跨語言的大腦核磁共振研究顯示，長期學習之後，人們的大腦會透過左腦枕顳迴的視覺字形處理區（visual word form area），強化語言和聽覺語音處理區域之間的聯繫，構成所謂的「閱讀網絡」，以支持形音對應的普遍性（Rueckl et al., 2015）。而讀寫障礙的發生，極有可能是在該網絡的發展與功能產生異常，因此腦照影的結果容易出現負責語言的某些灰質區域活化程度較差，例如：(1)英文閱讀較常提及的左側額下迴（left inferior frontal gyrus）、左側顳—頂葉交界處（temporoparietal junction）、左側枕顳皮質區（oc-cipitotemporal cortex; visual word form area）（He et al., 2013），或(2)中文閱讀特別呈現的左側額中迴（left middle frontal gyrus）（Zhou et al., 2020），以及白質結構的聯繫度不佳，例如：弓狀束（arcuate fasciculus）、額枕下束（inferior fronto-occipital fasciculus）、下縱束（inferior longitudinal fasciculus）等（Zhang et al., 2014）。另外，若以數學障礙為例，研究發現患有發展性數學障礙的兒童在數量問題相關之認知處理上，大腦活化的表現有異常之處，尤其是在頂內溝的區域較為明顯（Pinel et al., 2001）。Rykhlevskaia 等人（2009）曾針對 47 名 7～9 歲患有數學障礙的兒童進行腦照影研究，發現這些兒童在頂內溝、頂上葉、梭狀迴、海馬旁迴、前顳葉等部位的體積比一般兒童小，且大腦顳頂葉與梭狀迴之間的白質神經纖維聯繫也較弱。

當前學界公認，學習障礙者的腦功能異常可能不是出現在單一腦區域，而是區域間的神經網絡聯繫有缺陷，導致學習相關的認知功能發展異常，讓學習障礙者的表現看起來像

是多種複雜功能缺損的困難，此呼應了學習障礙者高異質性的特徵。這些學習相關神經迴路的異常，即成為學習障礙生理基礎的依據。

二、認知心理因素

由於學習本身是複雜的心智處理過程，經常涉及許多認知功能的同時運作，當個體在學習上產生困難時，很容易出現多種共同潛在的認知風險（cognitive risks），而形成共病的現象。回顧過去的文獻，與學習障礙相關領域一般性的（domain-general）認知心理因素，包含：注意力、記憶力、推理、執行功能、處理速度、知覺，或知覺動作整合能力等（Mather & Wendling, 2018; Peng et al., 2018; Swanson & Hsieh, 2009; Zelazo, 2020）。學習障礙者可能呈現出工作記憶或短期記憶的限制、處理速度慢、執行功能不佳、缺乏邏輯概念等認知歷程的困難，然而這些因素不一定是學習障礙各類亞型的主要核心缺陷。

（一）與閱讀相關的核心能力缺陷

在特定領域的認知心理因素上，很多研究試圖尋找各類學習障礙亞型的核心缺陷。以閱讀為例，目前來自跨語言的研究證據中，發展性讀寫障礙（developmental dyslexia）的認知心理缺陷為聲韻處理困難（phonological processing deficits），而聲韻覺識被視為最重要的指標，可以顯著預測兒童早期的閱讀識字表現（Vellutino et al., 2004），同時也是讀寫障礙的主要認知缺陷。聲韻覺識指的是對語音訊號的表徵與操弄（representation and manipulation），其評量包括：聲調或重音辨識（lexical tone awareness or syllable stress awareness）、異音挑選（oddity test）、音素刪除（phoneme deletion）、音素結合（phoneme blending）等重點（Adams, 1994），這些測量也常被做為診斷讀寫障礙的參考。

另外，從字形分析的角度探討閱讀的歷程，巨細胞理論（magnocellular deficit hypothesis）（Stein, 2001）則認為，讀寫障礙源自於大腦視覺皮質中的側膝狀核（LGN）大細胞層發育異常，導致視覺動作靈敏度降低，產生雙眼注視困難且定位不易的現象，因此透過視覺進行閱讀時，會出現文字重疊而難以判斷單字字形，阻礙識字的流暢性。該理論更進一步推論認為，巨細胞神經元可能普遍存在於整個大腦皮質當中，特別負責訊息快速的時序處理（高頻分析），讀寫障礙者會經常出現跨感官調幅調頻訊號辨識困難，或認知作業中的快速唸名（rapid naming）、音素判斷（phoneme discrimination）缺陷，極有可能與此生理因素有關係（Stein, 2019），也許適用於解釋某些表音一致性或聲韻關係較不明顯的文字系統。

（二）與數學相關的核心能力缺陷

以數學障礙為例，研究認為導致其障礙的認知心理因素可能包括領域特定的（domain

specific）數學相關能力發展異常，例如：(1)數感（subitizing）與數字概念，意指毫秒內可以達成的計數任務，數學障礙者僅能做到 1～4 個數量，和大數表徵下的估算能力（approximation）；(2)數數（counting），如 Gelman 與 Gallistel（1978）特別針對數數的表現提出五大原則，包含：固定順序（stable order principle）、基數原則（cardinal principle）、抽象原則（abstract principle）、一對一對應（one to one correspondence）、順序無關原則（order irrelevance principle）；(3)運算與推理，泛指數學事實的自動化提取與複雜計算（王宣惠、洪儷瑜，2019；張葶葶、龍姿蓁，2017）。上述這些能力被認為是診斷數學學習障礙主要觀察的核心缺陷。

三、與環境的交互影響

（一）負面的成長經驗

我國的學習障礙定義雖明文指出，其成因源自於「神經心理功能異常」，但實際上，環境和經驗往往會放大我們的先天傾向，因為先天傾向會影響我們主觀的感受和應對各種外界刺激的方式，進而決定如何選擇環境和經驗。換句話說，如果我們天生擅長某件事情，那麼就更有可能想要多練習，以閱讀為例，閱讀能力好的孩子較可能想要閱讀，因而提高了他們的閱讀技能；反之，對閱讀發展能力較弱的孩子來說，閱讀的經驗常帶來痛苦，會造成盡可能逃避讀書的狀況，長期累積之後，其閱讀技能就遠遠落後於同儕，這種回饋的現象即是所謂富者愈富、貧者愈貧的馬太效應（Mathew Effect）。

資源極度匱乏的環境背景（如極低社經造成的營養缺乏、產前與產後健康照護不良、未成年懷孕、藥物濫用等問題）與品質欠佳的家庭或學校教育，亦會有直接或間接的負面影響，促使發育中的幼兒成為學習障礙的高危險群。教育強調早期發現與早期介入，就是希望盡快透過後天努力減少先天負面因素的影響，畢竟大腦神經網絡的連結需要透過經驗和活動的誘發，若早期能有較友善而積極正向的介入，神經迴路有機會產生代償性的發展，就可降低演變成障礙的機會。

（二）影響胚胎發育的不利因素

生產階段包括產前、產中或產後，都有許多因素可能導致學習障礙的產生，包括：先天性感染（如德國麻疹、巨細胞病毒、弓形蟲等），或引發胎兒畸形發育的生化物質（如酒精、丙戊酸鈉），例如：酗酒過量孕婦的胎兒有極高機率會罹患「胎兒酒精症候群」（fetal alcohol syndrome [FAS]），導致胎兒出生後有腦功能損傷、情緒行為問題，或其他器官病變（Popova et al., 2016）；鉛中毒會造成腦傷與心智功能損傷，不論是在產前或產後受到鉛污染影響的兒童，都有可能造成發展性神經疾患（Minder et al., 1994）。其他的醫學因素（如早產兒）往往是神經發展受損與學習障礙的高危險群，研究指出約有 19%的

體重過輕早產兒，在成長後會有學習障礙的狀況（Ross et al., 1991）。另外，嬰幼兒可能因受病毒或細菌感染，而致使腦部發育輕微異常，進而導致學習障礙（Morris et al., 1993）。

第三節　學習障礙者的安置與鑑出率

一、學習障礙學生的人數與安置情形

學習障礙是國內目前最多學生數的障礙類別，根據《特殊教育統計年報》（教育部，1999～2023），從 87 學年度開始，除了 91～94 學年度異常的降低外，學習障礙學生和占身心障礙學生的比率從 95 學年度起逐漸增加，111 學年度（2022～2023 年）的學習障礙學生共有 48,168 人，為身心障礙學生之 33.00%（如表 14-2 所示）。其中，以國小人數最多，占該階段身心障礙學生之 40.10%；國中階段次之，但其占身心障礙學生比率最高（47.20%）；高中階段學習障礙學生有 9,278 人，占身心障礙學生之 39.10%；大專校院階段學習障礙學生有 4,770 人，占身心障礙學生之 33.88%。雖然四個階段的人數與比率不同，但學習障礙在各階段都是身心障礙學生人數最多的類別。

學習障礙自 87 學年度開始統計鑑定人數，因出現人數快速增加，曾因占身心障礙學生總人數比率過高，引起國內各界對學習障礙鑑定的質疑。國內學習障礙學者鑑於當時的出現率仍低於 1%，以及美國在《94-142 公法》公布後，學習障礙學生也曾出現倍數成長，不因數字的快速增長而質疑，建議從鑑定工作的品質檢討起。之後，教育部即調查各縣市的學習障礙鑑定工作，結果發現 25 縣市的學習障礙鑑定工作制度化差異頗大（洪儷瑜，2005）。從 91 學年度起，各縣市鑑定工作開始被要求建立制度，導致學習障礙學生出現的人數與比率突然明顯下降，而此現象也出現在情緒行為障礙類別。

惟，學習障礙在《特殊教育法》的理念中，在學前階段應包括在發展遲緩，故 87 學年度的學前階段學習障礙曾有 57 人，自 100 學年度起就不再出現學習障礙學生人數，甚至在《特殊教育統計年報》的學前階段報告中，也不再出現學習障礙的類別。

圖 14-2 可見從 87 學年度起各階段的學習障礙學生，除了在鑑定工作改革階段之外，都呈現逐步增加的趨勢。在義務教育階段後，因教育部於 89 學年度推動「身心障礙學生十二年就學安置計畫」，提供學習障礙學生升高中職的輔導措施，而臺北市也從 87 學年度就開始先行十二年就學安置工作，在 91 學年度時，高中職階段的學習障礙學生人數出現顯著增加，是前一年的八倍之多。當年度的大專校院學習障礙學生也出現兩位數的人數，且在 94 學年度出現三倍的成長。可見學習障礙學生在義務教育後的出現人數受到教育政策的影響很大。

學習障礙學生在各教育階段有著不同的特殊教育安置型態之分配，如表 14-3 所示。

表 14-2　87～111 學年度學習障礙學生在各階段的人數與占身心障礙學生比率

學年度	學前階段人數	國小階段人數	國中階段人數	高中階段人數	大專校院階段人數	學障學生總人數	身障學生總人數	學障學生占身障學生比率
87	51	14,331	6,784	20	-	21,186	60,572	34.98%
88	24	14,260	9,932	18	2	24,236	64,634	37.50%
89	37	14,163	9,638	30	-	23,868	70,229	33.99%
90	20	14,156	9,233	103	-	23,512	72,034	32.64%
91	10	6,470	4,058	896	25	11,459	76,742	14.93%
92	18	6,319	4,419	2,064	41	12,861	76,532	16.80%
93	17	6,410	5,068	3,196	50	14,741	84,896	17.36%
94	14	6,448	5,319	1,226	150	13,157	90,133	14.60%
95	24	7,170	5,767	4,000	323	17,284	93,735	18.44%
96	16	7,421	6,231	4,437	541	18,646	98,727	18.89%
97	10	7,814	6,554	4,834	858	20,070	102,841	19.52%
98	10	8,360	6,683	5,203	1,129	21,385	106,534	20.07%
99	3	9,246	7,239	5,591	1,471	23,550	110,154	21.38%
100	1	10,214	8,050	5,986	1,884	26,135	114,210	22.88%
101	0	10,841	8,445	6,589	2,301	28,176	116,722	24.14%
102	0	12,330	9,736	6,584	2,287	30,937	114,117	27.11%
103	0	13,342	10,137	6,964	2,576	33,019	115,395	28.61%
104	0	13,814	10,407	7,204	2,853	34,278	115,139	29.77%
105	0	14,100	10,585	8,086	3,276	36,047	122,625	29.40%
106	0	14,784	11,481	8,239	3,503	38,007	124,700	30.48%
107	0	15,658	11,682	8,449	3,746	39,535	126,419	31.27%
108	0	16,670	12,116	8,672	3,986	41,444	129,749	31.94%
109	0	18,061	12,516	9,141	4,196	43,914	135,143	32.49%
110	0	19,519	12,788	9,218	4,691	46,216	141,436	32.68%
111	0	21,240	12,880	9,278	4,770	48,168	145,962	33.00%

註：大專校院階段的「-」表示無資料。引自教育部（1999～2023）。

在國小階段，以分散式資源班的安置為最多，約有 86.61% 的學習障礙學生，其他則進行巡迴輔導（12.52%），或是在普通班接受特教方案（0.87%），僅有 2 位在特教班。在國中階段，學習障礙學生有 91.97% 安置在分散式資源班，其他在巡迴輔導和在普通班接受特教方案的人數差異不像國小明顯，僅有 3.76% 或 2.01% 的學習障礙學生。

　　但在高中階段，因私立高中很少設立資源班，學習障礙學生幾乎均分在兩個特教安置型態：在分散式資源班的有 51.05%，在普通班接受特教方案的有 47.40%，巡迴輔導僅占

圖 14-2　87～111 學年各階段學習障礙學生人數

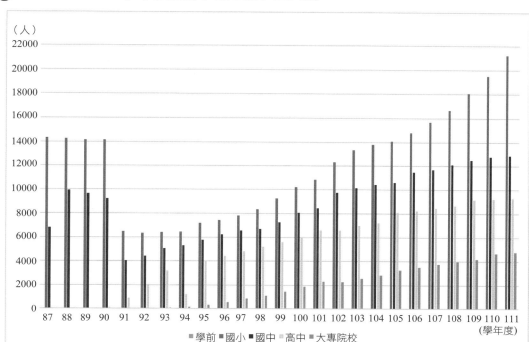

註：引自教育部（1999～2023）。

表 14-3　107 學年度學習障礙學生在國中小、高中階段之安置人數

	集中式特教班	分散式資源班	巡迴輔導	普通班接受特教方案
國小	1	18,395	2,659	185
國中	0	12,137	484	259
高中	99	4,736	45	4,398

註：引自教育部（2023，頁 59-61）。

0.49%；而在集中式特教班的學生人數比國小和國中還多，雖僅只有 1.07%（99 位）。可見因高中階段分流，學習障礙學生在高中階段會因其學業技能表現和適應狀況到私立高中就讀，而高中資源班大多設在公立高中，因此超過四成學生會在普通班接受特教方案，安置於分散式資源班的學生遠低於義務教育階段。臺北市在 106 學年度設立專業技能班，學習障礙學生在高中階段可能因此班級類型，而逐漸增加在集中式特教班的人數。

二、鑑出率

　　學習障礙的鑑出率，是以義務教育階段的學習障礙學生鑑定人數和全體註冊學生人數

之百分比估計，因我國義務教育階段的學生註冊率高達 95%以上，且由於強迫入學制度，其學生母群和學習障礙學生的人數應接近真實數據，因此上述 90 年代初期的鑑定工作改革，出現率即由 95 學年度開始估計（如圖 14-3 所示），我國學習障礙學生的鑑出率由 0.46%逐漸增加，111 學年度的鑑出率已為 1.92%，十五年內增加約 4 倍。但此數字距離美國接近年度（2018～2019 年）的 3.56%，尚未達一半，可見國內學習障礙學生之鑑出率仍有待加強。

圖 14-3　95～111 學年度學習障礙學生之鑑出率

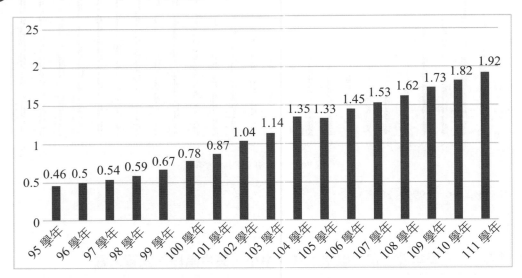

第四節　學習障礙者的特徵

　　學習障礙的特徵多元，難有可以涵括所有個案樣貌的描述，以下的說明主要是學習障礙兒童較常出現的一般性認知心理特徵，再以分類亞型簡述常見的學習困難，以及可能交互影響學業成就的社會情緒表現。

一、一般性認知心理特徵

（一）注意力

　　根據研究調查，學習障礙學生有 41～80%的比率同時具有注意力問題（Smith & Adams, 2006），他們的注意力問題通常被認為是注意力集中的時間（attention span）過短，

而無法將注意力集中在任務上超過幾秒鐘或幾分鐘。有許多父母和老師指出，許多學習障礙兒童因此呈現出易被外界干擾而分心、精神渙散、常放空發呆、粗心不在乎細節等特徵。某些孩子的注意力困難可能嚴重到足以被診斷為患有注意力缺陷過動症（ADHD）。美國精神醫學會（American Psychiatry Association [APA], 2013）的《精神疾病診斷與統計手冊》（第五版）（*Diagnostic and Statistical Manual of Mental Disorders*, 5th ed., DSM-5）將此疾患分類為三種型態：注意力不足型（inattentive ADHD）、過動與衝動型（hyperactive-impulsive ADHD），以及合併型（combined ADHD）。目前，不同的統計認為注意力缺陷過動症和學習障礙之間約有 10～25%的共病機率（Forness & Kavale, 2002）。

（二）記憶力

學習障礙兒童的父母以及老師可能很容易發現他們有記憶力不足或不一致的現象，例如：時常遺忘約定的碰面、家庭作業、學習的內容、方向和生活裡的事件。學生可能在某天學會了乘法口訣與運算，但隔天就忘記了。老師經常評論學生的記憶反應，就像是「一隻耳朵進，另一隻耳朵出」。其實這樣的現象在文獻上已經有所記載，研究發現，學習障礙學生面臨的記憶困難通常是短期記憶（short-term memory）或工作記憶（working memory）（Hallahan & Kauffman, 2003; Silver, 2001）。短期記憶是指在短時間內提取訊息的能力，而工作記憶則展現在個人保留訊息用以進行另一項認知加工作業時。研究認為，學習障礙學生面臨新的訊息輸入時，需要更多的專注，並且不斷重複它，才能夠保留在短期記憶中，一旦他們的專注受到影響，就很容易失去新的訊息（Bowe, 2005）。課堂上的學習，幾乎都需要運用到這兩種記憶能力。

（三）知覺動作

根據文獻統計，約有 5～18%的學習障礙者會出現非語文性的學習困難，包含：動作技能、知動協調或視覺空間技巧等（O'Brien et al., 1988）。這些兒童在發展的過程中會難以學習複雜性和連續性的動作表現、平衡感差、動作笨拙緩慢、動作計畫困難等，在學時期可能會出現執行細微動作時有困難，例如：綁鞋帶、扣鈕扣和拉鍊、書寫、穿針引線、串珠等；或是使用器具不靈巧，例如：使用剪刀、用筆繪畫、拼圖，也容易碰撞他人或環境物體，容易跌倒和掉落身上的物品。其知覺動作的缺陷隨著發展可能會造成不同的影響，從初期的基本動作技巧或生活技能發展遲緩，衍生至成年時期的工作效能低落，導致身心健康異常和自尊受創。

（四）執行功能

隨著兒童年齡的增長，學校課程經常需要他們反應出更多複雜的認知作業整合能力，

而這樣的整合能力會考驗學童大腦的執行功能表現，例如：自我調節、計畫、組織、決策、注意力或認知模組轉換，以及後設認知等高階的認知處理。近代認知科學研究指出，學習障礙者的執行功能存在顯著的困難，包括：工作記憶操作（updating）、抑制衝動（inhibition）和作業轉換（task shifting），因此對訊息的觸接、組織、順序和活動的協同運作感到困難，導致無法自我調整、監控及有效運用策略來解決問題，思考缺乏彈性，而影響後設認知能力的成長（Watson et al., 2016）。

二、各亞型的學習困難

（一）語言

學習障礙者在語言發展的早期可能會有口語方面的問題，而呈現出理解和／或表達的困難，此通常可以從語言發展中的五個主要領域做觀察，即音韻、構詞、語法、語義、語用，這些困難可能會伴隨其他學習困難同時存在，症狀也可能會隨著成長而改變。若依據語言的五大主要領域做分析，學習障礙兒童在發展過程中常見的特徵如下所述，他們可能在各個成分裡或多或少都有些困難，因為這些能力之間是協同發展的，並不能單獨表現：

1. 音韻：包含聲韻覺識差，押韻、刪音首、拼音等正確性不佳；難以掌握語言裡的語音變化，對聲調、輕重音、音節變換不敏感；發音不標準、清晰度差，說話小聲或不敢言語。

2. 構詞與語法：包含無法掌握組詞規則；無法理解並學習詞性的分類，如動詞、名詞、形容詞、介係詞等；對句型規則不熟悉，無法正確排列詞性造句表達；對於時態、因果關係的描述不清；敘事能力不佳，僅能使用簡單的詞彙做組合；很少使用從屬關係的句型等。

3. 語義：包含詞彙量發展較慢；難以記住圖像的命名；難以學習新的詞彙，特別是較抽象的字；語義儲存有限而經常語塞；聽不懂象徵性的語言或隱喻；難以複述他人的言論等。

4. 語用：難以理解他人；容易使用不成熟的字眼表達想法；溝通效率差，詞不達意，說話沒有掌握重點；敘事缺乏凝聚力，傾向省略很多細節；難以換句話說；不懂得視情境而調整修飾語彙。

（二）閱讀

閱讀障礙是最常見的一種語言型學習困難，其主要特徵在於個體對單字（word）的解碼有困難，而無法識別和理解書面文字，通常會伴隨語音處理的缺陷，尤其是對特定語音成分的敏感度或字音之間的對應規則缺乏理解。閱讀困難的表現可能會隨著文化語言的差異而有所不同，例如：學習障礙者在學習表音一致性較高的芬蘭文和西班牙文時，較容易

出現流暢性的問題而非拼讀的正確性，若是學習英文，則正確性與流暢性反應皆差（Ziegler & Goswami, 2005）。許多學習障礙學生除了閱讀困難外，還包括寫作和拼寫方面的熟練度有明顯問題。這些學生在學時經常出現的特徵，例如：難以記住文字或符號的名稱和形狀、難以快速命名文字或符號、容易混淆文字外型的辨識（b、d、p、q 等）、容易誤讀或忽略常見句子中的部分文字、朗讀文字緩慢而費力、難以理解較長的篇章、對閱讀文字感到痛苦等。

此外，學習障礙學生由於缺乏策略性閱讀和自我監控能力，而容易導致理解力也較差，經常表現對生字詞義和句子意思感到困惑、無法在閱讀段落過程中連接思考、容易遺漏細節內容、無法區分重要和次要訊息、閱讀過程中顯得無法集中注意力、無法摘錄重點、難以記住或總結閱讀的內容等困難。

（三）寫作

寫作是一種高度複雜的表達方法，涉及到精細動作、語言和概念能力的整合，此通常是語文發展中較晚能夠掌握的一項技能。閱讀通常被認為是符號系統的接受過程，而書寫則被認為是該系統的表達過程。書面語文表達困難，也是語文性學習障礙常出現的現象之一，其技巧通常包含：作文（composition）、拼字（spelling）、書寫（handwriting）。這類學生經常表現出不知道該如何下筆的想法、對於組織文章架構和發揮寫作技巧感到困難、難以展現寫作的流暢度、容易產生難以辨識的拼寫和書寫內容，以及總是繳交非常簡短的書面作品等。

寫作發展若是在初期的機械性書寫能力產生嚴重困難，且能力顯著低於目前年齡和正常智商、教育後應有的程度時，則可能呈現臨床上所謂的書寫障礙（dysgraphia），而無法自發性書寫產生文字，或無法執行書寫、抄寫或描繪等精細動作表現，進而顯著影響學業成就和日常生活功能。另一方面，多數學習障礙學生的寫作困難在於寫作品質欠佳，此時可以使用「提取並寫下」的方法，他們會從現有的記憶中檢索任何當下有關的內容並寫下來，而非有系統、有計畫地組織架構想法、設定目標、起草、自我評量（self-assessment），並自我調整（self-regulation）、修訂（revise）或重寫（rewrite）等，像專家一般應用自我管理的歷程來發展寫作能力（Graham & Harris, 2000, 2003）。

（四）數學

算術（arithmetic）包括識別數字和符號、記憶事實、對齊數字、有規則地運算，以及理解抽象概念等，對於患有發展性數學障礙（dyscalculia）的兒童而言，上述任何一種表現都可能很困難，因為他們對於基本數學的思考與計算技能有特定性缺陷（Fletcher & Foorman, 1994）。根據一項美國的資料，約有 50%的學習障礙學生之 IEP，包含有改善數學

能力的目標（Fuchs & Fuchs, 2001）。若參考 DSM-5（APA, 2013）對於數學障礙特徵的描述，這些兒童經常在數字感、數學事實提取、計算的正確性或流暢性，以及高階的數學推理能力有顯著困難，且文獻調查發現，多數的數學障礙者在初期的基礎數量概念或數字運用的學習，就已經明顯異於同儕的能力。因此，隨著發展的不同階段，可能會呈現出不同的困難表現，例如：學齡時期會有難以學習和記憶一些基本的數字事實、習慣使用手指來計數而不是使用更高級的心算策略、對數學符號的理解混淆或可能會使這些數學符號混淆、位值不清楚而經常將數字放在錯誤的運算序列中、難以理解諸如大於和小於等數學描述、需要依賴具體事物來理解量化數值等。到了中學階段，則可能出現難以理解書面呈現的圖表或圖形、無法用不同的方式解題或相同題目無法重複一致的答案、難以記住數學規則或方程式、推論數理相關的知識有困難、缺乏時間感、無法將數學概念應用在日常生活中的理財、對數學產生強烈焦慮感等。

三、可能伴隨的社會情緒表現

人類屬於群居動物，合作、分享、互動、對話溝通等社交技巧與人類社會的生存能力息息相關。然而，上述學習障礙的特徵，容易造成學生在社交和情緒上的挫折，甚至衍生出情緒行為問題（Smith & Adams, 2006）。儘管並非所有的學習障礙學生都有社會情緒問題，但與一般學生相比，確實面臨較大的風險，尤其是在學期間，他們經常會被同儕排擠，自我概念不足（Sridhar & Vaughn, 2001），累積多年負面的經驗而導致缺乏社會認知能力，因而學習障礙學生在課堂上的行為問題發生率也高於一般學生（Cullinan, 2002）。

缺乏學習動機，也是學習障礙學生普遍共有的特徵。學習障礙者傾向成為被動的學習者，無法積極地參與學習過程，常常在學習過程中表現得意興闌珊、沒有興趣，因為一般學術上的學習對他們來說是困難的，無論他們多麼努力，成功都是無法實現的目標，也因此造成了習得的無助感（Peterson et al., 1992）；這種感受會讓學生想要放棄，甚至不願意嘗試完成任務，長期的失敗與挫折也可能會引起其他問題，近年的研究提出警示，患有學習障礙的學生中有 10～50% 的機率共病心理問題，包含：焦慮、憂鬱與思覺失調（Aro et al., 2019）。

第五節　學習障礙者的教育與輔導

學習障礙學生的教育可從教育安置、課程與教學談起，也就是從何處（where）、什麼（what）、如何（how）三個重點談起。

一、教育安置

在臺灣，學習障礙學生幾乎都是在融合教育的環境中接受教育。如第三節所述，學習障礙學生在義務教育階段，幾乎都安置在分散式資源班（駐校式或巡迴式）或是在普通班接受特教方案，與美國有 12%的學習障礙學生安置在特教班接受教育，差異很大（Lerner & Johns, 2015/2016b）。相較於其他國家，我國提供學習障礙學生的安置型態過於單一，缺少特教班類型或特殊教育學校之選項，而韓國和美國都提供學習障礙學生特教班和特殊教育學校的教育安置（洪儷瑜等人，2011）。由於我國的高中階段開始分流，且公私立技術高中仍多以升學為主要目標，這些學業技能有困難的學習障礙學生很容易在高中階段休、退學，也礙於十二年國民基本教育政策連智能障礙學生都可取得高中學歷，反而學習障礙學生卻難以完成，或徒具高中文憑卻未具就業能力。這主要是因為高中階段的特教班僅有綜合職能科，僅限於智能障礙或智力低下的心智障礙（如自閉症、情緒行為障礙或其他障礙）就讀，因此從民國 89 年（2000）開始實施的「身心障礙學生十二年就學安置計畫」，許多缺乏學業基本能力且具就業傾向的學習障礙學生並無法在高中獲得適性安置，但進入技術高中職業類科後，卻還需要讀很多普通學科或專業學科理論。有鑑於此，臺北市政府教育局於 106 學年度在惇敘工商和東方工商設立專業技能班，以集中式特教班類型設班，主要招收智力正常且具就業傾向的身心障礙學生；該班結合實用技能班之課程架構和《十二年國民基本教育特殊教育課程實施規範》（2019），設計以就業為目標的適性課程，且創造最大融合機會為原則，與其他同樣類群的技術高中學生一起選修職業專業課程、實習或相關活動。目前臺北市的專業技能班雖採不分類招生，但各類科所安置的學生仍以學習障礙為最多。

在國外，德國因應許多發展遲緩學生在小學低年級無法在前兩年建立基本學業能力，也設置了診斷補救教學班（diagnostic remedial class, Diagnose und Förder klassen），以拉長修業年限的方式，讓學生得以習得基本學業能力後，再轉入三年級普通班接受部分時間特殊教育服務，或不需要再接受抽離式的特別服務（Opp, 1992）。類似概念在澳門的公立小學也設立小班，介於普通班和以智能障礙學生為主的特教班之間，主要是以簡化普通班課程、減少班級人數，讓教師加強基本學業能力和學校適應能力的訓練。

基於國內有許多學習障礙學生在國小都曾因適應困難而轉入實驗學校或私立學校，如果無法提升國小推動融合教育的知能，其他國家具有彈性的特殊班級類型，亦可參考設置。惟，我國因致力推動《身心障礙者權利公約》（*Convention on the Rights of Persons with Disabilities* [CRPD]），正嘗試減少隔離的教育安置，如何在推動融合教育之際，兼顧學業學習有高度困難的學習障礙學生之適性學習權利，例如：我國有許多學習障礙學生從國小起僅接受部分時數、每週課程不超過 10 小時的特教服務，導致許多特教教師把重點放在作業調整或考試調整，而未能把握於低、中年級學業技能的關鍵階段提供密集的介入，讓

學習障礙學生失去習得基本讀、寫、算能力的機會，導致他們即使能夠提早鑑定卻無法獲得及早介入的成效。美國學者 Smith（1994）研究發現，學習障礙學生在普通班等待教師組織教學內容的時間多於在特教班，在普通班約有 14%在等待老師提供適合的教材，而在特教班卻僅有 3%的時間等待，且在特教班的學習障礙學生之自我概念優於普通班。曾瓊禛（2019）在訪問三位學習障礙大學生的生命故事中，也發現這些學習障礙學生在國小的經驗都是黑暗、痛苦的，直到他們被鑑定為學習障礙者，且獲得特教資源的支持下，慢慢認識自己的障礙，才逐步走出適合自己學習的道路。可見在融合教育趨勢下的教育安置是否僅有一種選擇，如何提供適性的學習環境和資源，是非常重要的事。

二、課程與教學

（一）課程

依據《十二年國民基本教育特殊教育課程實施規範》（2019），特殊教育學生的課程特殊需求類型，包括：學習功能無缺損、學習功能輕微缺損、學習功能嚴重缺損，以及學習功能優異等四種領域。學習障礙學生由於前述的異質性，其在學業表現上都有可能出現上述四種類型，說明如下：

1. 學習功能無缺損領域

指「學生在某一特定領域／科目學習功能與一般同年齡或同年級學生相近，該領域／科目之課程需依據總綱與該領域課程綱要進行規劃與安排」。有些學習障礙學生在沒有困難的科目表現，跟一般學生無異，所以他們在這些科目的學習可以留在原班學習，學校只要「根據其個別化教育計畫會議之決議，提供學習輔具、環境與評量調整、行為功能介入方案與其他支持策略或相關服務等之協助」（《十二年國民基本教育特殊教育課程實施規範》，2019，頁 14）。

2. 學習功能輕微缺損領域

指「學生在某一特定領域／科目的學習非僅因學習動機和成就低落之影響，而係因其身心障礙之限制，造成與一般同年齡或同年級學生有部分落差。**該領域／科目之課程需與一般學生相同為原則，依據總綱與該領域課程綱要之規劃安排**」。有些學習障礙學生在部分學科僅有輕微缺損，他們在這些科目的學習可以留在原班進行調整或提供外加課程，學校應「根據其個別化教育計畫會議之決議，提供該學習功能輕微缺損領域／科目之原班**課程調整或外加式課程、並得至普通班級或在社區／職場中以調整該領域／科目課程之方式**進行融合教育，以及提供在原安置班級所需之學習輔具、環境與評量調整、行為功能介入方案與其他支持策略或相關服務之協助」（《十二年國民基本教育特殊教育課程實施規範》，2019，頁 15）。

3. 學習功能嚴重缺損領域

指「 學生在某一特定領域／科目因身心障礙影響致使其學習成就嚴重落後一般同年齡或同年級學生。該領域／科目之課程需先參照總綱與該領域課程綱要進行規劃，並得增減該領域／科目之節數／學分數」。有些學習障礙學生在其核心缺陷有關的學科可能出現嚴重缺損，他們在這些科目的學習可以增減節數或學分數，學校也可採抽離式或在集中式特教班進行教學，主要「根據其個別化教育計畫會議之決議，彈性調整該學習功能嚴重缺損領域／科目之課程內容，進行該領域／科目之**抽離式教學、或在原安置之集中式特殊教育班**進行教學，且須提供所需之學習輔具、環境與評量調整、行為功能介入方案與其他支持策略或相關服務等之協助」（《十二年國民基本教育特殊教育課程實施規範》，2019，頁 15）。

4. 學習功能優異領域

指「學生在某一特定領域／科目表現優異或具潛能者（包括身心障礙及社經文化地位不利之資賦優異學生），該領域／科目之課程需先參照總綱與該領域課程綱要之規劃，並得調整該領域／科目之節數／學分數」。有些學習障礙學生同時具有資賦優異（盧台華，1986），資賦優異學習障礙學生可以在其優異的領域或科目「根據其個別輔導計畫會議之決議，提供學習功能優異領域／科目之濃縮、抽離或外加式之充實教學。濃縮之領域／科目宜與原普通班之任課教師相互配合」（《十二年國民基本教育特殊教育課程實施規範》，2019，頁 15）。

根據闕嬿男（2013）調查臺北市的國中學習障礙學生，發現僅約四分之三的學習障礙學生接受資源班的直接教學，其中以閱讀障礙相關的亞型學生最多，約有八成以上的閱讀障礙學生均接受抽離式課程，且以國文、英文和數學科目的抽離最多，而注意力缺陷類型的學習障礙學生接受直接教學最少，僅約一半學生接受學科直接教學。

除了部定或校訂課程之外，特殊學生可以安排特殊需求課程，在九項特殊需求課程中，與學習障礙特殊需求有關的有七項：生活管理、社會技巧、學習策略、職業教育、溝通訓練、功能性動作訓練、輔助科技應用。根據闕嬿男（2013）的調查（註：當時尚未通過《十二年國民基本教育特殊教育課程實施規範》），臺北市國中資源班依據學生的 IEP 提供學習策略、基本能力訓練、適應技能、生涯規劃、多元能力開發等非學科補救教學之直接教學課程，其內容如表 14-4 所示，筆者將目前的特殊需求課程與闕嬿男的所得結果做對照，可以看到當時特教教師依據學習障礙學生的需求，已經能提出類似特殊需求課程的教學內容，僅是使用名稱或內容可能有出入。其中，以職業訓練的內容差異較大，根據《十二年國民基本教育身心障礙相關之特殊需求領域課程綱要》（2019）所提，職業訓練課程可以與語文、數學等學科領域，或是與生活管理、社會技巧、輔助科技應用等特殊需求課程的學習內容搭配設計，因此職業訓練在國中小階段可能仍以學生的生涯發展需求為主。闕嬿男的調查發現，學習障礙學生以接受學習策略課程為最多，而表 14-4 內容註明

「＊」的項目，例如：自我決策（包括自我覺察、自我倡議）、閱讀與書寫輔具、電腦輔具等內容，則是《十二年國民基本教育身心障礙相關之特殊需求領域課程綱要》因應新趨勢所提出，也是過去特殊需求課程較忽略的部分，期待課綱能發揮引導作用。本節後續將有相關討論。

表 14-4　學習障礙學生所需之特殊需求課程

課程	學習內容	關嫣男（2013）
生活管理	自我照顧、家庭生活、社區參與、自我決策＊	生活技能、社會適應
社會技巧	處己（處理情緒、壓力的技巧與自我效能）、處人（訊息的解讀和基本溝通、人際互動、處理衝突技巧與多元性別互動的技巧）、處環境（學校、家庭和社區基本適應）	社交技巧、社會適應
學習策略	認知策略、態度和動機策略、環境調整和學習工具運用策略、後設認知策略	學習策略、識字策略、閱讀理解策略、寫作指導、學業輔導、注意力訓練
職業訓練	工作知識、工作技能、工作態度	職業試探、生涯輔導、多元能力開發（探索優勢能力）
溝通訓練	非口語訊息、口語、手語、輔助性溝通符號	口語表達訓練
功能性動作訓練	四肢與軀幹的關節活動、身體姿勢的維持、身體姿勢的改變、移位、移動、舉起與移動物品、手與手臂使用、手部精細操作、雙側協調與眼手協調、動作計畫、交通工具的乘坐與駕駛	知動訓練
輔助科技運用	視覺輔具、聽覺輔具、行動移位與擺位輔具、閱讀與書寫輔具＊、溝通輔具、電腦輔具＊、其他輔具	電腦打字

三、有效的教學方法

在強調科學實證本位（evidence-based）教學趨勢下，筆者參考國內外統合研究所提出實證有效的教學方法，包括：美國學者 Vaughn 等人（2000）依據美國 1990 年代的幾個統合分析研究，以及陳心怡、洪儷瑜等人過去之相關研究（Chen et al., 2010; Chen et al., 2009），歸納出以下對於學習障礙學生的一般性學習和幾個特定能力學習的有效教學原則。

（一）有效教學的共同原則與方法

要讓學習障礙學生有效的學習，不論是學科或其他學習任務都有適用的共同原則，Vaughn 等人（2000）認為，以下三個要素是學習障礙學生的學習能夠成功之關鍵因素：

1. 控制學習任務的難度（control of task difficulties）

決定學習任務的難度有二：內容，如語言的難度、概念的熟悉度、概念的具體；學習材料的呈現方式，包括步驟的多寡、步驟的程序，甚至提供視覺提示、結構提示等，對於學習障礙學生的學習都有影響。因此，教師若能因應學生起點進行教材或教學方式的調整，可以降低學習任務的難度，協助學習障礙學生達成學習的任務。

2. 小班互動教學（small interactive group）

班級人數也是影響學習障礙學生學習成效之因素。6 人以下的小班教學，成效優於同儕小老師（peer tutor），或是在大班中做分組學習的教學。如果要採同儕小老師協助學習，採高年級學習障礙學生指導低年級學習障礙學生的配對學習效果最佳，其次是同年級的配對，再其次是由不同年級的一般學生之指導（Vaughn et al., 2000）。教師在教學時如能採用適性的互動學習，也可以提升學習障礙學生的學習成效。

3. 引導反應提問（directed response questions）

此也被稱為自我提問、後設認知、思考監控、思考程序引導，主要是在教學過程中應該鼓勵學生放聲思考，引導學生利用自我提問進行閱讀、數學或任何思考歷程的學習，這也是提升學習障礙學生學習成效的要素。

（二）融合班有效的教學方法

因應愈來愈多學習障礙學生在普通班的融合環境學習，美國學者 Vaughn 等人（2000）指出，對學習障礙學生有助益的有效教學，對一般學生也有幫助。以下是建議融合班教師採用的教學策略：

1. 明示教學：指教師將學習內容盡量具體，清楚地指出關鍵重點，必要時可以提供視覺提示，例如：教學生過馬路要小心，可以將小心利用「停、聽、看」三個步驟，將自我保護變成自我提醒的步驟。
2. 對話教學：盡量控制講述時間，利用對話提示學生思考，透過對話讓學生參與學習和找到重點。
3. 強調基模本位的學習（schema-base）：注意知識背後的基模，例如：文章結構、數學文字題的結構等，教學設計應該有機會讓學生學到關鍵概念或基模。

4. 提供足夠練習或接觸之教學設計：教學設計應考慮學習歷程所需的練習或接觸次數，例如：要讓學生熟悉課文以便參與課堂討論，便至少要有三次的朗讀，教學流程就應確保學生可以達到此基本次數，以促進教室的教學活動能對學生有所助益。

5. 善用增強鼓勵學生持續參與學習：教學應該善用增強或代幣等，鼓勵學生參與學習的行為，才能讓其願意挑戰困難，多數教師因僅針對學生答對的行為才給增強，而對於努力正在解惑中的學生，其專注學習卻未受到肯定，教師應像慢跑選手的啦啦隊一樣，鼓勵低成就或學習障礙學生能持續參與學習。一般而言，教師最好能在一節課平均給八至十次的增強，可以針對全班團體、小組或有專心學習的學生，尤其是低成就或學習障礙學生更需要持續的鼓勵。

6. 提供持續的監控進展與回饋：成效監控可以幫助教師和學生了解學習的進展，尤其是讓學生參與自己的評量，也有助於提升學生的學習動機和學習成效。因此，教師應設計讓學生記錄自己的學習表現（或是稱為自我評量）。

（三）分項能力的介入方法

1. 中文讀寫字

　　臺灣針對識字困難的教學研究結果，以有系統的以中文組字規則進行集中識字教學方法之成效為佳，例如：基本字帶字教學、部件識字教學、一般字彙知識教學、字族文教學、形聲字教學等，其中有研究者輔以電腦化教學來加強識字成效，但若僅以電腦化教學卻未配合上述識字教學原則，則電腦化教學成效並不穩定。但學習的材料也要考慮學生的識字量，適性教材也是學習成效的關鍵。

2. 英文單字

　　學習障礙者的識字問題同樣也會發生在外語學習，美國學習障礙學生也經常遭遇到第二語言學習的困難。邱于真（2009）在研究英文識字困難與中文的關係後發現，英文識字困難的國中學生雖然在中文識字的表現與其他同儕差不多，但在中文的假字拼音也出現顯著困難，而在英文識字能力中以英文的去音首為最關鍵，可見臺灣學障學生的英文單字學習與英文母語的學習者一樣。另外，字母拼讀法是提升英文識字困難學生的有效策略（張寶娟，2007），曾世杰曾翻譯《字母拼讀直接教學100課》（Engelmann et al., 1983/2015）一書推薦的字母拼讀法，算是學習障礙學生克服英文學習的有效方法。

3. 閱讀理解

　　對學習障礙的閱讀理解教學，以教師主導的教學設計成效較好，教師可利用提供鷹架和教導策略，例如：故事結構教學法、交互教學法、概念構圖、綜合各類理解策略的教學等，對學習障礙學生的閱讀理解有所幫助，此與國外研究結果差不多。其中，運用結構策

略教學的「故事結構教學」，以及以師生問答方式進行「交互教學法」等兩類，是國內研究較常出現的教學方法。「故事結構」（story grammar）的教學，又稱故事體的文章結構，主要教導以敘事文體為主的文本，以故事的六項主要結構：「主角」、「情境」、「主要問題或衝突」、「主角反應」、「事件經過」、「結果」做為理解文章的要素，透過結構協助學生理解故事的描述，將故事結構在內心形成一個基模，以做為未來理解其他敘事文章的架構。此類教學經常利用圖、表的方式，也被稱為「故事圖」（story map）。「交互教學法」（reciprocal teaching）則是結合預測、提問、摘要和澄清等閱讀策略設計為師生互動的教學方法。研發學者 Palincsar 與 Brown（1984）認為，教師給予學生專家鷹架（如回饋、讚美、提示、額外示範、解釋等），逐步協助學生學習所有的閱讀理解策略，教師在教學時透過師生對話，逐步將學習責任轉移到學生身上，讓學生能夠透過相互支持的對話和討論，培養學生使用閱讀策略，並增進自己的理解監控。

4. 寫作

　　歷程取向的寫作教學，對於提升學習障礙學生在寫作方面的動機與表現都有較佳之效果。此類的教學方法以 Flower 與 Hayes（1981）所提出的「寫作認知歷程模式」最常被應用，其界定的寫作歷程包括計畫（plan）、轉譯（translating）、回顧（reviewing）三個階段及其監控（monitoring）的歷程，歷程間的步驟交互運作循環。後來，他們也推出各式「寫作的認知策略教學」（cognitive strategy instruction in writng，簡稱 CSIW），其教學過程有計畫、組織、寫作、修正、修改（plan, organize, write, edit, and revise，可縮寫為 P.O.W.E.R.），該策略主要是透過放聲思考與師生對談協助學生分析文章，並運用各類思考單引導學生自我檢核，最後將寫作歷程內化到獨立寫作。歐惠娟（2002）創立「PLAN」寫作教學，並配合學生能力將之簡化設計為「研判─腦力激盪─補充─排序」。其教學重點包括：(1)研判（pay attention to the topic）：協助學生對主題做完全思考，而非回憶零星的訊息；(2)腦力激盪（list main ideas）：以腦力激盪列出至少兩個主要想法來發展文章，並記在腦力激盪紀錄單；(3)補充（add supporting ideas）：為每個主要想法補充細節、說明或例子；(4)排序（number your ideas）：請學生以適當順序安排主要的想法，以做為文章介紹的順序。

（四）數學能力

　　我國對於數學障礙的教學多放在數學文字題的解題，而未能連結當代腦神經科學所提出的數學學習障礙之核心缺陷（王宣惠、洪儷瑜，2019）。數感、計算、數學事實提取和推理已被 DSM-5 指出是數學學習障礙的核心特徵（APA, 2013）。洪儷瑜（2014a）及連文宏（2018）參考 Fuchs 等人（2008）的研究所歸納出的數學障礙教學研究重點，強調計算教學應以概念為基礎，並考慮數學障礙學生在數學事實的自動化提取和數字感能力的缺

陷，以整合「數感」、「數學事實提取」和「分解與重組」等三項能力，做為低年級有數學困難學生的補救教學課程，研究結果配合小樣本的統計，發現能有效改善數學困難學生的數感、數學事實提取和計算等能力。王宣惠與洪儷瑜（2019）推薦 Fuchs 等人的系列研究，探討數感、基本數學事實提取和計算的教學成效，發現數數策略、數學事實提取和程序計算等教學都能有效提升學習障礙學生的數學核心能力，以及教學結合診斷和神經科學所證實的數學學習理論核心能力。

（五）學習策略

學習策略的教學也可以有效提升學習障礙學生的學習表現，尤其是「自我調整學習」（self-regulated learning）。Harris 與 Graham 等人（1996）所提出的自我調整策略（self-regulated strategy development [SRSD]），主要是經由教師與學生交互學習所組成，包含：發展背景知識、師生討論、教師示範教學、學生記憶策略、師生共同練習、學生獨自執行等教學階段。這個策略通常會結合其他學科一起學習，例如：以 SRSD 搭配故事寫作教學為例（黃彩霞，2005），即利用此模式幫助學生精熟作文中所包含較高程度的認知成分，包括目標設定、自我教導、自我監控、自我增強等策略；為了幫助學生監控自我目標達成的情形，透過讓學生完成自我監控單來做自我評估和自我記錄，亦是很有效的方法。

其他在《十二年國民基本教育身心障礙相關之特殊需求領域課程綱要》（2019）的學習策略和闕嬣男（2013）所提出的學習策略（如表 14-4 所示），包括：認知策略（注意力策略、記憶力策略）、態度和動機策略、環境調整和學習工具運用策略、後設認知策略等。只是這些策略可能因學習障礙類型、年齡和學習階段不同而異，宜個別化的考慮，且教學設計也要參考漸進釋放責任的原則。

四、環境與評量調整

學習障礙學生也需要環境的調整以促進學習，包括：物理環境調整，如座位安排、教室布置調整、標語提示等；社會心理環境調整，如增進學生的學習動機、改善與同儕的人際關係或是與教師的關係、正向鼓勵和包容等。根據闕嬣男（2013）的調查發現，不同類型學習障礙學生對環境調整的需求沒有顯著差異，但語言有困難的學習障礙學生需要環境調整的比率較其他亞型的學習障礙學生高，而注意力或知覺動作困難的學習障礙學生對環境調整的需求最低。

由於學習障礙學生基本讀、寫、算能力之困難，在作業表現或成績評量容易因基礎學業能力而被低估，因此《特殊教育法》（2023）第 46 條明文規定，要提供身心障礙學生相關的評量調整，實作上包括考試或作業方式的調整（accommodation），以及考試或作業內容的改變（modification）。而方式的調整包括評量或作答方式、評量情境和評量時間、適性的評量調整，內容則有數量、表徵或是難易度的改變。

五、心理和社會適應的介入

　　學習障礙學生除了學業認知上的困難外，其社會情緒困難經常會被忽略，因此社會技巧訓練也被推薦為學習障礙所需要的介入（Mansour & Wiener, 2014）。加拿大學者 Wiener 研發了一套類似大富翁的遊戲「社會生活」（social LIFE, social learning for independence in functional experience），讓有社會技巧缺陷的學習障礙學生練習，以發展對社會情境的了解、學習正向的社會技巧，並教導停、想、做和看（stop, think, act, and check it out）（Mansour & Wiener, 2014）的方式。蔡雅智（2015）也利用社會技巧訓練學習障礙國中生，發現他們在同理性、禮貌性的口語行為表現及適當的肢體語言行為有顯著進步。另外，也有學者運用自閉症學生使用的社會性故事訓練學習障礙學生學習解決人際衝突，國內外研究都發現社會性故事對於學習障礙學生的衝突處理之人際技巧亦有成效（蔣傑人，2013；Kalyva & Agaliotis, 2009）。社會技巧訓練可以由心理師在臨床機構進行，也可以由教師在學校進行，其也被列為特殊需求課程之一。

第六節　學習障礙者輔助工具的應用

　　學習障礙者的認知缺陷除了可以運用教學介入外，其在聽、說、讀、寫或算等學業學習往往仍有顯著困難，而難以在普通班中進行有效的學習或表現。因此，本節特別介紹以電腦為取向的輔助科技（assistive technology），讓學習障礙者的學習可以透過輔助科技增進學習成功的機會，並以語文學習為例，說明輔助科技在識字、閱讀及書寫的應用方式。

一、輔助科技在識字與閱讀的應用

　　輔助科技在識字的應用可結合語音、圖片及動態影片等媒材，從不同面向提供學生認識新字的管道，除了能提高學習障礙學生的學習興趣之外，更能改善其識字表現。過去的研究發現，提供語音的支持能顯著提升學習障礙學生之識字表現（Lundberg, 1995）。經由電腦將文字轉換成語音播出，可以讓兒童從語音線索中提取訊息，理解文中的字義（Torgesen & Barker, 1995）。

　　現今數位時代的快速發展，許多數位化教材也漸漸成為輔助學習的教材，像是數位化教材的特質，可以將純文字、語音、靜態圖像或是動態影像整合成可及性（accessibility）很高的教材，讓學習不再僅限於難以調整的紙本教材。過去多媒體教材在閱讀上的研究曾經發現，雖然提供字詞說明在閱讀上是有正向效果，但如果將字詞說明加上動畫，其成效最佳（Higgins & Hess, 1999）。

在國內，有研究結合電腦融入教學來提升學習障礙學生學習語文的成效，其結果發現除了可以提升國小學習障礙學生的語句表現外，在語詞的認讀和造詞表現上的確也有提升（蘇玳雯，2001）。其他研究也顯示，透過電腦語音的輔助，國小學習障礙學生在識字量的表現上也有提升的效果（李品蓓，2001）。

全方位課程設計（universal design for learning [UDL]）的觀念興起，強調學習環境可依據學生的個別需求進行彈性調整（Meyer et al., 2014），例如：學習內容可用多表徵方式（multiple representation）呈現，對於閱讀紙本有困難的特殊需求者，像是視覺障礙或識字困難者，可以選擇較適合的管道，因此可提供語音輸出的功能，以協助其「讀取」（access）文本訊息。在多元表達方面（multiple expression），可依照學生的喜好、能力與表達方式來呈現學習成果，例如：對於書寫有困難的學習障礙學生，可以選擇口說或是打字的方式來表達自己的想法與學習表現。在多元參與方面（multiple engagement），因為學習障礙者的背景知識、期望與動機等不盡相同，因此在設計教學活動與課程時也是很重要的參考因素之一。為了營造正向與安全的學習環境，提供有興趣的課程，讓學習者有可以選擇的機會（Meyer et al., 2014），國內苗栗縣的特教教師陳東甫（2020）所建立的「國字語詞語音合成學習系統教材」，就是提供學生字詞多種表徵的連結和練習。

目前已有學者（陳明聰等人，2006）設計多表徵的閱讀系統，經由數位化教材所彈性提供的多表徵支持，從課程設計一開始，教師就可彈性調整適合每位學生的閱讀教材，不僅能減輕準備教材的時間與負擔，多表徵的閱讀系統更可針對不同學生的需求提供認知支持、可及性輔助與閱讀組織之協助，提供個別數位化的教材，研究結果亦顯示：透過多表徵閱讀的支持方式進行閱讀，可提升學習障礙學生的閱讀理解表現。

二、輔助科技在書寫的應用

輔助科技在學習障礙學生書寫的應用，可分為協助寫字及寫作等兩方面。在寫作方面，有研究（李安妮，1996）指出透過輔助科技協助學習障礙學生寫作，除了可提升寫作文章的品質外，也可以幫助其撰寫更具挑戰性的文章與展現出有特色的文章作品，其中寫作軟體所提供的鷹架或寫作提示，可以幫助他們構思文章架構或做為修改文章的依據；一般而言，學習障礙學生的文章較缺乏完整的架構，而電腦輔助科技則可以彌補此缺陷，進而幫助其寫出一篇完整性較高的文章（Englert et al., 2004）。

對於書寫有障礙的人來說，用手寫字是一項困難的作業，不過目前已有書寫輔助軟體可替代用手書寫的過程，能協助學生順利的將文字產出。在書寫方面，包含有文書處理、語音輸入、語音合成檢查系統等，以下分別介紹之。

（一）文書處理

書寫有困難的學習障礙學生，常因手寫的限制而阻礙書寫表達方面的能力，幸好現在

有電腦文書處理（word processing）系統可以協助，像是透過鍵盤配合不同輸入法將文字輸出，讓書寫文字有困難的學生可以克服書寫方面的障礙。目前，文書處理軟體普遍應用於電腦系統上，除了輸入文字的功能外，還有複製、拼字檢查、插入和格式化文章等功能可以提升書寫的效能，讓書寫障礙者可以增修文字或撰寫作文等。

　　而文書處理系統的其中一樣功能「文字預測系統」，更可以協助拼字有困難的學習障礙學生提升輸入的速度與正確性，甚至提供更多的字詞選項讓其有更豐富的用詞；中文輸入系統中的「自然輸入法」，便可協助輸入者在打出第一個文字後，選擇後續相關性較高的字結合成語詞。

（二）語音輸入

　　單純有書寫困難，但在口語表達上沒有顯著困難的學習障礙者，可以考慮使用語音輸入（speech to text）的方式，將語音轉換成文字來取代手寫，對於書寫有困難的學習障礙者而言是一項可行的替代協助（Li & Hamel, 2003）。國內之前就已發展出中文輸入的語音辨識系統，例如：IBM公司所開發的「Via Voice」，以及微軟公司的Microsoft Windows內建之語音辨識系統，甚至現在只要將語音檔案上傳至GOOGLE的雲端硬碟，透過文件工具的語音輸入功能，就可以將語音轉成文字檔案，對於手寫或是打傳統鍵盤有困難的書寫障礙學生來說，都是可以考量的替代書寫方式。而現在人手一機的時代，輸入法的功能除了使用螢幕鍵盤之外，亦可以選擇語音轉文字的功能，將所要表達的話語轉譯成文字產出。

（三）語音合成檢查系統

　　有時寫作者僅透過視覺方式來編修文章，可能還是會有一些語句不通順等文法錯誤的語句，常常無法察覺（Higgins & Raskind, 1995）。但如果透過語音合成檢查系統（speech synthesis）或是語音播放功能，將寫作者的文章播出，根據其需求還可以調整語音輸出的音量大小、聲調高低與播放速度等，透過聽覺回饋來協助寫作者進行寫作，藉由聽覺了解自己的文章，也能進一步發現文法、拼字或文句不順暢等錯誤（Li & Hamel, 2003）。目前的「自然輸入法」就提供此功能，讓輸入者在打字的過程中就可以逐字聽到自己輸入的字音，擅打文章之後也可以將整篇文章透過語音播放出來，協助作者聽到自己寫出來的文章（吳亭芳等人，2003）。

第七節　學習障礙者面臨的困境與發展

　　綜合上述，我國在學習障礙的發展雖有顯著進展，但仍有以下幾項發展的困境，也是未來待努力的工作目標。

一、診斷與教學缺乏連結腦神經科學的證據

　　21 世紀初，美國國家科學院院士就發表重要聲明，認為神經科學的研究已經進展到足以提供教育工作者參考之有效執行教學的證據（Bransford et al., 2000），教育神經科學（educational neuroscience）因而興起，並逐漸受到國際學術界的重視。2007 年，美國哈佛大學教育學院的 K. W. Fischer 和 Howard Gardner 等知名教授開設了大腦、心智與教育研究學程（Mind, Brain and Education Program），同時成立了國際大腦、心智與教育學會（The International Mind, Brain and Education Society [IMBES]），試圖推動腦科學的研究強化實證本位的教育（evidence-based education）實踐。十幾年來，國外已經累積不少針對學習障礙診斷與有效介入的神經科學資料；以閱讀障礙為例，芬蘭曾經發表了一項大規模的追蹤性研究（The Jyväskylä Longitudinal Study of Dyslexia [JLD]），證實閱讀障礙具有家族遺傳的風險，但透過腦電波的實驗可以標記出大腦處理語音的異常生理訊號，有效識別高風險的嬰幼兒，藉由早期親子共讀或語言活動可以改善閱讀發展的先備能力，進而降低學習困難發生的可能（Guttorm et al., 2010; Leppänen et al., 2010; Torppa et al., 2007）。此外，該研究團隊亦積極開發有效介入的教學方式，例如：使用線上多媒體系統（Ojanen et al., 2015），藉由統計學習的原理，加強學童對字母拼音和形音對應的掌握，介入效果也得到了腦科學的驗證（Brem et al., 2010）。相較於國外的研究，國內則較缺乏長期追蹤、早期診斷以及生理性的實驗，以深入探究中文環境之下的學習障礙者，其生理認知與行為的連結和發展性的變化。縱使教育現場積極發展許多針對個案和學習成就呈現有效的教材教法，但目前仍未有具體的腦神經科學數據予以支持。王宣惠與洪儷瑜（2019）曾針對臺灣數學學習障礙 20 年的研究回顧與問題探究就指出，國內數學障礙的研究並未跟上國際腦神經科學為基礎的研究結果，值得國人省思。

二、各縣市鑑定仍有很大差異

　　雖然學習障礙的鑑定在民國 94～95 年間的鑑定工作改革之後，逐漸穩定成長，但各縣市的鑑定比率仍差異很大。以 111 學年度為例，學習障礙學生人數占該縣市身心障礙學生人數最高比率有 63.1%，顯示該縣市有超過一半的身心障礙學生都是學習障礙學生，但

最低比率則為 25.8%，顯示該縣市只有四分之一的身心障礙學生是學習障礙學生，而全國學習障礙學生占身心障礙學生的比率為 32.9%，可見各縣市在學習障礙的鑑定比率差異之大（教育部，2019）。在學習障礙學生占該縣市身心障礙學生之比率超過五成有九個縣市，有很多縣市身心障礙學生人數僅有 38～3,723 人之多，算是障礙學生人口比較少的縣市，卻反而出現較高比率的學習障礙學生，且過高比率的縣市有增加趨勢，可以懷疑全國各縣市的身心障礙鑑定之品質，可能有很多鑑定工作僅限於學習障礙或很少數的障礙。學習障礙鑑出率之差異可能跟定義中的內在差異詮釋有關，因此在 2024 年的鑑定辦法修訂時，學習障礙的定義無法與其他障礙的定義一起獲得共識，遲遲未獲公布。

三、資源班的教學與弱勢低成就學生的補救教學之區分和合作

　　長期以來，我國常將資源班的教學定位在補救教學，很多書名或師培科目名稱常以「學習障礙與補救教學」等來呈現，但是就抽離式或外加式課程的實施來說，抽離式的課程教學到底是針對普通班課程和學生的認知缺陷進行調整，還是在針對普通班課程學習不利的內容進行補救？就外加式課程也是一樣，到底是針對學生的認知缺陷或學習優勢進行適性介入，或是針對普通班學習失敗的內容進行補救？資源班的教學應該定位清楚，尤其在不同的教育階段。

　　政府為了解決弱勢家庭學生的低成就以及國中生學習雙峰的問題，於民國 98 年（2009）頒布「教育部補助國民中小學及幼稚園弱勢學生實施要點」，明定補救教學的實施標準和程序，之後更名為學習扶助，也提供「國民小學及國民中學學生學習扶助科技化評量」，讓各校可以利用資訊科技方式進行低成就學生的篩選、診斷和成效追蹤。民國103 年（2014）的〈學習障礙學生鑑定辦法說明〉，即建議可運用學習扶助的補救教學和成效追蹤，以做為學習障礙鑑定所需要排除弱勢或學習不利之因素（洪儷瑜，2014b）。因此，資源班的教學與弱勢低成就學生的學習扶助就目標、實施對象而言，應有所區分。

四、忽略學習障礙之共病問題

　　學習障礙因其腦神經功能異常的問題，可能與其他障礙出現共病問題，例如：構音語言障礙、情緒行為障礙等，如早期語言發展遲緩的語言障礙與入學後的閱讀障礙關係密切（Catts & Hogan, 2003）。如前文所述，學習障礙學生有較高的機率會罹患生理、焦慮等疾患（Aro et al., 2019; Willcutt et al., 2019），ADHD 和學習障礙也有一定比率的共病（Forness & Kavale, 2002）。曾瓊禎與洪儷瑜（2015）曾整理文獻後，歸納出學習障礙學生的社會情緒適應困難可分為原生（學習障礙的本質）和衍生（因學習困難而引發），因此不論是原生或是衍生的問題，學習障礙學生間可能不僅因亞型而有所差異，也因其共病而造成差異更大，這些共病問題不僅增加鑑定的挑戰，在適性的教育和介入之實施也不得不察。

延伸閱讀

一、推薦書籍

呂偉白（編）（2002）。他們的故事（第一、二輯）。中華民國學習障礙協會。

丁凡（1997）。留級生教授。心理。

王瓊珠、陳淑麗（主編）（2010）。突破閱讀困難：理念與實務。心理。

詹士宜、楊淑蘭（主編）（2017）。突破數學學習困難：理論與實務。心理。

Barkley, R. A.（2020）。當你愛的人有成人過動症〔丁凡譯〕。遠流。（原著出版年：2016）

Schmitt, A.（1996）。聰明的笨蛋：一個閱讀障礙症患者的故事〔朱乃長譯〕。業強。（原著出版年：1994）

二、相關網站資源

台灣學障學會（TALD）（https://c.nknu.edu.tw/TALD）

社團法人中華民國學習障礙協會（http://www.ald.org.tw）

美國學習障礙線上資訊網站（LD Online：https://www.ldonline.org）

美國學習障礙協會（Learning Disabilities Association of America，https://ldaamerica.org）

國際讀寫障礙協會（International Dyslexia Association，https://dyslexiaida.org/）

參考文獻

中文部分

十二年國民基本教育身心障礙相關之特殊需求領域課程綱要（2019）。中華民國 108 年 7 月 18 日教育部臺教授國部字第 1080073959B 號令訂定發布

十二年國民基本教育特殊教育課程實施規範（2019）。中華民國 108 年 7 月 18 日教育部臺教授國部字第 1080073959B 號令發布。

王宣惠、洪儷瑜（2019）。我們真的認識學習障礙嗎？臺灣數學學習障礙 20 年研究回顧與問題探究。**特殊教育研究學刊**，**44**（1），59-90。

吳亭芳、陳明聰、陳麗如（2003）。運用電腦科技改善學習障礙學生書寫困難。**特殊教育季刊**，**86**，1-99

李安妮（1996）。應用自我調整策略發展模式（SRSD）於學習障礙學生寫作教學。**特殊教育季刊**，**98**，32-40

李品蓓（2001）。**電腦化教學對閱讀障礙學生識字成效之研究**〔未出版之碩士論文〕。國立花蓮師範學院。

身心障礙及資賦優異學生鑑定原則鑑定基準（1998）。中華民國 87 年 10 月 19 日教育部（87）臺特教字第 87115669 號令訂定發布

身心障礙及資賦優異學生鑑定辦法（2013）。中華民國 102 年 9 月 2 日教育部臺教學（四）字第 1020125519B 號令修正發布。

邱于真（2009）。**國中英文識字困難學生之中文識字能力及中、英文識字基礎認知能力表現之相關研究**〔未出版之碩士論文〕。國立臺灣師範大學。

洪儷瑜（1995）。**學習障礙者教育**。心理。

洪儷瑜（2005）。**學習障礙鑑定工作檢討與建議：由「各縣市實施學習障礙學生鑑定工作調查表」談起**（教育部委託報告）。國立臺灣師範大學。

洪儷瑜（2006）。學習障礙教育在臺灣的第一個三十年：回顧與展望。**特殊教育季刊**，**100**，3-15。

洪儷瑜（2014a）。整合數字感與數學事實之教學介入方案對國小數學困難學童計算能力發展之研究。科技部專題研究報告（NSC 101-2511-S-003 -023-MY2）。

洪儷瑜（2014b）。學習障礙。載於張正芬（編），**身心障礙暨資賦優異學生鑑定辦法說明手冊**（頁 9-1～9-20）。國立臺灣師範大學特殊教育學系。

洪儷瑜、陳淑麗、王瓊珠、方金雅、張郁雯、陳美芳、柯華葳（2009）。閱讀障礙篩選流程的檢驗：篩選或教師轉介之比較。**特殊教育研究學刊**，**34**（1），1-22。

洪儷瑜、謝佳真、劉明媛（2011）。從臺日韓學習障礙發展談學習障礙教育發展之影響因素。載於高振耀、邢敏華（編），**2011 年中華民國特殊教育學會年刊：特殊教育的創新與永續發展**（頁 283-298）。中華民國特殊教育學會。

特殊教育法（2023）。中華民國112年6月21日總統華總一義字第11200052781號令修正公布。

特殊教育學生及幼兒鑑定辦法（2024）。中華民國 113 年 4 月 29 日教育部臺教學（四）字第 1132801926A 號令修正發布。

張菶菶、龍姿蓁（2017）。《學術評論》從磁振造影研究探討數學學習障礙之認知神經機制。當代教育研究，**25**（4），173-206。

張寶娟（2007）。**字母拼讀教學法對增進國中英語學習困難學生英文讀寫字學習成效之探討**〔未出版之碩士論文〕。國立臺灣師範大學。

教育部（1999～2023）。**特殊教育統計年報**。作者。

連文宏（2018）。**計算核心課程對數學學習障礙高危險群學童介入成效：不同統計法在小樣本研究之應用**〔未出版之博士論文〕。國立臺灣師範大學。

陳明聰、江俊漢、柯建全（2006）。網路多表徵閱讀系統的發展與介面可用性的評估。載於中華民國特殊教育學會年刊：身心障礙成人之職業與社區生活（頁185-196）。中華民國特殊教育學會。

陳東甫（2020）。**康軒六上 109 學年度：國字語詞語音合成學習系統教材**。https://www.facebook.com/groups/1494494560599892/

單延愷、洪儷瑜（2003）。由操作性概念談學習障礙。**特殊教育季刊**，**87**，9-17。

曾瓊禛、洪儷瑜（2015）。學習障礙學生社會情緒適應困難內涵初探。**特殊教育季刊**，**137**，9-19。

曾瓊禛、洪儷瑜（2020）。學習障礙大學生韌性發展歷程探究。**特殊教育研究學刊**，**45**（2），61-88。

黃彩霞（2005）。**自我調整策略發展模式對國小學習障礙學生寫作成效之研究**〔未出版之碩士論文〕。臺北市立師範學院。

語言障礙、身體病弱、性格異常、行為異常、學習障礙暨多重障礙學生鑑定標準及就學輔導原則要點（1992）。中華民國81年2月21日教育部臺（81）社字第09057號函訂定發布。

歐惠娟（2002）。**「PLAN」策略教學對國小五年級學習障礙學生說明文寫作表現影響之研究**〔未出版之碩士論文〕。國立彰化師範大學。

蔡雅智（2015）。**社會技巧課程對國中學習障礙學生正向語言行為表現之探討**〔未出版之碩士論文〕。國立新竹教育大學。

蔣傑人（2013）。**社會故事對增進國小學習障礙學生社會技巧之成效研究**〔未出版之碩士論文〕。國立屏東教育大學。

盧台華（1986）。談資優兼學習障礙學生的教育。**特殊教育季刊**，**21**，10-13。

闕嬀男（2013）。**臺北市國中學習障礙類型與特殊教育服務之關係研究**〔未出版之碩士論文〕。國立臺灣師範大學。

蘇琲雯（2001）。**電腦融入教學對學習障礙兒童語句學習成效及其注意力行為之影響**〔未出版之碩士論文〕。國立臺北師範學院。

Engelmann, S., Haddox, P., & Bruner, E.（2015）。**字母拼讀直接教學100課**〔曾世杰譯〕。心理。（原著出版年：1983）

Lerner, J. W., & Johns, B.（2016a）。**學習障礙與其他障礙之學習困難**（第二版）〔張世彗、洪雅惠、孔淑萱、詹士宜、梁碧明、胡永崇、吳訓生譯〕。華騰。（原著出版年：2015）

Lerner, J. W., & Johns, B.（2016b）。教育環境與家庭角色〔孔淑萱譯〕。載於**學習障礙與其他障礙之學習困難**（第二版）〔J. W. Lerner & B. Johns 著；張世彗、洪雅惠、孔淑萱、詹士宜、梁碧明、胡永崇、吳訓生譯〕（頁4-1～4-19）。華騰。（原著出版年：2015）

英文部分

Adams, M. J. (1994). *Beginning to read: Thinking and learning about print*. MIT Press.

American Psychiatry Association. [APA] (2013). *Diagnostic and statistical manual of mental disorders* (5th ed.) (DSM-5). Author.

Aro, T., Eklund, K., Eloranta, A. K., Närhi, V., Korhonen, E., & Ahonen, T. (2019). Associations between childhood learning disabilities and adult-age mental health problems, lack of education, and unemployment. *Journal of Learning Disabilities, 52*(1), 71-83.

Bowe, F. (2005). *Making inclusion work*. Prentice-Hall.

Bransford, J. D., Brown, A. L., & Cocking, R. R. (2000). *How people learn* (Vol. 11). National Academy Press.

Brem, S., Bach, S., Kucian, K., Kujala, J. V., Guttorm, T. K., Martin, E., Lyytinen, H., Brandeis, D., & Richardson, U. (2010). Brain sensitivity to print emerges when children learn letter: Speech sound correspondences. *Proceedings of the National Academy of Sciences, 107* (17), 7939-7944.

Catts, H. W., & Hogan, T. P. (2003). Language basis of reading disabilities and implications for early identification and remediation. *Reading Psychology, 24*(3-4), 223-246. https://doi.org/10.1080/02702710390227314

Chen, H. S., Hung, L. Y., Chen, H. Y., Huang, Y. H., Cheng, S. M., & Wong, S. J. (2010). *Reading interventions outcomes for students with LD in Taiwan: A quantitative synthesis of single-subject researches*. Paper presented at the 17th Annual Meeting of Society for the Scientific Study of Reading, Jul 7-10, Berlin, Germany.

Chen, H. Y., Hung, L., Huang, Y., Chen, H. S., Cheng, S., & Wong, S. (2009). *Intervention outcomes for students with LD in Taiwan: A quantitative synthesis of single-subject reseasrches*. Paper presented at the 33rd Annual IARLD Conference, Jan 15-17, Wellington, New Zealand.

Cope, N., Harold, D., Hill, G., Moskvina, V., Stevenson, J., Holmans, P., Owen, M. J., O'Donovan, M. C., & Williams, J. (2005). Strong evidence that KIAA0319 on chromosome 6p is a susceptibility gene for developmental dyslexia. *The American Journal of Human Genetics, 76*(4), 581-591.

Cullinan, D. (2002). *Students with emotional and behavior disorders: An introduction for teachers and other helping professionals*. Merrill Prentice-Hall.

DeFries, J. C., Gillis, J. J., & Wadsworth, S. J. (1993). Genes and genders: A twin study of reading disability. *Dyslexia and Development: Neurobiological Aspects of Extra-ordinary Brains*, 187-204.

Englert, C., Manalo, M., & Zhao, Y. (2004). I can do it better on the computer: The effects of technology-enabled scaffolding on young writers' composition. *Journal of Special Education Technology, 19,* 5-21.

Fletcher, J. M., & Foorman, B. R. (1994). Issues in definition and measurement of learning disabilities: The need for early intervention. In G. R. Lyon (Ed.), *Frames of reference for the assessment of learning disabilities: New views on measurement issues* (pp. 185-200). Paul H. Brookes.

Flower, L., & Hayes, J. R. (1981). A cognitive process theory of writing. *College Composition and Communication, 32,* 365-387.

Forness, S. R., & Kavale, K. A. (2002). Impact of ADHD on school systems. *In* P. S. Jensen & J. R. Cooper (Eds.), *Attention deficit hyperactivity disorder: State of the science-best practices* (pp. 24-1-24-20). Civic Research Institute.

Foster, A., Titheradge, H., & Morton, J. (2015). Genetics of learning disability. *Paediatrics and Child Health, 25*(10), 450-457.

Frith, U. (1999). Paradoxes in the definition of dyslexia. *Dyslexia, 5*(4), 192-214.

Frith, U. (2001). What framework should we use for understanding developmental disorders? *Developmental Neuropsychology, 20*(2), 555-563.

Fuchs, L. S., & Fuchs, D. (2001). Principles for the prevention and intervention of mathematics difficulties. *Learning Disabilities Research & Practice, 16*(2), 85-95.

Fuchs, L. S., Fuchs, D., Powell, S. R., Seethaler, P. M., Cirino, P. T., & Fletcher, J. M. (2008). Intensive intervention for students with mathematics disabilities: Seven principles of effective practice. *Learning Disability Quarterly, 31*(2), 79-92.

Gelman, R., & Gallistel, C. R. (1978). *The child's understanding of number.* Harvard University Press.

Graham, S., & Harris, K. R. (2000). The role of self-regulation and transcription skills in writing and writing development. *Educational Psychologist, 35*(1), 3-12.

Graham, S., & Harris, K. R. (2003). Students with learning disabilities and the process of writing: A meta-analysis of SRSD studies. In H. L. Swanson, K. R. Harris, & S. Graham (Eds.), *Handbook of learning disabilities* (pp. 323-344). The Guilford Press.

Guttorm, T. K., Leppänen, P. H., Hämäläinen, J. A., Eklund, K. M., & Lyytinen, H. J. (2010). Newborn event-related potentials predict poorer pre-reading skills in children at risk for dyslexia. *Journal of Learning Disabilities, 43*(5), 391-401.

Hallahan, D. P., & Kauffman, J. N. (2003). Exceptional learners: Introduction to special education. In P. Klouth (Ed.), *Autism, autobiography, and adaptations: Teaching exceptional children* (Vol. 36) (pp. 42-47). Allyn & Bacon

Hannula-Jouppi, K., Kaminen-Ahola, N., Taipale, M., Eklund, R., Nopola-Hemmi, J., Kääriäinen, H., & Kere, J. (2005). The axon guidance receptor gene ROBO1 is a candidate gene for developmental dyslexia. *PLoS genetics, 1*(4): e50. https://doi.org/10.1371/journal.pgen.0010050

Harris, K. R., & Graham, S. (1996). *Making the writing process work: Strategies for composition and self-regulation.* Brookline Books.

He, Q., Xue, G., Chen, C., Chen, C., Lu, Z. L., & Dong, Q. (2013). Decoding the neuroanatomical basis of reading ability: A multivoxel morphometric study. *Journal of Neuroscience, 33*(31), 12835-12843.

Higgins, E. L., & Raskind, M. H. (1995). Compensatory effectiveness of speech recognition on the written composition performance of postsecondary students with learning disabilities. *Learning Disability Quarterly, 18*, 159-174.

Higgins, N., & Hess, L. (1999). Using electronic books to promote vocabulary development. *Journal of Research on Computing in Education, 31*(4), 425-430.

Kalyva, E., & Agaliotis, I. (2009). Can social stories enhance the interpersonal conflict resolution skills of children with LD? *Research in Developmental Disabilities, 30*(1), 192-202.

Kavale, K., & Froness, S. R. (1985). Learning disabilities: A victim of its own history. In. K. A. Kavale & S. R. Forness (Eds.), *The science of learning disabilities* (pp. 39-87). Taylor & Francis.

Leppänen, P. H. T., Hämäläinen, J. A., Salminen, H. K., Eklund, K. M., Guttorm, T. K., Lohvansuu, K., Puolakanaho, A., & Lyytinen, H. (2010). Newborn brain event-related potentials revealing atypical processing of sound frequency and the subsequent association with later literacy skills in children with familial dyslexia. *Cortex, 46*(10), 1362-1376.

Li, H., & Hamel, C. M. (2003). Writing issues in college students with learning disabilities: A synthesis of the literature from 1990 to 2000. *Learning Disability Quarterly, 26*, 29-46.

Light, J. G., & DeFries, J. C. (1995). Comorbidity of reading and mathematics disabilities: Genetic and environmental etiologies. *Journal of Learning Disabilities, 28*(2), 96-106.

Lloyd, J., Keller, C., & Hung, L. (2007). International understanding of learning disabilities. *Learning Disabilities Research & Practice, 22*(3), 159-160.

Lundberg, L. (1995). The computer as a tool of remediation in the education of students with reading disabilities: A theory-based approach. *Learning Disability Quarterly, 18*, 89-99.

Mansour, M., & Wiener, J. (2014). *Social skill training for students with learning disabilities.* https://www.ldatschool.ca/social-skills-training/

Mather, N., & Wendling, B. J. (2018). Linking cognitive abilities to academic interventions for students with specific learning disabilities. In D. P. Flanagan, & E. M. McDonough (Eds.), *Contemporary intellectual assessment: Theories, tests, and issues* (pp. 777-809). The Guilford Press.

Meng, H., Smith, S. D., Hager, K., Held, M., Liu, J., Olson, R. K., Pennington, B. F., DeFries, J. C., Gelernter, J., O'Reilly-Pol, T., Somlo, S., Skudlarski, P., Shaywitz, S. E., Shaywitz, B. A, Marchione, K., Wang, Y., Paramasivam, M., LoTurco, J. J., Page, G. P., & Gruen, J. R. (2005). DCDC2 is associated with reading disability and modulates neuronal development in the brain. *Proceedings of the National Academy of Sciences, 102*(47), 17053-17058.

Meyer, A., Rose, D. H., & Gordon, D. T. (2014). *Universal design for learning: Theory and practice.* CAST Professional Publishing.

Minder, B., Das-Smaal, E. A., Brand, E. F. J. M., & Orlebeke, J. F. (1994). Exposure to lead and specific attentional problems in schoolchildren. *Journal of Learning Disabilities, 27*(6), 393-399.

Morris, R. D., Krawiecki, N. S., Wright, J. A., & Walter, L. W. (1993). Neuropsychological, academic, and adaptive functioning in children who survive in-hospital cardiac arrest and resuscitation. *Journal of Learning Disabilities, 26*(1), 46-51.

National Joint Committee on Learning Disabilities. [NJCLD] (1990). *NJCLD: definition of learning disabilities.* http://www.ldonline.org/pdfs/njcld/NJCLDDefinitionofLD.pdf

O'Brien, V., Cermak, S. A., & Murray, E. (1988). The relationship between visual-perceptual motor abilities and clumsiness in children with and without learning disabilities. *American Journal of Occupational Therapy, 42*(6), 359-363.

Ojanen, E., Ronimus, M., Ahonen, T., Chansa-Kabali, T., February, P., Jere-Folotiya, J., Kauppinen, K.-P., Ketonen, R., Ngorosho, D., Pitkänen, M., Puhakka, S., Sampa, F., Walubita, G., Yalukanda, C., Pugh, K., Richardson, U., Serpell, R., & Lyytinen, H. (2015). GraphoGame: A catalyst for multi-level promotion of literacy in diverse contexts. *Frontiers in Psychology, 6,* 671.

Opp, G. (1992). A German perspective on learning disabilities. *Journal of Learning Disabilities, 25,* 351-360.

Palincsar, A. S., & Brown, A. L. (1984). Reciprocal teaching of comprehension- fostering and comprehension- monitoring activities. *Cognition and Instruction, 1,* 117-175

Peng, P., Barnes, M., Wang, C., Wang, W., Li, S., Swanson, H. L., Dardick, W., & Tao, S. (2018). A meta-analysis on the relation between reading and working memory. *Psychological Bulletin, 144*(1), 48.

Peterson, C. P., Maier, S. F. M., & Seligman, M. E. P. (1992). *Learned helplessness: A theory for the age of personal control.* Oxford University Press.

Pinel, P., Dehaene, S., Riviere, D., & LeBihan, D. (2001). Modulation of parietal activation by semantic distance in a number comparison task. *NeuroImage, 14*(5), 1013-1026.

Popova, S., Lange, S., Burd, L., Nam, S., & Rehm, J. (2016). Special education of children with fetal alcohol spectrum disorder. *Exceptionality, 24*(3), 165-175.

Ross, G., Lipper, E. G., & Auld, P. A. (1991). Educational status and school-related abilities of very low birth weight premature children. *Pediatrics, 88*(6), 1125-1134.

Rueckl, J. G., Paz-Alonso, P. M., Molfese, P. J., Kuo, W. J., Bick, A., Frost, S. J., Hancock, R., Wu, D. H., Mencl, W. E., Duñabeitia, J. A., Lee, J.-R., Oliver, M., Zevin, J. D., Hoeft, F., Carreiras, M., Tzeng, O. J. L., Pugh, K. R., & Frost, R. (2015). Universal brain signature of proficient reading: Evidence from four contrasting languages. *Proceedings of the National Academy of Sciences, 112*(50), 15510-15515.

Rykhlevskaia, E., Uddin, L. Q., Kondos, L., & Menon, V. (2009). Neuroanatomical correlates of developmental dyscalculia: Combined evidence from morphometry and tractography. *Frontiers in Human Neuroscience, 3,* 51. https://doi.org/10.3389/neuro.09.051.2009

Sand, L. A., & Bolger, D. J. (2019). The neurobiological strands of developmental dyslexia: What we know and what we don't know. In *Reading development and difficulties* (pp. 233-270). Springer.

Schulte-Körne, G., Deimel, W., Müller, K., Gutenbrunner, C., & Remschmidt, H. (1996). Familial aggregation of spelling disability. *Journal of Child Psychology and Psychiatry, 37*(7), 817-822.

Schumacher, J., Hoffmann, P., Schmäl, C., Schulte-Körne, G., & Nöthen, M. M. (2007). Genetics of dyslexia: The evolving landscape. *Journal of Medical Genetics, 44*(5), 289-297.

Silver, L. B. (2001). Controversial therapies. *Perspectives, 27*(3), 5-8.

Smith, C. R. (1994). *Learning disabilities: The interaction of leaner, task and setting* (3rd ed.). Allyn & Bacon.

Smith, T., & Adams, G. (2006). The effect of comorbid AD/HD and learning disabilities on parent-reported behavioral and academic outcomes of children. *Learning Disability Quarterly, 29*(2), 101-112.

Sridhar, D., & Vaughn, S. (2001). Social functioning of students with learning disabilities. In D. P. Hallahan & B K. Keogh (Eds.), *Research and global perspectives in learning disabilities: Essays in honor of William M. Cruickshank* (pp. 65-92). Routledge.

Stein, J. (2001). The magnocellular theory of developmental dyslexia. *Dyslexia, 7*(1), 12-36.

Stein, J. (2019). The current status of the magnocellular theory of developmental dyslexia. *Neuropsychologia, 130*, 66-77.

Swanson, H. L., & Hsieh, C. J. (2009). Reading disabilities in adults: A selective meta-analysis of the literature. *Review of Educational Research, 79*(4), 1362-1390.

Taipale, M., Kaminen, N., Nopola-Hemmi, J., Haltia, T., Myllyluoma, B., Lyytinen, H., Muller, K., Kaaranen, M., Lindsberg, P. J., Hannula-Jouppi, K., & Kere, J. (2003). A candidate gene for developmental dyslexia encodes a nuclear tetratricopeptide repeat domain protein dynamically regulated in brain. *Proceedings of the National Academy of Sciences, 100*(20), 11553-11558.

Torgesen, J. K., & Barker, T. A. (1995). Computer as aids in the prevention and remediation of reading disabilities. *Learning Disability Quarterly, 18*, 76-87.

Torppa, M., Poikkeus, A. M., Laakso, M. L., Tolvanen, A., Leskinen, E., Leppanen, P. H. T., Puolakanaho, A., & Lyytinen, H. (2007). Modeling the early paths of phonological awareness and factors supporting its development in children with and without familial risk of dyslexia. *Scientific Studies of Reading, 11*(2), 73-103.

U.S. Office of Education. (1977). *Definition and criteria of defining students as learning disabled.* Federal Register, 42:250, p. 65083. US Government Printing Office.

Vaughn, S., Gersten, R., & Chard, D. (2000). The underlying message in LD intervention research: Finding from research synthesis. *Exceptional Children, 67*(1), 99-114.

Vellutino, F. R., Fletcher, J. M., Snowling, M. J., & Scanlon, D. M. (2004). Specific reading disability (dyslexia): What have we learned in the past four decades? *Journal of Child Psychology and Psychiatry, 45*(1), 2-40.

Watson, S. M., Gable, R. A., & Morin, L. L. (2016). The role of executive functions in classroom instruction of students with learning disabilities. *International Journal of School and Cognitive Psychol-*

ogy, 3(167), 1-5.

Zelazo, P. D. (2020). Executive function and psychopathology: A neurodevelopmental perspective. *Annual Review of Clinical Psychology, 16*, 431-454.

Zhang, M., Chen, C., Xue, G., Lu, Z. L., Mei, L., Xue, H., Wei, M., He, Q., Li, J., & Dong, Q. (2014). Language-general and-specific white matter microstructural bases for reading. *NeuroImage, 98*, 435-441.

Zhou, W., Kwok, V. P. Y., Su, M., Luo, J., & Tan, L. H. (2020). Children's neurodevelopment of reading is affected by China's language input system in the information era. *Npj Science of Learning, 5*, 3. https://doi.org/10.1038/s41539-020-0062-0

Ziegler, J. C., & Goswami, U. (2005). Reading acquisition, developmental dyslexia, and skilled reading across languages: A psycholinguistic grain size theory. *Psychological Bulletin, 131*(1), 3-29. https://doi.org/10.1037/0033-2909.131.1.3

第十五章

多重障礙

張千惠、邱紹春

　　本章說明多重障礙的各個面向：第一節聚焦於多重障礙的定義、分類、鑑定與評量；第二節與第三節分別介紹多重障礙的成因、多重障礙者的出現率與安置率；第四節說明多重障礙者的特質；第五節詳述多重障礙者的教育與輔導；第六節介紹多重障礙者輔助工具的應用；最後一節則提出多重障礙者面臨的挑戰與就業發展，探討日間安置與職業安排，以及居住環境兩個議題。

第一節　多重障礙的定義、分類、鑑定與評量

　　在多重障礙的定義、分類、鑑定與評量中，以下探討有關我國與美國對於多重障礙的定義，也針對盲聾的部分分成十個項目加以探討，更討論關於鑑定與評量的四個基本步驟：準備、晤談、觀察、評量。

一、定義

（一）我國對於多重障礙的定義

　　依據《身心障礙及資賦優異學生鑑定辦法》（2013）第 11 條：「本法第三條第十款所稱多重障礙，指包括二種以上不具連帶關係且非源於同一原因造成之障礙而影響學習者。前項所定多重障礙，其鑑定應參照本辦法其他各類障礙之鑑定基準。」再依據《特殊教育學生及幼兒鑑定辦法》（2024）第 13 條：「本法第三條第十一款所稱多重障礙，指包括二種以上不具連帶關係造成之障礙，致影響學習。前項所定多重障礙，其鑑定應參照本辦法其他各類障礙之鑑定基準。」上述二法所指的「本法」，是指《特殊教育法》。

　　而《身心障礙等級》（2008）對於多重障礙的定義為：「具有兩類或兩類以上障礙者」，其等級認定為：「一人同時具有兩類或兩類以上不同等級之障礙時，以較重等級為準；同時具有兩類或兩類以上同一等級障礙時應晉一級，但最多以晉一級為限。」

　　教育部對多重障礙的認定並不涉及「重度障礙」一詞，僅簡單明確地由兒童本身所具障礙類項的多少來定義重度與多重障礙者。

（二）美國對於多重障礙的定義

　　《94-142公法》：1990年，美國制定《身心障礙者教育法》（IDEA, 2004），對無障礙環境的提供有相當具體的規定。之後，將《94-142公法》改名為《身心障礙者教育法》（IDEA）。1997年，《身心障礙者教育法》修正案，其焦點為如何提升身心障礙學生的學習成就，其中提到：「多重障礙意指多種障礙的伴隨出現，這種障礙狀況之合併所造成的嚴重教育問題，非單為某一種障礙而設的特殊教育方案所能適應」（U.S. Department of Education, 2014）。

　　美國教育部（U.S. Department of Education）將多重障礙分出另外的「重度障礙」一類，其對重度障礙之定義如下：「重度障礙兒童由於其生理、心智、情緒問題或這些問題的合併，需要超乎傳統上由普通或特殊教育的服務設施。這些兒童包括：重度情緒困擾與重度、極重度智能不足，以及具有兩種或兩種以上嚴重障礙狀況者。」而美國重度障礙者協會（The Association for Persons with Severe Handicaps [TASH]）之定義為：「重度障礙者包括各種年齡的人，他們的生活需要多元、密集且持續的協助，以便能參與融合的社區，並且享有如障礙較少者或甚至正常人所享有的生活品質。」TASH乃國際組織，其成員除了有身障者，還包括身障者家屬成員、其他在重度障礙領域的專家及倡導者。此機構除了提供公共政策的資訊外，另有出版期刊等相關刊物、舉辦重度障礙議題研討會。此外，也提供重度障礙者相關資源，例如：融合教育、社區生活等（TASH, 2014）。

二、分類

　　我國多重障礙的分類採「主障礙及附障礙」的觀點，是以教育需求做為分類之考量，而非以病理為思考點。主障礙的鑑定須由「特殊教育學生鑑定及就學輔導會」依據學童之醫療資料與相關學習資料以團隊合作模式來研判，再決定其教育安置的方式。依照學生需求考量，可將多重障礙分為六類：(1)盲聾；(2)大腦性視覺損傷；(3)自閉症與普遍性發展障礙；(4)行為異常及聽力缺損；(5)智能障礙伴隨其他障礙；(6)智能障礙及腦性麻痺。上述之(3)至(6)項的障別在本書中已經有專章做討論，故以下僅介紹「盲聾」與「大腦性視覺損傷」兩類。

（一）盲聾

「盲聾」的部分分十個項目加以討論：(1)盲聾之定義與特徵；(2)盲聾的發生率；(3)造成盲聾的常見原因與症狀；(4)盲聾兒童的最大需求；(5)輔具與溝通；(6)教育與輔導原則；(7)評估；(8)學習方面之調整；(9)早期療育；(10)轉銜。說明如下：

1. 盲聾之定義與特徵

依據美國國家盲聾協會（National Center on Deaf-Blindness [NCDB]）之定義，盲聾雙障兒童是指合併有視覺損失與聽覺損失者。雖然名稱上使用「盲聾」（deaf-blind），但其視覺損失與聽覺損失之類型與嚴重程度則因人而異。這些兒童之主要特徵為：視覺與聽覺兩種管道之合併損失，造成他們吸收視覺與聽覺資訊有所不便。

盲聾雙障兒童容易因下列三方面而感到深度挫折：孤獨感、溝通問題，以及移動行走問題。因此，如何協助這些兒童克服孤獨感並使其覺得被接納，可說是所有相關教育人員的首要之務（National Consortium on Deaf-Blindness [NCDB], 2010）。

2. 盲聾的發生率

盲聾的發生率是屬於低發生率（low incidence）的障別。根據美國一項長達七年的研究調查（Killoran, 2007）發現，介於 0～21 歲接受特殊教育的學童中，屬於盲聾雙障者有 1,667 人，約占特殊教育學童人數之 0.03%。而我國特殊教育通報網並未將盲聾雙障者列為單獨的一類，故我國盲聾的發生率資料是缺乏的（NCDB, 2010）。

3. 造成盲聾的常見原因與症狀

會導致盲聾的常見原因有：基因異常、早產、產前與產後、巨大細胞病毒（Cytomegalovirus）、腦脊髓膜炎（Meningitis），以及一些相關症狀，包括：先天性德國麻疹症候群（CRS）、Usher 症候群、Alstrom 症候群、Barbet-Biedl 症候群，以及 CHARGE 症候群，如表 15-1 所示（NCDB, 2010）。

4. 盲聾兒童的最大需求

盲聾兒童的最大需求有三項：孤獨感、溝通受限，以及移動行走受限。因為視覺與聽覺這兩種最主要感官的吸收管道均受限制，盲聾兒童對周圍環境之理解亦非常有限，所以易感挫折而引發情緒或行為問題，故家長與教師應當盡量提供豐富感官資訊的環境，以幫助這些兒童們來探索、了解環境（亦即人、事、物等）。同時，盡量幫助他們融入於多元化的活動也有助於降低其孤獨感。溝通亦是盲聾者所面臨之最大挑戰，而幫助他們溝通的最終目的，即是要讓他們能盡可能獨立過著與一般人一樣的生活。溝通可以透過手語翻譯

表 15-1　造成盲聾的常見症狀

症狀	特徵以及可能的醫療和健康問題
先天性德國麻疹症候群（CRS）	・視覺疾病（如先天性白內障、晚發性青光眼、可能因自傷行為而引起的視網膜剝離）。 ・先天性心臟疾病。 ・感官神經的重度到極重度聽力缺損。 ・糖尿病。 ・高血壓。 ・智能障礙。 ・（少見）漸進性德國麻疹泛腦炎（panencephalitis）（PRP）：一種很慢、漸進性的、神經系統的損傷，伴隨癲癇、行為發作、運動失調，以及癡呆症（dementia）。
Usher 症候群	・第一型：極重度的先天性聽力缺損及色素性視網膜炎（RP）。 　前庭功能異常（平衡感差）。 　兒童期早期視網膜的視桿喪失（夜視能力差）。 　青春期早期視網膜的周圍視野喪失或稱隧道視力。 ・第二型：中度到重度先天性聽力缺損及色素性視網膜炎。 　兒童早期到青春期視網膜的視桿喪失（夜視能力差）。 　青春期早期視網膜的周圍視野喪失或稱隧道視力。 ・第三及第四型：較第一或第二型少見；特徵是青春期之前漸進性的聽力缺損伴隨色素性視網膜炎的徵狀；也可稱為 Hallgren 症候群。 ・第四型：特徵是青春期之後中度到重度的聽力缺損伴隨色素性視網膜炎的徵狀（類似第二型，但只發生在男性）；也稱為 Laurence-Moon-Barbet-Biedl 症候群。 ・伴隨心理疾病（如沮喪）。
Alstrom 症候群	・兒童期早期的非典型視網膜變質導致漸進性及全面的中央視力之缺損。 ・兒童期早期的先天性聽力缺損及持續到成人期的漸進性聽力缺損。 ・糖尿病。 ・肥胖。 ・腎臟病。
Barbet-Biedl 症候群	・色素性視網膜炎。 ・生殖器官發育不全。 ・多趾併生症。 ・智能障礙（通常是輕度）。 ・肥胖。 ・先天性輕度到重度聽力損失（有時是漸進性）。 ・尿道缺陷。 ・心臟缺陷。

表 15-1　造成盲聾的常見症狀（續）

症狀	特徵以及可能的醫療和健康問題
CHARGE 症候群	·C＝古樸倫根（Coloboma）（視網膜、虹膜或視神經不完全閉合）。 ·H＝先天性心臟缺陷。 ·A＝後鼻孔閉鎖（鼻道阻塞）。 ·R＝發展遲緩。 ·G＝生殖器官及尿道異常。 ·E＝耳朵疾病〔例如：耳朵發展異常造成慢性耳朵疾病、漸進性聽力缺損、感官神經聽力缺損或（及）中樞聽覺神經處理問題〕。 ·智能障礙。 ·唇顎裂。

註：引自 Kirk 等人（1997/2001, pp. 464-465）。

員、書本及電子溝通輔具，許多盲聾人士也偏好使用徒手溝通模式，包括：觸覺形式之手語、身體語言與姿勢。觸覺形式之手語亦即「手握手」（hand over hand）式的手語，溝通者將手指頭放在對方的手掌心上寫字來表達，而接收者則透過對方寫不同字時所使用之不同手指頭移動來了解其意（NCDB, 2010）。

5. 輔具與溝通

　　輔具提供了盲聾者許多方便之路，其中包括：更有效率的溝通、增加他們的獨立程度、增加對環境的掌握與控制程度、擴大移動行走的活動空間與動線，以及更容易獲得資訊，例如：用眼睛注視之溝通器（Eyegaze Communicator）是一個使用視覺注視力的溝通方式，照顧者可以追尋個案眼睛的移動來使用視覺注視力，而後決定字母的位置，字母的位置可用 LCD 螢幕呈現出來。又如：Smart/128 是一個多元層次的溝通設備，可以作為圖案式溝通設備；Smart/Speak 是另外一種設備，也是一種多元層次的溝通設備，它能夠錄製使用者的聲音，同時可以接上觸覺鍵盤做直接的選取（NCDB, 2010）。

　　聾盲者會因他們症狀的本質、年齡及可用之資源狀況，而決定他們與外界溝通的方法，例如：一出生是聾者而後又失去視覺者，可能就需要使用手語，且可以是調整過之手語形式或觸覺形式手語（tactile sign language）；若一出生是視障而後來才有聽障，則較需要的是使用觸覺形式手語。溝通方式包括下列幾種：

(1) 使用剩餘聽覺（說話須清晰或使用助聽器）或視覺（資訊訊號出現在視覺有限的範圍內，書寫時要放大字體）。

(2) 觸覺形式手語：一般手語或聾啞者使用的「手寫字母」，例如：American Manual Alphabet 或 DeafBlind Alphabet。

(3) 口譯服務：如手語翻譯員或溝通輔具。

(4)溝通輔具：美國盲聾者專用的電腦溝通設備（TeleBraille, n.d.）如下面兩款（圖
　　15-1、圖15-2）。

圖 15-1　盲聾者專用的電腦溝通設備　　**圖 15-2　盲聾者專用的電腦溝通設備與服務**

註：引自 TeleBraille（n.d.）。　　　　　　　　註：引自 Relay North Carolina（2020）。

6. 教育與輔導原則

　　教育與輔導的首要原則是幫助盲聾學生學習語言，如此可助其發揮潛能並達到最高的
成功點；然學習語言是盲聾學生實際面對的最大挑戰之一。語言可讓其思想、需求及內在
渴望被他人所了解，有能力使用文字才能開啟他們的世界，而非僅吸收觸覺所及者；透過
手語翻譯員、書本，甚至一系列的電腦溝通設施，一樣也可讓他們了解外在世界，為了要
學習語言，盲聾學生必須使用輔具，使他們的語言更容易被表達出來。即使使用某一種溝
通方式，在互動時仍會有語言的挑戰（依其語言能力程度而有異）。如同先前所提到的，
盲聾學生會感覺到孤獨感，故老師和其他指導人員應設法讓他們融入各種學習活動，以盡
力消除其孤獨感（NCDB, 2010）。

7. 評估

　　評估是鑑定盲聾學生很重要的關鍵，尤其是對於盲聾此種發生率極低的障礙而言，其
評估方式完全不同於針對其他發生率較高之障礙（如智能障礙）。在孩童年幼階段，有許
多工具及技術能有效協助父母去鑑定孩子是盲聾。針對一般嬰兒篩檢，醫療技術之提升及
更具專業知能的兒童醫生可在嬰兒早期和幼兒階段，即鑑定孩童是否為盲聾。無論是在何
處做的評估，專業人員都應該使用一些替代測驗或方法來評估這些盲聾學生（NCDB,
2010）。

8. 學習方面之調整

　　美國《身心障礙者教育法》（IDEA, 2004）要求，學校必須提供各種不同的調整方式以促進學生學習，例如：提供給使用點字測驗卷者額外時間及其他調整；又如替代性測驗可以反映縮短學習目標。替代性的評估適用於那些無法依循一般教育課程的學生。而替代性成就標準，是學生採用替代性評估測驗的結果，替代性的評估同樣可測出學生在使用替代性課程時的進步情形；因此，測驗可反映出學業技能、功能性技能及其他的個別化教育計畫（IEP）之目標。

　　美國《身心障礙者教育法》（IDEA, 2004）規定：一旦 IEP 團隊決定學生必須採用替代性評估時，IEP 的內容必須說明這個學生為何無法參加一般的學習評估，同時要解釋為什麼選擇替代性評估是恰當的，也要描述其基準點及短期目標，如此才能符合替代性成就標準（NCDB, 2010）。

9. 早期療育

　　對盲聾學生來說，接受早期療育對他們長期的教育和社交發展是非常重要且具關鍵性影響。美國《身心障礙者教育法》（IDEA, 2004）針對盲聾這類低發生率之障礙，提到了五個重點：了解他們的優勢、能力及特殊需求；知道他們的權益，及為他們倡導對他們有利的；幫助他們發展及學習；提供支持系統及協助其接受應該的醫療與教育服務，以及參與社區活動。

　　接受一般教育對盲聾學生來說是富有挑戰性的，許多這類的學生無法花多數的時間在一般教育環境中，也有些盲聾學生可於部分時段接受一般課程，但他們也需要接受不同的教育課程。對多數的盲聾學生而言，在校學習目標是設定在獨立生活及社交發展，故對盲聾學生來說，若安置於一般學校，更有理由接受更密集及個別化的指導。然不論教育安置環境為何，盲聾學生的 IEP 目標均著重在獨立生活和社區參與，所應該培養的能力包含：獨立、職業技能及自我決策（NCDB, 2010）。

10. 轉銜

　　盲聾學生從家裡轉銜到社區或由家裡轉銜到學校，都必須要接受教育服務，以培養其在新環境生存的技能，而所需的這些服務是必須要事先安排的。對於聾盲學生來說，因為需求的差異，有時不可能僅接受單一項目之服務。每個教育階段的 IEP 均應該將盲聾學生個人的目標、方向、興趣及能力納入考量。教育人員及父母必須協助盲聾學生，使他們能夠參與跟自己有關的所有服務計畫，且不論是 IEP 或其他服務計畫均應該包含轉銜目標。

　　輔導老師和其他相關老師應當鼓勵盲聾學生去追求他們的夢想。在美國，大部分的大學和學院都對這些障礙者提供學習上的調整，包括提供家教、讀書技巧訓練、手語翻譯員、輔具及線上的學習評量。而無法上大學的盲聾學生，則盡可能的獨立生活並參與社區活動。就業、社區參與、娛樂與休閒、繼續接受教育或訓練、接受州立機構服務、獨立生

活、培養自我決策能力及追求生活品質，這些都是聾盲者所追求的目標。總之，由於不同的障礙和廣泛差異存在，因此教育服務之目標及計畫的設定更需因個案而異（NCDB, 2010）。

　　盲聾學生的工作場所訓練之指導原則如下（Kirk et al., 1997/2001, p. 467）：

1. 永遠讓工作者熟悉工作場所、用具，以及活動。
2. 確保最佳的位置，以便有效的利用剩餘視覺及聽覺的技巧。
3. 永遠利用工作分析檢驗並教導特定及相關的工作技巧。
4. 雖然最好是由工作者能對自然的刺激有所反應，但是對大多數的盲聾者及多重障礙者而言，提供規劃良好系統的提示及線索才是比較經濟的作法。
5. 提示及線索的選擇應該考量到視覺及聽覺缺損的類型、剩餘視覺或聽覺的程度與範圍、感官缺損的年齡、溝通系統，以及可能有的相關障礙。
6. 提示及線索應該包括視覺或觸覺的手勢教學、觸覺線索、設計過的視覺或聽覺線索、示範提示、肢體提示、大字或點字線索、放大的圖表、助視器、助聽器、輔助性聽話設備，以及其他輔助性科技。
7. 提示及線索可以是永久的，也可以是暫時的，所有暫時性的提示及線索應該隨工作教練或職場人員的撤出而逐漸減少。在呈現一個暫時性的提示或線索時，必須知道如何撤離提示或線索；在呈現一個永久的提示或線索時，應該確定這個提示或線索是符合環境及年齡要求的。
8. 選擇一種教學形式，可以包含從最少介入到最多介入的提示或時間延宕（time delay），再配合整體工作、倒向連鎖（backward chaining）或順向連鎖（forward chaining）教學。
9. 對有顯著視覺缺損或盲但還有剩餘聽覺者，聽覺提示可結合觸覺線索及提示。
10. 對有顯著聽覺缺損者或聾但還有剩餘視覺者，手勢教學可以結合示範提示、放大的視覺線索以及肢體提示。
11. 對重度聾且達到法定盲標準者，可用觸覺教學與線索配合肢體（手對手）提示。

（二）「大腦性視覺損傷」

　　以下分五個項目加以探討：(1)大腦性視覺損傷之定義與特徵；(2)大腦性視覺損傷者在我國國內之現況；(3)造成大腦性視覺損傷的常見原因與症狀；(4)評估；(5)教育與輔導原則。說明如下：

1. 大腦性視覺損傷之定義與特徵

　　大腦性視覺損傷是指由於大腦受到傷害（如衝撞、車禍等），而致視覺皮質區受傷，使得視覺狀況受損，導致視覺障礙。若大腦性視覺損傷伴隨其他障礙，例如：腦性麻痺、

智能障礙等，在進行醫療檢查及診斷時會更加艱困。隨著醫療的進步，我們得以知曉大腦性視覺損傷的成因並非單純的眼球器官受損，而是在大腦與視覺相關之皮質產生視覺資訊處理問題。若能透過精確的診斷評估與合適的教導策略，則能夠有效改善大腦性視覺損傷者的各項能力（張千惠等人，2020；Roman-Lantzy, 2018）。

2. 大腦性視覺損傷者在我國國內之現況

　　大腦性視覺損傷在國內如今尚未成為身心障礙鑑定中的視覺障礙類型之一，再加上若要確診為大腦性視覺損傷需要透過精密的醫療檢查及負擔相對昂貴的金額。近年來，大腦性視覺損傷的教育、醫療議題逐漸受到關注，西方國家的視覺障礙兒童中又以大腦性視覺損傷占多數（Roman-Lantzy, 2018）。國外研究提出透過教育上的評估，可以了解是否具有大腦性視覺損傷的行為特徵，並針對這些表現提供功能性視覺效能之訓練與教學調整，鼓勵兒童以視覺進行學習（王廉潔，2004；張千惠等人，2020；Roman-Lantzy, 2018）。

　　相較其他疾病與障別，大腦性視覺損傷者在診斷、教育介入的資源較為不足，使大腦性視覺損傷者無法在視覺可塑黃金期獲得有效的介入與改善（Eliot, 2000）。目前，大腦性視覺損傷者缺乏合適的評估工具與後續的教育介入方針，再加上照顧者對於視覺多重障礙的認知發展與未來進步空間覺得希望渺茫，因而減少了對於此類型學童的學習機會（張千惠等人，2020；Roman-Lantzy, 2018）。

3. 造成大腦性視覺損傷的常見原因與症狀

　　大腦有兩個視覺通路：背側流（dorsal stream）及腹側流（ventral stream）。背側流是負責解釋與視覺空間相關的訊息，腹側流則是負責與物體辨識有關的訊息，例如：人臉識別（Roman-Lantzy, 2018）。所以我們有自動化的視覺系統，由於有這個自動化的系統，新生兒看到有人微笑時會回應、眼睛會眨眼保護自己、快跌倒時會快速調整身體。有時，盲視的孩童還是對微笑有反應，也發現有些成人是受後天影響，也有這樣的狀況。他們看不到，但是知道有人對他們笑，這現象雖然聽起來有點矛盾，但這也是因為我們大腦的基礎部分沒有損傷，所以還能對於微笑有反應。

4. 評估

　　在教育上的評估是採用功能性視覺評估之方式，以 Roman-Lantzy（2018）所擬定之大腦性視覺損傷範圍評估（CVI Range Assessment）做為最常用的評估工具，評估內容包含：對光或是無目的之凝視、複雜環境下的視覺辨識、顏色偏好、物體動態移動之需要、視覺延宕、視野偏好、對新事物辨識困難、遠距離注視之困難、異常視覺反射（含眨眼反應、視覺威脅反應）、視覺動作協調能力等共十個項目（蕭斐文、洪榮照，2016；Dutton, 2003; Gorrie et al., 2019; Roman-Lantzy, 2018; Swift et al., 2008; Tanni, 1993; Towery, 2013）。美國學者 Roman-Lantzy（2018）依據研究整理出上述十項行為特徵，以做為家長或教育

工作者之參考。以上的評估項目也適用於無法接受普通標準化視覺能力測驗的大腦性視覺損傷者（張千惠等人，2020；Roman-Lantzy, 2018）。

在評估孩子時，可以先跟父母進行開放式訪談，了解孩子的能力，以此做為介入的起點。跟父母進行訪談是最重要的，因為父母就是孩子最重要的人。可以針對父母或主要照顧者進行結構式的訪談，問題如下所示：他能看到什麼？他在什麼環境下能看到？能注意到哪些物品？已經知道哪些物品？什麼是他最喜歡的物品？注意力可以持續多久？什麼物品能引起注意力？等。而在評估孩子時，孩子一定要在舒適的環境下、在熟悉的環境中接受評估，把所有會干擾導致分心的物品移除，例如：可以準備一個帳篷，隔開雜音以及雜物，並提供單純背景以及喜愛的玩具。觀察孩子看到臉孔時如何回應？能在多遠看到？所以在這種情境下找到小孩的反應即是最佳的視力。我們有義務找出孩子可以看到什麼、聽到什麼？從這些範圍開始進行教學，每個孩子都不同，我們必須確實知道孩子到底能看到什麼、不能看到什麼。每個孩子都有獨特的教學方案，而這必須是量身訂做，也必須讓周圍所有人都知道，且身邊的人都要能做到，才能幫助到他（張千惠等人，2020）。

大腦性視覺損傷者的差異性大，因為大腦的受損極為細瑣，需要透過專業人員組成評估小組進行診斷。診斷專業人員的組成包含：視神經科醫師、視障教育教師、治療師、定向行動訓練人員、生活重建人員等。透過了解大腦性視覺損傷者的共同特徵，配合專業評估小組，得以為他們擬定更好的訓練與支持（張千惠等人，2020）。

5. 教育與輔導原則

教育與輔導的原則是鼓勵他們多使用視覺，藉由持續在日常情境中使用視覺執行日常任務（例如：撿東西、掛毛巾等），以學習如何真正的使用視覺觀看。而在進行教學介入時，要根據學生個人的能力現況設計活動（Dutton, 2003; Dutton & Bax, 2010）。此外，教學時應使用單一背景色的環境，例如：英國的 Dutton 醫師建議使用單一色調的視覺圖案做為學習材料，如圖 15-3 上方的鈴鐺為亮紫色，底色是白色的（Dutton & Bax, 2010）。

圖 15-3　使用單一色調的視覺圖案 1　　　圖 15-4　使用單一色調的視覺圖案 2

又如：在圖 15-4 上半畫面中，字母 A 放在背景線條複雜的圖案中，所以 A 不容易被辨識；但在圖 15-4 下半的照片中，字母 A 放在一片白色的牆面上，因此很容易被辨識出來。而單純視覺影像與複雜視覺景像的比較請見圖 15-5，左半之視覺畫面較為單純，而右半則為一複雜的超市景象。

圖 15-5　單純視覺影像與複雜視覺景像

三、鑑定與評量

　　針對多重障礙兒童的鑑定與評量，至少應有四項基本步驟：準備、晤談、觀察，以及評量，此四項之英文簡稱為 PIOE（林宏熾，2000），說明如下。

（一）準備（Preparation）

　　「準備」是指，詳細閱讀個案的完整病歷或就醫紀錄以及個案完整的就學紀錄和教育檔案，例如：個案的發音程度與能力、個案曾接受過的所有教育訓練及其重點與結果、個案所接受過的特別訓練（如物理治療、語言治療、職能治療）（林宏熾，2000）、定向行動訓練等。

（二）晤談（Interview）

　　面對面的晤談旨在求得第一手的口頭資料，晤談對象包括個案的父母、老師、醫生或監護人等。內容可包含：家人最關心的事項與問題、兒童厭惡的事物、兒童最拿手的活動、兒童最困難的活動、可獨立進行的活動、兒童的活動能力、對家中手足與其他小朋友的態度、兒童的自理能力（如飲食、穿衣、上廁所等）、兒童一天中注意力最集中的時段為何、兒童目前在家中及學校中所從事的活動情形，以及兒童在接受評量時的表現與其在家或在校中的異同（Chen & Dote-Kwan, 1995）。

　　而對於合併有視障的多重障礙個案更需注意以下幾點：(1)兒童是否能注視圖畫？可以注視多久；(2)兒童在何種距離看到物體？該物體之形狀、顏色、大小為何；(3)兒童是否能注視光源或發光物品；(4)兒童在家中、學習場所中比較會注意看的物品為何？該物體之形狀、顏色、大小為何；(5)兒童主要應用哪一些感官知覺來學習；(6)兒童與外界溝通的方式為何；(7)兒童適合在何種光線強度下使用視覺去觀察物品；(8)兒童所使用的輔具（如眼鏡或擴視機等）是否能彌補其功能性視覺的不足（張千惠，2004；鄭靜瑩、張千惠，2005；Chen & Dote-Kwan, 1995）。

（三）觀察（Observation）

　　觀察兒童在其生活情境中的表現亦非常重要，其觀察重點可包含：學習型態的觀察、人際互動情緒、溝通技能、概念發展，以及生活自理技能的觀察（私立惠明盲校，2013；Chen & Dote-Kwan, 1995）。

　　觀察合併有視障的多重障礙個案，需注意以下幾點：(1)功能性視覺方面的觀察與評估（張千惠，2004；鄭靜瑩、張千惠，2005）；(2)定向行動技能的觀察（Bozeman & Chang, 2006）；(3)視覺障礙對兒童發展影響的觀察；(4)在日常生活情境中使用功能性聽覺的觀察（張千惠，2004；鄭靜瑩、張千惠，2005；Bozeman & Chang, 2006）。有關功能性視覺觀察的評估項目請參考張千惠（2004）的著作。

（四）評量（Evaluation）

1. 多元方式評量

　　多重障礙兒童的評量亦是一種需求評估，故須採用數個評量工具，以便找出兒童的個別需求。而選擇合適的評量工具需注意以下幾點：兒童展現出的能力是屬於何種年齡層？其生理年齡為何？前述兩個年齡層的能力差異為何？兒童參與某種評估工具的任務時，其所需之功能性視覺能力為何（張千惠，2004）？當專業人員使用某種評估工具在執行評估時，需經何種調整才能符合受試兒童的功能性視覺能力之情況（鄭靜瑩、張千惠，2005）？一般常見的評量工具，包括：「比西智力量表」、「魏氏兒童智力量表」、「施耐倫視力檢查表」、「萬國氏視力檢查表」、「文蘭適應行為量表」、「肢體障礙程度調查表」，以及「畢保德圖畫詞彙測驗」。

2. 功能性視覺評估的特色

　　功能性視覺評估是屬於教育需求評估。許多的多重障礙兒童合併有視覺問題，即使其身心障礙手冊上並未註明該生有視覺障礙，只要教學者觀察到該生使用視覺的情況有異時，即應該實施功能性視覺評估。此種評估之目的在評估每位合併有視覺障礙之學生在日

常生活情境中，如何利用剩餘視覺來完成日常生活活動（tasks），例如：找尋桌面上之物品、閱讀黑板或公告欄的文字、上下樓梯、找到落於地上之鉛筆，或找尋某一教室。欲了解學童於日常生活情境（如教室內、走廊上、操場上、公園內、家中）使用剩餘視覺的情況，並協助課堂教師做為輔導之依據，功能性視覺評估是必要進行的。在美國，功能性視覺評估通常是由巡迴輔導老師或定向行動老師來進行（Scholl, 1986）。眼科醫師亦可進行，但是因其醫院工作非常忙碌，通常無法抽身來到小朋友的日常生活情境中做評估。因此，視障學生之巡迴輔導老師與定向行動老師於每一學期開始之初，就會進行功能性視覺評估，以做為擬定教學方向之指引（張千惠，2004，2013a，2013b；鄭靜瑩、張千惠，2005）。

很多學童在診所或醫院檢查時，因焦慮緊張而不太願意配合醫療人員的要求，亦使得醫師無法順利進行眼科檢查。由另一方面來看，當他們的眼科診斷報告顯示，此學童經過矯正之後的最佳視力只有 0.01，0.01 是表示視覺敏銳度（acuity），亦即在 20 英呎（20 feet）處，該學童所看到的最小字體為「施耐倫視力檢查表」（The Snellen Chart，即俗稱之 E 字型檢查表）最上層之一排字體。然而，老師或家長並無法憑此數值來了解究竟學童在日常生活情境中，何種燈光下可以看到多麼小、多麼細，或何種色彩的東西。若是老師能夠在所有的教學情境中（如畫畫課、玩積木課），詳細記錄該學童對何種大小（size）、何種顏色的積木非常有反應（如拿起積木仔細觀察），那麼老師即可歸納出一個結論：該學童在何種距離範圍內可以看到何種尺寸及何種顏色的積木。以一個幼兒園大班的視障幼兒為例，透過功能性視覺評估，若老師發現學童可以看到黃色十公分立方的積木，在教導時數一數，老師便可多多利用該體積與該顏色之物體來幫助學生學習（張千惠，2004，2013a）。

又如：老師可以在玩遊戲時間，拿著某一種玩具（該玩具不發出聲音）從該學童的背後逐漸將玩具移到其右邊側面，再慢慢移向其面前。當小孩看到玩具映入其眼界（visual field）時，他即刻會轉頭去注視那個玩具。經過數次從不同角度的測試之後，老師即可知道小孩右邊視野的範圍，以此類推，老師亦可測出其左邊視野及上下視野的範圍。找出小朋友的視野範圍之後，老師在呈現教學活動時，就可將活動之範圍設定在其視野區內，以幫助小朋友來學習。若是一個小朋友的兩眼皆有右半邊視野的缺陷，而老師又正好總是將其教學器材（如積木、杯子）放在其視野缺陷區內，那麼小朋友也許在學習上就顯不出動機，因為他總是無法看到完整的物體影像（張千惠，2004，2013a）。

3. 功能性視覺的訓練方式

視障教育巡迴輔導老師或定向行動老師應實施功能性視覺評估（如本章附錄一所示），並將評估結果和家長及所有相關人員一起分享討論，如此才能幫助大家一起設計教學方式來幫助學童學習（如在學習或考試中遇到圖形時，如何改變施測的方式來幫助該學童了解題意）與理解課程內容，例如：筆者在教導一位視障合併其他障礙之學童有關單位數加法

的概念時，當筆者問：「A 有五個蘋果，B 有三個蘋果，那麼 A 和 B 兩人共有幾個蘋果？」該生答不出來，但是其功能性視覺評估結果顯示：該生之剩餘視覺尚可辨識邊長約 4 公分之大字體數字及 0.5 公分寬的粗線條圖形，筆者便將題目轉成圖畫式，用 0.5 公分粗線黑筆畫出蘋果，該生讀完題目隨即回答：「A 和 B 共有八個。」因此，若是未實施功能性視覺評估，卻選用了不合適的施測或教學方式，而造成學生成績低落時，那麼學生的學習便容易受阻，學習意願亦容易低落；同時，老師也會覺得很洩氣，無成就感可言。因此，透過功能性視覺評估，如果老師發現學生可以看到邊長 5 公分大小且 0.5 公分粗之正方形線條時，那麼當老師在講授數學概念時，就可以輔助同樣大小的圖形來幫助學生學習（張千惠，2004，2013a）。

4. 功能性視覺評估的意義

功能性視覺評估可以幫助老師與家長了解，在學生面前的多少距離範圍內應該要呈現教材，在何種燈光下（明亮或微暗）學生可以看得最清楚，學生是否需使用書本立架才可以看得較清楚，或是否需要擴視機。每個小孩使用剩餘視覺的方式不盡相同，矯正後之視力同樣是 0.01 的兩個小朋友，其用眼的方式不見得會相同。而且有的小朋友可能可以看到某一樣東西的外貌但卻看不清其細節，有些可能因為視野偏狹而無法看到一樣物體的全貌（如整本書的全貌），上述這些問題都可經由功能性視覺評估來發現。若是小朋友沒有光覺，或是視覺經常不穩定（有時可看清事物、有時又看不清楚）時，老師及家長亦可透過定期的功能性視覺評估來發現其視覺需求，也可以知道小朋友是否偏好將頭轉到某一角度（如右側方）才能看清楚物體或圖片（張千惠，2004，2013a；鄭靜瑩、張千惠，2005）。

以美國德州為例，其特殊教育鑑定安置法規明定，功能性視覺評估是必要做的，因為功能性視覺評估的結果報告必須在「個別化教育計畫」（IEP）會議中討論，以做為安置學生的依據之一（Hatlen, 1994），因此，這份結果報告是一份有法律效應的文件。這份評估結果可以幫助所有相關專業人員（如資源班老師、視障教育巡迴輔導老師、定向行動老師、職能治療師、該生所屬之普通班老師、體育、美術老師等），來決定究竟要如何幫助該視障學生學習（以何種方式來教學或呈現教材）（張千惠，2004，2013a）。

因為功能性視覺評估之目的是要看學童在日常不同的情境中（如教室內、走廊上、操場上、學生餐廳內）如何使用視力來活動，因此此種評估也要在不同情境中觀察小朋友，以了解他們如何「看」東西，例如：某個視障小朋友坐在黑板前上課時，可能不會顯現出明顯困難，但是當他一走出教室時，也許就會顯現出一些行為，例如：會碰撞到走廊上的突出物（如懸掛右牆上的公共電話機），或是撞到走廊上的公共洗手槽。此外，亦必須記錄小朋友在夜晚的視覺狀況（或可向父母詢問），例如：有些父母會說：「我的小孩在白天似乎行動還算自如，但是天黑之後，卻總是容易跌倒或撞到東西。」有此種行為表現的小朋友，在陰暗的下雨天於學校上課時，定向行動老師就可教導其如何避開障礙物，以減

少撞到或跌倒的機會。因此，視障教育巡迴輔導老師與定向行動老師有必要為學生做功能性視覺評估，以了解學生在各式各樣的日常情境中使用視覺的狀況，並且幫助所有相關教育人員擬定與實施合宜的教學方式（張千惠，2004，2013b）。

5. 實施功能性視覺評估的應注意事項（張千惠，2004）

(1) 應利用學童日常情境中易於用到的物體來評估其功能性視覺，所使用之物品應有大小、顏色之別，例如：不同大小及顏色的巧克力糖、餅乾、球、積木、小玩具車、綁頭髮的彩色橡皮筋；應觀察與記錄學童於多種日常情境中（如在課堂上聽講或作做業時、於操場上玩耍時、於走廊上行走時、於中午用餐時，或於家中玩耍時），使用視力的情況。

(2) 應於多種日常情境中觀察並記錄學童使用視力的情況，並至少需於三至五種日常情境中觀察並記錄。

(3) 當要求學童「注意看看」某物體時，請注意背景顏色是否與該物體的顏色很類似。因為背景顏色與該物體的顏色太接近時，可能會干擾學童之辨識能力（若該生之視覺辨識有問題）；若有此狀況出現，觀察者也需記錄何種背景顏色會干擾到該學童使用其視覺。

(4) 當觀察學童時，請注意燈光的明暗度；若學童認為燈光太過刺眼，請調整並記錄學童所需之燈光明暗度。

(5) 若無法至家中觀察時，請務必記錄家長對該學童於家居生活中使用視力的觀察。

(6) 當實施功能性視覺評估而學童無法專心配合時，請另擇適當機會再做評估。若勉強學童繼續做評估，則結果將無法反映該學童真正的視覺功能。

(7) 當實施功能性視覺評估時，請找另外兩位能夠評估的老師（學童最熟悉的老師）來幫忙觀察並作記錄。若您與該學童並不熟悉，則請家長或該學童最熟悉的老師做評估，且由您來記錄學童的反應。

(8) 做評估時，請預留充裕時間並給學童多一些時間來觀察您要求他「注意看」的東西，並請勿「督促」學童，以免增加其心理壓力而影響其視覺行為表現。

(9) 不論受評兒童年齡為何，請營造一個輕鬆愉快的情境，並以玩遊戲的方式進行評估（張千惠，2013a）。

需要強調的是，針對合併有視覺障礙的多重障礙兒童，專業人員必須使用兒童日常情境中的用品與玩具作為工具來實施功能性視覺評估，以了解其使用剩餘視覺之情形，並配合未來教學目標，鼓勵其使用剩餘視覺於學習活動中（張千惠，2004，2013a；鄭靜瑩、張千惠，2005；Bozeman & Chang, 2006）。因為多數的特殊教育老師對於此種評估比較陌生，以下列出功能性視覺評估的內容（張千惠，2004，2013a），其他功能性視覺評估資訊亦請參考筆者（張千惠）的網站。

如果要徹底了解兒童使用視覺之效能，則功能性視覺評估紀錄表的項目，應該包含：

眨眼反射、瞳孔反應、尋找光源、找尋光點或發光物的能力、固定視覺（持續注視物體或人的能力）、視覺敏銳度：近距離視覺（眼睛與目標物距離約 30～50 公分或少於 30 公分）、視覺敏銳度：中距離視覺（眼睛與目標物距離約 50 公分～3 公尺之間）、視覺敏銳度：遠距離視覺（眼睛與目標物距離約 3 公尺）、視野、掃瞄能力、搜尋能力、眼肌平衡、追跡能力、遠近調適力、注視力移轉、色覺、複雜背景之辨識能力、手眼協調與否、於 45 公分內之閱讀距離是否對「反光」敏感、腳眼協調等。

第二節　多重障礙的成因

本節分為成因與預防措施兩個面向分析。

一、成因

形成多重障礙因素的複雜度與異質性大，其包含有主要障礙與次要障礙，雖可能與各單項的顯著障礙成因相同，但尚有其他不明因素無法判定。特殊教育學者在歸類成因時，大多融合兩個主要系統：一為病原分類系統，另一為產程分類系統（受孕、產前、產中與產後）。表 15-2 是導致多重障礙或重度障礙的常見因素。

表 15-2　多重障礙的成因

時間	影響主因	缺損部分	典型結果
受孕	基因疾病、新陳代謝的先天性異常。	胎兒的嚴重變形、無法進行正常的代謝過程。	道恩氏症、泰沙氏症。許多病若未治療會造成重度智障。
產前	母親感染德國麻疹或其他細菌感染、使用毒性物質（古柯鹼、海洛因），或血液 RH 陰型不合。	干擾中樞神經系統的發展。	視覺、聽覺及動作能力受損、智能障礙。
生產過程	缺氧。	腦神經細胞受損。	腦性麻痺、智能障礙以及其他缺陷。
	出生時體重不足（低於 5.5 磅）、早產。	器官還未成熟到可以接受外在刺激。	可能從正常到重度智能障礙及有其他障礙。
	出生時體重過輕（低於 3 磅）。	腦部受損。	可能從正常到重度及極重度障礙。
產後	腦炎、腦膜炎、虐待。	腦細胞缺損。	癲癇、智能障礙、動作障礙。

註：引自 Kirk 等人（1997/2001, p. 460）。

二、預防措施

預防措施可分為以下三個階段加以說明（Kirk et al., 1997）：

1. 婚前或懷孕前：遺傳諮詢、衛生保健、家庭計畫。
2. 懷孕或產中：產前照顧、產前檢查或診斷（超音波檢查，或是孕婦懷孕四個月後可做「羊膜穿刺術」）。
3. 產後：艾普格檢查、新生兒篩檢、兒童健康檢查、醫療保健、早期療育。

第三節　多重障礙者的出現率與安置率

本節介紹關於多重障礙者的出現率與安置率等相關內容。

一、出現率

依據「教育部特殊教育通報網」的資料顯示，多重障礙學生約占 2%（教育部，2023），圖 15-6 為其統計概況圖。

圖 15-6　民國 111 年（2022）高級中等以下學校特殊教育身心障礙類學生性別統計概況

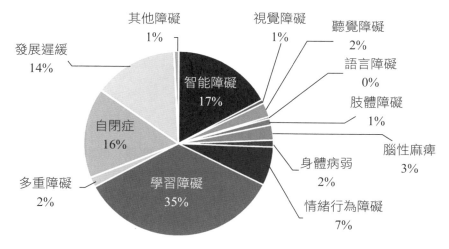

註：引自教育部（2023）。

二、安置率

以最新的民國 111 學年度之統計而言，多重障礙學生人數共 546 人，其中在學前階段有 76 人，國小階段有 156 人，國中階段有 166 人，高中職階段有 148 人（教育部，2023）。

第四節　多重障礙者的特質

本節討論關於注意焦點、行為控制（忍耐度）、情緒管理、認知發展階層化等相關內容。

由於比較多數的多重障礙兒童均合併有心智障礙，故以下探討伴隨心智障礙之多重障礙兒童的學習特質，其目的是希望針對其特質提供適當教材、教法與策略，因此，掌握其學習特質是極其重要的課題。郭為藩（1993）認為，這些兒童的學習特質有：注意力分散、辨認學習的問題、短暫記憶的拙劣、缺乏隨機應變的能力，以及組織訊息能力的問題。這五個（依據資訊處理歷程，從「注意→辨認→記憶→組織→應變」）特質在國內普遍被接受，但「注意力分散」的問題實有待討論。筆者並非否定這個特質，而是這個特質是從大人的觀點來看，因而未呈現問題的核心，不但誤導了問題發生的原因，並誤導了教育內容的方向。

另外，還有一些特質未被探討，例如：注意焦點（整體視與部分視、主體與背景）、行為控制（忍耐度）、情緒管理，以及發展階層化等特質問題，這些特質促使教師在教學時需調整教學計畫、內容與方法。以下將討論注意焦點、行為控制（忍耐度）、情緒管理，以及認知發展階層化的學習特質。

一、注意焦點

一般父母會要求孩子要注意焦點、要專心讀書、要專心做事。然而，對於一個真正專注於某事物（某孩童所偏好的刺激）的重度心智障礙兒童而言，我們卻時常視之為我行我素、不聽指令（沒有反應）的行為，或視其為注意力分散。這個專注於某事物的要求，以及認為重度心智障礙礙兒童注意力分散的看法似乎很合理，但事實上這是不正確的看法。因為一個人若真正專注於某事物的時候，勢必會忽視其他的事物，因而無法接收到其他事物的刺激並做出反應。

注意焦點包含了三個問題：一心一用、部分視、主體與背景的逆轉，以下加以說明。

（一）一心一用

　　一般人的注意力並非真正的專注，而只是較為專注而已，對其他的刺激仍處於警戒的狀態，如果此時出現需要反映的刺激時，仍會接收並決定是否從事反應，例如：在一個喧鬧的喜宴中，仍可與他人聊天、談話，但後面有人呼叫自己名字時仍會聽到並回頭搜尋呼叫者。因此，一般人的注意力可以分散在兩個以上的焦點上，也就是同步處理的能力，簡單的說就是「一心多用」的能力。

　　重度心智障礙兒童則相反，他們的注意力過度集中於自己偏好的刺激上，對於非其所偏好的刺激則完全阻絕於外，因而外界對他的呼叫、指令都未能接收到，仍繼續我行我素、不聽指令（沒有反應）。然而，大人常用大人自己的角度去看重度心智障礙兒童的注意焦點，因為重度心智障礙兒童的注意焦點不在大人所認定的焦點上，因此，就認為重度心智障礙兒童的注意力有分散的現象。若以重度心智障礙兒童的觀點來看，事實上只有重度心智障礙兒童才是真正能專注的人，也就是只有重度心智障礙兒童才能「一心一用」。

　　不過，這個「一心一用」的現象卻阻礙了重度心智障礙兒童的模仿學習，因為專注在其所偏好的刺激上，導致未能注意外界的其他刺激，而在人類文化的發展與傳承上，模仿是一個極為重要的方法，例如：人類的語言是經過模仿而傳承、發展的，突然創出一個全新的語言是無法與人溝通、學習的。在許多的教材教法上雖然也強調模仿的學習，但若「一心一用」的現象不能改善，則無法模仿，因此「一心一用」的現象需要加以突破。

（二）部分視（只注意細部不看整體）

　　所謂部分視，就如盲人摸象一樣，對一件事物係從事物的某一部分，而不是從整體來看，也就是說部分視把注意的焦點放在事物的一部分而忽視了整體，因此部分視也可以說只是部分的注意。這個部分視影響了對一件事物的看法或概念的形成，而無法從整體的角度來判斷並形成對該事物的完整概念。

　　一般兒童在一個吵雜的環境中，會先掌握整個情境，並從整個情境中選擇他要注意的、重要的刺激並加以反應，而對於其他刺激仍維持警戒的狀態，一旦需要反應時可以立即反應。但重度心智障礙的兒童卻無法如此，因為他們無法平行處理多項刺激，因此只將注意力集中在其有興趣的刺激上，對其他刺激卻加以忽略。因此，重度心智障礙兒童的資訊取得，往往會接收到不重要但有興趣的部分，並遺漏掉重要的部分。也就是說，一般兒童會從整體來掌握，而重度心智障礙兒童卻只能從部分來處理，這種現象可以從圖 15-7 來說明（松岡武，1977，頁 122）。

　　在圖 15-7 中，提示 a 圖後問兒童：「**右邊的兩張圖 b 和 c 中，哪一張最像 a 圖？**」其結果有 74 % 的重度心智障礙兒童選擇 c 圖，而一般兒童的結果則相反。其原因在於重

圖 15-7　視覺焦點的測試圖

註：引自松岡武（1977，頁 122）。

度心智障礙兒童只注意到 a 圖的一小部分是圓圈，而未注意到整體的形狀所造成，此顯示重度心智障礙兒童的注意焦點在事物的細部而非整體。這個現象當然會造成重度心智障礙兒童的統整能力，也就是具有統整的困難，因此我們必須提供整體的訊息給重度心智障礙兒童，否則他們將只能獲得零碎而非完整的知識。

（三）主體與背景的逆轉

　　主體與背景的逆轉是指兒童對於應注意的主體（標的物）未加以注意，卻注意到非關鍵的背景部分。重度心智障礙兒童因腦機能的缺陷，會發生主體與背景逆轉的現象。1945年，Wernerc 與 Strous 利用圖 15-8 的研究發現：75.5 ％的腦傷兒童在視知覺上有主體與背景逆轉的現象，也就是說腦傷兒童對於應注意的主體未加以注意，卻注意到非關鍵的背景部分（引自松岡武，1977，頁 119）。

　　例如：具有自閉傾向的多重障礙兒童，在發現遊戲室中央空調出風口的紙條之後，只要一進遊戲室即專注於紙條的飄動，而未能聽從教師的指令來從事學習活動，但在該教師將出風口紙條去除後，該學童即將注意力移回到學習內容。這種注意焦點的偏差，不但干擾了重度心智障礙兒童的學習活動，並且阻礙了完整概念的形成，以及語言、行為等之學習模仿。因此，這提醒了我們：重度心智障礙兒童的學習教材、教具以及教學情境皆需要加以控制，也就是教材要統整、教具要正確精緻（只呈現目標物或目標行為，其他會干擾之資訊則須去除）、情境要樸素簡約單純。以下舉兩個不自覺的錯誤措施：

1. 某次在全國啟智教育教具比賽時，有一個視動協調訓練的教具，即在一片木板上釘上兩排平行但 S 形彎曲的鐵釘，鐵釘間用銅絲相連至蜂鳴器及小燈泡，操作時拿起連著細電線的銅筆從平行鐵釘的入口移動至出口，只要銅筆碰到鐵釘的銅絲，蜂鳴器即撥放音樂、小燈泡也亮起。這個裝置似有創意，卻達不到視動協調訓練的目的，因為重度心智障礙兒童會為了音樂刺激或燈光刺激而故意碰觸銅絲。

2. 有些特殊教育學校會舉行教室布置比賽，這是一個非常困難的措施，只是製造教師的困擾與浪費教師的教學時間而已，因為每個班級間或班級內的學生需求狀況差異極大，唯一的公約數指標就是簡樸、單純而已。

圖 15-8　Wernerc 與 Strous 用之於腦傷兒童篩檢的圖形

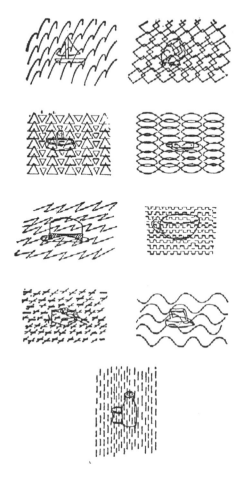

註：引自松岡武（1977，頁 119）。

二、行為控制（忍耐度）

行為控制方面主要是指「忍耐度」而言，例如：以圖 15-9 的實驗（松岡武，1977，頁 124），讓兒童一直仿畫左圖到討厭（飽和）為止，然後要兒童仿畫右圖。結果一般兒童雖然畫左圖可以畫得很久，但累了之後要換右圖時，則不願繼續畫右圖（共飽和）。然而，重度心智障礙兒童畫左圖時很快就累了而不願再畫，但換成畫右圖時又興致勃勃的畫下去，因為那是不一樣的圖。從這個實驗結果顯示，重度心智障礙兒童對於單一工作的持久力很短，但只要變更一小部分，其就會認為不一樣而繼續做下去。

圖 15-9　行為控制（忍耐度）實驗

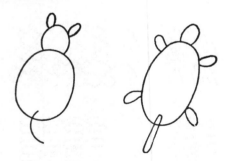

註：引自松岡武（1977，頁 124）。

三、情緒管理

　　許多重度多重障礙學生無法管理自己的情緒與行為，而是隨著自己的需要直接行動。這是由於他們缺乏調適環境刺激的能力，例如：生理時鐘改變、疾病、季節氣候變化、所處情境，以及周邊人員的變化等，這些刺激會使重度心智障礙學生感到痛苦、焦慮、不安，因而影響其情緒。重度心智障礙學生更缺乏管理自己行為的能力，無法忍耐、等待，因而形成嚴重的問題行為。

四、認知發展階層化

　　所謂階層化的現象（如圖 15-10 所示），就是重度心智障礙學生的某一能力發展到充分成熟之後，才會開始發展下一階段的能力。而一般兒童則不同，在某一能力發展的中途，下一階段的發展即開始萌芽。每一個階段的發展就發展而言是更上一層的發展，但是它也帶來新的問題，而下一階段的發展內容即是解決本階段發展所帶來的問題，例如：互

圖 15-10　一般兒童與智能障礙兒童的發展過程模式

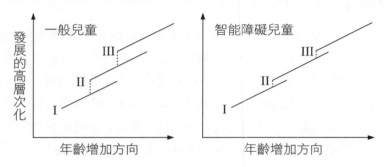

註：引自邱紹春（2013，頁 27）。

動能力產生時會做出被人誤解的攻擊行為；探索能力產生時會做出讓大人心煩的翻箱倒櫃而不會收拾的行為。前者是因互動開始產生卻尚未學會互動的方法，後者則因為收拾行為需要以辨認、分類能力為基礎，而重度心智障礙學生的辨認、分類能力並未在探索能力形成之後不久就開始萌芽，因此形成只會翻而不會整理的現象。這種階層化發展的現象以及重度心智障礙兒童的發展步伐緩慢，使其問題行為顯得嚴重且持久（田中道治、松長禮子，1995/1999）。

　　如上所述的特質，重度心智障礙學生的情緒容易受到環境刺激（各種資訊）的影響，而使得學習效果之呈現如圖 15-11 所示的曲線。此曲線形狀依學生的障礙程度及年齡的大小而有所不同。一般而言，年齡愈小、障礙愈重，則曲線愈明顯，亦即年齡愈小、障礙愈重，對於內外干擾（各種環境刺激）的適應能力愈低。這些內外因素的干擾，造成嚴重的情緒困擾，形成嚴重的問題行為，而這些行為又干擾了學習，使得學習結果顯現退化的現象。若是照顧者、輔導者未了解重度心智障礙學生具有如此的困境，每當其情緒低潮時用高壓、責罵的處理態度，則將會刺激重度心智障礙學生，使情緒困擾更為嚴重，情緒更為惡化，產生惡性循環，學習效果更顯退化。但是，如果照顧者、輔導者能了解重度心智障礙學生具有如此的困境，並發現前面的進步，已顯示輔導的效果，表示輔導方法與內容是正確的，期間並應指導其發洩情緒的適當方法。此時，每當學生陷入低潮時，照顧者、輔導者即用很大的耐心，陪伴其從事適當的發洩情緒（如在跳床上跳躍）或用適當的方法（如後述的押肩法）安撫其情緒的話，一旦情緒回歸平靜，則學習又會開始進步。

圖 15-11　階層化的現象示意圖

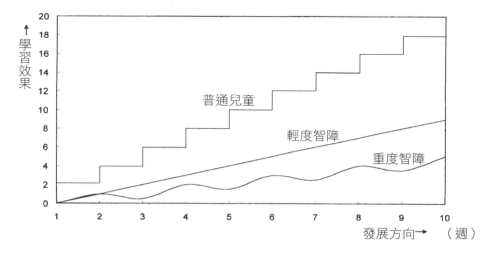

註：引自邱紹春（2013，頁 24）。

第五節　多重障礙者的教育與輔導

　　本節介紹多重障礙者的教育與輔導，例如：早期介入、教育的調整、各種教學提示方法（教學策略）、各類問題行為的處理原則、動作治療法（動作法），以及行為輔導案例。

一、早期介入

　　早期介入的議題在本書其他章節有專章討論，故此處僅討論多重障礙兒童接受早期介入服務時，容易被忽視之處：視覺皮質損傷者的需求。因有很多的多重障礙案例是由腦傷所引起，而腦傷亦多半伴隨有視覺皮質損傷，例如：視覺的損傷可能來自於腦性麻痺、窒息（缺氧）、頭顱內出血、腦膜炎及其他腦傷。以下討論有關視覺皮質損傷者的臉部表情方面、視覺功能方面、視覺動作能力方面，以及改善其視覺表現之方法（Texas School for the Blind and Visually Impaired, n.d.）。

（一）臉部表情方面

1. 看起來不像盲生。
2. 臉部無特殊表情（看起來像發呆）。
3. 缺乏視覺溝通技能（不會去注視或用眼睛看東西）。
4. 黑眼球活動靈敏，但無標的物。
5. 很少人會有眼球震顫的現象。

（二）視覺功能方面

1. 視覺功能可能會因日而改變。
2. 注視力很少，且缺乏視覺上的好奇心。
3. 可察覺遠方（3 公尺以上）的物品存在，但無法分辨是何物。
4. 以視覺看東西的時間很短。
5. 依賴視覺之學習活動會使他們容易很累。
6. 在傾聽時常會閉起眼睛。
7. 閉上眼睛時，所表現出的平衡感較佳。
8. 傾向用周圍（左右臉頰側邊）視野來看人、事、物。
9. 持續將頭轉到左右兩側去看東西。

10. 用眼睛去找東西時，頭部會稍微朝下方去看。

11. 拿取物品時，頭會轉向側邊，好像在使用周圍視野看東西。

12. 主要依靠觸覺來辨識物品。

（三）視覺動作能力方面

1. 有時坐在移動中的車內，似乎較容易看到東西。

2. 立體感有困難，常會抓不到（但眼睛已看到或已察覺到）。

3. 無法估量距離。

4. 對空間的解釋有困難。

5. 可避開障礙物，但用眼看近處（30～50公分）則有困難。

（四）改善學童視覺表現之方法

1. 在熟悉環境中使用熟悉物。

2. 有人明確指導要看「什麼」，以及朝「何處」看。

3. 拿著東西貼近眼睛看時較容易辨識。

4. 物品間距加大。

5. 只看單一物品（勿令學童從一堆東西中去看教學目標物）。

6. 在辨認物品或形狀時，可用色彩鮮明且對比強者。

7. 將一個物品放置於單色底板上（或桌面上），並搭配「移動」與「聲音」時，兒童會較容易辨認。

二、教育的調整

教育調整的方式如下。

（一）教育的最終目標（林宏熾，2000；Gold, 1976）

對於多重障礙兒童之教育調整，其最終目標有：教導學童善用功能性視覺、維護生理健康、教導生活自理、增加溝通能力、提升移動（針對肢體障礙或動作障礙的學生而言）能力、培養定向行動能力（張千惠，2004）、功能性學業技能或職業技能訓練、培養自主性及對環境的控制能力、維護自信和自尊，以及穩定情緒。

（二）學習內容

　　多重障礙兒童的學習內容主要以功能性課程（亦即實用性）為主。以下將其學習內容重點分為：溝通能力、動作能力、生活自理能力、功能性學業能力、職業能力、休閒能力，以及定向行動能力訓練等，說明如下：

1. 溝通能力

　　溝通模式主要可分為口語、手勢，以及文字模式等三種，但因大多數的多重障礙學生（如腦性麻痺）在認知能力或口腔精細動作有困難，在使用口語模式有困難。因此，在教學前必須實施溝通功能評估，才能訂定合適的教學目標、選擇正確的教學方式，並選用合適的輔具以提升兒童的溝通能力。

　　此外，溝通功能評估包含評估個案如何使用其溝通行為及使用目的，例如：教師應判斷當孩童使用一般性動作（轉頭、哭泣、發出「依依啊啊」的聲音）時，是想用來表達飢餓、抗議、焦慮或身體不適？其他的溝通行為還包含：張力改變、發出聲音、面部表情、身體朝向、觸碰他人、隨他人移動、操弄實物、採取某一姿勢走到目的地、傳統的手勢、描述性的動作（depictive actions）、退縮行為、攻擊性／自傷性行為、鸚鵡式學語、口說單字、單字手語、片語、說出對某物的看法、說出對某動作的看法、要求資訊、情境描述、發出聲音、操弄／拉大人。有關詳細的共通功能評估表，請參考第一社會福利基金會所出版的《視多障幼兒教育》一書（財團法人第一社會福利基金會譯，2004，頁 62-63；Chen & Dote-Kwan, 1995, p. 59, 61, 62）。

2. 動作能力

　　由於動作技能的發展是兒童學習其他技能的基礎，再加上多重障礙學生多半伴隨肢體障礙，因此，動作能力的教學更顯重要。在動作能力的教學上又可再分成粗大動作、精細動作以及輔具使用三大部分。其中，粗大動作主要強調身體的移動和控制能力，如頭部控制、移位功能以及平衡等；精細動作則是強調手部基本動作以及操作物體的精確性及穩定性；輔具使用則是指助行器、枴杖、輪椅等移位輔具之使用（私立惠明盲校，2013；鄭靜瑩等人，2008）。

3. 生活自理能力

　　自理能力與多重障礙學生能否在環境中獨立有密切的關係，同時更能增進其融入普通班和社區的機會。一般而言，自理能力的教學範圍包括飲食、穿著、如廁、清潔與衛生等四部分。教師在教學時，可根據學生日常行為的表現及自理能力檢核表，來了解學生目前的能力以及環境需求，訂定教學目標，並利用工作分析法分析教學步驟，以便於實施教學（私立惠明盲校，2013）。

4. 功能性學業能力

　　所謂功能性學業能力是指學生在學校所學習的各項技能，例如：閱讀、寫字，以及數學等，必須與其日常生活相關，有助於解決日常生活所遭遇的問題。因此，為了增進多重障礙學生適應環境的能力，教師在選擇傳統讀寫算等學科的目標時，應注重其功能性，例如：在教導錢幣的加減時，若能帶學生到超級市場購物或到速食店點餐，更有助於增進學生適應環境的能力（私立惠明盲校，2013；鄭靜瑩等人，2008）。

5. 職業能力

　　多重障礙學生由於每個人的障礙情形不同，個別差異也大。因此，在國中階段應加強其動作能力、溝通能力、功能性學業能力等職前技能，以及準時出勤、獨立工作、主動負責和注意安全等工作態度的訓練（私立惠明盲校，2013）。

6. 休閒能力

　　多重障礙學生由於無法妥善規劃休閒生活，常覺生活過於枯燥，終日無所事事，甚至因無聊而產生許多不當的自我刺激行為。因此，對多重障礙學生而言，教師應根據每位學生的興趣、能力及需求訂定適當的教學目標，並請家長共同參與，使學生能具備從事休閒活動的能力（私立惠明盲校，2013；林宏熾，2000）。

7. 定向行動能力訓練

　　定向行動能力訓練旨在教導合併有視障之個案有關行走的觀念與技巧，並學習如何利用當時環境內之訊息與線索，使其在各式各樣的情境下，能夠安全、有效率、自由自在的行走，且能盡可能獨立而不需時時刻刻依賴他人帶路。兒童為何需學習定向與行動技能？因為具備此能力，能夠協助兒童盡其所能來獨立生活自理而不需依賴他人，使兒童能安全且獨立地隨意活動，抵達任何目的地。定向與行動能力也可幫助成人障礙者安全且獨立地去就學與就業。故定向與行動能力之培養與訓練同樣可幫助多重障礙或視障兒童，使其能夠以安全有效率之方式，盡可能獨立生活與就學就業（張千惠，2002）。

　　定向行動教師要如何協助家長？定向行動教師可教導兒童熟悉家裡環境、熟悉居家附近環境、培養兒童日常生活自理能力，以及培養兒童盡可能獨力行動之能力。此外，定向行動教師要如何協助學校老師？定向行動教師可教導兒童熟悉校園內與校園附近環境，在訓練過程中也可擴大學童對於各式各樣環境的認知層面。定向與行動課程目標應該列入學童的個別化教育計畫（IEP）中。其 IEP 上必須記載每週之上課時數，以及本學期欲達成的目標（例如：能夠從自己之座位上移動行走至教室門口），定向行動教師亦需參與個案之各階段鑑定安置會議。針對多重障礙合併視覺障礙兒童的「定向行動技能檢核表」，可參考張千惠譯（2000）。以下僅列出主要大範疇：對於身體意象的了解（身體各部位）、對於左／右的分辨能力、位置關係（Positional Concepts）、認知觀念之發展（Concept Development，指室內空間與室外空間的概念）、色彩概念、辨識形狀、感官知覺的辨識能力、行走技能、人導法、自我防護法、「對角線」手杖技能法（diagonal cane skills），詳細的項目內容請參考《定向行動技能評估手冊》一書（張千惠，2002）。

三、各種教學提示方法（教學策略）

教導合併有視覺障礙的多重障礙兒童時，常用的教學策略包含：工作分析法、結構式教學法、順序法、倒序法，以及教學提示法。工作分析法有專書做介紹，此處不再重複。結構式教學法亦有專書介紹，但此處需補充說明的是，此法亦常被使用於教導多重障礙兒童，但若兒童合併有視覺障礙時，教師可將圖片或照片提示改成用實際物品來當作提示，以提高其理解。以下僅介紹順序法與倒序法、教學提示法，以及教學提示法之應用與使用注意事項。

（一）順序法與倒序法（Chen & Dote-Kwan, 1995）

順序法是指，教師先教會兒童精熟工作分析步驟之第一步，才進行第二步之教學（財團法人第一社會福利基金會譯，2004，頁 47），例如：在下列「練習穿鞋子」的五個步驟中（先打開魔術黏鞋蓋片→將鞋舌片往上推→將腳掌放入鞋中→將鞋舌片塞入鞋中→將魔術黏鞋蓋片蓋上），兒童先學會第一步（先打開魔術黏鞋蓋片），之後教師才教導第二步（將鞋舌片往上推），依序教導。而在倒序法中，則由教師協助完成第一到第四個步驟，僅保留最後一個步驟（將魔術黏鞋蓋片蓋上）由學童來練習。等到學童精熟該步驟之後，在下一次教學中，兒童必須學會倒數的第五與第四個步驟（亦即完成最後面的兩個步驟），以此方式類推，直到兒童學會這五個步驟為止。五種方式的教法通常會使兒童覺得比較有成就感，因其較容易看到最後成果，其學習動機也比較高（財團法人第一社會福利基金會譯，2004）。

（二）教學提示法（Chen & Dote-Kwan, 1995）

教學提示法共分為八個層次：自然提示、視覺提示或觸覺提示、手勢提示（含表情動作）、間接口語提示、直接口語提示、示範提示、少量肢體協助，以及大量肢體協助（財團法人第一社會福利基金會譯，2004）。自然提示是指環境中的自然線索，非教師刻意安排者（例如：上課鐘聲響後，所有學生都自動坐下來保持安靜之景象）；視覺提示是指以照片、圖片或實際物品讓學童看，以提醒他應該做的目標行為，針對合併有視覺障礙的學生，教師可將照片放大（依照其功能性視覺評估之結果來決定放大之程度），或使用色彩對比清楚之物品（例如：將白色球放在黑色的籃子中），以幫助兒童快速辨認；觸覺提示是指，當教學者發出指令請學生喝水時，教學者拿出學生的杯子（或其他熟悉物品）讓全

盲或重度視障的多重障礙學生以手來觸摸，幫助其理解教師的指令意義；手勢提示是指，教師用比手劃腳的方式發出指令，例如：當教師要請學生關門時，可用手指著門（但不發出口頭指令）示意學生關門（Chen & Dote-Kwan, 1995）。

　　間接口語提示則是由教師說出暗示性質的問句來提醒學生，例如：上課鐘響後，當教師希望學生回到座位上而學生仍在教室角落玩耍時，教師可以說：「上課了，請問你該做什麼呢？」直接口語提示則是由教師說出學生該做的目標行為，以上述例子而言，當教師說出：「上課了，請回到座位坐下」時，即是使用直接口語提示的教學法；示範提示則是由教師先做出動作（此時學童先在旁觀看），接著由學童來模仿，對於合併有視覺障礙的學生而言，教師在做示範提示時，可以請學生將其手搭放在教師的手背上（Chen & Dote-Kwan, 1995），藉此方式感受教師手部動作之移動（例如：用湯匙舀飯），以學習如何將碗中米飯舀起來之動作。

　　少量肢體協助（physical prompting）是指，教師輕輕碰觸學生某身體部位以提醒其做出目標行為，例如：在午餐時間，當學生手握湯匙卻一直未做出舀飯動作時，教師可用食指輕輕點觸學生的手背或手肘處，以提醒其完成舀飯動作；大量肢體協助（physical guidance）則是由教師將其手放在學童之手背上（亦即教師牽著學童之手部），全程由教師操控學童的手來幫助該童學習（Chen & Dote-Kwan, 1995），例如：教師牽著學童的手部學習綁鞋帶之所有流程步驟。使用此法時，教師須站在或坐在學童之背後來牽著手，如此學童在逐漸學會獨立操作的過程中，才能搞清楚動作之方向（Chen & Dote-Kwan, 1995）。

（三）教學提示法之應用與使用注意事項

　　教學提示法可應用於學習成效之評量紀錄。首先，可將各種提示依據獨立程度賦予分數，接著將工作分析步驟寫入表格中，記錄孩童所需教學提示之代表分數，最後可加總算出孩子進步的百分比（亦即獨立程度提升之百分比）。請參考範例如下（財團法人第一社會福利基金會譯，2004，頁 47；Chen & Dote-Kwan, 1995, p. 50）：

0 分＝無反應	5 分＝間接口語提示
1 分＝大量肢體協助	6 分＝手勢提示（含表情動作）
2 分＝少量肢體協助	7 分＝視覺提示或觸覺提示
3 分＝示範提示	8 分＝自然提示
4 分＝直接口語提示	

學童姓名：瑪麗亞
情境：在教室中吃午餐
技能項目：用湯匙吃午餐

名稱	日期	日期	日期			
工作分析步驟	10/3	10/6	10/9			
1. 用右手握住湯匙	7	7	7			
2. 將湯匙插入碗中的食物	4	4	4			
3. 用湯匙舀起食物	1	1	1			
4. 將湯匙移向嘴巴	1	2	4			
5. 將湯匙轉至對準嘴巴的方向	1	2	2			
6. 將湯匙送入口中	5	7	8			
7. 閉唇抿入湯匙上的食物	8	7	8			
8. 將湯匙從口中取出	8	8	8			
9. 將湯匙放回碗中	2	2	4			
得分除以總分（得分／總分）	37／72	40／72	46／72			
百分比	51%	56%	64%			

註：「得分」是指所使用之教學提示的分數代號。

　　在使用教學提示法時，教師應注意事項為：需先評估學童所需之教學提示比較適合哪一種。如同範例所示，分數愈大，表示孩子所需提示之程度愈高；亦即，使用手勢提示即可理解教師指令的學童，其獨立程度較高於需使用大量肢體協助者。故在教學提示使用一段時間後，教師有必要減少提示之類型總數或改用獨立程度較高的提示來教學，以逐步提高孩子完成某項動作技能的獨立程度。此種方式可以很有效率的記錄多重障礙兒童各項學習進步的情況，請參考下列說明（Chen & Dote-Kwan, 1995, p. 50）：

第一次教學 （全程共使用三種提示法）	→	第二次教學 （全程減少至兩種提示法）	→	第三次教學 （全程僅使用一種提示法）
口語提示		口語提示		口語提示
手勢提示		手勢提示		
少量肢體協助				

四、各類問題行為的處理原則

　　各類問題行為的處理原則，說明如下（邱紹春，2013，頁 169-179）。

（一）注意力分散、過動行為

　　1. 在小且少刺激的空間中，指導認知課程的學習。
　　2. 運用增強物增進學習效果，建立學習的成就感與動機。

3. 運用動作法減輕慢性的緊張、穩定動作的行為。

4. 逐步增加負向的刺激，建立免疫能力。

（二）自傷行為

1. 掌握自傷行為的原因。

2. 減少照顧者的過敏反應，徹底執行忽視的策略。（引起他人注意者）

3. 利用適當的技巧，減少自傷行為的頻率。（無聊，自我刺激者）

4. 利用增強策略，建立相互抵制的功能性替代行為。

（三）攻擊行為

1. 掌握誘發攻擊行為的因素。（情緒或教養方法的影響）

2. 控制情境，減少誘發攻擊行為的因素。

3. 利用動作法，穩定情緒。

4. 利用動作法，培養忍耐、等待的能力。

5. 利用增強策略，建立正確的自我抒發情緒方法及溝通方法。

（四）哭鬧行為

1. 掌握誘發哭鬧行為的因素。（探討教養方法的因素）

2. 控制情境，減少誘發哭鬧行為的因素。

3. 利用區辨增強策略，一面忽視哭鬧行為，一面建立適當的溝通方法。

（五）遊蕩行為

1. 掌握造成遊蕩行為之因素。

2. 依據個案的偏好，提供偏好的活動。

3. 利用剝奪偏好活動的策略，建立學習行為，提供成功機會，建立成就感。

（六）缺乏動機

1. 利用強大之刺激，協助誘發人際互動、執行動作之行為、動作。（自閉症者）

2. 製造情境，強制誘發行為。（額葉萎縮者）

3. 利用增強物，誘發行為動機。（嚴重腦傷者）

（七）過度興奮

1. 掌握造成過度興奮的因素。（過敏者）
2. 控制情境，減少誘發的因素。
3. 利用動作法，培養自我控制的能力。

（八）習慣性行為

1. 檢視行為是否造成個人生活、人際、工作的困擾。
2. 若無上述困擾，則無需禁止或矯正。
3. 若有，則建立相互抵制的替代性行為。
4. 教學要結構化，然後逐步類化。

（九）強迫性行為

1. 檢視行為是否造成個人生活、人際、工作的困擾。
2. 若無上述困擾，則無需禁止或矯正。
3. 若有，則用逐減敏感或過度矯正的策略。

（十）選擇性緘默行為

1. 掌握特殊的興趣。
2. 運用系統的逐減敏感策略，逐步漸進的類化至焦慮的場所。
3. 焦慮的場所人員之參與。

五、動作治療法（動作法）

　　動作治療法，簡稱動作法，是由日本九州女子大學的成瀨悟策教授所發展，其主要的治療對象為腦性麻痺兒童。此法強調透過適當的協助提供兒童成功完成原被認為不可能做出的動作之成功經驗，以誘發兒童企圖自主完成的動機，進而努力去克服困難，終能順利做出該動作（如圖 15-12 所示），並進而達到部位與力量的覺知及身體運動的實現，例如：利用推臀法提供不會站立的腦性麻痺兒童不自覺的由坐而站起的成功經驗，一旦成功，兒童發現自己也跟別人一樣可以用兩腳站立，此後，兒童將自動練習用力站起來的方法，進而感覺到緊張、放鬆的肌肉部位。

　　動作法的最終目的在於透過部位與力量的覺知及身體運動的實現，以達到慢性緊張的鬆弛及動作執行過程中的控制訓練，形成身心調和的發展基礎。

圖 15-12　動作法的原理程序

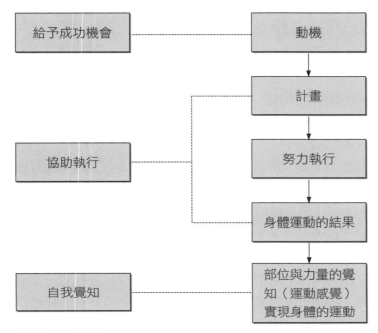

註：引自邱紹春（2013，頁 42）。

今野義孝依據成瀨悟策的觀點，提供學生成功機會，以誘發學生自主的學習動機，而發展出單手舉法、壓肩法，並用之於心智障礙學生的情緒控制，而邱紹春（1997）亦發展了壓制式雙手舉法、拍手法、握手法，並用之於重度心智障礙學生的自我控制、情緒穩定與基礎認知能力之發展。

由於動作法係透過肢體的協助，以建立人類發展、學習的基礎能力，例如：自我控制能力、情緒穩定、注意力（注視、追視、共同注意等）、短期記憶、人際關心（在意他人的表情、動作）等，因此，動作法僅適用於缺乏這些基礎能力的重度、極重度心智障礙學生。而這也是介入重度、極重度心智障礙學生學習和發展的一種有效策略。茲將各種動作法分述如下。

（一）握手法

許多教師或父母常常為個案在地上耍賴不動而傷腦筋，年紀小時尚可用抱、用拉、用拖的方法，但進入青春期以後體重、力量增大，此如何抱、拖得動呢？還有，賴著不動或拒絕時，大人的唯一方法常是用抱起來的方式做為解決問題的方法，事實上，這個作法反而會培養個案賴在地上的行為，因為只要賴在地上，大人就會抱他，而滿足了個案的期望。

還有兩個經常發生的現象：(1)當大人用拖、拉的方式強迫個案去做他所不願意做的事時，個案會咬大人的手來掙脫；(2)有些重度、極重度心智障礙學生當陌生人靠近或情緒發飆的時候，會以打人、踢人或自傷來拒絕或發洩。

當這些現象發生時，我們要如何處理呢？若能解決，豈不是可以減少大人的煩惱、個案問題行為的發生呢？以下舉個例子。

國小五年級自閉症男生阿雄，第一次到臺灣師範大學博愛樓三樓後，就不肯進遊戲室，級任導師及父母用盡方法勸說都不肯，約過了十分鐘之後，筆者前往觀看，看到個案坐在上課用桌椅一體的椅子上。

筆者靠近後伸出右手並下指令：「握握手！」阿雄看著筆者稍顯遲疑即讓筆者握其右手（握手法），待手握住即用左手輕拍其右手臂下方並用肯定語氣喝令：「起立！」右手同時往上輕拉（但力量不足以拉起），此時阿雄即自動站起。然後，筆者握住阿雄的右手輕引向前（遊戲室門口方向），左手輕拍其背肩胛骨處，並下令：「走！」阿雄即非常順從的走進遊戲室。

在上面的例子中，阿雄不進遊戲室的原因，在於自閉症學生第一次遇到新空間會因感覺不安而拒絕進入，這是可以理解的。但是，為什麼不接受日夜照顧他的父母及輔導他已超過兩年的級任導師之要求，卻聽從第一次見面的筆者呢？其原因在於筆者使用了握手法及提醒的溝通法，前者建立了兩人之間的心靈共享，後者使阿雄充分的了解筆者的指令。

1.意義

所謂握手法，係用特殊的握手方法，使兩人的手心相密合而傳導兩人的感情，達到兩人感情的融合，使被握者感受到握其手者的關懷，而有安全、幸福的感受。正如一位被筆者握其手之後痛哭流涕的體育大學女生所說：「突然感受到已好久沒有享受的父愛。」握手法可以溶化、共享他人的心，而達到溝通的目的。

握手法的使用時機有兩個：(1)與個案初次見面或情緒不穩時：因為使用握手法握手時可以使個案感受到被關愛的感覺，而降低敵意或因陌生而排拒；這個關愛可以溶化重度、極重度心智障礙學生的心防、情緒，防止個案的拒絕、攻擊、自傷等行為的發生；(2)要求個案移動位置時使用：因為可以獲得個案的信任而接受指令。

2.方法

(1)訓練者立於個案前方約 80 公分的地方（避免產生初次見面的焦慮，或是因正在發飆所產生的攻擊），伸出右手說：「握手！」然後直接抓個案的右手。

(2)握手時，用拇指與其他四指圈住個案拇指根部，四指用力扣住個案手掌，使兩人掌心密合，然後用另一隻手肯定的輕拍個案被握之手的手背，眼睛以關愛的眼神看著個案。大約握個 3～5 秒、拍個 3～5 下即可。

(3)再搭配肢體提醒的溝通法要求個案接受指令並依指令行動：

①要求個案站起來：右手握著個案的右手，左手肯定的輕拍個案右手臂下方，然後下令：「起立！」

②要求個案往前走：右手一面握住個案的手，一面指著行動的方向並微微牽引，左手則肯定的輕拍個案的肩胛骨，然後下令：「走！」

③要求個案坐下：牽引個案至要求坐下的位置前，肯定的輕拍個案肩膀，然後下令：「坐下！」

3. 注意事項

任何方法均有其限制，因此使用握手法時也要注意下列事項：

(1)勿存恐懼、嚴厲之心，否則無法穩定其情緒，因為個案也會感受到握其手者的恐懼、嚴厲之心，因而產生拒絕的心理狀態。

(2)若個案強力拒絕，則不要勉強，因個案可能是肌膚過敏或自我防衛過強，不願與人接觸，或是覺得這種握手法很噁心。面對這類個案時，可以對個案說：「你聽話就不碰你。」個案為避免被碰觸，自然會聽從指令行動。而且，這類個案若非強迫其從事所不願的工作，則不會因拒絕而攻擊他人。

（二）壓肩法

在日常生活中，若個案情緒不穩或想要離座時，照顧者以兩手輕拍或輕壓個案肩膀的方式，可以使個案的情緒獲得穩定，因為被壓者會感受到關懷或放鬆的感覺。有一位特殊教育學校高職部一年級的男生，具有嚴重情緒困擾的問題，每當情緒發飆時，即會攻擊附近的教師或同儕。因此，每次發飆時，同儕即會立刻遠離，以免被揍。有一次個案輔導時，個案因發現陌生人進入遊戲室，即立即發飆，揮手欲打輔導教師，筆者此時立即進入遊戲室，一手與個案握手，另一手輕拍其肩，並喝令其就座，個案就座後，筆者兩手搭於個案肩上，一面口語命令個案不能發脾氣，一面慢慢向下輕壓其肩，然後慢慢放鬆，如此反覆，壓力並逐步加大。按壓五次之後放開，個案站起並豎起拇指笑著說：「這招好！」其情緒已獲得紓解。此後，仍持續實施單手舉動作法，以培養其自我控制能力，並在特殊教育學校繼續學習情緒發洩方法（跳床三百下或投籃三百次）及認知課程，高職部畢業後，與同儕共四人一起在麵包店製作麵包，同儕相處愉快。

重度、極重度心智障礙學生發飆時，一般教師或父母大都只使用安撫的方法，如此的安撫常使個案不知道不能發脾氣，且因大部分的個案都喜歡被照顧者安撫，為了獲得安撫，發飆行為會愈來愈嚴重，因此安撫並非良方。

1. 意義

重度、極重度心智障礙學生大都具有嚴重的溝通困難，經常無法獲得滿足或拒絕被要

求，導致形成心理與身體（尤其頸部）的慢性緊張，肩部僵硬。此慢性緊張又造成更嚴重的溝通困難，形成惡性循環的狀況。此種慢性緊張、肩部僵硬的現象，在因心理因素造成的選擇性緘默症的學生尤其明顯。要解決重度、極重度心智障礙學生發飆的問題，首先必須要解除其肌肉的慢性緊張，以減輕其心理的焦慮，再搭配溝通能力的訓練，如此可以減少情緒困擾的發生。

要解除其肌肉的慢性緊張可以使用壓肩法，因為壓肩法不但可以逐步的放鬆肩部肌肉的緊張、僵硬，尤其照顧者兩手放鬆時，個案會感受到身體有如往上飄起的感覺，會使個案有一種舒暢的感受，因此，今野義孝稱壓肩法為「與個案共享的方法」。

另外，對於過動學生，在上課時可以請助理教師站於學生身後，兩手輕置於其肩膀上，如此，助理教師可以立即感受學生的動向，在學生未站起前即可輕按其肩，使學生無法站起離座，減少離座的行為。

2. 方法

實施壓肩法時，可要求個案坐於椅子上或地板上，訓練者站在個案的背後，雙手有如要掐住個案脖子似的置於個案脖子基部，然後用靠近拇指側面的食指根部之關節處，壓在個案的上斜方肌（upper trapeziums），先慢慢的下壓，然後慢慢放鬆。向下的壓力剛開始時不能過大，以個案能接受為原則，避免個案因疼痛而拒絕。以後一面跟個案閒聊（分散其注意力），一面慢慢的逐步增加壓力。

3. 注意事項

(1)第一次實施時勿壓過深，避免個案因疼痛而拒絕，在個案可以安靜接受後才慢慢加深。

(2)向下壓或放鬆時，速度要愈慢愈好。

（三）拍手動作法

1. 意義

重度、極重度心智障礙學生的學習特徵為短期記憶拙劣、認知障礙、因人際互動欠缺導致教學介入困難，這些是眾所周知的事。另外還有一個特徵是：被誤認為是注意力分散，而事實上是專注於偏好事物的一心一用或注視、追視的注意力缺陷，而在行為特性方面，則有被忽視的自我控制（忍耐、等待）能力的欠缺，行為不是漫無目的就是直接行動等。

拍手動作法不分場地、不分時間均可實施，其功能在追視、探索能力及一心多用的培養、情緒的穩定、人際關係的增進、短期記憶的加強、唱數學習等，一旦學會尚可做為增強物。其原理在於透過大部分心智年齡甚低的學生均喜歡簡單的拍手遊戲，而透過唱數

（聽覺）、一面要拍手（動作），並要記住拍手次數（短期記憶）的指令，在適當時機停止拍手動作，甚至在移動式拍手法時，除要注視、追視外，並要同時注意教師的雙手位置，否則就會拍空。

2. 方法

　　拍手動作法的實施步驟為：

　　(1)訓練者與個案相對站立或坐。

　　(2)訓練者雙手舉起置於兩人之間，且不動。

　　(3)訓練者對個案說：「來，拍手拍 3 下。開始！」等待個案舉雙手拍。

　　(4)待個案開始拍，即以一秒一數的速度唱數，當個案停止拍手時，亦停止唱數，但個案快速拍手時，則不跟著快，而仍依一秒一數的速度唱數。

　　(5)在 3 下數完後，訓練者即縮手，並稱讚個案：「好棒！」再給予增強物。

　　若個案能連續拍 3 下以上，並於聽到「3」即停止拍手動作的話即算成功。若連續十回合成功，則拍手次數依上述的成功條件，將拍手次數改為 5 下，爾後逐步依序 8、10、15、20、25、30、40、50、60、80、100 至 120 下為止。25 下成功之後，即由上述的靜止式拍手法改為移動式拍手法。移動式拍手法與靜止式拍手法不同之處為：訓練者之雙手不再靜止不動，而是雙手忽上忽下、忽左忽右、忽近忽離，個案必須追視訓練者之雙手方能完成。

3.注意事項

　　(1)青春期學生勿過量，否則會引起性的興奮。

　　(2)唱數工作由訓練者唱，不可要求個案唱數，但若個案跟著唱則不禁止。

　　(3)一秒一數，聲音要肯定、明確。

　　(4)每日實施十回合即可，不可過量，否則會消除個案的興趣。

（四）單手舉法

1. 意義

　　單手舉的功能在於單手上舉以解除慢性緊張的抵抗、對訓練部位的注意，如此可以促進對部位的控制，亦即促進部位動作分化，並經由此自我動作的控制、放鬆，以達到心靈的控制。

2. 方法

　　單手舉的實施可立姿、坐姿，亦可臥姿（如圖 15-13 及圖 15-14 所示）。訓練者一手握住個案的一隻手，另一隻手頂住個案的手肘關節處，不讓個案的手臂彎曲及防止掙脫。

圖 15-13 臥姿單手舉法

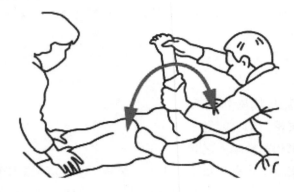

註：引自邱紹春（2013，頁 54）（繪圖：沈余愷）。

此時個案完全放鬆不動，由訓練者緩慢帶動個案的手上下移動，一上一下為一回合。剛開始實施時，速度可以較快，約一上一下各約 10 秒鐘，若個案不反抗、不用力，則逐步放慢速度。

3. 注意事項

　　(1)不要讓個案的另一隻手及雙腳動來動去。

　　(2)實施的時機最好在拍手動作法達到 25 下時開始實施此法，但若個案不會強力反抗，則無此限制。

　　(3)每日實施左右手各十回合。

（五）壓制式雙手舉法

1. 意義

　　壓制式雙手舉法適用於過動、攻擊、哭鬧、注意力分散的 10 歲以下學童，若是缺乏行為動機或順從的個案則不適當。此法主要是筆者參考單手舉法及一般壓制法（發飆時壓於牆角或地上，至安靜為止）改善而成。其差異在於訓練者的唱數功能，其功能在於透過外力培養自我控制能力、注意力、接受指令、忍耐、放鬆的訓練、親子關係及人際關係的增進、唱數能力的培養（為量的學習做準備）。其學習過程為**壓制→反抗→無效→妥協→放鬆→忍耐→增強物**，而其原理如圖 15-15 所示，係透過多感官的刺激與學習，從外在被動動作，然後內化，最後可以控制、表現自己的行為。

圖 15-14　單手舉的執行過程

1. 一人抓住要舉的手，另一人按住另一隻手，要求其不要動。

2. 慢慢的舉起個案的手。

3. 舉到最高時，停留三秒。

4. 慢慢放下。

5. 放至最底下。

註：個案為 28 歲男性，喜歡脫光衣服躺在地上，若有人靠近即出手打人。經訓練後，不再脫衣服、隨地小便，也不攻擊他人（彭愛梅等人，2009）。引自邱紹春（2013，頁 55）。

圖 15-15　壓制式雙手舉動作法的學習歷程

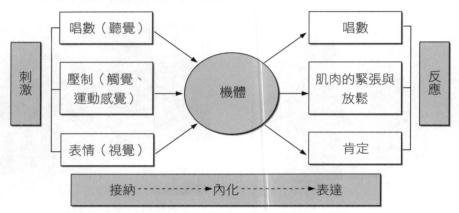

註：引自邱紹春（2013，頁 57）。

2. 方法

實施的方法（如圖 15-16 所示）及步驟為：

(1)對個案下指令：「做動作！」。

(2)將學生壓制於地，訓練者兩腳腳尖置於個案兩腳膝蓋內側，膝蓋則跪於個案兩腳膝蓋外側，腳踝彎曲處置於個案膝蓋上方（一則控制個案防止掙脫，一則不致於弄痛個案）。

(3)訓練者兩手握個案之手臂，然後慢慢往上推，使個案兩手舉過頭頂伸直，若個案掙扎則穩住不動，個案一放鬆即往上推。

圖 15-16　壓制式雙手舉法

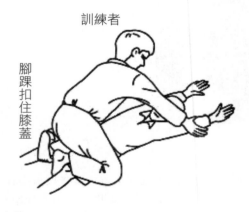

註：引自邱紹春（2013，頁 58）（繪圖：沈余愷）。

(4)對個案下指令：「不要動！我們數到 3！」訓練者一面目視個案臉部，一面一秒一數的唱數。

(5)數完兩手放開個案雙手，並抱於自己胸前，拍拍個案背部，稱讚：「好棒！」。

(6)給予增強物並放開，讓個案自行活動 2 分鐘。

3. 注意事項

(1)因把孩子壓制在地板上，人權運動者可能會認為有礙人權，但為了孩子的未來，一時對孩子有益的壓制應不為過，因此，實施者最好是父母或其監護人。

(2)要注意孩子的掙扎狀況，小心孩子的筋骨肌肉。

(3)不要在意孩子的左顧右盼，也就是不要下：「看著媽媽！」等指令。

六、行為輔導案例

（一）個案 A

透過遊戲活動，培養啟智學校高職部一名 22 歲不理人的男生之人際互動行為。該生整日呆坐，只將物品塞入細縫；透過塞球入手偶的嘴、打地鼠等遊戲活動，經過十次的訓練後，突然在 20 公尺外舉起手向筆者打招呼，並於第十七次訓練時，首次在家以外的地方吃了三根薯條。

（二）個案 B

透過壓制式雙手舉法、拍手法及圖卡認識，培養過動的 6 歲小腦症女院童之專注學習行為。原來坐在座位無法維持 3 秒的女孩，經過兩年的訓練達到拍手 120 下、安靜被壓 120 秒，她不但可以在座位上持續上課 1 小時，且在 2 公尺距離的榔頭敲桌子聲音的干擾下，仍可專注於從散亂的圖卡中找出指定圖卡的活動，結案時已學會 41 張圖卡，口語 3 個字（邱紹春，1997）。

（三）個案 C

透過引導遊戲，改善重度心智障礙的 28 歲女院生的異食行為。因個案平衡不良經常坐於椅子上，又因撿食毛髮，曾手術取出，但無改善，因此，平日穿著套著連手套的衣服，並被束縛坐於椅子上。為消除其撿食毛髮的行為，而從事分辨可食與不可食的訓練兩個月，然無效果。某日上課之前（個案因要上課而未戴手套），筆者站於其右側，並將放於其左前方裝有其偏好之小饅頭的紙盤，在其面前慢速移動至筆者左後方，個案見小饅頭不見而哭泣。此現象顯示，個案尚無物體恆存概念，當然亦無探索能力。因此筆者依下列

步驟實施：首先將小饅頭置於紙盤中，然後用 A4 白紙遮住四分之一小饅頭，個案成功取食小饅頭後，遮住小饅頭的面積如下逐步增加：(1)白紙遮住二分之一小饅頭；(2)白紙遮住四分之三小饅頭；(3)僅能從紙縫下窺視到小饅頭；(4)白紙完全遮住小饅頭。在第四個步驟時，個案成功掀開白紙取食小饅頭。由於每次均成功取食，因此均各只實施一次。結果於下課時發生個案離座，並至室內尋找塑膠袋內之食物。此後，在機構內即很少撿食毛髮，而到處尋找室內容器中的食物（實施方法參考近藤文里，1995/1999）。

（四）個案 D

透過拍手動作法、單手舉動作法培養忍耐、等待的能力，壓肩法可穩定情緒，使用跳床及投籃活動可發洩情緒，改善特殊教育學校高職部男生的嚴重攻擊行為。經過一年訓練後，個案開始學習寫字及職業訓練，畢業後順利與其他三位同學在麵包店工作，至今已數年（Chiu,1999）。

（五）個案 E

透過忽視十餘年歷史的自傷行為及增強拍手活動，改善咬兩手手背、手肘形成四個橢圓結巴的特殊教育學校高一男生。經過十次的訓練，增強其良好行為後消除了自傷行為。

（六）個案 F

透過單手舉法（以鄧麗君的歌為增強物），改善暴躁行為的 24 歲男院生喜歡賴在地上、不理人，且不能等待、易怒、推打母親之行為。經過四個月的訓練，已可面露微笑、坐在椅子上參與學習活動 40 分鐘，且喜歡別人稱讚其頭髮「很帥」，亦不再推打其母，目前在就業班參與工作。

（七）個案 G

透過拍手法及扮家家酒（出門整裝）遊戲動作，改善容易焦慮、具中度智能障礙的妥瑞氏症 10 歲女孩之不自覺咬人、學習易受干擾的行為。經過一年的訓練已不再咬人，且在拍手法活動時，協同教師故意問其同學問題以干擾其拍手活動，個案均能一面拍手，一面嘻笑回答問題。

（八）個案 H

透過尋找人的活動，改善具重度智能障礙的雷特氏症候群 8 歲女童之人際互動行為。經過一年的訓練，已能主動找人、揮手並說再見。

（九）個案 I

透過拍手動作法，改善躁動之國三自閉症男生。經過三個月的訓練，拍手動作法替代了會造成白天昏睡的鎮定藥水（Haldol，每天早晚五滴），且日常生活作息正常（蔡惠芬，2004）。

第六節　多重障礙者輔助工具的應用

本節介紹輔具分類、日常生活輔具、移行輔具、輔具中心等相關內容。

一、輔具分類

輔具可分為個人醫療輔具、訓練技能輔具、矯具與義具、個人照顧與保護輔具、個人行動輔具、居家輔具、住家與其他場所之家具與改造、溝通輔具、資訊及信號輔具、處理產品與貨物輔具、環境改善、工具及機器之輔具與設備、休閒輔具、綜合類。此處將一般常用之輔具簡單分為日常生活輔具及移行輔具，讓讀者可以容易了解各種輔具的使用方法及適用之患者。因種類繁多，在此僅舉一、二個項目做說明（其他詳細輔具資訊，請參考本節最後所附之網站）。

二、日常生活輔具

（一）湯匙加大握把

功能：藉由加粗手把之器具來增進握力，持握省力來協助進食。
適用對象：脊髓損傷患者或手指關節活動、手部抓握功能受限、腦性麻痺之患者。

（二）斜口杯

功能：協助患者不需將頭後仰即可飲水，吞嚥時可維持良好的頭頸部擺位。
適用對象：肢體障礙者、多重障礙者、脊髓損傷、中風、腦性麻痺之患者。

（三）握筆輔具

功能：協助握筆寫字。
適用對象：肢體障礙者、多重障礙者、腦性麻痺之患者。

（四）電話輔具握把

功能：提供握力不足的人，可獨立拿起話筒。

適用對象：肢體障礙者、多重障礙者、脊髓損傷、中風、腦性麻痺之患者。

三、移行輔具

行動輔具可用來增進患者獨立移動與行走能力的輔具，可分為移動輔具與步行輔具兩大類。

（一）擺位椅

功能：提供適當之寬窄、角度與最舒適的正確坐姿，並能抑制其不當反射的姿勢。

適用對象：輕度、中度、重度與極重度肢體障礙學童。

（二）四腳拐

功能：增進行動及轉位能力。

適用對象：中風、肌肉力量不足或動作不協調、關節炎或骨骼肌肉受傷之患者。

（三）拐杖

功能：增進行動及轉位能力，分擔行走時下肢所承受的重量。

適用對象：下肢肌肉力量不足者、關節炎、脊髓損傷、小兒麻痺、骨折或骨科開刀之患者。

（四）輔具名稱：助行器

功能：輔助步行、重建肌肉的活動力及平衡感，分擔行走時下肢所承受的重量。利用其加大的底面積來增進行走時的支持與穩定度，提高患者的獨立行走能力。

適用對象：平衡機能障礙者、肢體障礙者、智能障礙者、多重障礙者、腦性麻痺或骨科開刀之患者。

（五）輔具名稱：特製輪椅

功能：可量身訂製座寬、座深、高度等。輪椅本身有傾躺功能（Reclining）、座墊、椅背同時傾倒功能（Tilt in space），並可依實際需要添加頭靠、軀幹側支撐、可掀式扶

手、可掀式踏板、大腿外展墊、特殊形式煞車等配件，以協助身心障礙者擺位、姿勢轉位。

　　適用對象：肢體障礙者、脊髓損傷者、多重障礙者、腦性麻痺之患者。

四、輔具中心

衛生福利部社會及家庭署多功能輔具資源整合推廣中心（https://newrepat.sfaa.gov.tw）
基隆市輔具資源中心（http://klatrc.blogspot.com）
臺北市輔具資源整合資訊網（http://tpap.taipei/app37）
新北市輔具資源中心（https://atrc.aihsin.ntpc.net.tw）
桃園縣北區輔具資源中心（http://www.tyad.org.tw）
新竹市輔具資源中心（http://www.hcarc.com.tw）
苗栗縣輔具資源中心（http://www.mlatc.artcom.tw/ap/index.aspx）
臺中市輔具資源整合網（https://www.tatrc-taichung.com.tw/Organization）
彰化縣輔具資源中心（http://www.chcgat.org.tw）
南投縣第一輔具資源中心（http://www.nantoucatr.com.tw）
南投縣第二輔具資源中心（https://nantouat2.weebly.com）
雲林縣輔助器具資源中心（https://ylad.yunlin.gov.tw）
嘉義縣輔具資源中心（https://chiayiat.tw）
臺南市輔具資源中心（http://tnatrc.blogspot.com/p/blog-page_21.html）
高雄市北區輔具資源中心（http://penganfg.com）
高雄市南區輔具資源中心（http://www.kssouth.org.tw）
屏東縣輔具資源中心（http://www.ptatds.com）
澎湖縣輔具資源中心（http://www.phatrc.artcom.tw/ap/index.aspx）
金門縣輔具資源中心（https://www.facebook.com/kinmenAT）
連江縣輔具資源中心（http://www.matsuhb.gov.tw/2009web/ad_index_106.php）
宜蘭縣輔具資源中心（https://sites.google.com/view/yilanatrc2019）
花蓮縣輔具資源中心（https://hlatrc.hl.gov.tw）
臺東縣輔具資源中心（http://repat.taitung.gov.tw）
教育部大專院校及高中職肢障學生教育輔具中心（http://www.eduassistech.org）
教育部大專校院及高中職視障學生教育輔具中心（http://assist.batol.net）
教育部大專校院及高中職聽語障學生教育輔具中心（http://cacd.nknu.edu.tw/cacd）
國立陽明大學 ICF 暨輔助科技研究中心（https://rcat.ym.edu.tw/bin/home.php）
財團法人基督教瑪喜樂社會福利基金會（http://www.joyce929.org.tw）
財團法人伊甸社會福利基金會（https://www.eden.org.tw）

第七節　多重障礙者面臨的挑戰與發展

　　本節討論多重障礙者面臨的挑戰與發展，所謂「挑戰」乃針對多重障礙者於學校畢業之後，其日間安置模式之探討。而「發展」是指與就業有關之議題，包含庇護工場與支持性競爭就業。

一、日間安置與職業安排

（一）日間安置

　　日間安置的意義為：由護理機構提供白天時的照護，提供餐點、簡易復健及文康活動，也使老年人在白天有與其他人接觸的機會，讓子女可以安心的工作，下班時再接送老人家回家休息（桃園縣政府衛生局，無日期）。藉由日間照顧不僅可增進多重障礙個案的社會活動參與，降低憂鬱的發生，並可提供家庭照顧者休息的機會。

　　日間照護之模式計有二大類：一為醫療模式，即提供醫療及復健服務，另一則以提供食、衣、住、行為主的日間照顧。兩者分屬不同之管理單位，分別呈現不同的樣貌。社政單位所管轄者稱為「日間照顧中心」，而衛政體系所管轄者則稱為「日間照護中心」。日間照護中心其收案之對象大多以失能者為主，而日間照顧中心則因定位較為多元，故可區分為「失能型」、「健康型」及「綜合型」三類（內政部社會司，大溫暖十年計畫）（引自謝沛錡、林麗嬋，2014）。

（二）庇護工場

　　庇護工場是實施身心障礙者庇護性就業的一種模式。根據《身心障礙者權益保障法》（2021）第 34 條規定：「……各級勞工主管機關對於具有就業意願，而就業能力不足，無法進入競爭性就業市場，需長期就業支持之身心障礙者，應依其職業輔導評量結果，提供庇護性就業服務。」行政院勞動部對身心障礙者庇護性就業服務的定義為：「對於年滿 15 歲具有就業意願，而就業能力不足，無法進入競爭性就業市場，需長期就業支持之身心障礙者，應依職業輔導評量結果，提供庇護商店、庇護農場、庇護工場等就業安置」（勞動部勞動力發展署，2024）。

　　施行方式需根據《身心障礙者權益保障法》（2021）第 35 條實施：

　　「直轄市、縣（市）勞工主管機關為提供第三十三條第二項之職業訓練、就業服務及前條之庇護性就業服務，應推動設立下列機構：

一、職業訓練機構。

二、就業服務機構。

三、庇護工場。

前項各款機構得單獨或綜合設立。機構設立因業務必要使用所需基地為公有，得經該公有基地管理機關同意後，無償使用。

第一項之私立職業訓練機構、就業服務機構、庇護工場，應向當地直轄市、縣（市）勞工主管機關申請設立許可，經發給許可證後，始得提供服務。……」

有關設置各庇護工場之機構，讀者可參考勞動部勞動力發展署（2024）。

（三）支持性就業

支持性就業是針對具有就業意願及就業能力，而不足以獨立在競爭性就業市場工作之身心障礙者，依其工作能力，提供個別化就業安置、訓練及其他工作協助等支持性就業服務（勞動部勞動力發展署，2024）。

支持性就業的工作環境強調在融合的工作環境中與一般員工一起工作，藉由就業服務員專業的支持，例如：工作技巧訓練、職場環境適應、職務再設計、交通、社交、健康與財物等，使其能獨立工作，且薪資與勞動條件均符合相關勞動法規規定（勞動部勞動力發展署，2024）。

二、居住環境議題

延伸閱讀的重點乃是有關身心障礙者成人階段之居住環境議題。國內外近三、四十年來之趨勢均在倡導障礙者（包含多重障礙者）回到一般大眾所居的社區居住，而非住在隔離式機構中，除非個案真的無法學會如何照顧自己或因生理機能需要醫療照護（Baer & Daviso, 2008; Flexer et al., 2008）。在美國有個康復爾社區（Camphill Village）（請見本章附錄二的介紹），其社區的無障礙設備更為集中、充裕，在醫療、福利和專家諮詢等身障者相關服務亦更齊備，可克服身障者在融合社區所面臨的交通、學習、行動、溝通等種種問題；同時，也由於居民互相熟悉以及無障礙設施齊備，身障居民在社區中較能行動獨立，因此身障者較能踴躍參加他們能力許可的各種活動，對運動休閒的選擇更多元和自由。

於該社區中，身障居民對於金錢的使用更能自我做決定，較在融合社區經濟獨立，可滿足其在社區內創業或投資的願望。另外，社區內成立之公立或民意機構，亦賦予身障者決策和參政的機會，使身障者能展現企劃和自治等能力。身障代表亦能透過身障社區運作來凝聚力量，向政府爭取身障團體應得的權益。

　　康復爾社區的資料顯示，身心障礙者的家人或照顧者認為，將身障者安置於身障社區獨立生活，均令他們感到充分安心，亦看見身障者比以前更為自信和快樂。依據美國學者（Nagle, 2001; Payne-Christiansen & Sitlinton, 2008）的研究，家長支持其智能不足子女在教養機構安置的最大原因，是當父母都過世後，其子女仍能得到照顧，使其獨自生活。而社區較教養機構提供更完善的體制使身障者可獨立生活，足能令身障者和家人更為安心。

三、後續思考議題

　　臺灣是否有必要成立類似美國康復爾社區的隔離式身心障礙社區？請讀者就融合社區的優點和隔離社區的優點，思考哪一種社區的生活方式才是最適合身心障礙者的生活方式。

延伸閱讀

一、推薦書籍及文章

吳佳蒨、張千惠（2012）。全盲大學畢業生就業轉銜目標發展與就業轉銜需求之探究。**中華輔導與諮商學報，33**，53-85。

私立惠明盲校（2013）。**柏金斯活動教學指南：給視覺多重障礙學生家長與教師教導手冊**。作者。

社團法人台灣失智症協會（2014）。**團體家屋**。http://www.tada2002.org.tw/About/About/12

施麗紅（2012）。理想照顧住所的想像：以社會支持觀點檢視老人失智症者「團體家屋（group home）」。**社區發展季刊，137**，325-341。http://www.sfaa.gov.tw/SFAA/File/Attach/1892/File_2350.pdf

張千惠（2002）。**定向行動技能評估手冊**。臺北市政府勞工局定向行動人員培訓專案補助。

張千惠（2004）。功能性視覺能力評估與觀察之研究。**特殊教育研究學刊，27**，113-135。

張千惠（2013）。**功能性視覺評估**。https://sites.google.com/a/gapps.ntnu.edu.tw/sofc-hang/fva

張千惠（2013）。**定向行動老師之角色與應負職責**。https://reurl.cc/VM586Z

張千惠（2014）。視覺障礙幼兒。載於傅秀媚等著，**特殊幼兒教育**（頁6-1～6-32）。華格那。

張千惠（譯）（2000）。**定向行動技能檢核表**。https://reurl.cc/7d3R25

張千惠、鄭永福、李昕寧、金慧珍（2013）。臺灣簡明版世界衛生組織生活品質問卷（WHOQOL-BREF）應用於重度視障成人樣本之信、效度考驗研究。**教育心理學報**，521-536。

臺北市士林老人服務中心（2014）。**團體家屋**。https://slsc.org.tw

鄭永福、張千惠、李昕寧（2014）。我國重度視覺障礙成人在人口學變項之生活品質差異分析。**人文社會學報，10**（3），175-201。

鄭靜瑩、張千惠（2005）。改善重度弱視學生使用功能性視覺能力之研究。**特殊教育研究學刊，29**，275-294。

鄭靜瑩、張千惠、陳明聰、趙敏泓（2008）。科技輔具與視多障學生學習成效研究。**師大學報，53**（1），107-130。

Arcaro, M. J., Thaler, L., Quinlan, D. J., Monaco, S., Khan, S., Valyear, K. F., Goebel, R.,

Dutton, G. N., Goodale, M. A., Kastner, S., & Culhame, J. C. (2019). Psychophysical and neuroimaging responses to moving stimuli in a patient with the Riddoch phenomenon due to bilateral visual cortex lesions. *Neuropsychologia, 128*, 150-165.

D'Andrea, F. M., & Farrenkopf, C. (2000). *Looking to learn: Promoting literacy for students with low vision*. American Foundation for the Blind.

Riddoch, G. (1917). Dissociation of visual perceptions due to occipital injuries, with especial reference to appreciation of movement. *Brain, 40*, 15-57.

Talukdar, S. (2018). *'Riddoch Phenomenon': The curious case of a blind woman who see motion*. https://www.medicalnewstoday.com/articles/322136

Zeki, S., & Ffytche, D. H. (1998). The Riddoch syndrome: Insights into the neurobiology of conscious vision. *Brain, 121*(1), 25-45.

二、相關網站資源

The Disability Trust（http://www.disabilitytrust.org.au）

The Arc of San Diego（http://www.arc-sd.com/home）

American Foundation for the Blind（http://www.afb.org）

Lighthouse International（http://www.lighthouse.org）

American Printing House for the Blind（http://www.aph.org）

Texas School for the Blind and Visually Impaired（http://www.tsbvi.edu）

Helen Keller National Center（https://www.helenkeller.org/hknc/）

The Blind Foundation（http://blindfoundation.org.nz）

參 考 文 獻

中文部分

王廉潔（2004）。視多障兒童功能性視覺效能訓練之成效〔未出版之碩士論文〕。國立臺北師範學院。

私立惠明盲校（2013）。柏金斯活動教學指南：給視覺多重障礙學生家長與教師教導手冊。作者。

身心障礙及資賦優異學生鑑定辦法（2013）。中華民國 102 年 9 月 2 日教育部臺教學（四）字第 1020125519B 號令修正發布。

身心障礙者權益保障法（2021）。中華民國 110 年 1 月 20 日總統華總一義字第 11000004211 號令修正公布。

身心障礙等級（2008）。中華民國 97 年 7 月 1 日行政院衛生署衛署照字第 0972800153 號公告修正。

林宏熾（2000）。多障學生輔導手冊。教育部特殊教育工作小組。

邱紹春（1997）。動作法對於重度智障、低功能自閉症兒童行為與情緒控制能立即認知學習的效果。（未出版）

邱紹春（2013）。重度、極重度心智障礙者的輔導。心理。

桃園縣政府衛生局（無日期）。日間照顧服務。https://care.tycg.gov.tw/cp.aspx?n=423

特殊教育學生及幼兒鑑定辦法（2024）。中華民國 113 年 4 月 29 日教育部臺教學（四）字第 1132801926A 號令修正發布。

財團法人第一社會福利基金會（譯）（2004）。視多障幼兒教育。作者。

張千惠（2002）。定向行動技能評估手冊。臺北市政府勞工局定向行動人員培訓專案補助。

張千惠（2004）。功能性視覺能力評估與觀察之研究。特殊教育研究學刊，27，113-135。

張千惠（2013a）。功能性視覺評估。https://sites.google.com/a/gapps.ntnu.edu.tw/sofchang/fva

張千惠（2013b）。定向行動老師之角色與應負職責。https://reurl.cc/VM586Z

張千惠（譯）（2000）。定向行動技能檢核表。https://reurl.cc/7d3R25

張千惠、孫銘輝、劉峻秀、陳明宗（2020）。淺談大腦性視覺損傷。https://reurl.cc/DlZLKj

教育部（2023）。教育部特殊教育通報網。作者。

郭為藩（1993）。特殊兒童心理與教育。文景。

勞動部勞動力發展署（2024）。庇護性就業服務。https://pse.is/6bgdyy

彭愛梅、韓昌志、葉律章、張嘉勝、邱紹春（2009）。遊戲活動與拍手、單手舉動作法對改善極重多障成人情緒穩定及參與活動意願的效果研究。載於「2009 特殊教育國際學術研討會」論文集（下冊）：情緒障礙與兒童藝術治療（頁 1-14）。臺中教育大學。

蔡惠芬（2004）。拍手動作法替代鎮定藥水改善低功能自閉症少年睡眠的功效。載於郭靜姿、陳秀芬、陳紀璇（主編），用愛灌溉、用心耕耘：特殊教育學生個案輔導實例彙編。國立

臺灣師範大學特殊教育中心。

鄭靜瑩、張千惠（2005）。改善重度弱視學生使用功能性視覺能力之研究。**特殊教育研究學刊，29**，275-294。

鄭靜瑩、張千惠、陳明聰、趙敏泓（2008）。科技輔具與視多障學生學習成效研究。**師大學報，53**（1），107-130。

蕭斐文、洪榮照（2014）。大腦性視覺損傷診斷評量之探究。**特殊教育季刊，131**，33-43。

謝沛錡、林麗嬋（2014）。失智症的機構照護：由日間照護到護理之家。**應用心理研究，27**，85-113。

田中道治、松長禮子（1999）。發展的階層化現象〔王昭月譯〕。載於障礙兒童的發展與學習〔清野茂博、田中道治編著，王昭月、江慧齡、邱紹春、郭津均、蔡娟姿譯〕（頁177-201）。心理。（原著出版年：1995）

近藤文里（1999）。隨意性行為的發展與障礙〔蔡娟姿譯〕。載於障礙兒童的發展與學習〔清野茂博、田中道治編著，王昭月、江慧齡、邱紹春、郭津均、蔡娟姿譯〕（頁75-96）。心理。（原著出版年：1995）

Kirk, S. A., Gallagher, J. J., & Anastasiow, N. J.（2001）。**特殊教育概論**〔黃裕惠、佘曉珍譯〕。雙葉書廊。（原著出版年：1997）

日文部分

松岡武（1977）。**精神薄弱兒の心理**。福村出版株式社。

英文部分

Baer, R. M., & Daviso, A. W. (2008). Independent living and community participation. In R. W. Flexer, R. M. Baer, P. Luft, & T. J. Simmons (Eds.), *Transition planning for secondary students with disabilities* (3rd ed.) (pp. 290-314). Merrill/Prentice Hall.

Bozeman, L. A., & Chang, C. H. S. (2006). Central field loss in object-system and low-vision simulation. *Bulletin of Special Education, 31*, 207-220.

Chen, D., & Dote-Kwan, J. (1995). *Starting points: Instructional practices for young children whose multiple disabilities include visual impairment*. Blind Children Center.

Dutton, G. N. (2003). Cognitive vision, its disorders and differential diagnosis in adults and children: Knowing where and what things are. *Eye, 17*, 289-304.

Dutton, G. N., & Bax, M. (2010). *Visual impairment in children due to damage to the brain*. Mac Keith Press.

Eliot, L. (2000). *What's going on in there? how the brain and mind develop in the first five years of life*. Bantam.

Flexer, R. W., Baer, R. M., Luft, P., & Simmons, T. J. (2008). *Transition planning for secondary students with disabilities* (3rd ed.). Merrill/Prentice Hall.

Gold, M. W. (1976). Task analysis of a complex assembly task by the blind. *Exceptional Children, 43*, 78-84.

Gorrie, F., Goodall, K., Rush, R., & Ravenscroft, J. (2019). *Towards population screening for Cerebral Visual Impairment: Validity of the Five Questions and the CVI Questionnaire.* https://doi.org/10.1371/journal.pone.0214290

Hatlen, P. (1994). *Infant vision screening* [Review of the video program VI Viewpoint]. Outreach Department, Texas School for the Blind and Visually Impaired.

Individuals with Disabilities Education Act [IDEA] (2004). https://sites.ed.gov/idea/about-idea/

Killoran, J. (2007). *The national deafblind child count: 1998-2005 in review.* Monmouth, OR: Teaching Research Institute, Western Oregon University. http://nationaldb.org/NCDBProducts.php?prodID=57

Kirk, S. A., Gallagher, J. J., & Anastasiow, N. J. (1997). *Educating exceptional children* (8th ed.). Houghton Mifflin.

Nagle, K. M. (2001). Transition to employment and community life for youth with visual impairments: Current status and future directions. *Journal of Visual Impairment and Blindness, 95*, 725-738.

National Center on Deaf-Blindness. [NCDB] (2010). https://nationaldb.org

Payne-Christiansen, E. J., & Sitlinton, P. L. (2008). Guardianship: Its role in the transition process for students with developmental disabilities. *Education and Training in Developmental Disabilities, 43*(1), 3-19.

Relay North Carolina. (2020). *Telebraille.* http://www.relaync.com/telebraille

Roman-Lantzy, C. (2018). *Cortical visual impairment: An approach to assessment and intervention.* AFB Press.

Scholl, G. T. (Ed.) (1986). *Foundation of education for blind and visually handicapped children and youth*. American Foundation for the Blind.

Sherwood, K. (1999). http://tw.search.yahoo.com/search?p=+Kay+Sherwood%2C+1999&fr=yfp&ei=utf-8&v=0

Swift, S. H., Davidson, R. C., & Weems, L. J. (2008). Cortical visual impairment in children: Presentation intervention, and prognosis in educational settings. *Teaching Exceptional Children Plus, 4*(5), 2-14.

TASH. (2014). *About TASH.* http://tash.org/about/

Tanni, L. A. (1993). *Functional vision assessment for children who are young and/or multi-disabled.* Proceedings of the 8th International Conference on Blind/Visually Impaired children, Edmonton, Canada.

TeleBraille. (n.d.). https://www.acdhh.org/telecommunications/relay-services/telebraille/

Texas School for the Blind and Visually Impaired. (n.d.). https://www.tsbvi.edu/

Towery, C. (2013). *Cortical visual impairment information.* http://caydentowery.tripod.com/id12.html

U.S. Department of Education (2014). *Welcome to OSEP*. http://www2.ed.gov/about/offices/list/osers/osep/index.html?src=mr

附錄一　功能性視覺評估紀錄表

謝曼莉、張千惠　設計

　　由受過完整視障重建專業人員培訓課程（教育、定向行動、生活技能等）之專業人員施測並填寫，施測者與填寫者須為同一人。

一、評估人員姓名：

二、個案姓名：＿＿＿＿＿＿＿　　現齡：＿＿＿＿歲
　　致障年齡：＿＿＿＿歲　　已視障：＿＿＿＿年

三、導致障礙原因：＿＿＿＿＿＿＿＿＿＿＿＿＿＿＿

四、眼科疾病名稱：＿＿＿＿＿＿＿＿＿＿＿＿＿＿＿

五、曾進行的治療：＿＿＿＿＿＿＿＿＿＿＿＿＿＿＿

六、其他兼具之障礙或特殊需求：＿＿＿＿＿＿＿＿＿

七、目前服用藥物：＿＿＿＿＿＿＿＿＿＿＿＿＿＿＿

八、服用藥物後的身體反應：＿＿＿＿＿＿＿＿＿＿＿

九、此次受評原因：＿＿＿＿＿＿＿＿＿＿＿＿＿＿＿

十、功能性視覺評估報告內容應記錄重點：
　　1. 早晚陰晴狀況。
　　2. 場地照明狀況。
　　3. 個案所見目標物之大小。
　　4. 個案眼睛與所見目標物之距離。
　　5. 個案容易分辨之顏色。
　　6. 輔具選擇之依據。

項目	觀察紀錄 （含效能、速度之描述）	輔導策略建議
1. 眨眼反射 　□ 有 　□ 沒有		
2. 瞳孔反應 　□ 有 　□ 沒有		
3. 尋找光源：找尋光點或發光物的能力 　□ 有 　□ 沒有		
4. 固定視覺：持續注視物體或人的能力 　□ 有（_____秒鐘） 　□ 沒有		
5. 視覺敏銳度：近距離視覺（眼睛與目標物距離約 30 至 50cm 或少於 30cm） 　例如： 　(1)取靜態物體（大小與距離）。 　(2)對於體積小於 1 立方公分之物體反應， 　　　如：餅乾脆片，巧克力塊。 　(3)圖形比對（可以畫出長寬各小於 5～8 公分 　　　之圖形）。 　□ 雙眼 　□ 左眼 　□ 右眼		
6. 視覺敏銳度：中距離視覺（眼睛與目標物距離約 50 公分至 3 公尺之間） 　□ 雙眼 　□ 左眼 　□ 右眼		
7. 視覺敏銳度：遠距離視覺（眼睛與目標物距離 3 公尺以上） 　□ 雙眼 　□ 左眼 　□ 右眼		
8. 視野（請由至少八個不同角度來呈現出物品）		
9. 掃瞄能力（tracing）		

項目	觀察紀錄 （含效能、速度之描述）	輔導策略建議
10.搜尋能力（scanning）		
11.追蹤能力（tracking） □ 左眼　　↑↓↙↖↘↗ □ 右眼　　↑↓↙↖↘↗		
12.眼肌平衡 □ 正常 □ 左眼斜視 □ 右眼斜視		
13.遠近調適力 □ 無困難 □ 有困難 （請在右邊欄位說明困難）		
14.注視力移轉		
15.色覺		
16.複雜背景之辨識能力 □ 無困難 □ 有困難 （請在右邊欄位說明困難）		
17.手眼協調（深度覺） □ 無困難 □ 有困難 （請在右邊欄位說明困難）		
18.腳眼協調（深度覺）		
19.於 45 公分內之閱讀距離是否對「反光」敏感 □ 是 □ 否		
20.對比敏感度（contrast sensitivity）		
綜合說明（分析及建議）		

附錄二 美國康復爾社區（Camphill Village）簡介

紐約康復爾是北美八個獨立康復爾社區（Camphill Village）當中最早成立和最大的社區，成立於 1961 年紐約 Copake。社區起源是當地有發展障礙青年的父母，效法英國康復爾社區模式而爭取設置的社區。目前占地 600 英畝，有 240 個居民在此生活和工作。

此社區除了原本的發展障礙者之外，還提供一個任何年齡和障礙需求的融合之生活環境，無論任何障礙類別、種族、背景和宗教，只要有工作和獨立生活能力，都可成為社區居民。社區居民在此可以擁有家庭、可選擇和具挑戰的工作、具有創造性的休閒活動、豐富的就業機會，社區內有公共的農場建築、醫療體系、藝術和文化中心、麵包店、咖啡廳、禮品店等，當地居民必須互相為社區奉獻，來使社區自給自足。該社區每年 50% 的經費由州政府補助，有時也會得到機構的募捐、特別方案的經費支援，其他的缺額則由社區居民共同分擔和貢獻。

適合在此社區生活的障礙者，需符合下列一些條件：必須是想得到工作，擁有穩定健康、足夠獨立能力和責任感，願意融入康復爾社區的文化等。他們的基本信條是：「社區滿足個人，個人滿足社區」，所以他們無法接受慢性疾病需長期看護者、極重度障礙者，或無法獨立需要一對一照顧的病人。

康復爾社區所強調的中心目標是：家庭中心的關懷照顧、個人潛能發展，以及居民融合，這也即將成為其他大眾身障社區的先驅和模式。此社區的環境亦有助於「社會療法」（social therapy）的治療方式，以幫助這些障礙者進行內在意識的自我發展和外在社交的社區發展。

學者 Kay Sherwood（1999）於其研究中指出，此社區的特點有：

1. 強調彼此融合，無論任何背景。
2. 居民普遍很健康，看起來很快樂。
3. 居民展現企劃和自治的能力。
4. 對運動休閒的選擇更多元和自由。
5. 居民展現的社交能力超出他們的障礙診斷之上。
6. 更完善的家庭生活。
7. 居民的生活被社區內的各種人和活動所深深相互影響著。
8. 居民踴躍參加他們能力許可的各種活動。

註：引自 Camphill Village 網站（http://www.camphillvillage.org）。

第十六章
自閉症

張正芬

本章共分六節，各節主要內容如下：第一節為前言，概述自閉症診斷與臺灣自閉症教育的沿革；第二節以自閉症的定義、鑑定基準與分類為主；第三節簡介自閉症的成因；第四節說明自閉症者的出現率與安置；第五節以四個個案的故事介紹自閉症者的特質；第六節的重點為自閉症者的教育與輔導；第七節說明自閉症者輔助工具的應用；第八節提出自閉症教育的努力方向。

第一節　前言

自閉症在 Leo Kanner 醫師於 1943 年以「Autistic disturbance of affective contact」為題，發表第一篇有關文章後，逐漸受到重視。1978 年，聯合國世界衛生組織（World Health Organization [WHO]）的「國際疾病分類」（第九版）（International Classification of Diseases, 9th ed. [ICD-9]），首度將自閉症列為「源於兒童期之精神病，編碼 299」下的嬰幼兒自閉症；隨後在 1980 年，美國精神醫學會（American Psychiatric Association [APA]）所主編的《精神疾病診斷與統計手冊》（第三版）（*Diagnostic and Statistical Manual of Mental Disorders*, 3rd ed. [DSM-III]）（APA, 1980）一書，也將自閉症列入廣泛性發展障礙（Pervasive Developmental Disorder [PDD]）下的一類，於是肯納症（Kanner's Syndrome）、典型自閉症常成為同義詞，廣為大家所採用。由於此二版本的診斷標準差異不大，故本章主要採取 DSM 的標準。

民國 56 年（1967），臺大醫院兒童心理衛生中心設立日間留院部，提供自閉症兒童早期療育服務，揭開了臺灣自閉症兒童療育之序幕。早期由於自閉症的出現率低、人口分散，加之兼有社會性、溝通、行為、智力等障礙，往往被歸類於其他障礙類別，如智能障礙、情緒障礙或多重障礙等，並未受到教育界的重視。學校教育最早專為自閉症兒童提供

的特殊教育方案，是由臺北市政府教育局於民國 74 年（1985）在臺北市立師範學院（現今之臺北市立大學）附屬小學所開設的全時制特殊教育班；此班雖以招收中重度自閉症兒童為主，但班名卻訂為「情緒障礙班」，顯見當時被歸類於情緒障礙之下。民國 79 年（1990）修正的《殘障福利法》（《身心障礙者權益保障法》的前身），明訂自閉症者為《殘障福利法》的適用對象，自閉症者的權益首次受到法令的保障。民國 80～81 年（1991～1992）進行的全國特殊兒童普查，將自閉症兒童列為調查對象，自閉症兒童始正式在義務教育體系中成為被注意的一群。但成為法律適用的對象，則遲至民國 86 年（1997）修正的《特殊教育法》，此法新增自閉症為特殊教育的一類，自閉症兒童的受教權終於獲得法令的保障。

　　PDD（廣泛性發展障礙）初期係泛指嬰幼兒時期有明顯發展上之問題者。從 ICD-10（WHO, 1992）及 DSM-IV（APA, 1994）開始，其下都包括自閉症（autistic disorder）、雷特氏症（Rett Disorder）、兒童期崩解症（Childhood Disintegrative Disorder）、亞斯伯格症（Asperger disorder），以及其他未註明之廣泛性發展障礙（Pervasive Developmental Disorder Not Otherwise Specified [PDD-NOS]）等五個次類別。其中，又以自閉症及亞斯伯格症二類最受重視。亞斯伯格症雖早在 1944 年就由奧地利醫師亞斯伯格（Hans Asperger, 1906-1980）以德文發表，但遲至 1992 年的 ICD-10 及 1994 年的 DSM-IV 才將其納入，較之於典型自閉症，足足晚了近 15 年才有明確的診斷標準。由於亞斯伯格症的診斷標準強調早期語言發展無遲緩現象且認知功能在正常範圍內，與高功能自閉症之間有諸多雷同之處，故引發各種討論：有些學者主張二者是獨立群體，有些學者認為僅是相同障礙光譜上不同程度的差異（亞斯伯格症是更輕微的自閉症），也有學者主張二者是相同的，不需刻意區分（張正芬、吳佑佑，2006）。

　　2000 年以後，國外學界對同樣具有溝通、社會互動、行為及興趣等三方面有障礙，但出現時間不一、症狀輕重不同、預後結果有差異的廣泛性發展障礙者視為一連續性光譜，而傾向以「Autism Spectrum Disorder」（簡稱 ASD）取代 PDD 的趨勢愈來愈明顯。美國精神醫學會（APA）在累積大量文獻、臨床資料及廣泛的討論後，於 2013 年公布的 DSM-5 中，對自閉症的診斷做出了重大變革，即視上述各次類別為連續性而非各自獨立的不同障礙，不再採取原來次分類的方式，而統一以「Autism Spectrum Disorder」的稱呼含括原有的自閉症、兒童期崩解症、亞斯伯格症，以及其他未註明之廣泛性發展障礙，而雷特氏症則因基因明確而被排除。

　　國內於民國 98 年（2009）修正的《特殊教育法》，在身心障礙分類上雖仍沿用「自閉症」一詞，但已將概念擴充至廣義的自閉症。民國 101 年（2012）修訂的《身心障礙及資賦優異學生鑑定辦法》，也參考 DSM-5 草案對自閉症診斷的標準，採 ASD 的廣義概念，即包含：兒童期崩解症、自閉症、亞斯伯格症，以及其他未註明之廣泛性發展障礙，但不標示次分類名稱，也不需特別使用泛自閉症、自閉症類或自閉症光譜障礙等名詞，其鑑定基準也由三項改為二項（張正芬，2014）。民國 113 年（2024）修正的《特殊教育學

生及幼兒鑑定辦法》，則沿用 2012 年的《身心障礙及資賦優異學生鑑定辦法》中對自閉症鑑定之規定。因此，本章以下的敘述係以「自閉症」一詞代表泛自閉症，必要時則使用典型自閉症、兒童期崩解症、亞斯伯格症，以及 PDD-NOS 代表各次類別。

第二節　自閉症的定義、鑑定基準與分類

一、自閉症的定義、鑑定基準

如前所述，從 DSM-III 到 DSM-IV、DSM-IV-TR（修正版）的版本，自閉症都與雷特氏症、兒童期崩解症、亞斯伯格症，以及其他未註明之廣泛性發展障礙同屬於「廣泛性發展障礙」之下，直至 DSM-5 問世，始捨棄原來次分類的形式，而統一以「Autism Spectrum Disorder」的稱呼含括原有的次類別。為有助於了解近 20 年自閉症診斷標準之演變，本節先介紹 DSM-IV-TR（APA, 2000）的五個次類別，再介紹 DSM-5-TR（APA, 2023）的「Autism Spectrum Disorder」，之後再介紹我國「自閉症」的定義與鑑定基準。

（一）DSM-IV-TR 對「廣泛性發展障礙」的診斷標準

1. 自閉症

自閉症的診斷標準如表 16-1 所示。自閉症為具有「社會性互動」、「溝通」方面「質」的缺陷，以及在「行為、興趣、活動出現有限、刻板、重複的型式」，且症狀「出現在 3 歲以前」，故此障礙無法以雷特氏症候群或兒童期解離障礙加以說明。要被診斷為自閉症，需符合社會性互動方面至少二項、溝通方面至少一項、行為、興趣、活動方面至少一項，小計至少六項以上。

2. 亞斯伯格症

和自閉症雷同度相當高的是亞斯伯格症（如表 16-2 所示），其在「社會性互動」、「行為、興趣、活動有偏限、刻板、重複的型式」二大向度和自閉症的診斷標準一致，二者的差異主要在於亞斯伯格症強調：(1)無臨床上明顯的語言發展遲緩現象；(2)無明顯的認知發展或與年齡相稱的自我協助技能、適應性行為（有關社會互動則除外），以及兒童期對環境的好奇心等發展遲緩現象；(3)未明示症狀出現時間；(4)若被診斷為典型自閉症，就不再診斷為亞斯伯格症。雖然此症的語言能力、認知能力較佳，但診斷標準中強調「此障礙會造成社會、職業或其他重要領域的功能臨床上重大損害」。亞斯伯格症的診斷標準近年受到相當多的質疑，爭議點主要如下：(1)雖無臨床上明顯的語言發展遲緩現象，但溝通方面品質不佳的問題卻未列入診斷標準中，如學究式語言、單向溝通、難以理解表裡不

表 16-1　DSM-IV-TR 的自閉症診斷標準

A. 具有下列(a)、(b)、(c)項中六個（或以上）項目，其中至少具有(a)中二項，(b)、(c)中各一項：
  (a)在社會性互動方面有質的缺陷，並至少具有下列二項：
   (1)在使用多種非口語行為，如視線接觸、面部表情、身體姿勢等來協助社會性互動上有顯著的障礙。
   (2)無法發展出符合其發展水準的同儕關係。
   (3)缺乏主動尋求他人分享喜悅、興趣或活動的行為（如很少拿自己感興趣的東西給別人看或指出來）。
   (4)缺乏社會或情緒的相互關係。
  (b)在溝通方面有質的缺陷，並至少具有下列一項：
   (1)完全沒有口語或口語發展遲緩。
   (2)有語言能力者，在開始或持續會話的能力上有顯著的缺陷。
   (3)使用刻板的、重複的語言或隱喻式的語言。
   (4)缺乏符合其發展年齡之富變化的、自發的假裝性遊戲或社會性模仿遊戲。
  (c)在行為、興趣、活動方面有侷限的、刻板的、重複的型式，並至少具有下列一項：
   (1)在興趣方面，有一種或一種以上的刻板的、有限的型式，其強度與焦點均迥異於常。
   (2)明顯地對特別的、非功能的常規或儀式有異常的堅持。
   (3)有刻板而重複的動作（如晃動手或手指、拍手、擺動身體等）。
   (4)經常沉迷於東西的某一部分。
B. 3 歲以前有下列領域中至少一種的發展遲緩或功能上的異常：
  (1)社會互動。
  (2)社會性溝通時的語言使用。
  (3)象徵性或想像性遊戲。
C. 此障礙無法以雷特氏症候群或兒童期解離障礙加以說明。

註：引自 APA（2000）。

一的語言（如反諷、隱喻等）等；(2)典型自閉症先於亞斯伯格症的診斷要求（張正芬、吳佑佑，2006）；(3)二者主要差異可能來自於智力與語言能力，而非真正有本質上的差異。此些爭議在 DSM-5 使用 ASD 一詞統稱後，已畫下句點。

3. 雷特氏症

　　雷特氏症為一好發於女性的疾患，和自閉症的主要差異為出生之後前五個月的發展正常，之後即出現明顯的自閉症症狀，尤其明顯會有刻板的手部動作（如手絞扭或洗手）。在生理方面，有頭部生長速度減緩的現象，其整體預後不佳，智力也在重度智能障礙的範圍。其診斷標準如表 16-3 所示。

表 16-2　DSM-IV-TR 的亞斯伯格症診斷標準

A.在社會性互動方面有質的缺陷，並至少具有下列二項：
  (a)在使用多種非口語行為，如視線接觸、面部表情、身體姿勢等來協助社會性互動上有顯著的障礙。
  (b) 無法發展出符合其發展水準的同儕關係。
  (c) 缺乏主動尋求他人分享喜悅、興趣或活動的行為（如很少拿自己感興趣的東西給別人看或指出來）。
  (d) 缺乏社會或情緒的相互關係。
B.在行為、興趣、活動方面有侷限的、刻板的、重複的型式，並至少具有下列一項：
  (a) 在興趣方面，有一種或一種以上的刻板的、有限的型式，其強度與焦點均迥異於常。
  (b) 明顯地對特別的、非功能的常規或儀式有異常的堅持。
  (c) 有刻板而重複的動作（如晃動手或手指、拍手、擺動身體等）。
  (d) 經常沉迷於東西的某一部分。
C.此障礙會造成社會、職業或其他重要領域的功能臨床上重大損害。
D.並無臨床上明顯的一般性語言遲緩（如 2 歲能使用單字、3 歲能使用溝通短句）。
E.在認知發展或與年齡相稱的自我協助技能、適應性行為（有關社會互動則除外），以及兒童期對環境的好奇心等發展，臨床上並無明顯遲緩。
F. 不符合其他特定的廣泛性發展疾患或思覺失調症的診斷準則。

註：引自 APA（2000）。

表 16-3　DSM-IV-TR 的雷特氏症診斷標準

A.下列三項均成立：
  (a) 產前及生產前後的發育顯然正常。
  (b) 出生之後前五個月期間的精神運動性發展顯然正常。
  (c) 出生時的頭圍正常。
B.在正常發展時期之後，所有下列各項皆開始發生：
  (a) 年齡在 5 至 48 個月之間，頭部生長的速度減緩。
  (b) 年齡在 5 至 30 個月之間，失去原先已學會目的取向之手技巧，之後並發展出刻板的手部運動（如手絞扭或洗手）。
  (c) 在病程早期即失去對社會接觸的興趣（雖然之後經常仍可發展出社會互動）。
  (d) 出現協調不良的步法或軀幹運動。
  (e) 表達性及接受性的語言發展嚴重損害，並有嚴重的精神運動性遲滯。

註：引自 APA（2000）。

4. 兒童期崩解症

　　兒童期崩解症又稱為海勒氏症或晚發型自閉症。此症如其名，出生後前兩年的發育顯然正常，之後原已學會的技能開始出現退化、崩解，並明顯出現典型自閉症的症狀。兒童期崩解症的社會性能力、溝通能力均極差，智力也在重度智能障礙的範圍，預後與雷特氏症相同，都屬於「非常差」的一群。其診斷標準如表 16-4 所示。

表 16-4　DSM-IV-TR 的兒童期崩解症診斷標準

A.至少出生後前兩年的發育顯然正常，表現於具有與年齡相稱的語言及非語言溝通能力、社會關係、遊戲及適應性行為。 B.原已學會下列各領域的技能，臨床上明顯喪失至少兩項（在 10 歲之前）： 　(a) 表達性及接受性的語言能力。 　(b) 社會技能或適應性行為。 　(c) 大小便控制。 　(d) 遊戲。 　(e) 運動技能。 C.下列各領域至少兩項的功能異常： 　(a) 社會互動有質的損害（如非語言行為的損害、不能發展出同儕關係、缺乏社交或情緒的相互反應）。 　(b) 溝通有質的損害（如口說語言的發展遲緩或缺乏、無法引發或維持與他人的談話、刻板及重複的使用語句、缺乏多樣的假扮遊戲）。 　(c) 行為、興趣及活動的模式相當侷限、重複而刻板，包含運動性刻板動作及作態現象。 D.此障礙無法以其他特定的廣泛性發展疾患或精神分裂症做更佳解釋。

註：引自 APA（2000）。

5. PDD-NOS

　　PDD-NOS 係將無法歸類於 PDD 中的任一類，而又具有社會性、溝通、行為、興趣等障礙者歸於此類，其臨床表現係由於初發年齡較晚、非典型的症狀學表現，或症狀學表現未達診斷的最低要求，或以上皆有，而不符合自閉症的診斷準則。1994 年的 DSM-IV 對 PDD-NOS 的診斷標準，僅要求符合社會性、溝通、行為、興趣中的任一項即可，結果造成臨床診斷上的困擾。Volkmar 等人（2000）的研究發現，此診斷標準的敏感度（sensitivity）雖然很高（.98），但特異度（specificity）卻很低，僅有 .26，而有 75%的非 PDD-NOS 被誤診為 PDD-NOS。因此，2000 年的 DSM-IV-TR 便將診斷標準修正為：「具有嚴重及廣泛的社會互動損傷為必要條件，而語言及非語言之溝通技能與存在刻板的行為、興趣及活動二者，至少需具備一項」，當標準修正後，PDD-NOS 的敏感度降為 .89，特異度則升為 .56，較能為專家學者所接受（APA, 2010）。其診斷標準如下：

> 「當有嚴重而廣泛的相互社會性互動發展障礙，並伴隨有語言及非語言之溝通技能的損傷，或存在刻板的行為、興趣及活動，但不符合特定的廣泛性發展疾患、思覺失調症、分裂病性人格疾患，或畏避性人格疾患等疾患的診斷準則者，則可使用此診斷分項，例如：此分項可包括『非典型自閉症』（atypical autism）。」

（二）DSM-5 對 ASD 的診斷標準

DSM-5 的診斷標準與前版最大的不同如下：

1. 採用 ASD 取代 PDD，去除次分類。
2. 鑑定基準由三核心改為二核心的障礙：將原鑑定基準中的(1)「顯著口語、非口語之溝通困難者」和(2)「顯著社會互動困難者」，整併成「顯著社會互動及溝通困難」一項，保留原(3)「表現固定而有限之行為模式及興趣者」。
3. 未明列症狀出現的年齡，但強調出現於早期發展階段，但亦允許部分症狀可能延後出現。
4. 說明和智能障礙、發展遲緩之區別診斷。

2023 年 DSM-5-TR 修正出版，在自閉症部分與前版大致相同，故以下介紹 DSM-5-TR 的診斷標準（如表 16-5 所示）。

表 16-5　DSM-5-TR 的 ASD 診斷標準

A.在多重情境中持續有社會溝通及社會互動的缺損，於現在或過去曾有下述三項全部的表徵（範例為闡明之用，非為詳盡範例）：
  (a) 社會─情緒相互性的缺損：包含範圍，如從異常的社交接觸及無法正常一來一往的會話交談，到興趣、情緒或情感分享的不足，到無法開啟或回應社交互動。
  (b) 用於社交互動的非語言溝通行為的缺損：包含範圍，如從語言及非語言溝通整合不良，到眼神接觸及肢體語言異常或理解及運用手勢的缺損，到完全缺乏臉部表情及非語言溝通。
  (c) 發展、維繫及了解關係的缺損：包括範圍，如從調整行為以符合不同社會情境的困難，到分享想像遊戲或交友的困難，到對同儕沒興趣。
B.侷限、重複的行為、興趣或活動模式，於現在或過去至少有下述二種表徵或症狀（範例為闡明之用，非為詳盡範例）：
  (a) 常同的或重複的動作、使用物件或言語（例如：簡單的常同動作、排列玩具或翻彈東西、仿說、奇異語詞）。
  (b) 堅持同一性、固著依循常規或語言和非語言行為的儀式化模式（例如：對微小的變化感覺極端困擾、在面臨情境轉換的調節上有困難、僵化的思考模式、問候／打招呼的儀式化行為、每天固定路徑或吃相同食物）。
  (c) 具有在強度或焦點上顯現達不尋常程度的高度侷狹、固著的興趣（例如：強烈依戀或執迷於不尋常的物件、過度侷限的或堅持的興趣）。
  (d) 對感官輸入訊息反應過強或過低，或是對環境的感官刺激面有不尋常的興趣（例如：明顯對疼痛／溫度的反應淡漠、對特定的聲音或材質有不良反應、過度聞或觸摸物件、對光或動作之視覺刺激著迷）。
C.症狀必須在早期發展階段出現（但是缺損可能到社會溝通需求超過受限能力時才完全顯現，或是可能被年長後習得的策略所掩飾）。
D.症狀導致臨床上在社會、職業或其他重要領域方面有顯著的功能減損。
E.這些困擾無法以智能發展障礙（智能障礙）或整體發展遲緩解釋。智能發展障礙與自閉症常並存；在做智能發展障礙與自閉症類群障礙共病診斷時，社會溝通能力應低於一般發展程度所預期的水平。
註：經診斷為罹患 DSM-IV 中的自閉症、亞斯伯格症或其他未註明之廣泛性發展障礙症者，皆應給予自閉症之診斷。

註：引自 APA（2023）。

（三）我國自閉症的定義與鑑定基準

民國 91 年（2002）訂定的《身心障礙及資賦優異學生鑑定標準》第 12 條規定，「自閉症」係指因神經心理功能異常而顯現出溝通、社會互動、行為及興趣表現上有嚴重問題，造成在學習及生活適應上有顯著困難，而需要特殊教育服務者。由上述定義可知，自閉症者須同時兼具溝通、社會互動、行為及興趣等三大方面的障礙。國內在此定義下，主要是採用美國精神醫學會（APA）的 DSM-IV-TR（APA, 2000）對自閉症（autistic disorder）之診斷標準，而隨著《特殊教育法》的修訂，民國 99 年（2010）在子法修訂過程中，亦跟隨國際趨勢採取廣義概念，在自閉症項下納入兒童期崩解症、亞斯伯格症及 PDD-NOS，但不特別列出次分類名稱。

民國 101 年（2012）修正的《身心障礙及資賦優異學生鑑定辦法》第 12 條為自閉症之鑑定基準，在修法過程中即參考 DSM-5（APA, 2013）的草案訂定，其條文如下：

> 「本法第 3 條第 11 款所稱自閉症，指因神經心理功能異常而顯現出溝通、社會互動、行為及興趣表現上有嚴重問題，致在學習及生活適應上有顯著困難者。
> 前項所定自閉症，其鑑定基準依下列各款規定：
> 一、顯著社會互動及溝通困難。
> 二、表現出固定而有限之行為模式及興趣。」

自閉症是由神經心理功能異常所導致，主要在強調自閉症並非由心理因素所造成；換言之，該症狀並非由成長過程中的父母教養態度、方式不當或人格問題所直接引起，而是由於本身有神經心理功能上的異常所導致，但並不排除器質因素。

此次修正的鑑定辦法中，強調的重點如下：

1. 採廣義的、光譜障礙連續性的概念，但不標示次分類名稱，在鑑定時以自閉症統稱之。

2. 鑑定基準由三項改為二項，且二項皆須符合始能被鑑定為自閉症。

3. 症狀出現時期：在修正的鑑定基準中，雖未如表 16-5 所列 DSM-5 的 C 項列出症狀出現時期，但在鑑定時仍將早期症狀出現列入考量，即症狀必須出現在兒童早期，若症狀明顯出現較晚，仍會回溯至兒童早期的表現，一方面避免輕症學齡兒童因症狀出現較晚而被排除，或因其他因素而影響正確診斷，另一方面也強調早期發現、早期診斷的重要性。

4. 強調自閉症對個體的影響：在新修正的鑑定基準中，明確指出「致在學習及生活適應上有顯著困難者」，其精神與 DSM-5 的 D 項「症狀導致在社會、職業或其他日常重要領域功能有臨床上顯著的困難」一致，因此學校適應是否有顯著困難亦為鑑定時的要項之一。

5. 不強調智力的問題：智力高低並非診斷自閉症的必要條件，自閉症者的智力分布
範圍由智力顯著低下到資賦優異皆有。智力低下的自閉症兒童，可以共病智能障礙
的方式註記，但不可歸類於智能障礙或多重障礙（參考 DSM-5 的 E 項）。

民國 113 年（2024）修正的《特殊教育學生及幼兒鑑定辦法》（原《身心障礙及資賦
優異學生鑑定辦法》）第 12 條為自閉症之鑑定辦法，其內容與 2012 年的版本大致相同，
條文如下：

「本法第三條第十款所稱自閉症，指因神經心理功能異常而顯現出溝通、社會
互動、行為及興趣表現上有嚴重問題，致在學習及生活適應上有顯著困難。
前項所定自閉症，其鑑定基準依下列各款規定：
一、顯著社會溝通及社會互動困難。
二、表現出固定而有限之行為模式及興趣。」

本次修法主要重點說明如下（張正芬等人，出版中）：
1. 與前版一樣，採廣義的、光譜障礙連續性的概念，以「自閉症」統稱之。
2. 鑑定基準仍維持二項：(1)原鑑定基準中的「顯著社會互動及溝通困難」小修為「顯
著社會溝通及社會互動困難」，強調社會互動中的溝通；(2)「表現固定而有限之行為模
式及興趣」。而此二項基準下之細項，可參考表 16-5 所列的 A 項及 B 項規定。
3. 症狀出現時期：此次新修正的鑑定辦法中，雖未如DSM-5-TR的C項列出症狀出現
時期，但從以往到現在，不論是醫院診斷或教育界鑑定，一向都充分將「早期症狀出現」
列入診斷的重要考量，即症狀必須出現在兒童早期，但輕症兒童的困難可能到社會溝通需
求超過受限能力時才會完全顯現，或因為習得的策略無法再掩飾其困難時才能清楚被辨
識。若症狀明顯出現較晚，仍會回溯兒童早期的表現，一方面避免輕症自閉症兒童因症狀
出現較晚而被剔除或因其他因素而影響正確診斷／鑑定，另一方面也強調早期發現、早期
診斷／鑑定的重要性。
4. 強調自閉症對個體的影響：定義中明確指出「因神經心理功能異常而顯現出溝通、
社會互動、行為及興趣表現上有嚴重問題，致在學習及生活適應上有顯著困難」，故在鑑
定時，除症狀需符合二項基準外，尚需有在「學習及生活適應上有顯著困難」之佐證資
料。
5. 不強調智力的問題：一般人常誤會自閉症是低智力或資優，事實上自閉症者的智力
分布範圍極廣，由智力顯著低下到資優皆有，因此智力高低並非診斷自閉症的必要條件。
智力在顯著低下範圍的自閉症者不宜歸類為多重障礙或智能障礙，但可以註記智力低下，
仍應歸類於自閉症；智力顯著優異者，有可能是身心障礙資賦優異學生，即雙重特殊需求
學生。在 2020 年教育部的調查中，義務教育階段身心障礙資賦優異學生的自閉症學生就
占了 64%（教育部，2020），故有資優特質者，建議宜接受資賦優異之鑑定。

　　國內有關自閉症兒童的診斷，主要是由各大醫院兒童心智科或精神科實施。在步驟方面，多經過初診、複診；在評量方式方面，多採用多元評量，即觀察、晤談、心理衡鑑等綜合評量方式；在診斷標準方面，有使用 ICD 系統的診斷標準，亦有使用 DSM 系統的診斷標準，並搭配不同工具，例如：「阿肯巴克實證衡鑑系統」（Achenbach System of Empirically Based Assessment [ASEBA]）、「臺灣版自閉症行為檢核表」（Autism Behavior Checklist-Taiwan Version [ABCT]）、「自閉症診斷會談」（修正版）（Autism Diagnostic Interview, Revised ed. [ADI-R]）、「自閉症診斷觀察量表」（第二版）（Autism Diagnostic Observation Schedule, 2nd ed. [ADOS-2]）、「自閉症類群障礙檢核表」（華文版）（Checklist for Autism Spectrum Disorder-Chinese Version [CASD-C]）等。

　　在教育體系中，會依各縣市政府特殊教育學生鑑定及就學輔導會（簡稱鑑輔會）之規定辦理鑑定、安置等相關事項。學校負有發現之責，通常會使用「自閉症兒童行為檢核表」（張正芬、王華沛，2005）或「高功能自閉症／亞斯伯格症行為檢核表」（張正芬等人，2007）、「自閉症學生行為檢核表（高級中等教育階段學生適用）」（張正芬等人，2019）、「高中職學生人格特質量表」（劉萌容，2008）等工具篩選疑似自閉症學生；在鑑定階段除參採醫療診斷外，多數縣市亦會針對主要照顧者進行生育史、醫療史及早期症狀的訪談，並綜合學生在學校的表現、轉介前介入、智力測驗、適應行為或其他必要之需求評估，進行綜合評估後做出障礙類別研判、教育安置、相關專業團隊，以及必要的特殊教育服務之建議。多數自閉症學生會在學前、國小階段為醫療單位所確診，並經鑑定程序拿到鑑輔會核發的「自閉症」鑑定證明，之後就能獲得學校的特殊教育及相關服務。輕度自閉症學生之鑑定，常受到區域醫療資源分配、家長、教師敏感度、接納度，以及學生本身能力等的影響，在國小、國中、高中、大學甚至成人階段才被懷疑，進而接受醫學診斷或教育鑑定者不少。其中，有些不乏先拿到「學習障礙」、「情緒障礙」的教育鑑定類別之後才轉自閉症者。女性自閉症學生更易因內向、退縮、學科表現不錯，加上發展出某些因應策略而產生遮蔽或偽裝現象（歐思賢，2021；Cook et al., 2018）。輕度自閉症學生愈晚確診或取得自閉症鑑定證明，愈可能因不被周遭人士所理解與接納而面臨各種衝突與挫折，導致學校適應困難，並引發各種情緒行為問題。因此，提高學校團隊的發現能力並提報鑑定是必要的步驟。

二、分類

　　到目前為止，最常見的分類方式除了有上述的次類別分類外，尚有不同系統的分類方式，例如：2007 年修正的《身心障礙者權益保障法》，對身心障礙之分類改採 WHO 的 ICF（International Classification of Functioning, Disability and Health）定義，依身體系統構造或功能有損傷或不全造成之影響程度做為分類之依據，將舊制的十六類身心障礙類別修改為八類，並於 2012 年正式採用後，自閉症即屬於第一類的「神經系統構造及精神、心

智功能」類，依國際疾病分類標準（ICD-10）的代碼為 F84。身心障礙證明中會依身心障礙鑑定結果列出四種等級，即輕度、中度、重度及極重度，並依等級不同而有不同的福利措施。

另外，也有以功能分類者，最常見為高功能與低功能的分類方式。Tsai（1992）根據 ICD-10，提出對高功能自閉症的定義和診斷標準，主要是以標準化測驗的得分做為依據，包括：

1. 非語文智商之得分在 70 或 70 以上。
2. 語言理解能力之得分，未滿 8 歲者未低於平均數負 1 個標準差；8 歲以上者未低於平均數負 2 個標準差。
3. 表達性語言能力之得分，未滿 8 歲者未低於平均數負 1 個標準差；8 歲以上者未低於平均數負 2 個標準差。
4. 社會功能之得分，未滿 8 歲者未低於平均數負 1 個標準差；8 歲以上者未低於平均數負 2 個標準差。未達此標準者，則為低功能。

國內則多以智力為主要考量，智力未低於平均數負 2 個標準者即為高功能自閉症。因此在 2013 年以前，高功能自閉症和認知能力無缺損的亞斯伯格症在區別診斷上就有重疊而不易區分之狀況。

目前，最新的分類方式為 DSM-5-TR 依嚴重程度所做的自閉症分類（如表 16-6 所示）。依自閉症者在「社交溝通與社會互動」和「侷限的興趣及重複性的行為」二大核心

表 16-6 DSM-5-TR 的自閉症分類

自閉症的嚴重程度	社交溝通與社會互動	侷限的興趣及重複性的行為
程度三 需要非常大量的協助	語言及非語言能力的社交溝通技巧嚴重缺損，嚴重影響社交互動；在起始社交互動方面有困難，對於他人的起始社交互動較少有回應。	過度的專注、固定的儀式或重複性的行為明顯的影響各領域之功能。當儀式或常規被打斷，會顯得非常沮喪。很難打斷固著的情形，即使被打斷了，也會很快地再回復固著的行為。
程度二 需要大量的協助	語言及非語言能力的社交溝通技巧明顯的缺損，即使在支持的環境下也會出現社交互動的缺損；在起始社交互動方面有困難，對於他人的起始社交互動回應較少，或可能出現異常的互動反應。	固定儀式、重複性行為或過度專注的情形明顯，會影響不同情境下的功能；當儀式或常規被打斷，會顯得失落或沮喪，很難打斷固著的情形。
程度一 需要協助	在沒有他人協助的情形下，在社交互動上會出現顯而易見的缺損；在起始社交互動方面有困難，回應他人的起始社交互動時，會出現異常的情形；可能會出現對於社交互動不感興趣的情形。	在一種或多種情境下，固定的儀式、重複性的行為明顯的干擾功能，若要打斷其固著，會出現抗拒的情形。

註：摘錄自巫唐孟等人（2012）。

障礙的表現情形，區分成三種程度：程度三「需要非常大量的協助」，相當於重度、極重度；程度二「需要大量的協助」，相當於「中度」；程度一「需要協助」，相當於「輕度」。在此分類系統下，傳統分類中智力未低於平均數負 2 個標準差的高功能自閉症、亞斯伯格症應屬於程度一的輕度自閉症。

此外，亦有由社會性功能此一角度出發的分類方式。由於自閉症具有社會性功能的損傷，此功能的損傷會導致自閉症者在人際互動、情感交流、同儕關係的建立與維持、社會規範的理解、團體適應上有顯著的困難。Wing 等學者（Wing & Attwood, 1987; Wing & Gould, 1979）從社會性行為的觀點，在對自閉症兒童進行分類時，將之分為孤獨型、被動型，以及主動但怪異型等三種。Ghaziuddin（2008）以 58 位亞斯伯格症者及 39 位典型自閉症者為研究參與者，並採用 Wing 與 Gould 的分類方式，結果有 46 位（79%）亞斯伯格症者被評為主動但怪異型，而典型自閉症者中有 32 位（82%）被評為孤獨型、被動型，只有 3 位被評為主動但怪異型。當就其中選擇智力相當的研究對象配對時，共得到 20 組（全量表智商、作業智商、語文智商均在 90～95 之間，二組均無顯著差異），亞斯伯格症者被評為主動但怪異型的有 17 位，但典型自閉症者只有 2 位，達 .0001 顯著水準，此顯示亞斯伯格症在社會性的問題主要為怪異。以下就此三類加以說明。

（一）孤獨型

孤獨型的人極少主動對他人有社會性的接近，對他人的接近也少有反應（除非為滿足本身需求），其特徵如下：

1. 大部分的時候都是孤獨且不關心的（冷淡的）（例外：特殊需求得到滿足時）。
2. 與大人的互動多以動作為主（身體試探）。
3. 對社會性接觸極少顯示興趣。
4. 鮮少有口語、非口語的輪流。
5. 鮮少參與活動或有共享式注意力。
6. 缺乏視線接觸，不喜注視。
7. 經常表現反覆、刻板的行為。
8. 對環境的變化沒有特殊反應（如他人進來時）。
9. 具有中、重度的認知障礙。

（二）被動型

被動型的人具有下列特徵：

1. 有限的自發性之社會性接近。
2. 接受其他人的接近。相較於由小孩開始的互動，由大人開始的互動較易為自閉症兒童所接受。

3. 在其他孩子的引導下能有被動的互動。

4. 從社會性接觸中少有樂趣，但也少有拒絕行為。

5. 可能有口語或非口語。

6. 立即性鸚鵡式語言多於延遲性鸚鵡式語言。

7. 不易理解各種規則（含班規、遊戲規則）、規範、規定。

8. 有不同程度的認知障礙。

（三）主動但怪異型

主動但怪異型的人具有下列特徵：

1. 有自發性的社會性接近，通常較多對大人而較少與同儕做主動性的接近。

2. 互動可能包括反覆的、特異的行為，例如：不停的發問或重複某些話語。

3. 互動可能是溝通的、非溝通的、延遲性或立即性鸚鵡式語言。

4. 很差或缺乏輪流的技能，包括：對聽者需求的覺知很差、對語言的複雜度或類型無法修正、改變話題時有接續的困難等。

5. 對重複的互動本身比互動的內涵感興趣。

6. 對不成文及模稜兩可的規則、規範、規定之理解有困難。

7. 年齡較大、能力較佳者對他人的反應有相當的覺知（尤其是特殊的反應）；一般而言，較被動型更不易為社會所接納。

若將 DSM-5-TR 對自閉症嚴重程度的分類對照 Wing 等學者的分類時：程度一的輕度 ASD，較多屬於主動但怪異型；程度二的中度 ASD，較多屬於被動型；程度三的重度、極重度 ASD，較多屬於孤獨型。

第三節　自閉症的成因

早期的自閉症成因是以心因論為主，例如：主張係由於父母的人格障礙導致孩子的反應異常、父母的育兒態度缺乏溫暖、父母對孩子的憤怒或拒絕、排斥、母親的攻擊性導致孩子的不安靜，而造成親子間的溝通不良等各種論點盛行（張正芬，1996），所以早期有自閉症係源自於「冰箱父母」的說法。但隨著研究的累積，此種心因論的歸因已被否決，成為過時的論點。

雖然至目前為止，尚無法明確指出自閉症的成因為何，但多元因素導致自閉症的論點普遍為學界所接受，包括環境因素、生物學和基因等因素在內。近年來，由於對自閉症原因探求的醫學研究大增，除了基因研究外，腦神經科學技術的增進，例如：核磁共振造影（Magnetic Resonance Imaging [MRI]）、功能性核磁共振造影（functional Magnetic Resonance Imaging [fMRI]）、正子斷層造影（positron emission tomography [PET-scan]）等之研發，透過腦科學研究得以對自閉症者的腦部結構與神經生理之功能異常狀況有了更突破性的發現，例如：自閉症者小時候的腦體積較大、杏仁核、小腦萎縮、鏡像神經元等之研究，都得到某種程度的證實，但距獲得一致性結論仍有一段距離。

一、遺傳因素

大部分的科學家都同意，基因是導致自閉症的高危險因子之一，透過自閉症家族研究、雙胞胎研究，都發現遺傳的可能性。自閉症中有約 10%和基因異常有關，例如：X染色體脆裂症（Fragile-X Syndrome）、結節性硬化症（tuberous sclerosis）、唐氏症（Down Syndrome），以及其他染色體疾患等，都證實基因扮演著重要角色。簡言之，若某一兒童的手足或父母有 ASD，則該兒童可視為 ASD 的高危險群。

二、疾病因素

代謝異常的疾病，例如：苯酮尿症（phenylketonuria），或是疾病感染，例如：德國麻疹、腦炎、先天性風疹症候群、酒精中毒、胎兒酒精症候群等，都有可能導致自閉症。

三、腦傷或腦功能異常

中樞神經系統構造異常，例如：小時候大腦的體積較大、水腦症、小腦發育不良等，或是腦傷，例如：生產過程或嬰幼兒期因疾病感染或外傷所導致。

四、環境因素

雖然近年來的研究多支持基因導致自閉症的可能性，但環境因素中的有毒物質和污染所導致的可能性，仍為專家學者所重視的一環，例如：孕婦長期暴露在有毒化學環境中，可能是生出自閉症孩子的高危險群。環境中的有毒物質，例如：鉛、汞等重金屬中毒即是。美國的 Autism Speaks 即投入大量經費在探討環境中潛在可能的危險因子（Autism Speaks, 2014）。

五、藥物

懷孕中服用沙利竇邁（Thalidomide，用於抗發炎、鎮靜）、valproic acid 等處方藥，被認為有可能導致生出來的孩子有自閉症。

疫苗注射，尤其是牛痘疫苗、三合一疫苗（白喉、百日咳、破傷風）的注射，一度曾被高度懷疑和自閉症的發生有關，但在比較三合一疫苗研發前未施打的年代與正式普遍施

打後的自閉症出現率，並未出現增加的現象，因此其可能性日漸被排除中。

六、自閉症的心理學假說

近年來，由認知心理學之角度探討自閉症成因的研究日益增加，最重要的理論有心智理論（theory of mind）、執行功能（executive functions），以及核心統整理論（theory of central coherence）等三個理論。

心智理論主要探討自閉症者對他人及自己情緒、想法、觀點、意圖、信念等的理解及反應，若此能力不足，會影響與他人或環境互動時的表現。此領域的研究，最早引起關注的文獻應屬 Baron-Cohen 等人於 1985 年發表的未預期位置改變的「Sally-Ann task」的研究。該研究主要測試一個人是否能了解他人與自己或事實不同的信念，這大約是四歲的一般兒童能理解的，研究結果顯示自閉症兒童的表現顯著低於一般兒童與唐氏症兒童，此後開展了一系列有關心智理論初階與進階的研究。至目前的研究顯示，自閉症者依其年齡、認知與語言能力、症狀輕重等在不同心智理論測試上，包括：分享式注意力、初級錯誤信念、次級錯誤信念、反諷、善意謊言、尷尬等複雜情緒解讀，以及眼神、臉孔、聲音辨識等方面，多數較同年齡、相同能力者弱，此顯示自閉症者在解讀他人意圖、信念、同理心等方面確實存在著不同程度的困難。而近年來的研究則傾向支持自閉症者在心智理論上的問題係發展遲緩而非根本的缺陷，且心智理論發展的順序大致與典型發展的兒童相同，因此可透過系統化的教導提升其表現（Begeer et al., 2011; Hess et al., 2008; Hofmann et al., 2016）。心智理論的研究能解釋部分自閉症兒童在社會性互動、溝通，以及表徵性遊戲等方面的困難，但較無法說明刻板、固執、缺乏彈性的部分。Baron-Cohen 等人（2004）提出系統性與同理心理論，認為輕度自閉症者明顯擅長於理性、系統化思考，而弱於同理、感性思考，較屬於極端的男性頭腦（extreme male brain），其論述得到跨文化，如美國、日本、西班牙、臺灣研究的支持，目前受到相當的重視，顯示不一定要從障礙的觀點看自閉症，而是可以從思考模式差異的角度重新認識自閉症。同理心的議題也受到相當的關注（蕭雁文、趙家琛，2017），其指出自閉症者並非不具備同理心，而是較難適當地表現出來，或即便表現出來也不符合社會大眾的期待。此外，神經心理學有關鏡像神經元的研究，也支持自閉症者在同理心的腦部反應上有異於一般人之處。但不可忽略的是，多位有良好自我表述能力的成年自閉症者，常反映他們對自己信賴、關心的人或自己感興趣的議題，也能有相對應的同理心表現。

執行功能缺陷說以 Ozonoff 等人（1991）為代表。該理論主要探討自閉症者在執行功能，包括：目標設定、認知彈性、自我覺識、認知計畫、注意力、工作記憶、自我調整、衝動控制等方面的表現。許多研究指出，自閉症者的三大行為特徵大多可從「執行功能」的缺陷來加以解釋，例如：目標設定（互動目的、溝通意圖）、計畫與組織（互動與溝通策略的選擇與組織）、自我監控（互動與溝通過程的監控），以及結果評估（互動與溝通

結果的評估）等執行功能的次成分，可解釋社會互動與溝通上的缺陷；彈性思考的缺陷可解釋刻板行為、狹窄興趣及僵化的行事風格；也有學者（Lopez et al., 2005）認為，自閉症在侷限性、重複性行為與工作記憶、反應抑制有顯著相關，但和計畫、流暢性則無顯著相關。該理論至目前為止，研究結果尚有分歧，離一致的定論仍有距離。尤其是認知能力佳的輕症自閉症者在相關測驗上可能和控制組的一般兒童一樣好，但在日常生活上仍常表現出缺乏彈性、計畫能力弱、自我調整差等行為，顯示此領域的研究有待持續探討。

　　自閉症者常有良好的機械性記憶、過目不忘的檢索能力、絕佳的音感、對細節的精準描述或掌握、對常同性的堅持等，Frith（1989）針對此些行為，提出弱核心統整理論（Theory of Weak Central Coherence [WCC]）加以說明。該理論主要是探討自閉症者對感官所接收資訊的處理方式。Frith 認為，大多數人對環境中的刺激，會優先擷取整體或前景，亦即先對重點做出反應，自閉症者則傾向先關注細節或局部而非整體，所以容易出現不受干擾、過度選擇、重複而固執的行為。弱核心統整理論主要探討知覺統整和語意統整的表現：在視覺統整方面，自閉症者在「魏氏兒童智力量表」的圖形設計表現比一般學生好（陳心怡等人，2004），在「描圖測驗」中，傾向從局部開始畫起；在聽覺統整方面，常有良好的純音辨識能力；在語意統整方面，難以根據文句脈絡正確唸出同形異義字；在敘事結構上表現較差等。以上證據顯示，自閉症者在許多資訊處理上，傾向於將視覺焦點放在局部，而非整體上，此在透過視線追蹤自閉症成人閱讀漫畫情境腳本的研究亦獲得證實（Tassini et al., 2022）。因此，有學者（Fitch et al., 2015; Happé, 2021; Happé & Frith, 2006）主張，自閉症者的核心統整是一種認知傾向而非缺陷或障礙，他們只是較關注細節，長於局部的處理（local processing），而非整體的處理（global processing）有缺陷。目前，核心統整理論尚有許多探討空間。

第四節　自閉症者的出現率與安置

一、國外部分

　　典型自閉症的盛行率，早年較為大家所接受且保守的估計為萬分之 5 左右，即一萬個人口當中，約有 5、6 名左右的自閉症兒童，男女性的比例約為四比一，男性顯著多於女性。就智力功能而言，個別智力測驗結果在 70 以上者，約占自閉症人口的 20～25%，換言之，自閉症者中約有 75～80%兼有智能障礙（此部分一般通稱為低功能自閉症）。

　　在Fombonne（2003a, 2003b）的研究中，自閉症的盛行率約介於百分之 0.3～0.6。Fombonne（2005）在分析 1966～2004 年的 36 篇有關自閉症盛行率（prevalence）調查之研究，得到以下結果：(1)各次類型盛行率：典型自閉症為萬分之 13，PDD-NOS 為萬分之 21，AS 為十萬分之 2.6，整體約為千分之 6；(2)盛行率由萬分之 0.7～萬分之 72.6，差異

極大，且盛行率和樣本數成反比，小樣本的盛行率較高；(3)男女比率為 1.33：1～16：1，平均為 4.3：1；若排除智力低下者，男女比率為 5.75：1；若只有智力低下者，男女比率為 1.9：1；(4)年代愈近盛行率愈高，1966～1991 年的平均盛行率為萬分之 4.4，1992～2001 年的平均盛行率為萬分之 12.7。

　　美國疾病管制局（Centers for Disease Control [CDC]）自 2000 年起，長期調查 8 歲兒童中自閉症的出現率，發現有逐年增加的趨勢。2006 年的推估約為百分之 0.2～0.6，也就是介於 167～500 人中有 1 人；但在 2014 所發布的統計資料，自閉症兒童出現率為 68 人中有 1 人，到了 2020 年，上升至 54 人中有 1 人，2023 年，上升至 36 人中有 1 人，自閉症人數以驚人的速度持續上升。男性約是女性的 4～5 倍（CDC, 2023）。

　　此外，美國 Autism-Society（2010）的官方網站資料顯示：(1)在美國 3～17 歲人口中，ASD 占 1%；(2)盛行率推估為每 110 個新生兒中有 1 人；(3)1～1.5 百萬的美國人有 ASD；(4)每年以 10～17%的成長率在上升。

　　隨著自閉症概念的擴大、醫生及相關專業人員的發現及診斷能力大為提升、家長增加對自閉症的了解等各種因素，均使得自閉症的人口呈現驚人速度的成長，也造成各國對此議題的重視，聯合國大會於 2007 年通過自 2008 年起，將每年 4 月 2 日訂為「國際自閉症者日」，以提高大家對自閉症的了解與關注，並強化相關的研究與對策。

二、國內部分

　　民國 80～81 年（1991～1992）所舉辦的第二次特殊兒童普查報告（教育部特殊兒童普查執行小組，1993）顯示，在此次以 6～15 歲為普查對象的大規模調查中，透過教師和家長的初查，再經由精神科醫師複查的結果，共檢出自閉症兒童 598 名，占身心障礙兒童的 0.29%，占學齡兒童母群體的 0.017%。

　　民國 86 年（1997）自閉症列入特殊教育對象，當年的學前至高中職教育階段共有自閉症學生 823 人，占當年身心障礙學生總人數（60,572 人）的 1.36%，之後自閉症學生的人數呈現逐年增加的趨勢。表 16-7 為 2010～2020 年，以 2 年為一單位的自閉症學生人數統計表，由表中可見，各教育階段自閉症學生的鑑出率逐年上升（近十年上升超過 10%），除學前階段人數略有起伏外，其他各教育階段均明顯隨年代增加而增加，2020 年各教育階段的人數均為 2010 年人數的 1～6 倍。人數增加倍數最多的為大專校院的 5.93 倍，其次為高中的 3 倍、國中的 2.17 倍；男性與女性比例懸殊，男比女約 7：1。自閉症學生人數占當年身心障礙學生總人數的比例，也由 2010 年的 8.12%增加至 2020 年的 14.64%，僅次於學習障礙學生，高居第二多的障礙類別。在 2023 年「特殊教育通報網」的資料顯示，所有教育階段（含大專校院）身心障礙學生人數為 127,418 人，自閉症學生人數為 19,883 人，占身心障礙學生總數的 15.6%；若只看大專校院階段，身心障礙學生人數為 14,078 人，自閉症學生人數為 3,167 人，占身心障礙學生總數的 22.5%，僅次於學習

表 16-7　2010～2020 年學前到大學校院的自閉症人數分布（以 2 年為一單位）

教育階段	性別	2010	2012	2014	2016	2018	2020
學前 （5 月）	男	945	886	907	855	937	
	女	157	149	164	125	162	
	小計	1,102	1,035	1,071	980	1,099	1,282
國小 （5 月）	男	3,542	4,175	4,456	4,947	5,407	
	女	569	627	666	726	756	
	小計	4,111	4,802	5,122	5,673	6,163	7,459
國中 （5 月）	男	1,522	1,970	2,445	2,943	3,184	
	女	236	298	372	427	476	
	小計	1,758	2,268	2,817	3,370	3,660	3,820
高中	男	1,086	1,590	2,112	2,838	3,242	3,212
	女	147	218	305	415	479	489
	小計	1,233	1,808	2,417	3,253	3,721	3,701
大專校院	男	415	726	1,191	1,724	2,194	2,393
	女	45	70	133	205	312	334
	小計	460	796	1,324	1,929	2,506	2,727
合計	男	7,510	9,347	11,111	13,307	14,964	
	占比%	86.68%	87.28%	87.14%	87.52%	87.26%	
	女	1,154	1,362	1,640	1,898	2,185	
	占比%	13.32%	12.72%	12.86%	12.48%	12.74%	
	小計	8,664	10,709	12,751	15,205	17,149	18,989
當年度身心障礙學生 總人數		106,699	113,599	117,827	118,310	120,511	129,749
占比%		8.12%	9.43%	10.82%	12.85%	14.23%	14.64%

註：1.由於教育部特殊教育通報網的統計資料項目包含性別的資料中，國中與國小合併為國中小
　　階段，也沒有學前，故學前、國小至國中的統計資料，皆使用《特殊教育統計年報》的數
　　據，使用的資料為當年度 5 月份而非 10 月份，故統計上恐有落差。
　　2.引自教育部（2020a）。

障礙學生的 14,078 人（33.9%），為身心障礙類學生人數第二高的障礙類別（教育部，2023）。由上述統計資料可知，國內在自閉症概念擴大之後，鑑出人數逐年上升，與國外趨勢相符合。但由表 16-8 可看出，各縣市義務教育階段自閉症學生的鑑出率（該縣市自閉症學生人數除以該縣市身心障礙類學生人數的比值）差異相當大，由彰化縣的 5.4%到臺北市的 40%，為一值得關注的議題。

　　在教育安置方面，從學前到高中各教育階段，自閉症學生皆以安置在普通班接受資源班、巡迴輔導或特教服務的融合教育為主，所占比率約為七成左右，其餘三成分別就讀於一般學校集中式特教班或特殊教育學校。就讀大專校院的自閉症學生全數就讀於一般科

表 16-8　2023 年國中小自閉症學生鑑出率

縣市	自閉症學生數（人）	身障生總數（人）	鑑出率(%)
新北市	3,261	13,229	24.7
臺北市	3,183	7,963	40.0
高雄市	1,597	8,969	17.8
臺中市	1,576	8,927	17.7
桃園市	1,261	8,418	15.0
臺南市	1,124	4,382	25.7
新竹市	356	2,284	15.6
基隆縣	311	1,248	24.9
宜蘭縣	296	1,348	22.0
屏東縣	270	3,537	7.6
雲林縣	258	2,635	9.8
新竹縣	231	2,415	9.6
苗栗縣	230	2,416	9.5
花蓮縣	204	1,282	15.9
彰化縣	192	3,540	5.4
嘉義市	152	1,074	14.2
嘉義縣	146	1,686	8.7
南投縣	104	1,789	5.8
臺東縣	85	1,066	8
澎湖縣	52	308	16.9
金門縣	28	277	10.1
連江縣	3	37	8.1
合計	14,920	78,830	18.9

註：引自教育部（2023）。

系，並可接受資源教室的服務。在以融合教育為主要安置型態下，學校團隊也努力為他們提供各項適性的教育服務。

第五節　自閉症者的特質

個案一：小傑

　　5 歲白淨、可愛的小男生，獨子。嬰兒時期極度安靜，是媽媽眼中好養的乖寶寶。按時喝奶，醒來時玩自己的手指，哭鬧時換換尿布、搖晃嬰兒床即可安靜自己玩。媽媽一方面慶幸生到乖寶寶，另一方面擔心寶寶似乎不太需要她，餵奶時逗弄他、和他說話，小傑並不會太開心，也不怎麼看媽媽。會爬、會走時常到屋角自己玩，父母加入遊戲時顯得不耐煩甚至生氣。對媽媽購買的各類玩具喜惡分明，僅獨鍾小汽車和積木，並總是樂此不疲的以相同排列或堆高方式玩。語言發展很慢，到 26 個月大時只會叫媽媽，而且常常在眼前快速拍打雙手、在走路時旋轉身體發出大叫聲，並有明顯的社會退縮。除此之外，每天固定吃同樣的食物、用同樣的杯子喝水、穿同樣的衣服，各種固執、不肯接受變化的拗脾氣，讓媽媽每天生活在作戰中。3 歲時在友人陪同下就醫，被兒童心智科醫師診斷為自閉症；3 歲 6 個月時拿到中度自閉症的身心障礙證明，同時接受語言治療、職能治療等早期療育。4 歲時進普通幼兒園就讀，因無法遵守班上老師的各種規定、不吃點心和午餐，難以參與班上活動，而改就讀其他幼兒園附設的特殊教育班。目前可聽懂簡單指令，在老師協助下可跟隨班上同學做部分活動；字彙增加，在老師示範下可仿說短句。但大部分時間都喃喃自語、拍打雙手和一個人在角落堆積木，不在意同學和老師在做什麼。

個案二：小湖

　　國小三年級男生，就讀普通班接受分散式資源班的服務。主要問題是人際關係差，和同學常起衝突，無法適當表達自己的情緒和了解別人的想法與觀點；講話時常滔滔不絕於自己感興趣（如昆蟲）的話題，卻不在乎同學的反應；面對陌生或非預期的環境時很焦慮，有時會不知所措而放聲大哭；對他人開玩笑或挪揄的話常做出錯誤反應，並常糾舉他人。父親形容他在班上的處境猶如「全班公敵」。小湖在「魏氏兒童智力量表」上的表現為語文理解 97、知覺推理 100、工作記憶 129、處理速度 94、全量表智商 103，是一位內在差異很大的學生。平日喜歡閱讀數理方面的書籍，父母與老師均反應小湖在語文、物理及數學方面有優異的表現。

個案三：小恩

　　國中八年級女生，就讀普通班接受分散式資源班的服務。小恩 1 歲多時經常因氣喘就醫，2 歲多開始進行大小便訓練時，媽媽覺得教導非常困難，同時發現小恩有下列問題：不會也不喜歡和別人玩、很少看人、常發脾氣、注意力不集中、不能安靜、睡眠困難、感覺敏感、日常生活常規改變會極度不安，以及有些自我刺激的行為。唯一不讓媽媽擔心的是她的語言能力相當好，比同年齡兒童更早就能閱讀昆蟲、恐龍類圖書，並侃侃而談。小恩之前在讀國小三年級時，除同儕關係持續不佳外，也明顯出現焦慮、不安、自言自語和長時間過度專注於某事物的行為。之後在 12 歲時，行為雖有改善，但變得孤立和愛幻想、食慾和睡眠變差、活動量減少、精神難以集中。她的智力分數，包括語言和作業得分都屬中上，而且學科表現優良，但學校適應不佳，特別是人際互動和情緒困擾明顯影響她的每日生活。

個案四：小奕

　　國小四年級男生。因動作不協調，影響美勞課、體育課的表現，也不喜歡寫字；對某些規則非常堅持，當規則被破壞時，會有激烈的情緒反應，包括：放聲大哭、要求他人恢復或遵守；不易接受未被告知或突然異動的事件；與人互動時不會察言觀色、不懂他人言外之意。小奕很敏感、容易緊張、堅持度高、社交技巧差，影響師生與同儕互動。講話時對自己感興趣的話題可以口若懸河，卻對同學的言談不感興趣；會熱情地與不熟的同學打招呼，交淺言深；對同學常做出不恰當行為，如掀女生裙子、對喜歡的女生大聲說「我愛你」。上學至今常遭同學欺負，低年級時的情況尤其嚴重。小奕的「魏氏兒童智力量表」表現，不論是全量表或因素指數分數均在 100 以上，班級成績也在中等以上。

　　由上述四個例子可以看出，自閉症是一個異質性很大的族群。以下就其身心特質與學習特性加以說明。

一、社會性溝通方面

　　自閉症兒童不論在口語或非口語的溝通，都有發展遲緩和偏異的部分。有的自閉症兒童在學習口語上有很大的困難，因此在學齡階段可能無法學會口語或僅能說單字或短句而已，長時間須透過肢體動作或溝通輔具與外界溝通。有口語者，在語言發展過程中常有鸚鵡式語言，或是刻板的、重複的語言，以及隱喻式語言等非慣用性語言的使用。鸚鵡式語言，指的是如鸚鵡學講話一般，立即或延宕地仿說他人話語的全部或一部分；刻板的、重覆的語言，指的是經常講同樣的話，如背誦廣告用詞、重複問人同樣問題等；隱喻式語

言，指的是講一些對自己具有特定意義，但別人聽得懂卻無法理解的語言，例如：說「戴帽子」代表「林姊姊」，說「走迷宮」代表「太難了，不會做」。對於會因距離或關係而改變的代名詞，例如：你、我、他、這裡、那裡等的使用上有困難。他們常因良好的記憶力而能正確複述問題或說出答案，但本身對所說內容的理解不夠，因此常出現「說的是一回事，做的又是另一回事」之情況。另外，輕度自閉症兒童在語彙、語法、語意的表現通常與同儕相若，但在與人溝通互動時則常出現狀況，包括：突如其來的問話、不知如何輪流和轉換話題、說話時過度描述細節或談論自己感興趣的話題、不恰當的結束對話等外，還常因聽不懂玩笑、雙關語、反諷等語言而做出不當回應，或無法因親疏遠近而調整說話內容、用語或音調。而說話過度直接、冗長、難以兼顧聽者的感受等，在在讓他們在與人溝通時陷入困境。

　　一般人在說話時，常會輔以面部表情、肢體動作來協助表達或增加說話時的趣味性、豐富度，但自閉症兒童在理解與使用這些包括手勢、動作、面部表情、肢體動作等非口語行為時，有明顯困難，所以常漏失或錯誤解讀他人的非口語訊息，而他們自己本身也因面部表情較少、肢體僵硬，而讓人覺得呆板而機械。說話時的聲調過於平板、缺乏變化，或抑揚頓挫過於明顯而顯得矯揉，也是常見的問題。

　　至於早期最易讓父母擔心的語言發展問題，除輕度者較無此部分的問題外，其他疑似自閉症類的嬰幼兒常因明顯的語言發展緩慢，而得以及早接受診斷及早期療育。

二、社會性互動方面

　　自閉症者最大的困難就是不擅於與人互動，難以適當回應所處環境。低功能自閉症者以孤獨型居多，在社會性方面明顯可觀察到的是：視線接觸少、肢體動作和表情貧乏、較少主動與人溝通、對人際互動甚少表現出興趣、較喜歡獨處、常沉浸在自己的世界中。中、高功能自閉症者以被動型及主動但怪異型居多。被動型者在他人的主動引導下會有回應，且常對大人的反應優於對同齡者；主動但怪異型者雖社會互動的動機高、交友意願強，但因周遭他人（如老師、同儕、親友、社區人士等）對他們的理解不足、互動經驗缺乏，加上他們與人相處時，常難以理解他人的想法、意圖，不善察言觀色或掌握社會互動脈絡，又常有獨特觀點與過度堅持己意，以致於難以表現與情境相符之適當行為，讓人覺得怪異或自私、缺乏同理心。此外，自閉症兒童的情緒發展普遍較慢，不論對情緒的理解、表達、調整、管理均落後於同年齡兒童，就更容易產生不當情緒，而進一步影響其人際互動。

　　自閉症者對於規矩、規範，如班規、校規等之理解有困難，常需多於同儕數倍的具體、明確的說明與教導，才可能了解並遵守。一旦學會規則、規範時便會努力遵行，但因缺乏彈性，所以遇到調整或些微改變時，常容易出現焦慮、生氣、告狀或抗議的情緒。對不成文之規定更有理解上的困難，導致在群體中常會不知所措或有不當反應。簡言之，灰

色地帶、模糊、彈性是他們困難因應的所在。

輕度自閉症者最大的困境在於其外表、語言能力，甚至學科表現皆與同儕無異甚至名列前茅，但卻有遠遠落後於同儕的社會性表現，導致他們在師生、同儕相處上出現明顯鴻溝，難以表現出期望的行為，也不易獲得他人的理解與體諒，當然也很容易因誤解而引發衝突事件，甚至成為嘲笑、捉弄等霸凌的對象。

三、行為方面

自閉症兒童常表現出固定而有限之行為模式及興趣。在行為方面常見的特徵有：刻板而重複的動作，如晃動手或手指、拍手、擺動身體等；堅持同一性、固定的、不具功能的儀式化行為，如走固定路線、做某件事前要說某一句話、東西擺放位置不可更動、教室窗戶開的角度、座位的距離、進班的方式等，均可能成為自閉症兒童固執的項目；若輕易改變，則可能會出現恐慌、焦慮、生氣或抗拒等情緒行為，造成父母及教師的困擾。長時間喜歡某一種或少數的物品或事物，其強度與焦點明顯有異於同年齡兒童，例如：多年只玩各式小汽車的輪子、除排列積木或拼圖外不玩任何玩具、只翻書頁或聞書味而不看內文、長期只談論昆蟲或氣象等。由預後研究可知，固執行為由小到大雖有改善但幅度不大，有些行為出現後會自然消失，有些行為經過教導後會消失或轉移。

一般而言，固執性隨年齡的增加在內容上會有所改變，但極少會全然消失。不同階段常見的固執行為，在幼兒期以玩沙、玩水、翻書、摩擦塑膠袋等感覺刺激為主的行為居多；學齡期以走固定路線、坐固定位置、背時刻表、看固定電視節目等周邊生活相關者為主；青春期、成年期則以固定流程（做事的先後次序）、固定生活作息、固定思考模式等較為常見。換言之，明顯可觀察到的外顯行為通常會隨著年齡增加，在個體成熟、社會期待、教育訓練等因素下而有所減少，但代之而起的，有可能是以較隱微的內向性行為呈現，例如：緊張、焦慮、憂鬱等。

四、感官知覺方面

自閉症兒童普遍有感官知覺的問題，即對外在刺激有過度敏感或過度鈍感的反應。過度敏感，指的是刺激閾值低，他人不會反應的強度，他已經有所感覺。一般人能接受的強度，可能已遠超過他能忍受的範圍，例如：東西一定要精準擺放在他認定的位置、媽媽或老師的髮型不可改變、下課時的同學嬉鬧聲覺得震耳欲聾、他人聽不到的遙遠嬰兒哭聲卻深受干擾、同學的輕微碰撞有如被人重擊一般、因味覺敏感而極度偏食、因嗅覺敏感而不斷用鼻子確定周圍的變化等。過度敏感雖會造成他們對環境的過度反應，但也常表現出過人的辨識能力。過度鈍感則正好相反，會讓一般人產生反應的刺激閾值，卻不足以引發他們的反應，例如：被打不覺得痛、摳皮膚摳到流血卻沒有反應、對他人的叫喚聽而不聞、喜歡嗅聞刺鼻的液體等。李怡嫻（2023）以 45 名國中小自閉症學生為研究參與者，實施

「青少年／成人感覺處理能力剖析量表」，結果有 28 名（62.22%）至少有一項以上的感覺處理困難。簡言之，常見於自閉症者的過度敏感或過度鈍感議題，都給自閉症者和周遭人士帶來相當大的影響和困擾。但感官過敏也常讓他們敏於覺察周遭的變化或細微的差異，若能善加利用，也能成為他們獨特的優勢。

五、認知與學習方面

自閉症者的智力分布極廣，由低智商到高智商皆有。如前所述，典型自閉症兒童的全量表智商在 70 以下者約占七成五，70 以上者約占二成五；但 ASD 的智力分布則反過來，70 以上者占近七成，且其中一半以上的全量表智商高於 85。早期以「魏氏智力量表」（第三版）（WISC-III）所做的研究，典型自閉症兒童的語文智商（Verbal Intelligence Quotient [VIQ]）及作業智商（Performance Intelligence Quotient [PIQ]）之間的差距，可能受到整體智商表現的影響，智商低於 70 以下者，較容易出現 PIQ > VIQ 的趨勢，智商愈接近平均數（100）或高於平均數者，PIQ 和 VIQ 之間的差距愈縮小，也容易出現 VIQ > PIQ 的現象。吳沛璇與張正芬（2012）的研究指出，50 名國小至國中階段的 AS 學生在「魏氏智力量表」（第四版）（WISC-IV）的全量表智商分數之平均數為 112.96，語文理解因素指數之平均數為 122.54，為四個因素指數分數中表現最好的；最差的為處理速度，平均數為 88.44，顯示智商愈高者，語文理解有可能是其優勢。由近年來自閉症學生智力的研究可發現，不論智商高低，其較為一致的特質為處理速度慢、但具有視覺空間方面的優勢。

自閉症學生在學習上常見的特點為較擅長視覺學習與思考，如應用視覺影像、圖像的方式學習，其效果較佳；可操作的空間性學習，如拼圖、方塊等之學習也優於時間性學習，也能對一連串的指令與步驟或對因果關係、事件的來龍去脈做正確反應等。此外，在記憶力方面，視覺記憶常優於聽覺記憶、機械性記憶較理解性記憶佳；在注意力方面，感興趣者注意力佳、注意力較易集中於細部、注意力轉移較慢等，亦為自閉症常見特質。

自閉症學生因認知功能差異大，所以學科表現也有明顯差異。以智力在一般範圍之輕度自閉症者而言，有功課名列前茅者，也有敬陪末座者，更多的是感興趣的學科表現優異、不感興趣的學科成就低落，所以學業成就常受到動機和狹隘興趣的影響。

此外，因自閉症學生常伴隨有注意力問題，故也容易因分心而干擾了自身的學習。

動作問題對自閉症的影響也不可忽視。Manjiviona 與 Prior（1995）的研究指出，有 50% 的亞斯伯格症者和 67% 的高功能自閉症者有明顯的動作方面問題。自閉症（尤其是亞斯伯格症）學生會因精細動作差、寫字速度慢，而影響繳交作業的意願及考試表現，也會因粗大動作不協調而逃避體育課等。此外，動作協調不佳對社會性退縮、學習等的不利影響也值得關注。

六、情緒方面

自閉症者在情緒議題方面，有情緒發展遲緩、情緒表達與理解、情緒調控（Ting & Weiss, 2017）等較同年齡者弱的情形，加上本身的障礙與環境互動困難之不利因素下，更常同時存有情緒方面的問題，例如：焦慮、憂鬱、睡眠障礙等。羅玉慧（2009）指出，國中階段自閉症學生常有負向思考、貶抑他人、將錯誤歸因他人、認為他人都和自己唱反調，以及身體焦慮和社會焦慮等現象。在 Hill 等人（2004）的調查研究中，75%的 18～63 歲自閉症者有躁症或憂鬱的症狀；Gordon-Lipkin 等人（2018）的研究指出，在 6～17 歲的自閉症者中，有高達 45.3%兼有注意力不足過動的問題。而二者兼具者，罹患焦慮與情感性疾患的機率也相對提高。因此，自閉症者的共病情緒問題是學校與家庭需高度關懷之面向。

七、特殊能力、零碎天賦、資賦優異？

有些自閉症兒童有所謂的「零碎天賦」、「智慧火花」或「資賦優異」，例如：良好的記憶力、數字計算、拼圖、機械組合拆裝能力，或音感、繪畫能力等（宋芳綺、謝璦竹，2002）。國內的自閉症音樂家、畫家也常有展演活動，深受好評與各界的重視。而兼有一般智能資賦優異或學術性向資賦優異的自閉症學生，也在各級學校陸續被鑑定出來。

近年來，隨著身心障礙資賦優異「雙重殊異學生」的教育議題在國內逐漸受到重視，教育部國民及學前教育署於 2020 年推出「身心障礙資賦優異學生之發掘與輔導方案」，此方案共發掘出國小至高中階段身障資優學生共 376 名，其中自閉症學生即有 241 名，占 64.10%（教育部國民及學前教育署，2020）。雖然到目前為止，有些研究陸續探討如何提供自閉症資賦優異學生的輔導與支持方案（郭靜姿，2014；鄒小蘭、盧台華，2015；鄒小蘭，2020），但要普及到各縣市、各教育階段都能提供雙重殊異自閉症學生的服務尚有一段距離。

第六節　自閉症者的教育與輔導

十二年國民基本教育之課程發展以「自發」、「互動」、「共好」為基本理念，強調學生是自發主動的學習者，學校教育應引導學生開展與自我、他人、社會、自然的各種互動能力，協助學生應用所學，共同謀求彼此的互惠與共好（教育部，2014，頁 1）。在此前提下，不論何種教育安置，均應依自閉症學生之身心特性與學習需求，努力提升下列能力，以助其達成教育目標：(1)增進自我照顧、獨立作業能力；(2)增進處己、處人、處環

境的社會性能力；(3)增進含口語及非口語的溝通能力；(4)增進學科應用能力；(5)增進休閒娛樂技能；(6)增進職業態度、技能；(7)增進自我管理、倡導能力；(8)發展優勢能力；(9)減少情緒及行為問題的出現。

一、不同教育安置的教育目標與教學重點

由於融合教育的推動，國民教育階段自閉症兒童以就讀一般學校普通班的人數占最多，其次為集中式特教班，再其次為特殊教育學校。另外，有些縣市提供自閉症巡迴輔導，協助就讀普通班自閉症學生的學校適應。以下說明不同教育安置的教育目標與重點。

（一）普通班

普通班豐富的語言環境與多樣的同儕互動機會，最有助於自閉症學生發展人際互動及溝通能力；但另一方面，刺激豐富與變化多端的普通班環境，也可能讓他們陷於混亂和不知如何因應的困境中。就讀普通班的自閉症學生，多擁有接近正常或正常以上的智力，外貌與一般生無異，其困難也就容易被忽視或忘記。因此，普通班教師宜對自閉症的特質有相當程度的理解與接納，本著同理自閉症的態度，營造接納、相互尊重的班級氛圍。由於他們多少具有與人互動的動機與行為表現，因此，若能善用此優勢，加強與人分享、合作、競爭、欣賞、同理等能力的教導，應能逐步提升其在團體中的適應能力。他們亦可能因為同時伴隨有注意力不足過動、動作笨拙等問題，而影響課堂學習。在班級中，教師可多利用自閉症學生的優勢能力，例如：記憶力、空間能力、視聽等知覺敏銳度、好的音感、繪畫能力或特定領域的興趣，提供其發揮的機會，或以此為媒介，因勢利導帶動其他方面的學習。也可透過教師的引導、隨機教學與同儕的協助，促進自閉症兒童的溝通、社會性等弱勢能力之發展。其課程重點可置於：(1)優勢能力的發展；(2)班級規矩、規範的了解；(3)同儕互動的學習；(4)上課技能的學習；(5)團體適應能力的增進；(6)情緒行為的改善；(7)溝通能力的加強；(8)學科學習等。

（二）資源班

資源班教師由於服務對象多，能給予每位學生的服務時數有限，因此在服務的提供內容、方式與時間分配上，應充分考量自閉症學生的需求做最好的規劃，並選擇學生最需要而在原班較無法有系統提供或不易實施者，列為直接服務的內容。直接服務的課程，宜以自閉症學生所需要的特殊需求領域課程，例如：社會技巧、學習策略、職業教育、溝通訓練等為主要重點。而優勢能力的引導亦不可少。

資源班教師的間接服務，例如：入班觀察、班級宣導、親職教育、課程及評量調整、學生輔導、專業團隊、資訊與諮詢的提供等相當多樣，資源班老師應視學生狀況而提供必

要之支持與支援。

（三）特殊教育班、特殊教育學校

在教育安置上，自閉症程度較重且智力顯著低下，或整體學校適應明顯困難，而需廣泛或全面支持的自閉症兒童，以就讀集中式特教班、特殊教育學校為原則。

在特教班中，有些自閉症兒童可能因記憶力好、會計算加減、認字、寫字而被視為高材生，但他們可能聽不懂老師的指示，很少對老師或同學有反應、不會和同學玩、服從度低，而造成老師的困擾；智能障礙學生雖然也有語言發展遲緩的現象，其社會人際關係也沒有很好，但基本上，他們仍有相當高的動機與人溝通與互動，因此在學習上雖有障礙，但容易引起動機並參與學習。自閉症兒童除在溝通、社會性、動機方面較智能障礙兒童有更複雜而嚴重的問題外，在刺激的接收、反應、類化等方面，也較智能障礙學生更為困難，加上多數具有不同程度的行為問題，例如：固執性行為、自我刺激行為、注意力不集中、過動、情緒不穩定等問題，因此在以智能障礙學生為主的課程之外，亦應提供符合自閉症兒童所需的課程，同時應加強教師對自閉症兒童的理解與指導自閉症兒童的能力。

自閉症兒童所需特別加強的課程重點如下：(1)師生互動關係的建立；(2)日課表（一天流程）的學習；(3)溝通意義（好處）的理解與溝通意願的提高；(4)非口語（如圖片、照片、字卡、符號、手語、打字等非口語溝通法的指導）、口語溝通能力的提升；(5)生活自理能力的加強；(6)情緒、行為的發展等。

二、教學

自閉症學生在學科學習上常出現的問題，包括：過度專注於自己感興趣的事物、對課程不專注、學習動機低落、參與度低、出現各種干擾自己學習（如發呆、玩弄紙筆、摳自己皮膚、畫圖）或他人學習的行為（如喃喃自語、敲打桌面、過度問問題等）、不交或遲交作業、難以參與分組討論等，雖然他們可能安置在不同的教育環境，但針對其共同特性，在教學上可考慮以下事項做彈性因應。

（一）建構合宜環境

為每一個學生建立接納、理解、尊重的環境，讓每一個學生在學校中都能安心和安全的學習，應是友善校園的基本條件，但對自閉症學生而言，這些基本條件的滿足卻並非容易之事。本書第十三章由洪儷瑜教授所撰寫之〈情緒行為障礙〉一章中，所述及之全校性正向行為支持系統的建構，對包含自閉症學生在內的每一位身心障礙學生而言，都是重要且必須的環境，本章不再贅述，以下僅針對自閉症學生的特質所需要之環境做補充說明。

對自閉症學生而言，可預期、能了解、結構的環境是很重要的。自閉症學生缺乏彈

性、害怕改變、堅持同一性的特質，讓他們對非預期性的改變會有焦慮不安、恐懼的反應，也容易因此出現不知所措、抗拒或暴怒的行為。因此，學校在例行性事務或活動安排上，應盡可能視學生情況維持某一程度的一貫性，當有改變時，宜事先預告，例如：提早告知調課、換教室、重排座位、教師請假、換制服等。此外，教室分工（如幹部、輪值、清潔工作等）明確、流程固定等，都有助於自閉症學生的安定與參與。教室環境或流程改變並非不可行，但必須考慮如何改變才不會造成自閉症學生的困擾與不安，預先告知、漸進式的改變都是可行的方法，萬一臨時生變不及告知時，應了解自閉症學生可能會有的反應而適時給予協助與支持，則是必要的。

　　導師固然是班級的掌舵手、靈魂人物，但科任教師、特教教師、學校行政人員等，均是學生在學校適應良窳的關鍵性人物，缺一不可。若師長能以身作則，示範和自閉症學生的相處之道，多看學生優勢，給予表現的機會，並為自閉症學生和同儕間建構良性互動的平臺，不但可防止其被孤立、霸凌，更可學習到人際互動、溝通等能力，對自閉症學生而言將有極大的助益。教師應與家長密切合作，協助連結、爭取相關服務與資源，共同為自閉症學生建立一個正向支持而友善的校園。

（二）教室環境、教材結構化與系統化

　　日常例行使用的物品，例如：繳交和發放作業、清潔用品、美勞器材等，都有清楚且一定的擺放位置。教室區域規劃清楚，例如：上課區、展示區、清潔區、休閒區（書報區）等各有明確空間，最好另外設置一小塊安全堡壘區，讓自閉症學生在情緒起伏時可以在此得到舒緩或轉換；它可能只是一張在角落的桌椅，或用布簾、矮櫃隔開的小空間，或是一塊擺有地墊的小區域。對視覺特別敏感的學生，教室布置宜力求簡潔、整齊，不用之物可用布幕覆蓋起來。上課時流程清楚，教材具系統性、結構化，自閉症學生在有跡可循下，通常較能展現學習動機。目前是 e 化時代，若老師能多以 PPT 或電子白板呈現條理分明、具重點、脈絡性的視覺化教材，並輔以電腦輔助教材，應能幫助視覺優勢的自閉症學生之課堂學習。若老師使用傳統的板書教學，亦應有清楚的版面配置，避免東寫寫、西寫寫，增加學生搜尋的負擔。教材內容應盡可能以時間表、圖表、流程圖、樹狀圖等方式呈現，並適度搭配圖片、影像，對擅長圖像思考的自閉症學生有助於其理解。

　　上課時，可透過自黏貼紙、書籤、螢光筆等標示上課之處；老師或同學可提醒其專注於目前講授之處；視需要調整座位到老師附近，以方便及時協助與提醒；將容易的作業交叉於困難的作業間；提供中間休息時間；安排小老師就近協助、提供筆記；對書寫有困難的學生，減少作業量；允許部分電腦打字或給予考試彈性調整（如延長考試時間、個別考場）等，都是可行的支持方式。

　　自閉症學生常有一些固執性而造成老師教學上的困擾。針對固執性，老師可採取多重反覆的教學（複數線索提示），也就是同一概念用不同方式、材質、形狀或動作等進行，

避免以始終如一的單一例子，造成後續的固執、無法變通，例如：教「雨天」時，可教不同雨傘、雨衣和雨天可能會碰到的事物。也可視該行為和日常生活的密切程度順勢引導，以形成良好習慣，但亦應同時教導例外時的可能因應方式，以免過度僵化。總而言之，非黑即白、缺乏中間地帶的教學對輕度自閉症學生而言，應盡可能避免。

　　學生的學習動機低、配合度差時，老師應分析其原因然後對症下藥。若課程難度太高、速度太快，可適度降低難度或期望水準、放慢速度、採取小步驟化教學，並提供示範或協助；若因內容單調，只使用單一感官（如聽覺）學習，則老師應增加內容的變化性並引入多感官的教學，例如：可同時併用聽覺、視覺、觸覺、嗅覺等操作課程；若因缺乏增強，可導入增強制度，透過增強物的使用或契約制度的應用，提升其動機。另外，也可透過活動交錯的安排，例如：有興趣與無興趣、已學會與新學習、動態與靜態、大團體與小團體等活動的交替呈現來避免挫折發生。

　　由美國北卡羅來納大學所提倡，普遍應用於世界各國的結構化教學，包括：提供視覺的結構、時間表的結構、空間的結構、作業的結構之結構化教學；應用行為分析的工作分析、單一嘗試訓練、示範與模仿、增強制度；以強調動機的引發、對多重線索的反應、加強自我管理及自發性、主動性的核心反應訓練（pivotal response training）（Bryson et al., 2007）；以科技應用為主的數位學習，如影片示範教學（王慧婷，2013）等，都是教學上具有實證基礎（Wong et al., 2015）的有效策略。

　　自閉症學生在學習上的另一個困境為類化困難，即不容易舉一反三，不易自行類推運用到其他未教過的場合。因此，在課程、教材、教法的選擇上，應盡量朝生活化、功能化、實用化的方向思考，並且盡可能在自然或趨近自然的情境中教學，給予學生選擇權、提供大量練習機會及自然性增強，強化特教教師與普通班教師的聯繫及學校與家庭的聯繫，這些都是幫助學生成長的重要因素。

　　教學前的優勢能力評量及興趣的掌握非常重要，若能善用自閉症學生的優勢能力與興趣，將能有效提升學習動機及收事半功倍之效。自閉症學生的優勢能力，最常見的為視覺、空間、圖形、記憶，除此之外，尚有音樂、美術、電腦、數理、語文等，因人而異。近年來，各大教學平臺都有許多數位課程可供使用，坊間出版品，像是《數位社會性課程教學攻略：在高功能自閉症與亞斯伯格症之應用》（張正芬等人，2012）和《數位社會性溝通課程：提升說話技巧的 43 堂課》（張正芬等人，2023）等，均是針對自閉症學生的學習優勢及特質而設計之具系統性、功能性、趣味性的系列課程，很適合教師於社會技巧領域課程或溝通訓練領域課程選用。

（三）輔導

　　自閉症過去被歸類於廣泛性發展障礙，顧名思義，可知其身心發展較為緩慢且受影響之層面相當廣泛，其症狀或問題雖不易經由醫學治療或教育而痊癒，卻可因合宜的介入而

獲得明顯的改善。因此，教師必須體諒障礙本身所帶來的問題與異質性，在學校教育過程中，適度尊重其特性，並引導他們增加自我接納與對障礙的理解以及隨之可能面對的問題，讓他們能在自我理解與被理解的環境中，保有持續發展的空間，卻又不會被過度要求或處理。應盡可能提供自閉症者豐富而有秩序的生活，鼓勵、帶領他們利用學校、社區設施，參與學校、社區活動，訓練他們獨立的能力是很重要的。

　　自閉症兒童的情緒行為問題常因出現頻率高、強度強、維持時間長，致對本身的日常生活運作及學習產生不利的影響，對周邊他人更常造成持久的干擾與困擾。自閉症兒童在教師及家長的強力矯治下，有些行為問題雖減少或降低，但出現行為問題轉移或情緒更加不穩的情形也不少，造成此種狀況的主要原因有三：(1)周圍人士對自閉症兒童之行為問題缺乏正確的理解，只由自身觀點出發；(2)處理自閉症兒童的情緒行為問題時，多由行為結果著手，較少由生態觀點考量個體和環境的交互作用，未能注意引發行為的前事刺激而採取預防措施；(3)過度強調去除、修正情緒行為問題，而忽視行為所透露的訊息，即較少由行為功能的觀點去解讀行為，錯失教導的先機。

　　自閉症兒童的情緒和行為問題，常是本身障礙和環境交互作用的結果，舉凡生理因素、環境因素、課程教學、增強等因素都有密切關聯（張正芬，2000）。因此，為正確了解問題情緒行為的可能成因，應先分析其是否和下列因素有關：

1. 是否由生理因素所造成？

　　自閉症兒童的身體不適時，較少主動告知他人，往往直接以哭鬧、敲頭、喃喃自語、捏人等行為表現出來，因此當看到孩子表現出不安、焦躁、發脾氣等行為時，應先懷疑其有無身體不適的狀況，例如：過敏、感冒、牙疼、中耳炎、外傷、內傷、癲癇發作，或睡眠不足等，並進一步觀察以做出適當的處理，避免孩子因為對疾病或意外傷害的訴說能力不足而延誤治療。

2. 是否由環境因素所造成？

　　如前所述，自閉症兒童的感官知覺問題，常造成他們對環境有過度或不足的反應。環境中吵雜的聲音、肢體碰觸、悶熱、雜亂、味道等，都可能引發他們的情緒行為問題，但周遭他人常無所覺察，而對他們的表現有著不當的回應。

　　自閉症兒童因為過於注重細節或對環境的掌握能力差，所以在意、害怕改變。他們會因為老師突然調課、更動教室布置、改變活動流程等而生氣，或想上的體育課因下雨改上其他課程而敲桌椅，或因喜歡的老師請假無法打招呼而整天坐立難安、頻頻進出辦公室等，這些生活中常出現的事件都可能導致自閉症兒童出現令人困擾的行為。

　　個人特定的環境因素，例如：堅持東西的擺放位置、坐固定的課桌椅、窗戶要開在特定位置等，若無法如願，同樣很容易產生問題行為。

3. 是否由課程與教學因素所造成？

　　動機與興趣是學習的主要動力。自閉症兒童因興趣較窄化、對學習的動機並不高，因此教師所設計的課程與教學活動，若無法充分引起其動機、興趣，要學生表現適當的上課行為則是相當困難的。

　　課程的難易度不僅影響學習的表現，更會影響學習的情緒。自閉症兒童碰到難度較高的課程時，若老師未適時提供協助或輔助方案，常會出現問題行為。除了課程難度外，有時也會因為教學程序不清楚、老師要求不明確、未提供足夠時間等因素，而產生情緒問題行為。因此，「課程難度、教學程序是否適當、清楚？」「要求是否明確、時間是否足夠？」等問題，也是探討情緒行為問題時宜納入考量的重點之一。

4. 是否和增強有關？

　　自閉症兒童常因內在動機較弱，除非所準備的教材、教具或活動本身即為孩子所喜愛，否則往往難以引起他們的注意力，更不易讓他們主動參與，因此藉助外在增強物來吸引他們的注意是很重要的。

　　在普通班中，自閉症兒童較不易因為突出的表現而獲得老師的鼓勵或稱讚。當學生缺乏被關注時，即容易出現一些異於同儕的反應或表現，甚而刻意引起老師與同儕的側目或糾正，以達成獲取注意的目的。如果老師可以在沒有情緒行為問題時適度給予讚美或鼓勵，會有助於情緒的穩定。

　　有些自閉症兒童的時間觀念較弱，也未具備等候的能力，雖然增強物能引起他們的動機與意願，但常因等待期間太長（也許僅是數分鐘而已），而放棄努力或出現不當行為。

5. 是否和發展有關？

　　自閉症兒童不論其智力高低，若與其心理年齡相若的同儕相較之下，在社會性、溝通、情緒方面的發展都明顯低落，因此同儕在多年前出現的行為，自閉症兒童可能現在才出現，就會顯得幼稚且不符合於所處團體的標準。但若給予支持和呵護，此行為可能會慢慢發展，但若因為幼稚不合宜而嘲笑他或過度處理，則將可能引起焦慮而限制了發展。

　　在輔導自閉症兒童時，應兼顧可能的層面仔細評估，必要時宜整合相關專業團隊提供必要的服務。Aspy 與 Grossman（2006）提出 Ziggurat Model（如圖 16-1 所示），此模式強調由自閉症獨特的感官、生理特質出發（第一層），先關注他們感官知覺敏感或鈍感的問題，並給予適當的介入，例如：提供職能治療、逐步減敏感、適度的刺激，或教導處在不舒服環境時的問題解決能力（如天氣熱可拿簿本搧風、環境太吵可離開吵雜之處，或拿東西塞耳朵等）。第二層，搭配增強的使用，協助其建立與擴充行為目錄；老師若能針對自閉症學生微小的進步或合宜的行為給予口頭讚美、文字鼓勵或公開稱許，此種社會性增強是非常具有效力且方便的。第三層，提供結構的環境與視覺輔具，讓自閉症學生能在例行活動中穩定的學習，並對可能的變動或變化提供預告與解釋，讓他們有心理準備與調適

圖 16-1　金字塔中介行為五階層

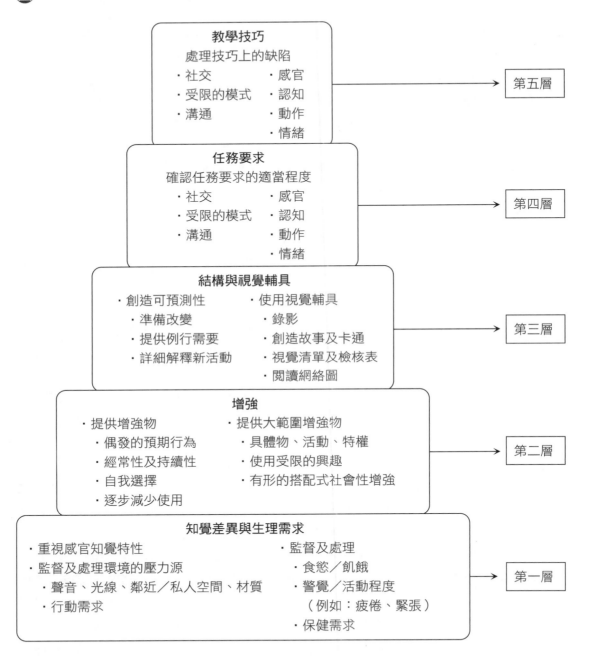

註：引自 Aspy 與 Grossman（2006）。

空間，對不易掌握、理解的事物，透過可攜式圖卡、個人時間表、計時器、檢核表、清單、漫畫、卡通、社會性故事、影片等視覺輔助性工具，給予提醒並協助其理解。第四層，確認老師所要求之任務和自閉症學生各項能力間的配合程度，並在提供支持與獨立作業間取得平衡；在支持部分，例如：提供溝通板、代抄筆記、延長作業繳交或作答時間、用電腦打字代替手寫、標示重點、安排同儕小老師、建立友伴網絡、設置情緒波動或疲累時可供發洩或短暫休息的安全堡壘區、協助小組討論等服務。第五層，於融合環境中，除提供與一般同儕互動的機會及環境、鼓勵同儕接納與協助外，更應積極針對自閉症學生之需要，教導社會互動的技巧、策略，包括避免被霸凌、孤立的方法。另外，提升自我接納、自尊心，才能有助於促進自閉症學生的正向發展。

　　針對自閉症學生的挑戰性行為，例如：固執、發脾氣、自傷、攻擊、破壞等，需有柔軟的對應與適度的尊重。除與安全有關的事項，如開瓦斯、吞食異物等需立即且全面禁止外，宜從不同角度看待這些行為對自閉症者的意義，並從長遠角度看待是否有機會協助發展成有用的行為或習慣，例如：對喜歡排列東西者，可教導其整理排列物品；喜歡玩水者，可教導其從事與水有關的工作，如清洗、澆花等。利用孩子喜歡做的事，因勢利導，常有不錯的效果。

　　自閉症學生在緊張焦慮、閒著無事時，常會出現自我刺激行為。教師可適度同意他們在不干擾的情況下從事此行為一小段時間，當然若能正面教導休閒活動或減緩焦慮的方法，例如：深呼吸、握拳等替代行為，將更符合社會的期望。

　　融合教育對自閉症兒童而言，最珍貴之處在於有許多同儕可以互動，而同儕媒介（馮士軒，2004）也被證實是有效的策略。教師在有效班級經營下，若能帶領班上學生共同提供積極而正向的互動機會，自閉症學生就有機會在大量刺激下充分演練不足的行為，例如：每位同學每天跟他打一次招呼，他就有二、三十次練習正確打招呼的機會；有幾位同學下課邀他一起玩，他就有機會學習輪流、等待、合作及遊戲規則；當他感到困惑不知如何是好時，若有同儕適時提醒他、協助他，其焦慮就會降低。老師也可在班上徵求或選定一組同儕夥伴，在經過訓練後擔任自閉症同學的幫手。訓練課程可包括認識自閉症、和自閉症者互動的有效方法（例如：如何和他們開啟互動、給予讚美和協助）等。同儕夥伴的選擇，以個性溫和、友善、具同理心、出席狀況良好、功課中等左右的同儕為佳。學校並應建立制度，提供同儕夥伴的基本訓練課程、座談、獎勵等，以支持同儕夥伴的行為。

　　在環境中，最重要者當屬人際相處的社會環境，對就讀融合班的自閉症學生更是如此。自閉症學生很少主動參照周圍情境及同儕觀點，他們常以自己獨特的想法、作為和所處世界互動著，彼此之間難免互有隔閡與不解。年幼時，他們自在的生活，不理會周邊的譁然，但隨著年齡增長，社會覺知提升，他們的自在感減低，與同儕不一樣的「我行我思」成了焦慮的開始，他人異樣的眼光與不友善的態度，除了增加他們的挫折、憤怒與恐懼外，也讓他們容易成為被霸凌的對象。因此，除了弱勢補強外，若能協助他們發展優勢，讓他們有機會被看到或有機會服務他人，如擔任幹部或志工等，以提升自信心與班上

的社會地位，是必要的事項。

第七節　自閉症者輔助工具的應用

　　需大量支持的重度自閉症者，由於溝通能力低下、無口語或僅有有限的口語及非口語的溝通能力，因此藉助低科技輔具，如簡易溝通板、溝通圖卡的使用，或高科技產品，如微電腦語音溝通板、溝通筆、多層次輸入溝通系統等，以代替口語表達與他人進行溝通，乃是可行的方法。這些新一代的科技輔具因體型輕巧、攜帶方便，在經過適當訓練後，使用者能隨時隨地透過它表達需求或抒發情感，不僅能提升溝通意願與品質，更能達到舒緩情緒之效果。

　　除了上述的輔具應用外，教導使用手語也能達成基本溝通，但須視學生能力、感官特性、手部能力，以及周邊人士的習慣等而決定。口語較流暢的高功能自閉症、亞斯伯格症者，也可能因不喜或害怕社會性接觸，而無法當面流暢的與人溝通，或因精細動作差、書寫困難，導致文字表達速度緩慢甚而影響學習時，如能提供電腦的使用，就能適度改善其問題。

　　平板電腦或是 iPad、電腦動畫、多媒體影音教材等的使用，對自閉症兒童而言，常能提高他們的學習動機與參與度，此不僅可增進學科學習的效果，也能提升社會技能與溝通表達的能力，但在選擇視聽教材或製作電腦簡報軟體（PPT）、電腦動畫教材時，在畫面呈現（例如：前景、背景、複雜度、清晰度等）、速度等各方面，均應充分考量學生之興趣、認知能力、專注力等，以免花費時間卻難達到預期效果。近年來，錄影帶示範教學（video modeling teaching）透過清楚有系統的工作分析，提供步驟性的視覺指引，並利用錄影帶可倒帶重看、定格討論的優點，能有效教導兒童學會問候、遊戲、自我幫助、拼字等技能。在政府大力推動學校e化教室及可能因疫情而須實施遠距教學的現在，教師應多提供電腦及其他視聽教材協助自閉症兒童的學習。有些學生不善言語表達或畏懼當面和人說話，卻可透過 Line 或 Facebook、Wechat 等社交軟體與人交流，因此網路的互動網站也可做為教導或心理輔導的一種方式，但要留意網上的不當交友或過度購物等問題。

第八節　自閉症教育的努力方向

　　自閉症兒童在《特殊教育法》（2023）及其相關子法的保障下，已能跟其他身心障礙學生享有相同之特殊教育與相關服務。隨著自閉症學生人數的增加，教育現場所面臨的挑戰也上升的情況下，如何提升自閉症兒童教育的品質，仍有許多努力空間。

一、加強早期療育、學前教育的辦理

我國對身心障礙兒童之特殊教育始自 2 歲。自閉症的症狀多初發於 3 歲前，而在 3～5 歲間得到醫院的診斷；輕症者雖診斷較晚，但也常在學前即因有人際互動、注意力、動作或說話方面的問題而求診，因此早期發現、早期療育與學前教育極為重要。多數有關自閉症早期療育的研究顯示，密集、高時數（每週至少 25 小時）、有系統、重視孩子的動機與興趣、有家長參與的介入方案等，效果較為明顯。政府應寬列經費，提供家長諮詢、親職教育，協助他們面對與接納孩子的問題，以舒緩焦慮與壓力並學習教養之方法；提供自閉症幼兒者專業整合且密集的早期療育、學前教育，降低師生比率，讓他們能在融合環境下，和一般兒童一起成長、共同學習。

二、加強縣市自閉症兒童的鑑定工作

由教育部特殊兒童的統計資料可看出，自閉症學生的鑑出率，各縣市差異相當大。顯示各縣市對已擴大概念的自閉症似乎未能同步提升其鑑定能力。同時，女生的鑑出率相較於國外資料，也有較低之傾向。未來應加強各縣市對各教育階段輕度自閉症，尤其是女性學生的鑑定工作，包括鑑定評量人員的培訓、鑑定流程與鑑定基準的檢視與修正等。

三、加強建立尊重殊異的友善校園

友善校園需植基於了解、接納與尊重「殊異」的基礎上。不論是同儕、教師、家長、學校行政團隊，都須具備此素養。雖然教育單位經常辦理自閉症相關研習或校園宣導活動，但自閉症者在學校被誤解、孤立、排斥，甚至不當對待的情事仍常發生。如何提供能實質融入團體、可充分參與和發展自我的友善且正向支持校園，實屬要務。

四、跨專業團隊合作的加強

自閉症者因有多面向的困難，故以往被稱為「廣泛性發展障礙」，現在雖以光譜的概念被統稱為「自閉症」，但其對各種專業服務的多元需求仍然存在，舉凡精神醫學、物理治療、語言治療、職能治療、心理輔導、職能復健、適應體育、社工體系等專業服務，均有必要依其需求而提供。雖然至目前為止，各級政府大多能依需求提供上述各項服務，但服務強度、品質、績效及跨專業間之合作等是否能真正發揮效果，達到自閉症學生所需要之支持，實值得深入探討並有待進一步的強化。

五、加強師資職前及在職培育

隨著自閉症議題廣受各界重視的同時，各種宣稱有效的教學方法、介入策略如雨後春

筍般的被推介出來，其中不乏曇花一現或具爭議的療育方法。各教育階段的教師，均宜選用實證有效的方法應用於教學現場。職前或在職的師資培育課程中，除應增開自閉症兒童有效教學的相關課程外，為因應自閉症的異質性與多樣性，也應加強臨床指導的教學，以增進實際指導的能力。教育行政單位或學校亦應主動提供教師增進新知的在職進修機會。

六、加強課程與教材、教法的研發

目前，針對自閉症兒童的社會性行為和溝通、學習策略等而研發的課程與教材雖陸續增加，但較不具系統性，因此有必要系統地加以研發與編製，尤其是後疫情時代，因應線上課程所需的數位學習教材更應優先研發。在教學法方面，應推動針對自閉症學生特殊需求而選擇最適教學方法、教學策略，並兼顧自閉症學生的優弱勢能力，提供課程、教材教法、評量等的合理調整。尤其是對具有資賦優異的自閉症學生提供兼具身障及資優需求的多元方案，更有其必要性（鄒小蘭，2020）。

七、加強職涯教育

雖然國內外文獻大都顯示自閉症者的就業情況普遍不佳，但亦可看到在競爭型就業、支持性就業或庇護型就業等不同就業型態成功的案例。這些成功案例的特點，大多包含個人、家庭與職場三方面的關鍵要素。在個人方面，有較佳的社會溝通能力、穩定的情緒、具備職場所需職業技能、工作態度等；在家庭方面，有支持、協助的家人；在職場方面，有在地的接納與支持、職務再設計或符合其優勢能力的工作等。可見學校教育若能儘早為自閉症學生做好職涯規劃，將職涯生活所需之各項能力融入學校課程，並鼓勵學生有實習或打工機會，從中累積經驗、能力與務實的態度，做好個人就業的準備，以順利銜接職業生活。

八、加強後疫情時代的因應

隨著COVID-19疫情的變化，數位學習將成為後疫情時代常態的學習方式。雖然多數自閉症學生具有視覺學習的優勢，也相對於數位學習具有較高的興趣。但目前適用於一般學生的數位學習方式，可能因為自閉症學生的學習速率、學習方式、關注焦點、難易度、注意力、自發性、自律性等因素的影響，而有需要在課程、教學法、教材、作業、評量等方面有不同幅度調整之必要；無法到校的「停課不停學」，雖有可能減緩自閉症學生的人際互動焦慮，但也可能因缺乏人際互動的機會及管道，而更限縮了社會性發展的空間。至於長期須配戴口罩、護目鏡、勤洗手等防疫要求，對感官知覺敏感的自閉症學生而言，常是情緒困擾與行為問題的來源，而疫情變化的起伏，更常造成他們的焦慮與不安。因此，後疫情時代如何更有效因應自閉症學生的學習與輔導，也是未來努力的方向。

延伸閱讀

一、推薦書籍及文章

顏瑞隆、張正芬（2012）。從生態系統理論談自閉症學生的學校適應。**特殊教育季刊，124**，11-19。

張正芬、林迺超、王鳳慈、羅祥妤（2012）。**數位社會性課程教學攻略：在高功能自閉症與亞斯伯格症之應用**。心理。

鳳華、孫文菊、周婉琪、蔡馨惠（2019）。**自閉症兒童社會情緒及語言行為教學實務手冊**。心理。

羅鈞令（2013）。**自閉兒的潛能開發：結合理論與實務**。心理。

劉萌容（2010）。**泛自閉症者的社交能力訓練：學校沒有教的人際互動法則**。書泉。

張正芬、李秀真、林迺超、鄭津妃、顏瑞隆、張雯婷、黃雅君（2023）。**數位社會性溝通課程：提升說話技巧的 43 堂課**。心理。

Dubin, N.（2010）。**亞斯伯格症與霸凌問題：解決策略與方法**〔王慧婷譯〕。心理。（原著出版年：2007）

Moon, E.（2006）。**黑暗的速度：自閉症者單純奧妙的內在宇宙**〔盧永山譯〕。小知堂。（原著出版年：2004）

Robison, J. E.（2008）。**看我的眼睛**〔朋萱譯〕。遠流。（原著出版年：2008）

Shore, S.（2008）。**破牆而出：我與自閉症、亞斯伯格症共處的日子**〔丁凡譯〕。心靈工坊。（原著出版年：2003）

Baron-Cohen, S., & Wheelwright, S. (2003). The Friendship Questionnaire: An investigation of adults with Asperger syndrome or high-functioning autism, and normal sex differences. *Journal of Autism and Developmental Disorders, 33*, 509-517.

Baron-Cohen, S., & Wheelwright, S. (2004). The Empathy Quotient: An investigation of adults with Asperger syndrome or high functioning autism, and normal sex differences. *Journal of Autism and Developmental Disorders, 34*, 163-175.

Baron-Cohen, S., Knickmeyer, R., & Belmonte, M. K. (2005). Sex differences in the brain: Implications for explaining autism. *Science, 310*, 819-823.

二、相關網站資源

財團法人中華民國自閉症基金會（https://www.fact.org.tw）

中華民國自閉症總會（https://www.autism.org.tw）

財團法人台灣肯納自閉症基金會（https://www.kanner.org.tw）

社團法人台中市自閉症教育協進會（https://taeatw.wordpress.com）

參考文獻

中文部分

王慧婷（2013）。影片示範教學於教導患有自閉症的學生的介紹與應用。**特殊教育季刊，59，**1-9。

吳沛璇、張正芬（2012）。亞斯柏格症學生在魏氏兒童智力量表第四版（WISC-IV）的表現。**特殊教育研究學刊，37**（2），85-110。

宋芳綺、謝璦竹（2002）。**上帝的寶石：天才自閉兒**。天下文化。

巫唐孟、陳秋坪、王志中（2012）。自閉症診斷在精神疾病診斷與統計手冊第五版（DSM-V）的改變與革新。**牽引，281，**6-7。

李怡嫻（2023）。**自閉症學生堅持同一性、感覺處理能力、無法忍受不確定性與焦慮之探究**〔未出版之博士論文〕。國立臺灣師範大學。

身心障礙及資賦優異學生鑑定標準（2002）。中華民國 91 年 5 月 9 日教育部（91）臺參字第 91063444 號令訂定發布。

身心障礙及資賦優異學生鑑定辦法（2012）。中華民國 101 年 9 月 28 日教育部臺參字第 1010173092C 號令修正發布。

身心障礙者權益保障法（2021）。中華民國 110 年 1 月 20 日總統華總一義字第 11000004211 號令修正公布。

特殊教育法（2009）。中華民國 98 年 11 月 18 日總統華總一義字第 09800289381 號令修正公布。

特殊教育法（2019）。中華民國 108 年 4 月 24 日總統華總一義字第 10800039361 號令修正公布。

特殊教育法（2023）。中華民國 112 年 6 月 21 日總統華總一義字第 11200052781 號令修正公布。

特殊教育學生及幼兒鑑定辦法（2024）。中華民國 113 年 4 月 29 日教育部臺教學（四）字第 1132801926A 號令修正發布。

張正芬（1996）。自閉症診斷標準的演變。**特殊教育季刊，59，**1-9。

張正芬（2000）。自閉症兒童問題行為功能之探討。**特殊教育研究學刊，18，**127-150。

張正芬（2014）。自閉症學生鑑定辦法說明。載於張正芬（主編），**身心障礙及資賦優異學生鑑定辦法說明手冊**（頁 12-1～12-26）。國立臺灣師範大學特殊教育學系。

張正芬、王華沛（2005）。「自閉症兒童行為檢核表」之編製及相關研究。**特殊教育研究學刊，28，**145-166。

張正芬、丘彥南、胡心慈、劉萌容、鳳華（出版中）。自閉症學生鑑定辦法說明。載於陳明聰（主編），**特殊教育學生及幼兒鑑定辦法說明手冊**。教育部。

張正芬、吳佑佑（2006）。亞斯伯格症與高功能自閉症早期發展與目前症狀之初探。**特殊教育研究學刊，31，**139-164。

張正芬、吳佑佑、陳冠杏、林迺超（2007）。**高功能自閉症／亞斯伯格症檢核表之編製**。國立臺灣師範大學特殊教育學系。

張正芬、李秀真、林迺超、鄭津妃、顏瑞隆、張雯婷、黃雅君（2023）。**數位社會性溝通課程：提升說話技巧的 43 堂課**。心理。

張正芬、林迺超、王鳳慈、羅祥妤（2012）。**數位社會性課程教學攻略：在高功能自閉症與亞斯伯格症之應用**。心理。

張正芬、林迺超、李玉錦、鄭津妃、連文宏、宋秉錕、王恒晟、歐思賢、王珮宸（修訂）（2019）。**自閉症學生行為檢核表（高級中等教育階段學生適用）**。臺北市北區特殊教育資源中心。

教育部（2014）。**十二年國民基本教育課程綱要：總綱**。https://cirn.moe.edu.tw/Upload/file/947/67019.pdf

教育部（2020）。**特殊教育統計年報**。作者。

教育部（2023）。**特殊教育通報網**。作者。

教育部特殊兒童普查執行小組（1993）。**中華民國第二次特殊兒童普查報告**。教育部教育研究委員會。

教育部國民及學前教育署（2020）。**教育部國民及學前教育署加強推動身心障礙資賦優異學生之發掘與輔導方案**。作者。

郭靜姿（2014）。開發社會資本：輕度自閉症青年的才能發展與支持系統建立。**資優教育季刊**，**132**，1 - 11。

陳心怡、張正芬、楊宗仁（2004）。自閉症兒童的 WISC-III 智能組型研究。**特殊教育研究學刊**，**26**，127-150。

馮士軒（2004）。同儕核心反應訓練對增進國小自閉症兒童社會互動成效之研究〔未出版之碩士論文〕。國立彰化師範大學。

鄒小蘭（2020）。國小自閉症資優生多階層校本方案運作模式之探究。**特殊教育研究學刊**，45（2），1-28。

鄒小蘭、盧台華（2015）。身心障礙資優學生支援服務系統建構之行動研究。**特殊教育研究學刊**，**40**（2），1-29。

劉萌容（2008）。**高中職學生人格特質量表**。國立高雄師範大學特殊教育學系。

歐思賢（2021）。遲獲確診輕度自閉症女學生學校生活經驗之探究〔未出版之碩士論文〕。國立臺灣師範大學。

蕭雁文、趙家琛（2017）。自閉症類群障礙症同理心問題之回顧。**特殊教育季刊**，**142**，25-33。

羅玉慧（2009）。亞斯伯格青少年之負向思考〔未出版之碩士論文〕。國立臺灣師範大學。

英文部分

American Psychiatric Association. [APA] (1980). *Diagnostic and statistical manual of mental disorders* (3rd ed.) (DSM-III). Author.

American Psychiatric Association. [APA] (1994). *Diagnostic and statistical manual of mental disorders* (4th ed.) (DSM-IV). Author.

American Psychiatric Association. [APA] (2000). *Diagnostic and statistical manual of mental disorders*

(4th ed., text revision) (DSM-IV-TR). Author.

American Psychiatric Association. [APA] (2010). *PDDNOS*. https://reurl.cc/Mvqer3

American Psychiatric Association. [APA] (2013). *Diagnostic and statistical manual of mental disorders* (5th ed.) (DSM-5). Author.

American Psychiatric Association. [APA] (2023). *Diagnostic and statistical manual of mental disorders* (5th ed., Text Revision) (DSM-5-TR). Author.

Aspy, R., & Grossman, B. G. (2006). *The Ziggurat model: A framework for designing comprehensive interventions for individuals with high-functioning autism and Asperger syndrome*. Autism Asperger Publishing Company.

Autism Speaks. (2014). *Science news*. https://reurl.cc/1xy9rQ

Autism-Society. (2010). *Facts and statistics*. https://reurl.cc/V6k9yn

Baron-Cohen, S., Leslie, A. M., & Frith, U. (1985). Does the autistic child have a 'theory of mind? *Cognition, 21*, 37-46.

Baron-Cohen, S., Wheelwright, S., Lawson, J., Griffin, R., & Hill, J. (2004). The exact mind: Empathizing and systemizing in autism spectrum conditions. In U. Goswami (Ed.), *Blackwell handbook of childhood cognitive development* (pp. 491-508). Blackwell.

Begeer, S., Gevers, C., Clifford, P., Verhoeve, M., Kat, K., Hoddenbach, E., & Boer, F. (2011). Theory of mind training in children with autism: A randomized controlled trial. *Journal of Autism and Developmental Disorders, 41*, 997-1006.

Bryson, S. E., Koegel, L. K., Koegel, R. L., Openden, D., Smith, I. M., & Nefdt, N. (2007). Large scale dissemination and community implementation of pivotal response treatment: Program description and preliminary data. *Research & Practice for Persons with Severe Disabilities, 32*(2), 142-153.

Centers for Disease Control. [CDC] (2023). *Data & statistics on autism spectrum disorder*. https://www.cdc.gov/ncbddd/autism/data.html

Cook, A., Ogden, J., & Winstone, N. (2018). Friendship motivations, challenges and the role of masking for girls with autism in contrasting school settings. *European Journal of Special Needs Education, 33*(3), 302-315.

Fitch, A., Deborah, A., & Fein, M. E. (2015). Detail and gestalt focus in individuals with optimal outcomes from autism spectrum disorders. *Journal of Autism and Developmental Disorders, 45, 1887-1896*. https://doi.org/10.1007/s10803-014-2347-8

Fombonne, E. (2003a). Epidemiological surveys of autism and other pervasive developmental disorders: An update. *Journal of Autism and Developmental Disorders, 33*, 365-382.

Fombonne, E. (2003b). The changing epidemiology of autism. *Journal of Applied Research in Intellectual Disabilities, 18*(4), 281-294.

Fombonne, E. (2005). Epidemiologic studies of pervasive developmental disorders. In F. Volkmar, R. Paul, A. Klin, & D. J. Cohen (Eds.), *Handbook of autism and pervasive developmental disorders, diagnosis, development, neurobiology, and behavior* (3rd ed.) (pp. 42-69). John Wiley & Sons.

Frith, U. (1989). *Autism: Explaning the enigma*. Blackwell.

Ghaziuddin, M. (2008). Defining the behavioral phenotype of Asperger syndrome. *Journal of Autism and Developmental Disorders, 38*(1), 138-142.

Gordon-Lipkin, E., Marvin, A. R., Law, J. K., & Lipkin, P. H. (2018). Anxiety and mood disorder in children with autism spectrum disorder and ADHD. *Pediatrics, 141*(4), e20171377. https://doi.org/10.1542/peds.2017-1377.

Happé, F. (2021). Weak central coherence. *Encyclopedia of autism spectrum disorders*, 5166-5168.

Happé, F., & Frith, U. (2006). The weak coherence account: Detail-focused cognitive style in autism spectrum disorders. *Journal of Autism and Developmental Disorders, 36*(1), 5-25.

Hess, K. L., Morrier, M. J., Heflin, L. J., & Ivey, M. L. (2008). Autism treatment survey: Services received by children with autism spectrum disorders in public school classrooms. *Journal of Autism and Developmental Disorders, 38*, 961-971.

Hill, E., Berthoz, S., & Frith, U. (2004). Brief report: Cognitive processing of own emotions in individuals with autistic spectrum disorder and in their relatives. *Journal of Autism and Developmental Disorders, 34*(2), 229-235.

Hofmann, S. G., Doan, S. N., Sprung, M., Wilson, A., Ebesutani, C., Andrews, L. A., Curtiss, J., & Harris, P. L. (2016). Training children's theory-of-mind: A meta-analysis of controlled studies. *Cognition, 150*, 200-212. https://doi.org/10.1016/j.cognition.2016.01.006

Kanner, L. (1943). Autistic disturbance of affect contact. *Nervous Child, 2*, 217-250.

Lopez, B. R., Lincoln, A. J., Ozonoff, S., & Lai, Z. (2005). Examining the relationship between executive functions and restricted, repetitive symptoms of autistic disorder. *Journal of Autism and Developmental Disorders, 35*(4), 445-460.

Manjiviona, J., & Prior, M. (1995). Comparison of Asperger syndrome and high-functioning autistic children on a test of motor impairment. *Journal of Autism and Developmental Disorders, 25*, 23-39.

Ozonoff, S., Pennington, B. F., & Rogers, S. J. (1991). Executive function deficits in high-functioning autistic individuals: Relationship to theory of mind. *Journal of Child Psychol. Psychiatry, 32*(7), 1081-1105. https://doi.org/10.1111/j.1469-7610.1991.tb00351.x

Tassini, S. C. V., Melo, M. C., Bueno, O. F. A., & de Mello, C. B. (2022). Weak central coherence in adults with ASD: Evidence from eye-tracking and thematic content analysis of social scenes. *Applied Neuropsychology: Adult*, 1-12.

Ting, V., & Weiss, J. A. (2017). Emotion regulation and parent co-regulation in children with autism spectrum disorder. *Journal of Autism and Developmental Disorders, 47*(3), 680-689. https://doi.org/10.1007/s10803-016-3009-9

Tsai, L. Y. (1992). Diagnostic issues in high-functioning autism. In E. Schopler, & G. Mesibov (Eds.), *High-functioning individuals with autism* (pp. 11-40). Plenum Press.

Volkmar, F. R., Shaffer, D., & First, M. (2000). PDDNOS in DSM-IV. *Journal of Autism and Developmental Disorders, 30*(1), 74-75.

Wing, L., & Artwood, A. (1987). Syndromes of autism and atypical development. In D. J. Cohen, A. M. Donnellan, & R. Paul (Eds.), *Handbook of autism and pervasive developmental disorders* (pp. 3-19). John Wiley & Sons.

Wing, L., & Gould, J. (1979). Severe impairments of social interaction and associated abnormalities in children: Epidemiology and classification. *Journal of Autism and Developmental Disorders, 9*(1), 11-29.

Wong, C., Odom, S. L., Hume, K. A., Cox, A. W., Fettig, A., Kucharczyk, S., Brock, M. E., Plavnick, J. B., Fleury, V. P., & Schultz, T. R. (2015). Evidence-based practices for children, youth, and young adults with autism spectrum disorder: A comprehensive review. *Journal of Autism and Developmental Disorders, 45*(7), 1951-1966.

World Health Organization. [WHO] (1992). *The ICD-10 classification of mental and behavioural disorders: Clinical descriptions and diagnostic guidelines*. Author.

第十七章

發展遲緩

程國選

常聽見有些父母抱怨說，我的孩子好像說話比較慢、走路比較慢，或者幼兒園老師覺得某個學生好像人際關係的發展比較差，有情緒失調、社會適應的困擾。「我的孩子是不是個『遲緩兒』」，這或許是每個父母都會擔心的事，但什麼才叫發展遲緩呢？由於孩子的成長不能等，別因保守、猶豫、害怕，或觀望的心態，讓他們錯失早期療育介入的機會，因此要透過檢查，及早發現、找出遲緩原因，才能及早治療。針對發展遲緩兒童，應加強並支持孩子的各項發展，提供對家庭必要之支持，以一種人性化、主動且完整的療育服務，透過這種整合服務來解決兒童發展遲緩的相關問題。本章討論將遵循這個模式，首先了解發展遲緩的定義與鑑定基準，其次明瞭發展遲緩的成因、發展遲緩者的出現率與早期療育安置，並能知曉發展遲緩者的特質、熟悉發展遲緩者的教育與輔導，最後討論發展遲緩者面臨的困境與釐清未來的發展趨勢。

第一節　發展遲緩的定義與鑑定基準

要正確了解發展遲緩的定義，需明瞭發展遲緩的鑑定，認識篩檢工具、診斷工具，熟悉課程規劃和評量工具。在對發展遲緩兒童的鑑定評量過程中，能進行篩檢、診斷、課程設計和鑑定，同時根據篩檢、診斷出的發展遲緩狀況，訂定適合其發展的個別化家庭服務計畫（Individualized Family Service Plan [IFSP]）與個別化教育計畫（Individualized Education Program [IEP]），且據以評量課程目標和介入成效。本節分別從發展遲緩的定義與發展遲緩的鑑定基準來說明。

一、發展遲緩的定義

每個嬰幼兒在成長過程中會面臨兩個重要課題：生長（growth）與發展（development），兩者意義不同。生長是指身體逐漸長大，例如：身高變高、體重變重、胸圍或頭圍變大（Raab & Davis, 1993），過猶不及都不好，如太高或太矮，太胖或太瘦等，都可能是異常。發展則是透過腦部成熟，由不會到已會的歷程，如不會爬、不會站、不會說話到已會爬、已會站、已會說話的經歷過程。生長或發展可能單獨存在，也可能交互影響，如瘦小身軀者可能精明能幹，發展遲緩者可能身強力壯。

發展遲緩的意思是幼兒的發展變慢了，是指大部分幼兒都會了，但這個幼兒仍然還不會，那就有可能是發展遲緩。《特殊教育學生及幼兒鑑定辦法》（2024）第 14 條指出：

> 「本法第三條第十二款所稱發展遲緩，指未滿六歲之兒童，因生理、心理或社
> 會環境因素，在知覺、動作、認知、語言溝通、社會情緒或生活自理等方面之
> 發展較同年齡者顯著落後，且其障礙類別無法確定。
> 前項所定發展遲緩，其鑑定依兒童發展及養育環境評估等資料，綜合研判之。」

通常鑑定發展遲緩兒童的各項能力、限制和困難所在，並與同年齡的正常兒童做比較，在發展領域有 20% 以上落後，或在發展評量上低於平均數 2 個以上標準差，即稱為發展遲緩兒童。鑑定原則應了解兒童的能力現況、掌握兒童的真正需求、分析所處的生態環境，故在鑑定過程中，應邀請家長參與且有良好互動，從中明確了解發展遲緩兒童的生產、發展史與特殊困難等，取得評估兒童能力發展現況、特殊需求與環境評估的參考資料（曹純瓊等人，2012）。

根據聯合國世界衛生組織統計，發展遲緩兒童約占 6 歲以下兒童人口數的 6～8%，可看出發展遲緩兒童的發生率不低。為什麼會發生發展遲緩呢？發展遲緩的病因又是什麼？原因非常的多，任何影響神經系統發展的生物因素與環境因素都有可能。生物因素如生產前染色體異常、腦部發育畸形、早產兒等，生產中腦傷缺氧、嬰兒窒息等，生產後代謝異常、頭部外傷、營養不良等。環境因素如文化刺激不足、受虐兒童與照護不周等，但仍然有相當比例的發展遲緩兒童找不出發生原因。人從出生至 6 歲是大腦細胞發育最快速時期，可塑性最大，也是人生發展的黃金時期，研究指出，發展遲緩兒童若能在 6 歲以前接受早期療育，一年的療效相當於 6 歲以後十年的療效，因此強調早期療育的重要性。

二、發展遲緩的鑑定基準

對發展遲緩兒童的鑑定與評量，至少包含四個不同目的：
1. 篩檢：簡便迅速測量，判斷兒童可能有什麼障礙，須接受更進一步的評量。
2. 診斷：深入完整評量主要發展區塊，決定兒童是否符合早期療育或特教服務。
3. 課程設計：以課程為基礎，決定兒童的起點行為，擬定 IEP 與 IFSP 的目標與介入活動。
4. 評定：以課程為目標，測量兒童在 IEP 與 IFSP 目標的進展，評估課程的效益。

（一）篩檢工具

以一般的狀況而言，障礙的情況愈嚴重，就會愈早被診斷出來，但大部分障礙兒童並不容易經由明顯的身體特徵或行為模式辨認出來，尤其是非常年幼的兒童，這也就是為什麼需要篩檢工具。

1. 「亞培格新生兒量表」（Apgar Scale）

用來測量新生嬰兒在出生時呼吸窘迫的程度，通常會使用亞培格新生兒量表（如表17-1 所示），對新生幼兒的五個生理項目實施兩次評估，包括：心跳速度、呼吸力量、對輕微刺激的反應、肌肉張力與皮膚顏色，根據檢核標準，評定為 0、1、2 的分數。第一次在出生後 60 秒，第二次在 5 分鐘後，其中 1～3 分為輕度窒息、4～6 分為中度窒息、7～10 分為重度窒息，第二次評量總分若低於 6 分，表示需進行後續追蹤評量，判定造成問題原因和所需介入處理。

2. 新生嬰兒血液篩檢

新生嬰兒出生後 24～48 小時，會在嬰兒腳後跟抽取幾滴血液滴在試紙上，再送到實驗室進行分析，至少可以檢測出多達 30 種以上會導致生理健康、感官缺損或發展遲緩的先天疾病，包括：苯酮尿酸症（phenyl ketonuria [PKU]）、甲狀腺機能減退、半乳糖血症、血紅素病變等。

表 17-1　「亞培格新生兒量表」（Apgar Scale）

項目	標準	評定	60 秒	5 分鐘
心跳速度	無	（0）		
	低於 100 下	（1）		
	介於 100 至 140 下之間	（2）		
呼吸力量	暫時性窒息	（0）		
	淺而不規律	（1）		
	精力充沛的哭泣和呼吸	（2）		
對輕微刺激的反應	無反應	（0）		
	皺眉	（1）		
	咳嗽或打噴嚏	（2）		
肌肉張力	軟弱無力	（0）		
	小部分肌肉張力大	（1）		
	大範圍的高肌肉張力	（2）		
皮膚顏色	蒼白、青紫	（0）		
	身體呈粉紅、深藍	（1）		
	全身粉紅色	（2）		
總合計				

3. 幼兒發展遲緩的警訊

幼兒在各年齡區間，發生如表 17-2 所列現象，即列入疑似發展遲緩的名單中。

表 17-2　幼兒發展遲緩的警訊

年齡區間	發展遲緩的現象
1.0～1.5 歲	1 歲幼兒如果不會發出「ㄅㄚㄅㄚ」、「ㄇㄚㄇㄚ」的聲音、不會做出拍手、再見的姿勢、不會爬、不會扶著東西站起來、不會自己坐起來、不會用食指指出物品及方向、不會用拇指及食指捏起小物品，都要注意到是否有發展遲緩的現象。
1.5～2.0 歲	1 歲半的幼兒如果不會放手獨立走路、不會有意義的叫「爸爸」、「媽媽」（看到爸爸叫爸爸，看到媽媽叫媽媽，而不是亂叫一通）、常墊著腳尖走路、不會自己拿起杯子喝水、不會表達需求，就要懷疑是否有發展遲緩的現象。
2.0～3.0 歲	2 歲的幼兒如果不會將兩個單字合併講出（如媽媽抱抱、肚子餓餓）、不會跑、不會上樓梯、不會模仿做家事、不會向前踢球、不會堆高三塊積木、不會倒退走、尿濕褲子不會表達，都要懷疑是否有發展遲緩的現象。
3.0～4.0 歲	3 歲的幼兒如果不會畫圈圈、聽不懂別人的簡單指示、不會一腳一階的上下樓梯、不會堆高六塊積木、不會指出五個以上的身體部位、不會雙腳跳躍、不會單腳站立（金雞獨立），都要懷疑是否有發展遲緩的現象。
4.0 歲以上	4 歲以上的幼兒如果不會將 6～8 塊的積木堆疊成塔、不會將蠟筆握好、不會穿脫衣服、不會刷牙、不會洗手和擦乾，都要高度懷疑是否有發展遲緩的現象；此外，有一些行為問題也要特別注意，例如：常表現出非常恐懼、常有攻擊行為、無法和家長分開、很少參加一些想像的遊戲、常情緒低落和悲傷、容易分心無法專注思緒超過 5 分鐘、對玩伴不感興趣、不會描述每日的生活經驗，也要懷疑是否有社會及心理情緒發展遲緩的問題。

4. 發展篩檢測驗

目前使用最廣的篩檢工具為「丹佛測驗」（第二版）（Denver Test II），其評量四個發展區共 125 個技巧，包含：粗動作、精細動作及適應能力、語言、身邊處理及社會性，在計分紙上顯示同年齡兒童在 25%、50%、75% 和 90% 典型發展會表現出的技巧。兒童在每個項目的表現受評為通過或失敗。總評為超前、良好、注意與遲緩，藉此比較與同年齡兒童的表現。

（二）診斷工具

當兒童被篩檢出來，懷疑是某種障礙或發展遲緩時，就應轉介做診斷測驗，通常會測量下列六個主要發展領域的行為表現：

1. 肌肉動作發展：有能力移動身體，掌控環境中個體。動作發展包含靈活度、持續力、大肌肉、小肌肉、手眼協調、精細動作與動作控制力等。

2. 認知發展：將剛學到資訊與先前學到的知識技巧做統整、解決問題，以及想出新奇點子。

3. 溝通和語言發展：當接受他人的資訊，兒童會使用溝通和語言技巧，與他人分享資訊，包括聲音、單字與句子的口說語言和姿態、微笑的非語言發展。

4. 社會和情緒發展：兒童發展社交技巧，懂得分享與輪流，與其他兒童合作尋求解決問題，知道如何表達感覺與情緒。

5. 適應能力發展：兒童發展生活自理與適應能力技巧，如盥洗、用餐、著衣與洗澡等，可以單獨操作的能力，這五大領域被分解成可觀察任務和發展順序，並與同年齡兒童的發展常模做比較，以了解是否有差異與遲緩現象。

6. 感覺統合發展：兒童在視覺、聽覺、觸覺、味覺、嗅覺、本體覺、前庭覺與肢體動作協調與統整的困難。

廣泛使用來診斷發展遲緩的測驗，計有「巴特爾發展調查表」（Battelle Development Inventory, 2nd ed. [BDI-2]），可檢測出從出生～7 歲 11 個月大兒童的健康或障礙，以及「貝萊嬰幼兒發展量表」（Bayley Scales of Infant and Toddler Development, 3rd ed. [Bayley-III]），可評估 1～42 個月大嬰幼兒的認知、語言、社會—情緒和適應行為的發展。

（三）課程規劃和評量工具

早期療育的蓬勃發展，將評量從完全依靠發展常模轉變到以課程本位評量（curriculum-based assessment [CBA]），提示兒童教師與專業團隊能：(1)察覺兒童現有的運作階段；(2)選取 IEP 與 IFSP 的長、短程目標；(3)確定最適當的療育方法；(4)評量兒童的進步狀況。CBA 的每個專案直接對應到課程規劃的一項技巧，使測驗、教學與進度評量提供直接的關聯。

發展遲緩的定義，指 6 歲以前的兒童，由於生物與環境等各種原因，導致知覺、認知、動作、生活自理、語言溝通與社會情緒等發展的落後。在對發展遲緩兒童鑑定評量時，能進行篩檢、診斷、課程設計與鑑定，根據篩檢、診斷出發展遲緩，訂定適合發展遲緩兒童的 IFSP 與 IEP，並據以評量課程目標和介入成效。

（四）家長的參與

沒有人能比父母更頻繁、更有趣、更仔細地來觀察自己的孩子，父母對學前兒童發展階段的評估，通常比專家所做的標準評量還要精準。在篩檢過程中，家長的參與可以降低錯誤分類的數量。基於這樣的狀況，幼兒教育專家已發展出一些供家長使用的篩檢工具，例如：「年齡和發展階段問卷」（Age and Stage Questionnaires, 3rd ed. [ASQ-3]）便是類似工具（Heward, 2008/2011）。

第二節　發展遲緩的成因

以下分別從發展遲緩的原因、發展的里程碑與發展遲緩的類型,來探討發展遲緩者的成因。

一、發展遲緩的原因

發展遲緩是先天生理遺傳與後天環境學習兩者交互作用所產生的結果,其原因有很多,大致可分為以下幾類。

(一)先天疾病

染色體異常(如唐氏症、威廉氏症、小胖威利症)、中樞神經發育異常(如腦部畸形、脊柱裂)、神經皮膚症候群(如神經纖維瘤症、結節性硬化症)、顱顏異常(如顱縫早閉、唇顎裂)、腦腫瘤、癲癇、神經肌肉疾病(如脊髓性肌肉萎縮症、裘馨氏肌肉萎縮症)、先天性代謝異常疾病(如苯酮尿症、黏多醣儲積症)、先天性畸形症候群、腦部發育異常、內分泌異常(如先天性甲狀腺功能低下症)等因素,都會影響嬰兒的健康發展。

(二)母親孕期、生產過程或嬰兒早期問題

母親姙娠因素(前置胎盤、難產、早期破水)、胎兒的因素(多胎姙娠、早產或過熟、臍帶脫出)、孕期不良習慣(如酗酒、抽菸、營養不良)、缺氧(如臍繞頸)、缺血、顱內出血、中樞神經系統感染(如腦炎、腦膜炎)、環境毒物(如輻射污染、鉛中毒)、頭部外傷強烈撞擊、腦病變等因素,都可能影響嬰兒的腦部發育,導致功能異常或疾病。

(三)精神心智障礙與情緒行為問題

智能障礙、學習障礙、廣泛性發展障礙(如自閉症、注意力缺陷過動症等)。

(四)環境刺激不足

感官知覺異常(如聽障或視障)影響訊息接收;因重大疾病導致長期臥床或住院,限制了肢體運動、環境探索、同儕互動經驗;心理社會環境因素如文化剝奪等。

（五）家庭功能失調或親職技巧不足

家庭暴力、兒童受虐待或被忽視、行為管教失當、家庭成員關係緊張、教養態度不一致、過度寵溺保護孩子使其缺乏嘗試機會等。

在已知的原因中，遺傳和環境因素的影響是最大的，包括：營養、家庭及環境刺激、體內基因突變、先天性疾病、後天性疾病、社會環境影響等，在醫學領域也一直積極在尋找導致發展遲緩的原因及與疾病之關聯性，相信診斷率應可向上提升。兒童的發展歷程就像是循序漸進的關卡，每個年齡都有不同的挑戰，0～6 歲是成長發展的關鍵（0～3 歲更是黃金期，大腦會在此時快速發育），也最需要照顧者的關懷、陪伴，但往往因為許多現實因素、資訊取得不易，或是觀念上的落差，導致孩子的需求被忽略。在缺乏有品質的關心與照護，孩子的成長冒險之路就會顯得困難重重，因此要透過檢查，及早發現找出遲緩原因，才能及早介入治療。

二、發展里程碑

「發展里程碑」（Development Milestone）是指孩子在某個階段該有的發展情況，一般可分為：

1. 心理社會能力（psychosocial skills）。
2. 認知及視力（cognitive and visual abilities）。
3. 語言及聽力（language and hearing）。
4. 精細動作及自我照顧能力（fine motor and self-care abilities）。
5. 粗動作及協調性（gross motor and harmonies）。

如果無法達到 90%同年齡孩子可完成的能力，則可稱為發展遲緩。如何察覺孩子是否有發展遲緩徵兆？除了看發展里程碑，還要觀察孩子的能力、反應、表達、適應能力，與同齡孩子相比是不是很明顯的慢。一般來說，1 歲以下的孩子，可容許孩子發展落後約 2～3 個月；1 至 2 歲的孩子，可容許發展落差 3～4 個月；3 歲以上的孩子，若落後長達半年以上，就須請專業醫師評估。

了解這些原因，可以幫助我們發現並診斷發展遲緩兒童。拜科技進步之賜，目前Fluorescent in Situ Hybridization（FISH）及各種技術，可以找出基因的異常。影像學的檢查對臨床的助益也很大，隨著核磁共振影像的發展，腦部發育不良已經成為發展遲緩最常見的原因。至於代謝功能的檢查，在臨床評估之後，對於有下列問題原因，幼兒可以做生化檢查：(1)父母有近親結婚；(2)兄弟姊妹有類似病史；(3)明顯餵食困難；(4)影響多重器官；(5)進行性的退化；(6)腦部影像出現白質病變。若有異常情形，可再進一步檢查特殊酵素的缺乏。此外，腦波、腦幹誘發電位、肌電圖、神經傳導電位及肌肉切片均可對診斷有所幫助，這些檢查應在詳細的問診及理學檢查後，對高危險群做選擇性的檢查。

三、發展遲緩的類型

由發展遲緩的原因導致發展遲緩幼兒，可分為：生活自理遲緩、動作發展遲緩、認知發展遲緩、語言溝通遲緩、心理社會遲緩等五個常見類型。

（一）生活自理遲緩幼兒

能力包含飲食能力（吸吮、吞嚥、咀嚼、抓食、喝、吸、器具使用，約至 5 歲發展成熟）、如廁能力（3 歲半左右應可自己上廁所）、清潔能力、睡眠等各方面。當兒童無法發展出與其年齡相當的生活自理能力，導致適應能力偏差，則稱為在生活自理能力方面有發展遲緩或障礙的現象（引自蔣伯川，1987）。

（二）動作發展遲緩幼兒

是指兒童的動作發展未達該年齡應有的發展指標，又可分為粗大動作及精細動作發展遲緩。粗大動作發展遲緩是控制身體移位之大肌肉動作，如翻身、坐、爬、走路、跑、跳各方面的延遲；精細動作發展遲緩則是強調操作物件、手眼協調等小肌肉動作的延遲。

（三）認知發展遲緩的幼兒

對於事物的概念、記憶與邏輯的認識、表達，和同年齡兒童有顯著的落後現象，在醫學上稱為心智發展遲滯或智能障礙。

（四）語言溝通遲緩幼兒

泛指幼兒之語言理解或語言表達能力與同年齡者相較，有顯著落差或溝通困難者，包括：構音異常、聲音異常、語暢異常、語言發展遲緩等類型。

（五）心理社會遲緩幼兒

幼兒發展通常是受到環境或文化刺激的影響，而外在行為往往是最後才會表現出來；當兒童的行為表現不合乎目前的生理年齡應有的水準時，就稱為心理社會發展遲緩。

第三節　發展遲緩者的出現率與早期療育安置

發展遲緩只是一種臨床診斷，只要學齡前兒童經專業人員評估其在器官功能、感官知覺、動作平衡、語言溝通、認知學習、社會心理及情緒等發展項目上，有一種或數種、或全面的發展速度或品質上有成熟速度遲緩與落後，造成其顯著落後於同年齡兒童，就可稱為「發展遲緩」。發展遲緩幼兒需及早接受早期療育，能夠早期發現、早期介入。以下說明發展遲緩的出現率，知道早期療育的重要性、理論基礎與實驗證據，並且能熟悉早期療育服務的內涵與實施。

一、發展遲緩的出現率

根據早療學界的普查發現，學齡前兒童當中有 5～10%屬發展遲緩者，其中約三分之一的狀況較為嚴重，必須長期接受早療計畫的協助，其餘症狀比較輕微，往往只要短時間的追蹤檢查或療育，便能逐漸迎頭趕上（薛常威，2012）。依據國際衛生組織（WHO）統計，0～6 歲兒童發展遲緩的發生率約為 6～8%，臺灣每年 15～20 萬個新生兒中，就有 10,000～14,000 個是屬於發展遲緩的兒童，其中大約 9 成是輕度或中度發展遲緩。至今大部分發展遲緩的原因是未知的，目前能夠被了解的原因僅占 25%左右。

「一視二聽三抬頭，四握五抓六翻身，七坐八爬九發牙，十捏周歲獨站穩」，每個嬰幼兒都是循著這樣的歷程發展嗎？事實上，嬰幼兒的成長階段都有可能受到先天、後天因素的影響而產生改變，有部分嬰幼兒提前或順利地邁入下一個階段，也有部分嬰幼兒需要更多的幫助才能平順發展到下一個階段。

二、早期療育的重要性、理論基礎與實驗證據

（一）早期療育的重要性

早期發現、早期治療是醫學工作的基本方針，早期發現、早期療育也是特教工作的重要原則。早期療育的重要性，列舉以下學者的一些看法：

1. 蔣伯川（1987）認為，早期介入對於診治某些發展上的困難格外重要，因為那些毛病在初期較易更正，延誤了一段時間後，頂多只能事倍功半了。
2. 莊妙芬（1987）也提出從相關文獻探討，早期療育：(1)使進入特殊班人數減少；(2)留級人數比例降低；(3)接受早期療育智障兒的智商，遠超過未接受早期療育者，可見早期療育的重要性。

3. Haring 認為，殘障者接受早期療育是特殊教育領域中發展最快的一環。本著愈早愈好（the sooner, the better）的大前提，秉持發展的可塑性和成本效益，今日為殘障兒童投注的心力，卻可為明日殘障社會福利經費節省大筆支出，培養健全發展、殘而不廢的公民，何樂而不為！

（二）早期療育的理論基礎

Kirk 指出，愈早實施早期療育，效果愈好。一種教育制度能成為大眾競相學習，各國教育紛紛實行，自然應有堅實的理論基礎，列舉以下幾點，可窺全貌（引自程國選，1999；蔣伯川，1987）：

1. 從前的心理學者認為，智力因素固定不變，而其發展全由遺傳因素決定的假設已不能成立；Benjamin Bloom 認為最有效的智力發展是早年，一個人 50%的智力發展在 4 歲以前完成，80%的智力發展至 8 歲定型。

2. Frued 的理論強調幼兒早期經驗，如餵奶、便溺訓練，和成年後的人格發展有前因後果關係。

3. Thompson 與 Heron 說明神經系統在關鍵階段（critical period）時的可塑性最大，而早期經驗的缺乏對神經細胞與感官功能造成的結果常是無可彌補的。

4. Chomsky 指出，世界各地的孩童在 5 歲左右，對他們的口語都能對答如流，如果年長後再學習新的語言，則倍感辛苦。

5. White 認為，智力與社交的關鍵階段，在 8 個月至 3 歲，亦即一個孩子 2 歲才開始注意他們的發展，已為時太晚。

（三）早期療育的實驗證據

在學理上，一個學說或假設能成為公認的定理，必須有實證性的研究，能有充分的資料支援或證實該學說或假設的成立。有關早期介入較著名的實驗，列舉下列幾項（引自程國選，1999；蔣伯川，1987）：

1. Lorenz 的模仿心理學（imprinting）。實驗證明由母鴨孵出來的小雞，毫不羞澀隨著眾鴨步行，具體表現出扶養者與環境對幼兒行為的影響。

2. Skeels 與 Dye 對孤兒院 3 歲以下兒童（M ＝ 64）智力轉變的研究。實驗組（N ＝ 13）保姆的照顧期間兩年，平均增加 IQ 27.5，控制組倒退 IQ 26.2；經過將近 30 年後（1966 年）的追蹤研究，介入產生的差異仍然存在，實驗組均能自力更生，不需住在教養機構，控制組有六個仍住在教養機構，證實早期介入的長期效果（long-term effectiveness）。

3. Kirk 提出早期介入對弱智兒童發展的重要性，在 1958 年對 IQ 45～80 的 81 位學前

智能障礙分成 2 個實驗組與 1 個控制組，一年後接受社區教育的學前兒童 IQ 增加 1 分，接受教養機構教育的學前兒童增加 IQ 12 分，控制組減少 IQ 7 分，在 1965 年追蹤 15 位學前教育實驗組，有 6 位不在教養機構，控制組不變。

4. 西屋報告（Westinghouse Report）指出，參加學前教育應沒有提高這些兒童在兩、三年後的測驗成績，早期介入可在短期間大量提高智商已不被接受，但為無數父母提供直接參與幼教的機會。

三、早期療育服務的內涵與實施

早期療育服務是透過包括醫療復健、特殊教育、家庭支持及社會福利等不同專業之整合介入，解決發展遲緩兒童各方面的發展落後或異常問題，並開發孩子的潛能，以減低其未來形成障礙之可能，或減輕其未來形成障礙之程度的一種人性化措施。有鑑於此，為能落實「及早發現、及早介入」的觀念，使發展遲緩兒童能把握療育的最佳時機，因此要了解什麼是早期療育服務？早期療育服務的目的為何？目前早療服務的資源配置不均，最主要是什麼原因？早療服務的流程和發展遲緩兒童之個案通報與目前的通報情況如何？轉介中心接案並列入管理後，進入早療服務的實際流程為何？何謂早療服務團隊？團隊各成員擔任的角色與社會福利團隊成員擔任的角色為何？

（一）早期療育服務是什麼

針對發展遲緩兒童，期望能夠加強並支持孩子的各項發展，並提供對家庭必要之支持服務，所以是一種人性化、主動且完整的服務。透過這種整合服務來解決兒童發展遲緩的相關問題，例如：醫療復健、特殊教育、福利服務及家庭支持。目前的早期療育服務是由政府各單位，包括社會、衛生、教育等部門並結合不同體系之專業人員，以團隊的方式依發展遲緩兒童之個別發展需求，提供各種必要的服務。

（二）早期療育的服務目的

早期療育是針對認知發展遲緩、動作發展遲緩、語言及溝通發展遲緩、心理社會發展遲緩、生活自理技能發展遲緩，以及全面性發展遲緩的兒童，希望及早發現並給予適當的療育，以減輕發展遲緩的現象，甚至將遲緩的現象加以消除，讓孩子增加融入社會的能力與機會，減輕家庭的負擔。3 歲以前是嬰幼兒腦部細胞發展的最快速時期，如果在這個階段給予及時的補救，就可確保其未來的發展；因此 0～3 歲可以說是早期療育的黃金關鍵期，最主要的目的是為了早期發現及早期介入（程國選，1999）。

（三）目前早療服務資源分配不均的最主要原因

目前各縣市均至少設置一家發展聯合評估中心，但這些評估中心絕大部分集中於都會區；由於偏遠地區的療育資源取得不易，因此為了讓父母不需要長途往返，孩子也能就近得到服務，社區外展服務如聯合評估及據點療育，以及在宅療育是目前努力的方向。

（四）早療服務的流程

早療服務是一種制度化且連續性的服務，包括發現、篩檢、通報、評估、療育及家庭支持。根據《兒童及少年福利與權益保障法》（2021）第31條規定：

> 「政府應建立六歲以下兒童發展之評估機制，對發展遲緩兒童，應按其需要，
> 給予早期療育、醫療、就學及家庭支持方面之特殊照顧。……
> 第一項早期療育所需之篩檢、通報、評估、治療、教育等各項服務之銜接及協
> 調機制，由中央主管機關會同衛生、教育主管機關規劃辦理。」

（五）發展遲緩兒童之個案通報

通常轉介中心的社工員收到發展遲緩兒童之個案，會先將個案建檔管理，並根據評估結果轉介到療育單位，使其盡快獲得所需之服務。轉介中心也會定期召開療育會議，擬定個別化家庭服務計畫（IFSP），安排個案管理服務，並進行有關追蹤及諮詢的服務（許天威，1994）。

（六）目前發展遲緩兒童的通報情況

這幾年因政府大力宣導，對於0～6歲發展遲緩兒童的通報率大幅增加，然而3歲以下的發展遲緩通報人口僅占4成左右、6成仍屬於3歲以上，此意味著期望可以早期發現、早期療育的目標仍尚待努力。因此，如何透過兒童發展篩檢，提升3歲前發展遲緩兒童的發現率及轉介服務，是目前努力的方向。

（七）轉介中心接案並列入管理後，進入早療服務的實際流程

轉介中心的社工人員經由召開療育會議、擬定個別化家庭服務計畫（IFSP）之後，會安排兒童至發展聯合評估中心；發展聯合評估中心根據評估結果、兒童之實際狀況，與社會局、教育局協調並達成共識。較輕度之遲緩兒童，可以在一般幼兒園或特殊教育幼兒園

進行教育資源的補助；比較中重度的遲緩兒童，可以優先進入各縣市之發展療育中心，或是日間托育機構。目前從事早療的教育機構，包括學前特殊班、學前預備班、幼兒園、發展中心（早療中心）。目前臺灣有 20 個以上正式立案的早療中心；有些縣市有據點服務及在宅療育，為偏遠地區的家庭提供療育資源，以減少早療資源城鄉分配不均的問題。

（八）何謂早療服務團隊

　　早期療育是一個團隊工作，強調整合的服務，必須由各專業領域的人員依兒童個別需求提供服務。早療服務團隊通常包括醫療復健、特殊教育、社會福利等各體系專業人員來共同參與。醫療復健團隊包括醫師、職能治療師、物理治療師、語言治療師、聽力檢查人員、視力檢查人員、臨床心理師；特殊教育團隊包括幼教老師、特教老師、職能治療師、物理治療師、語言治療師、臨床心理師；社會福利團隊包含括社會工作師、公衛護理師。

1. 早療服務團隊各成員擔任的角色

　　醫療復健團隊包括醫師、職能治療師、物理治療師、語言治療師、臨床心理師、聽力檢查人員、視力檢查人員，說明如下：

(1) 醫師（小兒科、復健科、兒童心智科、精神科、遺傳內分泌科）最主要是擔任發展篩檢者，通常採用問診、觀察、身體理學檢查、發展評估篩檢、神經學檢查、診斷性會談及各種檢驗，給予各項發展功能之專業診斷、提供療育建議，並決定是否須轉介以完成進一步的評估及療育，因而經常擔任評估團隊的領導者及協調者。

(2) 職能治療師利用晤談、觀察、評量的方式來了解兒童的自我照顧能力（日常生活自理）、動作能力表現及感覺統合功能，提供必要之職能治療服務，並教導家長訓練的技巧。

(3) 物理治療師經由兒童發展評估後，特別強調骨骼、肌肉、大動作的控制能力，為兒童進行物理治療計畫，並教導家長訓練的技巧。

(4) 語言治療師強調幼兒的溝通及語言行為，領域包括溝通行為、聽覺理解、口語表達、構音能力、說話流暢度、口腔靈敏度、輔助溝通系統，提供兒童直接的語言治療服務。

(5) 臨床心理師運用篩檢工具找出疑似發展遲緩個案，利用標準化測驗來評估兒童的認知、注意力、性格、行為及情緒、學習（障礙）等發展項目，以提供心理治療、行為治療、遊戲治療、家庭諮商及親職教育等服務。

(6) 聽力檢查人員利用行為觀察、制約遊戲、問卷及電子儀器，來評估幼兒的聽覺靈敏度、聽覺分辨、聽覺的理解能力，提供兒童聽能訓練及復健、聽力保健諮詢、聽覺輔助器具的選配，並追蹤後續的效益。

(7)視力檢查人員利用行為觀察、外觀評估、遊戲、問卷篩檢及儀器來評估幼兒視力的狀況，包括弱視篩檢、屈光狀態篩檢、視力檢查及立體感篩檢等項目。

2.社會福利團隊各成員擔任的角色

社會福利團隊包括社會工作師及公衛護理師，說明如下：

(1)社會工作師（社工）是早療服務團隊中最早介入的專業人員之一，提供兒童及家庭各項直接及間接的服務，包含：資訊的提供、資源的轉介、評估與療育服務的提供、資源的倡導、家庭成員心理支持及個案的管理。

(2)公衛護理師則是兒童發展的初步篩檢者與諮詢者，提供營養、預防注射、醫療資源、生長發育、家庭成員心理支持、蒐集醫療史及疾病、安排就診評估（亞東紀念醫院兒童發展中心，2020）。

第四節　發展遲緩者的特質

兒童身心發展歷程受到內在與外在因素的影響，內在因素包括身心氣質、健康狀況、遺傳基因等，外在因素包含文化種族、家庭互動、家人照顧、父母態度等。兒童發展不論從先天遺傳、後天環境，或遺傳與環境交互影響的觀點，都提供關於兒童學習特質與身心發展的重要看法與論述。對於身心障礙兒童，需補償早期發展的不足，奠定其適應與學習的重要基石，因受生理與心理的若干限制，引發與一般兒童發展的差異，但基本上其發展順序與發展歷程是相近的，因此要了解發展遲緩兒童的身心特質，首先要熟悉一般兒童發展的特徵之後，再明瞭兩者間差異的對照點與比較處。

一、身體動作發展

幼兒身體動作發展，依次從認知發展，由環境、幼兒本身與照顧者提供學習環境的互動，幼兒本身與環境需求決定其獲得的經驗。頭到尾、從中央到邊緣、從簡單到複雜，開始則以粗大動作的發展為主，手眼協調的精細動作發展則需神經系統的統整與肌肉骨骼間連繫的逐步形成，個體在生理成熟與探索練習的相輔相成，使得兒童身體動作發展日趨成熟。幼兒透過步行來探索新奇世界，自行選擇吃速食漢堡或點心蛋糕，而認知發展中的選取物件，是造成幼兒身體動作能否控制某些領域層面的重要因素（Fetters, 1996）。幼兒在1歲半前，常藉由自身動作表達有意義的溝通，父母或照顧者需經由仔細觀察或合理解釋，以了解幼兒的需求。身體動作發展也直接影響生活自理能力，良好的身體動作發展能增進生活獨立，如7個月大的幼兒可自己握住奶瓶、用手抓麵包吃，到了1歲左右，可以用手握住茶杯，練習用杯子喝水。

發展遲緩兒童的動作發展遲緩，指在粗大動作、精細動作、動作計畫的發展有落後現象，可能是骨骼系統障礙、神經系統障礙、遺傳代謝異常等原因所造成。Fetters（1996）認為，生理發展遲緩或缺陷的兒童，其認知與適應行為發展會特別容易受到箝制，如腦性麻痺兒童因為無法參與活動，減少了許多身體動作經驗的獲得。患有身體動作問題的兒童，很難獲得生理與心理的滿足，他們需要更多的協助，以增進身體動作發展（Fetters, 1996）。

二、認知發展

人體感官接受與傳遞外界刺激，大腦對外界輸入的刺激資訊所做之反應，包含知覺、記憶、注意與學習等領域。Piaget的幼兒認知發展理論，探究認知結構與不同階段的心理發展，分為：(1)感覺動作期；(2)前運思期；(3)具體運思期；(4)形式運思期。此一認知結構的發展模式，不僅說明智力發展的轉變，也著重幼兒在發展過程應擔當積極主動的任務。資訊處理模式有助於了解人類心智的運作，Klahr與Mac Whinney（1988）認為資訊要透過五官輸入，並且經過同化、儲存與取得來連結思考，思考為象徵形式的表述事件，兒童階段常以語言、遊戲、繪畫以表現思考。

美國心理學者Gardner（1983）在《智能的結構》（*Frames of Mind*）一書中提出多元智能理論（Theory of Multiple Intelligences），指出人的智能不限於語言、推理與空間關係，應包含語言、數理邏輯、空間關係、身體動覺、音樂、人際、內省與自然等八種智能。從上述Piaget的觀點，了解幼兒在各發展階段的認知能力，資訊處理提供一個幼兒認知表現的框架，多元智能協助了解幼兒在各智能領域的發展優勢，這些有助於我們對兒童智能發展的認識。

發展遲緩兒童在認知方面，對外界刺激的反應比較薄弱，缺乏對環境好奇與主動探索的能力，在記憶能力、注意能力、抽象推理、問題解決等，與同年齡兒童比較有落後的現象。認知發展遲緩兒童會限制個體日後的學習，影響學習動機與學習成效。在鑑定智能障礙的分類，依照Piaget認知階段的分類，輕度障礙者可達具體運思期，中度障礙者可達前運思期，重度障礙者很難超過感覺動作期（Klahr & Mac Whiney, 1988），因此如何對障礙兒童實施早期療育，加強補償教學，成為很重要的課題。

三、語言發展

語言發展包含傾聽、理解與溝通，大部分幼兒在出生後的兩、三年，已具備豐富且複雜的語言和溝通能力。嬰兒早期溝通行為有哭叫、嘻笑、喃喃自語等，後來有些行為轉變為手勢，並且加入簡單的語言。在出生後的一年，學會簡單的字，嘗試與玩伴互動，並發展出接受性與表達性的溝通能力（Wilcox et al., 1996）。語言發展學者也提供兒童不同年齡階段語言發展的程度，可供參考點與相比較。

　　語言發展遲緩兒童的接受性語言與表達性語言較同年齡者有落後現象，接受性語言經由成人的觀察互動，可以較早被發覺，其發展遲緩則一般在 2 歲左右被發覺。通常重度智能障礙、聽覺障礙、語言障礙、自閉症與腦性麻痺兒童等會有語言發展遲緩的問題。

四、社會情緒發展

　　幼兒與主要照顧者的彼此互動，開啟兒童社會化的過程。嬰幼兒出生後已擁有與人互動的能力，會主動尋求關心與需求滿足，主要照顧者接納傳遞的資訊，根據既有經驗做出判斷，並給予正確的回饋。幼兒通常經由模仿逐步社會化，3～4 個月大時會模仿成人表情，6～7 個月大時會模仿動作與手勢，1 歲左右會模仿說話。幼兒在 6 個月時發展依戀關係，對照顧者的依賴，對陌生人介入的退縮與畏懼。7～8 個月大時喜歡和大人玩躲貓貓的遮面遊戲，這也展開與大人合作的關係。隨著幼兒自我意識的成長，1 歲半～2 歲開始有自我主張和看法，大約 2 歲左右，兒童的社會能力有顯著的成長，學習與同伴一起遊戲與合作，3～6 歲的兒童逐漸擴大其生活圈，在團體互動中學習等待、輪流、合作與分享，成為日後發展社會能力的重要基石。

　　發展遲緩兒童在社會情緒發展方面，與人互動時常有不符合社會期待的行為，如固執行為、刻板行為、攻擊行為、違反團體規定等。Rothbart 指出，兒童社會情緒發展與本身氣質有關，兒童若長期有情緒失調、人際互動、社會適應的困擾，會影響他們日後人際關係與社會適應，並影響其未來的學習成就（Rothbart, 1996）。

五、感覺統合發展

　　我們身體布滿各式各樣感覺器官的接受器，就如偵測器一般，當偵訊到人體與環境互動產生的感應，就以電子信號般的透過神經回傳到神經中樞。我們的大腦必須要先過濾、處理與組織這些複雜的資訊，經過分門別類的整合處理過程，才能讓大腦明白這些信號的意義。過程有任何問題，或過度負荷時，便造成失調，有如電腦當機或紅綠燈故障，大腦就無法回應這些感覺信號。

　　感覺統合是美國 Ayress 博士為學習障礙兒童所開發的治療方法，從神經生理學的角度來分析感覺統合的問題。他將人類的基本感覺分為視覺、聽覺、觸覺、前庭覺與本體覺，神經系統能接受、整合這些感覺刺激，並使之有意義與做出適當行為反應（陳俊湰，2004）。

　　我們從兒童的身體動作、認知、語言、社會情緒、感覺統合等發展，了解正常發展兒童與發展遲緩兒童的差異，有助我們對發展遲緩兒童身心特徵的認識。

第五節　發展遲緩者的教育與輔導

　　在學前特殊教育的課程與教學方面，要落實課程與教學目標、發展適當的實務、選取 IEP 與 IFSP 的目標。在融合發展的教學策略方面，考慮發展遲緩兒童需求，可分別採用相同科目相同內容、相同科目不同內容、不同科目不同內容等三類課程的融合。在早期療育的團隊合作與輔導上，可採多重領域團隊、領域間合作團隊與跨專業領域團隊三種模式，而輔導則以中心本位模式、幼兒園本位模式、醫院本位模式、家庭本位模式與混合模式等為主要方式。

一、學前特殊教育的課程與教學

（一）課程與教學目標

　　許多學前教育專家都認為，早期療育方案應根據下列的成果或目標，以進行規劃設計與實施評鑑：

1. 協助各家庭達成他們的目標：早期療育的首要功能是協助那些家庭，達成他們最急迫的目標。家庭功能是個重要系統，如果將兒童與家庭分開處理，其效果必然有限。

2. 促進兒童的參與、獨立與熟練：學前特殊教育目標在於盡可能減少特殊兒童對成人的依賴和縮小同年齡兒童的差距，療育策略應為促進其主動參與、自發性、獨立性與在許多情境中表現出符合其年齡的能力。但是，要求兒童在許多情境表現完全獨立，可能是不切實際，也是不安全的，應該及時提供支援與協助，讓他們了解情境，直到行為熟練（Heward, 2008/2011），例如：讓一個 3 歲兒童洗臉，可讓他自行準備盥洗工具——臉盆、毛巾與香皂，將臉盆裝水與毛巾打濕，至於擦耳背與試水溫，則仍需大人的幫助。

3. 增進所有重要層面的發展：早期療育能協助特殊兒童在各個重要關鍵的發展層面，都能有所成長。學前特殊教育工作者應善用教導式策略，指導他們快速的學習，使原來落後的差距能迎頭趕上一般兒童的發展水準。

4. 建立與支持社交技能：社交技能是學習與他人相處，如何交朋友的技能，大部分正常兒童能透過與別人玩在一起，自然的學會這些技巧，但障礙兒童卻無法學會適當、有效的與其他兒童互動的技能。

5. 增進各類技能廣泛使用：大部分正常兒童能將所學的類化運用到不同的事物，但障礙兒童很難類化應用到其他的情境。假若兒童學會新的技能，早期療育工作者不會以此而自滿；只有兒童在任何時機都能運用這些技能，他們才會覺得滿意（Heward, 2008/2011）。

6. 協助兒童在家庭、學校與社區過正常生活：強調正常原則，鼓勵特殊兒童與正常兒童一起遊戲與學習。

7. 協助兒童及其家庭能順利轉銜：轉銜過程必須由來自轉出與轉入單位的專業團隊共同計畫合作與提供支援，以確保服務持續和減少對家庭系統的干擾。

（二）發展適當的實務

根據兒童不同年齡或發展階段所經歷的情況做合理安排，這種教學即為發展適當的實務（developmentally appropriate practice [DAP]）。發展 DAP 指引原則，部分是在回應許多幼兒教育課程太著重學業的學習，沒有提供足夠機會，讓他們參與同年齡應有的遊戲，或比較不結構化的活動，例如：4～5 歲的兒童端坐在座位上工作一個鐘頭、幼兒坐在椅子上學習日曆等，都是不恰當的（盧明等人，2020）。如何使用玩偶協助障礙兒童學習語文，則是一個很好的事例。

DAP 推薦幼兒教育課程的教學指引如下：
1. 教師應觀察兒童的學習興趣與成長歷程。
2. 教師應安排適當環境，引發兒童的主動探索與產生互動。
3. 活動教材應是具體的、真實的，並與兒童的日常生活有關聯。
4. 教師應提供廣泛有趣的學習活動。
5. 活動的複雜性與挑戰性應隨著兒童理解力增長而逐步增加。
6. 教師應根據不同面向綜合統整全部活動。

（三）選取 IEP 與 IFSP 的目標

IEP 與 IFSP 的目標，應可從下列五項指標評估其學習內容：
1. 功能性：增進兒童在生活環境中與人、事、物的互動。如果兒童無法做到，可能需由他人執行。
2. 類化性：這項技能呈現一般性概念，可以做調整或修改，以適應不同障礙情境，並類化至不同場所人物，或是物品材料。
3. 教學脈絡：這項技能和兒童日常生活相結合，用有意義的方式教導，在自然情境中使用。
4. 測量性：這項技能可以測量，表現成果可以看到、聽到或感受到，且可以數算、計時，也可以客觀評估兒童學習的進步狀況。
5. 長期目標與短期目標之間的階層關係：各短期目標彼此有階層性關聯，各短期目標的完成應可直接累積達成長期目標。

（四）實施嵌入式學習機會和活動本位介入的自然情境教學法

嵌入式學習機會（embedded learning opportunities）將特別教學整合在一般教育活動中，有障礙者通常需要引導與支援，才能從活動中獲益。因此，教師必須找出一些方法，在自然情境中就會產生課堂活動，再根據兒童的IEP目標，嵌入簡短的、系統的教學互動模式。

對於特殊幼兒教育工作者，運用嵌入式學習機會支持兒童在溝通與語文的發展，是非常重要的教學任務。大部分的正常兒童只要藉由少許，甚至不需要正式教導，就能有效地學會說話與溝通。但障礙兒童在一般情況下，通常不能像其他正常兒童一樣自然的學會語言，由於語言缺陷，在學業與社交的發展更加困難。教師應在教學活動中嵌入有意義的溝通機會，讓他們自然的學習（盧明等人，2020）。

（五）三階層的介入策略

為了及早有效的協助在融合教育中學習落後的兒童，Buysse提出學前階段類似概念的三階層介入模式（Tiered Model）（Buysse, 2008），改變過去先鑑定再介入的方式，提出介入反應（Response to Intervention [RTI]）模式。此一模式分成三個層次介入，逐步預防與介入學生學習落後的情況，前兩個層次在普通教育中推行，最後一個層次在特殊教育中實施，三階層的教學介入要及早進行，可避免學生的學習問題惡化，針對學習問題提供直接有效的介入，且強化普通教師的教學效能（詹士宜，2007；Fuchs, & Fuchs, 2009）。

二、融合發展遲緩兒童的教學策略

發展遲緩兒童融入普通班，與正常兒童一起上課，其課程融合通常可分為三類：(1)相同科目相同內容；(2)相同科目不同內容；(3)不同科目不同內容。年齡愈小發展遲緩兒童的融合，使用課程比較傾向相同科目相同內容，當發展遲緩兒童逐漸長大，與正常兒童差異愈大時，就比較傾向使用不同科目不同內容。不管實行哪類課程，基本上都應依發展遲緩兒童需求為主要考慮。

（一）相同科目相同內容

考慮正常兒童課程內容使用的教材教法，是否需做調整以適應特殊兒童的需要，可分為：

1. 教具調整：將正常兒童使用的教具，加以修改，使發展遲緩兒童不因障礙狀況，而妨礙學習與融入一般活動中，如運球活動，腦性麻痺孩子可使用大一點的球，唐氏症兒童則使用加大握柄湯匙與底部較重的碗，與正常兒童一樣進食。

2. 規則調整：將活動進行方式做調整，如曲線運球改為直線運球，對於運動障礙常用肢體協助方式，協助完成工作。等到發展遲緩兒童的技能漸至成熟，應減少調整程度，使其融入正常學習情境。

（二）相同科目不同內容

發展遲緩兒童由於障礙狀況不能參加正常兒童活動，可以設計相同科目但不同內容的活動。為了讓發展遲緩兒童不致學習落單，可將兩邊活動加以串聯，使發展遲緩兒童在完成學習目標時，也能與正常兒童有良好互動，可避免造成發展遲緩兒童獨自活動時間過久，減少融合活動的機會。

（三）不同科目不同內容

發展遲緩兒童需要不同治療復健與強化學習，可能在不同地點進行不同學習專案與活動內容。為達成最佳的融合成效，應儘量減少過多科目不同內容的安排，對於障礙程度比較嚴重者，需要花費很多時間與接受治療與復健，盡可能把握在學校融合時間，有充分機會與正常兒童溝通互動。

學前教師在指導發展遲緩兒童時，能善用課程與教學策略，達成課程與教學目標，發展適當的實務，選取 IEP 與 IFSP 的目標，實施嵌入式學習機會，使用三階層的介入策略。在融合的班級情境，教師能根據相同科目相同內容、相同科目不同內容、不同科目不同內容等三種不同上課方式，實行適當的教學策略，使發展遲緩兒童獲得最佳的學習成效。

三、早期療育的團隊合作與輔導

（一）早期療育的團隊合作模式

服務特殊兒童專業團隊人員的參與，可分為三種模式：

1. 多重領域團隊（multidisciplinary team）：此團隊是各專業領域實行獨立作業方式，對特殊兒童進行評估及治療，通常在開始診斷兒童有無遲緩或障礙現象使用。專業人員進行評估與治療期間沒有相互交流，各專業領域之間無法進行合作，形成專業領域無法連貫或重複實施的狀況，較浪費人力與物力資源。

2. 領域間合作團隊（interdisciplinary team）：在各專業領域之間建立溝通管道，有位個案管理員協調各專業領域間的服務，由各專業人員共同參加會議，交換評估結果，做成治療建議，發展成全面性教育計畫，比起多重醫療領域團隊，較能兼顧與滿足特殊兒童的需求。

3. 跨專業領域團隊（transdisciplinary team）：各專業人員一開始就一起計畫及執行整個教育計畫，專業人員不僅有自己專業用語，也必須學習其他專業領域用語，再針

對不同專業領域進行課程設計。成員除醫療專業人員，還包含經常接觸特殊兒童的教育人員、社工人員與主要照顧者，提供的專業服務可擴及到教室或家庭中（王欣宜等人，2023；Briggs, 1997）。

　　每個專業領域都有專業自主與主導權，要不同領域的專業人員進行合作，需要建立溝通管道、培養良好氣氛、善用經費資源、政策法令支持與解決問題機制。

（二）早期療育的輔導

　　早期療育有許多模式，家長與專業人員應考慮兒童的身心障礙狀況、提供療育的方便性與家庭需求，選擇適合的輔導模式：

1. 中心本位模式：兒童接受療育地點為早期療育中心的特教機構，兒童進入中心接受托育與教育，障礙程度多為中、重度，通常以同障礙類型編班，亦有傾向混合障礙類型編班。
2. 幼兒園本位模式：特殊兒童在社區幼兒園就讀，能克服中心本位模式的往返交通與情境類化的限制。且在融合教育情境中，有較多與正常兒童互動機會。
3. 醫院本位模式：兒童因考慮外界環境對其健康之影響，必須長期住院接受治療，不能到中心或學校就學者，適合醫院本位模式。由醫師或治療師帶領團體課程，但無特教專業人員參與，成效猶待評估。
4. 家庭本位模式：若特殊兒童年齡太小、居住偏遠地區、重度肢體障礙或身體病弱，較適合家庭本位，著重家長參與，藉由專業人員指導，可扮演直接教學者，根據到戶服務計畫，可因兒童需求做調整。
5. 混合模式：依據兒童發展與學習需求，採取上述任兩項或兩項以上模式並行，即為混合模式，如幼兒園本位模式配合中心本位模式的時段療育。

　　教師要明瞭早期療育的團隊合作與輔導模式，期望對發展遲緩兒童的實務層面能提供更完善的輔導（張嘉紓等人，2001；Simeonsson, 1990）。

第六節　發展遲緩者面臨的困境與發展

　　發展遲緩論題需探討權力或特權、醫療、補救或預防、加強早期療育的宣導、強化家庭支援與介入、服務模式繼續開發，以及加強行政與專業統整等相關問題。對發展遲緩的發展趨勢，要發展以家庭參與為中心的支持性體系，提供以融合為主體的教育安置，建立個別化教育為主導的教學策略，規劃以專業團隊整合為導向的服務模式，樹立適應發展與持續服務為核心的轉銜服務。

一、發展遲緩面臨的困境

（一）早期療育的工作理念

　　早期療育的介入與處遇是一個療育的議題？或是一個社會問題？早期療育工作是一種政府賦予人民的「權利」（right），而不是特權（privilege），我們的早期療育工作之推動基礎主要以《兒童及少年福利與權益保障法》的規劃為主，《特殊教育法》為輔，分別規定各級政府的社政、衛生與教育單位的推動職責。在政策理念的含意上，我們似乎將需要早期療育的兒童與家庭視為社會福利的問題，是一種協助失功能或異常家庭的工作方案。在此一理念下，早期療育工作很容易以社會福利的津貼或補助的服務方式來完成，而非以家庭的需要來規劃與提供所需的服務。只有發展遲緩兒童與正常兒童享有相同的受教權，且早期介入具有減少未來政府財政支出的經濟效益，才能改善目前早期療育的緩慢發展及消極服務的提供。

（二）早期療育的立法行動

　　早期療育工作應是透過立法機關通過數個相關法律為最高原則，強制行政單位依法保障需早期療育服務的嬰幼兒與家庭之療育與受教權，並隨時間的演變加以修訂、規劃和補助相關政府單位或民間單位來實施必要的措施，且對行政單位實施早期療育工作的強制性和指導性。而臺灣目前只有在《兒童及少年福利與權益保障法》和《特殊教育法》的極小篇幅中，提及早期療育的宣示與主管單位，對於實施及規劃的原則甚少提及。臺北市目前的早期療育工作模式，是由臺北市推動早期療育工作委員會熱心奔走與參與才有今天的雛形，這也是有待積極克服的地方。

（三）挑戰文化上的禁忌

　　由於目前早期療育的通報率仍很低，除了因為資訊的不足，不少家長受到文化禁忌的影響，不願接受自己孩子的發展有問題。我們應鼓勵家長們接納早期療育是一種「受教權」，而非福利施捨的觀念，敦促更積極的尋求療育協助，若錯失兒童輕微或短暫的障礙，就會延誤成為嚴重或永遠的失能（周文麗等人，2000）。

（四）有計畫的早療資訊宣導

　　至今各縣市的通報人數仍遠遠落後聯合國所預估的早期療育發生比例，可見許多需要早期療育的家庭仍未與服務提供者連繫，令人擔憂。因此，有關早期療育的資訊傳播應針對社會人士及需要服務的使用者，儘可能的貼近其思考和方便來設計資訊的宣導和提供，使其易於取得。而宣導需有一定的持續性，隨時提醒有此需要的家長。

（五）醫療、補救或預防（remediation, compensation, or prevention）

發展遲緩兒童接受早期療育，應著重在醫院接受治療，還是針對不足地方，進行包含身心健康、學習與社會化的補救，或者預防根本不會發生發展遲緩的問題。能針對醫療、補救或預防三種議題充分地進行討論，以訂出政策推動的優先順序。

（六）強化家庭支持與介入

早期療育的重點已漸進從發展遲緩兒童本身轉向原生家庭，介入目標以原生家庭為優先考慮，同時採用家長團體和同儕支持作為服務傳遞機制，提供普及性與特殊性的家庭服務（Bricker, 1989）。

（七）服務模式繼續開發

每個地區因地制宜發展出自己的服務模式，只是直接服務人力目前仍有不足現象。林惠芳（2010）指出，專業工作人員有關專業素養與知識能力有待提升，才能建構理想的服務模式。

（八）加強行政與專業統整

早期療育從政策面到實務面，牽涉到許多行政系統與專業，由於彼此不相統屬，整個體系如何有效運作一直是早期療育服務的挑戰。早期療育服務單位包含醫療、教育與社會福利等多種專業單位，各專業間有不同認知與專業術語，形成相互溝通與統整之困難。未來如何加強跨專業機構合作，設置專責協調或早期療育的服務單位，推展到無縫隙的專業團隊合作模式，值得大家關注。

二、發展遲緩的發展趨勢

隨著觀念變遷與服務需求增加，近幾年對於服務品質要求與日俱增，如何提升服務完整性、多元化和延續性，則是未來重要議題。

（一）發展以家庭參與為中心的支持性體系

家庭在兒童成長階段擔任避風港工作，提供安全、協助與教養。照顧特殊兒童在心理支持、心態調整、經濟支持上，因兒童差異性大而有不同需求，尋求外力協助和專家幫忙的內容與專案也有很大殊異性，自然需要以家庭需求為最主要的考慮。未來以家庭為中心

的服務取向，如何協助父母，提供家庭需求，進而促進特殊需求兒童的成長，是發展遲緩兒童教育的首要工作。

（二）提供以融合為主體的教育安置

聯合國於 1975 年提出《障礙者宣言》，以「機會均等，全面參與」為主題，1993 年通過障礙者機會均等實施原則，各國政府必須承諾障礙者在融合環境下接受教育的原則。直至今日融合教育的大力推動與實行，這些思潮的演變顯示不再以身心障礙角度來看待，而是以兒童個別化需要為主導。特殊兒童的融合觀點，應始自於原生家庭，不僅為家庭成員，且與父母手足親情互動，參與家庭活動與重要決定，也能走入社區，使用社區設施。與社區居民良好互動，未來更可能無障礙的參與社會活動，享有或應盡國民的權利與義務，將融合觀念擴及到家庭、社區，以至於整個社會國家之中。

（三）建立個別化教育為主導的教學策略

因材施教與重視個別差異是特殊教育的理念，個別化教學不等同於個別教學。個別教學是教師一對一的指導兒童，個別化教學是將兒童的個別學習目標融入小組或團體的教學活動，靈活運用不同的教具、不同的教法，使不同程度的兒童在同一個活動中學習，並且各自達成學習目標（傅秀媚等人，2021）。個別化教育著重特殊需求兒童的各自能力與學習特質，必須要有不同專業支持與明確的計畫才可提供合適的目標、課程和教學。因此，要為每位特殊兒童制定 IEP 或 IFSP，根據計畫目標提供服務與實施教學，以確保個別化服務或教學目的之實踐。

（四）規劃以專業團隊整合為導向的服務模式

特殊兒童面對的困難經常包括醫療、教育、衛生、社會福利等不同層面，要實際幫助他們就必須結合各專業領域，才能有效的提供服務。專業團隊包含醫生與護理師等醫療人員，其他相關專業人員還包含職能治療師、物理治療師、聽力師、語言治療師、心理師等。教育人員如學校相關行政人員、特殊教育教師、普通班教師。政府相關部門包含社會、衛生單位等相關行政人員，其他如社會工作師、保姆等，兒童的父母與家人也是這個專業團隊會議獲邀的成員之一。在提供服務過程中，專業團隊需為特殊兒童提供適當的診斷與評估，整合各專業的建議，明確地記載在個別化教育計畫與個別化家庭服務計畫當中，以確保執行內容與服務品質。

發展遲緩兒童教育包括幼兒教育、特殊教育與早期療育的相關作法與教育理念，期待未來的發展趨勢，能為他們提供一個有教無類、因材施教、尊重接納與適性發展的優質學習環境，使其能與正常兒童一樣快樂的生活和學習。

延伸閱讀

一、推薦書籍

林麗英（2009）。**早期療育課程評量**。心理。

盧明、柯秋雪、曾淑賢、林秀錦（2020）。**早期療育**（第二版）。心理。

林桂如、洪右真、陳姵樺、馬英娟、林淑芬、陳俐靜、何文君、邱鳳儀（2014）。**以家庭為中心的聽覺障礙早期療育：聽覺口語法理論與實務**。心理。

陳麗如（2004）。**特殊教育論題與趨勢**。心理。

鈕文英（2013）。**邁向優質、個別化的特殊教育**。心理。

蘇雪雲（2015）。**嬰幼兒早期干預**。華東師範大學出版社。

劉全禮（2007）。**殘障兒童的早期干預概論**。天津教育出版社。

Hooper, S. R., & Umansky, W. (Eds.)（2009）。**幼兒特殊教育**〔楊碧珠譯〕。心理。（原著出版年：2004）

Shonkoff, J. P., & Meisels, S. J. (Eds.)（2016）。**兒童早期干預手冊**（第二版）〔趙斌、李歡、胥興春等譯〕。高等教育出版社。（原著出版年：2000）

二、相關網站資料

財團法人伊甸社會福利基金會（https://www.eden.org.tw）

財團法人心路社會福利基金會（https://www.syinlu.org.tw）

亞東紀念醫院兒童發展中心（https://sites.google.com/view/femhcdc）

中華民國智障者家長總會（https://www.papmh.org.tw）

阿寶教育基金會（https://www.docin.com/p-13269499.html）

嬰兒與母親（https://www.mababy.com）

臺北市智障者家長協會電子報（https://enews.url.com.tw/taomrp）

參考文獻

中文部分

王欣宜、王淑娟、吳亭芳、沈慶盈、林寶貴、邱滿艷、陳明聰、黃志雄、廖華芳、蔣明珊、簡明建（2023）。**特殊教育理論與實務**（第六版）。心理。

亞東紀念醫院兒童發展評估暨療育中心（2020）。**發展遲緩與早期療育問答篇**。http://depart.femh.org.tw/early/Development/

兒童及少年福利與權益保障法（2021）。中華民國 110 年 1 月 20 日總統華總一義字第 11000003501 號令修正公布。

周文麗、鄭麗珍、林惠芳（2000）。**臺灣早期療育的發展與未來展望**。https://www.papmh.org.tw

林惠芳（2010）。臺閩地區早期療育的實施。載於劉瓊瑛（主編），**早期療育與社會工作**。揚智。

特殊教育學生及幼兒鑑定辦法（2024）。中華民國 113 年 4 月 29 日教育部臺教學（四）字第 1132801926A 號令修正發布。

張嘉紓、蔡淑桂、蘇錫全、曹純瓊、吳美姝（2001）。**特殊幼兒教育**。永大。

曹純瓊、劉蔚萍、楊意賢、林美專、鍾美智、陳珠瑾、黃巧雯、張維寧、余玻莉、郭怡礽、范筱嵐、蘇瑞雲、蔡青芬、游敏媛、謝碧月、王銀絲、林惠琴、許晉銘、董愉斐、…顏于玲（2012）。**早期療育**。華騰。

莊妙芬（1987）。特殊兒童的早期介入。**特殊教育季刊，22**，8-11。

許天威（主編）（1994）。**學齡前特殊兒童家長通報、安置暨早期療育手冊**。國立彰化師範大學特殊教育中心。

陳俊湀（2004）。**感覺統合活動與應用**。群英。

傅秀媚、陳英豪、馮瑜婷、田凱倩、郭春在、劉佳蕙、莊瓊惠、張千惠、王淑娟、陳淑娟、蔡宜雯、黃慧齡、何東墀、呂偉白、楊美華（2021）。**特殊幼兒教育**（五版修訂版）。華格那。

程國選（1999）。早期介入（Early Intervention）。**建中學報，5**，151-163。

詹士宜（2007）。介入效果模式的學障鑑定。**特殊教育季刊，103**，17-23。

蔣伯川（1987）。早期介入與特殊教育。**特殊教育季刊，22**，2-4。

盧明、柯秋雪、曾淑賢、林秀錦（2020）。**早期療育**（第二版）。心理。

薛常威（2012）。**發展遲緩兒童早期療育**。https://reurl.cc/armeD4

Heward, W. L.（2011）。**特殊教育導論：教與學的理論與實踐**〔黃麗鳳、蘇祐萩、劉心箖、黃澤洋、薛明里、宣崇慧、林玉霞、賀夏梅、王碧霞、張茹茵、楊碧桃譯〕。華騰。（原著出版年：2008）

英文部分

Bricker, D. (1989). *Early intervention for at risk and handicapped infants, toddlers, and preschool children*. VORT Corp.

Briggs, M. H. (1997). A system model for early intervention teams. *Infant & Young Children, 9*(3), 69-77.

Buysse, V. (2008). *Response & recognition*. FPG Child Development Institute, The University of North Carolina.

Fetters, L. (1996). Modern development. In M. J. Hanson (Ed.), *Atypical infant development* (pp. 403-448). Pro-ed.

Fuchs, D., & Fuchs, L. S. (2009). Responsiveness to intervention: Multilevel assessment and instruction as early intervention and disability identification. *The Reading Teacher, 63*(3), 250-252.

Gardner, H. (1983). *Frames of mind: The theory of multiple intelligences*. Basic Books.

Klahr, D., & Mac Whiney, B. (1988). Information processing. In W. Damon (Ed.), *Handbook of child psychology* (Vol. 2) (pp. 260-285). John Wiley & Sons.

Raab, M. M., & Davis, M. S. (1993). Resources versus service: Changing the focus of intervention for infants and children. *Infant & Young Children, 5*(3), 1-11.

Rothbart, M. K. (1996). Social development. In M. J. Hanson (Ed.), *Atypical infant development* (pp. 273-309). Pro-ed.

Simeonsson, R. J. (1990). Primary, secondary, and tertiary prevention in early intervention. *Journal of Early Intervention, 15*, 124-134.

Wilcox, M. J., Hadley, P. A., & Ashland, J. E. (1996). Communication and language development in infant and toddlers. In M. J. Hanson (Ed.), *Atypical infant development* (pp. 365-402). Pro-ed.

第十八章
資賦優異

郭靜姿、于曉平

　　資賦優異（以下簡稱資優）教育的推動以激發資優學生的潛能，提供更精緻與更有品質的教育，以協助資優學生展現才華、貢獻社會為目的。臺灣的資優教育在歷經 1973 年之前的萌芽期、1973 至 1983 年的實驗期、1984 至 1994 年的發展期、1995 至 2005 年的穩定期，以及 2006 至 2015 年的重整期（吳武典，2013），在教育部國民及學前教育署（2015）發布了五年期的「資優教育優質發展中程計畫」之後，又邁向另一波的精煉期，包含：設立教育部國民及學前教育署資優教育資源中心，並補助 14 個縣（市）設立及推動資優教育資源中心；亦配合十二年國民基本教育的推展，研發特殊需求領域課程教學模組，精進資優教育師資與課程教學，使得資優教育益顯活絡。不過，目前的資優教育尚存有若干困境，例如：各縣（市）資優教育支持系統的運作品質仍參差不齊；資優班的教學環境與設備過於傳統、陳舊，未能滿足教學需求；中學資優教育教師的合格率仍待提升、小學資優教育教師的學科素養仍待加強；雙重特殊需求學生發掘及培育系統尚未建立等，因之筆者在文末亦提出未來資優教育品質提升的方向。本章依序探討以下議題：資優的定義、分類、鑑定基準、鑑定流程、需求評估、教育安置、成因、鑑出率、安置率、特質、課程與教學，以及面臨的困境與問題。

第一節　資優的定義、分類與鑑定基準

一、資優的定義

　　1920 年代，Terman（1925-1959）由「比西智力測驗」的結果（智商 140 以上）挑選了 1,528 位天才（genius），進行長期的心理、生理與人格特質研究，開啟了學界對於資優兒童教育的重視。然而，從 1950 年代以降，以單一智力測驗鑑定資優的方式，引起若干質疑，乃轉變為多元資優的概念，評量方式也不再完全是以智商高低來鑑定資優（郭靜

姿，1996）。Taylor（1968）首先提出多元才能圖騰（talent totem poles）的概念，強調資優不只限於學科才能，舉凡：創造能力（productive thinking）、決定能力（decision making）、預測能力（forecasting）、計畫能力（planning）、溝通能力（communication）等才能，都應受到教師肯定。多元才能模式著重學生自我概念的提高，在輔導上有特殊的意義。Taylor 之後，Gardner（1983）倡導多元智能理論（Theory of Multiple Intelligences）；Schlichter（1986）則延伸多元才能模式為無限才能模式（talents unlimited model），引導學校資優教育由注重學科智能培育到各類才能的發展。

定義資優可以界定服務對象，然而由資優概念的發展，可知資優的鑑定無一定之標準。美國教育部對資優教育服務對象界定為：「資優與特殊才能學生是在智力、創造力、藝術能力、領導能力，或特定學業領域，有高度成就表現，需要學校提供特殊服務或活動，以協助充分發展潛能者」（*No Child Left Behind Act*, P.L.107-110, 2002）。而美國資優教育學會（National Association for Gifted Children [NAGC]）在 2014 年則將資優定義為：「資優係指在一種或多種領域中表現高度性向或才能者（表現在前百分之十或更稀有的範圍）」（NAGC, n.d.）。然而，基於多元資優概念發展及尊重各族群的因素，NAGC 目前將資優定義為：「資優學生係指較諸相同年齡、經驗、和成長環境的同儕，在一種或多種領域展現高度資優與才能或具有潛能者。他們需要調整教育經驗以學習與實現潛能」（NAGC, n.d.）。

NAGC 指出，具有優秀資質及才能的學生必須是：

1. 來自所有種族、文化及經濟階層。
2. 需要有足夠的管道，獲得適當的學習機會以發揮潛能。
3. 需要在學習有困難時，得到特殊介入及安置。
4. 需要有足夠的支持與輔導，以同時發展社會情意及展現才能。
5. 需要依據改變及需求，得到多樣化的服務方式。

在我國，由於多元資優概念的發展，《特殊教育法》（2023）第 4 條將資賦優異教育的對象劃分為六類：一般智能資賦優異、學術性向資賦優異、藝術才能資賦優異、創造能力資賦優異、領導能力資賦優異，以及其他特殊才能資賦優異。而《特殊教育學生及幼兒鑑定辦法》（2024）第 16～21 條，則將六類資賦優異教育的對象定義如下：

1. 一般智能資賦優異：指在記憶、理解、分析、綜合、推理及評鑑等方面，較同年齡者具有卓越潛能或傑出表現。
2. 學術性向資賦優異：指在語文、數學、社會科學或自然科學等學術領域，較同年齡者具有卓越潛能或傑出表現。
3. 藝術才能資賦優異：指在音樂、美術、舞蹈或戲劇等藝術方面，較同年齡者具有卓越潛能或傑出表現。
4. 創造能力資賦優異：指運用心智能力，產生創新及建設性之作品、發明或問題解決表現，較同年齡者具有卓越潛能或傑出表現。

5. 領導能力資賦優異：指具有優異之計畫、組織、溝通、協調、決策、評鑑等能力，而在處理團體事務上，較同年齡者有卓越潛能或傑出表現。

6. 其他特殊才能資賦優異：指在肢體動作、工具運用、資訊、棋藝、牌藝等能力，較同年齡者具有卓越潛能或傑出表現。

二、資優的鑑定基準

由於常態分配中的「能力優異」（Superior Intelligence）係指智能表現在平均數正 2 個標準差以上，因此一般智能資賦優異便常被指為智商在平均數正 2 個標準差以上的兒童。依據「魏氏智力量表」（平均數 100，標準差 15），智商 130 以上便成為鑑定資優的標準。不過，我國的資優教育對象包含六類，智力測驗雖為一般智能資賦優異的主要評量工具，但其他各類資賦優異多以該領域之性向測驗或成就測驗來鑑定其是否資優。

《特殊教育學生及幼兒鑑定辦法》（2024）第 16～21 條，將六類資賦優異教育的鑑定基準訂定如下。

（一）一般智能資賦優異（第 16 條）

一般智能資賦優異，其鑑定基準需要兼具下列兩項規定：

1. 個別智力測驗評量結果在平均數正 2 個標準差或百分等級 97 以上。
2. 經專家學者、指導教師或家長觀察推薦，並檢附學習特質與表現卓越或傑出等之具體資料。

（二）學術性向資賦優異（第 17 條）

學術性向資賦優異，其鑑定基準需要兼具下列兩項規定：

1. 前項任一領域學術性向或成就測驗得分在平均數正 2 個標準差或百分等級 97 以上，並經專家學者、指導教師或家長觀察推薦，及檢附專長學科學習特質與表現卓越或傑出等之具體資料。
2. 參加政府機關或學術研究機構舉辦之國際性或全國性有關學科競賽或展覽活動表現特別優異，獲前三等獎項。
3. 參加學術研究單位長期輔導之有關學科研習活動，成就特別優異，經主辦單位推薦。
4. 獨立研究成果優異並刊載於學術性刊物，經專家學者或指導教師推薦，並檢附具體資料。

（三）藝術才能資賦優異（第 18 條）

藝術才能資賦優異，其鑑定基準需要兼具下列兩項規定：
1. 任一領域藝術性向測驗得分在平均數正 2 個標準差或百分等級 97 以上，或專長領域能力評量表現優異，並經專家學者、指導教師或家長觀察推薦，及檢附藝術學習表現卓越或傑出等之具體資料。
2. 參加政府機關或學術研究機構舉辦之國際性或全國性各該類科競賽表現特別優異，獲前三等獎項。

（四）創造能力資賦優異（第 19 條）

創造能力資賦優異，其鑑定基準需要兼具下列兩項規定：
1. 創造能力測驗得分在平均數正 2 個標準差或百分等級 97 以上，或實作評量表現優異，並經專家學者、指導教師或家長觀察推薦，及檢附創造才能特質與表現卓越或傑出等之具體資料。
2. 參加政府機關或學術研究機構舉辦之國際性或全國性創造發明競賽表現特別優異，獲前三等獎項。

（五）領導能力資賦優異（第 20 條）

領導能力資賦優異，其鑑定基準需要兼具下列兩項規定：
1. 領導才能測驗得分在平均數正 2 個標準差或百分等級 97 以上。
2. 在領導實務具優異表現，經專家學者、指導教師、家長或同儕觀察推薦，並檢附領導才能特質與表現傑出等之具體資料。

（六）其他特殊才能資賦優異（第 21 條）

其他特殊才能資賦優異，其鑑定基準需要兼具下列兩項規定：
1. 參加政府機關或學術研究機構舉辦之國際性或全國性技藝競賽表現特別優異，獲前三等獎項。
2. 經專家學者、指導教師或家長觀察推薦，並檢附專長才能特質與表現卓越或傑出等之具體資料。

三、資優學生之鑑定流程

早期依據《身心障礙及資賦優異學生鑑定標準》（2006）第 2 條規定：「各類特殊教

育學生之鑑定，由各直轄市、縣（市）政府特殊教育學生鑑定及就學輔導委員會（以下簡稱鑑輔會）負責相關事宜。……」資優學生的鑑定管道區分為測驗與書面審查兩個方式；其中的書面審查方式係針對參加政府機關或學術研究機構舉辦之國際性或全國性競賽等表現特別優異者所設置（臺北市資優教育資源中心，無日期，頁 3）。依據教育部公告之「國民教育階段資優學生鑑定安置流程」，各直轄市、縣（市）政府鑑輔會，應就學生申請書面審查資料進行管道二的書面審查方式，符合報名條件學生，由各校鑑輔工作小組進行初審，並送交鑑輔會進行書面審查。符合採認獎項且經鑑輔會審查通過者，可直接安置入班；經審查需再評估者，則依各校實施計畫併入測驗方式接受複選評量；而經審查未通過者，則接受初選相關鑑定評量。因新法《特殊教育學生及幼兒鑑定辦法》與舊法《身心障礙及資賦優異學生鑑定標準》的規定差異不大，鑑定管道亦無差異，惟新北市為讓國小至國中的資賦優異學生教育有所銜接，因此提出轉銜評估之管道，讓國小一般資賦優異學生可透過申請，經由性向測驗評量加上學習歷程檔案審核，通過者可轉銜至國中學術性向資優班就讀。後續，各項資優學生之鑑定可參考教育部公布之《特殊教育學生鑑定手冊》。

四、資優學生鑑定之書面審查管道

依據「103 學年度教育部主管高級中等學校學術性向資賦優異學生入班鑑定安置工作實施計畫」之「書面審查基準」說明，學術性向資優學生入班鑑定安置書面審查，依據教育部 113 年 4 月 29 日修正發布之《特殊教育學生及幼兒鑑定辦法》（2024）第 17 條第 2 項第 2、3、4 款鑑定基準辦理，其基準如下（教育部國民及學前教育署，無日期）。

（一）參加政府機關或學術研究機構舉辦之國際性或全國性有關學科競賽或展覽活動表現特別優異，獲前三等獎項

1. 政府機關，係指教育主管行政機關；學術研究機構，係指公私立大學、國立研究院及依學術研究機構設立辦法所設立之學術研究機構。
2. 國際性之學術競賽或展覽活動，其主辦國之辦理單位應為該國政府機關、學術研究機構或正式國際性組織。
3. 全國性之學科競賽或展覽活動，應為教育主管行政機關或國立學術研究單位、公私立大學、獨立學院辦理之競賽或活動。
4. 前三等獎項者，應為近三年參加國際性或全國性有關學科競賽或展覽活動獲得前三名，或其他可清楚辨知為前三名之名次者；若為等第次序，則以特優比照第一名、優等比照第二名、甲等比照第三名為之；惟最優等第獎項之累計頒獎件數已超過三件者，則後續等第獎項不予採認。

（二）參加學術研究單位長期輔導之有關學科研習活動，成就特別優異，經主辦單位推薦者

1. 學術單位應為公立之學術研究單位或研究機關，經由政府相關單位認證或依學術研究機構設立辦法核准之學術單位。
2. 長期輔導至少應為一年期以上之輔導，成就表現優異，且應提出具體證明或資料。

（三）獨立研究成果優異並刊載於學術性刊物，經專家學者或指導教師推薦，並檢附具體資料

1. 獨立研究應以個人所從事之研究為原則。若兩人以上合作之研究，應檢附共同作者同意書。
2. 推薦之獨立研究應經過國內、外學術性期刊公開發表或登載，並檢附具體資料。

在上款規定中，參加之學科競賽、展覽活動或獨立研究成果，以「個人組」為原則。若兩人以上合作之「團體組」作品或研究，應檢附共同作者同意書（需具體列出每位作者之具體貢獻內容和程度，並由所有作者及指導老師簽名具結）。

五、資優學生鑑定之測驗管道

依據《特殊教育學生及幼兒鑑定辦法》（2024）第 2 條規定：

> 「資賦優異學生及幼兒之鑑定，應採多元及多階段評量，以標準化評量工具、各類鑑定基準規定之方式，綜合研判之。除一般智能及學術性向資賦優異學生之鑑定外，其他各類資賦優異學生之鑑定，均不得施以學科（領域）成就測驗。」

據此，各直轄市、縣（市）政府鑑輔會應分別訂定資優學生之鑑定運作流程，圖 18-1 為臺北市 109 學年度對於資賦優異學生之鑑定運作流程圖。因新法與舊法規定差異不大，鑑定運作流程並未修正。

圖 18-1　臺北市國民中小學資賦優異學生鑑定安置流程

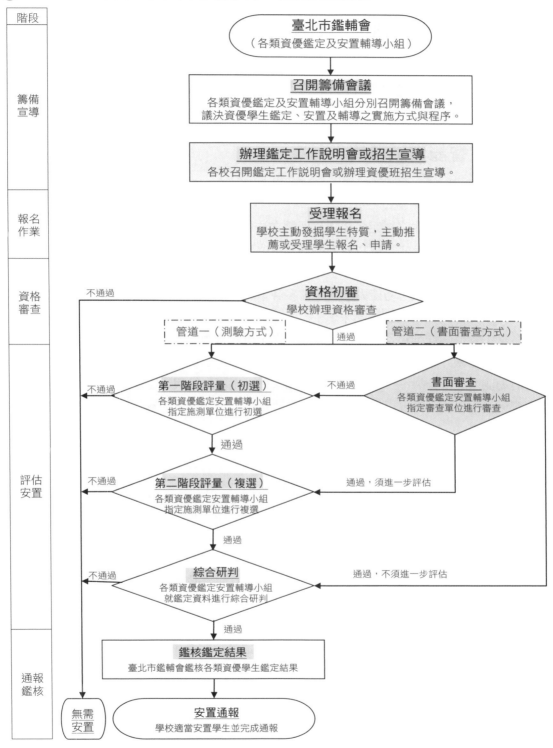

註：引自臺北市資優教育資源中心（無日期，頁 5）。

第二節 各類資優學生的鑑定

基於資優教育對象涵蓋六大類，統一的鑑定流程及運作方式並無法詳細說明各類資優的鑑定原則（郭靜姿等人，2009），本節將逐一介紹各類資優學生的鑑定方式。

一、一般智能資賦優異

（一）鑑定原則

一般智能資優學生之鑑定，以評量個體之注意力、記憶、理解、分析、綜合、推理及評鑑等一般心智能力為主，故以智力測驗為主要評量工具。然因智力測驗之編製，所能涵蓋的分測驗有限，未必能評量個體整體的心智能力，故常採其他輔助性的評量或觀察訊息（如成就測驗、認知或思考能力測驗、檔案評量、觀察課程、資優特質檢核、觀察推薦資料等），以提供更精確的評量結果。

各級主管機關鑑輔會及資優鑑定評量工作小組在審查及鑑定一般智能資優學生時，應同時參考「測驗評量結果」（如標準化團體智力測驗、個別智力測驗、成就測驗、認知或思考能力測驗之得分）、「觀察推薦」（如家長、指導教師與專家學者之觀察推薦或觀察課程資料），以及「表現卓越或傑出等之具體資料」（如檔案評量、表現卓越或傑出之佐證資料）。

（二）鑑定流程及評量內容

1. 申請階段：由家長或教師觀察推薦（須附檢核表或推薦信函，內容具體描述日常智能表現優異之事實），或檢附學業成績表現優異、檔案評量資料。
2. 評量階段：分初選、複選兩階段實施。初選階段實施團體智力測驗（需兼含語文與非語文智力測驗）、成就測驗、認知或思考能力測驗；複選階段則可實施個別智力測驗、觀察課程、成就評量。
3. 綜合研判：資優鑑定評量工作小組先依據上述資料初判，草擬推薦名單，送各級主管機關鑑輔會審查。鑑輔會委員依據前述資料綜合研判，確認安置名單。

二、學術性向資賦優異

（一）鑑定原則

　　學術性向資優學生之鑑定，以評量個體優勢專長學科之學習潛能、成就、態度與實作能力為主，故在評量工具的選用上，以學術性向或成就測驗為主要評量工具，並兼採其他輔助性的評量或觀察訊息（如觀察課程、檔案評量、面試、資優特質檢核、觀察推薦資料、競賽成績、獨立研究成果等），以提供更精確的評量結果。

　　各級主管機關鑑輔會或資優鑑定評量工作小組在審查及鑑定學術性向資優學生時，應同時參考「測驗評量結果」（如標準化學術性向或成就測驗、自編成就測驗、實作評量等之得分）、「觀察推薦」（如家長、指導教師與專家學者之觀察推薦、觀察課程、面試等資料），以及「表現卓越或傑出等之具體資料」（如檔案評量、國際性或全國性學科競賽或展覽活動獲獎紀錄、學術研究單位長期輔導推薦、獨立研究成果優異等佐證資料）。

（二）鑑定流程及評量內容

1. 申請階段：由家長或教師觀察推薦（須附檢核表或推薦信函，內容具體描述表現優異之事實），或檢附學業成績、團體智力測驗或性向測驗得分優異、國際性或全國性學科競賽或展覽活動表現優異等資料。
2. 評量階段：分初選、複選兩階段實施。申請書面審查管道鑑定者，初選階段得就國際性或全國性學科競賽或展覽活動獲獎紀錄、學術研究單位長期輔導推薦，或獨立研究成果優異等佐證資料，由鑑輔會指定審查單位進行審查，並視審查結果決定是否需進一步接受測驗評量管道複選；申請測驗評量管道鑑定者，則於初、複選階段實施標準化學術性向或成就測驗、自編成就測驗、實作評量、觀察課程、面試或參考檔案評量資料等。
3. 綜合研判：資優鑑定評量工作小組先依據上述資料初判，草擬推薦名單，送各級主管機關鑑輔會審查。鑑輔會委員依據前述資料綜合研判，確認安置名單。

三、藝術才能資賦優異

（一）鑑定原則

　　藝術才能資優學生之鑑定，以評量個體在藝術領域之潛能、態度與能力表現為主，故在評量工具的選用上，以藝術性向測驗及專長領域能力評量為主要評量工具，並兼採其他輔助性的評量或觀察訊息（如觀察課程、檔案評量、資優特質檢核、觀察推薦資料、競賽成績等），以提供更精確的評量結果。

　　各級主管機關鑑輔會及資優鑑定評量工作小組在審查及鑑定藝術才能資優學生時,應同時參考「測驗評量結果」(如標準化藝術性向測驗、專長領域能力評量之得分或表現)、「觀察推薦」(如家長、指導教師與專家學者之觀察推薦、觀察課程、面試等資料),以及「表現卓越或傑出等之具體資料」(如檔案評量、國際性或全國性藝術類科競賽獲獎紀錄等佐證資料)。

(二)鑑定流程及評量內容

1. 申請階段:由教師或家長觀察推薦(須附彌封之推薦信函或檢核表,具體描述藝術才能表現優異事實)。
2. 評量階段:分第一階段評量、第二階段評量兩階段實施。第一階段實施藝術性向測驗、檔案評量或獲獎紀錄審查,並於第二階段實施藝術領域專長領域能力評量、藝術成就測驗、藝術基本能力測驗或觀察課程。
3. 綜合研判:資優鑑定評量工作小組先依據上述資料初判,草擬推薦名單,送各級主管機關鑑輔會審查。鑑輔會委員依據前述資料綜合研判之,確認安置名單。

四、創造能力資賦優異

(一)鑑定原則

　　創造能力資優學生之鑑定,以評量個體創造發明之潛能、態度與問題解決能力為主,故在評量工具的選用上,以創造力測驗及創造性特質量表為主要評量工具,並兼採其他輔助性的評量或觀察訊息(如檔案評量、實作評量、面試、觀察推薦資料、學生作品、課內外活動表現及競賽成績等),以提供更精確的評量結果。

　　各級主管機關鑑輔會及資優鑑定評量工作小組在審查及鑑定創造能力資優學生時,應同時參考「測驗評量結果」(如創造力測驗之得分或表現)、「觀察推薦」(如家長、指導教師與專家學者之觀察推薦資料、面試等),以及「表現卓越或傑出等之具體資料」(如檔案評量、國際性或全國性創造發明競賽獲獎紀錄等佐證資料)。

(二)鑑定流程及評量內容

1. 申請階段:由創造力專家學者、教師或家長觀察推薦(須附推薦信函或檢核表,具體描述日常創造力表現優異事實)。
2. 評量階段:於評量階段得實施創造力相關測驗、檔案評量(優秀作品等相關紀錄)、實作評量或面試。
3. 綜合研判:各級主管機關鑑輔會或資優鑑定評量工作小組依據上述資料綜合研判。

五、領導能力資賦優異

（一）鑑定原則

領導能力資優學生之鑑定，以評量個體在處理團體事務之計畫、組織、溝通、協調、預測、決策及評鑑能力為主，故在評量工具的選用上，以領導才能測驗為主要評量工具，並兼採其他輔助性的評量或觀察訊息（如檔案評量、實作評量、面試、觀察推薦資料、擔任學校、班級或社團幹部之表現，或競賽獲獎紀錄等），以提供更精確的評量結果。

各級主管機關鑑輔會及資優鑑定評量工作小組在審查及鑑定領導能力資優學生時，應同時參考「測驗評量結果」（如領導才能測驗、實作評量之得分或表現）、「觀察推薦」（如家長、指導教師與專家學者之觀察推薦資料、面試等），以及「表現卓越或傑出等之具體資料」（如檔案評量、領導才能特質與表現傑出之佐證資料）。

（二）鑑定流程及評量內容

1. 申請階段：由專家學者、教師、家長或同儕觀察推薦（須附推薦信函或檢核表，具體描述日常領導才能表現優異事實）。
2. 評量階段：於評量階段實施領導才能相關測驗、實作評量、檔案評量、觀察課程或面試。
3. 綜合研判：由各級主管機關鑑輔會或資優鑑定評量工作小組依據上述資料綜合研判。

六、其他特殊才能資賦優異

（一）鑑定原則

其他特殊才能資優學生之鑑定，以評量個體在肢體動作展現、器械操作之工具運用能力、電腦程式網路設計、圍棋、象棋或牌藝等能力為主，故以競賽表現為主要鑑定評量工具，並兼採其他輔助性的評量或觀察訊息（如檔案評量、實作評量、面試、觀察推薦等資料），以提供更精確的評量結果。

各級主管機關鑑輔會及資優鑑定評量工作小組在審查及鑑定其他特殊才能資優學生時，應同時參考「測驗評量結果」（如實作評量之得分或表現）、「觀察推薦」（如家長、指導教師與專家學者之觀察推薦、面試等資料），以及「表現卓越或傑出等之具體資料」（如檔案評量、國際性或全國性技藝競賽獲獎紀錄等佐證資料）。

（二）鑑定流程及評量內容

1. 申請階段：由相關領域專家學者、教師或家長觀察推薦（須附推薦信函或檢核表，具體描述並檢附專長才能特質與表現卓越或傑出等之具體資料）。
2. 評量階段：於評量階段採國際性或全國性技藝競賽獲獎紀錄審查，或實施實作評量、檔案評量，或與專長才能領域相關之面試。
3. 綜合研判：由各級主管機關鑑輔會或資優鑑定評量工作小組依據上述資料綜合研判。

七、提早入學與縮短修業鑑定

學習能力優異的學生需要具有挑戰性的課程，用以發展並培育好奇心、創造力、成就感與學習動機。因此，提供加速學習機會便成為一項值得採用的教育措施。加速學習是一種超越以年齡為就讀條件的教育計畫（Paulus, 1984），運用加速教育的方式是因資優兒童在認知上有急速發展的現象，教育人員必須提供適合的課程和服務，以配合學生特殊的學習需求（Elkind, 1988）。縮短修業年限之目的便在於提供能力特別優秀、學習速率較快的孩子加速學習的機會，使他們能夠接觸較有挑戰性的課程與教材，能在較短時間內修讀完一般課程。

（一）提早入學鑑定

目前，國內提早入學的鑑定方式以多元、多階為鑑定原則，包含：客觀性評量（如智力測驗、成就測驗等標準化測驗）和主觀性評量（如教師、家長觀察、檔案評量、實作評量等），並由家長、教師、行政人員與專家組成鑑定小組，綜合考量學生的需求與學校能提供的教育措施，以提供合適的安置環境。鑑定流程包括：(1)宣傳階段，辦理座談會、溝通家長觀念；(2)申請階段由家長至學區內國小領取申請須知及表格，並依據規定提出申請；(3)初審階段由各國小審查證件與資料，合格者予以列冊；(4)初選階段實施能力測驗，並觀察兒童的身心發展狀況；(5)複選階段實施個別智力測驗，或觀察學生在團體學習中的適應狀況；(6)安置階段，合乎錄取標準者由教育行政機關依學齡兒童入學原則分發，對於不適應學生，校方應於 10 月份與家長溝通輔導方式。

依據《特殊教育學生調整入學年齡及修業年限實施辦法》（2023）第 4 條的規定，提早入學資優兒童之鑑定應符合兩項規定：「(1)智能評量之結果，在平均數正 2 個標準差以上或百分等級 97 以上；(2)社會適應行為評量結果與國民小學一年級兒童相當。」

（二）縮短修業年限鑑定

《特殊教育學生調整入學年齡及修業年限實施辦法》（2023）第6條規定：「高級中等以下學校及接受經主管機關許可實施非學校型態實驗教育之資賦優異學生，……由學生本人依其身心發展狀況、學習需要及意願向學校申請；學生未成年者，由其法定代理人或實際照顧者代為申請。……」縮短修業年限之方式有四項：(1)部分或全部適用之學習領域（科目）免修；(2)部分或全部適用之學習領域（科目）加速；(3)部分適用之學習領域（科目）跳級；(4)全部適用之學習領域（科目）跳級。

資優不僅是學習潛能的發展與展現，同時也意謂著發展上的不同步（Silverman, 1994）。換言之，資優兒童在認知上的高度發展，其情緒、社會人際互動、生活適應的發展卻未必能與認知的發展同步，縮短修業年限除了必須考量學生的認知發展與學業成就，其他如動機、社會適應、自我態度等「非智力」層面因素也應加以考慮。因此，縮短修業年限的資優學生，其學習適應的情形為何，應進行追蹤輔導。

縮短修業年限學生之鑑定包含兩項程序：其一為鑑定學生是否為資優學生；其二為縮短修業年限學力評量（郭靜姿，2000）。如果學生已是資優班（資優資源班）的學生，可直接參加縮短修業年限之學力評量；如果學生屬於非資優班（資優資源班）的學生，應依據資優學生鑑定原則、鑑定基準之規定辦理鑑定，以確認學生是否符合資優學生的身分。各校辦理資優學生縮短修業年限之甄別鑑定應包含下列項目：教師之觀察紀錄、學生家長之觀察紀錄、學科（學習領域）成績紀錄、學科（學習領域）成就測驗紀錄、社會適應行為之評量，以及特殊表現紀錄。

第三節　資優學生的需求評估與教育安置

基於上述的鑑定基準和流程，可知單以一、二種工具鑑定資優是不足的。《特殊教育法》（2023）規定，資優學生之鑑定必須採取多元與多階段評量方式。在教育措施方面，依據《特殊教育學生及幼兒鑑定辦法》（2024）第24條：「資賦優異學生之教育需求評估，應包括認知或情意特質、社會適應、性向、專長領域（科目）學習等」，而教育需求評估「應依學生或幼兒之需求選擇必要之評估項目，並於評估報告中註明優弱勢能力，所需之教育安置、課程調整、支持服務及轉銜輔導等建議」。

一、教育需求評估

早在1939年，Hollingworth即指出多數資優兒童在學校課程中浪費半數甚至全部的時

間。且由於資優兒童在智能發展與社會情緒與生理發展的不均衡，難能在學校中有良好的同儕互動，Hollingworth 因此投入許多時間輔導高智商而社會適應困難的學生（Hollingworth, 1942）後指出：「教育應思考如何培育學校中各種不同類型的資優，使其獨特性能充分發展，並對社會做出最大的貢獻」（引自 Davis et al., 2011）。

　　基於資優學生在能力、興趣、動機、認知風格、學習型態等各方面與普通學生有所差異，因此評估其學習需求以設計適應性課程，成為學校提供資優教育服務的重心。依據《特殊教育法》（2023）第 42 條：

> 「高級中等以下學校應以團隊合作方式，考量資賦優異學生身心特質、性向、優勢能力、學習特質及特殊教育需求，訂定資賦優異學生個別輔導計畫，並應邀請資賦優異學生本人、學生之法定代理人或實際照顧者參與。」

　　當各校在撰寫資優學生個別輔導計畫時，評估學生的優弱勢能力及其教育需求，便成為學校提供資優教育服務的第一步。在現行的「十二年國民基本教育課程綱要」中，關於特殊教育學生課程設計與發展，強調課程必須依據《特殊教育法》所規範的個別化教育計畫或個別輔導計畫適性設計，必要時得調整部定必修課程，並實施教學。源此，資優教育教師依法需為每位學生設計個別輔導計畫。

（一）認知能力的優弱勢評估及學習需求

　　評估學生在認知的優勢及弱勢，學校團隊可以透過標準化測驗（如智力、性向、成就測驗等）及非標準化評量（如教師觀察量表、競賽表現、檔案資料、實作評量等），發現學生的優勢及弱勢，並決定教育安置方式。現行的線上版「資優學生個別輔導計畫」（IGP）（郭靜姿、蔡明富等人，2020）已就資優學生的認知特質，提供以下選項供教師勾選優勢或弱勢：觀察能力、記憶能力、理解能力、推理能力、分析能力、應用能力、評鑑能力、創造能力、想像能力、批判能力、問題解決能力，以及後設能力（請參見 http://igp.set.edu.tw/Home/Home）。

（二）情意能力的優弱勢評估及學習需求

　　一般而言，資優學生情意適應的表現優於普通學生（張玉珮，2002），許多研究結果也顯示資優兒童有較良好的資優概念、自信、自重、理想我與生活適應，同時情緒亦較穩定，也有較優秀的親子關係（Bracken, 1980; Brown & Karnes, 1982; French, 1959; Gallagher, 1985; Karnes & Wherry, 1981; Lessinger & Martinson, 1961）。不過，資優學生也有獨特的適應問題，包括：因周遭的同儕全是高程度的資優學生，在相互競爭及比較下，自我概念

會減低（Fult, 1980; Stopper, 1979）；因他人對資優學生過高的期望，導致為符合期望時會經歷挫折的感覺（Freeman, 1983; Sebring, 1983）；因智商過高，思考與興趣若和同儕格格不入而顯得孤離（Hollingworth, 1942）；因創造潛能使自身對行為失去控制，而與傳統的生活模式發生衝突（Gallagher, 1985; Torrance, 1968）；因身心發展的不均衡，導致認知—情緒—技能間發展的差距（郭靜姿、林慶波等人，2012；郭靜姿、張馨仁等人，2012；Sommer, 1981）；因過度激動特質，而使心理強度（mental intensity）高，情緒處於緊張的狀態（Piechowski, 1991）；差異知覺使資優學生覺得與他人不同，因害怕人際孤離而有嚴重的罪惡感及自我懷疑產生，影響其潛能發展及自我認定（Gross, 1998）等。因此，在個別化輔導計畫中，針對資優學生在情意特質的表現評估其優勢與弱勢據以輔導是必須的。現行的線上版「資優學生個別輔導計畫」（IGP）（郭靜姿、蔡明富等人，2020）已就資優學生的情意特質，提供以下選項供教師勾選優勢或弱勢：專注能力、成就動機、要求完美、溝通協調、情緒控制、挫折容忍、正向思考、領導能力、合作能力、自信心、同理心，以及復原力（請參見 http://igp.set.edu.tw/Home/Home）。

二、教育安置方式

資優學生的教育安置方式多元，國內在《特殊教育法》（2023）第 40 條的規定下，對於資優學生的安置方式有下列幾種：

「學前教育階段及高級中等以下各教育階段資賦優異教育之實施，依下列方式辦理：
一、學前教育階段：採特殊教育方案辦理。
二、國民教育階段：採分散式資源班、巡迴輔導班、特殊教育方案辦理。
三、高級中等教育階段：依第十三條第二項及第四項規定方式辦理。」

上述有關資優學生的安置方式，在高中職階段採取集中式特教班和巡迴輔導班方式，但國民中小學只能以分散式資源班、巡迴輔導班、特殊教育方案辦理。所謂特殊教育方案，係指提供給資優學生的充實教育方案，包含：校本資優教育方案、區域資優教育方案，以及其他充實方案，如資優學生夏令營隊、大學充實方案、國際交流活動等。因此，目前國內的資優教育安置方式在國民中小學，強調分散安置的方式；高中職以上始能採取集中的教育安置方式；而在教育方式上，針對加速方式或充實方式，教師及家長可視學生的特質及需求予以選擇。不過，基於《特殊教育法》（2023）強調國民中小學的資優教育一律採分散安置之方式，限制了國民中小學集中編班的機會。目前，藝術才能資優學生參與資優教育服務的人數大幅減少，令人扼腕。為了使資優教育更多元及彈性，郭靜姿（2013）建議資優學生的安置方式，除應給予學校及學生選擇的自主權外，在制度上亦應

加強向下紮根的基礎，重視學前的優勢才能發展；另外，國內亦應開發大學資優教育的模式，以使中學資優教育能向上銜接，符應人才培育的政策。

第四節　資優的成因、鑑出率與安置率

一、資優的成因

（一）資優的大腦結構

　　資優是遺傳因素多？抑或學習因素多？這個問題始終沒有一致性的答案。郭靜姿與張馨仁等人（2012）及郭靜姿與林慶波等人（2012）比較 36 位高中數理能力優異學生（16 男／ 20 女）及 37 位普通學生（20 男／ 17 女）在大腦結構的差異，結果發現，數理資優組與普通組在多個皮質區灰質容積有所差異：數理資優組在智力及數理能力相關的皮質區灰質容積高於普通組；而普通組在動作及高級感覺皮質區灰質容積高於數理資優組。

　　該研究也發現，高中資優學生與普通學生的大腦分區部分各有其優弱勢區域。數理資優組在左半球的額葉、枕葉、枕—頂、枕—顳區及左小腦有多處灰質密度高於普通組；而普通組則在大腦雙側的動作區與高級感覺皮質區、右半球的視覺—頂葉區有多處灰質密度高於數理資優組（郭靜姿、張馨仁等人，2012）。郭靜姿與林慶波等人（2012）對於性別差異的研究，也發現組別在多個皮質區灰質容積有所差異：男生組在計算能力相關、訊息連結、負面情緒記憶等皮質區灰質容積顯著高於女生組；而女生組在認知、高級感覺等皮質區灰質容積顯著高於男生組。因此，性別也是各有其優勢及弱勢。

　　數理資優往往意味著高智力，但兩者並非同一概念。在郭靜姿等人（2019）有關數理資優大腦白質網絡結構分析之研究中，研究者採用「魏氏成人智力量表」（第三版）評估個體智商，並進行擴散張量影像掃瞄，再建構大腦白質網絡，使用圖形理論計算大腦網絡屬性及各節點之連結效率。結果發現，數理資優組在大腦局部區域內節點之間的傳遞效率較佳，並以左側額上迴尤甚。進一步控制數理資優組與一般組的智力均等，數理資優組在大腦局部區域內的節點訊息傳輸效率仍占有優勢，並以涉及空間處理能力的左側枕上迴群聚程度最佳。其後，分別分析數理資優組與一般組在智力與大腦網絡拓樸屬性之相關結果指出，僅一般成人作業智力與大腦網絡全局效率為正相關，數理資優組成人的智力與大腦網絡連結則無直接關聯。此項結果提供數理資優者與常人在大腦白質結構差異情形的實徵證據，更從大腦拓樸網絡之取向區辨數理資優、數理能力，以及智力之異同。

　　吳清麟與郭靜姿（2020）復以靜息態大腦取向，分析數理資優個體與一般人的智力與其大腦區域同質性之相關。樣本為 16 位數理資優大學生及 14 位普通大學生，研究結果發現：智力與雙側額中迴、右側前扣帶迴、左側視丘之區域同質性皆為正相關。另一方面，

排除年齡與智力影響後，數理資優個體在雙側中央前迴、頂上葉、額上迴、海馬旁迴、顳中迴及舌狀迴與一般人運作不同。此項結果驗證數理資優與智力資優在生理特質上有同有異。

　　上述資優腦部的研究可以增進教育工作者對學生的生理特質有更進一步的了解。另外，在鑑定與發掘高智商及數理資優學生時，教育工作者更要思考如何運用不同的工具評量不同類別的資優。

（二）資優與才能的區分模式

　　有鑑於資優的發展是多種條件的配合，Gagne（2004）因而提出「資優與才能的區分模式」（a differentiated model of giftedness and talent [DMGT]），以資優（G）為天賦能力，才能（T）為後天表現。資優的發展需經由媒介因素：內在媒介（I）、環境媒介（E）、發展歷程（D），以及機運（C），始能表現於特定領域，成為具有才能的個體。「資優與才能的區分模式2.0」（Gagne, 2008）指出，這樣的概念說明了資優發展除個人條件外，尚有賴各種媒介的促進。影響才能發展的個人因素包括：特質（含生理特質、心理特質）、目標管理（含覺察力、動機及意志）。影響才能發展的環境因素包括：(1)周遭環境（如物理、文化、社會、家庭等）；(2)重要他人（如父母、家人、教師、良師等）；(3)教育學習（如活動、課程、方案等）。影響才能發展的歷程因素包括：活動歷程、發展歷程、投入歷程。影響才能發展的機運因素包括：獲獎、意外等。Gagne以前百分之十來界定天賦能力資優及才能表現優異（如圖18-2所示）。

（三）影響資優發展的因素

　　有鑑於低成就資優兒的出現，Renzulli（1978）提出資優的發展應為三環條件之交集，此項主張改變了以高智商鑑定資優的傳統。Renzulli的資優三環概念（three-ring conception of giftedness）指出，資優係由三種特質交互影響發展而成：(1)中等以上的能力（above average ability）；(2)學習的專注性（task commitment）；(3)創造力（creativity）。依據三環概念，要表現資優不一定要仰賴高智商，而要具有高度的恆心與毅力。因此，Renzulli 等人重視學生行為特質的觀察，編製了「資優學生行為特質評定量表」（Renzulli et al., 1976），提供主觀化的評定工具。

　　在相同的概念下，Feldhusen（1986）強調「資優」應該包含四個要素：一般心智能力（general intellectual ability）、積極的自我概念（positive self-concept）、成就動機（achievement motivation），以及特殊才能（talent）。認知心理學家 Haensly 等人（1986）也以四C：統合（coalescence）、情境（context）、衝突（conflict）、力行（commitment），說明資優為多種條件聚合的產物。「統合」是指個體具有後設認知及後設覺知的能力，能

圖 18-2　資優與才能的區分模式

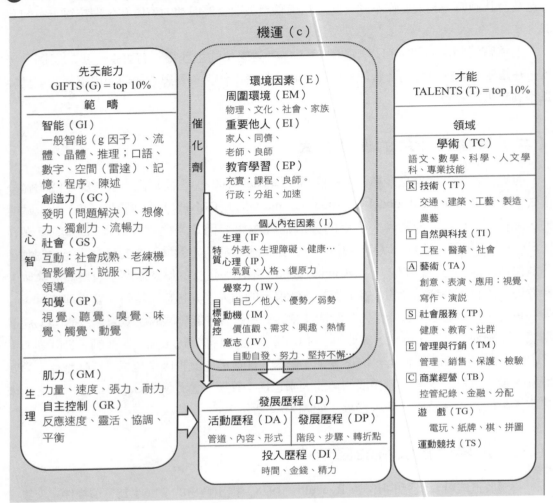

註：參考 Gagne（2008）。

在適當的時機，運用適合的步驟處理訊息，而以特殊的型態表現高效率之工作成果。這不只是要具備某些能力，還要善用能力、高度理解、洞察，以及計劃周全，始能臻至資優。

二、資優的鑑出率與安置率

（一）資優學生的安置人數及鑑出率

依據 108 年度《特殊教育統計年報》（教育部，2019a），資優學生共有 2 萬 7,355人，分別在國小階段有 7,085 人、國中階段有 10,309 人、高中階段有 9,961 人。其中，一

般智能資優學生 7,166 人，占 26.20%；學術性向資優學生 14,699 人，占 53.73%；藝術才能資優學生 5,273 人，占 19.28%；創造能力資優學生 188 人，占 0.69%；領導才能資優學生 20 人，占 0.07%；其他特殊才能資優學生 9 人，占 0.03%。

　　108 年度各教育階段就學人數，國小為 1,197,337 人、國中為 709,361 人、高中為 929,096 人（教育部，2019a）。在 100 位國小學生中僅 0.5 位被鑑定為資優；在 100 位國中學生中僅 1.45 位被鑑定為資優；在 100 位高中學生中僅 1.07 位被鑑定為資優。整體言之，國內資優學生的安置率／鑑出率遠低於常態分配前百分之三。

（二）雙重特殊需求學生的鑑出率

　　依據教育部特殊教育通報網，我國 108 學年度各教育階段各類學生數概況及雙重特殊需求（twice exceptional needs）學生之比例，如表 18-1 所示；雙重特殊需求學生之特殊教育（身心障礙）類別概況，如表 18-2 所示。

　　以 108 學年度的統計為例，各教育階段身心障礙資優學生占總資優學生人數之比例為：國小 1.75%、國中 1.28%、高中 1.11%，合計占 1.34%；其占身心障礙學生人數之比例為：國小 0.29 %、國中 0.55 %、高中 0.44 %，合計占 0.40%；其占全體學生人數之比例為：國小 0.010%、國中 0.024%、高中 0.016%，合計占 0.015%。

　　在全體雙重特殊需求學生 376 名中，其特殊教育（身心障礙）類別及比例依序為：自閉症 241 名（64.10%）、情緒行為障礙 50 名（13.30%）、聽覺障礙 25 名（6.65%）、學習障礙 16 名（4.26%）、身體病弱 15 名（3.99%）、肢體障礙 11 名（2.93%）、腦性麻痺 6 名（1.60%）、視覺障礙 4 名（1.06%）、多重障礙 3 名（0.80%）、其他障礙 3 名（0.80%）、語言障礙 2 名（0.53%）（如表 18-2 所示）。整體而言，在 100 位身心障礙學生中出現 0.4 位雙重特殊需求學生（如表 18-1 所示）。

　　在全體 28,141 名資優學生中出現雙重特殊需求的類別，在國小階段為一般智能資賦優異 109 名（1.71%）、其次為藝術才能資賦優異 6 名（2.33%）、創造能力資賦優異 4 名

表 18-1　108 學年度各教育階段各類學生人數概況及雙重特殊需求學生比例

教育階段	各類學生人數				雙重特殊需求學生占各類學生人數比例		
	雙重特殊需求	資優	身心障礙	全體	資優	身心障礙	全體
國小	120	6,847	41,722	1,170,612	1.75%	0.29%	0.010%
國中	147	11,470	26,748	607,969	1.28%	0.55%	0.024%
高中	109	9,795	24,893	642,812	1.11%	0.44%	0.016%
合計	376	28,112	93,363	**2,421,399**	**1.34%**	**0.40%**	**0.015%**

註：引自教育部特殊教育通報網。

表 18-2　108 學年度各教育階段雙重特殊需求學生之身心障礙類別概況

特教類別	國小	國中	高中	小計	百分比
視覺障礙	0	1	3	4	**1.06%**
聽覺障礙	7	11	7	25	**6.65%**
語言障礙	1	1	0	2	**0.53%**
肢體障礙	0	4	7	11	**2.93%**
腦性麻痺	2	2	2	6	**1.60%**
身體病弱	3	5	7	15	**3.99%**
情緒行為障礙	21	16	13	50	**13.30%**
學習障礙	2	3	11	16	**4.26%**
多重障礙	1	2	0	3	**0.80%**
自閉症	81	102	58	241	**64.10%**
其他障礙	2	0	1	3	**0.80%**
合計	120	147	109	**376**	**100.00%**

註：作者自行整理。

（2.25%）；在國中階段為學術性向資賦優異 118 名（1.11%）、一般智能資賦優異 13 名（2.20%）、藝術才能資賦優異 9 名（5.26%）、創造能力資賦優異 7 名（9.46%）；在高中階段為藝術才能資賦優異 70 名（1.48%）、學術性向資賦優異 35 名（0.69%）。整體而言，在 100 位資優學生中出現 1.34 位雙重特殊需求學生。

　　由以上數據可知，我國雙重特殊需求學生的身心障礙類別主要集中於「自閉症」及「情緒行為障礙」兩類。在澳洲，Ivicevic（2017）調查西澳雙重特殊需求學生的出現率為 1.6%。在美國，學者推估全美雙重特殊需求學生的出現率為 2～7%；惟實際調查後發現，障礙人口中約有 3～5%為雙重特殊需求學生（Karnes et al., 2004）；另外，在密西西比州進行問卷調查後發現，身心障礙接受資優教育方案服務的學生人數占身心障礙學生總人數之比例為 0.8%，占資優學生總人數之比例為 1.7%（Karnes et al., 2004）。由此得知，我國的出現率明顯低於美國、澳洲等國所推估或實際調查所得之出現率（2～7%、1.6%）。美國在 2012～2013 年 K～12 的中小學資優學生中，有 2～5%為學習障礙學生；而學習障礙學生中，亦有 2～5%為資優學生。由以上顯示，國內雙重特殊需求學生出現學習障礙學生的比率偏低，此點或因學業表現受障礙因素影響而有落差，教師轉介時因而受到影響。

三、資優教育跨階段服務銜接情形

　　郭靜姿與蔡明富等人（2020）接受教育部國民及學前教育署委託，追蹤資優學生於 106～107 學年度銜接服務的情形後發現，國小資優學生銜接國中資優教育服務僅 35.9%與

22.3%；升學就讀私立學校普通班人數占 19.4%與 20.6%；國中資優學生銜接高中資優教育服務僅 19.7%與 19.7%；升學就讀高中第一志願人數而未就讀資優班占 35.4%與 35.5%；升學就讀私立學校人數占 5.3%與 5.4%。另外，高中數理資優班升學大學的學門，升學理工醫相關學門之人數占 88.3%與 90.8%；高中語文及人文社會資優班升學語文及人文社會相關學門之人數占 86.4%與 88.4%。此顯示，高中資優班學生之專長與大學就讀科系之學門銜接十分良好（郭靜姿、張書豪等人，2020）。基於國民中小學資優教育跨階段服務銜接情形未臻理想，郭靜姿等人建議教育主管單位提出有利於資優教育服務銜接之相關措施，以強化對於資優學生的支持系統，並降低人才培育中斷的情形。

第五節　資優學生的特質

一、一般能力特質

　　資優學生的認知特質除了具備較廣泛的知識基礎，並能有益地使用該知識；偏好複雜、具挑戰的環境；解題速度快，但花費在解決計畫階段的時間較多；有效能的陳述及歸類問題；能良好的協調程序性之知識；具備彈性的策略與問題解決；具備良好的後設認知與自我調節的能力外（Shore & Kanevsky, 1993），尚包括：優異的覺察力（Lovecky, 1992）；良好的抽象思考、創造思考的能力（Silverman, 1993）；對真理的認同（Lovecky, 1992; Silverman, 1990）；合理的利他主義（Piechowski, 1989）；幽默感、高度毅力（Silverman, 1993）；敏銳的自我覺知（Clark, 1988, Piechowski, 1989, 2002）等。綜合上述文獻，資優學生在一般能力特質上，可能表現的特質包括如下：

1. 學習能力很快，所需的學習時間比同年齡同儕少。
2. 對於課業學習顯得輕鬆而有自信。
3. 觀察能力敏銳，閱讀或活動時可以觀察到許多細節。
4. 記憶能力很強，聽過或看過的訊息能持久不忘。
5. 理解能力優秀，能夠很快了解問題或他人說話的意思。
6. 類推能力良好，學會一個觀念後能夠舉一反三運用到別的情境。
7. 歸納能力良好，例如：做分類問題時能很快地發現概念或原則。
8. 好奇心十足，對於感興趣的事物常常打破砂鍋問到底。
9. 思考靈活，當問題情境有變化時，可以彈性解決。
10. 說話或回答問題時，想法新穎獨特，顯得與眾不同。
11. 發問時常會提出一些超過年齡水準的問題。
12. 做錯事時能夠很快發現自己的錯誤。
13. 閱讀能力優秀，發展優於同年齡同儕的表現。

14. 詞彙豐富，能夠正確運用超乎年齡水準的字詞。

15. 語言表達流暢，善於描述、說故事等。

16. 喜歡閱讀課外讀物，常識豐富。

17. 數字概念良好，發展優於同年齡同儕的表現。

18. 計算能力優異，發展優於同年齡同儕的表現。

19. 對於數學符號、圖形或圖表的理解優秀。

20. 喜歡益智遊戲，推理能力優秀。

21. 對於感興趣的事物能做很久，顯得專注、投入。

22. 能夠負責，交待他（她）做的事都能完成。

23. 作業態度認真，其品質遠超過同年齡同儕的表現。

24. 學習態度主動，不需要老師或父母經常督促。

25. 能夠與同儕合作學習，社會適應情形大致良好。

二、多元智能特質

　　雖然資優具有共同的能力特質，但資優的類別不同、個別差異也大，因此各類資優特質可以參考其他特質量表，如下說明：

1. 「多元智能量表」：由 C. Branton Shearer 編製，吳武典修訂（2011）。該量表包含九個分量表（九項智能），分別是：語言智能、數學／邏輯智能、音樂智能、空間智能、身體動覺智能、知己（內省）智能、知人（人際）智能、知天（自然）智能，以及知道（存在）智能。

2. 「特殊需求學生特質檢核表」：由郭靜姿等人編製（2002）。該量表分為兩大部分：身心適應困難方面、能力表現優異部分。學校如需要轉介雙重特殊需求學生，該量表可以提供教師分就適應困難及能力表現優異勾選。

3. 「威廉斯創造力測驗」：由 F. E. Williams 編製，最新版為于曉平、林幸台修訂（2024）。該測驗其中的分量表「威廉斯創造性傾向量表」為三點量表，共40題，可獲得冒險性、好奇性、想像性、挑戰性等四種創造力情意展現。另有「威廉斯創造性思考和傾向評定量表」，也屬三點量表，共 48 題，由老師或家長填寫，從觀察者的角度了解受試者在日常生活中的創造力表現。

三、情緒特質

　　資優學生的個別差異極大，認知因素有可能因情意因素或環境因素的影響而產生學習不適應的情形；或者因特殊障礙及學習困難導致低成就的表現。以下介紹資優學生的過度激動特質，該項特質也可能在資優學生的成長過程中，正向或負向的影響資優之適應表現。

　　Dabrowski在其理論中，假定有五種形式的過度激動（overexcitability [OE]）：心理動

作過度激動、感官過度激動、想像力過度激動、智能過度激動，以及情緒過度激動（Am-mirato, 1987; Lysy & Piechowski, 1983; Miller et al., 1994; Piechowski, 1997; Silverman, 1993）。過度激動特質可以在任何年齡的資優者身上被發現（Piechowski & Colangelo, 1984; Silverman Ed., 1993）。在臺灣，國人運用張馨仁（2000，2010）所編製的「我的特質量表」比較資優學生與普通學生在過度激動特質之差異，發現智能過度激動特質是資優學生典型的特質，但情緒過度激動特質中的情緒不穩定特質可以預測負向的人格特質（Chang & Kuo, 2013）。另外，張玉佩與郭靜姿的研究也發現，情緒過度激動顯著預測人格特質中的沮喪、焦慮等特質（Chang & Kuo, 2019）。

有鑑於資優學生有其在認知、情意的獨特性及適應問題，多位學者已編製資優行為特質檢核表，以利於教學現場發掘及輔導學生。茲將國內運用的檢核表列舉如下：

1. 「資優學生社會適應評量表」（王文科等人，2005）。
2. 「身心障礙資優學生整合性鑑定工具──第三類」（吳昆壽等人，2000）。
3. 「資優行為觀察量表」（吳昆壽等人，2006）。
4. 「學前兒童提早入學能力檢核表」（郭靜姿，2004）。
5. 「我的特質量表」（張馨仁，2000）。
6. 「我的特質量表 II」（張馨仁，2010）。

第六節　資優學生的課程與教學

一、提供資優學生適性的教學

在資優學生才能發展的歷程中，需要懂得他／她並接納他／她的教師與同儕，透過教師的引導與卓越創新的教學方法，加上與同儕在學習過程中的切磋，使其不斷累積個人的研究發現、創意產出、問題解決等經驗，進而在知識、技能、態度上持續精進，發展個人的優勢與潛能（Feldhusen, 1997, p. 195）。其中，唯有透過完善的課程設計與教學實施，才能使學生的各項能力得以發展。

依據《高級中等以下學校特殊教育課程教材教法及評量實施辦法》（2023）第 2 條第 1 項的規定：「高級中等以下學校（以下簡稱學校）實施特殊教育，應設計適合之課程、教材、教法及評量，載明於特殊教育學生（以下簡稱學生）個別化教育計畫或個別輔導計畫實施。」再依第 3 條的規定，資優學生的適性課程，除依資優學生專長領域之加深、加廣或加速學習外，包括創造力、領導才能、情意發展、獨立研究及其他特殊需求領域課程。至於應該如何安排課程以及安排哪些課程，則須依循教育部訂定之課程大綱實施。

特殊教育課程大綱歷經數波的改革，近十年在回歸主流與融合教育的推動下，分散式資源班成為特殊教育學生安置的主要型態，也使得課程的實施方式有了改變。這一波的特

殊教育課程改革，讓過去一直未有明確資優教育課程實施的規範有了明確之依據。民國100年所提出的「高級中等以下學校特殊教育課程發展共同原則及課程大綱總綱」（教育部，2011），將資優學生的特殊需求領域設定了創造力、情意與領導三個科目，跳脫出以往僅有學術性向或藝術才能等專長課程為主的資優教育課程，而有了新的元素與可資參考之能力指標，也使抽離式課程應有的合理節數與安排方式有所依循。至於藝術才能資優教育因民國98年（2009）《特殊教育法》的訂定，讓原本採集中式安置型態的藝術才能資優學生無法集中編班而人數大幅度減少，亦無部定之藝術才能資優課程的正式規範。

民國103年（2014）在社會快速變遷、全球教育趨勢與未來人才培育需求下，普通教育推動了十二年國民基本教育（簡稱十二年國教），並公布了課程綱要總綱，在三面九項的核心素養內涵下，實踐素養導向之課程與教學，落實適性揚才之教育，而整體特殊教育亦包含在內。其中，國中小在校訂課程中有包含特殊需求領域之彈性學習課程，高中部分無論是校訂必修或選修，都可安排特殊需求領域，而此特殊需求領域即是依照特殊教育及特殊類型班級學生的學習需求所安排之課程（《十二年國民基本教育課程綱要總綱》，2014）。而後，在各領域的課程綱要陸續公布下，《十二年國民基本教育特殊教育課程實施規範》（2019）與《十二年國民基本教育資賦優異相關之特殊需求領域課程綱要》（2019）即成為現行資優教育教師規劃資優學生適性課程之依據。

二、資優教育課程設計之原則

《十二年國民基本教育特殊教育課程實施規範》（2019）的基本理念提到，資優課程需因應資優學生的需求，結合學校為其擬定之個別輔導計畫，調整學生學習的節數或學分數配置，並以加深、加廣、濃縮等方式彈性調整課程，以落實融合教育的精神。其中，資優課程的目標需視學生之能力、特質與需求而訂定，用以培養其高層次思考能力，課程規劃在認知與情意兼重之下，培養資優學生具備服務與回饋社會的人生觀。2021年《十二年國民基本教育特殊教育課程實施規範》因應《語言發展法》公布，調整了修習學分數。以下分別針對資優教育課程／教學模式、資優教育課程設計，以及資優教育常用的教學策略等三部分加以說明。

（一）資優教育課程／教學模式

為使資優教育實施有所依循，國內外的資優教育專家學者提出了許多以實證本位的資優教育課程／教學模式，前者重視整體課程的脈絡與發展，後者則重視教師應如何進行教學。以下介紹幾項國內常用的資優教育課程／教學模式：

1. J. Renzulli 的三合充實模式與全校充實模式

　　影響臺灣早期資優教育推展最重要的模式可屬 Renzulli（1977）所提出的三合充實模式，從一般性試探活動、團體訓練活動，到個人或小組真實問題的獨立研究，讓學生從在一般課程中探索興趣、參訪接觸，到第二類型如研究技能、後設認知、口語溝通等研究方法訓練，進而透過獨立研究培養其問題解決能力。三種類型的課程可依學生的能力、興趣與需求進行不同類型的課程，並搭配 Renzulli 所提出的旋轉門模式，在擁有一定以上能力、創造力與工作熱忱的資優行為展現下，參與資優教育充實方案，也使臺灣早期的資優課程即有獨立研究課程之實施，呈現資優課程的獨特性。其後，Renzulli（1995）又提出全校充實模式，透過全校性的行政組織運作、學校的課程結構，以及服務提供的方式等三面向而成，在多元的鑑定中挑選出 15～20%具傑出表現的學生建立才能檔案與人才庫，並透過課程調整，最後參與三種類型的活動，滿足其學習服務與機會。

2. C. Tomlinson 的平行課程模式

　　平行課程模式的基本理念，強調引導學生學習發現、認識與應用領域知識的重要概念與原則，提供學生轉化、應用並與自身經驗連結，因此提出由核心課程、連結課程、實務課程、認同課程等四個互相關聯的課程所組成，提供學習者更充實的學習經驗（Tomlinson et al., 2002）。其中，核心課程係指基本學科領域的知識概念與原理原則；透過核心課程的提供，厚實資優學生的基礎知識與技能，如同學生專長領域的學習。連結課程主要在延伸學習的設計，將不同時間、空間、文化或領域的知識或概念學習加以連結，如同現今的跨領域、國際教育、多元文化教育融入等。實務課程重視學生將所學的知識加以應用，學習解決日常生活中的真實問題，如同現今素養導向課程所強調的情境學習並實踐力行。至於認同課程則重視課程學習與學生本身的關聯，引導學生了解自己的興趣、能力、偏好等，幫助學生自我了解與探索，因此在課程學習時，應鼓勵學生思考此項學習與自己的關聯，從中發揮所長，進行有意義的學習。

3. C. Betts 的主動學習者模式

　　資優教育學者 Betts（1985）提出主動學習者模式，旨在培養資優學生主動學習的意願和獨立學習的能力。其課程規劃需針對學生的能力與興趣，就定向、個別發展、充實活動、研討座談和深入研究等五個向度，強化資優學生在情緒、社會及認知上的全面發展，藉以培育資優學生成為主動學習者，進而達到終身學習的目標。其中，定向在為學習奠定基礎；個別發展在增進學習知能與工具技能；充實活動與研討座談主要在充實各種能力；最終的目的在為最後的深入研究進行準備。Betts 認為，所謂的主動學習者是在最少的外界輔助下，自己能夠運用擴散性及聚斂性的思考能力來解決問題或提出新的理念。主動學習者模式重視角色的改變，學生要從被動學習，到最後發展成為終身學習者。因此，在資優課堂中，教師應透過教學設計與相關的引導，支持與鼓勵資優學生發展主動學習能力。

4. 創造性問題解決模式

創造性問題解決模式最早由 Parnes（1966）所發展提出，其認為創造力是可以培養的，故提出由擴散性思考與聚斂性思考而形成的六階段解題歷程，從發現事實（FF）、發現問題（PF）、發現點子（IF）、發現解答（SF），到尋找可能的答案（AF）等五階段。後來，由 Treffinger 等人於 1985 年新增了發現挑戰（MF）成為六階段，之後修正為三成分六階段，至 1994、2000 年提出非線性的四成分八階段，加入了後設認知的考量，並能評價任務及計畫的可行性（Treffinger et al., 1994）。在資優班的教學中，教師可透過創造性問題解決模式，在引導學生思考問題或進行研究時，能跳脫既定的模式思考問題，在每個解題階段都能先經過擴散性思考發想，再透過聚斂性思考找到較佳的選擇，對資優學生未來在問題解決的過程中有所助益。

5. C. Maker 的 DISCOVER 課程模式

DISCOVER 課程模式始於 1987 年美國學者 Maker 所提出的方案（Maker, 2001），以多元智能與問題解決為架構，鼓勵學生利用自己的優勢解決問題並發揮創造力。其將問題的型式分為問題結構、解題方法、答案等三部分，針對其問題的不同型式引導學生思考問題與解決問題，並將問題分為六種類型，並依教師（提問者）與學生（解題者）對問題的掌握情形不同而加以區分。從問題明確、解題方法單一與有標準答案的類型一問題（Type I），到問題不明確、不知道解題方法且須由學生創造、無標準答案的類型六問題（Type VI），提供了更多層次的資優教學。資優教育教師可透過不同類型問題的鋪陳，引導學生思考與解決問題，若結合多元智能教學，亦可讓學生的學習更佳豐富。

此外，若從內容導向細看資優學生的學習，又可區分為加速制與充實制，前者指透過學科內容的快速提供，能讓資優學生在有限的時間內進度加快，增進學習的效率，包括：跳級、進階預修、提早入學等。後者則給予資優學生更充實、更多樣的教育經驗，包括：課程上的加廣、提供廣泛知識的水平充實，以及發展較高層次深入的概念與思考技能的垂直充實。無論是加速制或充實制的學習，對不同學習風格的資優學生各有優點，可針對其學習需求安排選擇適性教育模式。

（二）資優教育課程設計

Subotnik（2003）指出，資優學生的才能發展是從天賦（being）到行為展現（doing）之過程，其在兒童時期展現天賦，但須經由成長過程中具挑戰性的教育經驗與學習累積，持續產生對特定領域的興趣並發展其能力，以具備成人所需的學術專業。因此，一項好的資優課程設計對學生的學習與才能發展至關緊要。

現行的資優教育課程包含兩大部分：部定領域的課程調整與特殊需求領域課程，可採獨立開課或融入其他領域或科目進行。透過這些資優課程的安排，以培養學生高層次思考

與問題解決的能力。部定領域的課程調整乃因應學生的專長而定，對於學術性向資優學生，其專長可能在數學、自然科學，也可能在國文或英文，資優教育教師除了參考現行部定八大領域之課程綱要，更重要的是要因應學生的優勢能力與需求，進行這些領域課程的調整，其調整的向度包含內容、歷程、環境與評量。蔡典謨（2017）歸納以下有關資優課程調整的策略：

1. 學習內容調整：包含重組、加深、加廣、濃縮、加速、跨領域／科目統整教學主題等。
2. 學習歷程調整：包含高層次思考、開放式問題、發現式學習、推理的證據、選擇的自由、團體式的互動、彈性的教學進度、多樣性的歷程等。
3. 學習環境調整：包含調整物理的學習環境、營造社會情緒的學習環境、規劃有回應的學習環境、有挑戰性的學習環境、調查與運用社區資源等。
4. 學習評量調整：發展合適的評量工具、訂定區分性的評量標準、呈現多元的實作與作品等。

資優學生的特殊需求領域科目則包括創造力、領導才能、情意發展、獨立研究，以及專長領域等課程，前四項皆有相關的學習表現與學習內容條目供參考，至於專長領域課程乃依據學生的優勢與專長而規劃，用以協助其往專業學術領域發展。以高中專長領域課程之規範，建議專長領域課程應以跨領域課程為主，開設如：書報討論、創意寫作／科學寫作、邏輯辯證／高層次思考、科學探究、溝通與領導、全球議題、經典導讀、人文社會科學導論、服務學習等課程，以協助學生發展解決現在與未來社會複雜問題的能力（教育部，2019b）。其中，特殊需求領綱中的四大科目在學習表現與學習內容之向度與次項目或主題，如表 18-3 所示（《十二年國民基本教育資賦優異相關之特殊需求領域課程綱要》，2019）。四大科目各有不同的脈絡，情意發展能協助學生從自我發展（自我）、人際關係（人我），到利己利他的服務觀（他我）；領導重視目標導向，也重視團體任務執行中的關係與願景營造；創造力則從 4P 理論出發，兼重創造性人格特質培養、創造思考歷程、創意成品產出、創造環境的營造，也放入了毅力的人格特質與實用的產品價值。新增的獨立研究科目，除了對研究的認知與技能，更強調研究應有的態度，更從循序漸進的步驟發展出獨立研究的技能。

表 18-3　資優相關特殊需求領域課綱各科目之學習表現與學習內容向度

科目	學習表現向度	學習表現次項目	學習內容主題
情意發展	啟發潛能、精進自我	個人特質 能力成就與期待 正向情緒激發與維持 人生關懷與心靈修養	認識才能發展 面對挑戰與生涯發展 溝通互動、生活效能與美感 適應環境並參與社會
	增能應變、發展生涯	壓力調適 強化韌性 興趣與動機 生涯試探與規劃	
	溝通互動、經營生活	溝通表達與同理 資訊運用與批判 美感涵養	
	適應環境、參與社會	利己與利他 家庭適應 學校適應 文化認同與國際連結	
領導才能	任務導向	釐清角色與目標 擬定計畫 監督過程	團體任務與行動 領導者特質與成員關係組織議事 與願景實踐
	關係導向	善用心理支持 協助個人發展 肯定團隊貢獻	
	變革導向	掌握環境 實踐願景	
創造力	創造性人格特質	好奇心 想像力 冒險性 挑戰心 堅持毅力	創意人特質 創思技巧 成果評鑑 創意資源
	思考歷程	擴散性思考 聚斂性思考	

表 18-3　資優相關特殊需求領域課綱各科目之學習表現與學習內容向度（續）

科目	學習表現向度	學習表現次項目	學習內容主題
	創意成果	流暢	
		變通	
		獨創	
		精進	
		實用	
	環境營造	支持回饋	
		克服逆境	
獨立研究	研究態度	探索的興趣	一般探索
		溝通與合作	研究方法訓練
		動機與毅力	獨立研究實作
		學術與研究倫理	
	研究概念與思考能力	研究內涵	
		批判思考	
		問題解決	
		自我引導學習	
	獨立研究技能	界定研究問題	
		擬定研究計畫	
		文獻蒐集與分析	
		運用研究工具	
		資料分析與解釋	
		研究成果展現	
		研究成果評鑑	

註：整理自《十二年國民基本教育資賦優異相關之特殊需求領域課程綱要》（2019）。

　　至於藝術才能資優班有其專長領域的課程綱要，適用對象為鑑定通過之普通型高級中等教育階段集中式藝術才能資賦優異班學生，與適用於《藝術教育法》（2015）之藝術才能班不同。但兩項專長領域課程皆涵蓋有音樂、美術、舞蹈三大專長，且都以「創作、展演與發表」、「知識、脈絡與思考」、「美感、文化與評價」，以及「專題、應用與創意」為學習之四項構面，規劃有相關的學習表現與學習內容條目供參考。至於藝術才能資優班的課程設計應有效銜接國中小的藝術領域或藝術才能專長領域所學，朝向與大學階段專業科系課程之準備（《十二年國民基本教育藝術才能資賦優異專長領域課程綱要》，2019）。

至於資優班教師應如何規劃課程呢？除了善用資優教育課程教學模式，發展具實證本位之資優班整體課程，亦可參考于曉平（2020）所提出之資優課程設計應掌握的原則：

1. 課程架構脈絡化：根據資優班課程地圖，在兼具課程的多元與連貫性下，規劃能循序漸進發展學生知識、能力、態度等素養之橫向與縱貫性課程。

2. 課程時數合理性：依據《十二年國民基本教育特殊教育課程實施規範》（2019）與學生的需求，在合理時數下，規劃適切的資優班課程節數配置表。

3. 依據資優學生個別輔導計畫規劃課程：因應資優學生個別輔導計畫（IGP）所進行之能力與需求評估，並參考相關各領域課程綱要與資優相關特殊需求領綱的學習表現與學習內容，設定適切的課程與教育目標，並適時檢討與修正。

4. 課程設計具區分性：藉由學生在該課程所需具備的能力分析，並因應學生的需求，進行區分性課程與教學之設計。

5. 課程內涵符合資優教育理念：課程計畫中各單元主題與內容的學習適切，能銜接學生發展中的能力，亦能提供具高層次思考發展的真實情境跨領域議題。

6. 教學與評量具創新性與實證性：利用有效、創新且以實證本位之方法進行教學，並重視團隊合作，將知識轉化運用，且能有實質產出或表現的機會。

正如 Stambaugh（2018）所提出的資優課程要素，好的資優課程除了應以學生優勢為本位、特定領域性課程之外，亦應整合學生的心理社會技巧，支持學生銜接與持續成長。

（三）資優教育常用的教學策略

為使資優教育能達成既定的目標，並培養資優學生具備應有的素養，好的教學策略與方法是必要的，除了參考資優課程調整手冊中的開放式問題、發現式學習等學習歷程之調整外，《十二年國民基本教育資賦優異相關之特殊需求領域課程綱要》（2019）在實施要點中的教學原則也提到，以學習者為中心，強化體驗學習、生活實踐與省思分享，進而能將學習加以應用、實踐並創新，結合境教的安排，讓學生得以內化學習，成為知識的建構者（頁61-62）。在教學過程中，教師可以運用的策略包括：

1. 掌握學生的需求，適時調整教學的進度與學習重點。

2. 教學內容具挑戰性與複雜度、以訓練思考為主進行教學。

3. 了解學生的學習策略與優勢，進行個別化教學。

4. 重視內在動機的引發，在呈現問題時，不用太快給予答案。

5. 適當提示，引發學生的自主性，以便能自我調整。

6. 強調異例操作到概念重組與知識建構。

7. 改變教師主導、干涉的態度，給予學生高度期待。

8. 強調後設認知訓練，鼓勵學生自行計畫、監控與評估，達到自主學習。

9. 強調教學與評量的連結，並運用多元評量，讓學生得以展現真實能力。

其次，在教學方法上，除了適時利用分組教學、合作學習外，區分性教學在資優教育中更顯必要性，以下專門針對區分性教學的實施流程進行完整介紹。

（四）資優教育的新興議題

2020 年，由於新冠肺炎（COVID-19）疫情對教育影響重大，在核心課程教學下，資優教育如能融入學生解決未來問題所需的認知、情意與相關技能培育，可使資優教育具有區分性服務的特色。圖 18-3 為資優教育課程設計可融入的議題，包括：

1. 創建未來能力：解決未來問題尚需要相關的未來學知識、未來學研究方法及統計方式、分析未來趨勢，以及創造、批判、邏輯分析等高層次思考能力，因此建議可依學習階段區分應學習的知識、技能及研究層次，以支持學生從國小到高中持續探究未來。

2. 前瞻科技能力：不同的學習階段，教學者對於科技媒體的運用，可由「以教學者為中心」漸次移轉到「以學習者為中心」：由教師引導（自我引導 0）、選擇式引導（自我引導 1）、合作式引導（自我引導 2），漸進到高度自我引導（自我引導 3）。如此，終身學習的理想當不難達成。

3. 跨域研究能力：跨域的高度表現，不只在多學幾個領域，更重要的是要組織不同領域間的訊息，選擇組合成創新的知識及產品。在不同的學習階段間，教師可藉由跨領域連結的學習，引導學生跨域創作、跨域研究，以解決未來複雜未知的生化疾病、環境問題、天然災害，以及經濟問題等。

4. 關懷社會行動：課堂是一個能夠創造和關懷的社群，而不只是產出智能產品的工廠（Lipman, 2003）。在不同的學習階段，教師可規劃由國小階段的社區踏查與關

圖 18-3　COVID-19 與未來的資優教育課程

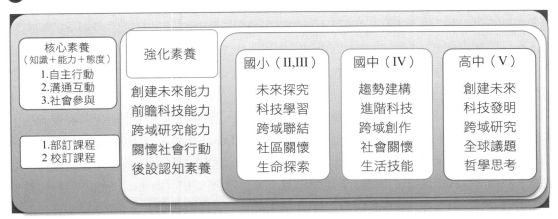

註：引自郭靜姿與王曼娜（2020）。

懷，延伸到國中階段能關心整體社會議題，高中階段能擴展至全球的行動議題，讓資優學生能夠了解社區、關心社會，進而參與國際議題。

5. 後設認知素養：因應環境所需而調整生活及建立個人的生命價值觀，可培育資優學生具有更豁達的人生觀、更靈活的生活適應，以及更高層次的後設認知。生命教育在面臨異動及災情時更顯重要，而生活技能的訓練也是在無法得到醫療協助時，所需學習及具備的技能。因應多變的環境及災情，在不同的學習階段間，教師可以規劃生命探索、生活技能訓練，或設計哲學思考課程，俾能提高在高度壓力及危機下，資優學生之內省與後設認知能力。

　　上述議題可融入校訂課程、統整性主題／專題／議題探究課程、社團活動與技藝課程、特殊需求領域課程，以及其他類課程（如服務學習、自主學習）等各類課程中，資優教育教師或可在「校訂課程」及「專長課程」強化學生因應未來環境及生活變化所需準備的技能。另外，在不同的學習階段，也可以「基本的探究學習」、「進階的創作發表」及「前瞻的創建未來」等三個層次，提供不同發展階段學習者探究的機會。

三、區分性教學的實施流程

　　實施資優充實方案，教學宜具有區分性，始能適應資優學生的需求，因此資優充實課程設計要能先調整普通課程，繼之提供充實學習。Tomlinson（2001）指出，教師對於普通教學內容要調整下列項目以適合資優學生：(1)提高教材的深度；(2)提高內容的抽象性；(3)提高教材的複雜度；(4)提高新奇感；(5)加快學習速度；(6)提供進階課程；(7)減少鷹架支持；(8)採用間歇性回饋（提高內發性動機）；(9)教導推論策略；(10)增進概念建構能力；(11)減少例證提供；(12)減少教師引導；(13)提高問題的複雜性；(14)提供精密的題材；(15)濃縮教材；(16)增加文本；(17)提高獨立性；(18)要求多些證據；(19)先教概念；(20)先教原則（Tomlinson, 2001）。另外，她也指出區分性課程的理念是教師依課程與教材，允許學生進行區分學習。教師可以運用不同的學習資源，例如：不同作業、多層次的補充教材、不同的電腦程式或同儕助教，也可以使用單一作業但允許某些學生快速完成，或安排不同活動，在學生了解作業主要意義之下依自己的速度進行，最重要的是要找出學生學習的準備度和起始點。

　　資優充實方案之目的在擴展資優學生的學習經驗，期望透過多樣化的學習發現興趣，進而深化興趣，促進資優才能的發展。依據 Van Tassel-Baska（1994）以及 Tomlinson（2001）對於資優教育課程設計的看法，筆者建議教師們在設計資優教育充實方案時，應依據下列程序：(1)起點能力評量：評估學習者的個別差異及學習需求；(2)核心課程檢視：濃縮普通課程，確定充實目標；(3)設計區分性課程：選擇教學方式；(4)學習成效評量：修正課程設計。如果在進行區分性學習後，學生的學習反應沒有明顯改變，那麼便需重新評估教材選擇、教學方式，或學習環境安排是否恰當。

四、資優教育課程教學發展與未來人才培育

　　臺灣目前除了以設立資優班或資優資源班提供相關課程滿足學生的學習需求，亦針對未設班學校的資優學生提供校本或區域資優方案課程，豐富學生的學習經驗外，從 2015 年推動資優教育優質發展中程計畫至今，亦辦理許多營隊活動、夏令營等，讓來自不同區域或縣（市）的資優學生得以交流學習，部分縣（市）亦推有良師典範方案或遠距教學，讓資優學生可以擴展學術視野，進而做為日後生涯抉擇的參考。

　　而隨著時代所趨，未來社會對人才的需求影響著教育方向，世界經濟論壇預測 2025 年的十大關鍵技能（查修傑，2018），除了原有的解決複雜問題能力、批判思考和分析能力、分析性思考和創新能力、高 EQ、創意獨特性和主動性之外，尚包括：主動學習和學習策略、科技產品規劃和程式設計、領導力和社交影響力、邏輯推理和問題處理能力，以及系統分析和評估能力，從而可以發現資訊時代的來臨，人工智慧或機器人將取代過去的生活型態與工作需求，因此人才培育方向也應加以改變，在教育上也應順應時代需求調整方向。

五、雙重特殊需求學生之特質與課程設計

（一）雙重特殊需求學生之特質

　　隨著特殊教育的逐步推展，教師及社會大眾對於特殊群體資優學生的特質，相較過去而有更進一步的了解。但實務上卻常常發現，特殊群體資優學生的鑑出率偏低，尤以雙重特殊需求學生為然，原因是資優特質遮蔽了障礙特質的發現，或是障礙的限制使其特殊才能難以展現。因此，如何在早期就能鑑定出雙重特殊需求學生，提供其優勢發展及弱勢補救，便成為資優教育的挑戰。

　　Whitmore 與 Maker（1985）指出，雙重特殊（twice exceptional [2E]）需求學生有正向特質，亦有負向特質，他們表現出的正向特質大致上和一般資優學生相類似，其負向特質則與一般身心障礙學生相似。雙重特殊需求學生的正向特質亦可能被周遭的他人視之為負向，而影響發展（Friedrichs,1990）。Yewchuk 與 Lupart（1993）分析兩種不同的正負向特質在個體內產生的交互作用：第一類是「互斥互抗」，資優與障礙相互拉扯，視資優為高能力，視障礙為限制，彼此互斥；第二類是「共容共和」，資優與障礙互相截長補短，產生雙贏結果。Whitmore 與 Maker 亦指出，雙重特殊需求學生有下列學習問題：(1)雙重特殊需求學生定義不明：不明確的定義與高異質性使得鑑定上困難重重；(2)刻板的期待：父母往往期待障礙子女只要有一技之長，可獨立生活即可，對其缺陷改善之注意力勝於對特殊才能之注意；(3)發展遲緩：生理缺陷所造成的障礙會減少特殊學生接受外界刺激的機會，而且著重補償缺陷、忽略潛能之開發；(4)喪失機會表現特殊才能：目前障礙兒童的教育計畫，著重於基本技能的培養，而忽略其他學科教學，削減障礙兒童表現特長之機

會；(5)教師與學校人員缺失：教師與學校人員若缺乏專業能力，容易導致忽視學生才能，未替他們建立適當的介入計畫。

（二）雙重特殊需求學生之課程設計

雙重特殊需求學生的課程設計宜從優弱勢著手，宜整合身心障礙及資賦優異專業知能的教師進行教學輔導。在課程設計上應滿足學生以下四項需求：(1)針對資優傾向，以充實或加速的資優策略，開發其潛能；(2)針對與同儕相當的能力，提供適齡的發展性教學；(3)針對學科能力的缺陷，進行補救教學；(4)依學習潛能與需求，調整普通班的課程內容與教學策略。其中，優勢能力或興趣的調整，強調在教學環境中提供學生多種不同的刺激，因此將教學的重點放在高層次的抽象思考、創造力與問題解決的方法上，促使學生能主動探索、實驗與討論學習內容。在應用此一策略上，教師必須注意學生的學習準備度、興趣以及學習檔案的應用，教學活動必須能讓學生運用優勢能力，選擇適當的任務來展現其學習狀況；弱勢能力的調整，則強調使用多種不同的教學策略讓學生接觸課程。此種策略是在調整教材呈現的方式以及學生呈現學習成果的方式，包括：減少作業量、提供學習大綱（要點）、延長學習時間、教師閱讀導引、提供學生補救性的學習技巧，以便讓學生能獨立的在學習環境中運用技巧促進學習。教學者在課程設計及教學時應注意以下原則：

1. 運用「興趣及認知風格量表」，以了解學生的優勢學習管道。
2. 配合學習偏好，以提高學習動機及效果。
3. 聽取家長意見，以獲得有關學生學習方式的資訊。
4. 允許學習情境的調整，讓教師有觀察學生最佳表現的機會。
5. 允許學生有選擇學習主題的機會。
6. 提供學生選擇學習成果展現的方式，以表達知識及概念。
7. 鼓勵學生由多樣化的主題中選擇小組或獨立研究的題材。
8. 提供科技整合的教學，以促進各科學習的連結。

綜而言之，雙重特殊需求學生需要適異性的課程與教學，在課程安排上需要普通班教師、資優班教師與特教班教師共同合作，以協助他們發展潛能、藉由補救性教學策略協助最大能力的發展、確認學習困難並提供額外的指導、促進社交與情意的發展、增進運用優弱勢能力之統合能力。在設計個別化教育計畫或個別化輔導計畫時應注意：要開發學生的問題解決能力及決策能力、藉由學習活動增進學生高層次的思考能力、在課程中培養學生創造能力，以及就普通班課程與教學進行調整。他們需要認知、情意、技能多方面的協助，更需要一個全面支持性的環境。是以，Baum（2009）提出了針對雙重特殊需求學生的才能本位發展模式（talent centered model for twice exceptional students）。

雙重特殊需求學生的才能本位發展模式，是為了使同時具有天賦卻也在學習或注意力上有障礙的學生能夠發揮他們的潛力。此模式可以幫助雙重特殊需求學生探索及克服他們

的障礙，以期使他們能找到自己獨特的定位。此模式包含為學生設計區分課程、安排有助於優勢發展的挑戰性課程、提供學生社會與情意支持、調整物理環境以適合學生，以及針對弱勢提供補救性課程（如圖 18-4 所示）。

圖 18-4　雙重特殊需求學生的才能本位發展模式

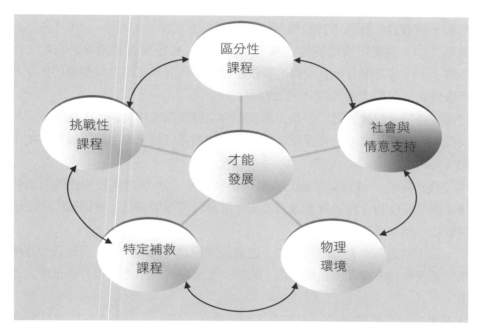

註：引自 Baum（2009, p. 24）。

第七節　資優教育面臨的困境與問題

　　配合十二年國民基本教育的推展，國教署在 2020 年預計發布第二階段的中程發展計畫之際，檢視資優教育推展的現況與問題是後續持續發展的關鍵。分析過去推展資優教育推展的過程中，仍有以下困境：

1. 《特殊教育法》（2023）對於資優教育的支持性不足，例如：教育安置方式未能真正落實多元安置的精神，致使藝術才能資優無法成班，國中小藝術資優學生人數寥寥可數；中央補助地方特殊教育的經費以身心障礙類優先，資優教育類的推動經費明顯受限；資優學生的升學管道比照一般學生，資優教育在升學壓力下之課程教學的彈性仍舊不足。

2. 各縣（市）資優教育支持系統運作品質不一，運作模式尚未成熟，資優教育支持系統仍待精進。若干資優教育現行法規未符應學理、含義不明或迄未執行，資優教育相關法規命令尚待檢視調整。

3. 各縣（市）資優班的教學環境與設備過於傳統、陳舊，未能符應國際資優教育數位、智慧及創新趨勢，資優教育的設施設備亟待充實更新。

4. 國內的資優教育相關評鑑雖已實施多年，惟評鑑結果未能具體展現資優教育成效指標，績效責任評估方式及機制待調整精進。

5. 各縣（市）在鑑定流程或模式規劃、評量工具實施及鑑定基準研判等工作執行之品質不一，可再提升。且現有的資優鑑定標準化評量工具已頻繁使用、年代已久，不敷使用，影響資優鑑定之信效度。

6. 雙重特殊需求學生的鑑定評量工具及程序之彈性調整規範闕如，致使鑑出率過低。又受限於個別化輔導的經費及師資安排，雙重特殊需求學生發展優勢才能的機會闕如。

7. 中等教育階段資優教育教師的合格率仍待提升；小學資優教育教師的學科素養仍待加強。資優教育教師專業發展及多元進修管道亟須強化，參與國際交流模式尚未系統化、制度化辦理。

8. 「十二年國民基本教育課程綱要」之資優課程轉化尚待落實，課程教學亦待創新，多元資優教育方案尚待積極規劃，國際交流經驗尚待擴充，以符應未來人才培育趨勢。

9. 資優學生個別輔導計畫的運作模式尚待強化，線上學習輔導支持平臺亟須強化，尤其在「停課不停學」的特殊處境下，教師更應合作開發線上教材。

10. 資優教育服務的銜接輔導機制亟待建立，以使人才培育銜接更好，資優教育投資能更有效。

第八節　總結

　　資優教育的推動以激發資優學生的潛能，提供更精緻與更有品質的教育，以協助資優學生展現才華、貢獻社會。本章依序探討的議題，包括：資優的定義、分類、鑑定基準、鑑定流程、需求評估、教育安置、成因、鑑出率、安置率、特質、課程與教學，以及面臨的困境與問題，期待未來的資優教育能在更強而有力的支持系統下持續提升品質。後續，如何針對現行的困境與問題加以解決並持續精進，將是資優教育推動的重點。

延伸閱讀

一、推薦書籍及文章

毛連塭（2007）。**資優教育課程與教學**。五南。

毛連塭、郭有遹、陳龍安、林幸台（2000）。**創造力研究**。心理。

吳昆壽（2016）。**資賦優異教育概論**（第三版）。心理。

吳靜吉、丁興祥、邱皓政（主編）（2002）。**創造力的發展與實踐**。五南。

李翠玲（1990）。**缺憾的超越**。聯經。

郭靜姿、賴翠媛、熊召弟、劉祥通、曾琦芬、鄭聖敏、陳學志、蔡桂芳、蔡明富、陳振明、吳淑敏、廓靜辰、鄒小蘭、于曉平、張靖卿、張芝萱、許明珠、潘秀蓁、陳若男、…籃玉君（2015）。**資優教育課程設計與教學模式應用**。華騰。

游森棚（2007）。**我的資優班**。寶瓶文化。

蔡典謨（2008）。**協助孩子出類拔萃：台灣、美國傑出學生實例**（第三版）。心理。

Rimm, S. B., Siegle, D., & Davis, G. A.（2019）。**資優教育概論**（第二版）〔潘裕豐、賴翠媛、于曉平、蔡桂芳、鄭聖敏、廓靜辰、李偉俊、黃曉嵐、柯麗卿、桑慧芬譯〕。華騰。（原著出版年：2017）

Sternberg, R. J., & Lubart, T. I.（1999）。**不同凡想：在一窩蜂文化中開拓創造力**〔洪蘭譯〕。遠流。（原著出版年：2002）

Streznewski, M. K.（2004）。**我的天才噩夢**〔丁凡、唐宗漢譯〕。遠流。（原著出版年：1999）

Tishman, S., Perkins, D. N., & Jay, E.（2002）。**思考的教室：策略與應用**〔梁雲霞譯〕。遠流。（原著出版年：1994）

二、相關網站資源

全國特殊教育資訊網（https://special.moe.gov.tw）

教育部特殊教育通報網（https://www.set.edu.tw）

臺北市資賦優異教育資源中心（https://trcgt.tp.edu.tw）

中華資優教育學會（http://www.cage.org.tw）

National Association for Gifted Children（https://nagc.org）

Hoagies' Gifted Education Page（https://www.hoagiesgifted.org/）

參考文獻

中文部分

十二年國民基本教育特殊教育課程實施規範（2019）。中華民國108年7月18日教育部臺教授國部字第1080073959B號令發布。

十二年國民基本教育資賦優異相關之特殊需求領域課程綱要（2019）。中華民國108年7月18日教育部臺教授國部字第1080073959B號令發布。

十二年國民基本教育課程綱要總綱（2014）。中華民國103年11月28日臺教授國部字第1030135678A號令發布。

十二年國民基本教育藝術才能資賦優異專長領域課程綱要（2019）。中華民國108年7月18日教育部臺教授國部字第1080073959B號令發布。

于曉平（2020）。從資優課程審閱探析中小學資優課程設計與計畫撰寫之原則。載於郭靜姿、于曉平（主編），**2020年資優教育學術研討會論文集：資優匯聚、放眼未來**（頁99-109）。中華資優教育學會。

于曉平、林幸台（修訂）（2024）。**威廉斯創造力測驗（第二版）**（原編製者：F. E. Williams）。心理。

王文科、王木榮、蕭金土（2005）。**資優學生社會適應評量表**。國立臺灣師範大學特殊教育中心。

吳昆壽、邢敏華、林淑玟、梁仲容、高日青（2000）。**身心障礙資優學生整合性鑑定工具：第三類**。國立臺灣師範大學特殊教育中心。

吳昆壽、梁仲容、蘇麗雲（2006）。**資優行為觀察量表**。國立臺灣師範大學特殊教育中心。

吳武典（2013）。臺灣資優教育四十年（一）：回首前塵。**資優教育季刊，126**，1-11。

吳武典（修訂）（2011）。**多元智能量表（乙式）（第二版）（CMIDAS-B）**（原編製者：C. B. Shearer）。心理。

吳清麟、郭靜姿（2020）。數理資優能力、智力與大腦區域同質性之相關研究。**教育心理學報，51**（3），443-457。

身心障礙及資賦優異學生鑑定標準（2006）。中華民國95年9月29日教育部臺參字第0950141561C號令修正發布。

查修傑（2018）。國際深探：連「主動傾聽能力」也漸不重要！世經論壇提未來最夯十大技能。https://www.mirrormedia.mg/story/ 20181203int002/

特殊教育法（2009）。中華民國98年11月18日總統華總一義字第09800289381號令修正公布。

特殊教育法（2019）。中華民國108年4月24日總統華總一義字第10800039361號令修正公布。

特殊教育法（2023）。中華民國112年6月21日總統華總一義字第11200052781號令修正公布。

特殊教育學生及幼兒鑑定辦法（2024）。中華民國113年4月29日教育部臺教學（四）字第1132801926A號令修正發布。

特殊教育學生調整入學年齡及修業年限實施辦法（2023）。中華民國 112 年 12 月 14 日教育部臺教學（四）字第 1122806371A 號令修正發布。

高級中等以下學校特殊教育課程教材教法及評量實施辦法（2023）。中華民國 112 年 12 月 7 日教育部臺教授國部字第 1120161325A 號令修正發布。

張玉佩（2002）。臺灣北區高中數理資優班學生情緒發展層次與情緒適應之研究〔未出版之碩士論文〕。國立臺灣師範大學。

張馨仁（2000）。資優生過度激動特質之研究〔未出版之碩士論文〕。國立臺灣師範大學。

張馨仁（2010）。過度激動特質對於資優生與普通生學習表現、創造力及心理適應之預測研究〔未出版之博士論文〕。國立臺灣師範大學。

教育部（2011）。高級中等以下學校特殊教育課程發展共同原則及課程大綱總綱。https://reurl.cc/qdyOYq

教育部（2019a）。108 年度特殊教育統計年報。https://www.set.edu.tw/actclass/fileshare/default.asp

教育部（2019b）。高中資優班課程規劃會議參考資料（未出版）。作者。

教育部國民及學前教育署（2015）。資優教育優質發展中程計畫：第一期五年計畫（104 年至108 年）。https://reurl.cc/rxMzOb

教育部國民及學前教育署（無日期）。103 學年度教育部主管高級中等學校學術性向資賦優異學生入班鑑定安置「書面審查」基準說明。https://adapt.set.edu.tw/excellent/index3-14.asp

郭靜姿（1996）。資賦優異學生的鑑定與教育安置方式。載於國立教育資料館（編印），資優教育集刊（21 輯）（頁 27-54）。教育部。

郭靜姿（2000）。談資優生縮短修業年限的鑑定與輔導方式。資優教育季刊，76，1-11。

郭靜姿（2004）。學前兒童提早入學能力檢核表。心理。

郭靜姿（2013）。如何實施資優學生的區分性教學？資優教育季刊，127，1-11。

郭靜姿、王曼娜（2020）。全球疫動，資優教育的未來趨勢。載於郭靜姿、于曉平（主編），資優匯聚、放眼未來（頁 3-13）。中華資優教育學會。

郭靜姿、吳淑敏、胡純、蔡明富、蘇芳柳（2002）。特殊需求學生特質檢核表。國立臺灣師範大學特殊教育中心。

郭靜姿、李欣潔、陳彥瑋、范成芳、王曼娜、劉貞宜、游健弘（2009）。資優學生鑑定標準及安置方式之調查研究。資優教育研究，9（2），1-33。

郭靜姿、林慶波、張馨仁、曾琦芬、張玉佩、林燁虹（2012）。高中數理能力優異班學生與普通班學生大腦結構及性別差異之研究。教育科學研究期刊，57（2），25-64。

郭靜姿、張書豪、蔡明富、廖釗君、陳錦雪、林燁虹、于曉平（2020）。臺灣中小學資優教育銜接與資優學生學習適應研究。教育心理學報，51（3），415-442。

郭靜姿、張馨仁、張玉佩、周坤賢、林燁虹、陳雪君、林慶波（2012）。高中數理資優班學生心理特質與大腦結構之研究。教育心理學報，43（4），805-832。

郭靜姿、陳學志、梁庚辰、高淑芬、吳清麟（2019）。數理資優大腦白質網路結構分析之研究。教育心理學報，50（3），389-406。

郭靜姿、蔡明富、于曉平、周建志（2020）。**資優學生個別輔導計畫網（IGP）**。http://igp.set.
edu.tw/Home/Home

臺北市資優教育資源中心（無日期）。**資優學生的鑑定**。https://reurl.cc/qdQARy

蔡典謨（2017）。**學習功能優異（資賦優異）學生的課程調整手冊（草案）**。教育部國民及學
前教育署委託計畫。國立屏東大學。

藝術教育法（2015）。中華民國104年12月30日總統華總一義字第10400151431號令修正公布。

英文部分

Ammirato, S. P. (1987). *Comparison study of instruments used to measure developmental potential according to Dabrowski's theory of emotional development*. Doctoral dissertation, University of Denver, Denver, CO.

Baum, S. (2009). Talent centered model for twice exceptional students. In J. S. Renzulli (Eds.), *Systems and models for developing programs for the gifted & talented* (2nd ed.) (pp. 17-43). Creating Learning Press.

Betts, G. T. (1985). *Autonomous learner model for the gifted and talented.* Autonomous Learning Publications and Specialists.

Bracken, B. A. (1980). Comparison of self-attitudes of gifted children and children in a nongifted normative group. *Psychological Reports, 47*(3), 715-718.

Brown, K. E., & Karnes, F. A. (1982). Representative and non-representative items for gifted students on the Piers-Harris Children's Self-Concept Scale. *Psychological Reports, 51*(3), 0787-790.

Chang, H.-J., & Kuo, C.-C. (2013). Overexcitabilities: Empirical studies and application. *Learning and Individual Differences, 23*, 53-63.

Chang, Y.-P., & Kuo, C.-C. (2019). The correlations among emotional development, over-excitabilites and personal maladjustment. *Archives of Psychology, 3*(5), 1-27.

Clark, B. (1998). *Growing up gifted* (3rd ed.). Charles E. Merrill.

Davis, G. A., Rimm, S. B., & Siegle, D. (2011). *Education of the gifted and talented* (6th ed.). Pearson.

Elkind, D. (1988). Acceleration. *Young Children, 43*(4), 2.

Feldhusen, J. F. (1986). A conception of giftedness. In R. J. Sternberg & J. E. Davidson (Eds.), *Conceptions of giftedness* (pp. 112-127). Cambridge University Press.

Feldhusen, J. F. (1997). Secondary services, opportunities, and activities for talented youth. In N. Colangelo, & G. Davis (Eds.), *Handbook of gifted education* (2nd ed.) (pp. 189-221). Allyn & Bacon.

Freeman, J. (1983). Emotional problems of the gifted child. *Child Psychology & Psychiatry & Allied Disciplines, 24*(3), 481-485.

French, J. L. (Ed.) (1959). *Educating the gifted: A book of readings*. Holt, Rinehart, & Winston.

Friedrichs, T. P. (1990). *Gifted handicapped students: The way forward*. State Department of Education. (ERIC Document Service ED 332460)

Fult, B. (1980). *The effect of an instructional program on the creative thinking skills, self-concept, and leadership of intellectually and academically gifted elementary students*. Doctoral dissertation, University of North Texas, TX.

Gagne, F. (2004). Transforming gifts into talents: The DMGT as a developmental theory. *High Ability Studies, 15*, 119-147.

Gagne, F. (2008). Building gifts into talents: Brief overview of the DMGT 2.0. http://www.eurotalent. org/Gagne_DMGT_Model.pdf

Gallagher, S. (1985). A comparison of the concept of overexcitabilities with measures of creativity and school achievement in sixth-grade students. *Roeper Review, 8*, 115-119.

Gardner, H. (1983). *Frames of mind*. Bantam Books.

Gross, M. U. M. (1998). The "Me" behind the mask: Intellectually gifted students and the search for identity. *Roeper Review, 20*(3), 167-173.

Haensly, P. A., Reynold, C. R., & Nash, W. R. (1986). Giftedness: Coalescence, context, conflict, and commitment. In R. J. Sternberg, & J. E. Davidson (Eds.), *Conceptions of giftedness* (pp. 128-148). Cambridge University Press.

Hollingworth, L. S. (1942). *Children above 18 IQ, Stanford Binet: Origin and development*. World Book.

Ivicevic, L. (2017). *The prevalence of twice exceptional students in the GAT Academic programs: The near miss phenomena*. https://ro.ecu.edu.au /theses/2005

Karnes, F. A., & Wherry, J. N. (1981). Self-concepts of gifted students as measured by the Piers-Harris Children's Self-Concept Scale. *Psychological Reports, 49*(30), 903-906.

Karnes, F. A., Shaunessy, E., & Bisland, A. (2004). Gifted students with disabilities Are we finding them? *Gifted Child Today, 27*(4), 16-21.

Lessinger, L. M., & Martinson, R. (1961). The use of the California Psychological Inventory with gifted pupils. *Personal and Guidance Journal, 39*, 572-575.

Lipman, M. (2003). *Thinking in education*. Cambridge University Press.

Lovecky, D. V. (1992). Exploring social and emotional aspects of giftedness. *Roeper Review, 15*(1), 18-25.

Lysy, K. Z., & Piechowski, M. M. (1983). Personal growth: An empirical study using Jungian and Dabrowskian measures. *Genetic Psychology Monographs, 108*, 267-320.

Maker, C. J. (2001). DISCOVER: Assessing and developing problem solving. *Gifted Education International, 15*, 232-251.

Miller, N. B., Silverman, L. K., & Falk, R. F. (1994). Emotional development, intellectual ability and gender. *Journal for the Education of the Gifted, 18*, 20-38.

National Association for Gifted Children. [NAGC] (n.d.). *What is giftedness?* https://reurl.cc/kdDmDb.

Parnes, S. J. (1966). *Manual for institutes and programs*. Creative Education Foundation.

Paulus, P. (1984). Acceleration: More than grade skipping. *Roper Review, 7*, 98-100.

Piechowski, M. M. (1989). Developmental potential and the growth of the self. In J. Van Tassel-Baska, & P. Olszewski-Kubilius (Eds.), *Patterns of influence on gifted learners: The home, the school, and the self* (pp. 87-101). Teachers College Press.

Piechowski, M. M. (1991). Emotional development and emotional giftedness. *Psychological and Counseling Services*, 285-306.

Piechowski, M. M. (1997). Emotional giftedness: The measure of intrapersonal intelligence. In N. Colangelo, & G. A. Davis (Eds.), *The handbook of gifted education* (2nd ed.). Allyn & Bacon.

Piechowski, M. M. (2002). Emotional giftedness: The measure of intrapersonal intelligence. In N. Colangelo, & G. A. Davis (Eds.), *The handbook of gifted education* (3rd ed.). Allyn & Bacon.

Piechowski, M. M., & Colangelo, N. (1984). Developmental potential of the gifted. *Gifted Child Quarterly, 28*(2), 80-88.

Renzulli, J. S. (1977). *The enrichment triad model: A guide for developing defensible programs for the gifted and talented*. Creative Learning Press.

Renzulli, J. S. (1978). What makes giftedness? Reexamining a definition. *Phi Delta Kappan, 60*, 180-184.

Renzulli, J. S. (Ed.) (1995). *Systems and models for developing programs for the gifted and talented*. Creative Learning Press.

Renzulli, J. S., Smith, L. H., White, A. J., Callahan, C. M., & Hartman, R. K. (1976). *Scales for Rating the Behavioral Characteristics of Superior Students*. Creative Learning Press.

Schlichter, C. L. (1986). Talents unlimited: Applying the multiple talent approach in mainstream and gifted programs. In J. S. Renzulli (Ed.), *Systems and models for developing programs for the gifted and talented* (pp. 352-390). Creative Learning Press.

Sebring, A. D. (1983). Parental factors in the social and emotional adjustment of the gifted. *Roeper Review, 6*(2), 97-99.

Shore, B. M., & Kanevsky, L. S. (1993). Thinking processes: Being and becoming gifted. In K. A. Heller, F. J. Monks, & A. H. Passow (Eds.), *International handbook of research and development of giftedness and talent*. Pergamon Press.

Silverman, L. K. (1990). Social and emotional education of the gifted: The discoveries of Leta Hollingworth. *Roeper Review: A Journal on Gifted Education, 12*(3), 171-178.

Silverman, L. K. (1993). The gifted individual. In L. K. Silverman (Ed.), *Counseling the gifted and talented* (pp. 3-28). Love Publishing Co.

Silverman, L. K. (1994). The moral sensitivity of gifted children and the evolution of society. *Roeper Review, 17*(2), 110-116.

Silverman, L. K. (Ed.) (1993). *Counseling the gifted and talented*. Love.

Sommer, S. (1981). Emotionally reconsidered: The role of cognition in emotional responsiveness. *Journal of Personality and Social Psychology, 41*, 553-561.

Stambaugh, T. (2018). Curriculum and instruction: Within a talent development framework. In P. Olszewski-Kubilius, R. F. Subotnik, & F. C. Worrell, *Talent development as a framework for gifted education* (pp. 129-152). Prufrock Press.

Stopper, C. J. (1979). *The relationship of the self-concept of gifted and nongifted elementary school students to achievement, sex, grade level, and membership in a self-continued academic program for the gifted.* Doctoral dissertation, University of Pennsylvania, Philadelphia, PA.

Subotnik, R. F. (2003). A developmental view of giftedness: from being to doing. *Roeper Review, 26*(1), 14-15.

Taylor, C. W. (1968). Cultivating new talents: A way to reach the educationally deprived. *The Journal of Creative Behavior, 2*, 83-90.

Terman, L. M. (1925-1959). *Genetic studies of genius* (Vols. 1-5). Stanford University Press.

Tomlinson, C. A. (2001). *How to differentiate instruction in mixed-ability classrooms* (2nd ed.). Association for Supervision and Curriculum Development.

Tomlinson, C. A., Kaplan, S. N., Renzulli, J. S., Purcell, J., Leppien, J., & Burns, D. (2002). *The parallel curriculum: A design to develop high potential and challenge high-ability learners.* Corwin Press.

Torrance, E. P. (1968). *Mental health and constructive behavior.* Wadsworth.

Treffinger, D. J., Isaksen, S. G., & Dorval, K. B. (1994). Creative problem solving: An overview. In M. A. Runco (Ed.), *Problem finding, problem solving, and creativity* (pp. 223-236). Ablex.

Van Tassel-Baska, J. (1994). *Comprehensive curriculum for gifted learners* (2nd ed.). Allyn & Bacon.

Whitmore, J. R., & Maker, C. J. (1985). *Intellectual giftedness in disabled persons.* Aspen Systems Corporation.

Yewchuk, C., & Lupart, J. (1993). Gifted handicapped: A desultory duality. In K. A. Heller, F. J. Monks, & A. H. Passow (Eds.), *International handbook of research and developmental of giftedness and talent* (pp. 709-725). Pergamon.

重要名詞索引

十一劃

十二劃

十三劃

十四劃

十五劃

十六劃

國家圖書館出版品預行編目（CIP）資料

特殊教育導論 / 吳武典, 林幸台, 杜正治, 胡心慈, 潘裕豐, 林淑莉, 杞昭安, 張蓓莉, 劉惠美, 佘永吉, 洪儷瑜, 王曉嵐, 張千惠, 邱紹春, 張正芬, 程國選, 郭靜姿, 于曉平著. -- 二版. -- 新北市：心理出版社股份有限公司, 2024.09
　　面；　公分. --（特殊教育系列；61036）
　　ISBN 978-626-7447-33-8（平裝）

　1.CST: 特殊教育

529.5   113011776

特殊教育系列 61036

特殊教育導論（第二版）

作　　者：吳武典、林幸台、杜正治、胡心慈、潘裕豐、林淑莉、
　　　　　杞昭安、張蓓莉、劉惠美、佘永吉、洪儷瑜、王曉嵐、
　　　　　張千惠、邱紹春、張正芬、程國選、郭靜姿、于曉平
總 編 輯：林敬堯
發 行 人：洪有義
出 版 者：心理出版社股份有限公司
地　　址：231026 新北市新店區光明街 288 號 7 樓
電　　話：(02) 29150566
傳　　真：(02) 29152928
郵撥帳號：19293172　心理出版社股份有限公司
網　　址：https://www.psy.com.tw
電子信箱：psychoco@ms15.hinet.net
排 版 者：辰皓國際出版製作有限公司
印 刷 者：辰皓國際出版製作有限公司
初版一刷：2020 年 9 月
二版一刷：2024 年 9 月
I S B N：978-626-7447-33-8
定　　價：新台幣 700 元